科技部社会公益研究专项课题
KEJIBU SHEHUI GONGYI YANJIU ZHUANXIANG KETI

中国粮食
综合生产能力与粮食安全

马晓河 蓝海涛 等著

经济科学出版社
Economic Science Press

图书在版编目（CIP）数据

中国粮食综合生产能力与粮食安全／马晓河、蓝海涛等著．—北京：经济科学出版社，2008.10

ISBN 978 - 7 - 5058 - 7580 - 7

Ⅰ．中… Ⅱ．①马…②蓝… Ⅲ．粮食 - 问题 - 研究 - 中国 Ⅳ．F326.11

中国版本图书馆 CIP 数据核字（2008）第 152400 号

责任编辑：高进水　于庆昭
责任校对：曹　力
版式设计：代小卫
技术编辑：潘泽新

中国粮食综合生产能力与粮食安全

马晓河　蓝海涛 等著
经济科学出版社出版、发行　新华书店经销
社址：北京市海淀区阜成路甲 28 号　邮编：100142
总编室电话：88191217　发行部电话：88191540
网址：www.esp.com.cn
电子邮件：esp@esp.com.cn
北京欣舒印刷厂印刷
华丰装订厂装订
787×1092　16 开　36.5 印张　710000 字
2008 年 10 月第 1 版　2008 年 10 月第 1 次印刷
印数：0001—2200 册
ISBN 978 - 7 - 5058 - 7580 - 7/F·6831　定价：58.00 元

前　言

　　本书是在 2005～2007 年度科技部社会公益研究专项课题《国家粮食综合生产能力建设与粮食安全保障研究》（项目编号：2004DIB4J164）基础上改编而成。本项课题研究从 2005 年 4 月开始至 2008 年 5 月，历时 3 年，于 2008 年 7 月验收完成。本课题研究召开了多次专家咨询会，先后调查了陕西、福建、黑龙江、吉林、辽宁、江苏、浙江等省，获得了江苏省扬州市和河南省新乡市两个国家大型商品粮基地的调研情况，并在十多个省区市对 600 多个农户开展了问卷调查。

　　本书重点评估了全国、不同区域及各省粮食综合生产能力的大小及增长情况，分析了影响全国粮食综合生产能力因素的弹性和贡献率，设定了全国和粮食主产区实现 2010 年及 2020 年粮食安全的粮食综合生产能力目标，测算了达到目标所需的要素投入，剖析了粮食物流业的现状和问题，粗估了主产区和主销区政府储备粮的比例。此外，还特别分析了稻谷、玉米和小麦等主要粮食品种的生产能力，从弹性角度测算了城市化和工业化对粮食生产的影响大小，全面剖析了影响农户粮食生产能力和粮食安全的主要因素，揭示了农业生产资料对粮食综合生产能力的影响，提出了提高粮食综合生产能力的长效机制，介绍了发达国家和人口大国搞好粮食生产的经验等。

　　可能的创新点主要包括：一是揭示了粮食综合生产能力的概念及内涵，阐明了其与粮食安全的关系；二是勾画了粮食综合生产能力要素构成框架图，明确了各要素之间的相互关系；三是设计了综合评估粮食综合生产能力的指数方法，从定量方面对全国及不同地区的粮食综合生产能力状况进行评估；四是揭示了全国和不同产销区农户粮食生产能力和粮食安全行为特征，分析了有关影响因素的弹性；五是测算了 1978～2004 年四个阶段我国粮食综合生产能力主要投入要素和科技进步的贡献率，测出了主要投入要素的边际产量；六是构建了粮食产量与重要投入要素的扩展型柯布－道格拉斯生产函数模型，测算实现粮食综合生产能力目标所需主要投入要素，提出了两套分阶段粮食综合生产能力目标的建设方案；七是分品种和用途，提出实现 2010 年及 2020 年全国及主产区粮食综合生产能力目标的多种要素投入方案；八是从品种结构的角度，提出了三大粮食品种综合生产能力建设的政策定位和对策思路；九是初步估算了主产区和主销区政府储备粮的合理比例；十是测算了城市化占用耕地、水资源的弹性，进而减少粮食产量的弹性，定量预测了城市化减少中长期粮食产量的可能水平；十一是采用准化价格等方法测度了农资对粮食综合生产能力的影响；十二是从提高粮食综合生产能力保障粮食安全角度提出了一些新的政策建议。

在本课题研究过程中，课题组注重把研究成果及时通过参与有关规划修改意见的方式向决策部门反映，为国家决策提供参考；通过期刊杂志和网络媒体向社会宣传，积极开展学术探讨，扩大影响。课题组成员通力协作，经常探讨，相互支持，严格按研究要求攻关，精益求精，对课题创新作出了重要贡献。

本书出版由国家发改委宏观经济研究院马晓河副院长总策划，宏观经济研究院产业所蓝海涛博士协助出版编辑工作。各章由课题组成员联合撰写而成，具体撰写分工如下：第一章由马晓河、蓝海涛撰写；第二章由何毅、杨卫路、李义伦、孙宏岭、李福君撰写；第三章由蓝海涛撰写；第四章由姜长云撰写；第五章由王为农撰写；第六章由方松海撰写；第七章由黄汉权撰写；第八章由方言、孙洪波等撰写；第九章由肖海峰、王裕雄、李瑞锋、王祖力撰写；第十章由张红宇、李伟毅撰写；第十一章由赵淑芳、张贵凯撰写；第十二章由蓝海涛撰写；第十三章由马晓河、王为农、武翔宇撰写；第十四章由方松海、黄汉权、蓝海涛撰写，马建蕾负责文章校对。

本项课题研究得到中国农业大学柯柄生校长、中国农科院农经所秦富所长、国家粮食局刘晓男副司长、国家发改委王兆阳处长、中国农业大学何秀荣教授、中国社科院农发所李成贵研究员、中国农业发展银行杜彦坤处长、中国农科院农经所王济民研究员等领导和专家的大力支持，他们对研究提出了宝贵的意见和建议。国家发展和改革委员会农村经济司、陕西省发展和改革委员会、福建省发展和改革委员会等政府部门对课题组的调研提供了很大的帮助和便利。课题验收由科技部农村司贾敬敦副司长、许增泰处长、计划司郭晓林处长负责验收；专家评审组给予高度肯定，其成员包括中央农村工作领导小组办公室主任陈锡文、中央政策研究室副秘书长潘盛洲、国务院研究室党组成员黄守宏、中央农村工作领导小组办公室局长张冬科、国务院发展研究中心农村部部长韩俊。最终课题成果吸收了各位专家的宝贵意见和建议。在此对以上部门、领导和专家表示衷心感谢！由于时间仓促、学术水平有限，书中纰漏之处在所难免，还望各位同仁多提宝贵意见和建议。

本书编写组
二〇〇八年七月于北京

目 录

第一章 加强中国粮食综合生产能力与粮食安全保障建设 ············· 1

一、粮食综合生产能力与粮食安全的关系 ················· 2

二、中国粮食综合生产能力和粮食安全现状 ··············· 6

三、2010 年及 2020 年中国粮食综合生产能力的目标及其要素投入 ······· 24

四、提高中国粮食综合生产能力和保障粮食安全面临的主要约束 ······· 29

五、中国粮食综合生产能力与粮食安全政策存在的主要问题 ········· 36

六、政策建议 ····························· 44

附件 1-1 关于粮食综合生产能力测算方法的说明 ·········· 52

第二章 加快粮食物流业现代化 保障国家粮食安全 ············· 71

一、中国粮食物流现状与存在的问题 ················· 72

二、粮食物流对粮食安全的影响 ··················· 79

三、发展粮食现代物流、保障粮食安全的目标和措施 ·········· 87

附件 2-1 粮食主产区与主销区政府储备粮的合理比例关系 ······ 93

第三章 新阶段中国粮食安全状况及发展趋势 ··············· 103

一、新阶段中国粮食安全形势出现波动 ················ 104

二、新阶段中国粮食安全的特征 ··················· 115

三、中国粮食安全面临的挑战及发展趋势 ··············· 120

第四章 中国主要粮食品种综合生产能力建设研究 ············· 135

一、主要粮食品种在粮食综合生产能力和粮食总供求中的相对地位 ······ 135

二、改革开放以来中国历次粮食供求严重失衡的回顾
与启示：以品种视角为重点的考察 ············· 140

三、中国粮食及其主要品种消费需求的变化趋势 ············ 149

四、主要粮食品种综合生产能力建设的政策定位 ·················· 157

第五章　中国区域粮食综合生产能力的特征及影响因素 ·········· 166

一、中国区域粮食综合生产能力现状 ·························· 166

二、区域性粮食综合生产能力的主要特征 ······················ 173

三、影响区域粮食生产能力的因素分析 ························ 177

四、提高粮食区域生产能力的政策建议 ························ 188

第六章　农业生产资料对中国粮食综合生产能力的影响及政策 ······ 195

一、农业生产资料价格变化对粮食综合生产能力的影响 ·········· 196

二、部分重要的农业生产资料投入量和使用结构对生产能力的影响 ···· 219

三、若干农资、粮食政策评价 ······························ 231

四、结论和政策建议 ···································· 242

附件6-1　农业生产资料价格变化对粮食生产影响的理论分析 ···· 249

附件6-2　基础数据 ···································· 252

附件6-3　部分统计分析结果 ······························ 266

第七章　城市化、工业化对粮食综合生产能力和粮食安全的影响 ···· 269

一、城市化、工业化对粮食生产和安全影响的分析框架 ·········· 270

二、城市化、工业化对粮食需求的影响评价 ···················· 272

三、城市化、工业化对粮食综合生产能力的影响评价 ············ 278

四、城市化、工业化对中国中长期粮食综合生产能力和粮食
安全的影响预测 ···································· 295

五、结论与建议 ···································· 298

第八章　国家大型商品粮基地的粮食综合生产能力 ·············· 302

一、国家大型商品粮基地建设背景、目标及主要内容 ············ 303

二、国家大型商品粮生产基地建设的成效 ······················ 306

三、国家大型商品粮基地建设存在的问题 ······················ 309

四、以提高粮食综合生产能力为核心，继续加强国家大型商品
粮基地建设 ···································· 314

五、政策建议 ···································· 316

案例1　江苏省扬州市国家大型商品粮生产基地建设情况 ········ 321

案例2　河南省新乡市国家大型商品粮生产基地建设情况 ········ 337

第九章　各阶段全国及主产区粮食综合生产能力目标及要素投入…………… 348

一、全国及主产区粮食综合生产能力历史变化特征及影响因素分析……… 350

二、未来各阶段（2010 年、2020 年）中国粮食需求量预测 …………… 361

三、全国及主产区各阶段粮食综合生产能力目标规模的确定 …………… 392

四、全国及主产区各阶段粮食综合生产能力目标规模
　　所需要素投入量的确定………………………………………………… 394

五、主要结论……………………………………………………………… 402

附件 9 - 1　未来各阶段中国城乡居民人均实际收入、粮食及肉类
　　　　　　价格的预测 ………………………………………………… 404

附件 9 - 2　各阶段中国城乡居民人口数量的预测 …………………… 410

第十章　粮食综合生产能力政策评价及长效机制……………………………… 416

一、中国粮食综合生产能力建设的政策框架……………………………… 417

二、现阶段粮食综合生产能力建设政策及其绩效………………………… 422

三、发展粮食生产的国际经验及其对中国的启示………………………… 431

四、中国粮食综合生产能力建设长效机制的方案选择…………………… 437

五、构建粮食生产稳定发展长效机制的政策措施………………………… 443

**第十一章　发达国家和人口大国提高粮食综合生产能力和确保粮食
　　　　　　安全的经验及启示**………………………………………………… 449

一、提高粮食综合生产能力和保障粮食安全的国际经验………………… 450

二、国外提高粮食综合生产能力和保障粮食安全的经验对中国的启示… 469

第十二章　中国农户粮食生产能力及粮食安全状况…………………………… 482

一、研究概况……………………………………………………………… 483

二、农户粮食生产能力状况………………………………………………… 484

三、粮食安全状况………………………………………………………… 518

四、结论和政策建议……………………………………………………… 524

附件 12 - 1　农户卡方检验表 ………………………………………… 530

附件 12 - 2　农户家庭种粮情况调查表 ……………………………… 531

第十三章　陕西省粮食综合生产能力和粮食安全调研………………………… 542

一、陕西省粮食安全和粮食综合生产能力现状 ………………………… 543

二、提高粮食综合生产能力和粮食安全存在的障碍 …………………… 546

三、几点建议 ……………………………………………………………… 551

第十四章　福建省粮食综合生产能力与安全状况调研 ……………… 555

一、福建省粮食生产能力与需求状况 …………………………………… 556

二、导致产需缺口扩大的原因 …………………………………………… 558

三、福建省保证粮食安全的做法及面临的问题 ………………………… 564

四、未来趋势：主产县供给能力下降、平衡县平衡能力削弱 ………… 570

五、主销区粮食安全的对策及其他相关建议 …………………………… 573

第一章

加强中国粮食综合生产能力与粮食安全保障建设

内容摘要 本章阐述了粮食综合生产能力的概念及其与粮食安全的关系。从定量角度提出了粮食综合生产能力的评估方法，分析了全国及不同地区粮食综合生产能力和粮食安全状况。根据未来粮食需求情况和粮食安全要求，设定了粮食综合生产能力建设目标，测算了实现该目标所需的要素投入水平。剖析了粮食综合生产能力和粮食安全领域面临的以下主要制约因素：城市化和工业化不断占用耕地和消耗水资源，科技进步较慢和服务能力不强，农户经营规模小、组织化程度低，土地承包制和农田用水体制改革不够深入，品种和区域供求矛盾加剧，粮食物流业发展滞后，粮食市场宏观调控机制不健全。目前提高粮食综合生产能力和保障粮食安全的政策尚未足够重视以下问题：土地承包经营制和建设用地征用及管理制度仍有漏洞；农田基础设施投入不足；粮食期货市场功能弱；粮食科技体制机制不健全；涉粮补贴政策不完善；化肥市场不健全，农资市场管理不到位；对平衡区与主销区激励和约束不足；粮食物流关键环节支持不够；出口国随意限制粮食出口；沿用过时的粮食统计口径。为此，要完善土地承包经营制度和建设用地征占用及管理制度，加大农田水利基础设施投入，完善粮食科技攻关支持办法，扩大粮食期货市场影响力，完善涉粮补贴政策体系，拓展化肥市场功能，规范农资市场监管秩序，逐步增强平衡区和主销区抓粮食生产的动力和约束力，着力缓解粮食物流关键环节约束，推动世贸组织规范各成员粮食出口限制行为，建立国际可比口径的粮食安全核心评价指标。

从 20 世纪 90 年代末开始，中国粮食产量持续下滑，2003 年降到 4.3 亿吨的低点，国内粮食供求关系一度紧张，粮食安全问题再度引起社会关注。国家采取一系列加强粮食综合生产能力建设的举措，首次实现连续四年增产，粮食安全形势由紧转松，2007 年粮食产量再次跃上 5 亿吨台阶。近几年来，全球粮食产量增长放缓，需求不断增长，库存持续下降，价格快速上涨，粮食出口受限，部分国家粮荒引发社会动荡，联合国采取维护国际粮食安全行动，再次向中国发出粮食安全警钟必须始终长鸣的警示。从 2010～2020 年的中长期看，中国粮食综合生产能力依然偏弱，确保粮食安全的基础尚不牢固。尽管多年来围绕粮食综合生产能力和粮食安全的定性研究取得了众多成果，但随着形势不断变化，一些新情况和新问题正在显现，全国、各区域、不同品种的粮食综合生产能力状况、影响因素以及中长期粮食安全的一些重大问题等方面定量化研究不足。为此，本课题重点围绕以往研究定量化不足的空白点，选取若干研究尚不充分的、影响国家粮食综合生产能力和粮食安全的重大问题，按照边际性创新要求，结合定性分析，依托统计分析、弹性分析、计量经济模型等定量化方法，以精确化研究破解重大问题，为进一步提高粮食综合生产能力和完善粮食安全保障机制提供科学决策依据，对加快实现和谐社会和全面小康社会目标具有重要的现实意义。

一、粮食综合生产能力与粮食安全的关系

（一）粮食综合生产能力的内涵

借鉴已有的各种定义，[①] 本书认为粮食综合生产能力是指一定时期、一定地区在一定社会经济技术条件和正常气候状况下，通过各种生产要素综合投入、有机组合及相互作用所形成的，能够相对稳定地实现一定产量的粮食产出能力。它由耕地、水资源、资本、劳动力、科技等要素的投入能力及配置方式所决定，由粮食产量所表现，具有现实性、短期稳定性、长期动态性、区域性和可储藏性。中国以往粮食增产主要依靠大量的、低素质劳动力或化肥的"单一"要素投入，现代意义的粮食综合生产能力则是耕地、资本、劳动力、技术等要素投入能力合力推动的结果。强调"综合"生产能力，主旨在于建立"能力大于产量"的机制。[②] 虽然强调"综合"，但不能将与粮食生产直接和间接相关的各种因素都笼统纳入其中，导致内涵边界不清。必须围绕"生产能力"的本质含义，严格区分内部构成要素和外部影响因素，抓住问题的本质。

粮食综合生产能力既表现为一定的粮食产量，又包含了一定的粮食增产潜能。只有当各种要素同时正常发挥作用时，粮食产量才接近粮食综合生产能力。一般情况下，各种要素不能同时正常发挥作用，当期粮食产量往往低于粮食综合生产能

---

① 关于粮食综合生产能力的定义，检索了大量已有的国外文献资料，并没有找到同样的概念。它是国内学术界针对我国粮食生产的特殊情况提出的一个术语，但是国内目前对粮食综合生产能力的概念尚无一种权威的、公认的解释。

② 庞增安：《简论我国粮食综合生产能力》，载于《社会科学家》2003年3月第2期，第107～108页。

力。在不同气候状况下，同样的粮食综合生产能力所实现的粮食产量存在明显差异。在要素能力相对稳定时期内，一个国家或地区的粮食综合生产能力，要以正常气候条件下的最佳实际产出来反映。粮食综合生产能力是一个大系统，它由产出结果和构成要素两大子系统构成。粮食综合生产能力系统功能的运行效果如何，除了系统自身的要素配置是否科学合理外，还取决于自然气候和市场价格构成的外部系统环境。其构成要素，需要经过自然气候和市场价格的外部作用，才能转换成产出结果，实现一定的粮食产量。有些地区粮食总产量相同，但土地生产率和劳动生产率不同，其综合生产能力也不一致，需要增加粮食单产和劳动力平均产量来进一步区别一国不同地区的粮食综合生产能力大小。

粮食综合生产能力构成要素分为自然基础要素、人工投入要素、结构要素和效率要素。自然基础要素包括耕地和水资源；人工投入要素包括粮田基础设施、涉粮机械装备、农业生产资料和劳动力，其中前两者为固定投入要素，后两者为可变投入要素，同时前三者又称为物质装备要素；结构要素包括粮食品种结构和作物空间布局；效率要素包括政策保障和科技支撑，这两者渗透于自然基础要素、人工投入要素和结构要素之中，是这三大要素的效率转换器。特别是粮食生产政策的取向，将显著影响上述三种要素的能力发挥，其效率明显不同，它是决定粮食综合生产能力其他要素发挥效力的重要保障（见图1-1）。

（二）粮食综合生产能力是粮食安全的核心基础

一般国家的粮食安全包括生产安全、流通安全和消费安全，具有综合性和层次性。生产安全是粮食安全金字塔系统的根基，直接支撑流通领域的安全，进而间接支撑消费领域的安全（图1-2）。一个大国只有生产出一定数量的符合质量要求的粮食，必要时能进口到所需要的粮食，保证国内流通领域有充足的粮食运销，通过提高收入水平或向弱势群体发放补贴等方式，让消费者购买到足够合格的粮食，才能最终实现该国的粮食消费安全。一个大国的粮食安全，一般需要依靠粮食综合生产能力、国内粮食流通能力、国际粮食进口能力、弱势人群救助能力等手段来保障。粮食综合生产能力通过直接实现粮食生产领域的安全，间接支持整个粮食安全目标的实现，它是粮食安全的核心基础和重要内容。因此，粮食综合生产能力是实现粮食安全目标的基本手段。当政府支持粮食生产的力度不足以弥补产区机会成本损失时，粮食综合生产能力就会下降，国家粮食安全就趋紧。当技术进步提高的土地生产率不足以弥补耕地流失造成的粮食生产能力减弱时，国家粮食不安全程度就会提高。在现有财税体制下，各产销区相互博弈，当互相放弃粮食生产的博弈强度使国内粮食总供给能力明显下降时，中国粮食就会出现不安全警情。

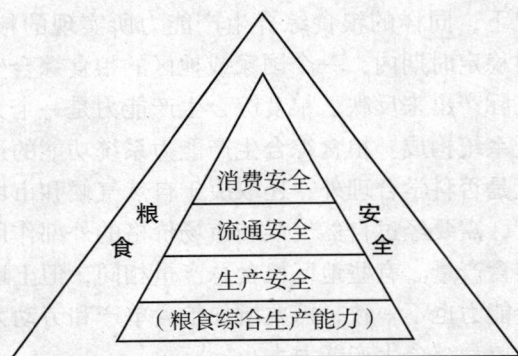

图 1 - 2　粮食综合生产能力与粮食安全的关系

　　一般而言，一国的粮食综合生产能力越强，粮食流通体系越发达，该国粮食安全保障水平越高，如欧美发达国家。如果一国的粮食流通体系不健全，运销效率低，即使粮食综合生产能力比较强，该国粮食安全保障水平也不够高，如中国、印度等发展中大国。相反，一国的粮食综合生产能力尽管比较低，自给率不高，但粮食储备充裕，流通体系发达，运销效率高，进口能力强，该国粮食安全保障水平也不低，如日本和韩国等粮食资源短缺的发达国家。只有粮食综合生产能力低、粮食流通体系薄弱、外汇不足而难以进口粮食的国家，其粮食安全才最缺乏保障。2008年2～4月非洲、亚洲和拉丁美洲33个因粮荒发生社会动荡的发展中国家就是典型代表。可见，粮食综合生产能力强弱与粮食安全保障水平高低并不完全一致。

　　不同规模和国际环境中的国家，保障粮食安全的主要手段各异。超级大国往往凭借其雄厚的国力，以强大的粮食综合生产能力和流通能力等手段确保本国粮食绝对安全。粮食资源短缺的依附型国家，除了确保主要口粮生产能力以实现基本自给外，一般不支持非主要口粮之外的粮食生产能力建设，而主要依靠粮食进口能力和流通能力保障粮食安全。粮食资源相对短缺的自立型国家，一般追求粮食基本自给、适度进口的目标，重视粮食综合生产能力和流通能力建设，以保障本国粮食安全。粮食综合生产能力薄弱的最不发达国家主要靠进口维持国内粮食供求平衡。一些没有粮食生产基础的城市型小国，无须建设粮食综合生产能力，① 完全靠发达的进口能力和储备能力等手段确保国家粮食安全。

---

　　① 城市型小国虽然无法依靠本国的粮食综合生产能力提供粮食，但其粮食安全保障却要依靠别国粮食综合生产能力的建设。这些国家数量少、规模小，其粮食进口对国际粮食市场几乎没有影响，其粮食问题属于国家特例，一般不必关注。

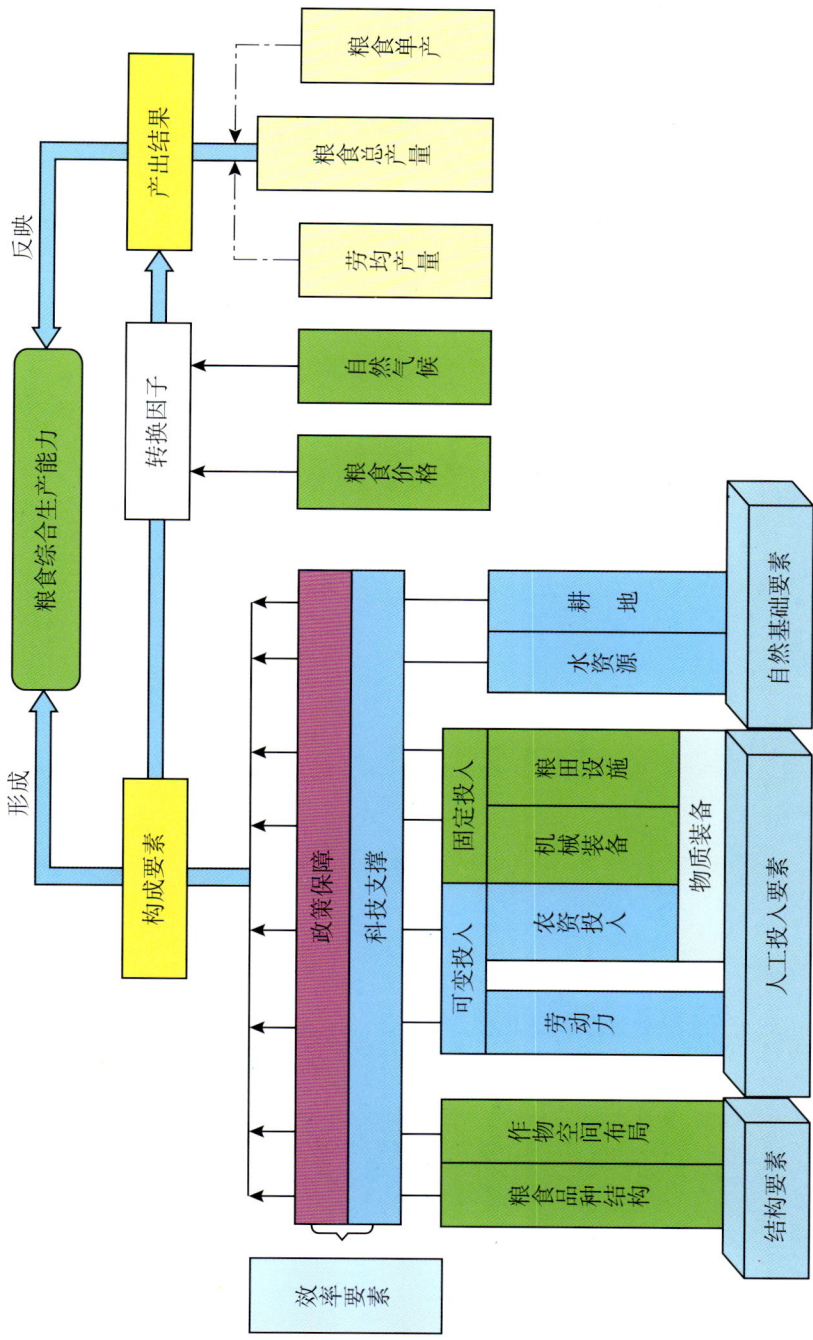

图1-1 粮食综合生产能力要素构成框架图

（三）粮食综合生产能力的评估分析方法

根据粮食综合生产能力的概念，我们可以通过两个方面评估其大小。一是从产出的角度，粮食综合生产能力可以通过粮食产出水平来衡量；二是从投入的角度，可以通过粮食生产的要素投入能力来反映粮食综合生产能力。考虑到各要素对粮食生产的影响大小、定量评估时考虑到数据的可获性以及简便实用的原则，经多方面征求意见和专家咨询，确定了实际评估粮食综合生产能力的指标体系。为了充分吸取专家经验，对有关要素指标的权重采取派生德尔菲（Delphi）法确定,[①] 粮食综合生产能力指数及其各指标的权重见附件 1-1。

1. 粮食综合生产能力的现状评估和增长测度

由于粮食综合生产能力是一个复杂的大系统，各因素指标的量纲不同，无法在不同量纲的要素之间进行定量的综合比较分析。为了评估一个国家不同地区的粮食综合生产能力大小和增长变化情况，需要采用无量纲的粮食综合生产能力指数（Index of Comprehensive Grain Production Ability，简称 ICGPA）加以测度。从存量的横向比较看，评估各地区现实能力的大小，运用粮食综合生产能力产出比较指数和要素比较指数；从增量的纵向比较看，测度全国及各地区粮食综合生产能力的增长变化情况，则采用粮食综合生产能力产出增长指数和要素增长指数。

比较指数和增长指数测度的基本程序为：一是构建测算指标。从影响粮食综合生产能力大小和数据可获性角度，征询专家意见，确定测算指标。二是赋予指标权重。运用派生德尔菲法确定各要素指标权重。三是计算要素指数。对比较指数的各要素指标，运用模糊数学的隶属函数测度各能力要素的大小。隶属函数为一地区某指标实际值除以所有地区该指标实际值中的最大值。隶属度乘以 100 后构建的要素指数越大，该要素能力越强；反之，越弱。对增长指数的各要素指标，以 1990 年的基期数为 100，增长指数大于该值，能力增长；反之，能力下降。各指标以近三年的极大值近似反映能力现状和增长态势。

2. 粮食综合生产能力构成要素的弹性和贡献率测定

建立粮食总产量与投入要素的柯布-道格拉斯生产函数模型，以模型自变量系

---

① 不同专家对某些新问题的关注度差异大，彼此又缺乏讨论，在意见反馈后容易潜意识趋向平均值。为此，我们增加了部分专家之间的讨论，意见反馈中只提供权重的选择范围，不给出平均值，以保持权重选择的科学性。因此，权重选择采用的是派生德尔菲法。参与权重设置的专家都是长期关注粮食问题的专业人士，分别来自国内管理经验丰富的涉粮政府机构、权威的研究机构和知名高校，共有 11 位，采用封闭式问卷表调查，详见附件 1-1。

数确定粮食投入要素的生产弹性。某要素弹性系数与该要素平均增长率之乘积除以产量的平均增长率，即为此要素的贡献率。粮食的科技进步贡献率为广义的科技进步贡献率，在自然科学技术的狭义科技进步基础上，再包括政策、经营管理和服务等社会科学技术进步。① 采用索洛残差法，以产量平均增长率扣除所有要素带来的产量增长率的差额，再除以产量平均增长率即为粮食的科技进步贡献率。

3. 未来粮食综合生产能力要素投入预测

综合既有的各种粮食需求预测，得出 2010 年和 2020 年中国的粮食需求量，按照粮食综合生产能力适当高于粮食需求的原则，确定未来粮食产量目标的范围。所需投入要素测算方法分两种：（1）分别建立 1978～2004 年中国粮食产量与主要投入要素的回归模型，将确定的粮食产量目标范围带入模型后，导算出主要投入要素的数量范围。对 15 年的中长期预测可信度低，需要采取定性预测（详见附件 1 - 1）；（2）按照未来投入产出比是否变化的假定，又区分为动态投入产出比法和静态投入产出比法。

二、中国粮食综合生产能力和粮食安全现状

从 1949 年到 2006 年，以粮食产量反映的粮食综合生产能力大致经历了四个时期：改革开放前的逐年积累期、改革开放后到新阶段的迅速提高期、新阶段到 2003 年的徘徊回落期和 2003 年后的恢复上升期。2007 年中国粮食综合生产能力与 20 世纪 90 年代中后期的 5 亿吨水平基本接近。

（一）粮食综合生产能力现状

1. 全国粮食综合生产能力状况

（1）全国粮食综合生产能力下降到低谷后又恢复到接近历史最高点。从粮食产出看，中国粮食总产量在 1998～2003 年期间从 51 230 万吨下降到 43 070 万吨，年平均增长率为 - 3.4%。其中，稻谷、小麦减产幅度大，玉米减产幅度相对较小。稻谷从 19 871 万吨减到 16 066 万吨，年平均减产 4.2%。小麦产量从 1998 年的 10 973 万吨减少到 2003 年的 8649 万吨，年平均减产 4.6%。玉米产量波浪形下降，

---

① 朱希刚：《我国"九五"时期农业科技进步贡献率的测算》，载于《农业经济问题》2002 年第 5 期，第 12～13 页。

从 13 295 万吨减少到 11 583 万吨，年平均减产 2.7%。[①] 从 2004 开始，中国粮食总产量又连续四年增长，由 2003 年的 43 070 万吨增加到 2007 年的 50 150 万吨，[②] 年平均增长 3.9%。2003 ~ 2006 年，稻谷、小麦和玉米年平均增长分别为 4.4%、6.5%和 7.9%。1978 ~ 2005 年主要粮食品种的产出地位明显变化，稻谷地位不断下降，小麦地位先升后降，玉米地位波浪形上升；1998 年后，三大谷物地位变动逐渐趋缓；[③] 到 2006 年，稻谷、玉米和小麦占粮食总产的比重分别为 38.9%、31.0%和 22.3%。与 1990 年相比，2007 年中国粮食产出能力增长了 12.4%，接近 1998 年的顶峰。这是中国粮食综合生产能力受市场波动和政策调整的影响，产生"上升—下降—再上升"的波浪形变动的结果。

（2）2005 ~ 2007 年中国粮食综合生产能力再次跃上 5000 亿公斤台阶。鉴于 2005 ~ 2007 年中国粮食的最高产出为 5015 亿公斤，考虑到粮食综合生产能力往往高于现实产量的一般认识，本书认为中国目前粮食综合生产能力已超过 5000 亿公斤。受数据所限，只能计算 2004 ~ 2006 年粮食综合生产能力的要素投入。2006 年中国粮食综合生产能力 4975 亿公斤，大约投入了涉粮耕地 8177.5 万公顷、粮食播种面积 10 548.9 万公顷、涉粮用水量 2461.8 亿立方米、涉粮有效灌溉面积 3690.5 万公顷、涉粮机械动力 45 871.0 万千瓦、[④] 涉粮固定资产投资 1096.3 亿元、化肥 2595.2 万吨、种子 843.7 万吨、成灾率低于 15.7%、每 1 万农业从业人员有 59 名农业科技人员。[⑤] 每生产 1 万吨粮食的投入产出比见表 1 – 1。

2. 不同地区粮食综合生产能力状况

为了客观反映不同地区粮食综合生产能力的大小及其增长情况，便于制定区域针对性强的粮食综合生产能力政策，需要分不同地区类型评估粮食综合生产能力状况。从粮食产销角度，以省级地区为单位，将中国划分为主产区、平衡区和主销区；从粮食生产力区域布局角度，将中国划分为东北区、黄淮海区、长江中游区、

---

　　① 本书数据除特别注明外，均来自有关年份的《中国统计年鉴》、《中国农村统计年鉴》、《中国农业统计资料》和《中国水资源公报》。

　　② 张勤：《2007 年中国粮食产量首次实现连续 4 年增产》，中国图片新闻网（http://www. cnsphoto. com），2008 – 01 – 24。

　　③ 具体数据参见本书第四章的表 4 – 1。

　　④ 因《中国农村统计年鉴（2007）》中可能存在印刷问题，有效灌溉面积和农机总动力与 2006 年出版物一样，只有 2004 年和 2005 年数据，故这两个指标以 2005 年数据近似代替 2006 年情况。

　　⑤ 作者计算，原始数据见国家统计局，第二次全国农业普查主要数据公报（第一号），2008 年 2 月 25 日。

东南沿海区、西北区、西南区、蒙新区和青藏区,① 以及其他类型的区域。

表1-1　　　　　　2004~2006年中国粮食综合生产能力及其投入要素组合

项目		总量	组合比	项目	总量	组合比
产出	综合生产能力（万吨）	49 750	1.0			
主要投入要素组合	有效灌溉面积（万公顷）	3690.5	0.074	耕地面积（万公顷）	8177.5	0.164
	农机总动力（万千瓦）	45 871.0	0.922	播种面积（万公顷）	10 548.9	0.212
	农业固定资产投资（亿元）	1096.3	0.022	化肥（万吨）	2595.2	0.052
	农技人员密度（人/万人）	59.0	N.A	种子（万吨）	843.7	0.017
	用水量（亿立方米）	2461.8	0.049	成灾率（%）	15.7	N.A

注：（1）除了耕地、播种面积、化肥、种子外，都采用粮食播种面积比例调整后的涉粮投入。
　　（2）N.A为不需要计算该数据。

数据来源：本章表格数据除特别说明外，均直接引自《中国统计年鉴》、《中国农村统计年鉴》、《中国农业统计资料》和《中国水资源公报》，或根据上述文献有关年份的数据经作者计算得到。

（1）各地区粮食综合生产能力态势评估

一是各地区粮食综合生产能力的产出结果分析。

从各产销区来看，粮食产出能力的大小依次为主产区、平衡区和主销区。2002~2004年②中国主产区的粮食总产量及其比重最高，产量超过3亿吨，占全国70%以上；其次为平衡区和主销区，表明粮食主产区对粮食总产量的贡献具有中流砥柱作用。粮食单产却以主销区最高，每公顷达5200公斤左右，依次为主产区和平衡区，反映了主销区凭借雄厚的物质装备、粮田基础设施和先进的种植技术，使其粮食的土地生产率超过主产区，位列前茅。每个劳动力的平均产量最高为主产区3100公斤，平衡区和主销区接近，说明主产区的劳动生产率最高（见附表1-1）。粮食综合生产能力产出比较指数显示，2002~2004年粮食综合生产能力由

---

① 粮食产销区的划分为：粮食主产区包括河北、内蒙古、辽宁、吉林、黑龙江、江苏、安徽、江西、河南、山东、湖北、湖南和四川等13个省（区）；平衡区包括山西、广西、重庆、贵州、云南、西藏、陕西、甘肃、青海、宁夏、新疆等11个省（市、区）；主销区包括北京、天津、上海、浙江、福建、广东、海南等7个省（市）。三类地区按粮食供求平衡程度划分，是近年来国家粮食流通体制改革因地制宜所采纳的地区类型。粮食生产力区域划分为：东北区含黑龙江、吉林和辽宁，黄淮海区含山东、河南、河北、北京和天津，长江中游区含湖北、湖南、江西和安徽，东南沿海区含江苏、上海、浙江、福建、广东和海南，西北区含陕西、山西、甘肃和宁夏，西南区含四川、重庆、云南、贵州和广西，蒙新区含内蒙古和新疆，青藏区含青海和西藏。因省级以下数据可获性不足，为了简化运算，仅从省级层面划分，并未完全按粮食生长的自然地理区域细分到县区进行精确划分。

② 本课题研究计划持续近三年，2005年与其他课题联合会测度了2002~2004年的粮食综合生产能力大小及其增长情况，并分析了各影响因素的弹性和贡献率等内容。原本计划再测度2004~2006年粮食综合生产能力的相关情况，但因《中国农村统计年鉴（2007）》可能因印刷失误等原因，未相应公布2006年全国、各省的农机总动力、大中型拖拉机、有效灌溉面积等影响粮食综合生产能力的关键指标的数据。如果只递延1年，将2002~2004年数据改为2003~2005年，可能对结论没有明显影响，因此，数据未进行替换。

大到小依次为主产区、平衡区和主销区，指数依次为 99.15、45.19 和 37.09① （见附图 1－1），粮食综合生产能力分别在 34 000 万吨、9300 万吨和 3700 万吨左右（见表 1－2）。

表 1－2　　　2002～2004 年不同产销区和区域粮食综合生产能力产出比较指数

类别	地区	产出比较指数	产出能力（万吨）	排序
产销区	主产区	99.15	34 000	1
	平衡区	45.19	9300	2
	主销区	37.09	3700	3
自然区域	东北区	76.93	7200	4
	黄淮海区	89.83	10 000	1
	长江中游区	83.45	9100	2
	东南沿海区	69.25	6400	5
	西北区	39.70	3100	6
	西南区	78.65	8300	3
	蒙新区	46.08	2300	7
	青藏区	23.16	180	8

注：能力标志年份为三年中产出比较指数最高的年份；产出能力为三年中最高产出向下取整数的结果。

从粮食生产力区域布局来看，粮食产出能力最强为黄淮海区，其次为长江中游区，青藏区最弱。2002～2004 年黄淮海区的粮食总产量及其比重最高，产量 1 亿吨以上，占全国 1/5 以上；其次为长江中游区，产量在 9100 万吨以上，比重超过 18%；其他区域依次为西南区、东北区、东南沿海区、西北区、蒙新区和青藏区。可见，黄淮海区、长江中游区、西南区和东北区是中国目前四大产粮区域，对全国粮食产出发挥了支柱性作用。粮食单产则以东南沿海区最高，每公顷在 5400 公斤左右；其次为长江中游区，每公顷 5000 公斤左右；其他依次为黄淮海区、东北区、西南区、蒙新区、青藏区和西北区。可见，适宜的气候、土壤以及发达的经济体系保证了东南沿海区拥有全国最高的土地生产率，因临近南方主销区市场，其耕地资源的保护对稳定南方主销区的粮食综合生产能力乃至国家粮食安全都至关重要。每个农业劳动力的平均产量最高为东北区，达到 4500 公斤左右；其次为蒙新区，在 4300 公斤左右；其他依次为东南沿海区、长江中游区、黄淮海区、西北区、西南

---

① 上述的各项粮食综合生产能力指数为了克服极端数据（如某指标因分母极小，其增长率超过上千倍）的干扰，加之部分数据的修正，计算结果与黄汉权、蓝海涛 2005 年撰写的有关粮食综合生产能力报告中的部分数据不一致，但基本结论一致。

区和青藏区。这表明东北区和蒙新区因每个农业劳动力的耕地资源充裕,大型机械化水平高,其劳动生产率名列前茅,粮食的商品化生产发达(见附表1-2)。综合粮食总产量、土地生产率和劳动生产率反映的区域粮食综合生产能力产出比较指数显示,2002~2004年粮食综合生产能力由大到小依次为黄淮海区(89.83)、长江中游区(83.45)、西南区(78.65)、东北区(76.93)、东南沿海区(69.25)、蒙新区(46.08)、西北区(39.70)和青藏区(23.16)(见附图1-2)。①其中,黄淮海区的粮食综合生产能力超过1亿吨(见表1-2)。目前中国三大谷物品种的区域化生产格局逐步形成,水稻生产主要集中于长江中游和东南沿海地区,北方粳稻主要集中于东北地区;小麦生产主要集中于冀鲁豫地区;玉米生产主要集中于东北和冀鲁豫地区。②

从各省区来看,山东省的粮食产出能力最强,其次为吉林省与河南省,青海省最弱。从2002~2004年来看,河南省的粮食总产量及其比重最高,产量4000万吨左右,约占全国的10%;其次为山东省,产量在3400万吨左右,比重超过7%;第三为四川省,产量3100万吨左右,比重接近7%;最低为青海省。就粮食总产量而言,河南、山东和四川三个省份的粮食产量之和超亿吨,比重超过20%,是中国重要的产粮大省。粮食单产最高为上海,每公顷7000公斤左右;其次为江苏,每公顷6000公斤左右;第三为浙江,每公顷5900公斤左右。可见,土壤气候优势和经济优势相结合,是三省市土地生产率位居前列的重要条件。每个农业劳动力的平均产量最高为新疆,高达5900公斤左右,其次为吉林(5300公斤左右),第三为黑龙江(4600公斤左右)。这与三省区的每个农业劳动力耕地资源充裕和大型机械化水平高密切相关,是建立商品粮基地的重要地区。从各省区粮食综合生产能力产出比较指数来看,2002~2004年粮食综合生产能力的前三强依次为山东(84.39)、河南(83.69)和四川(75.45),青海最弱(14.63)(见附图1-3和附表1-3)。其中,山东省粮食综合生产能力在3500万吨左右。

二是各地区粮食综合生产能力的构成要素分析。不同地区的粮食产出结果只能反映各地的粮食综合生产能力大小,却无法反映决定各地能力大小的构成要素状况。考察各地粮食综合生产能力的要素构成,便于因地制宜地缓解短缺要素的制约,高效率地提高各地区的粮食综合生产能力。

从各产销区来看,粮食综合生产能力要素比较指数从大到小排序依次为主产区、平衡区和主销区。三大产销区粮食综合生产能力要素指数大小与产出结果排序一致,主产区要素比较指数为87.66,名列第一;其次为平衡区(54.72)和主销

---

① 括号中的数据为粮食综合生产能力的比较指数,下面关于各地区粮食综合生产能力的比较和变化情况部分的括号内数据,均为相应类型的粮食综合生产能力指数。

② 详见本书第五章。

区（49.97）（见附图 1－1）。主产区的要素大小明显超过了平衡区和主销区，比后两者分别高出 60% 和 75%。平衡区和主销区的要素大小接近，前者略高于后者。在目前技术水平下，主产区为了达到 34 000 万吨的粮食综合生产能力，需要耕地 7930 万公顷、播种面积 7030 万公顷、有效灌溉面积 2560 万公顷、农机总动力 30 400 万千瓦、农业固定资产投资 580 亿元、折纯化肥 1600 万吨、种子 610 万吨、成灾率低于 10%、每万人有 1 名科技人员。由此粗略推算主产区目前的投入产出比为：每生产 1 万吨粮食，需要耕地 2330 公顷、播种面积 2070 公顷、有效灌溉面积 750 公顷、农机总动力 8940 千瓦、农业固定资产投资 170 万元、施用化肥 470 吨和种子 180 吨。平衡区和主销区分别达到 9300 万吨和 3700 万吨粮食综合生产能力，所需要素投入及其投入产出比见表 1－3。另外，该表显示，主产区和主销区的要素投入产出比互有高低，但多数高于平衡区，表明主产区和主销区的投入产出效率相当，但都高于平衡区。

表 1－3　　　　　2002～2004 年不同产销区粮食综合生产能力
要素比较指数及其投入组合

项目	地区	主产区		平衡区		主销区	
比较指标	要素比较指数	87.66		54.72		49.97	
	排序	1		2		3	
	项目	总量	组合比	总量	组合比	总量	组合比
产出	综合生产能力（万吨）	34 000	1	9300	1	3700	1
主要投入要素组合	耕地面积（万公顷）	7930	0.233	3780	0.406	840	0.227
	播种面积（万公顷）	7030	0.207	2400	0.258	730	0.197
	用水量（亿立方米）	1200	0.035	630	0.068	300	0.081
	有效灌溉面积（万公顷）	2560	0.075	700	0.075	250	0.068
	农机总动力（万千瓦）	30 400	0.894	7800	0.839	3400	0.919
	农业固定资产投资（亿元）	580	0.017	120	0.013	68	0.018
	涉粮化肥（万吨）	1600	0.047	500	0.054	180	0.049
	粮食种子（万吨）	610	0.018	180	0.019	66	0.018
	成灾率（%）	10		13		17	
	农技人员密度（人/万人）	1.0		1.1		1.2	

注：除了耕地面积、粮食播种面积、水资源量、化肥、种子之外，其他投入要素均按粮食播种面积比例调整，为涉粮投入要素。

从粮食生产力区域布局来看，粮食综合生产能力要素比较指数从大到小排序与产出结果排序基本一致，个别相邻区域有所变动。各区域粮食综合生产能力的要素比较指数由大到小依次为黄淮海区（77.50）、长江中游区（64.76）、东南沿海区

（63.24）、西南区（62.38）、东北区（59.13）、西北区（43.80）、青藏区（39.37）和蒙新区（37.43）（见附图1－2）。要素大小的基本顺序与粮食产出结果排序接近，但有些地区的位置也发生了变动。东南沿海区超过西南区，上升到第三位，西南区和东北区分别降到第四位和第五位；西北区超过蒙新区，排列第六位，蒙新区降至第八位，青藏区升到第七位。这主要受数据可获性制约，选择的要素指标并不完全反映区域间粮食综合生产能力的大小。① 目前各区域的粮食投入产出组合有一定差异。粮食综合生产能力最强的黄淮海区，产出达到1亿吨，需要投入耕地2270万公顷、播种面积2150万公顷、有效灌溉面积1450万公顷、农机总动力16 070亿瓦、化肥540万吨和种子190万吨。不同区域各种要素的投入产出效率反映了局域间粮食生产的竞争优势。耕地面积投入产出效率最高为长江中游区，播种面积为东南沿海区，有效灌溉面积为东北区，农机总动力、农业固定资产投资和粮食用水为西南区，化肥和种子为青藏区（见附表1－4）。

在粮食生产力区域布局中，国家大型商品粮基地发挥了重要作用。截至2004年，国家累计建成了55个大型商品粮生产基地，涉及19个省（区），耕地面积约4.5亿亩，约占全国的23％；粮食播种面积4.8亿亩，约占全国的30％；提供商品粮6000多万吨，约占全国的1/3以上。1996～2004年，国家共安排中央投资25亿元，累计建设良种繁育基地200万亩，改造中低产田300多万亩，新建、完善排灌站2000多座，修建各类渠系1.4万公里，发展节水灌溉面积1500多万亩。已建国家大型商品粮生产基地的粮食产量达到1.7亿吨，比项目建设前增加2000多万吨；项目区粮食平均亩产达到400多公斤，比项目建设前提高100公斤左右。国家大型商品粮基地实现了科研与生产的紧密结合，科研人员直接面向项目区，缩短了新品种、新技术的转化时间。由于粮食生产实现了优质化、区域化、规模化种植，解决了分种、分收、分储造成的品种混杂、质量参差不齐、难以实行优质优价等问题，降低了用粮企业的生产成本。②

从各省区来看，粮食综合生产能力要素比较指数前三位的省依次为河南（60.48）、山东（57.51）、河北（55.32），最低为北京（20.33）。无论从粮食综合生产能力要素比较指数还是产出比较指数来看，山东、河南交互名列前两位。而在产出比较指数排序中处于第三位的四川省，在要素比较指数排序中降到第六位，河北从第八位升至第三位（见附表1－5和附图1－3）。这些变化表明，四川和河北的粮食综合生产能力地位尚不够稳固。

---

① 例如，良种率、科技成果推广率、专业化水平、作物布局结构、品种结构、政策保障以及生产组织方式等一些定性定量指标未纳入其中，势必会影响能力接近地区的相对位置。粮食产出是所有已测度和未测度要素综合投入的结果，其对不同区域粮食综合生产能力的反映更全面客观。因此，当一些区域粮食综合生产能力的产出结果同构成要素排序不一致时，应遵循结果导向原则，以产出结果的粮食产出排序为准。

② 详见本书第八章。

比较各类区域的不同要素大小，主产区的耕地、水资源、水利设施、农业机械、投资和农资投入、科技人员能力均最强；主销区的抗灾能力最强，但主产区的抗灾能力最弱，说明加强主产区抗灾能力建设对增加粮食产量，保障国家粮食安全作用至关重要。平衡区的水利设施、农业机械、投资和农资投入能力最弱，是国家和地方政府重点加强的领域。从自然地理区域看，黄淮海区的耕地、水利设施、农业机械、投资和农资投入能力最强，西南区的水资源能力和东北区的科技人员能力最强，青藏区因自然灾害少而显示出抗灾能力最强（见附表 1 - 6）。在各省区中，黑龙江的耕地（90.49）、西藏的水资源（46.32）、河南的水利设施（78.91）、山东的农业机械（87.09）、河北的投资和农资投入（61.45）、上海的抗灾能力（90.24）和天津的科技人员能力（84.03）最强[1]（见附表 1 - 7）。

（2）各地区粮食综合生产能力增长评估

从各产销区来看，粮食生产快速向主产区集中。13 个粮食主产区粮食产量已占到全国的 3/4，2004 ~ 2006 年累计增产 625 亿公斤，占全国粮食增产量的 94%。在 13 个粮食主产区中，7 个北方省区粮食产量所占比重，已由 20 世纪 90 年代初的 50% 上升到目前的 60% 左右。近三年 7 省累计增产 423.5 亿公斤，占主产区增量的 68%，占全国增量的 63%。平衡区和主产区的粮食综合生产能力不断增强，主销区逐渐衰退。以 1990 年基期指数 100 为准，[2] 大于 100 为增长；反之，为负增长。粮食综合生产能力产出增长指数和要素增长指数均显示，2002 ~ 2004 年增长速度依次为主产区、平衡区和主销区（见表 1 - 4 和附图 1 - 1）。其中，只有主产区为正增长，产出比 1990 年增长 16.1%，投入比 1990 年增长 9.0%，表明主产区粮食综合生产能力呈增强趋势。相反，平衡区和主销区的粮食综合生产能力减弱。2002 ~ 2004 年与 1990 年相比出现负增长，平衡区和主销区产出能力分别降低 2.7% 和 12.9%，要素能力分别削减 15.4% 和 29.1%（见表 1 - 4）。

表 1 - 4　　　2002 ~ 2004 年不同产销区和区域粮食综合生产能力产出增长指数

地区	能力增长指数	排序	产出增长指数	排序	要素增长指数	排序
主产区	110.05	1	116.07	1	108.98	1
平衡区	87.57	2	97.26	2	84.63	2
主销区	78.84	3	87.06	3	70.94	3

---

① 　各省区不同要素指标括号中的数据为要素指数。

② 　政府公布的各省区长期历史数据起点不一致，有些指标的基期做了调整，但对结论影响不大。国家统计部门没有公布 1996 年耕地普查后各省区耕地变动数据，故在耕地变动指数中舍去了耕地面积指标，只有播种面积和复种指数合成的耕地变动指数。水资源变动数据基期为 1997 年，农业机械为 1995 年，投资和投入为 1999 年，科技为 1991 年。

　　从粮食生产力区域布局来看，全国粮食生产重心逐渐向北方转移，南方粮食地位不断下降。特别是稻谷生产重心北移趋势加快，南方传统水稻产区生产下降。1998～2006年，南方13个水稻产区种植面积下降11%，产量下降13%。东北三省水稻生产则呈加快发展趋势，种植面积扩大27.5%，产量增长25.7%。[①] 2000年之后，粮食生产重心由南向北转移趋缓，大体维持南北方粮食产量各据一半的格局。西南西北粮食产量地位增强；长江中游及东南水稻生产地位下降，东北地区持续提高；小麦生产持续向冀鲁豫集中，东北、西北生产逐步萎缩；北方玉米生产地位稳步上升，西北成为第三大玉米产地。[②] 从各区域产出增长指数来看，经济实力薄弱的蒙新区和青藏区粮食产出能力增长最快，经济发达的东南沿海区增长最慢。与1990年相比，粮食产出增长最快的为蒙新区（144.81），增长44.8%；其次为青藏区（125.2），增长25.2%；东南沿海区最慢（94.31），呈负增长，比1990年粮食产出能力下降5.7%。从要素增长指数来看，东北区、西南区和长江中游区增长最快，东南沿海区增长最慢。同基期相比，东北区（122.54）、西南区（108.95）、长江中游区（108.14）分别增长22.5%、9.0%和8.1%；东南沿海区（92.21），负增长7.8%；此外，西北区、蒙新区、黄淮海区均出现负增长（见表1－5和附图1－2）。可见，八大自然区域中粮食生产要素能力增长和下降的地区各占一半，说明不少地区增强粮食生产要素能力的形势不容乐观。其中，经济增长最快的东南沿海区并未随着经济的发展，增加粮食生产要素投入，相反，粮食生产要素能力下降得最快。东北地区粮食生产要素能力的快速增长，对提高国家粮食综合生产能力，维护国家粮食安全作出了重要贡献。

表1－5　　　　　2002～2004年不同产销区和区域粮食综合
生产能力产出增长指数

地　区	能力增长指数	排序	产出增长指数	排序	要素增长指数	排序
东北区	117.56	2	118.80	4	122.54	1
黄淮海区	107.27	5	122.24	3	99.49	5
长江中游区	106.40	6	107.41	7	108.14	3
东南沿海区	93.24	8	94.31	8	92.21	8
西北区	100.91	7	114.35	6	95.02	7
西南区	110.92	4	117.67	5	108.95	2
蒙新区	117.68	1	144.81	1	97.11	6
青藏区	113.19	3	125.20	2	104.55	4

①　孙梅君、郭玮：《我国粮食安全面临的新情况及政策建议》，国家统计局网（http://www. stats. gov. cn），2007－07－27。
②　详见本书第五章。

从各省区来看,多数经济发达的省市粮食综合生产能力下滑,许多经济欠发达的省区增长却比较迅速。据粮食综合生产能力增长指数显示,粮食产出增长最快的为西藏（144.85）,增长44.9%；次之为宁夏（133.911）,增长33.9%；第三为贵州（125.66）,增长25.7%；最慢的北京不增反降（51.44）,减少近一半。其中,前六位除了黑龙江外,均来自西部地区；后五位全部为东部发达省市。粮食产出增长指数和要素增长指数与前述指标反映的情况大同小异（见附表1-8）。① 由此可见,经济欠发达的西部省区粮食综合生产能力总体上增长较快,而东部发达的省市粮食综合生产能力却在迅速下降。

从各类区域的不同要素变动看,与基期相比,主产区、平衡区和主销区的耕地、水资源和科技人员②均减少,其中,主销区耕地能力减幅最大,减少36.0%；平衡区水资源和科技人员减幅最大,分别减少22.5%和38.5%。水利设施、农业机械、投资与农资投入、抗灾能力均是主产区增长幅度最大,分别增长15.7%、70.2%、15.6%和77.9%。在自然地理区域中,只有东北区耕地能力增长4.9%,其他地区耕地能力全部下降；所有区域的科技人员能力均下降,蒙新区降幅最大,下降31.2%。青藏区的水资源、东北区的水利设施、西南区的农业机械、东北区的投资和农资投入、长江中游区的抗灾等能力增长最多,分别增长12.5%、64.9%、94.9%、112.9%和181.9%（见附表1-9）。在各省区中,吉林的耕地（12.3%）、西藏的水资源（30.2%）、青海的水利设施（104.2%）、重庆的农业机械（203.0%）、黑龙江的投资和农资投入（159.7%）、江苏的抗灾能力（400.9%）增幅最大。③ 除了四川的科技人员能力基本持平外,其余均下降（见附表1-10）。

3. 农户粮食生产能力状况

在国家粮食综合生产能力体系中,农户是最基础的要素。农户的种粮技能高低和种粮意愿强弱,直接影响国家的粮食综合生产能力大小。2006年通过对全国不同产销区600多农户的偶遇抽样调查和分析后发现:每家农户平均生产粮食3000公斤左右。农户粮食的土地生产率由高到低依次为主产区、平衡区和主销区。平衡区农户粮食产量最高,其次为主产区,主销区最低。主产区和平衡区农户粮食生产能力比较强,而主销区农户粮食生产能力明显偏低。影响农户粮食生产能力的主要因素多,彼此之间有交互作用,各产销区不同因素的差别程度也各异,大多数因素

---

① 值得注意的是东部主销区福建省、中部主产区湖北省和西部平衡区陕西省、山西省的粮食生产要素投入也出现负增长,分别比1990年下降0.3%、10.6%、6.4%和1.8%。

② 因数据获取制约,本章选取的各地区科技能力用科研人员数量和质量来反映,主要显示科研人员能力,未包含科技投入、设备和成果等指标,并不能完全反映各地科技能力的变化。

③ 各省区不同要素指标括号中的数据为增幅。

均有明显的产销区差别，部分因素没有明显产销区差异。

　　农户平均耕地面积 6.9 亩，各地农户平均耕地面积从大到小依次为平衡区、主产区和主销区。农户的耕地复种指数为 1.23，复种水平由高到低依次为主产区、主销区和平衡区。大多数农户粮田灌溉设施能够保障浇上水，农户灌溉水平由高到低依次为平衡区、主产区和主销区。经济越发达的地区，农户灌溉设施也越先进。不足 1/3 的农户家中拥有农业机械，主要是以通用的拉运机械为主，而专用的田间作业机械很少。绝大部分农户只有小型拖拉机，大中型拖拉机短缺。除采收环节外，农户在粮食生产中机械化水平较高的环节从高到低依次为翻地、托运、播种、灌（排）水。农户收入水平越高的地区，粮食生产机械化水平也越高。大多数农户种粮时仍然施用有机肥，但多数农户有机肥施用量较少。收入水平越高地区的农户，越不愿意施用有机肥。产粮越多的地区，农户施用的有机肥也越多。农户不施用有机肥的最主要原因是缺少有机肥来源。随着各产销区农户收入水平的逐渐上升，嫌脏而放弃施有机肥的农户比例会不断上升。大部分农户的秸秆未能直接还田；秸秆还田机械化程度不足 40%；大多数农户仍然主要将秸秆直接翻入地中还田。未直接还田的秸秆少部分在田间焚烧。秸秆越多的地区，田间焚烧秸秆的农户反而越少。大多数农户种粮未获得过技术服务，少部分农户获得技术服务的主要来源是政府系统的科技推广队伍和市场化的农资销售商。大多数农户文化素质偏低，务农农户的老龄化程度日渐加剧。每个农户经常在粮田干活的劳动力平均近 2 个。绝大多数农户投入到粮田中的劳动时间不足半年。各产销区农户种粮时间长短与产销区经济发展水平呈反相关关系。收入水平越低的地区，农户的粮食生产费用反而越高。2004～2005 年的两年中，大部分农户都遭受了自然灾害，遭遇最多的是病虫害和旱灾。农户粮食生产能力（以粮食产量反映）与农户的耕地面积、拥有的农机、粮田使用的劳动力、种粮采用的新技术正相关，与农户家庭收入水平负相关。①

4. 中国粮食生产主要投入要素的贡献率及其边际产量

　　加强粮食综合生产能力建设，需要掌握具有显著作用的主要投入要素。为此，本章运用 1984～2004 年数据，根据粮食综合生产能力的构成要素和数据可获性原则筛选变量，保留影响显著的构成要素（建模过程详见附录 1－1），构建中国粮食产量与主要投入要素的柯布－道格拉斯生产函数模型。②

---

① 详见本书第十二章。
② 方程式下方括号内的数字为模型系数的 t 检验值。单位面积化肥施用量的回归数据，采用稻谷、小麦、玉米和大豆的播种面积加权平均而得。

$$LnY = -12.622 + 1.934LnX_1 + 0.297LnX_2 - 0.128LnX_3 - 0.0814LnX_4$$

$$(-5.465)\ (10.14)\qquad (14.007)\qquad (-3.317)\qquad (-2.840)$$

$$R^2 = 0.936 \qquad DW = 1.02 \qquad F = 58.442$$

式中：Y 为粮食总产量（万吨）；

　　　X_1 为粮食播种面积（千公顷）；

　　　X_2 为农业机械总动力（亿瓦）；

　　　X_3 为单位面积化肥施用量（公斤/公顷）；

　　　X_4 为成灾面积（千公顷）。

从回归总体效果看，不存在多重共线性问题，该模型可靠性较高，能够较好反映 1984~2004 年中国粮食生产的投入产出关系。结论如下：

（1）中国粮食生产总体处于规模经济效益递增阶段，不同要素的生产弹性差别大。模型运行结果表明，粮食播种面积、农业机械总动力、化肥和成灾面积的要素贡献份额之和为 2.0216 > 1，说明中国粮食生产总体上处于规模经济效益递增阶段，生产要素的投入不能满足粮食生产发展的需要。其中，粮食播种面积的生产弹性最高，达到 2.062 > 1，[①] 表明该要素极度短缺，处于边际产出递增阶段。在其他条件不变时，粮食播种面积每增加 1% 就能增加 2.1% 的粮食产量。其次为农业机械总动力，其生产弹性为 0.297 < 1，说明农业机械总动力处于边际产量递减阶段，即每增加 1% 的农业机械总动力只能增加 0.3% 的粮食产量。[②] 单位面积化肥投入的生产弹性已降为 -0.128，说明目前该要素投入已经超量，反而造成土壤地力下降，每公顷土地增施 1% 的化肥会减少 0.13% 的粮食产量。因化肥生产弹性的绝对值远小于 1，处于边际产量递减阶段，说明减少单位面积化肥施用量的空间已不大。成灾面积的生产弹性为 -0.0814，其绝对值小于 1，说明减少成灾面积已处于边际产量递减阶段，即每减少 1% 的成灾面积只能增加 0.08% 的粮食产量。

（2）不同阶段粮食投入要素的贡献率排序存在明显差别。从表 1-6 可知，1984~2004 年期间，农业机械总动力的贡献率最大（255.3%），其次为科技进步（6.8%），表明 20 年来粮食综合生产能力的提升主要依靠农业机械化水平的提高和科学技术的进步。成灾面积的贡献率为 -2.5%，说明这期间自然灾害加重，导致粮食减产。单位面积化肥施用量的贡献率为 -7.7%，意味着化肥施用强度过大，反而造成粮食减产。粮食播种面积的贡献率最低，为 -151.9%，反映了 20 年来粮食播种面积不断减少的现实，粮食产量的增加不是依靠扩大播种面积而是提高单产。

① 粮食播种面积的生产弹性等于其弹性系数减去单位面积化肥投入的弹性系数，原因见本章附录。

② 因数据获取困难，限制变量选择，一些主要变量未包含在模型中，加之部分农业机械未用于粮食生产，故农机弹性系数有些偏大，对农机作用可能高估。

分不同阶段来看，1984～1991年各要素对粮食增产的贡献率依次为农业机械总动力、科技进步、粮食播种面积、成灾面积和单位面积化肥施用量。其中，前两项贡献率为正值，说明此阶段农业机械总动力的增加和科技进步水平的提升都促进了粮食总产量的增加；后三项贡献率为负值，说明该阶段粮食播种面积减少、自然灾害加重、单位面积化肥施用量过多，导致粮食减产。

1992～1998年各要素对粮食增产的贡献率依次为农业机械总动力、粮食播种面积、成灾面积、单位面积化肥施用量和科技进步。其中，前三项贡献率为正值，说明该阶段农业机械总动力和粮食播种面积的增加以及自然灾害减弱都促进了粮食总产量增加；后两项贡献率为负值，说明这个阶段单位面积化肥施用量仍然超标，科技进步水平下降，限制了粮食增产。

1999～2004年粮食总产量为负增长，各要素对粮食产量的贡献率依次为农业机械总动力、成灾面积、科技进步、单位面积化肥施用量和粮食播种面积。其中，前四项贡献率为正值，说明此阶段农业机械总动力的增加、自然灾害的减少、科技进步水平的提升和单位面积化肥施用量的减少，减缓了粮食总产量下降的幅度；粮食播种面积贡献率为负值，表明粮食播种面积大幅度减少是造成该阶段粮食减产的最主要原因。可见，今后如果科学技术难以取得跨越式发展，提高中国粮食综合生产能力的关键，在于稳定并增加粮食播种面积。

表1-6　　　1984～2004年期间各阶段粮食投入要素的贡献率大小　　　%

阶段	1984～2004年	1984～991年	1992～1998年	1999～2004年
科技进步	6.8	117.7	-19.9	17.9
农业机械总动力	255.3	188.0	83.0	103.3
粮食播种面积	-151.9	-56.2	49.0	-278.1
每公顷化肥施用量	-7.7	-76.1	-13.8	8.3
成灾面积	-2.5	-73.4	1.5	48.5

数据来源：根据有关年份的《中国农村统计年鉴》和《全国农产品成本收益资料汇编》数据经由作者计算而得。

（3）完善化肥施用技术和提高农业机械化水平对粮食增产效果显著。据测算，在其他条件不变的情况下，1984～2004年中国每增加1千公顷粮食播种面积可增加8350吨粮食，每增加1亿瓦农业机械总动力可增产36 980吨粮食，每公顷少施1公斤折纯化肥就可增产20万吨粮食，成灾面积每减少1千公顷可增产1490吨粮食。化肥和农业机械总动力的边际产量高于其他投入要素，是粮食增产的关键制约因素。因此，提高化肥质量，多施缓效肥，不断改进化肥施用方式，大力推广测土配方施肥，既保护环境，又节约种粮成本，是一种高效率增强粮食综合生产能力的手段。此外，增加农业机械总动力，不断提高农业机械化水平，逐步提升劳动生产率，也是增强中国粮食综合生产能力的高效手段。

5. 自然气候和市场价格是中国粮食综合生产能力的转换因子

构成中国粮食综合生产能力的内部要素是可控的，但影响此能力发挥的自然气候和市场价格等外部因素是不可控的。即使投入相同的粮食综合生产能力要素，因自然气候和市场价格不同，中国的粮食产量也不同。其中，不同生产年度的自然气候变化是最难预知又无法干预的，属于纯粹的外部客观因素，其对粮食综合生产能力的产出结果具有决定性影响。在规范的市场经济环境中，如果没有政府干预，粮食市场接近完全竞争性市场，其价格是由供求决定的，任何粮食生产者只能按照市场价格决定自己的生产行为。这种条件下，市场价格的客观性接近自然气候。目前中国处于转轨经济阶段，政府实行最低收购价，在生产季节前提早发布，以干预市场均衡价格；个别种粮农户和农垦企业参考大连和郑州粮食期货交易所的期货价格决定粮食生产。与自然气候相比，市场价格的客观性较弱，主观性较强，具有一定的干预性和预知性。但对中国数亿万计的超小规模农户而言，政府只颁布了稻谷、小麦最低收购价，也只能对大多数稻农、麦农产生影响，而对众多的玉米、大豆和小杂粮等种植户则无影响。绝大多数种粮户不了解期货价格，更谈不上利用，他们主要依据当地当年市场价格决定第二年的商品粮生产。因此，部分受到政府干预的粮食市场价格依然是中国粮食生产者难以预见和把握的非常重要的外部不确定性客观因素。

受自然气候和市场价格的波动性影响，每年的粮食产量也随之波动，而一段时间内粮食综合生产能力是相对稳定的。虽然粮食产量是粮食综合生产能力的结果反映，但当年粮食产量却不一定反映当期粮食综合生产能力，只有该期某年的最优产出才能近似反映粮食综合生产能力。因此，不能简单以当年粮食产量的高低及其变动来判断一定时期的粮食综合生产能力大小及其变化情况。中国 2004 年比 2003 年粮食产量增加 9%，并不表明两年之间的粮食综合生产能力要素相差 9%。从主要投入要素来看，2004 年与 2003 年相比，除了农业机械的三种要素增幅超过 9% 之外，其他投入要素增幅均低于 9%，而且亩均农资投入量还为负增长。但是，反映自然气候的成灾面积却下降 50%，粮食价格上涨 25%（见表 1 - 7）。可见，2004 年与 2003 年之间可能一半以上的产量差距，是由适宜的气候和价格等外部条件释放了蕴藏的粮食综合生产能力所贡献的。2003 年与 1998 年相比，中国粮食综合生产能力尽管在下降，但幅度明显低于 16% 的产量降幅。

表1-7　　　2003年和2004年中国粮食产量、投入要素及影响要素的比较

指标	产量（万吨）	播种面积（千公顷）	有效灌溉面积（千公顷）	农业机械总动力（亿瓦）	大中型拖拉机（台）	配套农机具（万部）	联合收割机（台）	农业基建支出（亿元）
2003年	43 070	99 410	54 014.2	6038.7	980 560	169.8	365 041	527.4
2004年	46 947	101 606	54 478.4	6402.8	1 118 636	188.7	410 520	565.0
增减%	9.0	2.2	0.9	6.0	14.1	11.1	12.5	7.1

指标	科技三项费用（亿元）	亩均物质费用（公斤/亩）	化肥施用总量（万吨）	亩均化肥（公斤/亩）	亩均种子（公斤/亩）	亩均劳动力（日/亩）	成灾面积（千公顷）	粮食价格（元/50公斤）
2003年	12.4	186.64	4411.6	20.2	7.3	10.6	32 516	56.54
2004年	13.2	200.12	4636.6	19.14	6.67	9.44	16 297	70.73
增减%	6.5	7.2	5.1	-5.2	-8.6	-10.9	-49.9	25.1

注：亩均物质费用、化肥、种子、劳动力和粮食价格均为稻谷、小麦和玉米三种主要粮食的平均值。

　　总之，粮食综合生产能力的构成要素是起决定性作用的内因，而自然气候和市场价格是粮食综合生产能力发挥作用的外因。只要坚持不懈地培育耕地、水资源、农田基础设施、农业机械和科技等主要构成要素，辅之以粮食作物布局和品种结构的改善，就能不断提高粮食综合生产能力，将其储藏于粮田之中，在一定时期内保持相对稳定。即使某年粮食产量因灾大幅减产，但粮食综合生产能力并未遭受重创。只要自然气候好转、市场价格上升，就能释放蕴藏的粮食综合生产能力，实现预期的粮食产量目标。

（二）新阶段中国粮食安全形势出现波动

　　改革开放以来，中国粮食生产保持了持续向上的趋势，从1978年到1984年粮食总产量从3.05亿吨迅速提高到4.07亿吨，增长33.4%。20世纪90年代，中国粮食产量在1996年攀升到5亿吨大关，1998年创历史最高水平（5.12亿吨），进入粮食供求平衡、丰年有余的新阶段，标志着中国粮食安全保障水平上了新台阶。跨入21世纪以来，中国粮食供求关系转入一个新的变动周期。

1. 粮食生产波动，产需平衡缺口主要靠库存弥补

　　（1）粮食总产连续多年下降后恢复性增长，各品种和地区的产量变动不同步。从前述粮食综合生产能力的论述中可知，中国粮食总产1998年创历史新高后，到2003年跌入谷底，从2004年开始连续四年增长，2007年再次超过5亿吨。稻谷、

小麦和玉米三种主要粮食品种的产量变动趋势,基本与粮食总产量一致。从产销区看,粮食主产区产量持续上升,主销区产量不断下降,平衡区产量基本稳定(见附表1-11)。从地理区域看,粮食生产正逐步向黄淮海区、长江中游区、东北区和蒙新区集中(见附表1-12)。

(2)小麦进口波动大,稻谷和玉米进口较平缓。1998~2005年中国谷物类粮食进口总体呈波浪形升降趋势,前五年波动小,后两年大起大落。中国谷物进口从1998年的198.1万吨,减少到2003年的80.2万吨,降幅59.5%;2004年骤增至803万吨,比2003年增加9倍;2005年谷物进口又同比下降近一半。这几乎再现了20世纪90年代前期谷物类粮食进口的历史,[1] 表明一定时期内中国谷物类粮食进口可能具有周期性的短期冲击效应,这与粮食生产的不稳定性和"缺粮后进口"的被动进口战略[2]密切相关。进口的主要谷物品种为小麦,小麦进口态势决定了谷物类粮食进口态势。[3] 作为口粮品种调剂型的大米进口多年来比较稳定,在年均40万吨左右波动;玉米进口大多数年份未超过7万吨。[4]

(3)东北等地现代物流框架初步形成,粮食库存波浪形下降并趋稳。20世纪90年代以来,中国粮食物流设施建设成绩显著。截至2005年底,全国共有粮库约1.91万个,有效仓容2.6亿吨。2003年到2005年全国粮食总流通量[5]从17 000万吨增加到20 000万吨。东北地区粮食外运至东南沿海是物流环节最多的流程,粮食产地就近加工销售是物流环节最少的流程。粮食中长距离运输主要依靠铁路运输和近海运输,铁路运量占总运量的比例最大;短途运输多采用公路和内河运输方式。全国大部分地区因车辆设计、装卸机械、企业设施限制,原粮流通多采用以化纤编织袋为主的包装形式。但东北地区率先实施装、卸、运、存的"四散化"作业,其他地区的一些粮库也开展了散粮汽车运输业务。到2005年底,东北地区共有散粮专用火车皮4700辆。[6] 目前中国原粮散装流通量约占原粮总流通量的10%左右,其中跨省原粮散装流通量约占跨省总流量的15%左右,进口粮基本都以散装方式流入。南北海上运输玉米和小麦呈上升态势,长江中下游水系主要运稻谷,珠江水系主要运小麦、玉米和大米。粮食物流信息化进步明显,初步形成了政府办公与市场监测、企业经营管理、粮油生产加工储运自动控制与监测、公共互联网信

---

① 1990年谷物类粮食进口1371.9万吨,以后持续下降到1993年的谷底732.6万吨,1994年恢复到919.7万吨,1990~1994年谷物类粮食进口波动幅度(33.3%)较小;而1995年和1996年谷物类粮食进口则出现骤增(增长121.8%)剧降(下跌46.9%)的巨幅波动。

② 我国主要粮食产量取决于秋粮,待产需缺口形成后再组织进口,只能延续到下一年。粮食进口几乎不存在逆向调控问题,主要是进口滞后性造成的。一般当年粮食产需缺口与次年净进口相关性大,这在2003~2005年粮食产需缺口和净进口关系中得到证明。

③ 1998年和2003年小麦进口分别为149万吨和45万吨,各占三大谷物进口的75.2%和63.3%。

④ 1998年玉米进口达到25.1万吨。

⑤ 我国粮食物流主要由商品粮市场流通、政府储备粮流转、粮食进出口三部分构成。

⑥ 由于L18车返回时空载,要占用紧张的铁路线路资源,因此限制了L18车在关内的使用。

息服务的全方位信息技术应用格局。[①] 1998～2001 年粮食库存上下波动，高低相差3300 万吨；之后持续下降，2004 年比 2001 年粮食库存减少 40% 强；2005 年又同比增长 7.0%。库存下降的速度前快后慢并趋于稳定。[②]

2. 粮食总需求刚性增长，贸易出口受玉米影响较大

（1）国内粮食消费增长平稳，口粮和饲料粮消费比重反向变动。新阶段以来中国粮食消费[③]一直稳步增长。1998～2005 年中国粮食消费从 46 475 万吨增加到49 775 万吨，年均增长 0.98%。粮食消费总量保持平稳增长态势，但消费结构发生变化。其中，居民口粮稳中趋降，从 2.78 亿吨降到 2.71 亿吨，比重从 58.9% 降到 54.8%；饲料用粮和工业用粮小幅增长，分别从 1.38 亿吨和 0.42 亿吨增加到1.58 亿吨和 0.53 亿吨，比重分别从 29.4% 和 8.9% 上升到 32.0% 和 10.8%；种子用粮因播种面积减少和播种技术提高而逐年减少，从 0.13 亿吨降到 0.12 亿吨。

（2）谷物类粮食出口先增后减，小麦、玉米出口波动较大。1998～2005 年，中国粮食出口先增后减，从 1998 年的 871 万吨增加到 2003 年的 2152 万吨，然后减少到 2005 年的 993 万吨。分品种看，1998～2005 年大米出口小幅波浪形下降，从 375 万吨减少到 69 万吨。1998～2003 年小麦出口量快速上升，从 27 万吨增至251.4 万吨，2004～2005 年直线下降至 60 万吨，但总体仍呈增长态势。玉米出口大幅波浪形变动，1998～2003 年快速上升，从 469 万吨增加到 1639 万吨，2004 年急剧下降至 232 万吨，2005 年小幅回升至 864 万吨。由于玉米出口量占三种主要谷物出口的比重很高（2005 年占 87%），因此玉米出口基本决定了主要谷物出口变化的走势，主要粮食的出口随玉米出口波动而波动。从 1998 年出口低谷的 871万吨增加到出口高峰 2003 年的 2152.4 万吨，然后直降到 2005 年的 993 万吨。波动幅度在 +147.1% 到 -53.9% 之间。

3. 粮食供求总体呈紧平衡运行，粮食安全压力发生波动

（1）粮食产需缺口波动大。在 1998～2005 年期间，1998 年和 1999 年粮食生产超过当年消费需求。从 2000 年开始，产销缺口逐渐扩大，从 1627 万吨扩大到2003 年的 5730 万吨，年平均扩大 52.1%。2004 年后粮食恢复性增长，2005 年产销缺口缩小到 1373 万吨，比 2003 年缩小 76%（见附表 1-13）。因大豆缺口大，粮食总体仍保持产不足需的格局。

---

① 详见本书第二章。
② 据有关部门的资料测算。
③ 粮食总需求包括国内消费、出口和库存，考虑到我国库存数据的保密性和每年轮换库存相对稳定，故此处不分析库存需求。

（2）粮食安全水平由高到低、再转高。粮食安全是一个复杂系统，对于大多数国家来讲，粮食安全体系不同环节安全程度的不一致性，使我们很难对某一个国家粮食安全状况作出整体上的判断。为此，引入综合性的粮食安全系数指标。[1]　粮食安全系数越高，安全保障水平越高。在现有的粮食安全系数分值表中，人均占有量可能参照发达国家标准赋值，人均超过1000公斤以上和800～1000公斤才分别为1.0分和0.9分，不符合中国素食为主的粮食消费结构，故采用专家意见按照人均占有量敏感区（300～400公斤/人）多设档、非敏感区少设档的原则进行了调整（见附表1-14）。此外，将0～1.0的粮食安全系数采用德尔菲法划分为"很安全、安全、基本安全、不安全、很不安全"五个等级（见附表1-15）。[2] 1998～2005年中国粮食安全水平经历了一个"很安全—不安全—安全"的"V"字形变化。粮食安全系数从1998年的0.90下降到2003年的0.57，降幅达36.7%，然后于2005年反弹到0.73，比2003年上升33.3%（见图1-3）。可见，进入新阶段以来，中国粮食安全水平经历了一个明显的波动过程。[3]

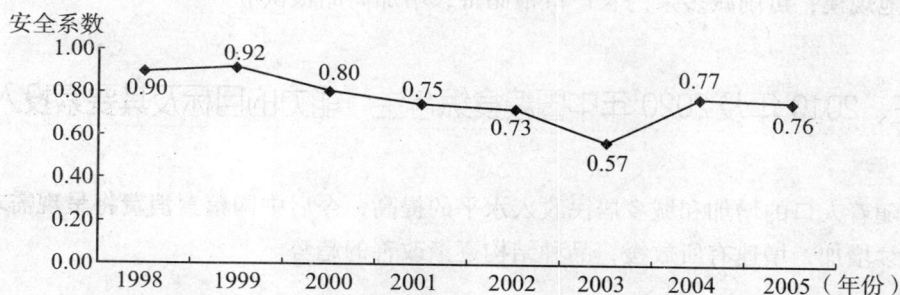

图1-3　新阶段中国粮食安全总体水平变动情况

注：人均占有量分值根据中国的实际和专家意见进行了调整；波动指数参照朱泽文章中的公式计算，估算趋势产量的数据为1962～2005年的粮食产量，权重采用德尔菲法获得。

数据来源：经计算而得，原始数据参见国家发改委有关部门数据；朱泽，《中国粮食安全状况的实证研究》，载于《调研世界》1997年第3期。

4. 农户能够保证家庭粮食安全，发达地区农户粮食安全保障逐步转向社会

农户粮食安全是国家粮食安全的重要组成部分，一旦相当数量的农户粮食处于不安全状态，势必降低国家的粮食安全水平。通过600多户问卷调查发现：农户生

---

[1]　粮食安全系数是对一个国家的粮食波动指数、自给率、储备率和人均占有量各项粮食安全指标进行加权平均处理后得到的综合评分值，反映了一个国家粮食安全的总体水平。见朱泽：《中国粮食安全状况的实证研究》，载于《调研世界》1997年第3期，第27页。

[2]　以德尔菲法判断粮食安全水平的10位专家分别来自国家发改委、农业部、国家粮食局、中国农业大学、南京农业大学等权威政府部门、科研机构和知名农业大学等组织。

[3]　除了特别注明外，粮食安全现状内容详见本书第三章。

产粮食以自给自足为主，商品化生产为辅。经济越发达、就业机会越多的地区，专门从事规模化种粮和养殖的专业化大户越多。产粮越多的地区，农户自给自足供应家庭口粮的比例越高；相反，农户依靠市场供应家庭口粮的比例越高。农户家中储存的主要口粮平均够吃1年。产粮越多的地区，农户家中主要或次要口粮存储也越多，维持家庭口粮消费的时间也越长。绝大部分农户保持自储粮习惯。2003～2005年，大部分农户存粮数量基本不变；主销区农户以减少口粮存储为主，平衡区则以增加口粮存储为主。全国每家农户2005年比2004年平均减少口粮存储375.8公斤，口粮存储越多的农户，减少的口粮存储也越多。大部分农户生产的粮食能够满足家庭口粮需求。产粮越多的地区，农户保障自家口粮需求的水平越高。经济越不发达，低效率的以粮换粮的传统易货交易的农户越多。大多数农户对于今后粮食安全问题持乐观态度，主产区农户的未来粮食安全感最强，平衡区农户最弱。农户口粮储备数量与农户家庭人口和粮食产量正相关，与耕地面积负相关。增加粮食产量，利于提高农户口粮安全水平；减少农户人口，可减轻口粮储备负担；扩大农户承包地规模，可削减多余的农户口粮储备，增加商品粮供应。[①]

三、2010年及2020年中国粮食综合生产能力的目标及其要素投入

随着人口的增加和城乡居民收入水平的提高，今后中国粮食消费将呈现需求总量继续增加，增速有所放缓，品种结构逐渐改善的趋势。

（一）2010～2020年中国粮食消费预测

根据未来5～15年粮食消费需求的变化趋势，有关部门预测了2010年及2020年的粮食消费需求。该预测假定2010年人口13.7亿、人均粮食消费377.7公斤，2020年人口14.6亿、人均粮食消费387公斤。[②] 近年来各种研究对中国粮食消费需求的预测众说不一，有些结果接近，有些差别较大。差异的主要原因在于人口预测结果明显不同，特别是许多研究引用2030年人口达到16亿的预测可能性几乎不存在。即使按高水平估计，假定人口自然增长率一直保持2004年的0.589%，到2030年人口也只有15.1亿。事实上，1990～2005年中国人口自然增长率从

---

① 详见本书第十二章。
② 农业部课题组：《加强我国粮食综合生产能力研究》，选自《新时期农村发展战略研究》，中国农业出版社2005年11月，第159～164页。

1.439% 直线下降到 0.589% ,[1] 年平均下降 5.78% ；每年下降的幅度为 0.0136 个 ~0.1422 个百分点，其中高于 0.0137 个百分点的频次高达 87% 。考虑到今后 15 年人口规模越来越大，资源、环境和就业压力不断上升，计划生育政策不会发生大的调整。即使为了应对老龄化社会的压力，也只是结构性地微调。按照发达国家工业化阶段人口增长规律，随着人均收入水平的逐步提高，子女培育成本不断上升，生育意愿趋向减弱，到一定阶段将出现人口负增长，如上海人口已率先出现负增长。因此，中国未来人口自然增长率下降趋势不会改变。鉴于未来人口自然增长率降幅也呈递减趋势，假定今后人口自然增长率的降幅按 1990 年以来最低点 0.0137 个百分点递减，那么 2010 年和 2020 年的人口自然增长率分别为 0.507% 和 0.370% ，人口分别为 13.4 亿和 14.0 亿。[2] 根据修正的人口预测结果，参照有关部门的粮食消费预测，对 2010 年和 2020 年中国粮食消费需求进行了预测。

1. 预计 2010 年中国国内粮食总消费将达到 5016 亿公斤左右

从消费类型看，其中，口粮消费 2282 亿公斤，占国内总消费的比重为 45.5% ；饲料粮消费 1956 亿公斤，消费比重为 39% ；工业用粮 677 亿公斤，消费比重为 13.5% 。从消费品种看，2010 年稻谷为 1913 亿公斤，小麦为 1081 亿公斤，玉米为 1311 亿公斤，大豆为 387 亿公斤。

2. 预计 2020 年中国国内粮食总消费将达到 5418 亿公斤左右

从消费类型看，口粮消费 2140 亿公斤，占国内总消费的比重降到 39.5% ；饲料粮消费 2330 亿公斤，消费比重上升到 43% ；工业用粮 834 亿公斤，消费比重提高到 15.4% 。从消费品种看，2020 年稻谷消费将达到 2006 亿公斤，小麦达到 1582 亿公斤，玉米达到 1506 亿公斤，大豆达到 451 亿公斤。

（二）2010 年和 2020 年中国粮食综合生产能力的目标

未来粮食综合生产能力目标只能根据粮食需求预测确定，粮食综合生产能力不是多多益善。如果粮食综合生产能力目标定得过高，粮食生产就会占用过多的稀缺资源，导致机会成本过高，就会制约棉花、油料、糖等其他重要农作物的发展；如果目标定得过低，国家粮食安全就不能得到有效保障。粮食综合生产能力究竟比粮食安全目标高多少合适，没有可参照的相关研究成果和国际经验。中国 1996 ~

---

① 详见本书第七章。
② 2005 ~2020 年，大多数年份的人口自然增长率降幅可能超过 0.0137 个百分点，个别年份可能低于该值。为了简化运算，平均按该值推算，因此，未来实际人口数量可能更低。

1999 年有过产大于需、库存爆满、财政补贴负担过重的历史教训，该时期可近似视为国家碰巧进行了一次产大于需的社会试验。据计算，4 年平均的粮食综合生产能力超过需求量的 8% 左右。[①] 据此推断，今后中国粮食综合生产能力的目标不应超过粮食需求量的 8%，否则可能重蹈历史覆辙。

在确保粮食安全的条件下，通过适当进口粮食实现国内供求平衡，是国家既定的战略。为了确定粮食综合生产能力高于国内粮食需求的适当比例，可考虑将国内粮食需求改为自产粮食的需求，即达到国家确定的粮食安全水平下的产量（自给率 95%）。换句话说，就是粮食综合生产能力以超过国产粮食需求的 3% 为宜。[②] 另外，依据自给率目标、一些部门和专家预测的 2010 年中国粮食需求量和国家"十一五"规划确定的粮食综合生产能力目标，可以推断专家经验认为中国粮食综合生产能力目标需高于国产粮食需求的 2% ~ 3%（2.2%）。由于国家确定的 2010 年粮食综合生产能力目标为"左右"数，稳妥起见可将高位数 3% 确定为今后粮食综合生产能力高于国产粮食需求的经验参考值。[③] 中国将大豆和薯类都作为粮食统计，与国际公认的粮食标准不一致，按国际标准统计中国 2004 年的粮食产量只有41 649 万吨，目前中国的粮食产量因包含 5000 多万吨的大豆和薯类而高估。近几年中国大豆进口 2000 万吨左右，照此计算中国 2003 年的粮食自给率只有 88%，其他年份也低于 95%，但国内粮食依然安全。因此，今后按国际标准统计的真正粮食产量即使低于目前 95% 自给率的产量也是安全的。鉴于中国在国际粮食贸易上的"大国效应"以及国际粮食市场贸易结构与国内消费的粮食品种差异很大，[④]粮食自给率也不宜过低，我们按 90% 自给率，设计了第二套粮食综合生产能力的目标方案。依据前述确定的 90% 和 95% 自给率，2010 年中国粮食综合生产能力应达到 4920 亿 ~ 5170 亿公斤，2020 年达到 5310 亿 ~ 5580 亿公斤。

此外，本课题其他专家沿着另一条技术路线开展研究，预测 2010 年和 2020 年中国粮食需求总量将分别达到 5.394 亿吨和 6.167 亿吨。为满足上述需求，在考虑适当进口的情况下，[⑤] 2010 年和 2020 年中国粮食综合生产能力的目标规模分别为5.124 亿吨和 5.550 亿吨，13 个主产区粮食综合生产能力的目标规模分别为 3.843亿吨和 4.163 亿吨。[⑥]

---

① 根据人均粮食需求随人均收入水平提高而缓慢上升的规律，参照有关部门预测 2010 年人均粮食需求377.7 公斤，推算 1996 ~ 1999 年人均粮食需求为 375 公斤左右，据此计算得出。

② 即粮食产量不宜超过需求量 8% 的标准减去达到粮食安全线的产需缺口比例 5%。

③ 蓝海涛、王为农：《我国中长期粮食安全若干重大问题研究（总报告）》，2006 年，第 7 页。

④ 张红宇、李伟毅：《我国粮食综合生产能力建设政策的评价及长效机制方案选择》分报告之九，第23 页。

⑤ 分课题研究者认为我国没有休闲耕地等潜在生产能力，现实的粮食产量即为粮食综合生产能力。按照 2010 年 95% 自给率和 2020 年 90% 自给率分别乘以粮食总需求，得出今后粮食综合生产能力目标。

⑥ 详见本书第九章。

（三） 实现粮食综合生产能力目标的要素投入

1. 回归模型预测

假定"十一五"期间国民经济大体上仍然按照以往的规律发展，运用回归模型（见附表1－16）对2010年中国达到粮食综合生产能力上下限的一些主要投入要素进行大致预测。结果表明，到2010年按90%～95%自给率实现粮食综合生产能力上下限目标时，大致需要投入农机总动力5780亿～7350亿瓦、有效灌溉面积5440万～5690万公顷、化肥4730万～5900万吨、农业固定资产投资1280亿～3050亿元、水利设施投资750亿～1770亿元。通过模型预测发现，上述投入要素都以半对数函数模型的拟合度最优，反映了这些投入要素在20世纪80年代从3亿吨上升到4亿吨台阶时，处于粮食边际产量递增阶段，只要追加少量的生产投入就会大幅度提高粮食综合生产能力。但是，进入20世纪90年代以后，粮食综合生产能力从4亿吨上升到5亿吨，主要投入要素的粮食边际产量已处于明显下降阶段。

2010～2020年中国粮食综合生产能力要实现5亿吨到6亿吨的跨越，如果科技能力没有大的提升，粮食科技的技术效率与目前大体相当，则要大幅度甚至成倍增加主要投入要素。据测算，按照目前的技术水平，实现2020年粮食综合生产能力的上下限目标，大致需要投入农机总动力8410亿～10 910亿瓦，比2004年增加31.3%～70.4%；有效灌溉面积5830万～6120万公顷，比2004年增加7.0%～12.3%；化肥6680万～8500万吨，比2004年增加44%～83.3%；农业基本建设投资4950亿～12 600亿元，比2003年增加351%～1050%；水利基本建设投资2870亿～7270亿元，比2003年增加320%～970%。当然，由于这种预测的前提假定不符合未来发展趋势，采用简单的趋势外推必然不准确，因此，不可能按上述投入来实现2020年的粮食综合生产能力目标。今后15年，如果显著提高科技能力，改进粮食生产的技术效率，减缓粮食边际产量的下降速度，则可用较少的投入要素实现粮食综合生产能力目标。

2. 投入产出比预测

根据未来投入产出比的假定是否变动，可分为动态投入产出比预测和静态投入产出比预测。随着国民经济的不断发展，粮食的生产技术水平逐渐提高。按照动态投入产出比预测法，假定今后粮食生产继续按20世纪90年代以来的技术进步速度发展，各要素投入产出比仍按目前趋势变动。① 到 2010 年要实现粮食综合生产能力目标，至少需要耕地 12 250 万 ~ 12 880 万公顷、粮食播种面积 9870 万 ~ 10 370 万公顷、涉粮有效灌溉面积 3690 万 ~ 3880 万公顷、涉粮机械动力 57 550 万 ~ 60 470 万千瓦、涉粮固定资产投资 1170 亿 ~ 1230 亿元、涉粮化肥 1910 万 ~ 2010 万吨、种子 800 万 ~ 840 万吨。到 2020 年实现粮食综合生产能力上下限目标，至少需要耕地 11 790 万 ~ 12 390 万公顷、粮食播种面积 9490 万 ~ 9970 万公顷、涉粮有效灌溉面积 3830 万 ~ 4020 万公顷、涉粮机械动力 95 800 万 ~ 100 670 万千瓦、涉粮固定资产投资 2230 亿 ~ 2340 亿元、涉粮化肥 1400 万 ~ 1470 万吨、种子 720 万 ~ 760 万吨。按照静态投入产出比法，假定今后技术水平不变，保持目前投入产出比，达到 2010 年和 2020 年粮食综合生产能力目标的要素投入组合（见表 1 - 8）。从预测结果看，随着物质装备水平和种植技术的不断进步，尽管 2020 年粮食综合生产能力目标高于 2010 年，因资源节约型技术 10 年期间的发展可明显提高投入产出比，使得耕地、播种面积、化肥、种子和粮食用水等资源节约型要素投入可能少于 2010 年。相反，一些资本密集型要素随着粮食种植现代化程度的提高，资本密集度不断上升，资本密集型要素的投入产出比下降，促使涉粮的农机总动力、农业固定资产投资和有效灌溉面积等要素投入逐步增多。

上述不同方法预测结果存在一定偏差，主要原因是回归模型的相关系数不太高，因果关系的解释力不够强，预测的误差可能较大，而且预测的投入要素也有限。在投入产出比的预测中，假定未来保持目前的技术水平，投入产出比不变，明显不符合未来发展趋势，只是一种分析参考性的预测结果。只有假定到 2010 年和 2020 年投入产出比将保持 20 世纪 90 年代以来的增长速度，尽管也不完全符合未来发展趋势，但其预测值比前述方法可能更接近未来实际结果。②

3. 其他要素投入方案

第一，实现 2010 年中国粮食综合生产能力目标的一个可行方案是：粮食播种面积达到 15.5 亿亩，粮食成灾面积保持在 2004 年的水平，每公顷化肥投入和其他物质投入需要比 2004 年增长 9.7%；实现 2010 年主产区粮食综合生产能力目标的一个可行方案是：播种面积达到 11.3 亿亩，成灾面积为 763.0 万公顷（2004 年水平），每公顷化肥投入和每公顷其他物质投入比基期 2004 年增加 7.0%。第二，实现 2020 年全国粮食综合生产能力目标的可能方案是：粮食播种面积为 16 亿亩，粮食成灾面积保持 2004 年水平、或降低 10%、或降低 20%，相应的每公顷化肥投入

---

① 详细测算方法参见本章后面的附件 1。
② 有关粮食综合生产能力的概念和测算等方面的内容见黄汉权、蓝海涛：《提高我国粮食综合生产能力的思路和政策研究》之总报告，2005 年，第 1 ~ 22 页。

表 1 - 8　　　　2010～2020 年达到粮食综合生产能力目标所需投入要素组合

预测年		2010 年		2020 年	
粮食综合生产能力（万吨）		49 200	51 700	53 100	55 800
技术不断进步	耕地面积（万公顷）	12 250	12 880	11 790	12 390
	播种面积（万公顷）	9870	10 370	9490	9970
	用水量（亿立方米）	2240	2360	2020	2120
	有效灌溉面积（万公顷）	3690	3880	3830	4020
	农机总动力（万千瓦）	57 550	60 470	95 800	100 670
	农业固定资产投资（亿元）	1170	1230	2230	2340
	涉粮化肥（万吨）	1910	2010	1400	1470
	粮食种子（万吨）	800	840	720	760
技术维持现状	耕地面积（万公顷）	13 130	13 800	14 170	14 890
	播种面积（万公顷）	10 570	11 110	11 410	11 990
	用水量（亿立方米）	2500	2630	2700	2840
	有效灌溉面积（万公顷）	3780	3980	4080	4290
	农机总动力（万千瓦）	44 300	46 600	47 800	50 300
	农业固定资产投资（亿元）	830	870	900	940
	涉粮化肥（万吨）	2410	2530	2600	2730
	粮食种子（万吨）	880	930	950	1000

　　注：除了耕地面积、播种面积、化肥、种子外，其他均为经过粮食播种面积比例系数调整后的涉粮投入要素指标，不是农业指标。

　　数据来源：作者计算。

和其他物质投入比基期 2004 年增加的幅度分别为 16.2%、14.3% 和 12.5%，粮食播种面积在 2020 年要保持在 16 亿亩是确保中国粮食安全的一条警戒线；实现主产区粮食综合生产能力目标的可能方案是粮食播种面积为 11.6 亿亩所对应的三个方案：对应于不同的粮食成灾面积，每公顷化肥费用和每公顷其他物质费用的增加幅度在 10.5%～13.5% 之间。①

四、提高中国粮食综合生产能力和保障粮食安全面临的主要约束

　　为了确保 2010 年和 2020 年中国的粮食安全，必须实现中长期粮食综合生产能力目标。但是，中国也面临耕地、水资源、科技、物流、市场调控等方面的严重约束。

---

①　详见本书第九章。

（一）城市化和工业化不断占用耕地和消耗水资源，粮食综合生产能力逐渐削弱

改革开放以来，城市化与工业化相互推动，[①] 共同发展，耕地和水资源压力日趋加大。目前中国耕地资源紧缺，面积不断减少；耕地质量偏低，下降趋势未变。水资源高度短缺，区域分布失衡，利用率不高。[②]

1. 不同阶段耕地下降速度快慢不一

1979～2005 年，中国耕地面积从 13 476 万公顷减少到 2005 年的 12 082 万公顷，平均每年减少 49.96 万公顷。同时，占优补劣，耕地质量不断下降。期间出现了 1984～1986 年以乡镇企业和农民建房占用耕地为主和 2000～2003 年以开发区和城市扩张占地为主的两个耕地面积锐减时期。1984～2005 年间，城市化率每增加 1 个百分点，将使耕地面积减少 0.11 个百分点，相当于耕地绝对减少 44.63 万公顷。1984～2004 年，随着城市化进程的发展，中国耕地减少的幅度呈倒 U 形结构；耕地面积年变化率和粮食产量年增长率 3 年平均滑动的相关系数达 0.70。1983～2005 年非农产业增加值占 GDP 比重每增加 1 个百分点，将使耕地面积减少 0.20 个百分点，相当于耕地绝对减少 80.56 万公顷。

2. 涉粮用水比重持续下降

改革开放以来，随着农业用水比重的不断降低，涉粮用水比重也随之下降。1980～2004 年涉粮用水[③]比例从 70.6% 降到 42.8%，比例每年平均减少 1.45 个百分点。涉粮用水量有所波动，从 1980 年降至 1993 年后又回升到 1997 年的高点 3079 亿立方米，之后又逐渐降到 2004 年的 2373 亿立方米。分区域看，长江流域农业用水量最大，年平均为 984 亿立方米，缺水的西北内陆地区和黄淮海地区农业用水量也较大。随着粮食生产重心北移，水资源短缺矛盾进一步加剧。高耗水的稻

---

① 为了衡量城市化和工业化占用耕地和消耗水资源的程度，需要界定城市化和工业化的评价指标。城市化的核心是人口的城市化，一般用人口城市化率反映城市化水平。城市化进程中需要修建厂房、兴修道路和商用楼宇等工业和城市基础设施，不断占用耕地资源；各类企业数量和规模扩大，工业用水日益增加；城市人口增加，城市生活用水也相应增多；工业用水和城市生活用水增加，势必要减少农业用水。广义的工业化表现为非农产业比重不断提高，故可用非农产业比重这一指标来反映。

② 黄汉权、蓝海涛：《提高我国粮食综合生产能力的思路和政策研究（总报告）》，2005 年，第 22～23 页。

③ 因无粮食用水统计，假定农业用水按播种面积分配，涉粮用水 =（粮食播种面积/农作物播种面积）×农业用水。尽管农业用水还包括林业、牧业等用水，各粮食品种用水差别较大，因没有公布的细分用水数据和技术参数，暂且忽略不计；况且各年按同样方法计算的比例，可消除系统偏差，不影响结论。

谷增产主要依靠东北地区的趋势，到底能够维持多久，值得高度关注。[①] 1997～2004 年，[②] 非农产业比重每增加 1 个百分点，将使涉粮用水减少 5.62 个百分点，相当于减少 143.7 亿立方米农业用水；城市化率每增加 1 个百分点，将使粮食单产减少 0.0996 个百分点，相当于每公顷粮食减产 70.6 公斤（折合 4.7 公斤/亩）。[③]

3. 城市化对粮食生产的综合影响为负面效应

鉴于城市化一般与工业化正相关，为避免重复计算，此处重点分析比工业化更能直接反映耕地和水资源占用导致粮食减产的城市化因素的影响。1990 年以来城市化率每增加 1 个百分点，粮食产量减少 0.37%，其中来自耕地减少的份额占73.0%，来自单产量减少的份额占 27.0%。分阶段看，2000 年以前城市化对粮食生产的综合影响弹性值比较平稳，变化幅度在 −0.14 和 −0.19 之间。但是，进入21 世纪以后，弹性值迅速下降到 −0.78，表明城市化对粮食生产的负面影响程度进一步加强，主要原因是城市化加快推进导致耕地面积大量减少，对该期粮食生产影响的份额占 87.2%，而粮食单产的份额仅占 12.8%。今后城市化、工业化对粮食生产的综合影响将不再能够抵消需求增加的影响，从而使国家粮食安全面临挑战。[④]

（二）科技进步较慢和服务能力不强，科技对粮食生产的支撑能力较弱

1. 科技创新能力严重不足

自"九五"时期以来，适合于中低产地区的广适性丰产品种明显不足。近年来审定推广的高产、超高产作物品种多适宜在高水肥条件下种植，在中低产生产条件下不能发挥高产潜力。适宜高产地区种植的小麦品种数量和类型较多，而在大多数中低产粮食主产区，适宜种植的小麦品种数量和类型偏少。[⑤] 超级稻虽然高产，但口感质量不高，与消费者的口粮质量要求尚有差距。近期之所以未研制出可以大

---

① 孙梅君、郭玮：《我国粮食安全面临的新情况及政策建议》，国家统计局网（http://www. stats. gov. cn），2007−7−27。

② 1997 年是我国粮食产量历史最高的年份之一，对应的用水总量和农业用水量也创历史最高水平，因此，可以以该年为基期测算 1997 年以来农业用水减少对粮食单产的影响。为简便起见，这里用农业用水量与粮食播种面积占耕地面积的比例的乘积作为粮食用水量的近似值。

③ 黄汉权：《城市化对我国中长期粮食生产的影响》（研究报告），2006 年。

④ 详见本书第七章。

⑤ 农业部发展规划司：《保护和提高粮食综合生产能力专题研究报告》，选自《恢复发展粮食生产专题调研报告汇编》，2004 年 8 月，第 35～36 页。

面积推广的重大成果，除了科研体制改革滞后外，关键原因在于：一是中国农业科技投入增长缓慢，增速低于财政用于农业支出的增长。1998～2006年财政用于农业的支出年平均增长13.5%，[①] 科技三项费用年平均增长11.3%，比财政用于农业的支出增速低2.2个百分点。科技三项费用占财政用于农业支出的比重，从1998年的0.79%下降到2006年的0.67%。中国农业科技投入低于38个发展中国家的平均水平。二是农业科研人员尤其是高素质科研人员不足。2006年全国农业技术人员占农业从业人员的比例只有6‰，高级技术人员只占技术人员的5.8%。[②] 现代农业科技特别是高技术研究，对资金投入规模和科技人员素质要求越来越高，否则很难获得重大突破性科技成果。目前新型农业投入品的研制与开发投入不足，技术储备不能满足需求，科技创新能力明显减弱。

2. 农业技术推广能力下降

在探索农业科技推广体制的改革过程中，因各级政府对粮食等大宗农作物的技术外部性认识不足，过度强调农技推广的市场化手段，忽略了政府在外部性强的粮食等农业技术推广中应承担的公益性职能，致使许多基层农业科技推广机构"线短、网破、人散、站撤"。在此情况下，县、乡两级农技人员由1999年的125.7万人，下降到2003年的100.5万人，[③] 中央财政对推广投入也呈下降趋势。在基层农技推广人员中，专业技术人员只占58%，每年参加短期培训的人数只占13%；在多数地方，农技人员知识更新缓慢，推广技能和综合素质较低，这些也抑制了农业技术的推广。

3. 农民科技素质不高，技术培训与指导不到位

2006年末，全国农业从业人员34 874万人，其中，初中以下的占95.7%（文盲约10%），高中以上不足5%。[④] 农民科技文化素质偏低，接受新技术的能力较差，有的农民甚至听不懂科技广播，看不懂农业部门印发的科技"明白纸"。[⑤] 近几年由于农村劳动力向外转移，真正务农的农民素质更低。[⑥] 而对农民的农业培训效果和普及面有限。全国农技推广服务中心2003年组织了对近千个农户的调查，结

---

① 除了特别说明外，本文中以货币单位计价的增长率，为了简便计算，均为名义增长率。
② 作者计算，原始数据见国家统计局，第二次全国农业普查主要数据公报，2008年2月22日。
③ 农业部农村经济研究中心课题组：《我国农业技术推广体系调查与改革思路》，载于《中国农村经济》2005年第2期，转引自中国信息网（http://www.chinainfo.gov.cn），2005－06－12。
④ 国家统计局，第二次全国农业普查主要数据公报，2008年2月22日。
⑤ 农业部发展规划司等：《粮食生产技术示范推广专题调研报告》，选自《恢复发展粮食生产专题调研报告汇编》2004年8月，第44页。
⑥ 尽管种粮农民的文化素质偏低，人力资本较少，但因粮食种植的技术比较成熟，社会化分工明显，耕地、播种、良种繁育、收割等环节的技术大多社会化，一般种粮农民的人力资本并不显著影响粮食生产率。

果表明，只有 26.6% 的农户接受过灌溉技术培训，88.5% 的农户按习惯方式施肥。[①]

（三）农户经营规模小、组织化程度低，束缚粮食综合生产能力的发展

1. 种粮农户耕地规模不断缩小

尽管中国城市化水平不断提高，但人口总量不断增多，农户数量仍在上升，耕地面积又日趋减少，导致农户土地经营规模逐渐缩小。1980～2005 年，虽然农业劳动力人均耕地面积从 1980 年的 0.33 公顷提高到 2005 年的 0.41 公顷，但是同期农户的户均耕地面积反而从 0.56 公顷降低到 2005 年 0.48 公顷，中国的城市化并没有带来农业土地经营规模的扩大。[②]

2. 小规模农户的粮食商业化生产能力提升困难

中国以种粮为主的农户缺乏专业协会组织，粮农经纪人队伍不发达，基本处于小规模分散经营状态。因种粮农户土地经营规模过小，数量众多且分散，生产和交易信息传递慢、成本高，粮食生产主要依赖经验性决策，盲目性大、趋同度高，外部规模经济效益低，粮食劳动生产率和商品率徘徊不前，妨碍农户粮食生产能力提升。1991～2004 年稻谷、小麦和玉米三种粮食的商品率平均为 51.3%，一直在 48.3%～54.0% 之间波动，始终处于半商品化阶段。

（四）土地承包制和农田用水体制改革不够深入，对粮食综合生产能力构成体制性约束

1. 土地流转不畅，影响粮食稳步增产

土地承包制尽管鼓励农民流转土地，但农民之间彻底转让土地使用权的现象还不多见。即使有转让，也主要是农户之间口头上的临时转让，随时都可能收回土地。据河南驻马店和东北三省的一些农民反映，当地不少转让了土地出外打工的农民，因政府免税又发补贴，都纷纷要回土地。现行土地流转方式的随意性和不稳定性，抑制了土地向种田能手和大户集中，不利于提高粮食单产和稳定产量。

---

① 梅方权：《中国粮食安全的战略分析》，载于《中国食物与营养》2004 年第 9 期，第 6 页。
② 详见本书第七章。

2. 农田用水体制不合理，削弱粮食综合生产能力

目前农田用水产权体制改革不到位。农田灌溉水利设施主要为国有或集体所有，灌水浇地大多数为无偿用水或象征性收水费，在伸入田间地头的灌溉井等小型农田水利设施的民营化改革方面进展比较缓慢。

（五）品种和区域供求矛盾加剧，增大确保粮食安全难度

1. 品种供求失衡加深

稻谷是中国的当家品种，全国 60% 的人口以大米为主食，居民口粮中 60% 是大米。2004～2006 近三年稻谷产量有所恢复，但大米消费群体不断扩大，优质大米尤其是粳米的消费比重不断上升，目前年度产需仍有一定缺口。玉米过去一直被认为是供大于求，而今随着加工需求的旺盛增长，供求关系出现逆转，产需处于偏紧状态。有关专家预测，今后玉米有可能由现在的净出口演变为净进口。大豆存在较大缺口，目前进口已占到消费量的 2/3。在粮食总体安全形势下，品种结构矛盾越来越成为影响中国粮食供求平衡的主要矛盾。[1]

2. 区域供求矛盾加大

目前，一方面中国粮食主产区与主销区错位分布。如玉米主产区集中在北方，而作为养殖业密集区和饲料工业发达区的玉米主销区，则主要集中在南方。13 个粮食主产区库存占全国总库存的 73%，7 个主销区只占 11%。另一方面，缺粮地区增多，缺口拉大。主销区产需缺口不断拉大，2006 年已达 5000 多万吨。主销区内的主产县和产销平衡县产量呈减少趋势。例如福建主产粮食的尤溪县因产量减少，粮食外调量从 1990 年的 3.46 万吨下降到 2005 年的 2.35 万吨。2010 年之前闽清县就会从 2006 年的产销平衡县转为主销县。[2] 产销平衡区自给能力明显减弱，已有多个省份出现缺口。例如，陕西省 2002 年有 38 个商品粮生产基地，2006 年其中 12 个已变为粮食调入区，减少了 31.6%。[3] 一些粮食主产省如山东、湖南、四川也由过去的粮食调出省变为调入省。在粮食流通体系还不健全的情况下，局部地区粮食市场的小波澜有可能引起全国粮食市场的大风浪。

---

[1] 孙梅君、郭玮：《我国粮食安全面临的新情况及政策建议》，国家统计局网（http://www.stats.gov.cn），2007-7-27。

[2] 详见本书第十四章。

[3] 详见本书第十三章。

（六）粮食物流业发展滞后，形成粮食安全保障瓶颈

1. 部分粮食产销区之间的交通运输存在季节性困难

目前粮食流通总体上呈现出"北粮南运"、"中粮西运"的格局。通过省际间调剂余缺的地方增多，跨省流通量增大，运距拉长。最终运输环节铁路运力紧张，水运开发不够。玉米、大米和大豆等粮食品种在特定产销区之间仍然存在季节性运输困难。中国中西部也有个别地区粮食不能自给，依赖调进，粮食生产和供给受到交通运输制约。[①] 20 世纪 90 年代以来中国粮食市场几次大的波动，多是由于销区粮食供求失衡引起的，流通不畅则是主要原因。

2. 低效率的粮食物流业增加物流成本

目前中国粮食物流体系建设滞后，粮库仓储设施简陋，中间流通环节繁多。虽然部分国家储备粮库能做到散装、散卸、散储、散运，但大部分地区的粮食物流只能部分做到。不少地方依然靠传统的袋装方式装卸储运粮食，物流环节多、效率低、损失大、费用高。因车皮紧张，东北粮商在运费之外追加的"请车费"，一节车厢要 5000 元左右，相当于每吨粮食增加 80 元成本，[②] 成为东北玉米和大豆运到广东省的物流费用比美国运到广东还要高的重要原因之一。

3. 不完善的进口物流设施将难以满足未来粮食进口需求

未来中国粮食进口总体呈扩大趋势，进口粮食接卸与分销量逐渐加大，将对中国在粮食接卸、转运、处理加工和运输效率形成更大挑战。[③] 中国进口粮食以水运为主，需要依靠沿海、沿江港口的装卸及仓储设施中转。目前沿海一些主要港口的散粮接收发放设施落后，中转能力严重不足。粮食物流设施布局以产区为主，主销区长期被忽视。中国港口物流设施忙闲不均，资源配置效率偏低。2005年辽宁各港口普遍吃不饱，港口运力资源闲置，大连北良港散粮运输能力过剩20% 以上。[④] 中国已经建成的码头粮食转运设备由于粮食进口波动较大，部分设备

---

① 详见本书第二章。
② 孙梅君、郭玮：《我国粮食安全面临的新情况及政策建议》，国家统计局网（http://www.stats.gov.cn），2007 – 7 – 27。
③ 详见本书第二章。
④ 孙洪磊、李钧德、王晓明：《谨防物流"拖累"粮食安全》，载于《瞭望新闻周刊》2006 年 10 月 23 日，第 51 页。

浪费情况较为严重。[①]

（七）粮食市场宏观调控机制不健全，放大了粮食供需矛盾

自从粮食收购市场放开后，政府掌握的粮源减少，有的地方加工企业收购量超过国有粮食企业，农民卖粮风向标从原来"看粮站"变为"看加工厂"。国际粮食市场对国内市场的影响增强，粮食市场体系尚不健全。在销区库存薄弱、用粮企业和居民存粮很少的情况下，一旦出现局部地区、个别品种市场波动，一段时间内粮食市场和价格出现较大波动的可能性是存在的。[②] 面对特殊时期、特定地区的粮食市场波动，如何充分发挥市场机制作用，培育和鼓励多元市场主体参与粮食收购和交易，如何科学掌握储备粮吞吐、进出口调节、最低收购价政策及其他应急措施的调控力度、时机和节奏，这些都是粮食宏观调控面临的新课题。[③]

五、中国粮食综合生产能力与粮食安全政策存在的主要问题

为了实现今后十几年中国粮食安全的目标，粮食综合生产能力和粮食安全领域不仅面临耕地、水资源短缺以及现代粮食物流设施不足等诸多客观约束，而且同样存在一些主观层面的已被各方关注的重要政策问题，主要集中在耕地和水资源的保护和利用、农业基础设施建设、农业科技研究和推广、农业补贴、粮食流通体制改革及粮食市场宏观调控、粮食加工转化等领域。[④] 此外，还要高度重视以下环节影响粮食综合生产能力和粮食安全的具体政策问题。

（一）土地承包经营制和建设用地征用及管理制度仍有漏洞

1. 承包地产权权能不完整，缺少规范的流转平台

尽管中国《农村土地承包法》已明确了农民拥有承包地的使用权、收益权、

---

① 林渤英、张文敏：《对近几年来天津进口粮接转工作情况的反思》，载于《综合运输》1999 年第 9 期，第 39～40 页。

② 刘良实：《做好粮食宏观调控、保证国家粮食安全》，载于《宏观经济研究》2004 年第 3 期，第 37 页。

③ 孙梅君、郭玮：《我国粮食安全面临的新情况及政策建议》，国家统计局网（http://www.stats.gov.cn），2007－7－27。

④ 黄汉权、蓝海涛：《提高我国粮食综合生产能力的思路和政策研究》（总报告），2006 年，第 26～30 页。

流转权、补偿权、继承权等权利,《物权法》也从另一角度赋予承包地用益物权, 但两部法律均未赋予承包地备受争议的抵押权。主流观点认为, 承包地拥有重要的 农村社会保障功能。如果允许承包地抵押, 一旦"大批"农民因经营失败而被迫 失去抵押土地, 又没有健全的农村社会保障制度作后盾, 农村社会稳定可能会受到 冲击。这种观点从全国总体来看是合理的, 但是, 中国发达地区特别是城郊农民的 职业大多数已稳定转入非农产业, 家庭收入主要来源已不再依赖土地, 部分最终因 经营失败而不得不将土地抵押流转的农户毕竟是极少数, 并且当地就业、养老和失 地农民的社会保障体系比较成熟, 有能力解决极少数失去抵押土地农户的社会保障 问题。因此, 在这些地区为了避免想象中的极少数失去抵押土地农户对社会稳定的 影响,[①] 而执行"一刀切"的法律, 切断大量稀缺土地的资产融资功能, 显然是一 种扭曲土地资源配置的高成本、低效率制度安排, 已严重束缚了此类地区土地向专 业大户的稳定流转和土地极其重要的融资功能的发挥。此外, 中国承包耕地的产权 证不如具有抵押权的林权证权能完善, 更不如城市居民可自由流转并能抵押的房产 证权能充分。与房地产市场相比, 中国农村土地流转过户的登记机构、交易场所和 中介组织尚未发育成熟, 限制了承包地向种田大户的彻底、规范流转, 导致土地兼 业化和副业化经营趋势增强, 妨碍了粮食综合生产能力提升。

2. 土地征占用标准模糊不清, 建设用地征占用和管理办法有缺陷

据国务院发展研究中心的调查显示, 目前85.7%的耕地被征后用于商业性目 的, 而纯公益性用地比例仅为7.2%, 土地价值提升中农民获得的补偿仅占很小的 比例。之所以大量出现以公益性用地名义征占用商业用地, 关键在于国家有关公益 性用地和商业用地的标准只是一个原则性的笼统规定, 没有详细具体的执行标准, 极易被一些地方政府"打擦边球"。为了降低招商引资中的企业用地成本, 满足地 方政府以土地增值收益为基础的"第二财政"收入最大化, 地方政府的有关部门 和企业大多想方设法减少农民补偿所得。于是, 往往采用接近下限的补偿标准和压 低土地价值的计算办法,"合法"而巧妙地剥夺农民应得的土地收益。一些地方未 能节约和集约使用建设用地, 容积率偏低, 部分建设用地闲置。

(二) 农田基础设施投入不足, 粮食综合生产能力提高缓慢

中国农田基础设施年久失修, 损毁严重, 已成为老大难问题。尽管国家每年都 加大农田基础设施投入, 但弥补农田基础设施折旧后的新增资金不足, 亩均基础设

---

① 在发达地区的城郊农村, 因征地而失去失地的农民可能远远多于因经营失败而被迫转让抵押土地的 农户数量。这一判断有待开辟试验区后的调查数据证实。

施投入相当有限。随着中国农业劳动力老龄化和妇女化趋势不断增强，采用机械化替代田间壮劳力，减轻种粮劳动强度，已成为提高粮食综合生产能力的重要方向。目前中国农田基础设施建设的投入重点主要集中在大江大河治理、农田排灌设施等领域，对田间机耕道建设投入尚未引起足够重视，已成为制约农田机械化的瓶颈。相反，一些地方高度重视田间机耕道建设，打破农田机械化瓶颈约束，粮食生产能力就能明显提升。例如，福建省在土地整理中搞好田间机耕道建设，耕地通过机械化作业，可节省劳动力 1/3 以上；整理一亩耕地增产粮食 100 公斤左右，降低生产成本 20%。① 但是，全国多数地方特别是南方产粮区的农民，即使购买了大量的田间作业机械，因无田间机耕道，农田机械无法深入到田间地头，老人和妇女受体力所限只好粗放经营，从而降低了粮食单产，削弱了粮食综合生产能力。

（三）粮食科技体制机制不健全，粮食安全的科技支撑不足

粮食科研体制改革不充分，分类改革推进不顺利，作物栽培种植、病虫害测报及防治、极端气象灾害预报等外部效益显著的公益性涉粮科技活动日渐衰退，不少科研机构热衷于经济效益好的良种选育和推广等经营性科技研究和推广活动。政府科研资金分配缺乏成果导向激励，资金投入多少与成果大小挂钩不紧密，研发与推广分离，难以产生重大科技创新及其推广成果。国内外对转基因技术的后果长期存在分歧，影响了转基因技术在中国粮食作物品种选育中的应用，限制了粮食品种取得重大突破的技术路径。从粮食收获、运输、储藏、加工、零售到消费的各环节浪费粮食现象严重，超过了国际社会平均浪费水平，表明中国节粮型技术研发和推广不足，科技节粮的潜力还有待挖掘。

（四）粮食期货市场功能弱，最低收购价不尽合理

1. 粮食期货功能未充分发挥

中国粮食期货市场交易品种少、规模小，对交易主体限制较多；市场交易主体发育滞后，结构不合理；期货市场立法滞后，监管模式不能适应发展需要；期货市场的基础即现货市场不发达，② 这些因素限制了中国粮食期货市场功能的发挥。农

---

① 福建省国土资源厅：《加强耕地数量与质量的协调保护 为保障粮食安全作出积极贡献》，载于《调研汇报材料》，2006 年，第 4～5 页。
② 中国粮食研究培训中心：《完善期货市场功能 发展粮食期货市场》，国家粮食局网（http://www.chinagrain.gov.cn），2005 年 3 月 29 日。

民售粮、企业购粮和政府决策都很少关注粮食期货市场及价格，期货市场最重要的价格发现功能未起到应有的作用。中国是世界上最大的稻谷生产国和贸易国，稻谷又是中国第一大粮食作物。目前美国、印度、泰国等国家开展了稻谷类期货交易。中国曾在1993～1998年开展过稻谷期货交易，1998年国家整顿规范期货市场时取消了稻谷和玉米期货品种，2004年玉米期货恢复交易，但稻谷期货迄今仍未获批上市。稻谷具备良好的现货基础；价格波动较大，农民和企业急需规避市场风险工具；稻谷现货市场比较发达，商品化率较高，市场主体多元化趋势明显，已具备期货交易条件。① 大连商品交易所和郑州商品交易所在交易制度、技术系统等方面，为开展稻谷期货交易作了多年的充分准备。据有关人士分析，国内上市大米期货的呼声一直没有停过，之所以未设置稻谷期货的原因可能在于大米可存储时间不长，交割不便。② 除此之外，恐怕更深层的原因在于，有关方面对稻谷期货的准备不太放心，担心稻谷期货重蹈1998年前的覆辙，被追究过失责任，不得不过度谨慎。

2. 最低收购价政策有待完善

2007年已出现通货膨胀的背景下，随着化肥等农资价格、机械作业费和人工费等快速上涨，粮食生产成本明显增加，但最低收购价依然保持2005～2006年的低水平，东北等不少地方的农民按最低收购价售粮后比较收益大幅下降，售粮积极性受挫。同时，国际粮价不断上涨，国家为控制通货膨胀，确保国内粮食供给，限制粮食出口，刻意压低了国内粮价，导致不少农民惜售粮食。尽管2008年提高了粮食最低收购价，但幅度很小，远不能弥补生产成本上升，不少农民种粮意愿下降，为今后粮食生产的大起大落埋下了隐患。可见，中国粮食最低收购价虽然制定时也考虑了生产成本和国际粮价等因素，但在实际运行中受宏观调控等因素影响，还未形成良好的联动机制。此外，世界最大的玉米出口国——美国2007年加工燃料乙醇的玉米达8500万吨，是同期美国玉米出口量的1.3倍左右；按照美国的有关规划，燃料乙醇消耗的玉米仍将逐年增加，这意味着今后中国寄希望于进口玉米满足国内饲料粮的战略将受到严重挑战。因此，适当保护和提高国内玉米生产能力的紧迫性和重要性日益凸显。然而，长期以来，政府有关部门和学术界大多认为只要手中有外汇，不愁进口不到饲料粮，玉米生产应该完全由市场调节，不太重视市场价格过度波动对玉米生产能力的破坏作用，也就未出台保护玉米生产能力的最低收购价政策。

① 李俊：《大商所力推稻谷期货》，《第一财经日报》，转引自新浪网（http://finance. sina. com. cn），2006－03－15。

② 梁明晖：《稻谷期货拟年内推出》，腾讯网（http://finance. QQ. com），2008－04－11。

（五）涉粮补贴政策不完善，难以调动农户保护和提高土地肥力的积极性

1. 粮食直补目标定位不清

粮食直补政策制定的初衷，应该兼有粮食增产和农民增收双重目标。但不少地区粮食直补只与固定的计税面积挂钩，与种植面积和产量无关；只发给承包户，实际种粮户得不到。于是，许多地区粮食直补实际蜕变为按耕地发放的收入补贴，却带着刺激粮食生产的补贴"帽子"。究竟粮食直补的目标是增产、增收还是两者兼而有之，各级政府操作中模糊不清，导致地方政府和农民对此反应强烈。

2. 涉粮补贴运行成本过高

目前粮食直补、农资综合直补和一些地区的良种补贴均直接划入农民存折或储蓄卡中，不少地区要求这些补贴与实际种植面积挂钩。这就需要填表、公示、检查、上报等程序来核实面积，操作环节多，涉及对象广，发放工作量大。许多地方相关补贴分次发放，重复操作，徒增工作量，乡村干部和农民很烦，而且挤占村级组织大量办公经费。

3. 补贴支持的标的物缺失

一是秸秆还田设备缺乏补贴支持。秸秆还田对提高土壤肥力有重要作用，但搞秸秆还田的农户少。据2006年本课题对600多农户的问卷调查显示，75%的农户未搞秸秆还田，20.6%的农户在田间焚烧秸秆，只有9.3%的农户采用机械化秸秆还田。农户之所以焚烧秸秆，除了人工还田太费力、家中不需要作饲料燃料之外，主要是没有机械化秸秆还田服务，还有"秸秆还田设备太贵"、"买不到还田设备"、"机械化还田费用太高"等原因。[①] 目前各地虽然有一些不同类型的秸秆还田设备，但技术尚有待提高，需要在简便、实用和价格等方面继续改进。国家近几年的农机补贴政策，有力地推动了大中型农业机械的推广应用，但秸秆还田设备不在其中，高价格和高服务费抑制了农户对秸秆实施机械化还田的动力。

二是尚未设立有机肥补贴政策。随着农户收入水平逐渐提高，若缺乏适当的政府干预，在市场作用下，农户施用有机肥的比例会不断下降，土地肥力日益减弱。据2006年问卷调查显示，2005年种粮时，虽然72.6%的农户施过有机肥，但其中

---

① 详见本书第十二章。

超过一半的农户施用量每亩不足 1 立方米。农户不施有机肥除了无有机肥的最主要原因之外，[①] 还包括缺乏有机肥市场供应、性价比低于化肥、休闲成本上升、体面劳动要求增加、追求短期效益等因素。[②] 一方面，中国养殖小区畜禽粪便无法处理，环境污染日趋严重；另一方面，越来越多不兼搞养殖业的农户因缺肥源而不施有机肥。有机肥的集中分布与农户分散种植形成矛盾，有机肥长距离运输再施到田间地头的性价比高于化肥，制约了有机肥市场的发育。随着有机肥施用量的不断减少，耕地质量日益下降，国家却未出台鼓励施有机肥的补贴政策来矫正有机肥市场失灵现象。主要原因可能在于按照目前的补贴手段，其监督和操作成本过高而无法实施。

（六）化肥市场不健全，农资市场管理不到位

1. 化肥期货市场尚属空白

目前中国已成为世界上第一大化肥生产国和消费国，化肥在粮食的生产资料成本中占到36.4%，对粮食综合生产能力有很大影响。但是，中国化肥市场发育迟缓，只有化肥现货市场，没有期货交易。化肥市场依然存在限价这类计划经济干预方式；流通主体分散，流通企业规模较小，缺乏全国性知名化肥品牌和大型化肥企业；市场环境较差，存在地方保护主义；市场流通效率低，资源配置难以优化。[③]

2. 农资市场监管秩序混乱

目前不少地方为了打击假冒伪劣化肥、农药、种子等农资的"坑农害农"行为，存在工商、质检、农业执法大队等部门重复检查、乱收费和乱罚款等问题，并且屡禁不止。症结可能在于，有关部门将检验费和罚款或明或暗地用来弥补办公经费的不足，甚至作为单位奖金和福利资金的来源。2008 年国内外原油价格倒挂严重，国家补贴石油加工企业，限制柴油价格。因补贴机制不顺，市场监管乏力，导致农机户凭优惠加油卡只能限时、限量、排长队加油，不少农户被迫在黑市加高价柴油。

---

① 在2006 年的问卷调查中，88.3%的农户因家中无农家肥来源而不施有机肥。
② 详见本书第十二章。
③ 安毅：《我国化肥市场发展与化肥期货合约设计》，和讯网（http://futures.hexun.com），2006 - 03 - 30。

（七）国家对粮食平衡区和主销区激励和约束不足，削弱两地提高粮食综合生产能力的动力

中国中央财政的涉粮投入和补贴主要用于 13 个粮食主产区及其 484 个粮食主产县，对平衡区和主销区缺乏实质性的支持行动。国家主要采取粮食"省长负责制"的行政强制安排和"提倡、鼓励"等一般号召性措施，要求平衡区和主销区政府提高粮食综合生产能力。然而，粮食"省长负责制"及其向下级政府衍生的各级政府首长负责制，对粮食综合生产能力过度下降，并没有具体配套的硬性处罚规定。实践证明，种粮比较效益低，生产粮食越多的地区越吃亏，各地方政府缺少发展粮食生产的内驱力。虽然粮食安全责任被层层分解到各级政府承担，但粮食安全本质上是国家级的公共产品，最终由中央政府承担。各级地方政府除了有些政治压力外，没有动力帮助中央政府提供粮食安全类公共产品，都想将稀缺资源配置到比较效益高的非粮生产领域，以追求财政收入和地区增加值最大化。因此，平衡区、主销区的粮食综合生产能力呈下降趋势，将"吃粮"压力逐步推向主产区，以最大限度地分享中央政府提供的粮食安全公共产品。

（八）粮食物流关键环节支持不够，降低粮食安全保障能力

1. 国家运输政策"重铁路、轻海运"

目前海运价格业已市场化，随着能源价格不断上涨，海运价格也水涨船高。但铁路运费享受国家补贴，运价明显低于海运价格。于是，东北粮食外运时，铁路超负荷运转，而航运船舶大量闲置，运输资源配置严重扭曲。

2. "四散"作业缺乏足够的政府投入支持

一定区域要实现"四散"作业，从仓储设施、码头车站到运载工具的前期设施和设备投入高昂，一般企业难以承受；即使资金实力雄厚的企业能够做到，其中涉及部分公共运输设施，企业又难以涉足。"四散"作业是传统粮食物流向现代粮食物流转型的准公共产品，将提高全社会的粮食流通效率，节约粮食资源，利于保障粮食安全。由于国家主要在东北地区投入了"四散"设施和设备，其他地区基本靠市场化推进"四散"作业，进程非常缓慢，甚至不可能彻底实现"四散"作业。

3. 支持主销区扩大粮食储备的力度不足

主销区往往是引发粮食安全风波的先导性和敏感性地区，但该地区的粮食储备量和人均粮食储备却很低，应对粮食安全风险的能力令人担忧。不少人士呼吁将部分主产区粮食储备转向主销区，但现实情况不尽如人意。其中一项主要原因可能在于有关方面尚未找到国家粮食储备在各产销区低成本、高保障度的布局方案。

（九）出口国随意限制粮食出口，严重威胁未来粮食安全

从历史经验看，一旦国际粮食市场趋紧，或者出口国自身粮食状况偏紧，便以各种借口变相干扰粮食出口的情形司空见惯。特别是 2007～2008 年国际市场出现"粮荒"后，越南、印度、乌克兰等许多国家为了确保本国粮食安全，纷纷采取提高出口关税、设置出口配额甚至禁止出口等各种限制粮食出口措施，表明 WTO 规则对其成员的粮食出口行为没有约束力。即使日本和瑞士等粮食进口成员国向世界贸易组织提出规范和约束各成员限制粮食出口行为的主张，也未得到各方积极回应。缺乏国际规则约束的世界粮食出口市场，出现了粮食出口国之间的"囚徒困境"博弈，不限制出口的国家短期利益损失更严重，迫使中国也加入限制粮食出口国行列。据预测，中长期中国可能要进口一定数量的玉米等谷物，以满足饲料粮甚至部分口粮的需求。① 随意限制粮食出口，破坏粮食进口国稳定进口的预期，迫使各国不惜资源代价追求粮食自给自足，引发粮食贸易保护风潮，扭曲全球粮食资源配置，加大中国未来耕地和水资源压力。因此，未来威胁中国粮食安全的主要隐患在于，如果玉米等饲料粮自给率降低到必须长期依赖进口时，一旦遭遇多国出口限制风潮，即使外汇储备充裕，也难以进口到足够的饲料粮，从而由饲料粮安全引发肉蛋奶等食品安全。

（十）沿用过时的粮食统计口径，将不断干扰国家粮食安全决策

从传统粮食口径中剔除大豆和薯类的习惯性阻力大。1998 年进入新阶段后，大豆长期掩盖中国谷物类粮食自给率超过100%的现实，正在误导国家领导及有关部门对中国粮食安全水平的判断和粮食生产决策。因大豆自给率严重偏低（不足

---

① 2008 年世界粮食危机导致联合国已将 2008 年命名为"国际马铃薯年"。马铃薯适应范围广，种植面积和单产提高潜力大，种植成本极低，国内一些政府领导和专家开始高度重视马铃薯作为粮食的重要价值。建议有关部门研究制定马铃薯在我国中长期粮食安全中的战略地位和具体规划，以指导马铃薯产业充分发挥其保障国家粮食安全的重要功能。

50%），大幅度拉低了粮食的自给率水平，导致国家有关部门不断刺激粮食生产。中国调控粮食产量变动的政策基本影响谷物产量，对大豆和薯类生产影响很小。中国粮食进出口贸易统计已与国际口径接轨，大豆不在粮食统计之列。如果我们因循守旧，继续沿用过时的粮食统计口径，就很难准确判断粮食安全状况，无法作出科学的政策选择，粮食安全很容易陷入要么过度安全，要么不安全的摇摆困境中。[1]

六、政策建议

为了缓解中国粮食综合生产能力和粮食安全面临的主要约束，围绕耕地、水资源、农业基础设施、农业科技、粮食流通和加工等领域的问题，一方面要继续执行目前行之有效的各项提高粮食综合生产能力和保障粮食安全的政策，确保实现2010～2020年粮食综合生产能力目标所需的耕地、播种面积、有效灌溉面积、机械动力、固定资产投资、化肥和种子等要素投入；另一方面针对一些尚未引起重视的政策问题，提示以下建议：

（一）完善土地承包经营制度和建设用地征占用及管理制度

一是扩大土地使用权权能，建立健全土地流转平台。探索扩展土地承包经营权的用益物权有效实现形式。总体上借鉴城市房地产产权管理模式，逐步充实和完善土地承包经营权的各项权能。在土地流转率高、初步具备土地彻底流转的地区，先行试点土地承包经营权的贷款抵押改革，采取政府补贴保费方式强制实行承包地抵押贷款保险；把保险金作为承包地抵押后失去土地农户的社会保障资金，将这类农户与征地后失地农民一样统一纳入农村社会保障范围。此外，建立健全农户承包地流转市场。设立法定的土地流转登记机构，支持承包地流转的中介和法律等服务机构建设，及时发布土地流转的供求和价格信息，严厉惩处扰乱土地流转市场的违法行为。

二是制定详细具体的土地征用标准，鼓励各地统一土地补偿计算办法。国家有关部门尽快将公益用地和商业性用地的原则性标准改为详细、具体、可操作的标准，明确规定单位和责任人以公益用地名义征用商业用地必须承担的法律后果。从维护农民土地收益的立场出发，兼顾地方政府和企业用地成本不宜过高的要求，以省或地区为单位，统一辖区内征用土地的补偿倍数和土地年产值标准。

---

① 蓝海涛、王为农：《我国中长期粮食安全若干重大问题研究》（总报告），2006年，第12～13页。

三是完善建设用地管理办法。对企业建设多层、高层标准厂房给予补贴、奖励或降低土地使用费价格。若无特殊工艺要求，工业厂房必须在 3 层以上。对占用 10 亩地以下的企业，鼓励其进入标准化厂房。采取"易主、易用、易权、易位"方式盘活存量土地。允许金融机构转让抵押债务土地的使用权。建立企业用地退出机制，明文规定政府有权依法收回违反法律、法规和建设用地规划的闲置土地。建立征地安置补助专项资金。集体土地出让收入的一定比例存入专门账户，用于集体成员社会保障。建立企业用地浮动调节机制。利用原厂区土地技改和扩建，加盖厂房减免环保、规划、水保等费用。引入耕地保护的社会监督机制，公布耕地保护细节、监督电话、举报奖励措施等。

（二）加大农田水利基础设施投入，夯实农田生产基础

为不断提高粮食综合生产能力，保障国家粮食安全，必须大幅度增加国家财政对农田水利基础设施建设的投入。一是支持各地开展中低田改造，力争将中国耕地的一半改造成高产稳产农田；二是支持大中型水利骨干工程和重点小型水利工程的除险加固和综合整治，力争形成一批对提高粮食综合生产能力有重大支撑作用的骨干水利设施；三是支持农民开展小型农田水利基础设施建设，完善田间渠系、泵站配套改造。为了推进粮食生产全过程机械化，还要逐步加大田间机耕道的投入支持力度，制定并公布田间机耕道的修建和补贴标准，采取"以奖代补"等方式，支持项目区村民采取"一事一议"方式搞田间机耕道建设。另外，还要支持农民开展培肥地力工作，鼓励农民开展测土配方施肥、增施有机肥、秸秆还田等，不断提高地力，为提高粮食生产能力奠定基础。

（三）完善粮食科技攻关支持办法，提高粮食安全科技支撑能力

一是进一步深化粮食科研机构改革。明确划分粮食科研中的公益性、经营性和混合性领域，不断完善科研体制机制，充分调动科研人员积极性。二是改进粮食科技投入支持办法。加大财政对粮食科研公益性领域的投入，稳定粮食科研队伍；应用性科研与推广项目必须一体化。鼓励多家科研机构竞争，科研资金实行"科研成本＋成果重奖"的办法，先分批拨付科研成本资金，再重奖取得重大科技创新和推广应用的成果。三是开展以非口粮为主的转基因粮食品种选育工作。在 2008 年 7 月通过的"转基因生物新品种培育科技重大专项"中，增设以非口粮为主的玉米、薯类等粮食作物的新品种选育专项，只有迫不得已时再开展稻谷、小麦等口粮品种的转基因育种研究。同时要做好非口粮转基因粮食品种对人类代际健康的长

期跟踪研究规划,① 一旦出现风险,能够及时有力控制。四是大幅度增加节约粮食的科研投入。重点支持企业搞好粮食机械采收、运输、储存、加工、包装环节的节粮技术研发,加大农户节粮的简易储粮设施研发和推广投入力度。

(四) 扩大粮食期货市场影响力,完善粮食价格干预手段

一是强化粮食期货市场功能。大胆改革,努力消除粮食期货交易的体制机制障碍。在控制期货交易违规行为和外资操纵的前提下,适当降低入市交易门槛,迅速壮大粮食期货交易队伍,加快拓展粮食期货市场覆盖地区。将国家储备粮轮换与期货交易挂钩,增强粮食期货价格与现货价格的联动性,提升粮食期货市场在政府、企业和农户粮食生产经营中的决策参考地位。

二是尽早恢复稻谷期货交易。2008 年,郑州商品交易所已经设计出了早籼稻和中晚籼稻期货合约;大连商品交易所近几年也做好了充分准备。有关部门要组织力量借鉴美国、泰国和印度稻谷期货交易中解决存储时间短等难题的经验,结合中国稻谷的特点,解除稻谷存储时间短对期货交易的瓶颈约束。尽早重新批准稻谷期货交易,允许前两家商品交易所同时推出早籼稻和中晚籼稻期货品种,并逐步从籼稻扩展到粳稻。鼓励两大以粮为主的商品交易所学习沪深证券交易所既竞争又合作的模式,不断完善稻谷期货交易市场。

三是完善粮食价格干预措施,探索建立"以粮换资源"的综合安全机制。在成本快速上升阶段,加强三大谷物生产成本变动监测和来年生长季成本变动趋势预测。根据粮食生产成本的现状和生长季趋势以及国际谷物期货市场价格,在不显著强化通货膨胀预期的前提下,适当提高粮食最低收购价,或者适度出口临时储备充裕的部分粮食,设法抬高国内粮食市场均衡价格水平,尽量减轻国内粮价低于国际粮价对农民种粮积极性的抑制作用,防止历史上反复出现的农民持续减产后价格暴涨现象的再度发生。此外,适时将主产区玉米纳入最低收购价支持范围,通过稳定市场价格方式保护和提高主产区玉米生产能力。财力条件许可时,再适当向平衡区延伸。② 利用国际粮价远高于国内粮价的有利时机,通过出口赚得的差价收益,补贴国内受粮价上涨影响较大的弱势人群和农民。按照"以粮换资源"的新型粮食安全思路,维持国内较高价位的粮价,会刺激农民增加粮食产量。国家可利用丰裕

---

① 转基因技术可能通过改变遗传性状对人类健康产生影响,往往要经过几十年、上百年、几百年甚至更长时间之后才能显现,因此,需要按照规划长期跟踪监测。以非口粮为主的转基因玉米、薯类,一部分可能被人们食用,但毕竟数量少、频次低,正如大豆转基因标识一样,只要严格跟踪标识,其后果是可控的。

② 目前我国粮食最低收购价主要在主产区实施,相当于只对一定比例的粮食给予最低收购价支持,与日本、韩国政府按比例收购粮食的价格支持政策有异曲同工之妙。限定区域实施最低收购价,可大量节约按比例收购时与亿万农户签约的交易费用,是一种符合我国国情的低成本价格支持政策。

的粮食换取石油和铁矿石等紧缺性战略资源，尽可能提高粮食、石油和铁矿石等战略资源的综合安全水平。

（五）完善涉粮补贴政策体系

一是明确粮食直补目标。如果粮食直补目的是为了赢得农民政治支持，其目标就要增加农民收入，那么粮食直补就不需要与播种面积、粮食产量和实际种植者挂钩，其名称可改为"农民收入直补"。如果粮食直补目标是引导农民既增产又增收，那么就必须保证粮食直补与种植面积或产量挂钩，一些地区也可以直接补贴实际种粮户。

二是降低涉粮补贴运行成本。尽量将功能相近的粮食直补和农资综合直补等补贴（有的地方还包括良种补贴）由分次发放改为一次性发放。如果确定粮食直补要兼顾增产和增收双重目标，就与功能相近的农资综合直补（部分地区还会同良种补贴）一并发放，只补贴达到一定规模的重点商品粮农户。[①] 不同省（区、市）享受补贴的农户规模标准可因地制宜设定，原则上低于当地平均种植规模，保证2/3左右的农户得到补贴。少部分得不到补贴的农户种粮以自给自足为主，有无补贴不影响其种粮习惯。这既能明显削减补贴作用很弱的小额补贴农户数量，节约农户领取费用和时间，又能显著降低乡村基层组织核实面积和发放补贴的运行成本，还有利于推动土地向种粮大户集中，促进规模经营。在涉粮补贴方式未改变的时间内，补助村级组织发放补贴的办公经费。

三是增加涉粮补贴标的物。第一，将秸秆还田设备纳入农机具购置补贴范围。国家科技、农业、粮食等相关部门，以"节能、环保、低成本、高效能"为原则，立项支持现有秸秆还田设备的改造和新设备研制，设备上最好配备促使秸秆在地下氨化腐熟的化学制剂喷淋装置，提高秸秆还田后培肥地力的效率。财政等有关部门要增加农机具购置补贴品种，设法将政府鼓励研制开发的高效、节能、环保的秸秆还田设备纳入其中，以政府补贴和市场采购相结合的方式，大力推进秸秆还田机械化。第二，以补贴或奖励等方式鼓励施用有机肥。加大性价比高于化肥的有机肥研发和生产支持力度，培育多层次有机肥市场，减免有机肥交易税费，依靠政府补贴或"以奖代补"等办法来鼓励农民施有机肥。制定简便易测的肥力升级标准，三年左右土壤有机质含量等指标达到不同等级者，给予不同等级的补贴或奖励。[②] 适当提高养殖小区畜禽排泄物污染排放标准，加大养殖小区环境污染治理力度，补贴或奖励养殖企业和农户向种植业者提供有机肥的行为。

---

① 浙江省为了降低补贴运行成本，鼓励规模经营，只补贴种植粮食20亩以上的重点农户。
② 详见本书第十二章。

（六）拓展化肥市场功能，规范农资市场监管秩序

一是设立化肥期货市场。为了保持化肥生产和价格基本稳定，提高流通效率，增强粮食等农业综合生产能力，稳定农民收入，建议尽早设立化肥期货市场。目前中国尿素年产量已占全球总产量1/3以上，尿素出口居世界第三位，它是目前中国化肥最适合期货交易的品种。可采用合格品尿素作为标准交割品，其他等级尿素以合格品为基准确定相应差价。考虑到中国化肥生产和流通企业规模相对较小，农民生产经营分散，合约交易单位确定为10吨/手（国际上100吨/手）。根据中国尿素使用的季节性特点，尿素期货合约月份设为3月、5月、7月、9月、12月。交割区域选择在山东、河南等氮肥生产大省和消费大省，并将氮肥生产日趋集中的晋东南地区作为重要的备选交割区域之一。[①]

二是调整农资市场管理办法。引导和鼓励各级地方政府明确规定每年农资市场的检查次数上限，除了特殊情况外，各相关执法部门必须由主管领导协调联合抽查。有条件的地方可减免经营单位的农资检验费用；即使因财力所限必须收取农资检验费，也应尽可能降低收费标准。罚款和检验费一律经银行上缴地方财政，既不得直接转为执法部门的收入，也不能以任何形式与执法部门的利益相挂钩。逐步取消柴油限价，让市场均衡价激励企业扩大柴油供给规模，将给予企业的煤电气等补贴逐步转为直接补贴农户。以放开市场价格的手段，拆除柴油"黑市"价格与"政府限价"并存的价格双轨制温床，减少政府监管农资市场的事务。

（七）逐步增强平衡区和主销区提高粮食综合生产能力的动力和约束力

随着中央财政对主产区涉粮投入的逐年增加，每亿元财政资金增加的粮食生产能力可能接近或已呈下降趋势；如果将部分增量资金用于平衡区和主销区的主产县，所增加的粮食综合生产能力却可能呈边际递增趋势。这既能防止平衡区过快转为主销区，又能阻滞主销区粮食生产能力的下滑。平衡区和主销区内的主产县因距离目标市场近，物流费用低，反应快捷，保障区域内粮食安全的能力明显超过主产区的主产县。随着中央财力的增加，建议有关部门将各种涉粮投入和补贴的部分增量资金，投向平衡区和主销区的主产县，调动当地发展粮食生产的积极性，提高其粮食综合生产能力。这类似于在这两类地区就近建立了免储运费的"地下储备粮库"，有利于提高国家保障粮食安全的效率。强化粮食"省长负责制"的阶段性目

---

① 安毅：《我国化肥市场发展与化肥期货合约设计》，和讯网（http://futures.hexun.com），2006 – 03 – 30。

标考核和硬性处罚规定，严肃追究粮食综合生产能力下滑严重地区主要负责人的行政甚至法律责任。

（八）着力缓解粮食物流关键环节约束

一是尽量将铁路运粮的优惠政策向海运延伸。参考铁路运粮优惠政策，减免海上运粮税费，或者制定海运粮食的每吨补贴标准，根据海上运粮数量，给予运粮企业补贴。

二是加强"四散"作业的政府投入支持。鼓励民营企业参股、控股甚至兼并一些国有粮食企业，组建大型现代粮食物流企业。政府以投入、补贴、贷款贴息等方式，引导从事粮食物流的企业在码头、火车站建设散粮运转设施。减免企业购置达到一定标准的散粮装卸和运载工具税费，并给予补贴。

三是科学调整产销区国家粮食储备布局。有关部门要设法测算出主产区、平衡区和主销区中央储备粮保障粮食安全的成本和效能之比。按照"低成本、高保障度"的要求，优化储备粮布局，适当增加主销区和西部缺粮地区的粮食储备。

（九）推动世界贸易组织规范各成员粮食出口限制行为

尽管 2007 年中国也限制粮食出口，获得了国内粮食市场比较稳定的短期利益，但未来中国属于谷物类粮食净进口国，各国随意限制粮食出口的政策，对未来国家粮食安全的战略利益弊大于利。因此，在 WTO 的多哈回合谈判中，中国应支持日本、瑞士提出防止各国随意限制粮食出口的主张，促使世界贸易组织制定规范其成员粮食出口限制行为的新规则。应当限制世界贸易组织成员实施粮食出口限令或禁令，任何限禁行为必须"确实必要"时才能实施，而且还要考虑到粮食进口国所受的影响。出口国在实施限禁行为前，必须向世界贸易组织农业委员会提交"预先书面通知"写明限禁原因、时间等一系列信息。出口国还要事先和利益受到重大影响的进口国商议限禁事宜，如果双方在 60 天内未达成协议，就要交由一个世界贸易组织专家委员会仲裁。①

（十）建立国际可比口径的粮食安全核心评价指标

一要分阶段从中国粮食统计口径中剔除大豆。2010 年之前，传统口径与国际

---

① 吴铮：《限制粮食出口　日本急了》，《南方都市报》，转引自南都网（http://epaper.nddaily.com），2008 - 05 - 02。

口径粮食并存。有关部门要向决策层和全社会公布两种粮食口径的供求平衡、产需平衡、粮食自给率和对外依存度情况，特别要重点公布扣除大豆的国际口径粮食总需求、人均需求统计结果，定期公布国际口径的谷物类粮食自给率和对外依存度结果。2010～2020 年，只采用国际可比口径的谷物类粮食安全核心评价指标。二要将粮食自给率和对外依存度同步使用，全面衡量政府掌控国内粮食市场、维护国家自立的能力。粮食自给率主要衡量一国当年产量保障粮食安全的水平，无法反映库存保障本国粮食安全的能力。从维护国家自立的国际政治经济角度考虑，对外依存度更能准确反映一国的粮食自给能力大小。[①]

参考文献

[1] 庞增安：《简论我国粮食综合生产能力》，载于《社会科学家》2003 年 3 月第 2 期。

[2] 朱希刚：《我国"九五"时期农业科技进步贡献率的测算》，载于《农业经济问题》2002 年第 5 期。

[3] 张勤：《2007 年中国粮食产量首次实现连续 4 年增产》，中国图片新闻网（http://www.cnsphoto.com），2008－01－24。

[4] 国家统计局：《第二次全国农业普查主要数据公报（第一号）》，2008 年 2 月 25 日。

[5] 孙梅君、郭玮：《我国粮食安全面临的新情况及政策建议》，国家统计局网（http://www.stats.gov.cn），2007－07－27。

[6] 朱泽：《中国粮食安全状况的实证研究》，载于《调研世界》1997 年第 3 期。

[7] 农业部课题组：《加强我国粮食综合生产能力研究》，选自《新时期农村发展战略研究》，中国农业出版社 2005 年 11 月版。

[8] 蓝海涛、王为农：《我国中长期粮食安全若干重大问题研究》之总报告，2006 年。

[9] 黄汉权、蓝海涛：《提高我国粮食综合生产能力的思路和政策研究》之总报告，2005 年。

[10] 农业部发展规划司：《保护和提高粮食综合生产能力专题研究报告》，选自《恢复发展粮食生产专题调研报告汇编》，2004 年 8 月。

[11] 农业部农村经济研究中心课题组：《我国农业技术推广体系调查与改革思路》，《中国农村经济》2005 年第 2 期，转引自中国信息网（http://www.chinainfo.gov.cn），2005－06－12。

[12] 农业部发展规划司等：《粮食生产技术示范推广专题调研报告》，选自《恢复发展粮食生产专题调研报告汇编》，2004 年 8 月。

[13] 梅方权：《中国粮食安全的战略分析》，载于《中国食物与营养》2004 年第 9 期。

[14] 孙洪磊、李钧德、王晓明：《谨防物流"拖累"粮食安全》，载于《瞭望新闻周刊》2006 年 10 月 23 日。

[15] 林渤英、张文敏：《对近几年来天津进口粮接转工作情况的反思》，载于《综合运输》1999 年第 9 期。

[16] 刘良实：《做好粮食宏观调控、保证国家粮食安全》，载于《宏观经济研究》2004 年

---

① 蓝海涛、王为农：《我国中长期粮食安全若干重大问题研究》（总报告），2006 年，第 33 页。

第 3 期。

[17] 福建省国土资源厅：《加强耕地数量与质量的协调保护 为保障粮食安全作出积极贡献》，《调研汇报材料》，2006 年。

[18] 李俊：《大商所力推稻谷期货》，《第一财经日报》，转引自新浪网（http://finance. sina. com. cn），2006 – 03 – 15。

[19] 梁明晖：《稻谷期货拟年内推出》，腾讯网（http://finance. QQ. com），2008 – 04 – 11。

[20] 安毅：《我国化肥市场发展与化肥期货合约设计》，和讯网（http://futures. hexun. com），2006 – 03 – 30。

[21] 吴铮：《限制粮食出口 日本急了》，《南方都市报》，转引自南都网（http://epaper. nddaily. com），2008 – 05 – 02。

[22] 国务院研究室、农业部《中国农业综合生产能力研究》课题组：《中国农业综合生产能力研究》，农业出版社 1993 年 11 月版。

附件 1 - 1

关于粮食综合生产能力测算方法的说明

　　有关研究曾提出了评估农业综合生产能力的综合指数法，其中涉及粮食综合生产能力的评估。但是，该方法以某一时点为基期，建立各种指标不同时间的动态评价指数，只能反映国家或地区农业综合生产能力的变化过程，进行纵向比较，却无法对目前不同区域的农业综合生产能力大小进行横向比较。此外，测度包括粮食在内的农业综合生产能力的定量方法还有多要素综合投入产出水平值、柯布－道格拉斯生产函数、数据包络分析以及土地、资金、劳动力三要素生产率等方法。① 经过反复比较后，提出了评估粮食综合生产能力的综合指数法。该方法借鉴农业综合生产能力综合指数法的思路，引进模糊数学的隶属函数，模拟专家对粮食综合生产能力的评判经验，对中国粮食综合生产能力的纵向变化和横向态势进行评估。这是一种融专家定性判断和定量测算于一体、简便实用的定期动态监测方法。

一、粮食综合生产能力指数及其各指标权重

　　1. 产出指数（权重 49%，以下括号内数据均为"%"权重）
　　A. 粮食总产量（42）　　　B. 粮食单产（38）　　　C. 劳动力平均产量（20）
　　2. 要素指数（51）
　　①耕地（24）②
　　A. 耕地面积（42）　　　B. 粮食播种面积（39）C. 复种指数（19）
　　②水资源（13）
　　A. 涉粮水资源量（41）　　B. 粮食用水量（59）
　　③粮田水利设施（13）
　　A. 涉粮有效灌溉面积（70）　　B. 涉粮水库库容（30）

---

　　① 国务院研究室、农业部《中国农业综合生产能力研究》课题组：《中国农业综合生产能力研究》，农业出版社 1993 年 11 月版，第 48～59 页。
　　② 由于耕地质量没有全国统计数据，"土地肥力"无法定量测度；另外，粮食产出指数中的单产因素已含土地肥力，故不再单独增加土地肥力分析。

④涉粮机械（8）

A. 涉粮机械总动力（32）　　B. 涉粮大中型拖拉机（30）

C. 涉粮排灌动力机械（38）

⑤涉粮投入（15）

A. 涉粮固定资产投资（25）　B. 涉粮水利投资（26）

C. 化肥（31）　　　　　　　D. 种子（18）

⑥抗灾能力（8）

A. 成灾程度（52）　　　　　B. 受灾程度（48）

⑦涉粮科技（19）

A. 涉粮科技人员（25）　　　　B. 涉粮科技人员技术水平（33）

C. 涉粮科技人员文化程度（19）D. 万人涉粮科技人员（23）

二、粮食综合生产能力的现状评估和增长测度

（一）指标体系的建立

为了客观反映全国及不同地区的粮食综合生产能力大小和增长情况，指标选取应遵循如下原则：一是符合粮食综合生产能力内涵；二是能够进行定量分析；三是兼顾研究需要和数据可获性；四是充分反映粮食综合生产能力的多层次性；五是便于推广运用。按此原则，有些要素指标在现实数据中无直接对应指标，则尽量用替代性的实际指标反映；若替代性指标也难以获取，只能被迫舍弃，在定性分析中加以考虑。文中测算的粮食综合生产能力客观上存在诸多数据可获性制约，不能完全反映实际的粮食综合生产能力。因此，这里测算的结果，只是对粮食综合生产能力实际状况的一种定量近似评估，仅供有关部门决策时参考。

1. 选取指标

列出可选择的指标范围，按照指标的影响力大小，多方征询专家意见后选定。一是产出指标。包括粮食总产量、粮食单产和劳动力平均产量；二是构成要素指标。包括耕地、水资源等七大类指标和粮食播种面积、化肥等二十个分指标。

2. 确定指标权重

粮食综合生产能力既包含大量的数据信息，又涵盖丰富的定性内容。为了充分发挥统计数据和专家智慧的双方优势，在确定指标权重方面采用德尔菲法。因德尔菲法具有某些局限性，操作过程中实际采用派生德尔菲法。从权威的涉粮部门、研究机构和知名高校，一共选取具有丰富经验的11位粮食问题研究专家，对指标权重予以选择。第一次，将回收问卷进行数据处理，得到各指标权重的平均值和范

围；第二次，只将指标权重的范围再反馈给专家，[①] 请他们修订初次选择，计算平均值后与第一次接近，将两者平均后即为各指标权重。

（二）数据收集和处理

1. 数据收集

主要从有关年份的《中国农村统计年鉴》、《中国农业统计资料》和《中国水资源公报》等定期出版物收集。

2. 数据处理

（1）比较指数。粮食综合生产能力的大小是一个模糊概念，可运用模糊数学的隶属函数进行测度；该能力是一个多因素多层次系统，根据研究需要分为两级指标，可用二阶模糊综合评判法加以评估。因隶属度的取值区间为〔0，1〕，数据太小，能力大小的较小变化不易引起注意，故乘以100后，按百分法构建能力测度指数。根据指数越高、能力越大的原则，构建隶属函数模型。为了简化运算，某指标的隶属函数为一个地区的实际值除以所有地区的最大值，即：

$$y_i = \frac{x_i}{\text{Max}(x_1, x_2, \cdots, x_n)} \tag{1}$$

式中：y_i 为第 i 地区的隶属度；

x_i 为第 i 地区某项指标的实际值。

考虑到粮食综合生产能力是在相对稳定的一段时间内各种要素充分发挥作用时的最优状态，一般情况下能力大于当期产量，故采用此段时间内的极大值表示。据研究，从20世纪50年代以来特别是1978年之后，反映中国粮食综合生产能力的粮食总产量，多数时期的丰歉水平都呈3年周期性变化。此外，各种固定和可变投入要素3年左右都可能发生明显变化。为了简化运算，本书以3年内的存量极大值反映一定时期的粮食综合生产能力大小。

目前公布的诸多指标，都是农业统计指标，没有单独的粮食统计科目。因此，只能采取近似替代法，假定有关指标的数值在各种作物之间均匀分布，以粮食播种面积比例为调整系数，近似推算有关指标的数值。因此，这些数值并非公布的粮食综合生产能力要素指标的直接数据，而是间接推算的，只能称为涉粮指标，而非直接的粮食指标。例如，大中型拖拉机、水利投资按照近似替代法转换后，成为涉粮大中型拖拉机、涉粮水利投资。此外，农业投资、劳动力都是农林牧渔各业的综合数据，无种植业数据，又不能简单按产值比例调整。考虑到种植业占主要地位，各指标最终采取相对数计算，因此，仍然沿用粮食播种面积比例为调整系数。这种相对数方法，能够大致抵消各地区的林牧渔业因素，对结论影响不大。

---

① 由于时间紧，问卷回收时间长，为了节省时间，第二次只在部分专家中进行。

　　某些要素指标的分指标，又可分为规模指标和强度指标，即规模越大、强度越高，则该指标反映的能力越强。强度指标一般为分指标的总量数值除以粮食播种面积。涉粮的有效灌溉面积率除外，其为有效灌溉面积除以耕地面积。经专家意见测定，规模指标的平均权重为 0.57，强度指标的平均权重为 0.43。这些分指标包括涉粮的水资源量、用水量、有效灌溉面积、水库库容、农机动力、大中型拖拉机、排灌机械、生产投资、水利投资、化肥、种子、成灾、受灾和科技人员数。

　　（2）增长指数。为了测度 20 世纪 90 年代以来全国及各地区粮食综合生产能力的增长情况，以 1990 年为基期，其指数为 100，计算各指标的增长指数。与比较指数依据相同，以增量极大值近似反映一定时期的粮食综合生产能力增长情况。增长指数大于 100，表明粮食综合生产能力增强；反之，则为负增长，粮食综合生产能力减弱。

　　（3）特殊数据的处理。一是调整数据基期。一些指标无 1990 年数据，则按照最接近 1990 年原则，选择相关年份的数据；二是补缺漏失数据。个别数据比较重要，不能舍弃，但又无公布数据，只有邻近年份数据。于是，按照数据变化规律进行近似推算，以计算值代替未公布数据。有些则用相近年份数据代替。

三、粮食综合生产能力的要素弹性和贡献率测算

（一）要素弹性测算

　　以粮食综合生产能力的产出结果粮食总产量为因变量，各构成要素为自变量，建立柯布－道格拉斯生产函数模型。考虑到各构成要素的数据可获性，以 1984～2004 年数据为对象，运用 SPSS 统计软件进行逐步回归模拟。模型形式如下：

$$\ln Y = \ln K + \sum_{i=1}^{n} b_i \ln X_i \qquad (2)$$

式中：Y 为粮食总产量；

　　　　K 为常数项；

　　　　b_i 为第 X_i 要素的弹性系数。

　　根据构成粮食综合生产能力要素的理论分析，播种面积、用水量、机械动力、劳动力、基础设施、农资投入（化肥、种子、农药等）、科技水平、抗灾能力等要素，均影响粮食产量的高低。价格虽然影响粮食总产量，但不属于粮食综合生产能力构成要素，属于外部环境影响因素，故不考虑。专家经验从理论上认为重要的构成要素，因无法获取数据而被迫放弃；有些可获得的现实数据中往往包含无法排除的其他因素，在模型回归中却因不显著而被删除，如劳动力、种子、固定资产投资、科技人员等。因此，模型中只是影响显著的主要构成要素，其他要素则隐含在

随机变量中。影响粮食综合生产能力的化肥、劳动力和种子等投入，全国农业成本资料数据比较准确。为了避免与粮食播种面积形成多重共线性干扰，化肥、劳动力等投入不用总量，而用单位面积数据。[①] 由于化肥、劳动力等农资投入，是粮食播种面积和这些要素单位面积投入的乘积，播种面积弹性系数包括了化肥、劳动力等以单位面积模拟的要素贡献，因此，播种面积的生产弹性等于其模型弹性系数减去化肥、劳动力等要素弹性系数。本书建立了粮食总产量的柯布－道格拉斯生产函数模型。

（二）要素贡献率测算

$$CRF_i = \frac{a_i \ (\Delta X_i/X_i)}{\Delta Y/Y} \times 100\% \tag{3}$$

式中：CRF_i 为第 X_i 要素的贡献率；

a_i 为第 X_i 要素的弹性系数；

$\Delta X_i/X_i$ 为第 X_i 要素的平均增长率；

$\Delta Y/Y$ 为粮食总产量等因变量的平均增长率。

粮食（或某品种）的技术进步贡献率采用索洛残差法估计，即用粮食的产量平均增长率减去所有投入要素平均增长率和其弹性系数乘积之和，则为技术进步增长率；再除以产量平均增长率，即为技术进步贡献率。[②] 公式为：

$$CRT = \frac{\Delta Y/Y - \sum a_i(\Delta X_i/X_i)}{\Delta Y/Y} \times 100\% \tag{4}$$

式中：CRT 为技术进步贡献率。

四、未来粮食综合生产能力主要投入要素预测

（一）回归模型预测法

根据粮食产量和主要投入要素的因果关系，分别建立回归预测模型。为了剔除家庭承包制的制度虚拟变量影响，模型数据范围依据数据情况分别从 1978 年或 1980 年等年份开始，到 2004 年为止。对每一主要投入要素指标，逐一建立一元线性回归模型、半对数函数模型、指数函数模型、双曲函数模型、S 形曲线模型等，从中选择最佳模型进行回归预测。[③] 依据粮食需求预测结果，确定未来需要稳定达

[①] 已有学者在构建粮食产量的柯布－道格拉斯模型中，解决了总量变量和单位面积变量共同构建模型的方法问题，详见肖海峰、王娇：《我国粮食综合生产能力影响因素分析》，载于《农业技术经济》2004 年第 6 期，第 45～47 页。

[②] 朱希刚：《我国"九五"时期农业科技进步贡献率的测算》，载于《农业经济问题》2002 年第 5 期，第 12～13 页。

[③] 有的投入要素固然重要，但回归模型解释力度很低，或者难以进行长期预测，只得放弃。

到的粮食总产量范围，再根据回归模型导算所需的投入要素范围。

因粮食产量是多要素综合投入并受到气候等外部因素共同作用的结果，投入和产出因素的随机波动幅度大，单因素的投入产出关系在某些投入要素方面并不显著。因此，这类投入要素的一元回归模型并不理想，预测误差可能很大。另外，回归模型预测时，假定前后经济环境和技术进步等因素保持大体相似。一般经验认为，在国民经济平稳增长时，可近似假定5年左右的经济环境和技术进步不会发生显著变化，故回归模型的短期预测可靠性尚可。然而，中长期的经济环境和技术进步等假定条件都可能发生明显变化，使得回归模型10~15年的中长期预测可靠性明显不足。因此，放弃中长期预测，只进行定性预测。2010年的预测模型和结果见附表1-16。为了说明粮食科技进步的重要性，假定2020年继续保持目前的粮食科技水平，随着投入要素的边际粮食产量急剧下降，2020年的不少投入要素将成倍增长（见附表1-16）。当然，因前提假定不符合未来发展趋势，这种预测结果并不会出现。

（二）投入产出比预测法

根据未来投入产出比的假定是否变动，可分为动态投入产出比预测和静态投入产出比预测。动态投入产出比预测法的基本步骤为：首先，测算20世纪90年代以来，粮食综合生产能力主要构成要素投入产出比的几何平均增长率；其次，假定今后该要素投入产出比继续按照此增长率不断变化，分别计算到2010年和2020年的投入产出比；再次，以相应年份的粮食综合生产目标乘以该年份的投入产出比，即得出未来所需投入要素的组合。因耕地未公布各年份的当期数据，1990年与1996年以后的耕地统计口径又不同，无法准确测算其投入产出比的增长率，只好以粮食播种面积的投入产出比增长率近似替代。因农业固定资产投资数据公布晚，只有1999年以后的数据，短间隔期的增长率缺乏代表性。为此，从全国农本资料选择三种主要谷物的亩均固定资产折旧费，排除2004年异常折旧费数值，以1990~2003年粮田固定资产折旧费增长率替代涉粮固定资产投入产出比增长率。种子因1990年数据异常，故计算1991~2004年种子投入产出比增长率。静态投入产出比预测法的基本步骤为：首先，假定今后技术水平不变，2010年和2020年仍保持目前投入产出比；然后，用未来年份的粮食综合生产能力目标乘以该年份的投入产出比，即得出未来所需投入要素的组合。

附表 1－1   2002～2004 年不同产销区粮食产出能力比较

年份	地区	粮食总产量 （万吨）	粮食总产比例 （%）	粮食单产 （公斤/公顷）	劳动力平均产量 （公斤/劳动力）
2002	主产区	32 913.3	72.0	4847	2829
	平衡区	9069.0	19.8	4000	1748
	主销区	3723.6	8.1	5229	1836
2003	主产区	30 578.5	71.0	4673	2763
	平衡区	9073.5	21.1	4225	1806
	主销区	3417.7	7.9	5248	1797
2004	主产区	34 115	72.7	4966	3136
	平衡区	9381.4	20.0	4146	1886
	主销区	3450.8	7.4	5187	1829

数据来源：依据有关年份的《中国农村统计年鉴》由作者计算得出。

附表 1－2   2002～2004 年不同区域粮食产出能力比较

项 目	地区	2002 年	2003 年	2004 年
粮食总产量 （万吨）	东 北 区	6666.4	6270.2	7231
	黄 淮 海 区	10 158.6	9570.1	10 449.8
	长江中游区	8862.8	8028.8	9146.1
	东南沿海区	6410.6	5712.3	6086.9
	西 北 区	3015.7	2986.8	3198.3
	西 南 区	8160.5	8181.6	8348.8
	蒙 新 区	2241.7	2136.2	2301.8
	青 藏 区	189.6	183.7	184.5
粮食总产比例 （%）	东 北 区	14.6	14.6	15.4
	黄 淮 海 区	22.2	22.2	22.3
	长江中游区	19.4	18.6	19.5
	东南沿海区	14.0	13.3	13.0
	西 北 区	6.6	6.9	6.8
	西 南 区	17.9	19.0	17.8
	蒙 新 区	4.9	5.0	4.9
	青 藏 区	0.4	0.4	0.4
粮食单产 （公斤/公顷）	东 北 区	4597	4425	4706
	黄 淮 海 区	4560	4518	4910
	长江中游区	5162	4826	5145
	东南沿海区	5629	5363	5554
	西 北 区	3479	3669	3771
	西 南 区	4497	4694	4565
	蒙 新 区	4465	4444	4344
	青 藏 区	4303	4657	3901

续表

项　目	地区	2002 年	2003 年	2004 年
	东　北　区	4481	4241	4857
	黄　淮　海　区	2032	2061	2316
	长　江　中　游　区	2485	2320	2601
劳动力平均产量	东　南　沿　海　区	2459	2409	2728
（公斤/劳动力）	西　北　区	1603	1655	1797
	西　南　区	1537	1608	1660
	蒙　新　区	4160	4329	4550
	青　藏　区	1226	1311	1362

注：单产和劳动力平均产量按各区域播种面积加权平均。

数据来源：依据有关年份的《中国农村统计年鉴》由作者计算得出。

附表 1 - 3　　　　2002～2004 年各省粮食综合生产能力产出比较指数

省区	产出比较指数	排序	产出能力（万吨）	能力标志年份	省区	产出比较指数	排序	产出能力（万吨）	能力标志年份
北　京	21.75	29	80	2002	湖　北	60.66	10	2100	2003
天　津	22.90	28	140	2003	湖　南	66.19	7	2640	2003
河　北	61.31	8	2480	2003	广　东	45.51	15	1480	2003
山　西	34.37	21	1060	2003	广　西	43.90	16	1490	2003
内蒙古	45.78	14	1510	2003	海　南	20.17	30	200	2003
辽　宁	52.02	11	1720	2003	重　庆	38.79	18	1140	2003
吉　林	71.16	4	2510	2003	四　川	75.45	3	3150	2003
黑龙江	68.55	6	3000	2004	贵　州	35.95	20	1150	2003
上　海	32.38	22	130	2002	云　南	42.14	17	1510	2003
江　苏	70.74	5	2910	2002	西　藏	23.68	27	100	2003
浙　江	36.06	19	940	2003	陕　西	30.35	24	1040	2003
安　徽	60.79	9	2770	2002	甘　肃	28.24	25	810	2003
福　建	31.88	23	760	2003	青　海	14.63	31	90	2003
江　西	46.77	12	1660	2003	宁　夏	23.74	26	300	2004
山　东	84.39	1	3520	2003	新　疆	45.99	13	840	2003
河　南	83.69	2	4260	2004					

注：能力标志年份为三年中粮食产出最高的年份。

附表 1－4　　　　　　　　　**2002～2004 年不同区域粮食综合生产能力**
要素比较指数及其投入组合

项目	地　区	东北区		黄淮海区		长江中游区		东南沿海区	
比较指标	要素比较指数	59.13		77.50		64.76		63.24	
	排序	5		1		2		3	
	项　目	总量	组合比	总量	组合比	总量	组合比	总量	组合比
产出	综合生产能力（万吨）	7200	1.000	10 000	1.000	9100	1.000	6400	1.000
主要投入要素组合	耕地面积（万公顷）	2080	0.289	2270	0.227	1720	0.189	1260	0.197
	播种面积（万公顷）	1560	0.217	2150	0.215	1810	0.199	1170	0.183
	用水量（亿立方米）	280	0.039	280	0.028	350	0.038	480	0.075
	有效灌溉面积（万公顷）	530	0.074	1450	0.145	990	0.109	790	0.123
	农机总动力（万千瓦）	4090	0.568	16 070	1.607	6220	0.684	4750	0.742
	农业固定资产投资（亿元）	160	0.022	250	0.025	100	0.011	100	0.016
	涉粮化肥（万吨）	330	0.046	540	0.054	440	0.048	300	0.047
	粮食种子（万吨）	130	0.018	190	0.019	160	0.018	110	0.017
	成灾率（%）	15		7		7		12	
	农技人员密度（人/万人）	2		0.6		0.7		1.1	

项目	地　区	西北区		西南区		蒙新区		青藏区	
比较指标	要素比较指数	43.80		62.38		37.43		39.37	
	排序	6		4		8		7	
	项　目	总量	组合比	总量	组合比	总量	组合比	总量	组合比
产出	综合生产能力（万吨）	3100	1.000	8300	1.000	2300	1.000	180	1.000
主要投入要素组合	耕地面积（万公顷）	1540	0.497	1980	0.239	1170	0.509	100	0.556
	播种面积（万公顷）	930	0.300	1960	0.236	550	0.239	40	0.222
	用水量（亿立方米）	170	0.055	200	0.024	280	0.122	30	0.167
	有效灌溉面积（万公顷）	3790	1.223	5280	0.636	5740	2.496	330	1.833
	农机总动力（万千瓦）	3980	1.284	3560	0.429	1660	0.722	310	1.722
	农业固定资产投资（亿元）	40	0.013	70	0.008	40	0.017	2	0.011
	涉粮化肥（万吨）	180	0.058	320	0.039	110	0.048	4	0.022
	粮食种子（万吨）	60	0.019	110	0.013	40	0.017	1	0.006
	成灾率（%）	18		8		24		12	
	农技人员密度（人/万人）	1.5		0.7		1.5		2.3	

数据来源：作者计算。

附表 1-5　　　2002～2004 年各省粮食综合生产能力要素比较指数

省区	要素比较指数	排序	省区	要素比较指数	排序
北　京	20.33	31	湖　北	38.60	11
天　津	30.00	24	湖　南	45.21	8
河　北	55.32	3	广　东	37.93	14
山　西	33.41	20	广　西	36.01	18
内蒙古	38.70	10	海　南	22.39	30
辽　宁	38.45	12	重　庆	29.52	27
吉　林	42.41	9	四　川	45.85	6
黑龙江	55.01	4	贵　州	29.69	26
上　海	30.26	23	云　南	38.33	13
江　苏	51.09	5	西　藏	32.85	21
浙　江	37.14	15	陕　西	32.30	22
安　徽	45.51	7	甘　肃	29.96	25
福　建	33.50	19	青　海	24.97	29
江　西	36.94	16	宁　夏	28.01	28
山　东	57.51	2	新　疆	36.03	17
河　南	60.48	1			

附表 1-6　　　2002～2004 年各地区粮食综合生产能力各要素比较指数

地区	耕地	水资源	水利设施	机械	投资投入	抗灾能力	科技
主产区	100.00	82.04	89.85	98.31	86.20	49.13	87.34
平衡区	47.94	81.09	36.71	36.08	38.99	53.98	78.11
主销区	26.77	45.78	53.74	36.30	50.80	96.99	64.82
东北区	77.93	41.39	40.71	48.03	55.41	19.47	84.42
黄淮海区	95.81	48.89	81.95	97.95	88.32	40.01	69.54
长江中游区	81.92	55.67	73.35	44.13	60.41	43.05	64.73
东南沿海区	59.15	59.05	70.77	33.49	64.68	48.49	83.69
西北区	54.82	33.10	26.16	28.19	33.15	30.15	69.96
西南区	92.40	72.15	41.68	22.89	48.51	36.95	70.18
蒙新区	39.03	34.81	38.73	29.50	32.31	20.30	50.86
青藏区	10.68	40.87	33.78	25.77	31.79	100.00	64.51

附表 1－7　　　2002～2004 年各省粮食综合生产能力各要素比较指数

省（区、市）	耕地	水资源	水利设施	机械	投资投入	抗灾能力	科技
北　京	9.90	5.43	31.05	41.64	30.62	17.61	20.60
天　津	11.69	8.51	31.04	36.04	17.16	8.28	84.03
河　北	65.07	28.52	68.27	74.69	61.45	0.63	63.17
山　西	39.14	18.88	21.85	19.32	17.94	2.64	75.36
内蒙古	55.41	26.73	37.74	20.95	25.95	0.47	60.44
辽　宁	37.91	21.44	42.00	42.72	29.96	0.98	69.48
吉　林	49.55	26.50	41.86	26.31	36.54	1.24	73.70
黑龙江	90.49	39.32	36.89	33.37	40.91	2.43	76.22
上　海	11.57	11.37	31.29	12.14	20.22	90.24	56.44
江　苏	55.00	38.54	67.19	28.90	47.43	35.84	62.69
浙　江	25.03	18.70	45.96	25.56	52.73	2.61	66.34
安　徽	64.43	31.21	58.62	37.83	42.22	25.92	36.97
福　建	28.59	19.82	35.62	10.47	31.60	1.70	72.27
江　西	41.01	27.15	47.73	15.51	26.80	0.79	63.58
山　东	69.54	33.17	64.92	87.09	57.75	1.00	65.78
河　南	85.66	34.55	78.91	57.68	53.58	4.71	64.51
湖　北	45.28	29.21	43.90	20.57	33.53	0.60	60.81
湖　南	53.02	39.45	57.01	32.11	37.53	0.67	61.92
广　东	37.93	37.34	43.86	16.17	28.02	1.93	66.62
广　西	44.08	35.83	32.78	17.03	20.74	0.96	63.20
海　南	16.90	9.25	14.91	10.22	24.90	5.37	53.80
重　庆	36.45	31.32	17.84	15.44	19.40	1.55	53.45
四　川	67.91	41.79	39.14	14.04	36.67	0.93	65.25
贵　州	41.07	22.66	13.66	8.33	19.72	1.70	59.99
云　南	51.39	30.07	25.64	13.29	30.40	1.28	68.86
西　藏	10.62	46.32	18.56	15.86	19.70	61.72	66.92
陕　西	42.22	19.15	24.59	20.00	22.74	0.82	60.28
甘　肃	37.25	18.11	19.64	11.87	20.25	1.28	63.47
青　海	9.54	9.74	32.10	10.60	16.99	7.58	69.73
宁　夏	17.87	10.87	17.00	13.72	23.66	1.90	80.58
新　疆	26.09	40.16	45.47	17.88	25.83	1.85	69.55

附表 1－8　　　　2002~2004 年各省粮食综合生产能力增长指数

省区	能力增长		产出增长		要素增长	
	指数	排序	指数	排序	指数	排序
北　京	51.44	31	47.92	31	54.82	31
天　津	76.40	29	84.47	27	68.65	29
河　北	105.72	14	114.96	14	101.62	16
山　西	98.16	23	113.12	17	98.58	19
内蒙古	119.30	5	149.57	3	98.63	18
辽　宁	102.48	19	115.07	13	101.63	15
吉　林	114.43	7	118.89	12	122.47	2
黑龙江	124.28	4	120.04	9	129.79	1
上　海	65.26	30	71.23	30	59.53	30
江　苏	108.94	11	104.39	21	114.68	4
浙　江	79.51	28	79.68	29	79.35	27
安　徽	110.54	9	114.49	15	106.74	12
福　建	99.68	22	94.76	25	104.62	13
江　西	104.24	16	104.98	20	108.02	10
山　东	102.75	18	119.02	10	99.78	17
河　南	113.04	8	131.91	7	97.75	20
湖　北	89.38	26	100.97	23	81.72	26
湖　南	106.86	13	105.68	19	112.89	8
广　东	81.89	27	86.11	26	77.84	28
广　西	107.91	12	113.90	16	102.15	14
海　南	102.05	20	120.62	8	91.42	22
重　庆	103.98	17	105.72	18	109.64	9
四　川	104.75	15	96.98	24	113.89	5
贵　州	125.66	3	156.11	2	113.12	7
云　南	118.93	6	137.26	5	107.51	11
西　藏	144.85	1	180.88	1	113.34	6
陕　西	94.63	25	103.78	22	91.28	23
甘　肃	101.20	21	118.89	11	87.53	24
青　海	88.21	27	84.14	28	92.13	21
宁　夏	133.91	2	148.26	4	120.13	3
新　疆	109.02	10	134.14	6	84.88	25

附表 1－9　　　　2002～2004 年各地区粮食综合生产能力各要素增长指数

地区	耕地	水资源	水利设施	机械	投资投入	抗灾能力	科技
主产区	90.13	94.33	115.71	170.15	115.65	177.86	78.21
平衡区	80.82	77.45	86.00	152.47	78.52	104.13	61.46
主销区	64.06	83.66	80.60	97.63	70.19	132.19	68.50
东北区	104.88	91.10	164.89	175.30	212.93	41.56	77.88
黄淮海区	85.70	108.97	94.04	166.43	85.12	148.60	76.64
长江中游区	84.23	84.24	97.65	191.84	81.15	281.92	74.75
东南沿海区	68.87	85.63	80.81	117.60	81.16	222.07	77.36
西北区	79.41	101.31	103.54	139.10	100.38	104.98	77.60
西南区	91.31	95.65	112.41	194.85	106.83	150.16	86.13
蒙新区	89.51	90.74	134.81	151.47	121.52	36.25	68.76
青藏区	70.78	112.47	160.08	143.14	82.96	158.40	81.94

附表 1－10　　　　2002～2004 年各省粮食综合生产能力各要素增长指数

省（区、市）	耕地	水资源	水利设施	涉粮机械	投资投入	抗灾能力	科技
北　京	37.58	62.68	41.66	61.27	40.96	145.42	50.28
天　津	66.04	62.86	71.18	90.67	83.60	45.11	63.03
河　北	88.31	97.08	102.50	174.54	107.70	130.79	73.16
山　西	84.69	99.75	103.38	122.38	113.10	107.74	86.69
内蒙古	95.24	90.10	154.66	157.18	106.63	37.42	65.21
辽　宁	89.54	98.87	120.60	150.19	125.77	55.00	85.94
吉　林	112.26	103.64	158.69	200.86	179.92	25.18	86.07
黑龙江	106.39	82.04	183.28	170.90	259.71	45.30	71.10
上　海	45.81	81.32	31.14	42.96	42.45	220.60	34.00
江　苏	74.00	75.79	78.80	126.45	66.73	500.91	87.48
浙　江	48.01	84.56	71.38	109.74	74.42	246.89	41.37
安　徽	89.54	118.39	109.10	184.86	90.92	193.16	62.11
福　建	69.29	70.58	100.19	98.05	138.64	285.37	75.36
江　西	85.63	76.30	106.99	251.08	134.00	103.08	80.06
山　东	74.47	121.45	81.33	149.90	73.71	207.72	83.59
河　南	93.41	107.94	98.80	176.90	78.35	99.39	76.84
湖　北	65.44	85.02	70.05	116.13	49.43	199.57	69.39
湖　南	85.43	81.74	96.75	169.38	72.23	362.65	83.09
广　东	67.07	81.46	81.12	94.18	67.96	67.71	91.90
广　西	85.00	96.61	86.41	179.05	95.83	158.36	87.34
海　南	82.94	91.11	107.70	177.19	141.14	51.46	32.66

续表

省（区、市）	耕地	水资源	水利设施	涉粮机械	投资投入	抗灾能力	科技
重　庆	88.84	109.16	110.52	302.99	66.62	159.70	67.09
四　川	91.56	99.50	117.68	143.46	117.67	192.88	100.66
贵　州	95.87	97.27	119.80	190.97	110.10	210.63	69.74
云　南	94.78	94.69	125.61	203.54	128.04	65.51	81.04
西　藏	85.67	130.19	105.34	202.36	31.00	293.00	94.13
陕　西	69.08	107.47	104.47	133.32	76.78	161.82	63.27
甘　肃	80.48	98.24	97.67	137.11	77.43	51.75	84.35
青　海	67.91	93.66	204.15	85.23	100.93	44.73	60.95
宁　夏	107.51	117.48	127.49	185.15	180.81	50.99	86.67
新　疆	76.97	107.46	76.89	122.85	98.56	34.39	79.37

附表 1-11　　　　1998～2005 年中国粮食产量及其产销区结构的变动

		1998 年	2003 年	2005 年	1998～2003 年均增长（%）	2003～2005 年均增长（%）
产量（万吨）	主产区	36 315.7	30 578.5	35 443.2	-3.4	7.7
	平衡区	9700.4	9073.2	9543.5	-1.3	2.6
	主销区	5213.6	3417.7	3415.7	-8.1	0
结构比例（%）	项目	1998 年	2003 年	2005 年	1998～2003 年百分点变动	2003～2005 年百分点变动
	主产区	70.9	71.0	73.2	0.1	2.2
	平衡区	18.9	21.1	19.7	2.1	-1.3
	主销区	10.2	7.9	7.1	-2.2	-0.9

数据来源：国家统计局农调队，《中国农村统计年鉴》（1999，2004，2006），中国统计出版社。

附表 1-12　　　　1998～2005 年中国不同区域粮食产量及其结构的变动

项　目		1998 年	2003 年	2005 年	1998～2003 年均增长（%）	2003～2005 年均增长（%）
产量（万吨）	东北区	7343.4	6270.2	7419	-3.1	8.8
	黄淮海区	11 641.2	9570.1	11 330.4	-3.8	8.8
	长江中游区	9270.2	8028.8	9218.3	-2.8	7.2
	东南沿海区	8179.4	5712.3	6017.9	-6.9	2.6
	西北区	3551.5	2986.8	3157.7	-3.4	2.8
	西南区	8618.8	8181.6	8533.6	-1.0	2.1
	蒙新区	2412	2136.2	2538.8	-2.4	9.0
	青藏区	213.2	183.4	186.7	-3.0	0.9

续表

项　　目		1998 年	2003 年	2005 年	1998～2003 年均增长（%）	2003～2005 年均增长（%）
项目		1998 年	2003 年	2005 年	1998～2003 年百分点变动	2003～2005 年百分点变动
结构比例（%）	东北区	14.3	14.6	15.3	0.2	0.8
	黄淮海区	22.7	22.2	23.4	−0.5	1.2
	长江中游区	18.1	18.6	19.0	0.5	0.4
	东南沿海区	16.0	13.3	12.4	−2.7	−0.8
	西北区	6.9	6.9	6.5	0.0	−0.4
	西南区	16.8	19.0	17.6	2.2	−1.4
	蒙新区	4.7	5.0	5.2	0.3	0.3
	青藏区	0.4	0.4	0.4	0.0	0.0

注：东北区含黑龙江、吉林、辽宁；黄淮海区含山东、河南、河北、北京、天津；长江中游区含安徽、江西、湖北、湖南；东南沿海区含江苏、浙江、福建、上海、广东、海南；西北区含陕西、山西、甘肃、宁夏；西南区含四川、重庆、广西、云南、贵州；蒙新区含新疆和内蒙古；青藏区含青海、西藏。

数据来源：作者计算。原始数据引自国家统计局农调队，《中国农村统计年鉴》（1999，2004，2006），中国统计出版社。

附表 1–13　　　　　1998 年后中国粮食产需情况　　　　　万吨

年份	1998	1999	2000	2001	2002	2003	2004	2005
总产量	51 230	50 839	46 218	45 264	45 706	43 070	46 947	48 402
总消费量	46 475	47 235	47 845	48 180	48 555	48 800	49 090	49 775
余缺量	4755	3604	−1627	−2916	−2849	−5730	−2143	−1373

注：中国粮食经济学会报告中的 2003 年粮食总消费量与国家粮食局的数据略有差别，但为保持各年粮食消费数据可比，仍用粮食经济学会的数据。

数据来源：国家统计局农调司，《中国农村统计年鉴》（2006），中国统计出版社；聂政邦，《2005 中国粮食发展报告》，经济管理出版社；中国粮食经济学会，《国家粮食安全新战略研究和政策建议》，《粮经学会简讯》，2005 年 2 月 28 日，第 1 期；国家发改委有关部门资料，2006 年。

附表 1–14　　　　　修正后的粮食安全系数分值表

取值	人均占有量（公斤）	粮食产量波动系数	储备率（%）	自给率（%）
1	≥500	≤1	≥50	≥100
0.9	400～500	1～3	50～40	100～95
0.8	380～400	3～5	40～30	95～90
0.7	360～380	5～7	30～20	90～80
0.6	340～360	7～9	20～17	80～70

续表

取值	人均占有量（公斤）	粮食产量波动系数	储备率（%）	自给率（%）
0.5	320～340	9～11	17～14	70～60
0.4	300～320	11～13	14～11	60～50
0.3	250～300	13～15	11～8	50～40
0.2	200～250	15～17	8～5	40～30
0.1	150～200	17～19	5～2	30～20
0	≤150	≥19	≤2	≤20

注：人均占有量根据中国素食结构的实际，征询多位专家意见，按照人均占有量敏感区（300～400公斤/人）多设档、非敏感区少设档的原则进行了调整。

数据来源：人均占有量为课题组调整结果，其他参见朱泽，《中国粮食安全状况的实证研究》，载于《调研世界》1997年第3期。

附表 1－15　　　　　　　　中国粮食安全系数五等分级表

安全等级	非常安全	安全	基本安全	不安全	很不安全
系数取值范围	1.0～0.87	0.86～0.73	0.72～0.63	0.62～0.46	0.45～0

数据来源：采用德尔菲法经作者测算。

附表 1－16　　　2010～2020 年达到粮食综合生产能力目标所需投入要素的预测

要素	模型形式及参数		2010 年	2020 年
农业机械总动力（亿瓦）	$Y = -40\ 655.87544 + 10\ 373.969841\ \ln X$ (-4.282)　　　　(8.742)	$F = 76.414$ $R^2 = 0.7535$	5780～7350	8410～10 910
有效灌溉面积（万公顷）	$Y = -569\ 968.180086 + 56\ 778.786817\ln X$ (-5.634)　　　　(6.052)	$F = 36.622$ $R^2 = 0.5943$	5440～5690	5830～6120
化肥（万吨）	$Y = -45\ 954.049626 + 11\ 246.641123\ln X$ (-6.602)　　　　(12.686)	$F = 160.933$ $R^2 = 0.8655$	4730～5900	5797～10 803
农业基建投资（亿元）	$Y = 28\ 541.577408 + 2886.908571\ln X$ (10.619)　　　　(5.579)	$F = 31.122$ $R^2 = 0.5750$	1280～3050	4950～12 600
水利基建投资（亿元）	$Y = 29\ 981.31448 + 2903.885854\ln X$ (13.335)　　　　(6.071)	$F = 36.8596$ $R^2 = 0.6158$	750～1770	2870～7270

注：（ ）为模型系数的 t 检验值，F 为模型检验值，R^2 为相关系数。

产销区	大小及增速		
主产区		99.15（1）	116.07（1）
		87.66（1）	108.98（1）
平衡区		45.19（2）	97.26（2）
		54.72（2）	84.63（2）
主销区		37.09（3）	87.06（3）
		49.97（3）	70.94（3）
说明	粮食综合生产能力产出比较指数（在全国的位次） ⊢ 99.15（1） 116.07（1） ⊣ 粮食综合生产能力产出增长指数（在全国的位次） 粮食综合生产能力要素比较指数（在全国的位次） ⊢ 87.66（1） 108.98（1） ⊣ 粮食综合生产能力要素增长指数（在全国的位次）		

附图 1-1　我国各产销区粮食综合生产能力的现状评价和增长态势

区域	大小及增速		区域	大小及增速	
东北区	76.93（4）	118.80（4）	西北区	39.70（7）	114.35（6）
	59.13（5）	122.54（1）		43.80（6）	95.02（7）
黄淮海区	89.83（1）	122.24（3）	西南区	78.65（3）	117.67（5）
	77.50（1）	99.49（5）		62.38（4）	108.95（2）
长江中游区	83.45（2）	107.41（7）	蒙新区	46.08（6）	144.81（1）
	64.76（2）	107.91（3）		37.43（8）	97.11（6）
东南沿海区	69.25（5）	94.31（8）	青藏区	23.16（8）	125.20（2）
	63.24（3）	92.21（8）		39.37（7）	104.55（4）
说明	粮食综合生产能力产出比较指数（在全国的位次）　粮食综合生产能力产出增长指数（在全国的位次） 76.93（4）｜118.80（4） 59.13（5）｜122.54（1） 粮食综合生产能力要素比较指数（在全国的位次）　粮食综合生产能力要素增长指数（在全国的位次）				

附图 1-2　我国各区域粮食综合生产能力的现状评价和增长态势

省 （区、市）	大小及增速		省 （区、市）	大小及增速	
北 京	21.75（29）	47.92（31）	湖 北	60.66（10）	100.97（23）
	20.33（31）	54.82（31）		38.60（11）	81.72（26）
天 津	22.90（28）	84.47（27）	湖 南	66.19（7）	105.68（19）
	30.00（24）	68.65（29）		45.21（8）	112.89（8）
河 北	61.31（8）	114.96（14）	广 东	45.51（15）	86.11（26）
	55.32（3）	101.62（16）		37.93（14）	77.84（28）
山 西	34.37（21）	113.12（17）	广 西	43.90（16）	113.90（16）
	33.41（20）	98.58（19）		36.01（18）	102.15（14）
内 蒙 古	45.78（14）	149.57（3）	海 南	20.17（30）	120.62（8）
	38.70（10）	98.63（18）		22.39（30）	91.42（22）
辽 宁	52.02（11）	115.07（13）	重 庆	38.79（18）	105.72（18）
	38.45（12）	101.62（16）		29.52（27）	109.64（9）
吉 林	71.16（4）	118.89（12）	四 川	75.45（3）	96.98（24）
	42.41（9）	122.47（2）		45.85（6）	113.89（5）
黑 龙 江	68.55（6）	120.04（9）	贵 州	35.95（20）	156.11（2）
	55.01（4）	129.79（1）		29.69（26）	113.12（7）
上 海	32.38（22）	71.23（30）	云 南	42.14（17）	137.26（5）
	30.26（23）	59.53（30）		38.33（13）	107.51（11）
江 苏	70.74（5）	104.39（21）	西 藏	23.68（27）	180.88（1）
	51.09（5）	114.68（4）		32.85（21）	113.34（6）
浙 江	36.06（19）	79.68（29）	陕 西	30.35（24）	103.78（22）
	37.14（15）	79.35（27）		32.30（22）	91.28（23）
安 徽	60.79（9）	114.49（15）	甘 肃	28.24（25）	118.89（11）
	45.51（7）	106.74（12）		29.96（25）	87.53（24）
福 建	31.88（23）	94.76（25）	青 海	14.63（31）	84.14（28）
	33.50（19）	104.62（13）		24.97（29）	92.13（21）
江 西	46.77（12）	104.98（20）	宁 夏	23.74（26）	148.26（4）
	36.94（16）	108.02（10）		28.01（28）	120.13（3）
山 东	84.39（1）	119.02（10）	新 疆	45.99（13）	134.14（6）
	57.51（2）	99.78（17）		36.03（17）	84.88（25）
河 南	83.69（2）	131.91（7）			
	60.48（1）	97.75（20）			
说 明	粮食综合生产能力 产出比较指数（在 全国的位次） 粮食综合生产能力 要素比较指数（在 全国的位次）	21.75（29） 47.92（31） 20.33（31） 54.82（31）		粮食综合生产能力 产出增长指数（在 全国的位次） 粮食综合生产能力 要素增长指数（在 全国的位次）	

附图1-3　我国各省区粮食综合生产能力的现状评价和增长态势

第二章

加快粮食物流业现代化
保障国家粮食安全

内容提要　当前，中国粮食物流不畅的问题已经成为制约粮食生产可持续发展、保障粮食供给安全的主要因素之一。现有粮食物流体系仍以原粮包装运输为主，物流成本高、效率低、跨区域流通不畅，不能适应市场经济条件下粮食跨省市流通的需要，不能适应通过粮食进出口调节国内市场的需要，不能适应国家宏观调控的需要。现阶段中国粮食物流对粮食安全的影响，主要表现在三个方面：一是对粮食综合生产能力的影响；二是对粮食有效供给和储备规模的影响；三是对粮食市场价格的影响。中国粮食工作的实践经验表明，建立粮食现代物流体系，是保障国家粮食安全的基础工作之一，是未来几十年中国经济持续快速发展所需优先解决的重要问题。随着中国优势农产品区域分工日益明显，农村人口逐渐向城镇转移，以及粮食消费结构发生变化，预计未来中国粮食物流量将明显增加，流通瓶颈问题更加突出。目前一般对粮食安全的认识还停留在总量平衡的层次，而对粮食物流与粮食安全的关系认识不够，实现中国粮食物流现代化任务艰巨。发展粮食现代物流要立足粮食安全，服务于粮食供求紧平衡调控目标。要通过深化改革、创新体制、整合资源、统筹规划、合理布局，建立高效、快捷、畅通、便利、安全的粮食现代物流体系，实现粮食流通现代化，降低粮食流通成本，提高粮食流通效率，提高应对粮食市场波动的调控能力。

　　本章附件在界定中国粮食主产区和主销区的基础上，分析了近年来主产区与主销区政府粮食储备现状和存在问题，利用数量—结构—品种法，初步推算了中国储备粮应有的规模总量以及稻谷、小麦、玉米三个品种的储备量。根据发展粮食现代物流、保障国家粮食安全的需要，提出了政府储备粮总量结构的合理比例关系，认为政府储备粮在主产区、主销区和产销平衡区总量结构应逐步调整为 60:20:20。同时提出，合理的政府储备粮区域布局、品种结构和灵活的轮换吞吐机制是保障国家粮食安全的重要因素。

　　粮食是关系国计民生的重要战略商品。粮食供求平衡关系到国家改革发展和社会稳定。粮食物流是粮食收获后经收购、集并、运输、储存、中转、配送直至消费全过程中的粮食实物的流动。粮食现代物流是采用现代供应链管理和信息技术,将粮食收购、中转、储藏、运输、配送等功能有机结合,进行资源整合和一体化运作,通过计划、控制和系统化管理,满足用户要求的全过程。

一、中国粮食物流现状与存在的问题

20世纪90年代以来,中国粮食物流设施建设取得了较大成绩。截至2005年底,全国共有粮库约1.91万个,有效仓容2.6亿吨。中国粮食储存仓容严重不足、设施落后的状况得到缓解,粮食仓储条件大为改善,技术水平明显提高,东北等地区粮食现代物流的框架初步形成。

(一) 中国粮食物流现状

1. 粮食物流网络主要环节和流量

中国粮食生产的基本特点是由2亿多个农户进行小规模的生产。粮食物流的最基本特点是收储企业从极端分散的小农户收购粮食开始,进入一系列物流过程。这个过程由于地域、品种的差别而呈现很大的不同。

东北地区粮食外运至东南沿海是经历物流环节最多的流程。例如,浙江省杭州半山米厂购买黑龙江省建三江的稻谷并加工成方便米饭销售的流程如下:粮食收购→收纳库暂存→集并至中转库→清理、降水→铁路运至大连北良港→装船海运至宁波港口暂存→内河运至杭州半山粮库→加工成大米→汽车运送至方便食品厂→加工成方便米饭→送至各连锁店。此后为零售商业物流,供应给居民消费。经过的节点有8个之多。

粮食产地就近加工销售是环节最少的粮食物流的流程。例如,江苏城郊农民将收获的稻谷在农村家庭小米机加工后销售给城镇居民。经过的节点只有一个。储备粮物流是一个相对封闭的独立体系。它分原粮储备和成品粮储备两类。粮食储备体系通过收购和轮出两个环节与市场衔接。

中国粮食物流的流量主要由三个部分构成:一是商品粮的市场流通;二是中央储备和地方储备粮的收储、调运和轮换;三是粮食的进出口。根据国家粮食局对全国粮食物流流量的调查统计,2003年、2004年、2005年全国粮食总流通量分别约为17 000万吨、19 500万吨、20 000万吨,其中跨省粮食流通量分别约为9500万吨、11 100万吨、12 000万吨,粮食进口量分别为2293万吨、2998万吨、3286万吨，出口量分别为 2437 万吨、506 万吨、1035 万吨。预计到 2010 年，中国粮食总流通量约为 22 000 万吨，其中跨省流通量约为 13 000 万吨。预计到 2015 年，中国粮食总流通量约为 24 000 万吨，其中跨省流通量约为 14 000 万吨。

2. 粮食运输和装卸方式

根据交通部有关数据，中国粮食运输量是货物运输中第五大品种，位于煤炭、焦炭、石油、金属矿石之后，约占总运输量的 3.2%。

中国粮食物流过程中的运输方式，有铁路运输、公路运输、江海运输、内河运输、多式联运等方式。产粮区的粮食当地消费，一般只需采用一种方式经过一次运输就可以到达需方。跨省区的粮食供需流通，往往要采用 3 ~ 4 种方式，经过 3 ~ 4 次运输才能到达需方。

中国粮食中长距离运输主要依靠铁路运输和近海运输。铁路运量占总运量的比例最大。常用的车辆以 C60 敞车居多，其次是 P60 棚车。由于车辆设计、装卸机械、企业设施限制，原粮流通多采用包装形式。世界银行贷款改善粮食流通设施项目，开始注重粮食系统自身的运输工具的配备，特别是在东北地区购置了 2400 辆 L18 散粮专用火车进行散粮运输试点，取得了良好效果。国家储备粮库建设项目中也给东北地区配置了散粮专用火车。有些粮库自发开展散粮汽车运输业务。到 2005 年底，东北地区共有散粮专用火车皮 4700 辆。但由于 L18 车返回时空载，要占用紧张的铁路线路资源，限制了 L18 车在关内的使用。

粮食流通主要有包装、散装、集装箱 3 种方式。目前中国原粮主要采取包装方式流通。原粮主要采用 90 公斤袋装方式，以往都是采用麻袋包装，现在企业为了节省费用，多数采用化纤编织袋。

散装方式是指粮食没有经过任何包装，使用专门的机械、容具、仓库进行装卸、运输、储存的流通方式。原粮、大米、面粉的散装流通方式，体现在装、卸、运、存四种作业，即"四散化"。散装方式省去了包装材料费用，便于使用机械进行作业，作业效率高。散粮海轮的装卸单机作业效率高达 2000 吨/小时。原粮散装化作业成为发达国家普遍采用的方式。中国原粮的散装流通量较少，约占原粮总流通量的 10% 左右，其中跨省原粮国内流通量方面，散装流通量约占跨省总流量的 15% 左右。进口粮基本都以散装方式流入。

集装箱方式是指利用集装箱等大型装具、装纳粮食后进行流通的方式。粮食在到达目的地前不再取出。集装化方式能适应分类运输、小批量运输的需求。流通过程中，避免污染、丢失、破碎，不产生粉尘。集装箱在货物运输上应用广泛，发展迅速。发达国家正在研究试验采用集装箱运输原粮。近年来，中国一些企业在粮食贸易中也采用了集装箱流通方式。如京唐公司出口豆粕采用了集装箱方式，福建官桥等地订购东北的糙米、广州南方面粉厂进口小麦以及一些公司进口大豆，均采用了集装箱方式。

成品粮中，大米流通以90公斤麻袋包装为主，面粉以25公斤布袋包装为主。目前在销售中，还大量使用5～50公斤的纸包装或编织袋包装；粮食食品流通多用纸箱包装方式。

3. 粮食水路铁路运输情况及运输工具

（1）中国铁路粮食运输基本情况。铁路近10年的粮食运输量总体呈缓慢增长趋势。1993年铁路粮食运输量为6605万吨，2003年已增至10 138万吨。10年净增长3533万吨，增长幅度为53.5%，年均增长率为5.35%。增幅最高的是2003年，为22.4%。年度间粮食运输量的波动较大。根据1993年到2003年铁路粮食货运量的年均增长幅度，10年后中国铁路粮食货运量将增至15 000万吨左右，也就是每10年增长约50%。

（2）中国水路粮食运输基本情况。根据交通部门的资料，中国的粮食内贸水路运输大致可以分为以下三部分。南北海上航线的粮食运输。近些年，中国南北航线粮食运输量呈明显上升态势，其原因在于：第一，在全国增加粮食南运调拨量的政策下，北方各省粮食部门加大粮食销售力度；第二，南方各省饲养业发展较快，加大了对北方玉米的需求量；第三，南方面粉厂所用小麦改原来的国外进口小麦为国内自产小麦，从而增加了小麦物流量。

长江流域的内河粮食运输。长江水系粮食运输主要是指从重庆至南通的粮食运输，其中长江上游的粮食运量较少，主要集中在长江中下游的张家港、南通和南京港。

珠江水系的粮食运输。珠江水系的粮食运输主要在广东和广西，而广东省接卸粮食的主要海港有广州、深圳、湛江。其中湛江的粮食主要在本地消耗，少量粮食由公路或水路进入珠江水系，深圳港近几年粮食吞吐量约200万吨，有小麦、玉米和少量国外进口的大米，用小船运往珠江三角洲；广州港的大部分粮食运输至珠江其他河港，约占广州港粮食内贸、出口量的97.5%。

粮食中长距离运输海运量偏小，通过长江黄金水道的运量更小。粮食短途运输，在华东、华南内河水系丰富地区，粮食省内运输量中70%依靠水运。成品粮和粮食食品中长距离运输多采取铁路运输方式，短途运输多采用公路和内河运输方式。

20世纪60年代以来，国家粮库不断配备移动式胶带输送机等作业机械。70年代开始，发展了机械化程度高的具有自动装卸功能的立筒仓设施。通过"七五"国家科技攻关项目的实施，开发了粮食立筒仓成套机械设备。通过"九五"国家科技攻关项目的研究，开发了火车、汽车、轮船的装卸粮机械，并在储备粮库建设中得到广泛应用。气垫胶带输送机、斗式提升机、刮板输送机等最大运量可达800吨/小时，初清筛达500吨/小时。L18专用火车的粮食装卸设备、散粮汽车装卸车设备、粮食装船卸船设备，已经批量生产，可以满足散粮物流系统的运营需要。大型港口为适应3万~8万吨海轮快速装卸的需要，常配置800~1200吨/小时筒仓输送设备和1000~2000吨/小时的装卸船设备。大型装卸船设备基本上都是通过国际招标从国外进口。

4. 信息技术运用情况

随着世界范围内信息技术日新月异的发展，中国粮食物流信息服务技术也有了明显进步，逐步形成了粮情自动监测、仓储台账管理、粮食收购结算、机械化粮库自动控制等典型的企业内信息系统。公共互联网上有近150家粮食专业网站，主要提供粮油市场期货与现货价格、粮油交易拍卖、粮油生产加工物资采购等信息服务。建立了国家粮食局粮油信息市场监测、省地县统计汇总系统，有若干省区建立了三级粮食管理信息系统。相继开发了国家粮库建设专家决策系统、粮食供需动态监控决策支持系统、粮食预警遥感辅助决策系统、国家粮库地理信息系统等与粮食物流相关的信息系统。初步形成了政府办公与市场监测、企业经营管理、粮油生产加工储运自动控制与监测、公共互联网信息服务的全方位信息技术应用格局。

（二）中国粮食物流存在的问题

1. 没有形成粮食现代物流的完整系统，粮食流通瓶颈制约严重

新建粮库80%为平房仓，散粮接收发放设施不足，不能适应"散装化"作业的中转需要；在重要的物流节点和南方一些主要港口，接卸中转能力严重不足，散粮运输工具发展滞后；粮库管理体制分割，资源不能有效配置，效益不能充分发挥；仓库、运输工具和中转设施相互不配套，粮食物流节点不能有效衔接；从产区到销区的粮食物流通道不畅，粮食现代物流系统没有形成。特别是北粮南运的流通瓶颈制约了粮食向销区的正常供应，成为粮食安全的主要隐患之一。

2. 原粮流通以包装为主，物流成本居高不下

以传统的包粮运输为主的方式，成本偏高。尽管在东北等地区初步形成了区域性散粮运输的雏形，但从全国来看，原粮仍然以包装运输方式为主，成本高、速度慢、效率低、损耗大。

从粮食物流全过程看，原粮仍然主要以包装方式进行流通。包装方式流通量占总流通量的90%左右。原粮包装流通耗费资材数量大，增加了灌仓、拆包等作业环节，人工作业多，机械化程度低，影响了作业效率。粮食损失严重也是粮食物流成本居高不下的主要原因之一。东北典型调查表明：每接收、发运1吨玉米，包粮比散粮费用明显偏高，其中收纳库高约18.86元，中转库高约3.02元；包粮（玉米）装车的成本每吨高达23.55元，散粮装车的成本为每吨5.35元，两者相差18.2元。包装的粮食难以实现机械化作业，很难实现粮食的快速调、运、接、卸，装卸效率低，工人劳动强度大，工作环境差。

经过多年的努力，中国粮食散装化率略有增长。东北玉米通过铁海联运至东南沿海，基本采用了散装方式，稻谷的流通几乎全部采用包装。黄淮海地区除小麦外，也以包装为主。为节省运输费用，小麦产区新建了大型面粉厂，以包装面粉运往销区。少数大城市的面粉厂，对大的面粉用户采用散装方式运输。面粉散装化流通的份额很少。

中国成品粮和粮食食品均以包装方式流通。原粮物流的"散装化"发展很不平衡。分地区来看：

——东北地区基本形成散装化流通框架雏形。国家重视东北粮食主产区的物流设施建设。尤其是近十年来，以东北地区为重点，加强了粮食物流设施建设。目前已有机械化程度高的浅圆仓、立筒仓仓容150亿公斤，铁路专用线5000公里。L18专用火车近3000辆，运粮汽车3000辆，移动装卸设备1万台，具有接收能力8.4万吨/小时，发放能力7.3万吨/小时。具备从收购到集并储存、中转、运输、装车装船原粮物流全过程散装化的条件，形成区域性原粮散装流通体系的雏形。

——黄淮海地区散粮汽车运输显示较强的生命力，但是没有形成原粮物流网络。黄淮海地区粮食流出呈散射状向周边省外运，中远程以铁路运输为主，近程外运中汽车运输发挥了优势。但是，原粮流通以包装为主。不少企业自发采用散粮汽车进行粮食运输，取得了明显的经济效益，山东的莱州、广饶县，应用散粮汽车运输，在县内全面实现原粮流通散装化，就是一个典型案例。在小区域内相对独立地形成了原粮物流散装化网络。

——东南沿海及其他销区粮食物流散装化程度低。东南沿海主销区接收内陆来粮中包装的比例大。销区粮食周转较快，为减少环节、节省费用，一般不再拆包散装化。与此相应，区域内陆粮食物流节点配备的铁路、水路装卸设备，以包装装卸设备为主。进口粮和国内海运来粮，都是散装的。在港口，以散装方式进行接卸。由于受区域内陆粮食物流节点装备的限制，散粮接卸后，常需打包配送。东南沿海与其他地区相比，原粮的散装化流通比例更低。

3. 物流全过程环节与资源分割

中国粮食物流设施资源为粮食企业所有，不少企业追求"小而全"，不愿使用别人的设施。设施重复建设和设施利用率不高的现象共存，导致物流设施投资效益低、物流成本高。参与粮食物流的各个企业，缺乏全局思维，很少从粮食物流全过程的角度考虑自己与上下游企业的衔接。没有一个企业或几个企业的联合体对粮食物流进行联合规划、一体化设计和协调运作。处于粮食物流某一环节的企业，其装备、管理、作业、信息与其他企业衔接脱节或重复，运转方式不能优化，常常会在某个环节受阻，难以实现粮食物流过程高效、畅通和利益最大化。

4. 粮食运输和中转效率低，长途运输海运比例不高

北粮南运的海上运输发展较慢，海运比例偏低。跨省粮食运输主要通过铁路直达运输和铁水（海）联运两种方式。受中国铁路运力"瓶颈"的制约，北粮南运的铁路运输一直非常紧张，"请车"相当困难。由于铁路粮食运价为国家定价且价格水平偏低、海运粮食价格已经放开且价格水平偏高以及港口中转设施不足等原因，北粮南运铁路运量仍然很大，海上运输发展较慢，海运比例仍然偏低，进一步加剧了中国铁路运输紧张的局面。

跨省粮食运输主要依靠铁路运输和铁海联运，据东北粮食部门估算，目前外运原粮约40%通过铁路运出，约50%采用铁海联运方式。黄淮海地区原粮外运主要依靠铁路。但粮食运输不畅，严重影响了销区订购合同的兑现和销区市场的粮食供应。

5. 粮食运力与设施不足

铁路运力严重不足，不能保证粮食及时足额运输；粮食海运能力挖掘不够，北粮南运海上运输比例仍然不高。中国年铁路运力约20亿吨，只能满足全国实际运输需求量的1/3，粮食的铁路运输需求常常得不到满足。东北有些粮库请车兑现率仅能达到1/10。山海关地区由于铁路线路限制，东北经山海关入关的火车每天只能通过60列，严重制约了东北物资通过铁路入关的数量，同样也制约了粮食南运数量。海运运输（0.1～0.3元/吨·公里）与铁路运输（0.06元/吨·公里）比较，运费相对较高，铁海联运衔接不好，设施不配套，致使粮食海运能力发掘不够，粮食铁路运输份额偏大。

运输工具不足。铁路运输工具的配量不能适应粮食散装化、集装化运输的需求。一般敞车、棚车装卸散粮很不方便。原粮铁路运输使用L18专用车装卸速度快，但数量少，不能满足一年350亿公斤原粮运输的需求。特别是东北地区以外的

其他地区还不能使用 L18 车。公路运输主要依靠社会通用车辆，专用、高效的散粮汽车很少，不能实现粮食散运。南方水系丰富，但是缺乏定型的功能完备的散粮驳船和相配套的装卸设备，运输效益低。

接发装卸设施严重不足。一些库点的铁路专用线、铁路罩棚及机械设备利用率低；散粮装卸机械不足，只有 5% 的粮库配置了散粮卸车设施，大多数粮库不能完成散粮装卸作业；快速中转节点设施不足，具备散粮机械化操作的立筒仓及浅圆仓占总仓容比例仅为 13.1%，且主要集中在东北地区。华北主产区、长江三角洲、珠江三角洲等主销区，立筒仓、浅圆仓的仓容比例偏低。东北主产区个别交通枢纽、港口中转仓容和发放设施不能适应原粮外运的需要，各环节衔接不畅。东南沿海主销区散粮接卸、中转能力整体上严重不足，特别是中转仓容极少，东南沿海七地（上海、江苏、浙江、福建、广东、广西、海南）原粮流入量占全国流入量的 48%，但是接收能力只占全国总量的 9.5%，机械化程度较高的立筒仓、浅圆仓只占 4.5%。中转设施相对落后，致使港口压船、粮库压车现象普遍发生。

运输组织管理效率低。由于缺乏运输信息管理系统和公共信息平台，粮食企业零星、无序的跨省运输需求没有形成规模化规律性需求，粮食铁路运输接发点分散，运输批次多、批量小，没有组成规模化运输，效率低，成本高。粮食公路、内河运输没有形成网络，空驶高，也增加了运输费用，影响了运输效率。

6. 粮库仓型及布局不尽合理，现有设施利用不充分

粮库仓型比例不合理。平房仓虽然适于长期储存（作为储备之用），却不利于粮食中转调运，特别是不利于实现机械化和自动化作业。随着北粮南运格局的进一步强化，为保证全国粮食安全，增强宏观调控能力，粮食的快速调运功能需进一步加强。目前中国粮库以平房仓为主，平房仓仓容量占总仓容量的 87%。

粮库布局不尽合理。现有粮库受管理体制分割的影响，资源不能综合利用。销区粮库仓房时有闲置，产区仓容不足，不少粮食露天存放；收纳库、中转库功能分工不清，储备粮占用中转库容，导致中转库中转次数少。目前形成的中央储备粮食库存以主产区为主的格局的最大缺陷是受铁路、交通设施的制约，主产区储存的大量储备粮不能及时运到销区，使主销区的粮食需求不能得到及时满足。粮食储备与加工区域分布不协调，使主产区大量原粮运往销区加工厂，不仅增加了主产区粮食收储压力，还浪费至少 20% 的运输能力。

7. 物流信息化、网络化建设发展不平衡

中国粮食行业仍然是未经信息化改造的少数传统行业之一，信息化、网络化建设远远跟不上时代发展步伐。由于没有可靠的信息网络支持，涉粮企业经营和作业

的信息，不能及时传递和共享，粮食物流体系运转的组织化程度很低。

多年来形成的信息垄断的观念和意识导致信息资源开放共享与部门所有的矛盾较为突出。信息化建设落后于粮食行政部门职能转变速度和流通体制改革的进度。企业没有成为信息建设的主体，只是信息的受体。信息化的应用只停留在粮食检测等方面，粮食物流方面几乎没有应用信息管理技术。粮食各环节的信息没有可以采集和传输的载体。从全国范围看，缺乏权威公正的、有影响的粮食物流公共信息平台。因此不可能实现信息共享，以至于失去了粮食物流无缝化连接的基础。

8. 粮食物流企业规模小，组织化程度低

粮食生产主体是粮食物流的起点。中国粮食的生产者高度分散。粮食生产单元小，位于农村腹地，交通、通讯等基础设施较差，不易与规模化、现代化的物流接轨。粮食物流组织者和管理者是粮食贸易、收储、加工企业和粮库。成千上万个企业各自承担着粮食物流过程中的储存和装卸功能的某个环节，还要寻找运输公司进行运输。每次粮食交易的批量不大，年作业量少则几千吨，多则几万吨。中央及省级粮食集团公司和十几个大型粮油加工企业规模较大，但每个企业一年的粮食物流量也只有几十万吨至二三百万吨，并主要依靠社会的各种运输公司完成公路、铁路、水路中的某一种运输。运输方式不稳定，运输关系不持续。不同运输方式衔接不顺畅。没有大型粮食物流企业或兼营粮食物流的大型企业，将众多粮食企业的物流需求集成规模，将多个环节进行有效衔接，完成全过程的专业化作业，提供全程社会化服务。从特定的一个物流过程看，同一批粮食的物流过程各个环节分割；从总体上看，不同批次、不同企业的物流需求零散、无序、量小，未经整合、集成和形成规模，导致粮食物流成本偏高，效率低下。

二、粮食物流对粮食安全的影响

现阶段中国粮食物流对粮食安全的影响，主要表现在三个方面：一是对粮食综合生产能力的影响；二是对粮食有效供给和储备规模的影响；三是对粮食市场价格的影响。中国粮食工作的实践经验表明，建立现代粮食物流体系，是保障国家粮食安全的基础工作之一，是未来几十年里，中国经济持续快速发展所需优先解决的重要问题。粮食生产能力固然重要，但随着中国优势农产品区域分工日益明显，农村人口逐渐向城镇转移，以及粮食消费结构发生变化，预计未来中国粮食物流量将明显增加，流通瓶颈问题更加突出。粮食市场近几年因物流制约，引起部分地区、部分品种的供求失衡影响放大，已经说明建立现代粮食物流体系对保障国家粮食安全

的重要意义。由于人们一般对粮食安全的认识还停留在总量平衡的层次，而对粮食物流与粮食安全的关系认识不够，所以，实现中国粮食物流现代化，是一项十分艰巨的任务。

根据中国国情的特殊性，粮食物流在粮食安全体系中具有不可忽视的地位。粮食生产结构调整和建立现代粮食物流体系是目前中国粮食安全所面对的两大现实问题。粮食生产结构调整，需要现代粮食物流体系作为保证条件。现代粮食物流体系的建立，可以有效地促进粮食生产结构调整，促进粮食生产能力扩大。同时，物流业的进步可以提高粮食供给保障水平，降低储备成本。粮食流通效率提高，会使具有百价之基的粮食市场价格稳定在合理区间，从而促进国民经济持续稳定发展。

（一）中国粮食物流能力对粮食综合生产能力的影响

粮食综合生产能力是国家粮食安全的基础，主要包括生产数量保证和产品质量优化，粮食物流正是在这两个方面制约粮食综合生产能力。

1. 粮食物流能力提高，可以促进粮食产区生产规模扩大

粮食物流量与粮食产量有直接的关系，与粮食生产能力存在间接关系。粮食生产能力还不能代表粮食产量，而是决定粮食产量的主要因素之一。它与气候条件、水资源、科技发展、生产者投入以及粮食市场价格和政府干预等因素共同决定粮食产量。粮食产量在保证产区消费后，可以调出的部分形成跨省粮食物流量。当粮食产区可以调出粮食数量随生产发展而扩大时，物流能力就对生产能力形成制约。中国目前正处于这样一个阶段。

在过去十几年中，中国粮食市场出现两次比较大的波动，都与粮食物流能力较弱有关。回顾 1994～1995 年和 2003～2004 年中国粮食市场波动情况，从总供给与总需求看，粮食市场并没有发展到严重失衡状况。但总量供大于求，并不等于所有需要粮食的地区都能及时得到所必需的粮食数量。这说明粮食的总量问题解决后，还需要高效地将粮食运抵所有需要的地方，才算实现了粮食安全。物流是沟通产销的关键一环，物流不畅，会出现产区卖粮难，销区买粮难，就可能出现粮食南进北出的局面。产区卖粮难，会影响农民对下一年度种粮的投入，使粮食生产发展受到制约。销区买粮难，会引起价格波动，从而引发连锁反应，引起市场不必要的波动。

目前中国粮食市场已经形成北粮南运的格局，中国东北粮食主产区作为增产潜力较大的地区，粮食物流能力对生产制约尤其明显。东北 4 省区农业资源和工业资源均比较丰富，需要通过物流渠道运出的产品数量巨大，而物流通道运输能力有

限，这是北粮南运首当其冲的问题之一。促进北粮南运物流通道建设，就是促进粮食主产区粮食继续增产。如果只是单纯对主产区种粮农民进行补贴，而忽视物流设施的规划和建设，就将使生产出的商品不能实现或不能完全实现其应有的价值，从而制约粮食产区生产的持续发展，制约粮食生产能力的提高。中国黑龙江省是粳稻主产区，近几年当市场粳稻价格较高、供不应求时，黑龙江省却出现较大数量的陈化粮。运力不足、流通不畅是除政策因素外，引起东北地区陈化粮偏多的首要因素。目前黑龙江一省陈化粮约占全国的82%，需要至少一年才能处理完，损失较大。要使中国东北地区粮食生产能力得到充分发挥，需要对东北粮食外运物流通道规划建设给予足够重视。

加入世界贸易组织后，中国粮食生产受到国际竞争的压力，发达国家采取现代化、规模化粮食生产方式，成本低、效益高，迫使中国粮食主产区生产也必须扩大规模、调整结构、降低成本。否则，随着劳动力成本优势逐步降低，中国粮食生产的国际竞争力将越来越差，成为发达国家剩余农产品的冲击对象。

在"十一五"期间，中国粮食生产预计将以1%的速度增长，只有保持这样的增速，才能满足需求。粮食主产区是产量增加的主要地区，而预计中国多数销区产量将会稳定或有所减少。这将促使产销区进一步分化。2004年中国粮食跨省物流量已达11 000万吨，根据过去10年粮食物流年度平均增长速度推算，"十一五"期间，粮食物流量将以每年5%以上的速度增长。物流对粮食生产能力的制约日益明显。

2. 粮食物流能力制约区域粮食生产专业化发展

粮食物流对区域粮食生产的专业化和产业结构调整影响很大。中国农村人口众多，农业生产规模较小，这是中国的基本国情之一。随着社会经济发展，粮食生产技术进步，机械化、电气化水平提高，专业化粮食生产规模将会逐步扩大。2006年中国人均耕地面积只有1.39亩，但实际上农村劳动力有很多已经不从事粮食生产，在一些主产区，粮食种植大户所耕种的土地已经具有一定规模。粮食生产规模大小直接关系到种粮成本和效益，在市场经济环境下，优胜劣汰和优势区域分工、规模化生产将是农业发展的必由之路。要实现这种良性发展目标，关键在于物流业的发展能否适应生产需要，现代物流可以促进粮食专业化生产；而比较紧张的物流条件，将限制一个地区粮食生产专业化和规模化发展。

粮食优势产区发展粮食生产，一般都会侧重一些优质品种，优势产区并不是所有粮食品种都具有生产优势。专业化生产，将会形成一个地区单一粮食品种产量较大。区域分工所产生的是整体效益最大化，优势产区抛弃了种植劣势产品，与其他产区形成优势互补，优势是讲生产，互补则是流通。正是由流通使优势得以发挥，劣势得以互补。优势产区生产可能是单一的，但优势产区的消费并不是单一的。因此，粮食物流在今后相当长时期内，将是中国粮食区域优势发展的主要制约因素之一。

现代化成规模的粮食物流设施体系能快速调运粮食，从而促进一个地区的专业化生产。随着经济快速发展，中国公共物流条件虽然已经有较大提高，但与发达国家相比，差距明显。从物流基础设施看，美国公路是中国的 3.7 倍，铁路是中国的 4 倍。中国粮食运输条件无法与美国相比，但粮食物流量却与美国基本相同。

从专业化生产状况看，美国是粮食生产专业化程度较高的发达国家之一，小麦、玉米、大豆和稻谷种植专业化水平很高。美国只有 6 个州种植稻谷，每年产量 1000 多万吨，只有不到 10 个优质品种，小麦、玉米和大豆专业化生产程度处于世界前列，使粮食生产专业化与粮食产品商品化同步发展。专业化生产的目的是使优质品形成规模和批量，使之便于流通和加工，同时满足人们对高品质、大批量粮食商品的需求。尤其在国际农产品竞争日益激烈的时期，专业化生产伴随着现代化物流，成为推动美国农产品在国际竞争中始终保持一定优势和后劲的两个坚实的翅膀。

中国粮食专业化生产在布局上已经比较明确，但由于物流因素的制约，这些优势未能充分发挥出应有的作用。

（二）粮食物流对粮食供给保障能力和储备成本的影响

粮食有效供给能力和适当的粮食储备规模是相辅相成的。粮食供给能力的基础是储备数量和粮食物流体系，粮食储备规模与粮食物流能力存在制约关系。

1. 粮食物流水平低，被迫保持较高库存水平

粮食物流对保障粮食供给意义重大。物流效率低，就需要相对较多的粮食储备；物流效率提高，就可以使有限的粮食资源发挥更大的作用，从而减少粮食安全储备规模。粮食市场实际情况表明，随着中国粮食物流水平提高，减少粮食储备，降低储粮成本，已经可以实现。

据国家粮食局统计数据，2004 年末，中国粮食商品库存总量为 15 470 万吨。根据农业部调查数据，中国农户存粮为人均 148 公斤，按 7.685 亿人计算，总量为 11 375 万吨。两项相加，全社会粮食库存总量约为 26 845 万吨。2004 年中国粮食消费为 49 100 万吨，库消比为 54.67%。如果不算农户存粮，库消比为 31.5%。世界谷物平均库消比水平约只有 20%。中国之所以保持高于世界上多数国家的粮食库存水平，重要原因之一，就是中国粮食物流水平较低，导致库存粮食利用效率

偏低,给国家造成较大负担。库存量过大,每年需轮换的数量也相应增加,储备粮轮换的吞吐时机选择余地小。同时每年把过多陈粮推向市场,不仅会冲击市场正常秩序,而且既不科学也不经济。当然,中国国土面积较大,人口基数大,也是一种特殊情况。只是国家储备量应当在保障供给安全基础上,尽可能压低库存量。粗略计算,每增加 500 万吨粮食储备,不仅需要占压数十亿元资金,并且使约 1000 万人吃 1 年陈粮,于国于民均十分不利。减少储备规模的有效途径就是提高粮食物流能力。

2. 粮食产销区距离较远,增加了物流成本和供给压力

根据对联合国粮农组织关于粮食安全定义的理解,粮食安全水平分为不同层次。在经济水平较低的国家或地区,最低水平是人人有饭吃,与此相对应的重点是粮食总供给量的保障。在一般地区应是所有人在任何时候都能买得到并买得起粮食,与此相对应的重点是粮食流通保障。在发达地区的粮食安全水平是满足人们积极和健康生活的膳食需要及食物喜好,与此相对应的重点是粮食或食物的品质营养和卫生保障。从全国整体情况看,目前中国已经基本摆脱了食物短缺的困境,粮食安全目标已开始由保证足够的粮食供应,向健康、营养和优质品种结构的方向转化。因此,粮食安全的重点正从总量保障向流通保障转变。中国东部和西部经济发展水平比较悬殊,粮食主产区多数在中西部地区,粮食主销区多数在东部地区,而且中国正处在二元结构向工业化转变过程中。在这一阶段,粮食物流对粮食安全的重要性明显加重。粮食物流速度快、效率高,必然使粮食安全水平提高。中国最大的粮食主产区是东北 4 省区,最大的 3 个粮食销区是广东、福建、浙江。2004 年东北 4 省区流出粮食 5170 万吨,3 个销区流入粮食 3570 万吨。从长春至浙江、上海运距在 1500 公里以上,至广东在 2000 公里以上。北粮南运的粮源和最终消费地区相对集中,物流瓶颈制约因素较重。因此,中国产销区运距较远这个特殊情况,使物流对粮食供给安全的作用不容忽视(见表 2－1)。

表 2－1 近 10 年中国粮食产量和铁路粮食运输量变化趋势

年度	产量（万吨）	运输量（万吨）	运输净增量（万吨）	增长率（%）	运距（公里）
1994	44 510	7548	942	14. 26	1338
1995	46 662	6711	－ 837	－ 11. 1	1340
1996	50 450	6023	－ 688	－ 10. 25	1385
1997	49 417	7087	1064	17. 67	1444
1998	51 230	5541	－ 1546	－ 21. 8	1429
1999	50 839	6464	923	16. 66	1417

续表

年度	产量（万吨）	运输量（万吨）	运输净增量（万吨）	增长率（%）	运距（公里）
2000	46 218	7935	1471	22.76	1276
2001	45 264	7090	−845	−10.65	1321
2002	45 706	8282	1192	16.81	1383
2003	43 070	10 138	1856	22.4	1348
2004	46 947	10 906	768	7.58	1499
2005	48 402	11 082	176	1.61	1493

注：数据引自历年《中国统计年鉴》。净增量和增长率是推算的。

从表 2 - 1 可以看出，中国粮食产量周期性波动较大，相对于比较稳定的消费，要保持区域间供需平衡，只能依赖于粮食储备和流通，将产区多余的粮食和库存粮食运至需要的地区。产量与物流量不是同步变化，而是有各自的变化规律。但是粮食物流绝对数量呈稳步增长趋势，运距也呈缓慢增长趋势。

提高物流效率可以降低储备成本。中国物流体系从硬件到软件都需要尽快提高，目前中国有限的粮食物流设施利用率远不如发达国家，如粮食筒仓翻仓率，中国最好的设施最多 25 次/年，美国嘉吉公司的翻仓率高达 80 次/年。较低的物流效率，只有靠较高的粮食储备量作为补偿。以每公斤粮食收购价 1.4 元粗略计算，国家每增加 500 万吨粮食储备，需要收购资金 70 亿元，每年国家和地方储备费用 6 亿元，利息 4 亿元。占压和损失资金总计约 80 亿元。如果以每公斤 1.4 元售出，则净损失 10 亿元，还不包括自然损耗。

中国中西部也有个别地区粮食不能自给，依赖调进，农产品生产和供给受到交通运输的制约。运输不便利，对于这些地区粮食供给影响很大。

3. 城镇消费者增加，使物流对保障粮食供给安全分量加重

根据 2004 年《中国农村经济调研报告》的数据，中国 2003 年末进城务工人口为 1.7 亿人。1997 年到 2003 年期间，农村人口每年平均向城镇转移数量约为 500 万人，年均增长 4%。但是这个数量仅为农村人口的 0.56%，仍低于农村人口自然增长率。说明中国农村人口在并没有减少的情况下，每年要向城镇转移 500 万人，而且今后很多年内仍将保持这个趋势。根据《中国统计年鉴》的数据，中国农村人口 1997 年为 8.4177 亿人，2003 年降至 7.6851 亿人，2004 年降至 7.5705 亿人，7 年减少了 0.8472 亿人，如果说全部减少的人口均转移到城镇，那么平均每年转移人口为 1210 万人。其中如果有 500 万是农业劳动力的转移，其他约 700 万人可能是除进城务工人员之外的各种渠道流入城镇的人口。按这个数字，还不包括农村人口自然增长的部分。虽然数据的准确性有待探讨，但每年有至少 500 万以

上的人口流入城镇应该是可以肯定的。

问题的严重性就在于，中国 7.5 亿多农村人口短期内仍然不会减少，而城镇人口却在不断增加。相当于每年净增加的人口全部涌进了城镇。城镇人口由 1997 年的 3.9449 亿人增至 2004 年的 5.4283 亿人。7 年增加了 1.4834 亿人，年均增加 2119 万人。加上 700 万人左右的自然增长，在"十一五"期间城镇人口至少每年净增加 2800 多万人。而且这个趋势在今后一个时期还将持续，不会减弱。由此引起的城乡粮食消费结构与数量变化，必将引起对粮食物流更高的要求，粮食物流成为粮食安全供给的关键因素。

4. 土地资源和水资源限制，未来中国粮食供应有一定比例将来自国际市场

国际市场粮食进口接卸与分销量将逐渐加大。2005 年中国进口大豆 2659 万吨，食用油 621 万吨，居世界第一位，未来还可能继续增加，并进口一定数量玉米、大麦和小麦，中国在粮食接卸、转运、处理加工和运输效率上将面临更大挑战。

（三）粮食物流对粮食价格的影响

粮食物流对粮食价格的影响主要有两个方面：一是粮食物流成本是粮食市场价格的一部分，因此，粮食物流成本的高低直接影响粮食价格；二是粮食物流因流量变化和运输环境引起的运输紧张或宽松等对粮食价格的影响。第一个方面偏重于物流成本，第二个方面则偏重于物流制约因素引起的供求变化。

由于物流费用是形成粮食市场价格的直接因素，对消费者来说，粮食价格中有一部分是物流成本，粮食物流成本占粮食价格的比例过高，不仅会使粮价攀升，而且还会影响中国粮食的国际竞争力，在国际市场竞争环境下，粮价高低决定竞争力的强弱。价格过高或过低均都不利于国际竞争力的提高和国内农民增收。

有关研究表明，粮食物流成本由运输费用和其他费用构成，其中运输费用约占物流成本的 50%～60%。中国粮食价格中物流成本因素在各地有很大差异。一般认为粮食价格中约有 35% 是由于物流因素增加的。实际情况是，运距越远，运输成本越高，粮食价格中的物流成本比例也越高，反之则较低。不同品种的粮食，本身价值不同，运输费用却基本相同。因此，价值高的品种，价格中物流成本比例较低，反之则较高。平均估算，中国粮食价格中物流成本约占 30% 左右。

1. 物流费用是粮价的组成部分

以从长春到广州为例，铁海联运是从长春经大连到广州南，大船全程费用是每吨 200 元，但是要满船起运，周期较长。小船（5000 吨以下），全程每吨费用为

220 元，相对周期较短，总的看来水路运输费用为每吨 200～220 元。而长春直达火车包粮运输到广州，费用为 200 元左右。铁海联运周期长，费用高。铁路手续繁杂，不能完全确定成本。按 3 种谷物平均价格计算，运费约占销区销售价格的 15%，约占流通成本的 50%。与发达国家，如与美国谷物运费相比，在中国运输粮油产品比较便宜，但运输周转效率较低，粮食运输周期是美国的两倍，而且作为常规铁路运输，运输车皮等不确定因素较多。较低的运输费用被较长的运输周期所抵消，说明中国市场经济秩序还不够规范。

粮食物流对粮食价格产生直接影响。物流压力增大时，运输价格趋升所产生的价差，直接加入粮食销售价格，转移给粮食消费者。

2. 粮食价格与物流量并不同步变化

经过对过去 10 年数据分析，中国粮食产量在过去 10 年期间基本可以满足国内需求。在此基础上，粮食产量与流量呈明显的反相关，只有 2001 年和 2002 年数据显示为正相关。而 2002 年产量变化不大，当年产不足需，流量增加，因此，事实上只有 2001 年情况反常，在一般情况下，产量与流量呈反相关的规律基本可以肯定。粮食价格与产量呈反相关。这是一种趋势，并不是每个年度都呈现这个现象，而是在一个价格变化与产量变化周期中存在。由于一个年度的粮食产量并不能完全反映出总供给量和库存的状况，在供大于求时可能产量会是下降的，这时价格受总供给量的影响，而不仅仅受当年产量的影响，价格一般不会上升。

3. 粮价变动滞后于物流量的增减

粮食物流量与价格之间的关系，在产区和销区有所不同。按逻辑推论，对产区来说，产量与流量呈正相关；对销区来说，产量与流量呈反相关。因此流量与价格的关系比较复杂。一般说，如果产量与价格呈反相关，那么流量应当与价格呈正相关。可是近几年度数据并没有显示出这种关系。可以看出，在粮食流量有较大幅度变化的年度，当年价格对当年流量变化而言，没有出现明显正相关关系，而更多呈现出一定时期的滞后反应。这种滞后反应必然有其深层次的原因。可以判断为，当粮食流量大幅度增加或减少时，粮食价格并不是立即发生变动，因为流量加大正是拉近运输两端价格差距的一种市场现象，只是当流量不能正常增加或正常减少时，运输两端价格差相对平衡被打破，价格才开始变动。因此，流量变化对价格变动而言，存在由量变到质变的过程。这可能就是价格相对于物流量变化滞后的原因。

粮食产量增加是由于多种因素共同作用，促进了生产的效率，以及人口增长加重了供给压力造成的，而且是一种长期趋势。随着产量增加，交通运力增加，流通量必然不断增加。而价格是商品供求妥协的产物，是不断波动的变量，不可能像产量和流通量那样具有刚性增长的内在动力。价格与产量的反相关关系是一种趋势，随供求关系变化发生的涨落，与实际粮食供求数量的大小没有相对应的必然联系。价格所表现的波动更带有长期性和周期性的特征，因此不可能随物流量年度之间的变化呈现某种规律性变动。

4. 在国际贸易中，运输量和运输费用是影响粮价的主要因素之一

从国际市场看，流量的确是制约价格的一个重要因素。近几年国际市场粮食价格受到国际船运费上涨的严重影响。国际船运费上涨的两个基本原因除了石油价格上涨外，就是运输量增加。而未来全球粮食物流量增加是一种必然趋势，有三个基本原因：（1）未来区域间不平衡将进一步加剧，是流量增加的因素之一；（2）城市人口增加和小城镇发展迅速是全球性趋势，也是粮食流量增加的因素之一；（3）农业生产规模逐渐扩大，土地相对集中后，粮食商品量将增加，从而促进物流量增加。

三、发展粮食现代物流、保障粮食安全的目标和措施

加强粮食现代物流设施建设，对于实现全国粮食供求平衡、保证国家粮食安全，降低粮食流通成本、提高粮食流通效率，促进粮食产业持续稳定协调发展、增加农民收入，具有十分重要意义。同时，前些年国家投资建成的粮食储备库、粮食流通体制的市场化改革、交通运输条件的改善以及互联网等现代信息技术的发展，也为粮食现代物流的发展奠定了良好基础。发展现代物流要立足粮食安全，服务于粮食供求紧平衡的调控目标。要通过深化改革、创新体制、整合资源、科技创新、统筹规划、突出重点、合理布局，建立高效、快捷、畅通、便利、安全的粮食现代物流体系，实现粮食流通现代化，降低粮食流通成本，提高粮食流通效率，提高应对粮食市场波动的调控能力。近期的主要目标是保证主产区与主销区之间的粮食运输畅通，政府储备、社会仓储与中转、接卸能力衔接配套。

（一）粮食物流现代化的主要体现

粮食物流现代化的总体体现是粮食物流通道和节点的系统化、网络化、散装化和信息化。

系统化要求粮食主产区与主销区之间、粮食物流通道之间、同一个通道的上下游之间、同一个通道相互连接的节点之间，在流量（物流通过能力）均衡性、流

向一致性（流入与流出方向分别与通道全过程保持一致）和设施（性能与参数）配套性方面保持数量和质量统一。

网络化要求物流通道和节点适应粮食物流的流向和流量呈网络状交互连接，并保持畅通和高效。通道是粮食物流的流动方向及体现这个方向的设施所形成的体系。基地和节点位于通道之上，并且发挥对粮食流动的"加压泵"作用。全国要建设 4～6 个功能强、辐射大的粮食物流基地，形成覆盖全国的粮流"泵站"。

散装化要求粮食不经过任何包装，使用专门的仓库、机械、运输工具进行作业。散装化的目的是提高粮食储、运、接、发各个环节的作业效率，降低成本，减少运输和中转时间。

信息化要求整个物流体系，包括所有通道与节点，其信息的采集、汇总、传输、交互能够有效进行，并且为体系内全体企业所公平利用。达到协调流向、流量，正确配置运输、接收、发放、储存等各种资源的效果。要利用现代信息技术对传统业务流程进行改造优化，在物流作业和经营管理两个环节同时应用现代信息技术，实现粮食物流全过程的信息无缝化沟通。

（二）发展粮食现代物流的主要任务和目标

当前，中国发展粮食现代物流的主要任务是提高四个方面的能力：一是提高中转能力。在内陆物流节点和沿海沿江码头提高中转能力；二是提高装卸能力。就是在粮食主要集散地建设发放和接收设施；三是提高整体运输能力。包括购置多种运输工具和优化整体的运输网络；四是提高全面协调能力。主要是建立物流公共信息平台和信息网络、创新体制并整合现有的资源。

根据《国务院关于完善粮食流通体制改革政策措施的意见》（国发〔2006〕16号）提出的加快实施全国粮食现代物流建设规划的要求，中国粮食物流发展的目标是：通过十年的努力，完善重要粮食物流节点设施，建设和完善粮食运输设施，配套建设物流信息和检测体系，在此基础上建成高效、顺畅的跨省粮食现代物流主要通道，实现跨省粮食物流的散装、散卸、散运、散存和整个流通过程的无缝化连接。建立一个完整的包括粮流、资金流、信息流的全国粮食物流体系，提高粮食流通效率，降低粮食流通成本，确保国家粮食安全。

全国粮食现代物流发展规划确定的具体目标是：到 2010 年基本建立中国跨省粮食物流体系和应急调控体系的框架，全国原粮流通量中散粮流通份额由现在的15% 提高到 35%，其中国内跨省流通量中散粮流通份额由现在的 20% 提高到50%；到 2015 年，建成中国跨省粮食物流体系和应急调控体系，全国原粮流通量中散粮流通份额达到 55%，其中国内跨省流通量中散粮流通份额达到 80%，主要跨省粮食物流通道基本实现散粮运输。

（三）发展粮食现代物流应遵循的原则

1. 统一规划，合理布局

国家及省级政府要统一编制粮食现代物流设施建设规划及各通道建设规划，合理布局粮食现代物流设施项目，以规划引导企业投资方向，避免盲目扩张和重复建设，减少资源浪费。

2. 市场运作，政府扶持

粮食现代物流设施项目要吸收过去粮库建设的经验教训，主要采取市场方式运作，建设资金主要由企业自行筹措，广泛吸收社会资金，在一些领域也可以吸收外资，投资风险由企业承担。国家及地方政府对全国性、区域性重要的基础和公益设施项目进行扶持。国家要重点扶持一批大型粮食企业发展粮食现代物流。

3. 整合资源，创新体制

要按照发展粮食现代物流的要求，充分利用现有粮食流通设施，特别是现有粮食码头和中转库以及近年来政府投资建设的国家粮食储备库、世界银行贷款粮食流通设施，依托大型企业，整合各类粮食物流资源，通过改造和适当新建，完善粮食码头和中转库布局，对于已经建有码头但中转库容不足的，要优先考虑增加或改造中转库。鼓励港口企业以资本运作等方式参与粮食码头的建设与经营，并以建设公用码头为主。要继续推进国有粮食企业的改组改造，建立现代企业制度，实现粮食流通体制的创新，加强粮食物流的组织和运行管理，打破地区封锁和行业分割，促进仓储、码头设施社会化和运输服务市场化改革。

4. 统筹协调，形成系统

要按照粮食物流系统化、规模化的要求，加强地区之间、行业之间和企业之间的统筹协调，在粮食的收购、加工、仓储、运输等环节及粮食的流出和流入地区之间形成系统，统筹铁路接轨站及专用线改造建设，注意粮食运输过程中的集并和分拨，有利于建成全国主要粮食物流通道，发挥整体效益。

5. 突出重点，分步实施

要根据全国粮食生产和消费的布局和流向，突出重点，逐步推进。首先解决北粮南运的突出问题，对东北主产区、黄淮海主产区、长江中下游主产区以及相对应的长江三角洲主销区、珠江三角洲主销区的跨省粮食主要物流通道和重要物流节点项目进行重点建设；然后再分步解决其他地区的粮食物流现代化问题。

6. 技术先进，注重效益

要结合中国国情和粮情，着眼于未来发展，注重技术投入和技术创新，加强技术引进和国际交流。根据流量、流向和不同的粮食品种设计合理的工艺流程，采用先进适用的设施设备，提高流通效率，降低粮食损耗。

（四）发展中国粮食现代物流的主要措施

发展粮食现代物流，涉及各个方面、多种利益，需要各部门、各地区统一认识，加强协调，通力合作。由于中国粮食问题的特殊重要性，在建立粮食现代物流体系的初期，各级政府的宏观管理、政策支持十分重要，特别是要充分发挥政府的统一规划、投资引导和政策支持作用。根据粮食现代物流系统化、网络化、散装化和信息化的要求，按照前述中国发展粮食现代物流的目标、主要任务和基本原则，建议主要采取以下措施：

1. 统筹规划全国粮食现代物流发展工作

要通过规划引导和组织实施，促进粮食物流设施的资源整合和合理布局，大力推进从粮食主产区到主销区的以粮食散装、散卸、散存、散运和信息化管理为主要内容的粮食现代物流体系建设，特别是加快散粮接收发放和运输设施的建设，改造和完善重点粮食物流节点，建设连接主产区与主销区的六大主要粮食物流通道（包括东北地区粮食流出通道、黄淮海地区小麦流出通道、长江中下游地区稻谷流出通道、华东沿海粮食流入通道、华南沿海粮食流入通道、京津地区粮食流入通道）。

2. 统筹协调各种运输方式

国家有关部门要加强对粮食铁路、公路、水路运输能力的协调，完善不同运输方式的价格比例关系，在继续挖掘铁路运输能力的同时，加大海运和内河运输比例，鼓励和支持东北地区粮食通过铁海联运运出。在全国范围内推广散粮火车运输，形成东北地区粮食南下和黄淮海地区粮食外运的若干条散粮火车运输通道。积极发展中短距离的散粮汽车运输，使之享受"绿色通道"政策。开展内河船舶散粮运输和集装箱散粮运输试点。

3. 加强主产区和主销区的产销合作和粮食运输的组织协调

通过建立长期稳定的主产区与主销区的产销合作关系，形成流量、流向相对稳定的物流通道，缓解旺季运输矛盾，促进粮食合理、有序、顺畅流通。由国家有关部门指导销区粮食管理部门定期收集本地区粮食企业从主产区运粮的需求，提出全年和分时段的采购运输指导性方案，并与主产区粮食部门对接，与铁路和交通部门的运力计划对接，建立相对稳定的粮食运输通道。

4. 合理调整主产区和主销区的政府储备粮规模布局

加强对主产区和主销区政府储备粮规模布局和品种结构的研究，进一步调整政府储备在产销区的数量和品种比例，使之适应发展粮食现代物流的需要，使政府储备粮的收购、轮换和投放市场的物流需求和效果能够在现有仓储能力和粮食跨省运输能力的条件下得到有效发挥，从而保证政府储备粮应急保障和宏观调控作用的发挥。

5. 大力发展第三方粮食物流企业

注重物流供应链条的有机结合，运用市场机制，通过创新体制和企业改革，整合现有资源，尽快形成一批集粮食收购、储存、加工等业务环节于一体的大型粮食物流企业。注重从农村粮食收购环节促进粮食运输方式的变革。进一步推进粮食仓储、码头设施社会化和运输服务市场化改革，打破行业垄断和地区分割，整合粮食物流资源。通过企业兼并、重组和股份制改造，组建一批跨行业、跨地区的集粮食收购、储存、中转、加工、贸易等业务于一体的大型粮食物流企业。充分利用大连北良、浙江舟山、广东东莞、上海外高桥等现有散粮中转设施，加强粮食产销合作，有效整合粮食物流上下游关系，建设"北粮南运"主通道。

6. 加大政府对粮食物流设施薄弱环节的投入力度

粮食物流设施建设总体上要按照"政府引导、市场运作"的模式，以企业投资为主体、政府适当投资引导的方式进行。但在促进粮食物流现代化的初期，要加大政府投资引导力度，建立粮食物流设施建设的稳定投入机制。"十一五"期间，中央政府要对涉及国家粮食宏观调控的跨省粮食物流通道的建设，包括主产区散粮收纳、集并、中转设施，散粮运输工具，重要港口和内陆物流节点的建设采取投资补助的方式予以支持；对于建立粮食物流公共信息平台和应急调控体系、完善物流标准体系、提高粮食品质检测水平和粮食现代物流技术装备水平等方面的项目要采取全额拨款的方式给予重点支持。

7. 促进粮食现代物流的技术进步和技术装备的标准化

要继续支持和鼓励粮食现代物流技术和装备的研究、开发、推广，建立综合的技术平台和技术中心，鼓励原始创新和引进消化吸收再创新。进一步制定和完善粮食仓储、运输、装卸、包装的技术规范和产品标准，规范粮食物流装具，努力减少物流过程中的损失损耗。

8. 注意粮食物流环节及上下游的协调配合

一是重视粮食物流设施与加工、检测、信息化项目建设之间的衔接。要在建设粮食物流设施的同时，注意协调好与粮食加工设施建设的关系，并在粮食物流的各主要环节，建设相应的粮食检验检测设施和粮食物流公共信息平台项目，提高粮食物流信息化水平，确保物流设施建成后充分发挥效益。二是注意提高成品粮的运输、接卸和仓储能力。随着粮食主产区大力推进粮食产业化、发展粮食产地加工，大米、面粉、淀粉等成品粮的运输份额将不断增加，物流设施和运输方式要适应这种变化的要求，注意提高成品粮的运输、装卸和仓储能力。

附件 2 - 1

粮食主产区与主销区政府储备粮的
合理比例关系

中国内地 31 个省（自治区、直辖市）根据粮食产量、播种面积等指标可以划分为 13 个粮食主产区和 7 个粮食主销区，其他省区为粮食产销基本平衡区。

一、粮食主产区与主销区的含义与界定

（一）关于粮食主产区

粮食主产区是指以粮食生产为主的地区，按播种面积、粮食产量和提供的商品粮数量确定，包括河北、河南、黑龙江、吉林、辽宁、湖北、湖南、江苏、江西、内蒙古、山东、四川、安徽 13 个省区。

13 个主产区占全国土地面积约为 1/4，粮食作物播种面积占全国粮食作物播种面积的 1/2 以上，粮食产量占到全国总量的 70% 以上，2005 年粮食收购量占全国总量的 94%。但是，随着各省区经济结构的变化，辽宁、山东的粮食商品量呈现出递减的趋势。所以，稳定粮食主产区粮食产量，使之动态稳定化，是中国粮食安全的基础。

有研究表明（郭淑敏等，2006），粮食总产量与粮食作物播种面积、粮食单产、耕地面积均存在一定程度的正相关，相关性依次递减。而粮食总产量的提高主要是由于粮食播种面积的增加和粮食单产的提高，粮食作物播种面积直接制约着粮食总产量，两者不但变化趋势一致，而且粮食播种面积对粮食总产量的制约程度达到了极显著的正相关性。

（二）关于粮食主销区

粮食主销区是指那些人多地少、粮食自给率低、粮食产需缺口较大的地区，包括北京、天津、上海、浙江、福建、广东以及海南 7 个省市。

粮食主销区的基本特征是：耕地资源短缺，粮食增产潜力小，粮食缺口大；粮食供给的对外依存度高，市场风险加大；市场机制在配置粮食资源中的基础性作用越来越大；城市化进程中流动人口的增加将增大粮食安全的压力；粮食储备量少而

且品种也较为单一，尤其是南方经济较为发达的省区更是如此；储备粮库设备、仓型落后且管理水平不高；粮库布局亟待优化，规模急需扩大。

7 个主销区的粮食产量约占全国总量的 10%，粮食自给率仅为 40% 左右。并且，随着中国城市化、工业化进程的加快，主销区粮食自给率还会呈现继续下降的趋势。实践已经表明，中国粮食安全的威胁来自于粮食主销区；其中自然因素（天灾）是粮食安全威胁的基础，市场经营风险（人祸）是粮食安全威胁的导引。

二、政府储备量的数量及其结构决定

1984～2003 年，中国人均占有粮食水平波动很大。20 年中的人均占有粮食水平，最高 414 公斤（1996 年），最低 334 公斤（2003 年）；达到或接近 400 公斤的年份有 6 个（1984 年、1990 年、1996～1999 年）；14 个年份在 330～390 公斤。

（一）政府储备粮的含义

政府储备粮是指考虑到各种折扣因素和外部环境的变化，用于调节粮食供求，稳定粮食市场，以及应对重大自然灾害或者其他突发事件等情况的实际储备的粮食。

（二）关于粮食储备制度

中国的粮食储备制度分为中央储备和地方储备。地方储备建立和发展较快的三个阶段：

第一个阶段是 1994～2000 年。"米袋子"省长负责制的推行为稳定粮田面积、产量、库存，灵活运用地方粮食储备调节，保证粮食供应和粮价稳定起到了很大作用。因此，各省份相继建立和增加了地方粮食储备。

第二个阶段是 2001～2003 年。北京、上海、天津等 7 个主销区省市放开了粮食购销市场，随后一些产销平衡地区和主产区内的部分地区也开始实行粮食购销市场化。为此，中央要求实行粮食购销市场化的地区必须增加和充实地方储备，这是一个必要的条件。

第三个阶段是 2004 至今。近几年，各地特别是主销区省份，地方储备数量增加较多，目前全部地方储备量已占整个粮食储备的 30% 左右。总的看，地方粮食储备制度建立以来，对确保区域性的粮食安全，减轻中央对粮食的财政支出压力有一定的积极作用。

但从制度本身和运行的情况看，效果并不理想。中央储备和地方储备的各自利益导向容易产生矛盾，影响储备粮调控作用的充分发挥。粮食供应紧张时，地方政府考虑的不是抛售地方储备粮平抑市场，而是为了确保地方粮食安全增加和补充地方储备粮库存（如 1993 年和 1994 年的情况），加剧粮食市场的紧张。相反，粮食供给充足时，地方政府为了减少自身的财政支出，考虑的是尽量减少地方储备粮（如 1996 年和 1997 年的情况）。地方储备的这些逆向操作行为，不但不能发挥好粮食储备宏观调控的作用，反而影响中央储备粮的调控效果。在粮食市场化过渡时期，由于粮食市场体系还不健全，各地要保留和增加一定数量的地方粮食储备，以应付区域性的粮食市场波动。

（三）政府储粮决定：数量—结构—品种法

第一步，确定储备粮的合理数量（规模）；第二步，综合考虑各种因素（粮食耕种条件、人口数量与结构、产业结构比例关系、生活水平及习惯、交通运输条件、自然灾害频率、国际粮食市场等）确定产区与销区的粮食库存比例结构；第三步，根据产业结构变动和区域发展趋势确定产区与销区的粮食库存品种及其数量。

1. 粮食库存数量：算术平均数法

基本方法是利用现有的两周期储备粮模型与两目标储备模型得到的粮食储备总量进行算术平均。

两周期储备粮模型的基本思路是在确定目标的基础上，预测最佳的粮食储备量，以达到必需的粮食安全水平和较小的价格波动幅度，既要考虑经济效益目标又要考虑粮食安全目标。

两目标储备粮模型把粮食安全作为主导目标，储备规模越大，粮食安全程度就越高，但为此支付的成本也就越多。所以模型有两个目标：最大粮食安全和最小的粮食储备规模。

将以上两种方法计算的粮食储备量进行简单算术平均，即得到中国粮食储备总量。

2. 粮食储备结构：历史综合测定法

根据 1980~2005 年主产区、主销区人口数量比重、恩格尔系数、产业调整变化等指标计算粮食库存结构变化，就得到每一产区和每一销区的粮食储备量；加总所有产区的储备量，可以算出产区的合理储备量；销区的合理储备量同理亦可得到。

3. 粮食库存品种：产需差额法

基本思路是，根据第二步确定的合理储备总量、各地区各粮食品种占粮食消费量比重的变化、各粮食品种的波动系数，确定各粮食品种在销区和产区的合理储备规模。

（四）实证计算模拟结果

用 1980~2005 年的数据根据趋势回归得到未来各年的各粮食品种的储备数据。设定四个方案，并对模拟结果进行比较（见附表 2-1）。

方案一：粮食产量发生任何波动，国家都要进行干预。

方案二：当粮食增产超过2%时进行储备吞进或吐出，对2%的范围内，国家不加干预。这种设计主要是基于一种经验：粮食的价格弹性一般为0.25%，与2%产量波动相对应的价格波动为8%，一般能为社会接受，即不至于造成社会不安定现象。

方案三：当粮食增产超过2.5%时进行吞进，而当粮食减产超过1.5%时进行吐出。这是对消费者和生产采取不完全对称的粮食吞吐方式，这样设计是为了在一定的波动幅度内，借助于缩小粮食供小于求的波动幅度，即较早地吐出防止价格上涨，来更好地维护消费者的利益；借助于扩大粮食供过于求的波动幅度，即推迟吞进来防止出现粮食过剩和大量进口粮食的情况，以便更好地达到保障粮食安全与成本合理的双重效果。在粮食供应持续过剩情况下，它能有效发挥国家储备粮的宏观调控作用。

方案四：这种设计与方案三恰好相反，通过较早地吞进（增产1.5%）来限制价格下滑而起到促进粮食生产与进口的作用，以及通过推迟吐出（减产2.5%）起到适度限制粮食消费的作用。在粮食供应持续紧张情况下，它能有效发挥国家储备粮的宏观调控作用。

附表2-1　　　　　　　　　　　分品种储备规模模拟结果　　　　　　　　　　　万吨

方　案	方案一 (0, 0)		方案二 (2%, -2%)		方案三 (2.5%, 1.5%)		方案四 (1.5%, -2.5%)	
	储备量	比重（%）	储备量	比重（%）	储备量	比重（%）	储备量	比重（%）
稻　谷								
应持有储备	6463	40.07	4398	35.76	4880	35.79	3950	35.97
过剩吞入储备	7649	44.84	6042	44.73	4664	44.73	7710	45.05
极端储备能力	14 112	42.52	10 440	40.46	9544	39.66	11 660	41.5
小　麦								
应持有储备	5842	36.22	4974	40.45	5287	38.78	4653	42.37
过剩吞入储备	6857	40.2	4968	36.77	4059	38.93	5889	34.41
极端储备能力	12 699	38.27	9942	38.52	9346	38.84	10 542	37.52
玉　米								
应持有储备	3825	23.71	2925	23.79	3468	25.43	2378	21.66
过剩吞入储备	6857	14.95	2500	18.5	1704	16.34	3516	20.54
极端储备能力	12 699	19.21	5425	21.02	5172	21.49	5894	20.98
合　计								
应持有储备	16 130	100	12 297	100	13 635	100	10 981	100
过剩吞入储备	17 056	100	13 510	100	10 427	100	17 115	100
极端储备能力	33 186	100	25 807	100	24 062	100	28 096	100

数据来源：根据1980~2006年《中国统计年鉴》数据计算整理。

根据附表 2－1，我们对不同方案下各品种的"应持有储备"、"过剩吞入储备"和"极端储备能力"分别进行分析，以便更清楚地掌握不同的储备调节方式与国家粮食储备规模之间的对应关系。在"应持有储备"方面，四个方案对各品种应持有储备的模拟结果相差不大，但对总体的模拟结果相差较大。方案一模拟的结果最高，其总体粮食的应持有储备规模达到 16 130 万吨，较最优方案四模拟的总体规模高 5149 万吨。在四个方案中，无论是分品种还是总体上看，方案四模拟推算的应持有储备规模数都最小，在该方案下稻谷、小麦、玉米的应持有储备量分别为 3950 万吨、4653 万吨和 2378 万吨，分别占总体粮食储备量 10 981 万吨的 36%、42% 和 22%。

其次为方案二、方案三，两者模拟结果相差不大。方案四的模拟结果也恰好验证了在设计方案时的设想，即在粮食供应持续紧张情况下，通过较早地吞进来限制价格下滑而起到促进粮食生产与进口的作用，以及通过推迟吐出起到适度限制粮食消费的作用，这样能发挥储备粮的宏观调控作用。在方案三的储备调节方式下，各品种和总体粮食的过剩吞入储备量明显较其他方案要低，稻谷、小麦和玉米的过剩吞入储备量分别为 4664 万吨、4059 万吨和 1704 万吨，分别占总体粮食过剩吞入储备量 10 472 万吨的 45%、39% 和 16%。

在"极端储备能力"方面，无论是分品种还是总体上，方案三的模拟结果都是最优的。极端储备能力变化趋势与过剩吞入储备的变化趋势基本相同，这主要是因为极端储备能力是应持有储备与过剩吞入储备之和，而各品种的应持有储备在各方案下的模拟结果变化不大，这就导致了极端储备能力的变化主要由过剩吞入储备的变化来反映。

（五）模拟结果的对比分析

第一，国家没有必要完全抹平粮食生产的任何波动。在方案一的模拟下，各品种和总体的储备规模都很大，从而要承担很大的粮食储备及相关成本，相应地增加较大的财政负担。实际上这是不必要的，因为国家对产量波动完全干预，会使市场价格失去对供需的调节，对下一年度的生产安排会有误导作用，商业粮食企业就不会为套利而进行库存，从而降低周转储备水平，用粮企业的库存也会减少甚至不留库存。

第二，在不同的粮食生产形式下要采用不同的储备调节方式。当粮食产量波动比较平稳时，采用对称的调节方式所需要的储备规模较低；而在粮食连年丰收导致供应持续过剩时，采用较早吐出和推迟吞进储备粮的不对称的调节方式较对称调节更能降低储备规模；在粮食连年歉收导致供应持续紧张时，采用较早吞进和推迟吐出储备粮的不对称的调节方式较对称调节更能降低储备规模。

第三，国家储备粮应确定合理的储备品种结构。在粮食供给持续过剩时，若粮食增产超过 2.5% 则吞进，若粮食减产超过 1.5% 则吐出，稻谷、小麦、玉米的应持有储备量分别占总体粮食应持有储备量的 45%、39% 和 16% 左右较为适宜。

第四，综合比较，"十一五"期间内，中国政府储备粮总量按照上述方案四更为合适，应该控制在 11 000 万吨（1100 亿公斤）左右为宜，其中，稻谷、小麦和玉米分别占 36%、42% 和 22% 左右；粮食主产区与主销区政府储备规模分别占中国政府储备粮总量的 60% 和 20%。

三、主产区、主销区政府储备粮的合理结构

从实际情况来看，粮食储备与粮食产量也是密切相关的，即粮食库存仍然集中在主产区。13 个粮食主产省（区）库存占全国总库存量的 70%，而北京等 7 个主销区省市的库存占全国总量不到 10%，远低于当地的实际消费量。

（一）全国粮食供求与储备总体情况分析

从 2000 年以来国内粮食供求情况分析，2000 年至 2004 年，累计粮食总产量为 227 210 万吨。谷物、谷物粉及大豆累计净进口量为 3250 万吨，年平均粮食有效供给量为 46 050 万吨。而 1995 年至 1999 年这五年累计粮食总产量为 248 600 万吨，年均产量达到 49 720 万吨；谷物、谷物粉及大豆累计净进口量为 2600 万吨，年均净进口量为 520 万吨，年平均粮食有效供给量为 50 240 万吨。

有分析表明（高启杰，2004），2005 年全国粮食需求总量为 43 702 万吨，到 2010 年全国粮食需求总量预测值为 48 229 万吨。结合中国粮食有效供给量，目前中国年度粮食需求量大约在 47 000 万吨左右。

就粮食储备品种地区结构而言，玉米库存集中在黑、吉、辽、蒙、冀、豫、鲁七省区，大豆集中在黑、吉、辽、蒙，稻谷集中在长江流域和两广地区。从数量上来看，稻谷库存量占全国库存量不足 1/4，而大米的消费量则占口粮消费量的 40% 左右。

（二）主产区现状

1. 政府储备粮的构成

2001～2004 粮食年度，主产区中央储备粮分别占全国总量的 69.41%、71.05%、70.51% 和 70.31%；地方储备粮分别占全国总量的 40.84%、39.11%、40.30% 和 45.41%；中央储备与地方储备量分别占全国总量的 62.99%、62.68%、61.89% 和 61.88%。

2. 存在的问题

——粮食生产资源不断减少。调研表明，主产区耕地减少的速度在近 5 年之内高于全国平均水平；环境污染和农民非科学使用化肥，耕地质量也在下降；水资源短缺且水质恶化；主产区的人口也有较快的增长。

——粮食供应存在结构性短缺。随着国民经济的迅速发展，国民膳食结构更加多样化、营养化、科学化，饲料用粮将成为粮食消费增量中最主要的部分。从长期来看，国内粮食生产将越来越难满足对粮食的这一需求，粮食安全面临压力。

——粮食储备成本高，财政压力大。由于设备陈旧、不配套、交通设施不完善、运输收费不合理等诸多客观原因，主产区粮食储备成本过高，不仅增加了中央储备成本，同时也对当地政府的财政增加了不少压力。

——粮食物流体系尚待健全。供应链管理理论揭示了从产后到消费的统一整合的链条，最节省成本，效率最高，利润最大。但是由于产区之间、销区之间以及产销区之间的区域分割，目前中国统一粮食市场的建立尚需时日，这也导致中国粮食安全问题不断出现状况。

——粮食储备布局不尽合理。在 1998 年之后的三批粮库建设过程中，由于种种原因，粮库的布局、仓型、选点等出现了不少问题，因此应该及时调整布局，优化结构，形成合理科学的粮库布局。

（三）主销区现状

1. 政府储备粮的构成

2001～2004 粮食年度，主销区中央储备粮分别占全国总量的 12.61%、12.84%、12.31% 和 12.29%；地方储备粮分别占全国总量的 34.80%、34.52%、35.81% 和 34.08%；中央储备与地方储备量之和分别占全国总量的 17.60%、18.52%、19.01% 和 19.66%。

2. 存在的问题

——储备粮规模太小。前已述及，威胁粮食安全的重要区域就是可能发生"天灾、人祸"的粮食主销区。一般来说，越是经济发达地区，储备粮规模越小，而往往这些地方的人口密度大，人口总量多，给中国粮食安全带来深重隐患。这固然有地方与中央政府博弈的原因，但是各级省（直辖市）政府也应该对本辖区的粮食安全负有责任。

——仓容紧张。仓容紧张已经成为主销区普遍的现象，不仅表现为原粮政府储备，也表现为贸易粮的政府储备。贸易粮的政府储备量过低，直接影响城镇的粮食安全。

——难于购到质优价廉的粮食。随着粮食市场的全面放开，每到轮换新粮入库，销区储备粮库难于找到质优价廉的原粮。主要原因有两个：一是参与粮食收购的群体增多，粮食流通环节在减少；二是农户对收获的粮食不愿花更多的精力进行除杂去水整理，坐观粮价上涨后再出售。

（四）主产区、主销区的政府储备粮的合理比例关系

1. 影响政府储备粮构成比例的因素

——粮食消费量。粮食消费量与储备粮数量正相关，也就是说，粮食消费量越

大，粮食储备量就应该越高。一般来说，粮食消费量与人口、生活水平、饮食结构、消费习惯等相关。人口越多，消费量越大；生活水平越高，口粮消费量越小；饮食结构与消费习惯则决定了粮食消费结构，如南方人喜好大米，而北方人更喜欢面食。

——粮食产量。正常年景的粮食产量与储备粮数量负相关，也就是说，常年粮食产量越大，储备粮数量可以越小。

——粮食物流状况。粮食物流状况包括交通运输条件、物流通道畅通程度、物流费用、物流信息化程度以及粮食物流设施状况等。显然，以上条件越好，粮食储备量就可以越小。

——自然条件。各地区不同的气候、天气、耕地等条件在很大程度上决定了粮食储备的成本等经济因素。冬天越长，自然条件下储备的费用越低。从这个因素来看，储备粮储备在北方主产区更有利。

——政策措施。对粮食生产、消费、进出口、加工、储备等方面的政策措施，无论是中央政府制定执行的，还是地方政府制定执行的，都不可避免地对粮食储备量产生重要的影响。

——其他因素。如储备体制的变化、城市化程度、地区紧张局势等。

2. 政府储备粮的合理比例关系

短期内以上因素很难发生根本性改变，因此，粮食主产区、主销区和产销平衡区的政府储备粮的构成比例基本上会维持稳定状态。

如上所述，从 2001 年以来，主产区政府储备（含中央储备与地方储备）粮的比例占全国储备粮总量的 60%（中央储备粮占其中的 70%，地方储备占 30%），主销区占 20% 左右（中央储备粮占其中的 15%，地方储备占 35%），平衡区占 20% 左右（中央储备粮占其中的 15%，地方储备占 35%）。储备粮品种以当地种植的主要粮食为主，兼顾贸易粮和加工转化消费粮。

3. 粮食储备结构与粮食物流的关系

显而易见的是，粮食储备特别是中央储备粮如果主要集中储备在主产区，那么粮食物流路径有锁定的可能。即粮食物流量主要是由粮食主产区流向粮食主销区。具体来说，"北粮南运"趋势不仅不会得到改变，反而会得到进一步强化。从华北、东北、华中北部经东部沿海水路、京沪铁路、京广铁路、京九铁路、长江向华南、东南地区呈扇面运输粮食的格局仍然是"十一五"期间粮食物流的主体流向。

四、政府储备粮品种结构与粮食安全的关系

政府储备粮的增加对宏观经济的影响是全面的，不仅影响农民尤其是粮食主产

区的农民的收入，也影响全国农民的收入总水平的变化；不仅影响农田基本建设投资，也影响由此带来的粮食产量的变化；不仅影响农村居民就业的变化，也影响城镇居民就业的变化；不仅影响经济增长的数量变化，还影响经济增长的质量和可持续性。[①]

（一）　与粮食安全的关系

对国家粮食安全的影响进行量化分析存在着很多的障碍。第一，一些具体和需要用到的数据很难搜集齐备；第二，粮食安全不仅涉及经济效应，还涉及政治效应、外交关系的改善或者恶化等不能简单量化的影响。分析的方法是：对储备粮的增加、储备结构的优化和储备粮品质的稳定进行大致的评估，以计算出储备粮在紧急时刻可以满足多少急需的人的数量，最后估算出这些人所创造的国内生产总值，最后计算出这部分国内生产总值占国内生产总值总量的比重。

通过计算，测算出未来五年粮食产量的稳定、收购粮食数量的庞大、国有粮食企业库存的大幅增加等诸多因素，使得遭遇各种粮食安全威胁的可能下降了 6 个百分点，再综合农村人口和城市人口的比例、各产业增加值在国内生产总值的比重等因素，国家粮食安全的增加能使国内需求增加 500 亿元。所以，政府储备粮增加确保国家粮食安全的效果，能使每年国内生产总值提高大约 0.25 个百分点。

（二）　社会福利的变化

根据我们的测算，由于政府粮食储备量的增加，国家财政补贴由于各种风险（经营风险、市场风险、人为风险等）的增加每年可能会损失 11 亿元，社会福利净损失 2 亿元，这两项之和达 13 亿元，且根本无法收回；粮食企业的租金 40 亿元，其中相当一部分是粮食企业经营的摩擦成本，或者称之为"制度损失"进入了某些个人的腰包。以上这些损失至少使每年的国内生产总值增长率减少 0.03 ~ 0.06 个百分点。

如果仅仅对以上两个宏观经济效应进行综合计算，那么政府储备粮增加可使国内生产总值增长率每年提高 0.19 ~ 0.22 个百分点。

五、结论与建议

从 2000 年以来中国粮食的储备数量来看，本书测算值比目前中国政府储备粮实际规模高出 20% 左右，比 FAO 按照 18% 的粮食需求量高出 132%。这也可以解释为什么有人认为政府储备粮过多，还存在粮价上涨、销区粮食安全受到威胁。

政府储备粮总量结构比例方面，主产区、主销区和平衡区之间的比例结构为

---

① 本部分主要从政府储备粮与粮食安全、社会福利的关系论述政府储备粮增加对宏观经济效益的影响。

60：20：20；中央储备粮中，主产区、主销区和平衡区之间的比例结构为 70：15：15；地方储备粮中，主产区、主销区和平衡区之间的比例结构为 30：35：35。

不能完全确定的是，销区可能会由于地方储备作用的不断增强和国际粮食市场的不确定性而增加粮食储备；产区由于粮食加工业的发展而减少政府储备粮、增加商业储备粮。

一劳永逸地解决粮食安全问题是不可能的。近五年内影响中国粮食安全的主要因素既不是粮食生产问题，也不是粮食储备结构（产销区结构、品种结构）问题，而是粮食结构动态变化的应对问题。通俗地说，不断提高粮食产区政府储备量减少、销区政府粮食储备量增加过程中的粮食物流问题的解决能力是影响粮食安全的关键。可以说，目前粮食安全问题就是粮食物流问题。

第三章

新阶段中国粮食安全状况及发展趋势

内容摘要 粮食安全是大国政治经济自立的基础。中国20世纪90年代后期进入新阶段以来，粮食安全总体水平先趋紧后变松。粮食产出的主销区地位不断下降，平衡区地位基本稳定，主产区地位持续上升。稻谷、小麦波动态势接近，同玉米有别。粮食库存逐渐减少并趋稳，存粮质量上下波动。粮食进口的波动决定于小麦，出口的波动取决于玉米。粮食安全的敏感区域为主销区，敏感品种为大米、小麦，薄弱环节在流通，重点人群为低收入人口。今后中国粮食安全面临的主要挑战为：水资源短缺约束日益凸显，耕地资源数量不断减少、质量下降趋势凸显，科技服务能力较弱，两岸形势及周边领土争端可能对粮食进口运输构成潜在威胁，WTO多边贸易体制的软约束力难以保证中国粮食进口的可获性。今后粮食供求平衡的压力将持续加大，稻谷将演变为粮食供求平衡最复杂的品种。

进入21世纪以来，中国粮食生产连续减产，从20世纪末的5亿吨减至2003年的4.31亿吨。[①] 同期世界粮食也呈减产趋势，库存不断下降，国际市场粮价上扬。于是，2003年秋季后中国粮食价格持续大幅度上涨。莱斯特·布朗的"谁来养活中国"的警钟再次敲响，引发政府决策层和社会各界对中国今后粮食安全的深层担忧。2004~2006年中国粮食产量连续三年持续增长，粮食安全的近忧业已解除，但粮食安全的基础并不牢固，粮食综合生产能力依然偏弱。在全球化逐渐加深、耕地持续减少和粮食生产成本不断上升的趋势下，究竟中国目前的粮食安全状况如何，未来发展趋势怎样，[②] 对这些问题的回答，是制定中国粮食安全中长期发

---

① 数据见国家统计局，《中国统计摘要（2005）》，中国统计出版社。本章数据，凡未特殊注明的，均直接引自或通过计算间接引自国家统计局有关年份的《中国农村统计年鉴》、《中国统计摘要》和《中国统计年鉴》。

② 据不完全统计，从清华同方开发的全国期刊全文数据库来看，1994年以来，题目中包含"粮食安全"的文章多达上百篇。关于粮食安全的研究，是我国学术界和政府部门历年高度关注的领域，成果丰硕。大多研究主要围绕粮食安全的一般概念和中国国情的特殊定义、衡量指标、评价方法、预警体系、安全状况、国际经验和政策建议等展开研究。本书中的粮食主要指水稻（大米）、小麦和玉米等谷物，有时因统计数据难以细分，也包含豆类和薯类。

展战略的基础。近则有利于应对变幻莫测的两岸局势和中美日国际关系，远则为建立和谐社会、全面实现小康社会目标奠定牢固的粮食安全基础，其意义深远而重大。

一、新阶段中国粮食安全形势出现波动

新中国建立后，国家粮食安全水平波动较大。从 1949 年到 1958 年粮食总产量呈直线形增长，由 1.13 亿吨增加到 1.98 亿吨。1958～1978 年受"大跃进"和"文革"的影响，粮食总产量仅增加了 1.07 亿吨。1978～1984 年因实行家庭联产承包责任制，粮食总产量从 3.05 亿吨迅猛增加到 4.07 亿吨。1985 年后粮食生产进入波动徘徊期，直到 1989 年才恢复到 1984 年的水平；1990 年因上年粮价高涨刺激，总产达到 4.46 亿吨。1991 年后，国家实行了粮食流通体制改革，各地纷纷放开粮食销售市场；1993 年后，国民经济快速增长，出现了严重通货膨胀，粮食市场价格大幅度上涨。于是，国家从 1993 年也开始连续大幅度提高粮食收购价格，农民种粮积极性由此高涨。1996 年粮食产量攀升到 5 亿吨新台阶，1998 年粮食总产量达历史最高水平 5.12 亿吨。至此，中国粮食出现了供给大于需求，粮食库存大幅度增长，粮食安全保障水平上升到历史新台阶。但从 1998 年以后，中国粮食供求又进入了一个新的变动周期。

（一）粮食生产持续下滑后又连续增长，国内产需缺口靠库存和进口弥补

1. 粮食总产逐渐降至低谷后又连续增长，各品种和地区间的产量变动不同步

一是粮食总产及主要谷物产量持续下跌后又逐年增长。自从 1996 年中国粮食总产突破 5 亿吨、1998 年创历史新高后，社会舆论普遍认为中国粮食生产已经过关。此时，各级政府为了减少库存压力和财政补贴负担，支持粮食生产的政策减弱。在供大于求的形势下，粮食市场价格连续下跌，农民生产粮食的积极性一再受挫。于是，粮食产量开始不断下滑。从 1998 年的 5.12 亿吨几乎连续下跌到 2003 年的 4.31 亿吨，年平均减产 1741 万吨，年均降幅 3.4%。因 2003 年粮食产需缺口过大，加之连年挖库存以实现供求平衡，导致粮食供求格局发生变化。2003 年 10 月后粮食价格大幅上涨，一直持续到 2004 年上半年。从 2003 年末开始，在政策好、粮价高、人积极、天帮忙共同作用下，2004 年粮食生产一举扭转连续 5 年下滑趋势，并于 20 世纪 80 年代后首次出现连续 3 年增产，2006 年已攀升到 49 746 万吨，比 2003 年增长 15.5%。但是，这一产量比 1998 年的最高纪录还少 1484 万

吨，仍未达到历史最高水平。由于 1998 年以来大豆和薯类的产量比较稳定，大约保持在 5100 万吨左右，这使得稻谷、小麦和玉米三种主要粮食品种的产量变动趋势，基本与粮食总产量一致（见图 3 - 1）。

二是稻谷、小麦产量呈单谷底波动，玉米则为双谷底波动。1998 ~ 2003 年，稻谷连年减产，从 19 871 万吨减到 16 066 万吨，减幅为 19.1%，年平均减产 4.2%；到 2005 年稻谷产量逐步回升至 18 059 万吨，比 2003 年增长 12.4%，仍比最高记录（1997 年）少 2014 万吨。小麦产量在 1998 ~ 2005 年间也经历了直线下降—略有回升的发展轨迹。产量从 1998 年的 10 973 万吨减少到 2003 年的 8649 万吨，减少 21.2%，年平均减产 4.6%；到 2005 年小麦产量回升至 9745 万吨，比 2003 年增长 12.7%。玉米产量先从 1998 年的 13 295 万吨锐减到 2000 年的 10 600 万吨，减幅 20.3%，年平均减产 10.7%。2001 ~ 2002 年反弹后，2003 年又下跌，2004 年再次反弹，2005 年达到破纪录的 13 937 万吨（见图 3 - 1），比 1998 年的历史记录还高 642 万吨，增长 4.8%。比较而言，小麦波动幅度较大，稻谷与小麦波动形态相近；玉米变动呈波浪形且幅度较小，这与饲料粮和工业用粮需求弹性大、市场消费呈增加趋势有关。

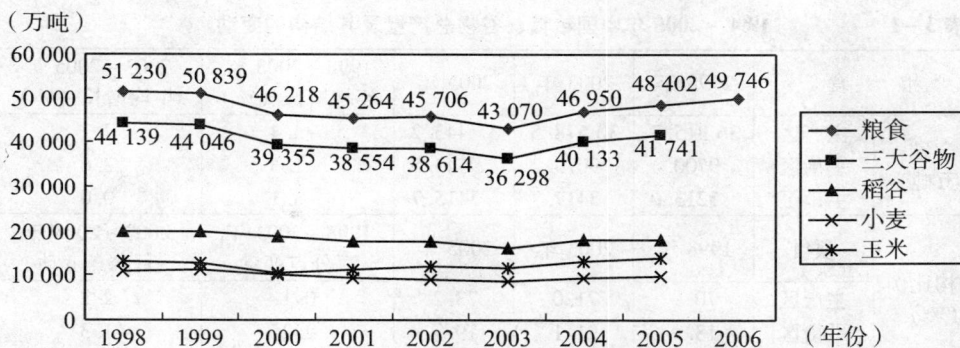

图 3 - 1   1998 ~ 2006 年我国粮食产量变动情况

数据来源：国家统计局农调队，《中国农村统计年鉴》（2006），中国统计出版社。

三是粮食主销区地位不断下降，平衡区地位基本稳定，主产区地位则持续上升。[①] 1998 ~ 2003 年，尽管全国粮食总产量持续下降，但不同地区的粮食产量减幅不同。2003 年与 1998 年相比，粮食产量降幅最大的地区为主销区，其次为主产区

---

① 粮食主产区包括河北、内蒙古、辽宁、吉林、黑龙江、江苏、安徽、江西、河南、山东、湖北、湖南和四川等 13 个省（区）；平衡区包括山西、广西、重庆、贵州、云南、西藏、陕西、甘肃、青海、宁夏、新疆等 11 个省（市、区）；主销区包括北京、天津、上海、浙江、福建、广东、海南等 7 个省（市）。三类地区按粮食供求平衡程度划分，是近年来国家粮食流通体制改革因地制宜所采纳的地区类型。因各类地区是按粮食总量平衡程度划分的，具体到稻谷、小麦、玉米的产销平衡区域可能与总量平衡区域存在差别。

和平衡区，降幅分别为34.4%、15.8%和6.5%。因此，粮食减产速度由快到慢分别为主销区、主产区和平衡区，年平均减产分别为8.1%、3.4%和1.3%。三类地区稻谷、小麦和玉米三种主要谷物的产量降幅和减少速度的顺序与粮食一致。正因为主销区粮食的减产速度最快，致使三类地区的粮食地位发生了变化。1998～2003年，主销区的粮食和谷物产量比重明显下降，平衡区的比重明显上升，主产区的比重略有提高（见表3－1）。到恢复期的2005年，与低谷期的2003年相比，主产区、平衡区的粮食产量显著回升，比2003年分别增产7.7%和2.6%，主销区未增长；主产区、平衡区谷物产量增幅和增长率与粮食基本一致，年均增产分别为8.7%和3%，主销区基本不变。2005年主产区的粮食和谷物产量比重比2003年显著上升，平衡区和主销区的比重略有下降。综合1998～2005年情况来看，近年来粮食恢复性增长的贡献主要来自于主产区，粮食生产进一步向主产区集中，平衡区地位先升后降，基本不变，主销区地位大幅下降。主要原因在于主销区在工业化和城镇化的推动下，大量征占用耕地，主动将粮食生产调整为经济作物；而主产区迫于供过于求的市场压力被动减产，平衡区特别是西部地区为保证本地区刚性增长的粮食需求，除了退耕还林而主动减少粮食生产外，基本保证了粮食生产。

表3－1　　　　　　1998～2005年中国粮食、谷物总产量及其结构的变动

粮　　食		1998年	2003年	2005年	1998～2003年 年均增长（%）	2003～2005年 年均增长（%）
产量 （万吨）	主产区	36 315.7	30 578.5	35 443.2	－3.4	7.7
	平衡区	9700.4	9073.2	9543.5	－1.3	2.6
	主销区	5213.6	3417.7	3415.7	－8.1	0.0
结构比例 （%）	项目	1998年	2003年	2005年	1998～2003年 百分点变动	2003～2005年 百分点变动
	主产区	70.9	71.0	73.2	0.1	2.2
	平衡区	18.9	21.1	19.7	2.2	－1.3
	主销区	10.2	7.9	7.1	－2.3	－0.8
谷　　物		1998年	2003年	2005年	1998～2003年 年均增长（%）	2003～2005年 年均增长（%）
产量 （万吨）	主产区	32 603.1	26 916.9	31 810.7	－3.8	8.7
	平衡区	8439.6	7628.9	8090.5	－2.0	3.0
	主销区	4582.2	2882.9	2875.2	－8.9	－0.1
结构比例 （%）	项目	1998年	2003年	2005年	1998～2003年 百分点变动	2003～2005年 百分点变动
	主产区	71.5	71.9	74.4	0.4	2.5
	平衡区	18.5	20.4	18.9	1.9	－1.5
	主销区	10.0	7.7	6.7	－2.3	－1.0

　　数据来源：国家统计局农调队，《中国农村统计年鉴》（1999，2004，2006），中国统计出版社。

四是粮食主产区的稻谷和小麦地位不断提高，平衡区的玉米地位上升。从减产速度来看，1998~2003年稻谷和玉米减产速度由快到慢依次为主销区、主产区和平衡区，而小麦则为主销区、平衡区和主产区（见表3-2）。主要粮食品种在不同地区的减产速度快慢，直接改变了不同地区的粮食生产地位。从地区结构变动观察，1998~2003年主销区稻谷生产地位显著下降，平衡区明显上升，主产区略有提高；小麦生产的主销区和平衡区地位依次下降，但主产区地位明显提升；玉米生产的主产区地位显著下降，主销区地位略为降低，而平衡区地位明显上升（见表3-3）。2005年与2003年相比，稻谷在粮食主产区增产最快，平衡区微增，主销区继续小幅下降；小麦在粮食主销区增产最快，其次为主产区，平衡区略减产；玉米增产速度最快在主销区，其次为主产区和平衡区（见表3-2）。因各品种在不同区域生产恢复速度不同，生产地位进一步变动。稻谷、小麦在粮食主产区的地位进一步提升，玉米在主产区的地位有所恢复；三大谷物在平衡区的地位略有下降；稻谷在主销区的地位进一步下降，在平衡区和主产区基本稳定（见表3-3）。

表3-2　　　　　　　　　　1998~2005年中国主要谷物产量变动

主要谷物	时间	主产区	平衡区	主销区
稻谷	1998年产量（万吨）	12 885.2	3051.4	3051.4
	2003年产量（万吨）	10 528.8	2963.6	2573.1
	2005年产量（万吨）	12 542.6	3019.4	2497.2
	1998~2003年年均增长（%）	-4.0	-0.6	-8.1
	2003~2005年年均增长（%）	9.1	0.9	-1.5
小麦	1998年产量（万吨）	8395.6	2291.4	285.6
	2003年产量（万吨）	6869.7	1692.2	86.9
	2005年产量（万吨）	7965.7	1669.1	109.7
	1998~2003年年均增长（%）	-3.9	-5.9	-21.2
	2003~2005年年均增长（%）	7.7	-0.7	12.4
玉米	1998年产量（万吨）	10 335.5	2667.1	292.7
	2003年产量（万吨）	8770.6	2619.9	192.5
	2005年产量（万吨）	10 628.2	3063.7	244.6
	1998~2003年年均增长（%）	-3.2	-0.4	-8.0
	2003~2005年年均增长（%）	10.1	8.1	12.7

　　数据来源：国家统计局农调队，《中国农村统计年鉴》（1999，2004，2006），中国统计出版社。

表3－3		1998～2005年中国主要谷物结构的变动		
主要谷物	结构	主产区	平衡区	主销区
稻谷	1998 年	64.8%	15.4%	19.8%
	2003 年	65.5%	18.4%	16.0%
	2005 年	69.5%	16.7%	13.8%
	1998～2003 年百分点增减	0.7	3.1	－3.8
	2003～2005 年百分点增减	3.9	－1.7	－2.2
小麦	1998 年	76.5%	20.9%	2.6%
	2003 年	79.4%	19.6%	1.0%
	2005 年	81.7%	17.1%	1.1%
	1998～2003 年百分点增减	2.9	－1.3	－1.6
	2003～2005 年百分点增减	2.3	－2.4	0.1
玉米	1998 年	77.7%	20.1%	2.2%
	2003 年	75.7%	22.6%	1.7%
	2005 年	76.3%	22.0%	1.8%
	1998～2003 年百分点增减	－2.0	2.6	－0.5
	2003～2005 年百分点增减	0.5	－0.6	0.1

数据来源：国家统计局农调队，《中国农村统计年鉴》（1999，2004，2006），中国统计出版社。

　　五是粮食生产逐步向黄淮海区、长江中游区、东北区和蒙新区集中。2003 年与 1998 年相比，粮食产量下降速度最快的地区为东南沿海区，减产速度超过其他地区 1 倍以上，其次为黄淮海区和西北区。2003～2005 年，粮食生产恢复快的前四位地区依次为蒙新区、黄淮海区、东北区和长江中游区，四个地区平均年递增 8.5%，是后四位地区增产速度的 4 倍，说明前四位地区的粮食生产潜力大、能力强，只要价格和气候适宜，就能迅速恢复生产。其中，蒙新区和东北区的产量还超过了创纪录的 1998 年，分别增产 126.8 万吨和 75.6 万吨。[①] 由于东南沿海地区耕地减少多，低效益的粮食作物被高效益的经济作物大面积替代，粮食地位急剧下降，致使其他地区的粮食地位发生不同程度的变化。1998～2003 年东南沿海区和黄淮海区的粮食比重降低，其他地区比重上升，西南区上升最多（增加 2.2 个百分点）。到 2005 年，黄淮海区、东北区、长江中游区和蒙新区粮食地位上升，其他地区地位下降或不变。从 1998～2005 年来看，东北区、长江中游区、黄淮海区和蒙新区粮食生产地位总体呈上升趋势（见表 3－4），是中国今后粮食增产的主要地区。

---

① 2005 年比 1998 年蒙新区和东北区粮食产量各增加 5.3% 和 1.0% 。

表 3 - 4 　　　　　　1998～2005 年中国不同区域粮食产量及其结构的变动

项　　　目		1998 年	2003 年	2005 年	1998～2003 年年均增长（%）	2003～2005 年年均增长（%）
产　量（万吨）	东北区	7343.4	6270.2	7419.0	-3.1	8.8
	黄淮海区	11 641.2	9570.1	11 330.4	-3.8	8.8
	长江中游区	9270.2	8028.8	9218.3	-2.8	7.2
	东南沿海区	8179.4	5712.3	6017.9	-6.9	2.6
	西北区	3551.5	2986.8	3157.7	-3.4	2.8
	西南区	8618.8	8181.6	8533.6	-1.0	2.1
	蒙新区	2412.0	2136.2	2538.8	-2.4	9.0
	青藏区	213.2	183.4	186.7	-3.0	0.9
项　　　目		1998 年	2003 年	2005 年	1998～2003 年百分点变动	2003～2005 年百分点变动
结构比例（%）	东北区	14.3	14.6	15.3	0.2	0.8
	黄淮海区	22.7	22.2	23.4	-0.5	1.2
	长江中游区	18.1	18.6	19.0	0.5	0.4
	东南沿海区	16.0	13.3	12.4	-2.7	-0.8
	西北区	6.9	6.9	6.5	0.0	-0.4
	西南区	16.8	19.0	17.6	2.2	-1.4
	蒙新区	4.7	5.0	5.2	0.3	0.3
	青藏区	0.4	0.4	0.4	0.0	0.0

注：东北区含黑龙江、吉林、辽宁；黄淮海区含山东、河南、河北、北京、天津；长江中游区含安徽、江西、湖北、湖南；东南沿海区含江苏、浙江、福建、上海、广东、海南；西北区含陕西、山西、甘肃、宁夏；西南区含四川、重庆、广西、云南、贵州；蒙新区含新疆和内蒙古；青藏区含青海、西藏。

数据来源：作者计算。原始数据引自国家统计局农调队，《中国农村统计年鉴》（1999，2004，2006），中国统计出版社。

2. 小麦进口波动大，稻谷和玉米进口较平缓

1998～2005 年中国谷物类粮食进口总体呈波浪形升降趋势，前 5 年波动小，后 2 年大起大落。中国谷物进口从 1998 年的 198.1 万吨，减少到 2003 年的 80.2 万吨，降幅 59.5%；2004 年骤增至 803 万吨，比 1998 年增加 3 倍，比 2003 年增加 9 倍；2005 年谷物进口又同比下降近一半。这几乎再现了 20 世纪 90 年代前期谷物类粮食进口的历史，[①] 表明一定时期内中国谷物类粮食进口可能具有周期性的短期冲击效应，这与粮食生产的不稳定性密切相关。进口的主要谷物品种为小麦，小麦进口态势决定了谷物类粮食进口态势。如图 3 - 2，1998 年小麦进口 149 万吨，

---

① 1990 年谷物类粮食进口 1371.9 万吨，以后持续下降到 1993 年的谷底 732.6 万吨，1994 年恢复到 919.7 万吨，1990～1994 年谷物类粮食进口波动幅度（33.3%）较小；而 1995 年和 1996 年谷物类粮食进口则出现骤增（增长 121.8%）剧降（下跌 46.9%）的巨幅波动。

占三大谷物进口的 75.2%，到 2003 年进口减少到 45 万吨，仍占粮食进口的大部分（63.3%）。作为口粮品种调剂型的大米进口多年来比较稳定，在年均 40 万吨左右波动；玉米除了 1998 年进口达到 25.1 万吨外，其余年份未超过 7 万吨，有的年份甚至只有几百吨，几乎可以忽略不计。

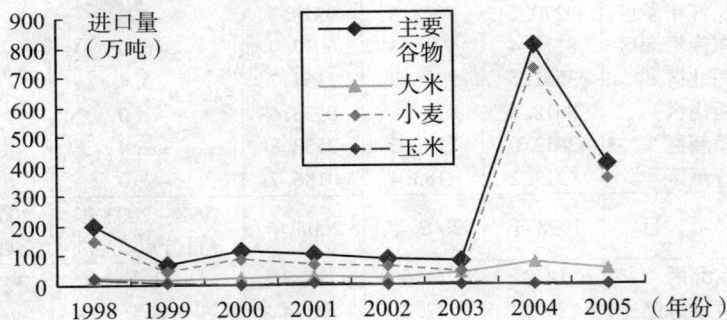

图 3 - 2　1998 年后我国谷物的进口情况

数据来源：农业部，《中国农业发展报告》，中国农业出版社 2006 年版，第 141 ~ 145 页。

3. 粮食库存波浪形下降并趋稳，存粮质量先降后升

1998 ~ 2001 年粮食库存上下波动，高低相差 3300 万吨；之后持续下降，2004 年比 2001 年粮食库存减少 40% 强，年均减少库存 16.5%；2005 年同比增长 7.0%。库存下降的速度前快后慢并趋于稳定。2001 ~ 2003 年，库存年均减少 17.6%；2003 ~ 2005 年，库存年均减少 4.3%，[①] 后两年库存下降速度不到前两年的 1/4。1998 ~ 2001 年，因粮食产不足需，可轮换的库存粮不多，使得库存粮质量不断下降。据有关部门调查，2001 年 3 月末，全国陈化粮[②]和超期储存粮合计占库存粮食的 29%。[③] 2004 年粮食库存质量开始提高，陈化粮明显减少。据国家有关部门 2004 年对黑龙江、吉林、辽宁等 15 个省（区、市）的 133 个国有粮食购销企业抽查发现，中央储备粮的质量合格率为 90.3%，未发现陈化粮；地方储备粮的质量合格率为 78.9%，有少量陈化粮，占 3.6%。[④]

（二）粮食总需求刚性增长，口粮和饲料粮消费比重反向变动

粮食总需求的调查统计和测算比总供给困难得多，一些数据只能是大致估算。

[①] 据有关部门的资料测算。
[②] 2004 年国家发改委、国家粮食局、国家标准委将"陈化粮"的概念修订为"储存品质明显下降，一般不宜直接作为口粮食用的粮食"。
[③] 农业部种植业管理司：《国家粮食安全及粮食主产区建设研究报告》，2003 年 10 月，第 4 页。
[④] 聂振邦主编：《2005 中国粮食发展报告》，经济管理出版社，第 33 页。

因不同部门和专家所用方法和统计口径不同，许多同一时期不同用途的粮食需求数据差别较大，① 但总体趋势和基本结构大体一致。粮食总需求包括国内消费、出口和库存，考虑到中国库存数据的保密性和每年轮换库存相对稳定，故此处不分析库存需求。

1. 国内粮食消费基数庞大，数量增长平稳

受人口增长、养殖业发展和工业加工需求拉动，新阶段以来中国粮食消费一直呈稳步增长趋势。1998～2005 年中国粮食消费从 46 475 万吨增加到 49 775 万吨，年均增长 0.98%，粮食消费量保持平稳增长态势。其中，居民口粮稳中趋降，饲料用粮和工业用粮小幅增长，种子用粮由于播种面积减少和科技含量的提高，每年用量呈减少趋势（见图 3 - 3）。

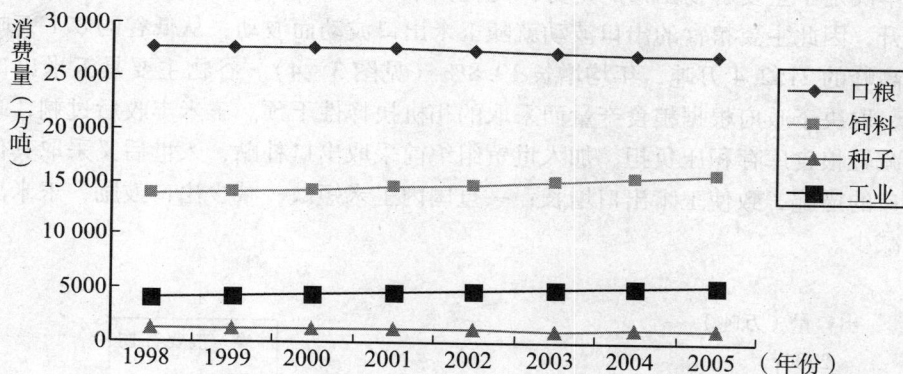

图 3 - 3　1998 年后不同用途粮食的消费变化

数据来源：原始数据转引自高杰，《我国粮食安全现状分析》，研究报告，2006 年。

农村口粮的减少大于城镇口粮的增加，导致全国口粮消费逐年递减。尽管中国人口不断增长，除了 1998 年和 1999 年新增人口超千万之外，2000 年之后每年人口自然增长在 770 万～960 万人之间，且呈递减趋势，由于人均口粮消费递减，使得全国口粮消费不增反降。2005 年比 1998 年全国人口净增 5995 万人，但口粮消费却减少 4519 万吨，年均递减 2.9%。从 1998 年到 2005 年，随着新阶段城市化速度加快，城镇人口增幅（35.1%）快于其人均口粮减幅（-11.2%），城镇口粮消费增长了 720.9 万吨，增幅为 20%，年均增长 2.6%；相反，随着乡村人口（减少10.4%）及其人均口粮（减少 16.5%）的双重下降，农村口粮消费减少了 5240 万

---

　① 例如，2003 年的口粮和饲料粮需求，国家统计局比国家粮食局的测算分别高 390 万吨和 455 万吨，参见聂振邦主编，《2004 中国粮食发展报告》，经济管理出版社，第 15 页。

吨，减幅高达 1/4，年均递减 4.1%。[1]

2. 稻谷和小麦出口比较稳定，谷物类粮食出口波动取决于玉米

1998～2003 年，中国小麦出口量快速上升，从 27 万吨增至 251.4 万吨，年均增长 56.2%；2004～2005 年直线下降至 60 万吨，降幅达 76.1%，但仍比 1998 年多 33 万吨，总体仍呈增长态势。1998～2005 年，大米出口波浪形下降，从 375 万吨减少到 69 万吨，年平均递减 21.1%；玉米出口呈波浪形变化态势，与主要谷物出口趋势基本一致。1998～2003 年快速上升，从 469 万吨增加到 1639 万吨，年均增长 28.4%；2004 年急剧下降至 232 万吨，2005 年小幅回升至 864 万吨，虽比 2003 年下降了 47.3%，但仍比 1998 年高 395 万吨。由于玉米出口量占三种主要出口谷物的比重很高，如 2003 年玉米出口占主要粮食出口的 76.1%，玉米出口的走势基本决定了主要谷物出口的走势；况且大米出口只是稳中有降，而小麦出口也大体缓升，因此主要粮食的出口波动就随玉米出口波动而波动，从低谷的 871 万吨增加到高峰的 2152.4 万吨，年均增长 19.8%（见图 3 - 4）。谷物主要是玉米出口的波动，取决于政府根据粮食产量而采取的相机抉择性干预。玉米丰收后过剩，政府为了减轻粮食库存积压负担，加入世贸组织前采取出口补贴，入世后又采取其他鼓励出口的措施，致使玉米出口增长；一旦国内玉米短缺，减少出口鼓励，玉米出口随之减少。

出口量（万吨）

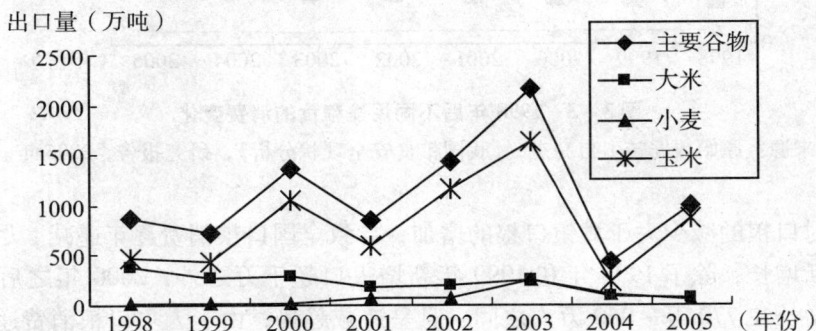

图 3 - 4 1998 年后我国主要谷物的出口

数据来源：农业部，《中国农业发展报告》，中国农业出版社 2006 年版，第 141～145 页。

---

[1] 全国及城乡口粮消费量按照城乡居民人均口粮消费和城乡人口数量推算而得。原始数据参见农业部，《中国农业发展报告》，中国农业出版社 2006 年版；国家统计局，《中国统计摘要》，中国统计出版社 2006 年版。

（三）粮食供求总体呈紧平衡运行，粮食安全压力发生波动

1. 粮食产需缺口波动大，播种面积与市场价格和政策激励密切相关

在 1998～2005 年期间，只有 1998 年和 1999 年粮食生产超过当年消费需求，但从 2000 年开始，产销缺口呈拉大趋势，从 1627 万吨扩大到 2003 年的 5730 万吨，年平均扩大 52.1%。4 年累计缺口达 13 122 万吨，这些粮食产需缺口主要靠挖用 1991～1999 年的累计结余库存来解决。2004 年后粮食恢复性增长，2005 年产销缺口缩小到 1373 万吨，比 2003 年缩小 76%（见表 3－5）。因大豆缺口大，粮食总体仍保持产不足需的格局。

表 3－5　　　　　　　　　　1998 年后中国粮食产需情况　　　　　　　　　　万吨

年份	1998	1999	2000	2001	2002	2003	2004	2005
总产量	51 230	50 839	46 218	45 264	45 706	43 070	46 950	48 400
总消费量	46 475	47 235	47 845	48 180	48 555	48 800	49 090	49 775
余缺量	4755	3604	−1627	−2916	−2849	−5730	−2140	−1375

注：中国粮食经济学会报告中的 2003 年粮食总消费量与国家粮食局的数据略有差别，但为保持各年粮食消费数据可比，仍用中国粮食经济学会的数据。

数据来源：国家统计局农调司，《中国农村统计年鉴》（2006），中国统计出版社 2006 年版；聂振邦，《2005 中国粮食发展报告》，经济管理出版社；中国粮食经济学会，《国家粮食安全新战略研究和政策建议》，载于《粮经学会简讯》2005 年第 1 期；国家发改委有关部门 2006 年资料。

1998～2003 年由于中国粮食生产持续下滑，粮食人均占有量从 412.4 公斤直线下跌到 334.3 公斤，年平均下降 4.1%；而粮食需求刚性增长，导致粮食安全形势逐渐趋紧。粮食不断减产既有粮食播种面积持续减少，也有粮食单产缓慢下降的原因。如图 3－5 所示，粮食播种面积从 1998 年的 11 378.7 万公顷，直线下降到 2003 年的 9941 万公顷，年均递减 2.7%。到 2005 年粮食播种面积虽然回升至 10 427.8 万公顷，但仍比 1998 年少 950.9 万公顷。粮食平均单产从 1998 年的 4502 公斤/公顷，下降到 2003 年的 4332 公斤/公顷，年均递减 0.8%。到 2005 年单产增加至 4642 公斤/公顷，虽然比 1998 年增长了 140 公斤/公顷，但仅增 3.1%。这期间粮食播种面积的变动主要受政策和市场价格的影响。2003 年前的减产主要受到农民主动压缩种粮面积、政府鼓励农业结构调整和退耕还林等因素的影响；单产下降主要是农民减少田间投入、大量优质耕地被圈占和农田基础设施破损而得不到及时更新等因素所致。2004 年后，随着市场粮价的回升和政府减免农业税以及给予

直接补贴等鼓励措施出台，粮食播种面积回升，农民投入加大，粮食单产也随之增加。

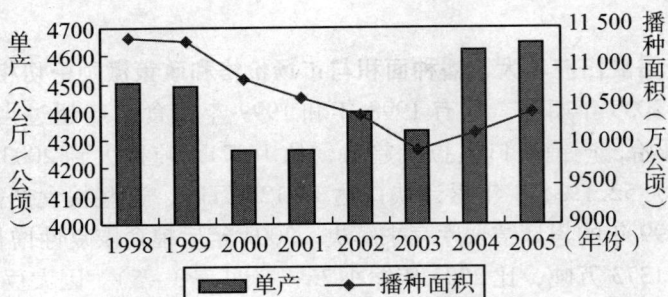

图 3 - 5　1998 年后我国粮食播种面积和单产变动

数据来源：国家统计局农调队，《中国农村统计年鉴》（2001、2002、2004、2006），中国统计出版社；国家统计局农调队，《新中国五十年农业统计资料》，中国统计出版社 2000 年版。

2. 粮食安全水平由高到低、再变高

粮食安全是一个复杂系统，对于大多数国家来讲，粮食体系不同环节上安全状况的不一致性使我们很难对某一个国家粮食安全状况作出整体上的判断。为此，引入综合性的粮食安全系数指标。[1] 粮食安全系数越高，安全保障水平越高。在现有的粮食安全系数分值表中，人均占有量可能参照发达国家标准赋值，人均超过 1000 公斤以上和 800 ~ 1000 公斤才分别为 1.0 分和 0.9 分，不符合中国素食为主的粮食消费结构，故采用专家意见按照人均占有量敏感区（300 ~ 400 公斤/人）多设档、非敏感区少设档的原则进行了调整。此外，将 0 ~ 1.0 分的粮食安全系数采用德尔菲法划分为"很安全、安全、基本安全、不安全、很不安全"五个等级（见附表 1 - 5）。[2] 1998 ~ 2005 年中国粮食安全水平经历了一个"很安全—不安全—安全"的"V"字形变化。粮食安全系数从 1998 年的 0.90 下降到 2003 年的 0.57，降幅达 36.7%，然后于 2005 年反弹到 0.73，比 2003 年上升 33.3%（见图 3 - 6）。可见，进入新阶段以来，中国粮食安全水平经历了一个明显的波动过程。

---

[1]　粮食安全系数是对一个国家的粮食波动指数、自给率、储备率和人均占有量各项粮食安全指标进行加权平均处理后得到的综合评分值，反映了一个国家粮食安全的总体水平。朱泽：《中国粮食安全状况的实证研究》，载于《调研世界》1997 年第 3 期，第 27 页。

[2]　以德尔菲法判断粮食安全水平的 10 位专家分别来自国家发改委、农业部、国家粮食局、中国农业大学、南京农业大学等权威政府部门、科研机构和知名农业大学等组织。

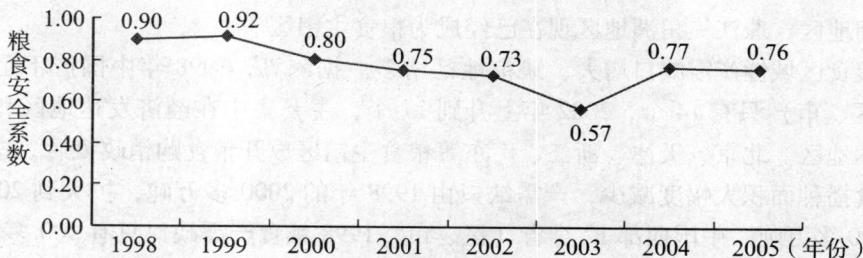

图3-6　新阶段我国粮食安全总体水平变动

注：人均占有量分值根据中国的实际和专家意见进行了调整；波动指数参照朱泽文章中的公式计算，估算趋势产量的数据为1962～2005年的粮食产量，权重采用德尔菲法获得。

数据来源：经作者计算而得，原始数据参见国家发改委有关部门数据；朱泽，《中国粮食安全状况的实证研究》，载于《调研世界》1997年第3期。

二、新阶段中国粮食安全的特征

（一）粮食安全的敏感区域为主销区

中国粮食产需基本处于不平衡状态，"南粮北运"格局逐步演变为"北粮南下"、"中粮东出"，粮食品种的区域间流动极为复杂。近年来，南方省市区粮食总产量占全国比重正在加速下降，"北粮南运"的格局不断强化。此外，随着流动人口日益集中于东部沿海发达地区，东部地区粮食消费需求急速增长，而东部地区粮食主销区和江苏、山东、辽宁、河北等主产区粮食产量大幅下降，"中粮东出"的粮食流通格局正在形成并加速发展。

主产省、主销省、产销平衡省粮食区域结构不断发生变动。由于部分产粮大省和产销平衡省粮食播种面积和粮食产量下降幅度较大，粮食调出数量明显减少，甚至从粮食净调出省变为净调入省。1998～2005年，13个主产区（省、市）粮食播种面积下降数量占同期全国总下降数量的44.1%，粮食总产量下降数量占同期全国总下降数量的30.9%。许多粮食主产区已经或正在演变为产销平衡区或主销区。中国粮食供大于求的地区主要可分为4大类型：东北区、黄淮海地区、长江中下游地区与蒙新区。长江中下游地区是中国水稻的重要产区，随着江苏、浙江、安徽、湖北、湖南、江西、上海等省市水稻产量大幅下降，作为重要的商品粮水稻的净调出数量正在下降。不仅如此，部分过去的粮食主产区域其优势地位正在或已经丧失。例如，在20世纪90年代以前曾经是中国南方重要的水稻优势产区的

115

杭嘉湖地区、珠江三角洲地区现在已经成为粮食主销区。[①]

粮食区域性产需缺口增大，缺粮地区增多。据测算，1998 年中国产不足需的省（区、市）只有 14 个，2002 年上升到 17 个，主要集中在经济发达地区和西部不发达地区。北京、天津、浙江、广东等粮食主销区放开粮食购销政策后，这些地区粮食播种面积大幅度减少，产需缺口由 1998 年的 2000 多万吨，扩大到 2002 年的 4000 多万吨。中国西部 12 个省（区、市）1998 粮食产需缺口只有 200 多万吨，而到 2002 年扩大到 1000 万吨以上，扩大近 5 倍。从产需缺口看，这些地区都不同程度地存在粮食不安全的隐患。

粮食库存地区分布不合理。13 个粮食主产区国家商品粮食库存占总库存的 87%，7 个粮食主销区人口占全国总人口的 16%，而商品粮库存仅占全国库存量的 1%。与国家库存一样，农户存粮的地区分布也非常集中。2003 年 3 月末，13 个粮食主产区农户存粮占全国农户存粮的 69%，人均存粮 405 公斤左右，7 个主销区农户人均存粮只有 154 公斤。西部不发达地区农户存粮水平下降，与 1998 年相比，广西、贵州、云南、青海等省农户存粮减少 40% 左右，2003 年以来，在一些贫困地区相继出现了农户缺粮情况。在粮食流通不畅的情况下，区域间粮食供求矛盾对全国粮食市场的稳定构成了潜在威胁。当粮食市场平稳时，问题不易暴露，缺粮地区甚至会减少库存，以免占压资金，从而产生虚假的粮食供求现象。一旦市场稍有风吹草动，全国粮食市场就会面临严峻挑战。20 世纪 80 年代以来粮食市场几次大的波动，首先都是由主销区粮食供求失衡引起的。粮食供需的区域结构矛盾已成为引发粮价上涨和流通体制改革发生反复的核心因素，相对于总量平衡来讲，中国区域间粮食的供求形势更加严峻。[②]

（二） 粮食安全的敏感品种为大米、小麦

粮食安全可分为口粮安全和非口粮安全。口粮安全主要表现出特殊商品的属性，而非口粮更多地表现出一般商品的属性。口粮是一种非激励的保健因素，即居民对口粮短缺会产生不满，供给过剩也会因效用基本相同而难以产生多买的冲动，其结果是"谷贱伤农"，并可能影响下一轮的口粮供应。因此，市场供给过剩也十分有害。

中国人的口粮消费类型有三种：一是大米型，即以大米为主，小麦、玉米和其他粮食品种为辅；二是小麦型，即以面粉为主，大米、玉米和其他粮食品种为辅；三是粗粮型，即以玉米和杂粮为主，大米、小麦为辅。其中粗粮型仅局限在少部分

---

① 梅方权：《中国粮食安全的战略分析》，载于《中国食物与营养》2004 年第 9 期，第 5 页。
② 孙梅君：《新的粮食安全观与新的宏观调控目标》，载于《调研世界》，2004 年第 8 期，第 4～6 页。

的贫困地区，且随着贫困地区脱贫步伐的加快，大有被大米型与小麦型替代的可能。因此中国居民的口粮消费结构主要是以稻米与小麦为主。且大米、面粉的加工与消费基本是传统方式，如面粉一般是通过制作馒头、烙饼和面条来进行消费，这种加工与消费方式并不需要面筋含量很高的小麦。多少年来，中国南方省份形成了以稻米为主的主食习惯，而北方则养成了以小麦与杂粮为主的食用习惯。这种消费习惯具有很强的刚性，其他品种的粮食无法完全对其进行替代。

1993 年是中国粮食生产获得大丰收的一年，然而就在这一年的年末却发生了粮食价格大幅度上涨的情况。造成丰收年粮食价格飞涨的原因很复杂，但粮食供求关系中品种矛盾明显突出是其中最重要的原因之一。当年粮食总产量增长的同时，稻谷的产量却比上年减少了 4.6%。在正常情况下，中国的稻谷产量一般都占粮食总产量的 42%～45%，而 1993 年这一比重却降到了 38.9%；人均占有稻谷 149.9公斤，降到了十几年来的最低点。[①] 10 年后的 2003 年，历史再度重演。稻谷产量减产幅度最大，比 2002 年减产 8%，超过小麦和玉米减幅的近 1 倍，只占粮食总产量的 37.3%；人均占有稻谷降到 124.3 公斤，再创历史新低，致使稻谷价格持续大幅上涨。因此，粮食安全在考虑口粮总量平衡的基础上，更要高度关注各主要品种之间的平衡。

在粮食消费水平低，粮食口粮尚不能保障供给的情况下，粮食安全不仅仅是一个经济问题，更重要的还是一个政治问题。如果社会总体粮食消费水平越过温饱线，粮食需求弹性随口粮的满足而增大，基本的粮食安全得到稳定保证，粮食问题就由先前突出的政治性转变为重要的经济性。在这种情况下，粮食问题对居民来讲，就主要从直接口粮消费向增加肉、蛋、奶等间接粮食消费转变。在收入较低时，居民消费结构主要以粮食的直接消费为主，当收入水平处于由低向高的发展阶段时，粮食直接消费将逐步下降，畜产品消费则会显著上升；当收入水平达到富裕阶段时，居民的直接粮食消费逐步稳定，畜产品等非直接粮食消费将进一步扩大。[②] 20 世纪 90 年代以来，随着中国城乡居民收入的快速增长，肉、蛋、奶等间接粮食消费持续增长，拉动了饲料用粮和工业用粮迅速增长，两者占全国粮食消费的比重从 1990 年的 16% 提高到 2003 年的 26%，增加了 10 个百分点。[③] 因此，粮食品种结构出现了口粮主导型的稻、麦比重下降，而饲料主导型的玉米比重上升的变化。

　　[①②]　胡学君、吴志华、韩耀和印文郁：《创新粮食安全思路》，载于《农业经济问题》2001 年第 12 期，第 19～21 页。
　　[③]　经作者计算而得，原始数据参见中国粮食经济学会，《国家粮食安全新战略研究和政策建议》，载于《粮经学会简讯》，2005 年第 1 期，第 3～4 页。

据有关专家考察，世界上大多数国家的粮食安全都是确保口粮安全，[1] 后备型储备也主要是存储口粮，而不是饲料粮。在市场经济比较发达的国家，饲料粮往往被视为普通农产品，并不予以特别关注。尤其是粮食短缺的日本、韩国，一方面不惜高昂的经济代价，重点生产国民必需的主食大米，进行充足的口粮储备，实现大米自给，确保口粮安全；另一方面，大量进口饲料粮，或直接进口畜产品，以较低的成本维护了本国粮食安全。这种充满市场经济智慧和富有政治远见的政策安排，不仅能达到粮食安全目标，而且还可节约稀缺的水土资源，保护生态环境，从而一举获得经济、社会、生态三种效益。虽然中国的大国规模效应、不稳定的国际政治关系以及有限的港口装卸储运设施，不允许极端地进口全部饲料粮，但是适当扩大饲料粮进口比重，降低饲料粮自给率，集中资源实现口粮安全的敏感产品稻谷和小麦的基本自给，可谓明智之举。

（三） 影响粮食安全的重要环节在流通

根据既往的经验观察，中国粮食安全形势一旦趋紧，一般人都容易将注意力投向粮食生产环节。多数人都认为，只要扩大粮食生产，增加粮食总供给，实现了账面上的粮食总供求平衡，也就能解除粮食安全紧张局面。支撑这种大众化观点的隐含前提是，一国粮食市场接近于古典经济学中的完善市场模型，即全国市场是反应灵敏、均质的一体化市场。只要粮食市场中的任何地区存在供求缺口，市场就会对上升的价格作出灵敏反应，该地区的供给迅速增加，市场短期内就能全部出清，从而快速实现新的均衡。然而，现实中，中国粮食市场既有一般国家信息不充分、季节性生产的时滞效应所内生的不完善，还有地域辽阔、市场不统一、装卸储运等流通能力弱的外部缺陷。因此，与粮食生产环节相比，粮食流通环节对粮食安全的瓶颈约束更加突出。

从粮食进口渠道看，港口装卸储运设施比较落后且分布不合理，影响国内粮食供求平衡关系。中国进口粮食以水运为主，要依靠沿海、沿江港口的装卸及仓储设施中转。目前沿海一些主要港口的散粮接收发放设施落后，中转能力严重不足。以2004 年为例，全国专用码头的泊位 1810 户，[2] 总吨位 134.4 万吨，平均每个泊位742 吨，泊位规模过小。从物流设施布局来看，除北京不靠海的 6 大沿海主销区是中国粮食安全的敏感区域，也是依靠水运进口粮食保持国内供求平衡的重点地区，

---

① 这是长期从事中国粮食问题研究的中国科学院农业政策研究中心黄季焜主任的初步研究结论，他们正在收集各国资料，进一步检验"世界所有国家的粮食安全都是口粮安全"这一假设。
② 截至 2006 年上半年，个别省市粮食专用泊位明显增加，例如，辽宁省粮食转运泊位增至 10 个，比2004 年多 9 个。

人口占全国的 15.6%，^①但是这些地区粮食专用的港口设施及其铁路专线严重短缺，与其消费粮食的人口比例不匹配，很难满足主销区中长期粮食进口需求。沿海主销区的天津、海南尚没有设立粮食专用码头，上海、浙江、福建和广东四省市的专用码头总吨位 13.6 万吨，占全国的 10.1%；运粮铁路专线总长度为 54 公里，只占全国的 3.9%。相反，同期作为粮食主产区的江苏省粮食专用码头的总吨位占51.5%；主产区东三省粮食铁路专线占全国的 30.9%。^②可见，目前的粮食物流设施布局是产区主导性的，主销区长期受到忽视。

从国内粮食流通看，集中、爆发式粮食运输始终对中国粮食流通秩序构成威胁。关于粮食安全所需运输能力，由于所占全社会货运量比重不大，而且国家铁路、交通主管部门又比较重视，在平时一般能够得到满足。然而，每年运输粮食 2 亿吨左右的物流状况，^③一旦在特定地区特定时间出现井喷式集中粮食运输需求，粮食流通梗阻现象就会立刻出现。1993～1994 年粮价从南方主销区迅速向北方主产区蔓延，特别是 2003～2004 年，在粮食总供求平衡的背景下，粮价依然由主销区向主产区次第蔓延，除了产不足需、社会预期涨价、不合理的粮食储备布局等因素外，一大重要制约因素就是运能不足、装卸手段落后，导致主产区的粮食无法迅速运达粮食主销区。从 20 世纪 90 年代两次粮价上涨经验可知，每当遇到国民经济快速增长，粮食和煤炭等大宗资源性产品就开始争夺紧张的运能资源，特别是铁路运输频频告急。即使在一般年景，主产区粮食产后的季节性运销高峰也同样面临铁路车皮短缺压力，这在黑龙江、吉林的玉米主产区以及河南等小麦主产区表现尤为突出。因此，长短途运能资源分布不均，粮食仓储布局失衡，表现为粮食流通环节薄弱，实质上反映了中国粮食物流业发展严重滞后。这表明全国粮食总供求平衡不等于区域平衡，国家粮库有粮不等于百姓家中有粮，平常时期粮食市场稳定不等于紧急状态粮食市场稳定。

（四）粮食安全的重点人群为低收入人口

在短缺经济时期，城乡居民收入水平不高，食品支出弹性低，而衡量居民食品支出水平的恩格尔系数却很高。如果粮食短缺，粮价大幅上涨，用于购买口粮和部分间接消耗粮食的肉、蛋、奶等食品的支出明显增加，就会降低居民生活水平，因此粮食安全的敏感人群涉及大多数居民。

---

①　6 大沿海主销区多为经济发达地区，外来人口比重高，实际常住吃粮人口比例可能达到 18% 左右。例如，浙江嘉善县的外来人口 25 万人，占该县 38 万户籍人口的 65.8%。深圳的外来常住人口是当地户籍人口的若干倍。
②　聂振邦主编：《2005 中国粮食发展报告》，经济管理出版社 2005 年版，第 110 页。
③　赵胜民：《谈谈粮食运输与粮食安全》，载于《综合运输》2002 年第 1 期，第 39～40 页。

进入 21 世纪后，随着中国城乡居民收入的不断增长，居民的恩格尔系数明显下降。从 1998 年到 2005 年，城镇居民的恩格尔系数由 44.7% 下降到 36.7%，农村居民也从 53.4% 下降到 45.5%，分别减少了 8.0 个和 7.9 个百分点。因此，目前中国城乡居民以个人收入获取粮食等食物的能力比 20 世纪末显著增强。

但是，随着中国经济的持续快速增长，贫富分化现象日益加剧，城乡居民的基尼系数已超过 0.4，接近世界最高水平。城乡居民总体恩格尔系数的下降掩盖了低收入人群的恩格尔系数依然偏高的问题。如 2003 年中国农村低收入户的恩格尔系数仍然高达 54.1%，比农村平均水平高 8.5 个百分点。2003 年低收入农户的收入只有农户平均水平的 33.0%，而 2004 年城镇低收入户的收入也只有城镇平均水平的 38.7%，据此推知当前城镇低收入户的恩格尔系数比城镇平均水平也要高出若干个百分点。可见，目前低收入人群的恩格尔系数依然偏高，对粮食短缺引发的粮价上涨非常敏感。这些低收入人群主要包括孤寡老弱病残人、下岗工人、农民工、贫困大学生等。即使市场粮食供给充裕，这些低收入人群也因购买力弱，而无法便利地获得维持身体健康必需的粮食。因此，低收入人群是中国粮食安全的最敏感群体。

三、中国粮食安全面临的挑战及发展趋势

（一）中国粮食安全面临的挑战

尽管中国近期的粮食安全仍有保障，但随着城乡居民收入和人口的不断增长，中国的粮食需求将呈刚性增长趋势。而粮食生产面临着资源、技术、贸易环境和体制等方面的诸多约束，其产量的增长却是不确定的。因此，中国今后要实现粮食供求平衡、确保粮食安全，除了面临涉粮的农业生产资料价格总体刚性上涨、农业劳动力质量下降和农业资金投入不足等影响外，还将面临以下诸多重要挑战。

1. 水资源短缺约束日益凸显

中国干旱半干旱面积占国土面积 1/2 以上。单位耕地面积和单位灌溉面积的水资源量分别只有世界平均水平的 4/5 和 1/5。目前，受旱面积已从 20 世纪 50 年代的 1.7 亿亩上升到 4 亿亩左右，成灾面积由 0.5 亿亩上升到近 2 亿亩，每年旱灾导致的粮食减产占全部灾害损失的 50% 以上。[①] 据有关文献研究，灌溉面积是影响中

[①] 农业部发展规划司等：《保护和提高粮食综合生产能力专题研究报告》，选自《恢复发展粮食生产专题调研报告汇编》，2004 年 8 月，第 206～207 页。

国粮食单产的首要因素。这意味着，水资源的利用在中国粮食生产中具有至关重要的作用。[①] 从长远看，水资源对粮食生产的制约作用完全有可能超过耕地。水资源短缺的矛盾主要表现在以下方面：

一是水资源少、分布不均。中国水资源占世界水资源总量的比重与耕地比重一样也是7%，人均水资源量为2220立方米，约为世界平均水平的1/4，是世界上13个贫水国家之一，而且时空分布极不均匀。全国81%的水资源集中在仅占全国耕地36%的长江及其以南地区，而占总耕地面积64%的淮河及其以北地区只占有19%的水资源，南涝北旱现象十分突出，水旱灾害频繁。[②] 北方地区是中国重要粮食产区，它的径流量仅占全国的6%，但它却支持着全国近40%的人口粮食需求。[③] 进入21世纪中国气候有可能由丰水期转入相对枯水期，水资源对粮食生产的制约将更为突出。因此，水资源短缺的制约力已经超过耕地上升为第一位。

二是水资源的利用率低。中国灌溉用水的使用量有4000亿立方米，有效利用率只有30%～40%，与发达国家的70%～80%相比，有很大差距。中国生产1公斤粮食要用1立方米水，而发达国家只需要0.5立方米水就够了。[④] 近几年来，耕地中有效灌溉面积一直维持在7.5亿亩～8亿亩之间，但每年有效灌溉面积中约有1亿亩得不到灌溉。农业灌溉水利用率低，仅为45%左右，灌溉水的生产效率约为0.87～1公斤/平方米。[⑤] 灌溉水的生产效率低与农业用水方式落后、农田水利设施差和用水管理薄弱密切相关。现在的农业灌溉用水多数仍沿用传统的土渠输水、大水漫灌方式；水库、渠、沟、井等农田水利设施老化失修严重，不少水利工程不配套。如河南省驻马店市的国家优质小麦基地，一些县乡村的小麦田里虽然渠系配套成网，但电网没到达田间地头，无法大面积抽水灌溉；用水管理粗放，争抢水矛盾多，跑冒滴漏现象严重。即使是水资源比较丰富的地区，也存在着因利用方式不科学而导致的浪费，加剧了水资源的稀缺程度。

2. 耕地资源数量减少、质量下降趋势凸显

在威胁中国粮食安全的资源约束中，除了位居榜首的水资源外，还有耕地资源。耕地资源的约束主要是：

（1）耕地面积不断减少。据国家统计局初步测算，中国耕地面积已从1998年的12 964.2万公顷减少到2005年的12 208.3万公顷，已缩减756万公顷（合1.13

① 李成贵、王红春：《中国的粮食安全与国际贸易》，载于《国际经济评论》2002年第5～6期，第57页。
② 孙梅君：《新的粮食安全观与新的宏观调控目标》，载于《调研世界》2004年第8期，第4页。
③ 张毅：《发挥比较优势与国家粮食安全的统一》，载于《调研世界》2003年第3期，第22页。
④ ［日］白石和良、刘启明译：《中国的粮食安全保障和粮食贸易政策》，载于《世界农业》2001年第3期，第13页。
⑤ 梅方权：《中国粮食安全的战略分析》，载于《中国食物与营养》2004年第9期，第6页。

亿亩），平均每年递减 0.85%，年均减少 110 万公顷。目前，中国人均耕地只有
1.4 亩，不到世界人均耕地面积的 1/3；全国有 14 个省（自治区）的人均耕地不
足 1 亩，有 6 个省（自治区）的人均耕地不到 0.5 亩，低于联合国粮农组织确定的
0.86 亩警戒线。①

  造成近几年来耕地面积减少的主要因素为退耕还林和非农建设用地。根据国土
资源部统计数据，中国耕地在 2000～2003 年确实出现了较大幅度的下降，下降的
最主要因素是 1999 年以来国家实施的退耕还林计划。如 2003 年减少的耕地中，退
耕还林还草面积占耕地面积减少总数的约 80%。② 当然，退耕还林退出的耕地都是
低产田，对粮食综合生产能力影响不大；相反，因保护了生态环境，减少了自然灾
害，间接地有利于粮食生产，利远大于弊。

  据国土资源部资料，1998～2002 年全国由于农业结构调整和建设用地等原因
共减少耕地面积 8848 万亩，平均每年减少 1770 万亩。1990～1999 年的 9 年间，河
南、河北、湖南等粮食主产区净增人口 738 万、454.8 万和 421.1 万人，而同期耕
地面积净减 160.9 万亩、107.8 万亩和 148.6 万亩；人均耕地面积由 1.2 亩、1.6
亩和 0.81 亩下降到 1.09 亩、1.47 亩和 0.74 亩。③

  非农建设占用耕地比例虽不高，但刚性增长势头迅猛。从国土部门资料看，每
年全国建设占用耕地还不足全国总耕地面积的 0.15%，对粮食综合生产能力影响
并不大。但是，耕地面积占而不报、占多报少，管理失控，导致粮食综合生产能力
下降。④ 2003 年初，各地人大、政协、政府换届，新班子都想有所作为，在许多地
方又兴起了一股"圈地风"。据国土资源部督察组调查，到 2003 年各地设立的开
发区多达 5524 个，占地面积达 3.51 万平方公里。其中，圈占的耕地 43% 闲置，
仅开发区一项就是 1997～2000 年间全国年均建设占用耕地的 18.8 倍。浙江省有
742 个开发区，规划面积 4000 多平方公里，相当于全省现有城市和建制镇面积的
3.6 倍。⑤ 地方政府盲目兴建各类开发区，占用大量优质耕地，粮食生产无法得到
充分保障，⑥ 构成国家粮食安全的重大隐患。

  （2）耕地质量持续下降。中国现有的耕地中，一等地占 41%、二等地占
34%、三等地占 20%；高产田占 29.7%、中产田占 30.3%、低产田占 40%。据全

---

  ① 农业部发展规划司等：《保护和提高粮食综合生产能力专题研究报告》，选自《恢复发展粮食生产专
题调研报告汇编》，2004 年 8 月，第 206 页。
  ② 黄季焜：《中国的粮食安全面临巨大的挑战吗》，载于《科技导报》2004 年第 9 期，第 18 页。
  ③ 刘俊文、贾春秀：《耕地：确保粮食安全的基础》，载于《调研世界》2004 年第 6 期，第 46 页。
  ④ 向涛、龚绍文、王道龙：《提高粮食综合生产力 促进经济社会的可持续发展——关于加强粮食安
全保障体系建设的几点建议》，载于《中国农业资源与区划》2003 年 12 月第 6 期，第 13 页。
  ⑤ 向涛、龚绍文、王道龙：《提高粮食综合生产力 促进经济社会的可持续发展——关于加强粮食安
全保障体系建设的几点建议》，载于《中国农业资源与区划》2003 年 12 月第 6 期，第 14 页。
  ⑥ 梅方权：《中国粮食安全的战略分析》，载于《中国食物与营养》2004 年第 9 期，第 5 页。

国第二次土壤普查，全国优质耕地只占 21%，土壤有机质低于 0.5% 的耕地约占 10%。现有耕地中，缺磷地占 59%，缺钾地占 23%，缺磷钾地占 10%；水土流失、盐渍化、沼泽化、沙化的耕地共计占 53%；受工业"三废"污染和酸雨侵蚀的耕地达 853.3 万公顷。[①] 全国质量相对较好、有灌溉措施的高产稳产田只占耕地总面积的 40%，另外 60% 的耕地受到干旱、坡度、洪涝、盐碱等各种限制因素的制约，质量相对较差。按照耕地的具体类型分，全国瘠薄耕地占 17.9%、缺水耕地占 17%、坡耕地占 11.1%、渍涝旱地占 4.7%、渍涝水田占 4.1%、盐碱耕地占 2.9%、风沙耕地占 2.2%，其他障碍因素耕地占 7.9%。全国的 8744.6 万公顷的中低产田主要是由这些耕地组成的，[②] 其比例偏高，占 64.58%。现有耕地每亩粮食产量在 250 公斤以下的面积占 54.1%。[③] 1984 年同 1979 年相比，全国粮食单位面积产量提高 29.6%；2002 年同 1997 年相比只提高 0.5%，而后者是在科技长足进步、科技投入大幅度增加的情况下出现的。这和耕地质量的下降有密切关系。[④] 目前，中国耕地质量状况下降主要表现在四个方面：

一是耕地养分含量下降。由于生产者自身素质的制约，中国农业耕作方式中科技含量低下，粗放式的耕作方式使得中国缺钾耕地面积已占耕地总面积的 56%，土壤有效钾平均每年以 1~7 毫克/公斤的速度在下降；约 50% 以上的耕地微量元素缺乏，70%~80% 的耕地养分不足，20%~30% 的耕地氮养分过量。由于有机肥投入不足，化肥使用不平衡，造成耕地退化，保水保肥能力下降。全国耕地有机质含量平均已经降到 1%，明显低于欧美国家 2.5%~4% 的水平，东北黑土地带土壤有机质含量由刚开垦时的 8%~10% 已降为目前的 1%~5%。2000 年西北、华北地区大面积频繁出现的沙尘暴与耕地的理化性状恶化，团粒结构破坏有很大关系。

二是土壤退化严重。中国水土流失，沙漠化和盐渍化的土地面积不断增加。水土流失面积已由 1949 年的 1.00 亿公顷扩展到目前的 3.67 亿公顷，已占中国陆地面积的 38.2%。据国家土地管理局统计，中国坡度在 25° 以上的耕地 607 万公顷，15°~25° 的坡耕地 1247 万公顷（不含修成梯田的耕地），坡度大于 15° 的耕地合计达 1854 万公顷。按水土保持科学要求，15° 以上的坡耕地的耕种容易引起水土流失，是不适宜作耕地的。事实上，中国耕地水土流失面积已达 4541 万公顷，占全

① 余振国、胡小平：《我国粮食安全与耕地的数量和质量关系研究》，载于《地理与地理信息科学》，2003 年 5 月，第 47 页。
② 张凤荣等：《中国土地资源及其可持续利用》，中国农业大学出版社 2000 年版，第 1~71 页，第 158~234 页，转引自余振国、胡小平：《我国粮食安全与耕地的数量和质量关系研究》，载于《地理与地理信息科学》，2003 年 5 月，第 47 页。
③ 梅方权：《中国粮食安全的战略分析》，载于《中国食物与营养》2004 年第 9 期，第 5 页。
④ 向涛、龚绍文、王道龙：《提高粮食综合生产力　促进经济社会的可持续发展——关于加强粮食安全保障体系建设的几点建议》，载于《中国农业资源与区划》2003 年 12 月第 6 期，第 14 页。

国耕地面积的 34.4%。[①] 每年有 100 万亩耕地毁于水土流失，1/3 的耕地受到水土流失的危害。每年流失的土壤总量达 50 多亿吨，相当于在全国的耕地上刮去 1 厘米厚的地表土，所流失的土壤养分相当于 4000 万吨标准化肥。造成土壤退化的主要原因是不合理的耕作方式和植被破坏。

三是耕地污染严重。中国耕地有 1.4 亿亩遭受不同程度的污染。农田中有机农药残留量高达 50%～60%；有机废弃物污染也呈现加剧趋势，仅农田塑料残余物的年残留量就高达 40～50 公斤/公顷。[②] 2000 年，对 30 万公顷基本农田保护区土壤有害重金属抽样监测发现，其中有 3.6 万公顷土壤重金属超标达 12.1%。环境污染事故对中国耕地资源的破坏时有发生，2000 年发生的 891 起污染事件共污染农田 4 万公顷，造成的直接经济损失达 2.2 亿元。据统计，全国 1200 条河流中，有 800 条河流受到严重污染，利用污染的水来灌溉农田，生产出来的粮食也受到污染。[③] 由于耕地污染，每年损失粮食约 500 万吨。[④]

四是占优质地、补劣质地。从地块占补来看，中国近几年非农建设占用的耕地，大多是城郊的良田和菜地，熟化程度高、产出率高。而新开发的耕地在数量上虽然可达到占补平衡，但其质量和产出率却往往相差几倍，一般 3 公顷新地才能抵得上 1 公顷熟地。[⑤] 从耕地区域调整来看，近年来开垦后备耕地所补偿的耕地主要是分布在北纬 40°～50°之间，此地区热量不够丰富，往往一年只能一熟，同时这里降水量小、干燥度高，是典型的干旱、半干旱地区。[⑥] 而耕地减少却集中在水、热条件较好的秦岭淮河以南地区，南方耕地的产量相当于北方耕地产量的 1.6倍。[⑦] 因此，耕地面积总量上的大体平衡，却是以牺牲优质耕地为代价的，耕地的粮食产出能力被明显削弱。

3. 科技服务能力减弱

既然增加粮食产量的水资源和耕地资源受到严重约束，那么依靠科技增加粮食产量就是必由之路。然而，农业进入新阶段以来，在全球技术增产边际效益递减的

---

①⑤ 余振国、胡小平：《我国粮食安全与耕地的数量和质量关系研究》，载于《地理与地理信息科学》，2003 年 5 月，第 47 页。

② 杨正礼、卫鸿：《我国粮食安全的基础在于藏粮于田》，载于《科技导报》2004 年第 9 期，第 16 页。

③ 丁声俊：《目前态势、未来趋势、粮食安全——关于我国粮食安全及其保障体系建设》，载于《粮食问题研究》2004 年第 1 期，第 17 页。

④ 刘俊文、贾春秀：《耕地：确保粮食安全的基础》，载于《调研世界》2004 年第 6 期，第 46 页。

⑥ 封志明、李香莲：《耕地与粮食安全战略：藏粮于土，提高中国土地资源的综合生产能力》，载于《地理学与国土研究》2000 年第 16 卷第 3 期，第 1～5 页，转引自余振国、胡小平：《我国粮食安全与耕地的数量与质量关系研究》，载于《地理与地理信息科学》，2003 年 5 月，第 48 页。

⑦ 徐彬彬、李德成：《保护耕地必须既重数量又重质量》，载于《土壤》1999 年第 1 期，第 8～12 页，转引自余振国、胡小平：《我国粮食安全与耕地的数量和质量关系研究》，载于《地理与地理信息科学》，2003 年 5 月，第 48 页。

状况下，支撑中国粮食增产的科技贡献能力也在走下坡路。

一是科技创新能力严重不足。主要表现为近期没有研制出可以大面积推广的重大成果。关键原因在于中国农业科技投入增长缓慢，增速低于农业支出的增长。1998~2005年，农业支出从1154.8亿元增加到2450.3亿元，年平均增长8.7%；科技三项费用从9.1亿元增加到19.9亿元，年平均增长11.6%。于是，科技投入的比重略有上升，科技三项费用占农业支出的比重，从1998年的0.79%略升到2005年的0.81%，增长了0.02个百分点。现代农业科技特别是高技术研究，对资金投入的规模要求越来越大，否则很难获得重大突破性科技成果。然而中国对农业科技投入的缓慢增速，使得农业科技投入严重短缺，甚至低于38个发展中国家的平均水平，其中新型农业投入品的研制与开发投入同样不足，技术储备远远不能满足需求，科技创新能力受到明显削弱。

从决定粮食产量的育种科技来看，自"九五"时期以来，中国取消了主要农作物广适性大面积丰产品种选育攻关计划，技术评价体系也随之弱化，其结果是适合于中低产地区的广适性丰产品种明显不足。近年来审定推广的高产、超高产作物品种多适宜在高水肥条件下种植，在中低产生产条件下不能发挥高产潜力。例如，两系超级杂交水稻"两优培九"在高产地区亩产可达700公斤，而在中低产地区大面积种植，产量水平尚低于其他丰产品种。小麦超高产品种莱州137在高产地区单产可达700公斤，却不适合在中低产地区大面积种植。高产地区小麦品种数量和类型较多，而在像河南驻马店、南阳、商丘等大多数中低产粮食主产区，适宜种植的小麦品种数量和类型偏少。[①]

二是农业技术推广能力下降。在探索农业科技推广体制的改革过程中，因各级政府对粮食等大宗农作物的技术外部性认识不足，过度强调农技推广的市场化手段，忽略了政府在外部性强的粮食等农业技术推广中应承担的公益性职能，致使许多基层农业科技推广机构"线短、网破、人散"。在此情况下，县、乡两级农技人员由1999年的125.7万人，下降到2003年的100.5万人，[②] 中央财政对推广投入也呈下降趋势。其他类型农业科技中介机构发育不成熟，在农业推广中的作用还比较小。在基层农技推广人员中，专业技术人员只占58%，每年参加短期培训的人数只占13%；在多数地方，农技人员知识更新缓慢，推广技能和综合素质较低，也抑制了农业技术的推广。

三是农民科技素质不高，技术培训与指导不到位。目前，中国农民平均受教育

① 农业部发展规划司等：《保护和提高粮食综合生产能力专题研究报告》，选自《恢复发展粮食生产专题调研报告汇编》，2004年8月，第35-36页。
② 农业部农村经济研究中心课题组：《我国农业技术推广体系调查与改革思路》，载于《中国农村经济》2005年第2期，转引自中国信息网（http://www.chinainfo.gov.cn），2005-06-12。

年限不足 7 年，全国 92% 的文盲、半文盲在农村，农村劳动力的 38.2% 是小学及以下文化程度。由于农民科技文化素质偏低，导致接受新技术的能力较差，有的农民甚至听不懂科技广播，看不懂农业部门印发的科技"明白纸"。[①] 近几年由于农村劳动力向外转移，真正务农的农民素质更低。而对农民的农业培训，因受经费限制很难开展起来。全国农技推广服务中心 2003 年组织了对近千个农户的调查，结果表明，只有 26.6% 的农户接受过灌溉技术培训，88.5% 的农户按习惯方式施肥。[②]

4. 影响粮食稳定贸易的国际政治经济不确定性因素增多

随着经济全球化的日益加深，各国之间经济的相互依存性增强，一方面有利于粮食国际贸易的环境改善；另一方面影响中国粮食进口贸易的不稳定因素增多。今后中国粮食进口贸易将面临两大因素挑战：

一是两岸形势及周边领土争端可能将对粮食进口运输构成潜在威胁。20 世纪 90 年代冷战尽管结束，但冷战思维却在一些国家的政治势力中保留下来。前苏联的解体，促使西方国家敌视社会主义意识形态的冲突焦点转向中国。随着中国经济的高速增长和综合国力的大幅度上升，国际反华势力抛出了"中国威胁论"。为了牵制中国的崛起，国际反华势力就利用台湾问题大做文章。代表台独势力的台湾民进党与国际反华势力或明或暗地相互勾结，近些年来不断在两岸关系中制造摩擦。美国制定台湾关系法，《日美安保条约》将台湾纳入其中，反映了国际势力插手台海局势之深，这对台海紧张局势起到了推波助澜作用。中国针对台独的严峻态势出台了《反分裂国家法》。从各方面分析，台海潜伏着危机。2005 年上半年，台湾在野的国民党和亲民党领导人先后访问了大陆，随后台湾部分水果零关税进入大陆市场，同时大陆还采取了其他一些优惠台湾同胞的政策，暂时缓和了两岸关系，但台湾民进党并未善罢甘休，依然千方百计阻挠两岸"三通"，继续顽固地走台独道路。历史经验表明，两岸关系总是在时好时坏中摇摆不定，暂时的两岸关系缓和，并不表明台海战争的威胁彻底消除。

近些年来中日关系日趋紧张，近期才有所缓和。2005 年上半年，中日关系紧张到白热化程度。为了争夺石油资源，日本不惜代价扼杀了中俄安大石油管道运输线的建设，在东海油田勘探开发中与我国发生争执；频频滋生钓鱼岛领土争端，小泉首相一意孤行参拜靖国神社，染指台海局势，导致中日关系日益恶化。尽管 2006 年 10 月日本新任首相安培晋三访华，暂时缓和了中日关系，但双方关于能

---

① 农业部发展规划司等：《粮食生产技术示范推广专题调研报告》，选自《恢复发展粮食生产专题调研报告汇编》，2004 年 8 月，第 44 页。
② 梅方权：《中国粮食安全的战略分析》，载于《中国食物与营养》2004 年第 9 期，第 6 页。

源、领土、台海和历史等利益冲突具有长期性、艰巨性和复杂性，中日间的大国政治经济和军事关系并不稳定。可见，中国周边局势尚存在诸多隐患。一旦台海战争爆发，或者与这些国家间的利益冲突处理不当，产生政治冲突、军事摩擦甚至局部战争，就会严重威胁中国进口粮食主要依赖的海洋运输通道。因中国台湾省和这些国家正好扼住我国大陆海洋运输线的战略要点，将对粮食进口构成重大威胁。

二是WTO多边贸易体制的软约束力难以保证中国粮食进口的可获性。在加入世界贸易组织之前，我们对多边贸易体制充满了美好的期待。希望中国加入世界贸易组织大家庭后，能够拥有一个更加公平、开放、互惠互利的国际贸易环境。然而，加入世界贸易组织后近5年的实践证明，中国面临的自由贸易环境被大打折扣，保护贸易的氛围日益浓重。不公平的非市场经济国家地位，使中国出口企业备受歧视；技术贸易壁垒花样翻新，使中国出口企业应接不暇；反倾销调查此起彼伏，使中国成为世界贸易组织成员中受反倾销损害最多、最重的国家。尤其是，2005年5月美国无视WTO禁止使用数量限制措施的规则和中国政府的抗议，对中国纺织品设置7.5%增长率的数量限制并展开特殊保障措施调查，开了一个违背WTO规则的很坏的先例；欧盟也对我国纺织品进行特殊保障措施调查。同时，美国还无视联合国的反对，以武力推翻了主权国家伊拉克的政权，公然破坏国际规则。这一系列严酷的事实教训表明：中国政府、企业和社会公众入世前对WTO规则的预期过于理想化。实际上，国际制度或国际规则不是世界法律，对主权国家缺乏强制力。多边主义的国际规则只能约束一般国家，而对霸权国家特定时期维护本国利益的行为却无能为力。在一个强权主宰的世界政治经济新秩序中，中国粮食进口面临着国际政治经济风险。一旦中国与霸权国家等一些大国发生政治、军事冲突，这些国家违背WTO规则，对我实行粮食禁运并非天方夜谭。即使不采取露骨的禁运措施，一些反华势力主导的国家，在国内联合采取提高出口关税、限制粮食出口等措施，也有历史经验可资借鉴。因此，不稳定的国际贸易环境，对中国今后大规模进口粮食构成潜在威胁。

5. 土地流转制度、粮食流通体制和行政管理体制的局限性对粮食安全构成体制性约束

中国的粮食安全要依托一系列的体制运行作保障，但中国的体制正处在转型时期，改革不到位，体制相互掣肘，使得今后粮食安全保障面临体制性约束。一是土地流转不畅影响粮食稳步增产。现行的土地流转制度尽管鼓励农民流转土地，但农民之间彻底转让土地使用权的现象还不多见。即使有转让，也主要是农户之间口头上的临时转让，随时都可能收回土地。与一般农户相比，种粮专业户的技术水平较高，投入能力较强，粮食生产比较稳定，增产潜力大。如果土地能够稳定地流入种粮大户，只要粮价不过度下跌，他们通过土地规模经营，从种粮中获得的收益相当高，这会调动种粮大户的积极性，对保障国家粮食安全十分有利。然而现行土地流转方式的随意性和不稳定性，抑制了土地向种田能手和大户集中，不利于提高粮食单产和稳定产量。据河南驻马店和东北三省的一些农民反映，当地不少转让了土地出外打工的农民，看到政府减免了农业税，还发放直接补贴，为了获得这些好处，都纷纷要回土地。然而，他们并不以种粮为主，只对粮食进行粗放的兼业经营，既降低了粮食单产，还影响了当地粮食总产的提高。

二是粮食市场的地区分割和周转储备的高度国有化降低了粮食流通效能。目前中国粮食购销体制的市场化改革已取得了实质性突破，打破了低效率的国有粮食企业垄断格局，初步形成了多种所有制混合经营的局面。但是，不同地区粮食市场的地方封锁并未彻底消除。据有关研究表明，地方封锁与统一市场相比，同等保障水平所需要的仓储能力大约为 3∶1 到 4∶1，储备费用和推陈储新经营费用的比例可能更高。因此，从长远来看，统一市场才能保证粮食安全储备制度的正常运行。从更广泛的意义上看，国内外市场的统一，换句话说，外贸与国内生产、消费的统筹，可以在相当大的程度上平衡粮食的有效供应量，减少大规模储备所要付出的代价，[①] 从而提高国家的粮食安全保障水平。

此外，尽管在粮食收购和销售领域的市场化改革比较深入，但在粮食储备领域的市场化进程尚比较滞后，占全社会粮食储备 2/3 以上的周转性粮食储备依然是国有粮库垄断。而从国际经验看，美国、加拿大、法国、德国等都不设立政府储备粮库，靠租赁私人粮仓储备政府粮食。其中加拿大无政府储备粮，澳大利亚、巴西、印度、日本、韩国等虽建有政府储备粮库，但储备量都很低。例如，以大米为主食的日本，国家储备粮主要品种为大米，基本保持在 150 万～200 万吨，人均大米储备为中国的 1/4～1/5；巴西政府的粮食交由国营企业巴西食品供应公司储存，该公司一般储存粮食超过 200 万吨，相当于年产量的 2.6%，人均储备不到中国的 1/4；2002 年印度粮食储备超过 5000 万吨，人均粮食储备也只有中国当年的 1/4。[②] 可见，中国政府控制的国有储备粮过多，占粮食储备市场的主导地位。国储粮的储运装卸也主要在国有企业内部完成，市场化程度很低，民营企业难以进入，严重制约了现代化散粮储运装卸的发展。

三是不合理的粮食行政管理体制削弱了粮食安全保障能力。中国现行的粮食管理体制，按照环节由多个部门分头管理。农业部门管粮食生产，粮食部门管收购和

---

① 钟甫宁：《稳定的政策和统一的市场对我国粮食安全的影响》，载于《中国农村经济》1995 年第 7 期，第 47 页。

② 关于各国粮食储备情况及研究人员对有关数据的计算，参见有关国家的粮食储备和人口部分，资料援引聂振邦、刘韧和马承需，《世界主要国家粮食概况》，中国物价出版社 2003 年 9 月版。

储备，发展和改革部门既管生产、价格，又管进出口贸易，还有商务、科技、水利和质检等部门也涉及粮食管理。目前存在两大突出体制障碍：第一，农田用水产权体制改革不到位。农田灌溉水利设施主要为国有或集体所有，灌水浇地大多数为无偿用水或象征性收水费，在伸入田间地头的灌溉井等小型农田水利设施的民营化改革方面进展也比较缓慢。第二，粮食市场宏观调控机制不健全。自从粮食收购市场放开后，政府掌握的粮源减少，国际市场对国内市场的影响增强，粮食市场体系尚不健全。在销区库存薄弱、用粮企业和居民存粮很少的情况下，一旦出现局部地区、个别品种市场波动，种粮农民存粮惜售，城镇居民多存一点粮，用粮企业增加采购并待价而沽，市场和价格信号就会被放大，一段时间内粮食市场和价格出现较大波动的可能性是存在的。[1] 如非典期间北京、广州粮食市场剧烈波动，以及2003年10月后粮价持续上涨期间上海市、浙江温州市等地粮食市场波动加剧就是明证。面对特殊时期、特定地区的粮食市场波动，现行多头管理的粮食体制，涉粮部门各有职责，而又不负全责，使得稳定粮食市场的宏观调控效率低下，降低了粮食安全保障水平。

（二）中国粮食安全的发展趋势

今后中国粮食供给面对诸多挑战，在粮食需求刚性增长的情况下，未来中国粮食供求将处于紧平衡运行状态，粮食安全的长期形势不容乐观。

1. 粮食供求平衡的压力将持续加大

据预测，到2010年和2020年，中国对粮食的消费需求总量分别为51 030万吨和54 640万吨，将会比2005年的粮食产量分别增加2628万吨和6238万吨，增幅分别达到5.4%和12.9%；比2005年的粮食消费量分别增加1255万吨和4865万吨，增幅分别达到2.5%和9.8%。其中，2010年和2020年的稻谷需求量分别为18 250万吨和18 600万吨，小麦分别为9770万吨和9770万吨，玉米13 970万吨和16 540万吨。口粮主导型的稻谷和小麦比重下降，饲料粮主导型的玉米比重上升。

根据1990～2005年中国粮食总产算术平均增长率0.54%的历史经验，结合未来粮食生产面临的挑战和政府支持粮食生产的不同力度，假定今后粮食总产增长率分别为0.5%、0.8%和1.0%，那么2010年中国粮食产需缺口相应为 –1405.8万吨、 –660.7万吨和 –159.0万吨，2020年分别为 –2478.0万吨、 –92.9万吨和1553.2万吨。如果2010年和2020年分别按全国粮食自给率95%和90%计算，到

---

[1] 刘良实：《做好粮食宏观调控、保证国家粮食安全》，载于《宏观经济研究》2004年第3期，第37页。

2010 年和 2020 年，需要依靠国内生产满足的粮食需求总量分别高达 48 478.5 万吨和 49 176.0 万吨，分别高于 2005 年的粮食产量 76.5 万吨和 774.0 万吨（见表 3 - 6）。可见，从中长期看，实现粮食供求平衡的压力会持续增加。

表 3 - 6　　　　　　2010 年和 2020 年中国粮食产需平衡情况　　　　　万吨

年份	需求量	0.5% 增产速度	差额	0.8% 增产速度	差额
2010 年	51 030	49 624.2	− 1405.8	50 369.3	− 660.7
2020 年	54 640	52 162.0	− 2478.0	54 547.1	− 92.9
年份	需求量	1.0% 增产速度	差额	国内生产量	与 2005 年差额
2010 年	51 030	50 871.0	− 159.0	48 478.5	− 76.5
2020 年	54 640	56 193.2	1553.2	49 176.0	− 774.0

注：2010 年自给率为 95%、2020 年自给率为 90%。

数据来源：作者计算。

今后中国粮食消费需求的增长，主要表现为饲料粮的增长，城乡居民对口粮的消费需求则呈不断减少的趋势。同时，因城镇人口规模的扩大和农业结构调整、农业专业化的发展，中国对粮食的商品性消费需求仍将进一步增加。在考虑粮食安全问题时，对于口粮和饲料粮、对于商品粮和农民自给粮不可等同视之。因为猪、鸡等畜禽的粮食安全不可与人的粮食安全同日而语，多数农民会自行解决其口粮供给问题，无须国家多虑。中国未来粮食安全问题将以口粮安全为主，兼顾饲料粮；主要考虑商品粮的供给安全。因此，到 2010 年、2020 年，中国的粮食安全压力会不断增大，但并不像粮食消费需求的扩张那么大。

2. 主要粮食品种的安全压力存在差别

（1）稻谷将演变为粮食供求平衡最复杂的品种。一是稻谷往往扮演中国粮食供求失衡的先导性和敏感性品种角色。在全国粮食品种平衡中，稻谷的难度相对最大、商品率居中，产量的增减对市场供求和价格的放大效应最强。2005 年稻谷、小麦和玉米的商品率分别为 50.7%、47.3% 和 69.7%。[①] 稻谷或大米的安全储藏期最短，一般仅为 2 年，而玉米和小麦分别为 3 年和 4 年。从历史经验看，稻谷单产的波动系数也最低，1978 ～ 2005 年，中国三种粮食、稻谷、小麦和玉米单产的波

---

① 国家发改委价格司：《全国农产品成本收益资料汇编（2006）》，中国统计出版社 2006 年 8 月版，第 12 页、47 页、54 页。

动系数分别为 15.2%、11.1%、21.4% 和 16.9%。① 因此，相对于其他主要粮食品种，稻谷通过储备和年度产量的丰歉来调节供求平衡的作用较弱。

二是粮食主销区、尤其东南沿海地区往往是影响粮食安全的先导性和敏感性地区。部分粮食主销区的省，一方面在中国稻谷生产中仍然占有重要地位；另一方面在稻谷消费、特别是稻谷商品性消费中的地位也将进一步凸显。粮食主销区工业化、城镇化比较发达，外来人口和劳动力相对密集。随着外来人口规模的扩大，这些地区对稻谷作为口粮的消费需求将会进一步增加。

三是今后主要依靠自力更生实现稻谷供求平衡的制约因素仍将日趋突出。第一，依靠播种面积的扩张，实现稻谷稳产高产的回旋余地已经越来越小。随着中国粮食消费需求总量的持续增长，稻谷同小麦、玉米乃至其他粮食品种争地、争水的矛盾将会愈演愈烈，由此会制约稻谷播种面积的扩大。在中国不同类型的稻谷主产区，依靠播种面积的扩大来实现稻谷增产的空间已经越来越小。在 1983～2005 年的 22 年间，南方十四省稻谷生产的比重逐步降低，而东北三省在稻谷生产中的比重则不断提高。南方十四省稻谷产量占全国的比重从 92.6% 下降到 84%，而东北三省的比重却从 3.2% 上升到 11.1%。可见，东北稻米产区对南方稻米产区部分生产能力替代趋势逐渐加强。但是，近年来东北盲目扩大水稻种植，不仅加剧了水资源的短缺，还产生了日益严重的生态危机。今后东北三省继续扩大水稻种植面积，将会面临日趋严重的生态问题。南方十四省大部分地区工业化、城镇化推进比较快，会始终形成扩大非农占地的强大压力；而且占用的耕地大多属于水土条件比较好、稻谷生产能力比较强的耕地。因此，稻谷产量举足轻重的南方十四省工业化、城镇化的加快推进，对于稳定稻谷播种面积有明显的负面影响。

第二，稻谷的增产甚至稳产更加依靠单产水平的提高，而稻谷单产水平的提高将会面临科技进步和农业基础设施支撑能力的严重制约。随着城乡居民收入和消费水平的持续提高，中国对稻谷优质化需求的增长将快于玉米。今后因粳米相对于籼米口感较好，受消费结构升级过程中示范效应影响，中国粳米的消费群体将会进一步扩大，稻谷消费中"以粳代籼"的倾向会进一步发展。目前，中国不仅东北、华北、京津沪、江浙大部分地区以粳米为主食，就连中南、华南等地的大城市也出现了这种趋向。甚至在传统的以籼米为主食的南方地区，随着农民市民化和外来人口的增加，"以粳代籼"的趋势也会进一步强化。因此，稻谷质量提升的趋势会制约稻谷单产水平的提高，甚至会在一定时期导致稻谷粮食单产水平的下降。

四是中国稻谷的消费需求只能更多地依靠自力更生解决，利用国际市场调节国

---

① 作者计算，原始数据参见国家发改委价格司，《全国农产品成本收益资料汇编（2006）》，中国统计出版社 2006 年版；国家发改委价格司，《建国以来全国主要农产品成本收益资料汇编》（上册），中国物价出版社 2003 年版。

内供求平衡的空间较小。一方面，受膳食习惯和消费水平的影响，今后稻谷在中国居民消费中的重要性，是其他粮食品种难以替代的；另一方面，相对于小麦、玉米和大豆，由于大米的国际贸易量较小，稻谷在国际市场上的可获性较差，进口替代作用最弱，利用国际市场调节国内稻米供求平衡的回旋余地最小。每年国际稻米的贸易量不到其生产量的6%，而小麦是18%，大豆是25%、玉米是13%。根据美国农业部的预测，2004年全球大米贸易量2441万吨，要购进数百万吨大米，就会对国际市场产生较严重的影响。因此，如果中国今后从国际市场上大规模进口稻谷，由此产生的影响将远远超出其他粮食品种。

（2）小麦品质平衡矛盾日渐突出，跨区域运输压力比较低。在今后5～15年内，中国小麦的用途和消费需求的变化趋势基本等同于稻谷。因此，小麦供求的变化趋势也基本类似于水稻。但也存在差别：一是小麦供求中的品质矛盾将比稻谷更突出。即使在河南这样的小麦大省，当普通小麦严重过剩时，优质、专用小麦不足的问题仍然比较突出。因此，中国优质、专用小麦依靠进口，一般小麦依靠出口的格局，短期内难有大的改变。二是中国小麦的跨区域运输将比稻谷少。小麦的分布极为广泛，全国各省区都有种植，中国小麦生产虽主要集中于黄淮海平原和长江中下游地区，但与水稻相比，小麦生产的集中度要低得多。长期以来，国内生产的小麦在南北方之间虽有流动，但数量较少，且南北方的小麦供求缺口主要依靠进口解决，这种趋势仍有可能继续下去。因此，相对于稻谷而言，小麦跨区域远距离运输压力较小。

（3）玉米供求平衡的压力将呈波浪形上升趋势。据预测，2010年和2020年与2005年相比，中国的玉米需求量将会分别增加1280万吨和3850万吨，分别占2010年和2020年粮食消费需求增量的102.0%和79.1%。[①] 因此，尽管自1985年以来除1995年、1996年两年外，中国在绝大多数年份玉米都呈净出口格局，而且2002年、2003年连续两年的玉米净出口量都超过1000万吨。但是，根据我们的预测，到2020年，玉米将会成为中国粮食进口的主体。

中国玉米播种面积和总产在世界上仅次于美国，产量约占世界总产的1/5。中国玉米的主产区和主销区都比较集中，余缺地区之间相距较远，几乎横跨整个中国。一方面，玉米生产呈明显的偏北布局；另一方面，玉米消费呈明显的偏南分布。因此，北方玉米的库存积压严重和南方玉米的较大消费缺口往往并存发生，以至于玉米不仅是"北粮南运"的主要品种，也是"北出南进"的重点对象。20世纪90年代末期，在"北粮南运"的粮食中，玉米的比重就已经达到70%。

在许多发达的玉米生产国，玉米已不再是一个单纯的粮食品种，已经逐渐形成

---

① 2010年比2005年的粮食需求增加1255万吨，其中，稻谷和小麦需求均减少，而玉米需求增加1280万吨，故玉米需求增量超过100%。

了一个独立的产业链条，其研发育种、生产、加工、储运、营销等诸环节已成为一体化的产业体系。相比之下，中国玉米及其加工品品种单一，转化率和转化层次都比较低，转化设备陈旧落后、附加值小的问题更为突出。因此，中国玉米产业化、特别是玉米加工业的发展状况，同中国作为玉米生产和消费大国，同玉米主产区农民增收的迫切要求相比，是严重不对称的。相对于稻谷和小麦，中国玉米加工业今后上规模、上等级、上水平的要求更为迫切。[①]

总之，中国粮食安全面临水资源、耕地、科技创新、外贸环境和体制约束的诸多挑战，致使粮食安全长期处于紧平衡状态。

参考文献

［1］丁声俊：《目前态势、未来趋势、粮食安全——关于我国粮食安全及其保障体系建设》，载于《粮食问题研究》2004 年第 1 期。

［2］农业部种植业管理司：《国家粮食安全及粮食主产区建设研究报告》，2003 年 10 月。

［3］聂振邦：《2004 年中国粮食发展报告》，经济管理出版社。

［4］聂振邦：《2005 年中国粮食发展报告》，经济管理出版社。

［5］朱泽：《中国粮食安全状况的实证研究》，载于《调研世界》1997 年第 3 期。

［6］梅方权：《中国粮食安全的战略分析》，载于《中国食物与营养》2004 年第 9 期。

［7］郑有贵、曹甲伟和李成贵：《解决我国粮食安全问题的空间与贸易战略》，载于《中国农业信息》2003 年第 1 期。

［8］赵胜民：《谈谈粮食运输与粮食安全》，载于《综合运输》2002 年第 1 期。

［9］农业部发展规划司：《保护和提高粮食综合生产能力专题研究报告》，载于《恢复发展粮食生产专题调研报告汇编》，2004 年 8 月。

［10］李成贵、王红春：《中国的粮食安全与国际贸易》，载于《国际经济评论》2002 年第 5～6 期。

［11］张毅：《发挥比较优势与国家粮食安全的统一》，载于《调研世界》2003 年第 3 期。

［12］［日］白石和良，刘启明译：《中国的粮食安全保障和粮食贸易政策》，载于《世界农业》2001 年第 3 期。

［13］黄季焜：《中国的粮食安全面临巨大的挑战吗》，载于《科技导报》2004 年第 9 期。

［14］刘俊文、贾春秀：《耕地：确保粮食安全的基础》，载于《调研世界》2004 年第 6 期。

［15］向涛、龚绍文、王道龙：《提高粮食综合生产力 促进经济社会的可持续发展——关于加强粮食安全保障体系建设的几点建议》，载于《中国农业资源与区划》2003 年 12 月第 6 期。

［16］余振国、胡小平：《我国粮食安全与耕地的数量和质量关系研究》，载于《地理与地理信息科学》，2003 年 5 月。

［17］张凤荣等：《中国土地资源及其可持续利用》，中国农业大学出版社 2000 年版，第 1～71 页。

---

① 姜长云：《我国主要粮食品种的供求趋势及开发银行的对策》，载于《内部研究报告》，2005 年。

［18］杨正礼、卫鸿：《我国粮食安全的基础在于藏粮于田》，载于《科技导报》2004 年第 9 期。

［19］封志明、李香莲：《耕地与粮食安全战略：藏粮于土，提高中国土地资源的综合生产能力》，载于《地理学与国土研究》2000 年第 16 卷第 3 期。

［20］徐彬彬、李德成：《保护耕地必须既重数量又重质量》，载于《土壤》1999 年第 1 期。

［21］钟甫宁：《稳定的政策和统一的市场对我国粮食安全的影响》，载于《中国农村经济》1995 年第 7 期。

［22］聂振邦、刘韧和马承霈：《世界主要国家粮食概况》，中国物价出版社 2003 年版。

［23］刘良实：《做好粮食宏观调控、保证国家粮食安全》，载于《宏观经济研究》2004 年第 3 期。

［24］姜长云：《我国主要粮食品种的供求趋势及开发银行的对策》，国家开发银行内部研究报告，2005 年。

第四章

中国主要粮食品种综合生产
能力建设研究

内容提要 本章分析了中国稻谷、小麦、玉米等主要粮食品种在粮食综合生产能力和粮食总供求中的相对地位；通过回顾改革开放以来中国历次粮食供求失衡的状况，主要从品种视角，得出促进中国粮食供求平衡和粮食综合生产能力建设的若干启示；分析了中国粮食及其主要品种消费需求的变化趋势。在此基础上，提出了主要粮食品种综合生产能力建设的政策定位，即稳定数量、重视质量，高度警惕稻谷综合生产能力的下降；统筹兼顾，质量优先，适度加强小麦综合生产能力建设；数量优先、统筹兼顾，显著加强玉米的综合生产能力建设。

自 20 世纪 80 年代中期以来，在中国粮食总产中，水稻、小麦和玉米产量合计所占的比重高达 80% ~87%。这三大主要粮食品种的综合生产能力建设，对整个粮食综合生产能力建设和粮食安全问题，具有决定性的影响。鉴于这一点，本章将就中国水稻、小麦和玉米等主要粮食品种的综合生产能力建设进行专门探讨，在此基础上提出相关对策和政策建议。

一、主要粮食品种在粮食综合生产能力和
粮食总供求中的相对地位

一般而言，研究不同粮食品种综合生产能力在全国粮食综合生产能力和粮食总供求中的相对地位，可从数量和质量两个方面进行考察。今后，随着城乡居民收入和消费水平的提高，从质量方面进行考察的重要性将会日趋提高。但是，鉴于质量方面的影响难以准确度量，在此着重从数量方面进行考察，而将质量方面的研究留

待后文进一步分析。

（一）主要粮食品种在全国粮食总产量中的相对地位

从 20 世纪 80 年代中期开始，到 90 年代中后期，中国粮食及其主要品种的产量，呈现在波动中不断增长的态势；90 年代中后期达到历史最高水平，其后又呈现下降的趋势；在此基础上，2004 年以来又开始呈现恢复性增长的局面。粮食总产量 1998 年达到历史最高水平，稻谷和小麦产量分别于 1997 年达到历史最高水平，玉米产量继 1998 年达到当时的历史最高水平后，经过几年的下降和徘徊，到 2005 年又再创新高。到 2003 年，虽然玉米产量比 20 世纪 70 年代末期增加了 1 倍多，但是，水稻和小麦的产量均低于 20 世纪 80 年代中期，分别居于 1982 年以来的历史最低水平、1984 年以来的历史次低水平（详见图 4-1 和表 4-1）。

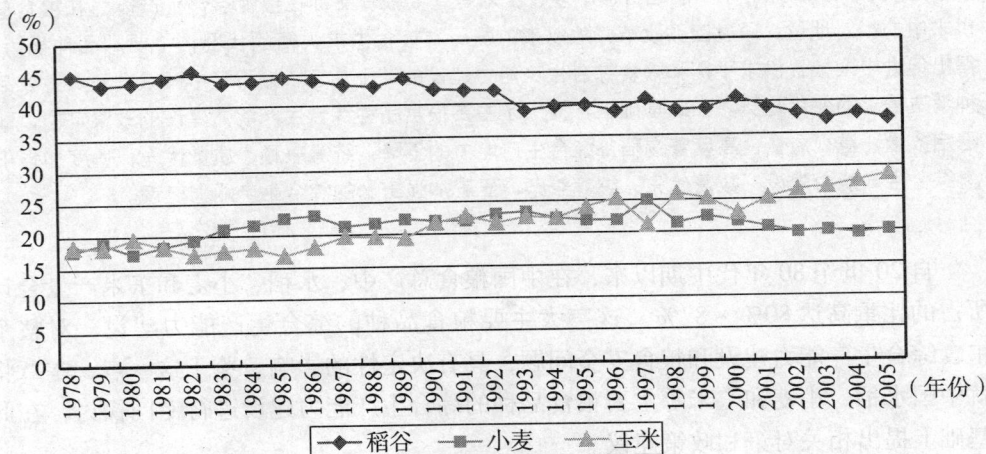

图 4-1　1978 年以来我国主要粮食品种产量占粮食总产量比重的变化

表 4-1　　　　主要粮食品种的产量及其在粮食产量中相对地位的变化

年份	产量（万吨）				占粮食总产量的比重（%）			
	粮食	稻谷	小麦	玉米	粮食	稻谷	小麦	玉米
1978	30 477	13 694	5384	5595	100	44.93	17.67	18.36
1979	33 212	14 375	6273	6003	100	43.28	18.89	18.07
1980	32 056	13 991	5521	6260	100	43.65	17.22	19.53
1981	32 502	14 396	5964	5921	100	44.29	18.35	18.22
1982	35 450	16 160	6847	6056	100	45.56	19.31	17.08
1983	38 728	16 887	8139	6821	100	43.60	21.02	17.61

年份	产量（万吨）				占粮食总产量的比重（%）			
	粮食	稻谷	小麦	玉米	粮食	稻谷	小麦	玉米
1984	40 731	17 826	8782	7341	100	43.77	21.56	18.02
1985	37 911	16 857	8581	6383	100	44.46	22.63	16.84
1986	39 151	17 222	9004	7086	100	43.99	23.00	18.10
1987	40 298	17 426	8590	7924	100	43.24	21.32	19.66
1988	39 408	16 911	8543	7735	100	42.91	21.68	19.63
1989	40 755	18 013	9081	7893	100	44.20	22.28	19.37
1990	44 624	18 933	9823	9682	100	42.43	22.01	21.70
1991	43 529	18 381	9595	9877	100	42.23	22.04	22.69
1992	44 266	18 622	10 159	9538	100	42.07	22.95	21.55
1993	45 649	17 770	10 639	10 270	100	38.93	23.31	22.50
1994	44 510	17 593	9930	9928	100	39.53	22.31	22.31
1995	46 662	18 523	10 221	11 199	100	39.70	21.90	24.00
1996	50 454	19 510	11 057	12 747	100	38.67	21.92	25.26
1997	49 417	20 073	12 329	10 431	100	40.62	24.95	21.11
1998	51 230	19 871	10 973	13 295	100	38.79	21.42	25.95
1999	50 839	19 849	11 388	12 809	100	39.04	22.40	25.20
2000	46 218	18 791	9964	10 600	100	40.66	21.56	22.93
2001	45 264	17 758	9387	11 409	100	39.23	20.74	25.21
2002	45 706	17 454	9029	12 131	100	38.19	19.75	26.54
2003	43 070	16 066	8649	11 583	100	37.30	20.08	26.89
2004	46 947	17 909	9195	13 029	100	38.15	19.59	27.75
2005	48 402	18 059	9745	13 937	100	37.31	20.13	28.79

数据来源：本章所有图表除特别注明外，均根据聂振邦主编《2004·中国粮食发展报告》和农业部编《中国农业发展报告·2006》相关数据整理。本章中产量数据不保留小数，人均产量和百分比数据均保留两位小数。

　　与此同时，四大主要粮食品种在粮食总产量中的相对地位，也发生了明显变化。从图4-1和表4-1可见，在全国粮食总产量中，稻谷的相对地位下降显著，小麦的相对地位呈现徘徊略降的态势，玉米的相对地位在波动中显著上升。按照不同品种产量占粮食总产量的比重进行排序，1991年前三大主要粮食品种分别是稻谷、小麦和玉米，此后逐步调整为稻谷、玉米和小麦。在全国粮食总产量中，1978～2005年，稻谷的比重已由接近45%下降到略超过37%；小麦的比重在一段时间的波动中提高后，已经缓慢下降到20%上下；玉米的比重在波动中逐步提高，2005年已达28.8%。

（二）主要粮食品种在全国粮食综合生产能力中的相对地位

所谓粮食综合生产能力，概括地说，就是一个国家或地区在一定时期内，由当时的资源状况和经济、技术条件所决定的，各种生产要素综合投入所形成的，可以相对稳定地实现一定产量的粮食产出能力。它主要包括资源保障、物质保障、科技支撑、抗御风险和政策支持等方面的能力。[1] 根据本课题组的测算（具体方法详见第一章），稻谷、小麦、玉米等主要粮食品种的综合生产能力及其在全国粮食综合生产能力中的相对地位如表 4 - 2。从表 4 - 2 可见，近年来，在整个粮食综合生产能力中，稻谷、小麦和玉米的综合生产能力分别约占 38%、20% 和 28%。

表 4 - 2　　　　　　　2004 年中国主要粮食品种综合生产能力及其
在粮食总生产能力中的相对地位

粮食综合生产能力（万吨）				占整个粮食综合生产能力的比重（%）			
粮食	其中			粮食	其中		
	稻谷	小麦	玉米		稻谷	小麦	玉米
46 947	17 909	9195	13 029	100	38. 15	19. 59	27. 75

数据来源：根据国家发改委产业所蓝海涛计算。

（三）主要粮食品种在全国粮食总消费中的相对地位

由于数据来源不同，有关中国粮食消费，特别是分品种消费的数据往往存在较大差异。这种差异有时甚至会对判断主要粮食品种在全国粮食消费中的相对地位，产生显著影响。因此，本章在分析各主要粮食品种在全国粮食消费中的相对地位时，优先考虑数据来源的权威性和可靠性，以国家粮食局聂振邦局长主编的 2004 年和 2005 年《中国粮食发展报告》为主要参考依据。从表 4 - 3 和表 4 - 4 可见，近年来，在中国粮食消费总量中，稻谷的比重略低于 40%，小麦的比重稍高于 20%，玉米的比重约占 23.5%。稻谷和小麦在粮食消费中的相对地位，稍高于在粮食产量中的相对地位；玉米在粮食消费中的相对地位，稍低于在粮食产量中的相对地位。

---

[1] 农业部课题组：《加强我国粮食综合生产能力研究》，载于《新世纪农村发展战略研究》，农业出版社 2005 年版。

表4-3　　　　　　　　　　2003年中国粮食分品种消费量

消费用途		消费量（万吨）				占粮食消费总量的比重（%）			
		粮食	稻谷	小麦	玉米	粮食	稻谷	小麦	玉米
总量		48 625	19 205	11 425	11 410	100	39.50	23.50	23.47
其中	口粮	26 885	15 810	8510	1300	100	58.81	31.65	4.84
	饲料用粮	14 625	2165	1025	8225	100	14.80	7.01	56.24
	工业用粮	5410	1020	1440	1745	100	18.85	26.62	32.26
	种子用粮	1080	210	450	140	100	19.44	41.67	12.96

表4-4　　　　　　　　　　2004年中国粮食分品种消费量

消费用途		消费量（万吨）				占粮食消费总量的比重（%）			
		粮食	稻谷	小麦	玉米	粮食	稻谷	小麦	玉米
总量		49 090	18 925	10 230	11 565	100	38.55	20.84	23.56
其中	口粮	26 600	15 800	7875	1210	100	59.40	29.61	4.55
	饲料用粮	15 500	1930	880	8185	100	12.45	5.68	52.81
	工业用粮	5330	975	1010	2010	100	18.29	18.95	37.71
	种子用粮	1150	220	465	160	100	19.13	40.43	13.91
附：当年产量		46 947	17 909	9195	13 029				

（四）主要粮食品种供求平衡的现状

影响各年粮食供求平衡的因素，除粮食产量和进出口量以外，还包括粮食库存量。但是，在中国，粮食库存属于机密数据，无法据此全面观察各年的粮食供求平衡状况。当然，从各年粮食净进口量的动态变化，仍可发现主要粮食品种供求平衡状况的演变趋势。自20世纪90年代以来，在绝大多数年份，中国的稻谷（大米）基本上是供给平衡有余的；即便是产不足需的年份，通过减少库存也能实现供求平衡，并有所出口；小麦已由依靠部分进口实现供求平衡，转为最近几年来依靠库存减少，就能实现供求平衡并略有出口；[1] 同时依靠部分优质、专用小麦的进口，来弥补国产小麦在总体品质方面的相对欠缺。玉米的供给显著大于需求，并有所出口。

---

① 由于2003年及其以前连续5年的粮食减产及2003年底的粮价恢复性上涨，从2004年开始，相关部门加大了对粮食市场的调控力度，包括扩大粮食进口。因此，2004年和2005年的情况有些例外。

表4－5　　　　　　　　近年来中国主要粮食品种的净进口量及其变化　　　　　　万吨

年份	大米			小麦			玉米		
	进口量	出口量	净出口量	进口量	出口量	净出口量	进口量	出口量	净出口量
1995	164.5	5.7	-158.8	1162.7	22.5	-1140.2	526.4	11.5	-514.9
1996	77.4	27.7	-49.7	829.9	56.5	-773.4	44.7	23.8	-20.9
1997	35.9	95.2	59.3	192.2	45.8	-146.4	0.3	667.1	666.8
1998	26.0	375.6	349.6	154.8	27.5	-127.3	25.2	469.2	444.0
1999	19.1	271.7	252.6	50.5	16.4	-34.1	7.9	433.3	425.4
2000	24.9	296.2	271.3	91.9	18.8	-73.1	0.3	1047.9	1047.6
2001	29.3	187.0	157.7	73.9	71.3	-2.6	3.9	600.0	596.1
2002	23.8	199.0	175.2	63.2	97.7	34.5	0.8	1167.5	1166.7
2003	25.9	261.7	235.8	44.7	251.4	206.7	0.1	1639.1	1639.0
2004	76.6	90.9	14.3	725.8	108.9	-616.9	0.2	232.4	232.2
2005	52.2	68.6	16.4	353.8	60.5	-293.3	0.4	864.2	863.8

注：鉴于相对于产量，主要粮食品种的进出口规模大多比较小，故本表保留一位小数。

二、改革开放以来中国历次粮食供求严重失衡的回顾与启示：以品种视角为重点的考察

鉴于粮食综合生产能力并非多多益善，增强粮食综合生产能力只有在实现粮食供求平衡的框架下才有实质意义，本章对主要粮食品种综合生产能力的研究，将以实现主要粮食品种供求平衡的需求为参照系。因此，本部分将重点基于品种视角，通过对改革开放以来中国历次粮食供求失衡的回顾，探讨其对促进粮食供求平衡和提高主要品种粮食综合生产能力的启示；下一部分将重点分析中长期内中国粮食及其主要品种消费需求的变化趋势。鉴于2004年、2005年中央政府对粮食市场的调控力度和对粮食生产的政策支持力度明显加大，本部分对历次粮食供求失衡的回顾仅到2003年为止。

（一）改革开放以来中国几次重大粮食供求失衡的回顾

改革开放以来，中国经历了几次比较重大的粮食供求失衡，供求失衡的方向也几经反复。这些比较重大的粮食供求失衡，大多是多因素综合作用的结果。但是，品种性、区域性的粮食供求结构失衡，越来越成为粮食供求失衡的主要特征。

——1982～1984年，中国出现了新中国成立以来首次出现的农民"卖粮难"

问题，国家对粮食购不起、销不动、存不下、调不动。这次农民"卖粮难"，主要表现为早籼稻卖难，且集中在南方早籼稻主产区。[①] 到1984年，人均稻谷产量达到了迄今为止的历史最高水平，人均小麦和玉米产量也达到了当时的历史最高水平。但在当时的统购统销体制下，国家的粮食收购价格并不随市场供求关系的短期变化而有所波动；相反，国家大幅度提高粮食收购价格，成为这一时期激发粮食增产的重要原因之一。这一时期粮食产量变化的基本背景是：粮食及其主要品种稻谷、小麦和玉米连年全面增产，人均粮食及其主要品种的产量达到20世纪90年代中期以前的历史最高水平（392.11公斤）。与1981年相比，1984年粮食增产25.3%，增加量达8228.5万吨；其中稻谷、小麦和玉米分别增加23.8%、47.2%和24.0%。

——1985～1988年，国家对粮食收购难、市场粮食供应转紧、粮食市场价高于合同价。这种现象最先出现在主销区特别是南方局部地区，并迅速波及到主产区，蔓延到全国。这一时期粮食产量变化的基本背景是：1985年比较严重的自然灾害，导致粮食大幅度减产，其后又出现了连续3年的粮食产量徘徊，稻谷减产和产量徘徊尤其突出。与上年相比，1985年粮食减产6.9%，其中稻谷、小麦和玉米分别减产5.4%、2.3%和13.0%。1986年和1987年，全国粮食产量虽然出现了恢复性增长；但到1988年，全国粮食总产分别较上年和1984年减少2.6%和3.2%。与1984年相比，1985～1988年4年间，全国年均人口总数增加了3.3%，但水稻、小麦和玉米的平均年产量却分别减少了4.0%、0.6%和0.6%。到1988年，全国粮食的人均占有量为359.5公斤，远远低于1984年的水平，为1983～1988年间之最低（见表4-6和图4-2）。同年，全国人均稻谷产量仅略高于1981年，为1982～1988年间之最低；人均小麦产量仅略高于1982年，为1983～1988年间最低；人均玉米产量接近1984年的水平。

表4-6	1978年以来中国人均粮食产量的变动			公斤/人
年份	粮食	稻谷	小麦	玉米
1978	316.61	142.26	55.93	58.12
1979	340.48	147.37	64.31	61.55
1980	324.76	141.74	55.93	63.42
1981	324.79	143.85	59.60	59.16
1982	348.95	159.07	67.40	59.61
1983	376.86	164.32	79.20	66.37
1984	392.11	171.60	84.54	70.67

---

① 刘振伟：《我国粮食安全的几个问题》，载于《农业经济问题》，第12期。

年份	粮食	稻谷	小麦	玉米
1985	360.90	160.47	81.68	60.76
1986	367.52	161.69	84.52	66.51
1987	374.50	161.39	81.21	73.86
1988	359.52	154.28	77.94	70.57
1989	366.53	162.00	81.67	70.98
1990	390.30	165.60	85.92	84.68
1991	375.83	158.70	82.84	85.28
1992	377.79	158.93	86.70	81.40
1993	385.17	149.78	89.77	86.66
1994	371.38	146.79	82.85	82.83
1995	385.25	152.93	84.38	92.46
1996	412.24	159.41	90.34	104.15
1997	399.73	162.37	99.73	84.37
1998	410.63	159.27	87.95	106.57
1999	404.17	157.80	90.53	101.83
2000	364.66	148.26	78.61	83.63
2001	354.66	139.14	73.55	89.39
2002	355.82	135.88	70.29	94.44
2003	333.29	124.32	66.93	89.63

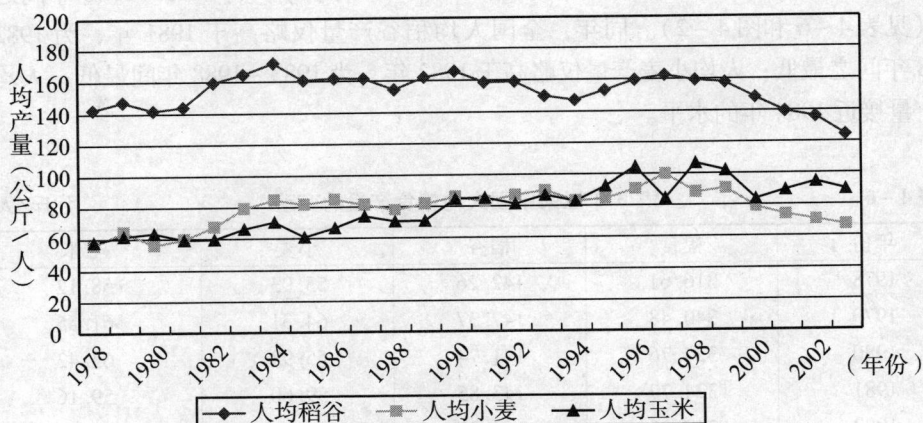

图 4-2 1978 年以来我国粮食及其主要品种人均产量的变化

——1990 年 3 月~1993 年 6 月，农民卖粮难、国家收储调销难、粮价下跌，南方早籼稻产区的卖难现象尤其严重。这一时期粮食产量变化的基本背景是：1989

年的粮食产量较上年恢复性增长 3.4%，略高于 1984 年；在此基础上，1990 年、1993 年的粮食产量两度改写历史最高纪录。1990 年的粮食产量较上年增长 9.5%，1993 年的粮食产量又较 1990 年增长 2.3%，达 45 649 万吨。1990 年、1993 年的人均粮食产量分别达到 1995 年前的历史次高水平（390.30 公斤）和历史第三高水平（385.17 公斤）。粮食连年增产，导致粮食库存尤其是品质较差的早籼稻大量积压滞销。1992 年底，湖南、江西等几个早稻主产省的大米库存达 2100 万吨，其中 70% 是城乡居民都不爱吃的早籼稻。[①]

——1993 年 11 月～1995 年 7 月，粮食供应紧张，市场粮价迅速上涨，成为当时推动全国性通货膨胀的重要原因。这一时期粮食产量变化的基本背景是：1993 年，全国粮食总产量达到当时的历史最高水平，全社会存粮约 5 亿吨，超过粮食的年度消费量；但到 1994 年，稻谷已是连续 3 年减产，尤其是 1993 年减幅过大（较上年减产 4.6%），使稻谷产量降到 1989～1993 年间的最低水平，甚至还低于 1984 年。因此，该年稻谷在粮食总产中的比重，比 1978～1993 年间的最低水平还低 3 个多百分点；稻谷的人均占有量降到 1982～1993 年间的最低点，由此导致稻谷的供求矛盾突然尖锐起来。在此期间，稻谷大幅度减产引发的大米价格上涨，最先发生在浙江、福建、广东、广西、四川等南方省区，此后迅速带动玉米和小麦价格的全面上涨；并自主销区从南向北扩散到主产区，形成全国性的粮价猛涨。[②] 客观地说，1993 年和 1994 年两年，全国大米净出口量的显著增加，[③] 对于这一时期粮食供应的紧张化和粮食价格上涨，也起到了推波助澜的作用。

——1996 年下半年～2003 年 8 月，一方面，农民卖粮难、粮食调销难、粮价下跌并长期低迷；另一方面，这种现象出现的范围大、品种多、持续时间长，且日益严重；东北的玉米卖难问题最为突出，也最早发生；南方早籼稻的卖难问题也出现较早，且比较严重。这一时期粮食产量变化的基本背景是：1995 年，粮食及其中的小麦、玉米产量达到当时的历史最高水平，与此同时，一方面，稻谷产量出现了恢复性增长的势头，全国人均稻谷产量较上年增长 4.2%；另一方面，当年实现了自 20 世纪 80 年代中期以来的首次大米净进口，其规模达到 158.8 万吨。这对于缓解粮食特别是稻谷供求的紧张状况，发挥了重要作用。1996 年，全国粮食产量跨越 50 000 万吨大关，全国粮食产量及人均粮食产量分别达到迄今为止的历史次高水平和历史最高水平；此后，在到 1999 年长达 4 年的时间内，全国粮食产量一

[①] 中国社会科学院农村发展研究所等，《1992 年中国农村经济发展年度报告兼析 1993 年发展趋势》，第 8 页。

[②] 陈锡文：《当前中国的粮食供求与价格问题》，载于《中国农村经济》1995 年第 1 期；农村年度分析课题组，《1994 年中国农村经济发展年度报告兼析 1995 年发展趋势》，中国社会科学出版社 1995 年版。

[③] 1993 年、1994 年全国大米净出口量分别达到 134.5 万吨和 102.7 万吨，年均 118.6 万吨，比 1988～1991 年 4 年间的平均水平增加了 2 倍多。

直维持在 50 000 万吨上下，全国人均小麦和玉米产量显著高于此前的历史最高水平，全国人均水稻产量也显著高于 1993～1995 年的水平。

这一时期，在粮食连年增产的同时，全社会的粮食库存规模迅速扩大。但在 1999 年粮食小幅减产的基础上，从 2000 年开始出现了连续 4 年的粮食大幅度减产（其中 2002 年小幅增产）。特别是 2000 年、2003 年两度出现了稻谷、小麦和玉米全面减产的格局，这种现象尤以稻谷为重。由于粮食大幅度减产，从 2000 年开始，连续 5 年出现当年粮食产量不及消费量的情况，由此形成的粮食供求缺口，只能依靠动用库存来弥补。全国粮食产不足需的缺口 2000 年为 1782.5 万吨，到 2003 年已经扩大到 5555 万吨。值得注意的是，在粮食减产的同时，除大豆外的粮食净出口量 2002 年、2003 年连创历史新高，分别达到 1198.6 万吨和 1991.7 万吨。这对于粮食供求矛盾的尖锐化，起到了推波助澜的作用。

——2003 年 9 月～2004 年，粮价上涨，局部地区、部分品种粮食供应紧张。特别是 2003 年 9 月和 2004 年 3 月的两波粮价迅速上涨，都是因为稻谷的产量下降过快、库存跌到较低水平引起的。而稻谷产量和库存的减少，最主要的还是主销区减少较多造成的。[①] 粮价上涨最初主要发生在大米上，江苏、浙江、上海地区的大米价格大幅度上涨，带动全国性的大米价格乃至粮价猛涨。[②] 这一时期粮食产量变化的基本背景是：2003 年，尽管玉米产量仍处于历史较高水平，但全国粮食产量已降到 1982 年以来的历史最低水平，全国稻谷和小麦产量已分别降至 1978 年和 1982 年以来的历史最低水平。同年，全国人均粮食产量比上年减少 22.53 公斤，降幅达 6.3%；人均稻谷、小麦和玉米产量分别较上年减少 11.56 公斤、3.36 公斤和 4.81 公斤，下降幅度分别达到 8.5%、4.8% 和 5.1%。尽管粮食减产，全社会的粮食库存规模仍然比较大，粮食库存总量至少能满足全国全年粮食消费量的 70%～75%，远远超过联合国粮农组织规定的粮食安全警戒线。因此，导致此轮粮价上涨和局部供应紧张的主要问题，绝非总量，而在结构。当年稻谷的产需缺口为 3476 万吨，约占其当年需求量的 18%。[③] 2003 年下半年，部分主销区的粮食库存已降至几年来的新低；到 2004 年 2 月，在一些重要主销区的大城市，粮食库存只能保障几天的消费需求。

---

① 2003 年，我国水稻总产量较上年减少 874 万吨，减幅达 5.8%，且主要发生在我国南部地区，而东北 3 省仅减产 40 万吨。南方稻谷产区的产需缺口拉大，引发南方粮价全面上涨，由此导致南方粮食企业转向东北地区收购粮食，带动东北粮价上涨。然而，运力紧张影响到粮食主销区的粮食到货数量，进一步加剧了粮食主销区的粮价上涨。与此同时，铁路运费的提高，则从粮食运输成本上导致了主销区的粮价高于主产区（参见张军扩等：《2004 年一季度中国粮食市场形势分析》，载于国务院发展研究中心《调查研究报告》2004 第 65 期）。

② 郭玮：《粮食供求区域平衡政策研究》，载于《经济研究参考》2005 年第 11 期。

③ 聂振邦主编：《2004·中国粮食发展报告》，经济管理出版社 2004 年版，第 34 页。

（二）　对实现粮食供求平衡和提高粮食综合生产能力的若干启示

1. 结构问题已经日益超过总量问题，成为影响中国粮食供求平衡的主要问题

自 20 世纪 80 年代以来，总量问题对中国粮食供求平衡的影响，已经显著地趋于减弱；结构问题对粮食供求平衡的影响，则显著地趋于增强，甚至诸多总量问题往往是由结构问题引发的。更为直接地说，尽管总量问题容易掩盖结构问题，对总量问题的关注容易淡化对结构问题的重视；但就总体而言，自 20 世纪 90 年代以来，甚至从更早时期开始，结构问题已经超越了总量问题，成为影响中国粮食供求平衡的主要问题。但结构问题往往以局部总量问题的形式表现出来，如某一品种或某一地区的供给短缺或过剩，因此经传播或放大后，容易被误解为全国性的总量问题。

影响中国粮食供求平衡的结构问题，主要包括品种结构和区域结构平衡问题以及依附于品种的品质结构平衡问题。品种结构和区域结构平衡问题又是互为表里、叠加作用的。如改革开放以来的多次粮食供求失衡，多是由粮食主销区的稻谷供求失衡引发的。甚至 1986~1988 年间的粮食价格上涨，也是由区域性的粮食供给不足引发的，而不是全国性的粮食供给总量不足造成的。区域性的价格上扬，经某些因素放大后造成全国性的农产品价格上涨。

2. 就品种结构而言，相对于小麦和玉米，稻谷往往是引发中国粮食供求失衡的先导性和敏感性品种

自 20 世纪 80 年代以来，特别是 90 年代以来，历次粮食供求失衡，无论是供给严重过剩，还是供给严重不足，往往都是先从稻谷开始，再逐步波及其他，甚至形成全局性的粮食供求失衡的。因此，即使粮食总产量在增长，只要稻谷的供应偏紧，稻谷供求失衡就容易波及其他品种，从而引发粮食供求的严重失衡。在此方面，稻谷的影响往往是其他主要品种远远不及的。改革开放以来，因稻谷减产而导致整个粮食市价出现较大幅度上涨的情况已多次发生。最为典型的是 1993 年，在稻谷较上年减产 4.6%，但小麦和玉米均有所增产的情况下，当年稻谷、小麦和玉米的价格分别上涨了 24.6%、5.4% 和 19.2%，次年稻谷、小麦和玉米的价格分别上涨了 54.0%、52.2% 和 51.3%。[①] 2003 年 9 月以后的粮价上涨和局部粮食供应紧张，也是在粮食特别是稻谷多年减产的背景下发生的。到 2003 年，稻谷和小麦

---

① 1998 年和 2000 年的稻谷减产，虽未引起当年和次年市场粮价的大幅度上涨，但这是在稻谷乃至各主要粮食品种持续增产、库存比较充足的情况下发生的。因此，当时的稻谷供求并未形成偏紧格局。

分别已是连续 6 年和连续 4 年减产。粮食减产导致全国人均稻谷、小麦和玉米产量大幅度下滑。该年，虽然全国人均玉米产量仍处于历史较高水平，但全国人均稻谷产量不仅连续 6 年持续下降，而且连续 3 年处于 1978 年以来的历史最低水平；人均小麦产量不仅连续 4 年持续下降，2003 年已降至 1982 年以来的历史最低水平。

3. 就区域结构而言，粮食主销区、特别是东南沿海地区，往往是引发中国粮食供求失衡的先导性和敏感性地区

导致这种现象的主要原因是：第一，自 20 世纪 80 年代以来，特别是 90 年代以来，无论是粮食供给过剩、价格下跌，还是粮食供给紧张、价格上涨，往往都是先从粮食主销区、特别是东南沿海地区开始，再逐步波及粮食主产区；从南向北传导成全国性的粮食供求失衡的。第二，相对于粮食主产区，粮食主销区往往是工业化、城镇化推进比较快的地区，其中粮食生产比较利益低、机会成本高的问题更为突出；因此，主销区粮食生产的恢复更为艰难，粮食减产、侵占和毁损耕地、污染水源等破坏粮食综合生产能力的现象更容易发生，粮食产量的减少也更可能与粮食综合生产能力的破坏密切相关。因此，尽管粮食主产区粮食产量的增长，对于实现全国粮食供求平衡具有根本性的保障作用；但是，确保粮食主销区粮食生产的稳定，对于确保全国粮食供求平衡的作用，则更为敏感。在粮食综合生产能力建设上同样如此。从 1985 年到 2003 年 19 年间，除 1997 年前有 6 年例外，在大多数年份（甚至从 1998 年开始无一例外），在全国粮食增产年份，主销区粮食的增产量占全国粮食增产总量的比重，往往低于主销区粮食产量占全国粮食总产量的比重；在全国粮食减产年份，主销区粮食的减产量占全国粮食减产总量的比重，往往高于主销区粮食产量占全国粮食总产量的比重；甚至有 5 年在全国粮食增产的同时，主销区却出现了粮食减产的现象（见表 4－7）。如 1990～1993 年，在全国粮食增产的同时，缺粮的东南沿海和华南地区却分别减产粮食 190 万吨和 187.5 万吨。第三，在北京、天津、上海、浙江、福建、广东、海南等 7 个粮食主销区的省、市，粮食自给率都低于 50%，这些地区要实现粮食的供求平衡，对粮食主产区乃至全国的依赖性更强；这些地区的粮食供求失衡，对粮食主产区乃至全国粮食供求的波及影响更大。

4. 就粮食的不同用途而言，口粮相对于工业用粮和饲料粮，对于中国粮食供求失衡的影响，更具先导性和敏感性

从前文第 2、第 3 点可以很自然地得出这一推论。由于 1992 年的全国性粮食卖难在南方早籼稻上表现得特别突出，导致 1993 年南方产粮区大幅度调减单产水平较高的籼稻，扩种品质高产量低的优质稻，有些地方甚至将双季稻改为单季稻。

表4-7　主销区粮食产量及其增减占全国的比重ª

年　份	1985	1986	1987	1988	1989	1990	1991	1992	1993
全国粮食产量总计（万吨）	37 910.80	39 151.20	40 473.10	39 408.10	40 754.90	44 624.30	43 529.30	44 265.80	45 648.90
其中主销区粮食产量（万吨）	4727.60	4685.40	4903.80	4780.60	5049.60	5225.20	5318.60	6545.00	6241.10
主销区粮食产量比上年增减（万吨）	-514.40	-42.20	218.40	-123.20	269.00	175.60	93.40	-114.60	-303.90
全国粮食产量比上年增减（万吨）	-2819.70	1240.40	1321.90	-1065.00	1346.80	3869.40	-1095.00	736.50	1383.10
主销区粮食产量占全国的比重（%）	12.47	11.97	12.12	12.13	12.39	11.71	12.22	14.79	13.67
主销区粮食产量增减量占全国的比重（%）	18.24	-3.40	16.52	11.57	19.97	4.54	-8.53	-15.56	-21.97
是否属于例外情况ᵇ			是	是	是		是		

年　份	1994	1995	1996	1997	1998	1999	2000	2001	2002	2003
全国粮食产量总计（万吨）	44 510.20	46 661.80	50 453.50	49 417.10	51 229.50	50 838.60	46 217.50	45 263.70	45 705.80	43 069.50
其中主销区粮食产量（万吨）	6030.10	6473.30	6685.90	6785.60	6770.70	6678.30	6002.90	5596.90	5210.40	4882.80
主销区粮食产量比上年增减（万吨）	-211.00	443.20	212.60	99.70	-14.90	-92.40	-675.40	-406.00	-386.50	-327.60
全国粮食产量比上年增减（万吨）	-1138.70	2151.60	3791.70	-1036.40	1812.40	-390.90	-4621.10	-953.80	442.10	-2636.30
主销区粮食产量占全国的比重（%）	13.55	13.87	13.25	13.73	13.22	13.14	12.99	12.37	11.40	11.34
主销区粮食产量增减量占全国的比重（%）	18.53	20.60	5.61	-9.62	-0.82	23.64	14.62	42.57	-87.42	12.43
是否属于例外情况		是		是		是				

注：a 在本表中，主销区包括北京、天津、上海、浙江、福建、广东、海南等7省，市；b 未标出者为"否"。

1993年全国稻谷较上年减产4.6%，与此不无关系。但就在这一年，社会对稻谷的需求大幅度增加。一是随着经济发展再度提速，农村劳动力大规模向非农产业转移，特别是向工业化、城镇化水平比较高从而就业机会比较多的南方地区转移，加剧了南方缺粮省份的粮食供求平衡压力。这些转移劳动力的主食用粮，相当一大部分是早籼米。二是1993年中国稻谷净出口量的显著增加，推动了国内稻谷供给缺口的扩大。该年出现了世界性的稻谷减产，受国际市场影响，部分地区更多地寄希望于通过国内市场实现稻谷的供求平衡；同时由于国际市场价格看好，不少省份增加了稻米出口。与上年相比，1993年，全国大米的净出口量由94万吨增加到134.5万吨。

5. 品质结构平衡对实现粮食供求平衡的重要性不断增强

自20世纪90年代以来，品质结构平衡对于实现粮食供求平衡的影响不断加深，以至于粮食供求失衡问题往往表现为某类品质粮食供给的过剩或不足，甚至同一品种不同质量的粮食同时出现供给过剩与短缺。20世纪90年代末期，中国粮食虽然在总量上供过于求，但并非所有品种和品质的粮食均出现过剩，总体而言是小麦供给不足，玉米、大米出现过剩；大米中主要是品质较差的早稻过剩。[①] 在20世纪90年代初期和末期两度出现的农民卖粮难中，早籼稻供给过剩的问题都比较严重。但在2003年第四季度粮食供给局部转紧的过程中，早籼稻供给不足的问题又迅速显现起来。目前，籼稻特别是早稻存量不足，粳稻库存相对较大，玉米存量较多，但主要集中在东北地区。[②] 当然，从趋势上看，随着城乡居民收入和消费水平的提高，粳稻在实现稻谷供求平衡中的地位将会逐步凸显起来，并会超过早籼稻。小麦则是供给过剩与供给不足并存的典型品种。最近几年来，虽然小麦的当年产量不及其消费量，但依靠庞大的库存作后盾，从2002年开始，中国就初步实现了小麦的净出口，2003年净出口的规模扩大到200万吨以上。然而，与此同时，虽然中国小麦的优质化、专用化步伐不断加快，但优质麦、专用麦仍需大量进口，甚至小麦第一大省河南省也不例外。1994年，在市场粮价上涨的情况下，尽管政府动用1500万吨储备粮投放市场，但对平抑市场粮价的作用却并不显著。一个重要原因是：政府储备粮的质量难以和私商的粮食质量相比，投放市场后难以起到平抑市场粮价的作用。[③] 可见，在促进粮食供求平衡的过程中，不仅要重视总量平衡、品种结构平衡和区域结构平衡，还要高度重视品质结构的平衡，把从质量方面实现农产品供给与消费需求的协调，放在重要地位。

---

① 谭向勇、孙琛：《目前粮食过剩问题及对策》，载于《农业经济问题》1999年第7期。
② 中国社会科学院农村发展研究所等：《2004～2005年：中国农村经济形势分析与预测》，社会科学文献出版社2005年版，第84页。
③ 韩俊：《农村市场经济体制建设》，江苏人民出版社1999年版。

6. 促进粮食及其主要品种供求平衡的政策调整，不仅要重视粮食市场供给与需求在数量和结构方面的协调、粮食综合生产能力与消费需求能力的协调，更要重视粮食综合供给能力与消费需求能力的协调

所谓粮食综合供给能力，实际上是粮食综合生产能力和粮食综合流通能力的结合体。① 在既定的粮食综合生产能力之下，通过提高粮食的综合流通能力，也能显著提高粮食及其不同品种的供求平衡程度。改革开放以来，中国历次粮食供求严重失衡现象的发生，都与粮食综合流通能力不强有一定关系。远的如 1985 年的粮价上涨，与地区封锁、市场分割和交通运输不畅有很大关系。② 近的如 2004 年第一季度国内粮价的强劲上涨，特别是主销区粮价涨幅高于主产区，运力不足则是重要原因之一。有的专家甚至认为，导致 2003 年底、2004 年初中国粮价波动的主要因素是粮食调运。2003 年以来，广东等地粮食价格的大幅度上涨，80% 的因素是物流脱节所致。③ 目前，就中国稻谷、小麦和玉米等主要粮食品种而言，其主产区和主要消费区呈现严重的错位分布。如玉米的主产区集中于北方，而作为养殖业密集区和饲料工业发达区的玉米主要消费区，则主要集中于南方现象。与此同时，中国粮食库存主要集中于粮食主产区，特别是东北地区等事实，进一步放大了主要粮食品种在区域之间的供求错位现象。由此不仅导致加强粮食综合供给能力建设的重要性进一步增强，也决定了在粮食综合供给能力建设中，应该把粮食综合流通能力、特别是粮食物流体系建设，放在更为重要的地位。

三、中国粮食及其主要品种消费需求的变化趋势

（一）对 2010 年和 2020 年中国粮食需求总量的预测

从 20 世纪 80 年代以来的历史经验看，在库存规模正常的情况下，只要人均粮食产量达到 370～385 公斤，并且主要粮食品种（稻谷、小麦和玉米）的数量比例

---

① 决定粮食综合流通能力的因素，主要有粮食市场体系的发达和协调程度、国家粮食储备的规模和布局、粮食物流体系的保障程度和粮食宏观调控体系的运行效率等因素。无论是粮食综合生产能力还是粮食综合流通能力，都是一系列快变量和慢变量综合作用的结果。慢变量如基础设施的状况、耕地的数量和质量、水资源的长期供给能力、利益相关者的长期投入能力、科技支撑体系的状况等，决定着粮食的基本生产能力或基本流通能力。快变量如政策的调整、产品（要素）市场价格或比价关系的短期变化、气候因素等，决定着基本生产能力或基本流通能力的实现程度。

② 课题组：《农产品"买难"、"卖难"交替发生的深层原因及对策研究》，载于《中国农村研究报告·（1999）》，中国财政经济出版社 2000 年版。

③ 佚名：《我国现代粮食物流的调查分析》，<u>www.all56.com</u>，2005 年 2 月 23 日。

适当，就能实现粮食供求的大致平衡。人均粮食产量超过385公斤的年份，就容易出现"卖粮难"问题；人均粮食产量低于370公斤的年份，就容易出现粮食供给短缺。随着工业化、城市化水平的提高，人均口粮直接消费量会趋于下降，但是通过动物性食品等间接消费需求会相对增长，由此会导致人均粮食的消费需求量增加。[1] 考虑到这一因素，在估算未来时期中国粮食的消费需求总量时，我们将2010年、2020年中国粮食的供求平衡点分别取370～385公斤/人这一区间的最小值和最大值加上10公斤/人，即2010年、2020年中国粮食的供求平衡点分别取385公斤/人和395公斤/人。根据国家发改委产业所蓝海涛的预测结果，2010年和2020年中国人口数将会分别达到13.44亿人和14.08亿人。那么，到2010年、2020年，中国粮食的消费需求总量将会分别达到53 092.74万吨和55 602.50万吨。[2] 可见，与最近3年相比，到2010年和2020年，中国粮食消费需求总量将有明显增加（见表4-8）。

表4-8   2010年、2020年中国粮食需求总量预测及其同近3年粮食产量之比较

年　份		2010年	2020年
预测值（万吨）		53 092.74	55 602.57
预测值比对应年份的粮食产量增加量（万吨）	比2003年	10 022.74	12 532.57
	比2004年	6145.74	8655.57
	比2005年	4690.74	7200.57
预测值比对应年份的粮食产量增加率（%）	比2003年	23.27	29.10
	比2004年	13.09	18.44
	比2005年	9.69	14.88

数据来源：笔者计算。

（二）中长期中国粮食需求变化的若干趋势

1. 城乡居民的口粮需求总量将会不断减少，但对商品性口粮的需求量仍会不断增加

国内粮食消费主要由居民口粮、饲料粮、工业用粮和种子用粮四大部分组成。

---

[1]　这从城乡之间、非农业人口与农业人口之间人均粮食消费总量的比较上，可以看得非常清楚。以2003年为例，非农业人口人均粮食消费量（直接消费和间接消费合计）391.2公斤，高出农业人口61.4公斤，高出幅度达15.7%。

[2]　中国社会科学院李京文等人1997年在《21世纪中国经济大趋势》一书中对我国人口数的预测结果是，到2010年、2020年分别达到14.23亿人和15.18亿人。2005年，我们根据这个人口预测数，预测到2010年和2020年，我国的粮食消费需求总量分别达到54 785.5万吨和59 961.0万吨。可见，对未来人口数的不同估计，明显影响对未来粮食需求量的预测结果。

近年来，随着城乡居民收入和消费水平的不断提高，中国城乡居民的恩格尔系数和人均粮食直接消费量不断下降（见表4-9、图4-3），由此导致自20世纪90年代中期以来城乡居民的口粮消费总量不仅没有增加，反而有所减少。1990~2005年15年间，全国人口平均每年增加1094.9万人，但城乡居民每年直接消费的口粮总量相对稳定地趋于下降，1995~2004年间年均减少4.5公斤/人。考虑到中国农村幅员辽阔，不同类型的地区差别较大，全面建设小康社会，将会促进农民收入和消费水平的进一步提高，从而推动农民人均口粮直接消费量的下降。但是，一方面，在"十一五"期间乃至2020年前全面建设小康社会的阶段，农民增收困难的问题都将难以根本缓解；从而人均口粮消费量低于一般农民的人口，这两方面都会制约农民人均口粮消费量的下降。综合考虑正反两个方面的因素，估计在2010年前农村居民人均口粮直接消费量的下降幅度，将会低于1995~2004年的平均水平（4.5公斤/人·年）；在2010年之后农村居民人均口粮直接消费量的下降幅度，可能会逐步趋于平稳；那么，我们可以假设2010年前农村居民人均口粮直接消费量年均减少3公斤，2010~2020年间年均减少2公斤。则到2010年和2020年，农村居民人均口粮直接消费量（贸易粮）将会分别下降到201.3公斤和181.3公斤。

表4-9　　　　20世纪80年代中期以来全国人口口粮消费总量的变化

年份	人均口粮消费量（公斤）		人口数（万人）		口粮消费量（贸易粮，万吨）			全国人口的口粮消费总量（折原粮，万吨）	全国人口的口粮消费总量比上年增减（原粮，万吨）
	农村	城市	乡村人口	城市人口	全国合计	乡村人口	城市人口		
1986	259.0	137.9	85 007	22 500	25 119.56	22 016.81	3102.75	32 479.59	
1987	259.0	133.9	85 731	23 569	25 360.22	22 204.33	3155.89	32 790.76	311.17
1988	260.0	137.2	83 725	27 301	25 514.20	21 768.50	3745.70	32 989.86	199.10
1989	262.0	133.9	87 831	24 873	26 342.22	23 011.72	3330.49	34 060.49	1070.63
1990	262.1	130.7	89 590	24 743	26 715.45	23 481.54	3233.91	34 543.08	482.59
1991	255.6	127.9	90 525	25 298	26 373.80	23 138.19	3235.61	34 101.33	-441.75
1992	250.5	115.5	91 152	26 019	25 838.77	22 833.58	3005.19	33 409.53	-691.80
1993	251.8	97.8	91 334	27 183	25 656.40	22 997.90	2658.50	33 173.72	-235.81
1994	257.6	102.0	91 526	28 324	26 466.15	23 577.10	2889.05	34 220.73	1047.00
1995	260.1	97.0	91 675	29 446	26 700.93	23 844.67	2856.26	34 524.30	303.58
1996	256.2	94.7	91 941	30 448	26 438.71	23 555.28	2883.43	34 185.25	-339.05
1997	250.7	88.6	91 514	32 112	25 787.68	22 942.56	2845.12	33 343.47	-841.78
1998	250.2	86.7	91 960	32 850	25 856.49	23 008.39	2848.10	33 432.44	88.96
1999	247.5	84.9	92 216	33 693	25 684.00	22 823.46	2860.54	33 209.41	-223.03
2000	249.5	82.3	92 820	33 763	25 937.28	23 158.59	2778.69	33 536.91	327.50
2001	238.6	79.7	93 383	34 244	25 010.43	22 281.18	2729.25	32 338.49	-1198.42

年份	人均口粮消费量（公斤）		人口数（万人）		口粮消费量（贸易粮，万吨）			全国人口的口粮消费总量（折原粮，万吨）	全国人口的口粮消费总量比上年增减（原粮，万吨）
	农村	城市	乡村人口	城市人口	全国合计	乡村人口	城市人口		
2002	236.5	78.5	93 503	34 950	24 857.03	22 113.46	2743.58	32 140.15	-198.34
2003	223.7	79.5	93 751	35 476	23 792.44	20 972.10	2820.34	30 763.63	-1376.52
2004	219.3	78.2	94 254	35 734	23 464.30	20 669.90	2794.40	30 339.34	-424.29
2005	208.8	77.0	94 907	35 849	22 576.95	19 816.58	2760.37	29 192.00	-1147.34

注：本表系笔者根据《中国农业发展报告·2006》相关数据计算，每公斤贸易粮折合1.293公斤原粮。

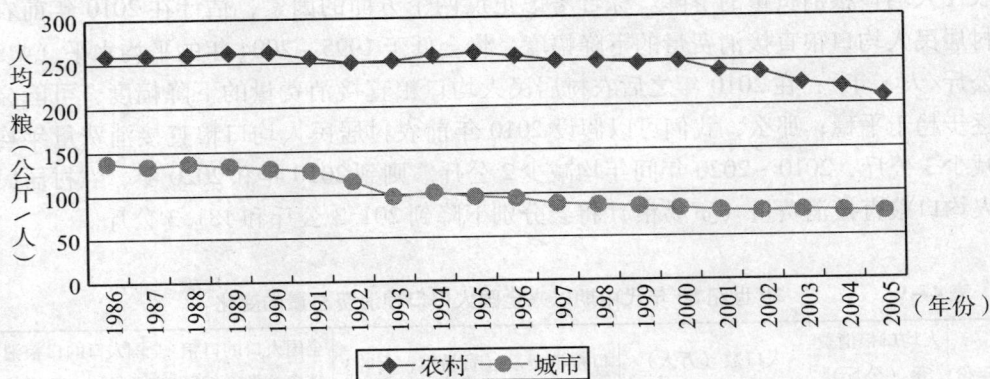

图4-3 1986年以来城乡居民人均口粮消费量的变化

当前，中国正处于城镇化加快推进的阶段。中央的政策文件反复强调，要积极稳妥地推进城市化，促进城市化的健康发展。因此，在2010年和2020年前，中国的城镇化率将会进一步提高。2005年，中国城镇人口占总人口的比重已达42.99%，此前5年间年均递增1.354个百分点，考虑到要长期维持这么高的城镇化率增长率可能有一定难度，假设在2010年前平均每年城镇化率的增长幅度比前5年平均减少0.16个百分点，达到年均增加1.194个百分点；在2010～2020年间城镇化率年均递增1个百分点，则到2010年和2020年，中国的城镇化率将会分别达到48.96%和58.96%。根据前述蓝海涛预测的人口数，到2010和2020年，全国居民的口粮消费总量将会分别达到18 758.73万吨和16 466.05万吨（贸易粮），分别折合24 256.57万吨和21 291.95万吨（原粮）；其中用于城镇人口的口粮消费量分别为6399.17万吨和7748.51万吨（原粮），分别比2004年增加910.126万吨和2259.47万吨。那么，到2010年和2020年，城乡居民的口粮消费总量（原粮），将会比2004年的现有水平分别降低2700.35万吨和5644.97万吨。届时，城镇人口口粮消费总量占全国城乡口粮消费总量的比重，将由 2004 年的 20.4% 分别提高到 2010 年的 26.4% 和 2020 年的 36.4%。一方面，由于城镇人口的口粮消费量不断增加；另一方面，随着农业结构调整的深入推进和农业专业化的发展，农村人口的口粮消费中来自购买的比重也将不断提高；因此，到 2010 年和 2020 年，在城乡居民的口粮消费总量中，商品性口粮的规模将会进一步扩大，其比重更会有明显提高。

2. 工业用粮将会成为中国粮食需求的重要增长点

当前，中国已经进入工业化中期、城镇化加快发展的阶段。从国际经验来看，在这一阶段，对粮食中间需求、间接需求的增长将会超过直接需求的扩张。一方面，经济发展和居民收入水平的提高，必然会引发城乡居民对工业用粮消费需求的增长和消费层次的提高；另一方面，当前中国粮食加工业规模小、竞争能力弱、国际地位低，蕴藏着巨大的发展潜力。加之，近年来，以粮食为重点的农产品加工业的发展，已经引起国家发改委、财政部、科技部、农业部等政府部门的高度重视。政策支持力度的加大，显然有利于工业用粮消费需求的增长。但是，尽管如此，从中长期的角度看，中国粮食加工业对粮食需求的增长，仍将面临若干因素的严重制约，并非是一路坦途。以 2004 年为例，工业用粮占粮食消费需求总量的比重仅为 10.86%，比 2003 年的 11.13% 还低。综合这些因素，我们认为，在中长期内，中国工业用粮的需求规模将会进一步扩大，占粮食消费需求总量的比重也会进一步提高；但工业用粮需求规模的扩大，特别是其比重的提高，仍将面临一定限制。要根本改变工业用粮在粮食需求结构中的相对地位，仍有较大难度。鉴于在中长期内，中国工业用粮消费需求的变化存在着较大的不确定性（详见后文分析），我们可以假设：在中长期内，工业用粮消费需求的变化可能按照以下两条路线之一。第一条路线：到 2010 年和 2020 年，工业用粮占粮食消费需求总量的比重，将会分别在 2003 年的基础上再提高 0.5 个百分点和 1 个百分点，分别达到 11.63% 和 12.13%。第二条路线：到 2010 年和 2020 年，工业用粮占粮食消费需求总量的比重，将会分别在 2003 年的基础上再提高 1 个百分点和 2 个百分点，分别达到 12.13% 和 13.13%。

3. 中国粮食需求的增长将主要表现为饲料粮的增长

在 2020 年前全面建设小康社会的阶段，随着经济发展和城乡居民收入水平的提高，对饲料粮的需求将会呈现持续增长的态势，① 饲料用粮将会成为未来时期中国粮食消费需求增长的主体，主要原因是：

——随着收入和消费水平的进一步提高，城乡居民对动物性食品的消费需求将会继续增长。城市消费的示范效应、城乡居民人均动物性食品消费量的悬殊差异、农村人口占全国人口总量近 60% 的事实，都决定了农村对动物性食品的消费需求还有巨大的增长空间。从 1988 年以来城乡居民人均动物性食品消费量的变化趋势上（见图 4-4），也可以看出这一点。

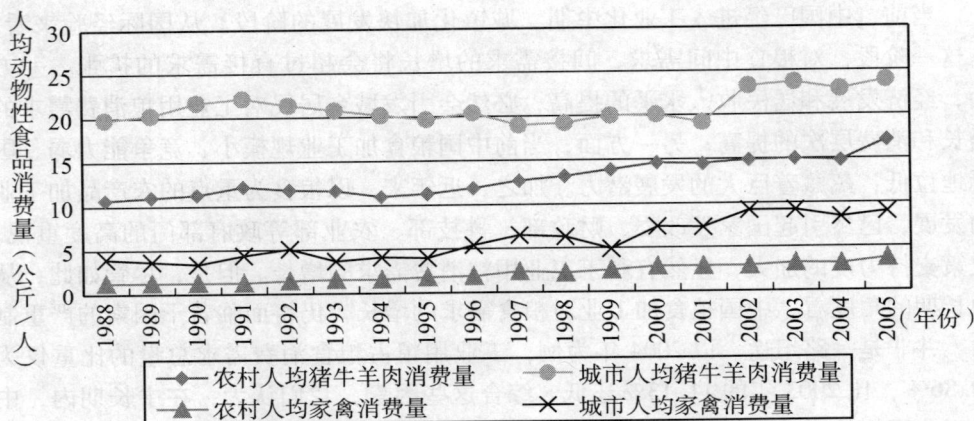

图 4-4　城乡居民人均动物性食品消费量及其变化

——中国扩大养殖业产品的出口仍有较大潜力。当前，至少从价格上看，中国养殖业产品表现了较强的国际竞争力。加入 WTO 后，至少从中长期的角度看，随着对外开放程度的扩大，中国应对国外技术壁垒的能力将会逐步增强；在加强农产品质量安全体系建设、改善进出口管理等方面，中国政府所采取的诸多措施，其效果也将逐步显现。因此，中国养殖业产品扩大出口的潜力将会逐步释放。

——农业结构调整的深入推进及与此相关的养殖业发展，将会从需求上拉动中

---

① 当然，客观地说，在中长期内，抑制我国饲料粮增长的因素也是存在的。归纳起来，这些因素主要有：第一，我国城镇居民的畜产品消费已经达到比较高的水平，今后，随着城乡居民对营养和健康要求的提高，这方面的增长空间并不很大。第二，今后，随着畜牧业增长方式转变的加快推进，特别是现代畜牧业的发展，畜牧业的饲料转化率和采用配合饲料的比重都将进一步提高，由此会相对减少单位畜牧业产值对饲料粮的需求。第三，今后畜牧结构调整的重要方向，是减少耗粮型的养猪业比重，提高节粮型的牛羊比重，加快发展草食型畜牧业。由此会相对减少单位畜牧业产值对饲料粮的需求。第四，随着农业结构调整的深入推进，饲料粮的生产将会逐步走向专用化，如发展饲用玉米。由此会提高玉米单位面积的载畜量。第五，随着农产品加工业的发展，米糠、麦麸、豆粕、酒糟等粮食加工副产品，将会成为饲料生产的新来源，由此也会减少对饲料粮的直接消耗。有关资料显示，2000 年，全国居民口粮经加工所产生的米糠和麦麸、部分工业加工副产品合计约为 5850 万吨，折换成饲料用粮约 3900 万吨。

国饲料用粮的增长。农业结构调整的重要方向之一是积极发展养殖业及其加工业，提高畜牧业、水产业及其加工业的相对比重。近年来，中国养殖业发展很快（详见图4－5），动物饲料粮需求加快增长。考虑到今后畜牧业增长方式的转变将会加快推进、农业结构战略性调整将深入推进，由此将会拉动规模化养殖业更快发展。

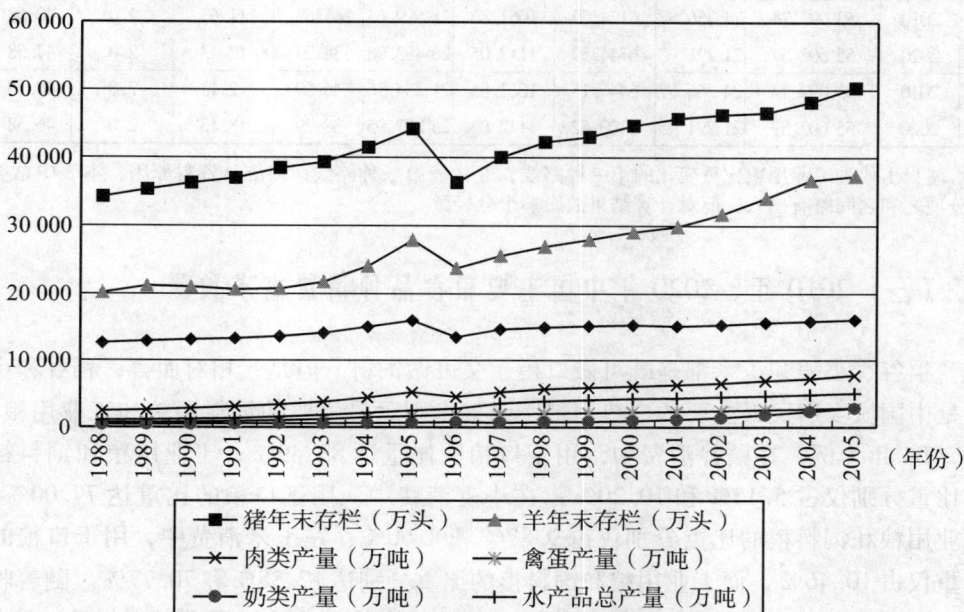

图4－5　近年来我国养殖业发展情况

在2020年前全面建设小康社会的阶段，随着农业增长方式的转变，种子用粮占粮食总需求的比重将会保持相对稳定、略有下降的态势。2003年，中国种子用粮占粮食总需求的比重为2.20%。因此，我们可以假设到2010年和2020年，在全国粮食的消费需求总量中，种子用粮的比重合计为2%。从粮食消费需求总量中扣除口粮、工业用粮、种子用粮等即为饲料用粮。按照工业用粮比重变化的第一种路线，到2010年和2020年，饲料用粮占粮食消费需求总量的比重，将分别提高到40.68%和47.58%，分别达到21 599.63万吨和26 453.98万吨（原粮）；按照工业用粮比重变化的第二种路线，到2010年和2020年，饲料用粮占粮食消费需求总量的比重，将分别提高到40.18%和46.58%，分别达到21 334.16万吨和25 897.95万吨（原粮）。综上分析，我们可得2010年、2020年中国粮食消费需求分项预测结果，如表4－10所示。可见，中长期内中国粮食需求的增长，将主要表现为饲料粮的增长。

表 4 - 10　　　　　2010 年、2020 年中国粮食消费需求分项数量及构成

年份		粮食消费需求总量（原粮）(万吨)	按用途分各项数量（万吨）				按用途分各项比重（%）			
			口粮	工业用粮	种子用粮	饲料粮	口粮	工业用粮	种子用粮	饲料粮
2003		48 625.00	26 885.00	5410.00	1080.00	14 645.00	55.29	11.10	2.2	30.11
Ⅰ	2010	53 092.74	24 256.57	6174.69	1061.86	21 599.63	45.69	11.63	2.0	40.68
	2020	55 602.57	21 291.95	6744.59	1112.05	26 453.98	38.29	12.13	2.0	47.58
Ⅱ	2010	53 092.74	24 256.57	6440.15	1061.85	21 334.16	45.69	12.13	2.0	40.18
	2020	55 602.57	21 291.95	7300.62	1112.05	25 897.95	38.29	13.13	2.0	46.58

注：Ⅰ代表工业用粮比重变化的第一种路线，Ⅱ代表第二种路线；因统计资料原因，本表中总项与分项之和之间略有出入，但对计算结果的影响十分轻微。

（三）2010 年、2020 年中国主要粮食品种消费需求预测

稻谷、小麦和玉米都是既可做口粮，又可做饲料。但是，相对而言，稻谷和小麦是中国城乡居民最主要的口粮用粮，而玉米则是最主要的饲料用粮和工业用粮。以 2004 年为例，在稻谷消费中，用于口粮的比重达 83.49%，工业用粮和饲料粮的比重分别仅占 5.15% 和 10.20%；在小麦消费中，用于口粮的比重达 77.00%，工业用粮和饲料粮的比重分别仅占 9.87% 和 8.60%；在玉米消费中，用于口粮的比重仅占 10.46%，而工业用粮和饲料粮的比重分别达 17.38% 和 70.77%。随着收入和消费水平的提高，城乡居民对粮食的消费需求将日益精细化。因此，稻谷和小麦在口粮消费中的相对重要性，以及优质粮和专用粮在稻谷和小麦消费中的相对重要性，都将会进一步提高。而玉米作为工业用粮和饲料粮的地位将会进一步巩固，作为口粮的地位则会不断弱化。综合考虑这些因素，我们认为，2020 年前在中国的粮食消费需求总量中，稻谷和小麦消费的相对地位将会继续沿袭现行的下降趋势，但其下降幅度将会略低于口粮消费占粮食消费总量的下降幅度；玉米在粮食消费中的相对地位将会进一步提高，但其占粮食消费需求总量的比重，其提高速度将会略低于饲料粮占粮食消费需求的比重之提高速度。大豆消费占粮食消费需求总量的比重 2003 年仅为 6.5%。考虑到一方面近年来大豆消费需求的迅速扩张具有一定的非理性因素，[①] 另一方面大豆加工业的产业升级和增长方式转变会导致单位产品大豆原料需求的下降，预计到 2010 年、2020 年大豆消费占粮食消费需求总量的比重，将会继续稳定在 2003 年的水平上略有提高，均达到粮食消费需求总量的 7.0%。

---

① 如大豆加工企业外延式盲目扩张，并形成了严重的过度竞争现象。

　　基于上述分析，我们可以较为合理地作出假定：到 2010 年、2020 年，中国对稻谷、小麦、玉米和大豆的消费需求占粮食消费需求总量的比重，分别达到如表 4－11 的水平。[①] 到 2010 年、2020 年，中国对稻谷和小麦的消费需求量将会基本稳定，略有下降；但对玉米和大豆的消费需求量将会显著上升（详见表 4－11），对玉米需求的增长将会成为中国粮食需求增长的主体。与 2003 年相比，到 2020 年，中国对玉米的需求量约会增加 83%，但对稻谷和小麦的需求量则将分别减少 2% 和 1% 左右。

表 4－11　　　　　2010 年、2020 年中国主要粮食品种的消费需求量

年份	粮食消费需求总量	占粮食消费需求总量的比重（%）				消费需求量（万吨）			
		稻谷	小麦	玉米	大豆	稻谷	小麦	玉米	大豆
2003	48 625.00	35.1	19.9	26.9	6.5	17 154	9725	13 111	3145
2010	53 092.74	31.1	18.0	33.0	7.0	18 636	10 565	14 282	3451
2020	55 602.57	28.0	16.0	40.0	7.0	15 569	8896	22 241	3892

　　注：在本表中，到 2010 年和 2020 年，全国稻谷、小麦需求量的减少，有消费结构变化的原因，但更主要的则是由于全国口粮消费需求总量下降，因为稻谷和小麦主要用于口粮。

四、主要粮食品种综合生产能力建设的政策定位

（一）稳定数量、重视质量，高度警惕稻谷综合生产能力的下降

　　大米是中国居民的第一主食，用于生产大米的稻谷主要是水稻。从供给方面来看，水稻适应性极强，只要有水，一般都可栽培水稻。因此，中国稻作分布区域辽阔，绝大多数省、市、区都有水稻种植，但秦岭、淮河以南更适宜水稻栽培。中国北方则拥有有利于水稻高产的自然条件，只要解决好灌溉问题，在北方扩大水稻种植面积、实现稻谷增产的潜力很大。尽管从实现粮食供求平衡的要求出发，在 2020 年前，中国增强粮食综合生产能力的任务较轻，但我们对于稻谷综合生产能力建设的政策定

---

　　① 如果稻谷和小麦占粮食消费需求总量的比例分别随着口粮消费占粮食消费需求总量的比例同步下降，则到 2010 年、2020 年，稻谷消费占粮食消费需求总量的比例将分别下降到 30.3% 和 24.9%，小麦消费占粮食消费需求总量的比例将分别下降到 17.2% 和 14.1%。但是，我们认为，由于稻谷和小麦的加工用途和作为饲料的用途将会不断得到开发（如饲料稻的开发），今后稻谷和小麦占粮食消费需求总量的比重，其下降幅度将会略低于口粮占粮食消费需求比重的下降幅度。如果玉米消费占粮食消费需求总量的比例随着饲料粮占粮食消费需求总量的比例同步提高，则到 2010 年和 2020 年，玉米占粮食消费需求总量的比例将分别达到 34.5% 和 41.6%。但是，我们认为，由于前述稻谷和小麦方面的原因，今后玉米消费占粮食消费需求总量的比例，其提高速度将会略低于饲料粮占粮食消费需求总量的提高速度。

位，仍然应该是：稳定数量，重视质量，高度警惕稻谷综合生产能力的下降。主要原因是：

1. 从改革开放以来 20 多年的经验看，稻谷往往是导致中国粮食供求失衡的先导性和敏感性品种

在全国粮食的品种平衡中，短缺程度相对最大的通常是稻谷，最难解决的通常也是稻谷。相对于其他主要粮食品种，稻谷的商品率最低，稻谷或大米的安全储藏期最短，[①] 因而稻谷产量的增减对于影响市场供求和价格的放大效应更强。以 2003年为例，玉米、小麦和稻谷的商品率分别为 44%、42% 和 36%。从历史经验看，稻谷单产的波动系数也最低。1980～2001 年，中国粮食、稻谷、小麦和玉米单产的平均波动系数分别为 3.71%、3.11%、4.87% 和 7.09%。[②] 因此，相对于其他主要粮食品种，稻谷通过储备和年度产量的丰歉来调节供求平衡的可能性较小。即使粮食总产量在增长，只要稻谷的供应偏紧，稻谷供求失衡就容易波及其他品种，从而引发粮食供求的严重失衡。

2. 今后粮食主销区的稻谷消费量可能不减反增，由此可能增加粮食主销区对全国粮食供求平衡影响的先导性和敏感性

改革开放 20 多年的经验表明，粮食主销区、特别是东南沿海地区，往往是影响粮食安全的先导性和敏感性地区。部分粮食主销区的省，一方面，在中国稻谷生产中仍然占有重要地位；另一方面，在稻谷消费、特别是稻谷商品性消费中的地位，也将进一步凸显起来。以 2004 年为例，浙江、福建、广东 3 个粮食主销区的省，所生产的稻谷占全国稻谷总产量的比重高达 13.1%。这些粮食主销区的省、市，作为工业化、城镇化比较发达的地区，同时也是中国外来人口和劳动力相对密集的地区。随着外来人口规模的扩大，对稻谷作为口粮的消费需求将会进一步增加，甚至可能在全国稻谷消费总量不断下降的同时，这些地区的稻谷消费量不减反增。如果全国粮食流通能力建设，特别是储备粮布局没有明显改善，由此可能会进一步增加粮食主销区，特别是东南沿海地区对全国粮食供求平衡影响的先导性和敏感性。

3. 今后主要依靠自力更生实现稻谷供求平衡的制约因素将会日趋突出

导致这种现象的主要原因是：第一，今后依靠播种面积的扩张，实现稻谷稳产高产的回旋余地已经越来越小。一方面，随着中国粮食消费需求总量的持续增长，

---

① 稻谷和大米的安全储藏期一般仅为 2 年，而玉米和小麦分别可达 3 年和 4 年。
② 姜长云：《"三农"问题的多维透视》，山西经济出版社 2004 年版，第 272 页。

稻谷同小麦、玉米乃至其他粮食品种争地的矛盾将会愈演愈烈，由此会制约稻谷播种面积的扩大；另一方面，在中国不同类型的稻谷主产区，依靠播种面积的扩大来实现稻谷增产的空间已经越来越小。目前，中国稻谷生产主要集中于南方十四省。① 2005 年，南方十四省稻谷产量占全国稻谷总产的比重仍然高达 84.01%。近年来，南方十四省在稻谷生产中的比重逐步降低，对全国稻谷增产的作用不断弱化；而东北三省在稻谷生产中的比重则不断提高，对全国稻谷增产的作用也是不断增强的（表 4 - 12）。东北三省原先扩大水稻的种植，确实发挥了"以稻治涝"的作用；但是，如果不能显著加强农业水利设施建设，特别是中小型水利设施建设，则盲目扩大水稻种植，有可能会加剧水资源短缺，产生日益严重的生态危机。南方十四省大多属于中国工业化、城镇化推进比较快的地区，工业化、城镇化的加快推进，会始终形成扩大耕地占用的强大压力；而且占用的耕地大多属于水土条件比较好、稻谷生产能力比较强的耕地。鉴于迄今为止仍有超过 85% 的稻谷产量来自南方十四省，南方十四省工业化、城镇化的加快推进，对于稳定稻谷播种面积的负面影响，显然大于对小麦、玉米和大豆等播种面积的负面影响。第二，相对于其他主要粮食品种，稻谷的增产甚至稳产更加依靠单产水平的提高，而稻谷单产水平的提高，将会面临科技进步和农业基础设施支撑能力的严重制约。此外，由于稻谷主要作为口粮、玉米主要作为饲料，随着城乡居民收入和消费水平的持续提高，中国对稻谷优质化需求的增长将快于玉米，由此会制约稻谷单产水平的提高，甚至会在一定程度上导致稻谷粮食单产水平的下降。

4. 相对于其他主要粮食品种，利用国际市场调节国内稻谷供求平衡的空间和可能性相对较弱

一方面，中国南方居民素以稻谷作口粮，受膳食习惯和消费者消费水平的影响，今后稻谷在中国居民消费中的重要性，是其他粮食品种难以根本替代的；另一方面，相对于小麦、玉米和大豆，由于大米的国际贸易量较小，稻谷在国际市场的可获性较差，进口替代作用最弱，利用国际市场调节国内稻米供求平衡的回旋余地最小。目前，中国的稻谷产量居世界第一位，约占全球稻谷总产量的 1/3。自 20 世纪 70 年代以来，中国一直是世界主要大米出口国之一。但是，由于种植面积持续减少、产量连年下降，中国的大米出口国地位日益面临国内供求失衡的挑战。②

---

① 这里的南方十四省包括江苏、浙江、安徽、福建、江西、湖北、湖南、广东、海南、广西、四川、重庆、贵州和云南等。

② 2001 年以来，我国大米连年产不足需，供求缺口由 2000/2001 年的 240 万吨增加到 2003/2004 年的 2424 万吨。产需缺口持续扩大，导致国内大米库存快速下降。2003/2004 年的年末库存量仅相当于 2000/2001 年度库存水平的一半（参见武文，《大米贸易与未来挑战》，《中国经济时报》2005 年 1 月 19 日）。

表4-12　20世纪80年代以来全国稻谷产量的增减及其地区分布

万吨, %

地　区	1981 年	1982 年	1983 年	1984 年	1985 年	1986 年	1987 年	1988 年	1989 年	1990 年	1991 年	1992 年	1993 年
全国稻谷总产量	14 395.50	16 159.50	16 886.50	17 825.50	16 856.90	17 222.40	17 441.60	16 910.80	18 013.00	18 933.20	18 381.30	18 622.20	17 751.40
东北三省的稻谷产量	417.50	469.00	533.50	646.00	610.00	716.60	785.90	801.80	686.50	973.00	1013.40	1091.80	1053.80
南方十四省的稻谷产量	13 351.00	15 040.50	15 634.00	16 403.50	15 507.40	15 757.90	15 911.80	15 437.00	16 498.20	17 043.60	16 436.90	16 616.50	15 839.20
东北三省稻谷产量占全国的比重	2.90	2.90	3.16	3.62	3.62	4.16	4.51	4.74	3.81	5.14	5.51	5.86	5.94
南方十四省稻谷产量占全国的比重	92.74	93.08	92.58	92.02	91.99	91.50	91.23	91.28	91.59	90.02	89.42	89.23	89.23
东北三省稻谷产量较上年增加量		51.50	64.50	112.50	-36.00	106.60	69.30	15.90	-115.30	286.50	40.40	78.40	-38.00
南方十四省稻谷产量较上年增加量		1689.50	593.50	769.50	-896.10	250.50	153.90	-474.80	1061.20	545.40	-606.70	179.60	-777.30
全国稻谷产量较上年增加量		1764.00	727.00	939.00	-968.60	365.50	219.20	-530.80	1102.20	920.20	-551.90	240.90	-870.80
东北三省稻谷产量增加量占全国的比重		2.92	8.87	11.98	3.72	29.17	31.61	-3.00	-10.46	31.13	-7.32	32.54	4.36
南方十四省稻谷产量较上年增加量占全国的比重		95.78	81.64	81.95	92.51	68.54	70.21	89.45	96.28	59.27	109.93	74.55	89.26

地　区	1994 年	1995 年	1996 年	1997 年	1998 年	1999 年	2000 年	2001 年	2002 年	2003 年	2004 年	2005 年
全国稻谷总产量	17 593.30	18 522.60	19 510.30	20 073.50	19 871.30	19 848.70	18 790.80	17 758.00	17 453.90	16 065.60	17 908.80	18 058.80
东北三省的稻谷产量	1019.30	1028.60	1322.30	1622.80	1690.20	1764.80	1794.10	1722.70	1697.20	1512.40	1969.10	2011.30
南方十四省的稻谷产量	15 729.00	16 595.30	17 172.00	16 825.90	17 060.60	17 046.40	16 040.40	15 259.50	14 861.40	13 891.40	15 103.70	15 170.80

续表

地 区	1994年	1995年	1996年	1997年	1998年	1999年	2000年	2001年	2002年	2003年	2004年	2005年
东北三省稻谷产量占全国的比重	5.79	5.55	6.78	8.08	8.51	8.89	9.55	9.70	9.72	9.41	11.00	11.14
南方十四省的稻谷产量占全国的比重	89.40	89.59	88.02	83.82	85.86	85.88	85.36	85.93	85.15	86.47	84.30	84.00
东北三省稻谷产量较上年增加量	-34.50	9.30	293.70	300.50	67.40	74.60	29.30	-71.40	-25.50	-184.80	456.70	42.20
南方十四省稻谷产量较上年增加量	-110.20	866.30	576.70	-346.10	234.70	-14.20	-1006.00	-780.90	-398.10	-970.00	1130.10	67.00
全国稻谷产量较上年增加量	-158.10	929.30	987.70	563.20	-202.20	-22.60	-1057.90	-1032.80	-304.10	-1388.30	1843.20	150.00
东北三省增加量占全国的比重	21.82	1.00	29.74	53.36	-33.33	-330.09	-2.77	6.91	8.39	13.31	24.80	28.13
南方十四省增加量较上年增加量占全国的比重	69.70	93.22	58.39	-61.45	-116.07	62.83	95.09	75.61	130.91	69.87	61.30	44.67

与此同时，每年国际稻米的贸易量不到其生产量的 6%，而小麦是 18%，大豆是 25%，玉米是 13%。根据美国农业部 2007 年 2 月供求报告数据，2006 年全球大米贸易量 2912 万吨，要购进数百万吨大米，就会对国际市场产生较严重的影响。[①] 因此，如果从国际市场上大规模进口稻谷，由此产生的影响将远远超出其他粮食品种。

5. 由于稻谷主要作为口粮，在稻谷综合生产能力建设中，应将提高质量放在突出地位

相对于其他粮食品种，在稻谷消费中用于口粮的比重最高。因此，今后随着城乡居民收入水平和消费水平的提高，对稻谷需求的优质化、精细化和品牌化进程将会不断加快，稻谷消费需求的多样化和多层次化也将不断发展。可见，在稻谷综合生产能力建设中，应把提高质量，包括促进稻谷品种品质的多样化和多层次化，放在突出地位。

稻谷消费需求优质化、多样化和多层次化的发展，将会进一步引发稻谷生产、运输乃至进出口格局的变化。粳米相对于籼米口感较好，由于消费结构升级的示范影响，中国粳米的消费群体将会进一步扩大，稻谷消费中"以粳代籼"的倾向也会进一步发展。目前，中国不仅东北、华北、京津沪、江浙大部分地区以粳米为主食，就连中南、华南等地的大城市也出现了这种趋向。甚至在传统的以籼米为主食的南方地区，随着农民市民化和外来人口的增加，"以粳代籼"的趋势也会进一步强化。这一方面会对东北地区实现稻谷增产、提高其在全国稻谷生产中的相对地位提出日趋强烈的要求，[②] 另一方面会加大稻谷产消区域分布的不均衡性，使稻谷跨区域远距离运输的需求进一步强烈起来，[③] 甚至会逐步强化大米南进北出的格局。

（二）统筹兼顾，质量优先，适度加强小麦综合生产能力建设

在 2020 年前，中国小麦的用途、消费需求及供求平衡的变化趋势基本等同于稻谷。因此，小麦综合生产能力建设的政策定位和对策思路，应该基本等同于稻

---

① 黄明东：《2006 年世界大米市场回顾及 2007 年展望》，http://www.cnmf.net，2007 年 4 月 24 日。
② 水稻可分为粳稻和籼稻，籼稻比较适宜于高温、强光和多湿的热带、亚热带地区，在我国主要分布在华南热带和淮河以南的亚热带低地；粳稻比较适宜于气候温和的温带和热带高地，在我国主要分布在华北、西北、东北等温度较低的地区及南部热带、亚热带高地。长江流域的双季稻一般将粳稻作晚稻栽培。
③ 20 世纪 70 年代以前，我国粮食运输的基本格局是南粮北调，南方粮食流向北方的主体是大米，以用作口粮。导致这种现象的主要原因是，北方是我国老工业基地，也是大中城市密集区，但其所能提供的粮食产量却远远不能满足本地居民的口粮需求，大量非农业人口的口粮需求需要通过南粮北调来解决。从 20 世纪 80 年代开始，我国逐步形成了北粮南运的格局，北方粮食流向南方的主体是玉米，以作饲料用为主（欧维中等，1999）。近年来，随着以珠江三角洲、长江三角洲两大城市圈的迅速崛起及由此带动的外来人口粮食需求的迅速增长，稻谷北粮南运的格局也逐步得以形成和强化。

谷。明显不同的是，相对于稻谷，第一，当前小麦供求中的品质矛盾更为突出。甚至在像河南这样的小麦大省，在普通小麦严重过剩的同时，优质、专用小麦不足的问题仍然比较突出。因此，在小麦综合生产能力建设中，加快优质化、专用化进程的任务更为艰巨。第二，小麦跨区域远距离运输的问题相对较轻。一方面，中国小麦的分布极为广泛，全国各省区都有小麦种植；另一方面，全国小麦生产主要集中于河南、山东、河北三省，① 这三个省与全国大多数省区之间的空间距离较短。因此，长期以来，国内生产的小麦在南北方之间虽有流动，但数量较少；且南北方的小麦供求缺口主要依靠进口解决，这种趋势仍有可能继续下去。第三，小麦的综合生产能力建设不能局限于稳定，应在稳定基础上适度有所强化，近中期尤其如此。

（三）　数量优先、统筹兼顾，显著加强玉米的综合生产能力建设

单从数量方面考察，为了确保主要粮食品种的供求平衡，在三大主要粮食品种中，增强玉米综合生产能力的任务最为艰巨，而且要求玉米综合生产能力持续较快增长。但是，从国际经验和中国实际来看，玉米往往是产业链最长、加工产品最多的品种，提高玉米产业竞争力，对玉米品种多样化、专用化的要求也最高。因此，在玉米综合生产能力建设中，应该采取数量优先、统筹兼顾的方针，将显著加强玉米综合生产能力建设与促进玉米产品的多样化和专用化结合起来。

中国玉米播种面积和总产量在世界上仅次于美国，产量约占世界总产量的1/5。玉米的主产区和主销区也比较集中，余缺地区之间相距较远，几乎横跨整个中国。一方面，玉米生产呈明显的偏北布局，东北及华北地区生产条件最为优越；另一方面，玉米消费呈明显的偏南分布，作为玉米消费大户的饲料工业和养殖业向南倾斜发展的特征比较鲜明。因此，北方玉米的库存积压严重和南方玉米的较大缺口往往并行发生，以至于玉米不仅是"北粮南运"的主要品种，也是"北出南进"的重点对象。20 世纪 90 年代末期，在"北粮南运"的粮食中，玉米的比重就已经达到70%。但就总体而言，由于今后国内玉米消费需求增长很快，玉米生产又不可能过度挤占本应用于稻谷、小麦、大豆生产的耕地资源，在此背景下，要实现国内玉米的供求平衡，只能依靠"两条腿走路"：一方面，按照数量优先、统筹兼顾的原则，高度重视玉米综合生产能力建设；另一方面，适当扩大玉米进口。与 2003 年相比，到 2010 年和 2020 年，中国的玉米消费需求总量将会分别增加 4968 万吨和10 873 万吨，分别占 2003~2010 年、2003~2020 年间粮食消费需求总增量的80.6% 和 95.9%。因此，尽管自 1985 年以来除 1995 年和 1996 年两年外，中国在

---

① 以 2004 年为例，河南、山东、河北三省的小麦产量，分别占全国小麦总产的 26.98%、17.23% 和11.45%，合计占 55.66%。

绝大多数年份玉米都呈净出口格局，而且 2002 年和 2003 年连续两年的玉米净出口量都超过 1000 万吨；我们仍然可以假定，到 2020 年，玉米将会成为中国粮食进口的主体和粮食进口量增长的主体。

在许多发达的玉米生产国，玉米已不再仅仅是一个单纯的粮食品种，而是逐渐形成了独立的产业链条，其生产、加工、储运、营销乃至育种科研、产品开发等诸环节已成为一体化的产业体系。美国、日本等玉米加工产品已经多达 4000 多种，玉米还是生产饲料的主要原料。因此，发达国家的玉米生产已经实现了高度的多样化和专用化。相比之下，中国玉米及其加工品品种单一，转化率和转化层次都比较低，转化设备陈旧落后，附加值小的问题更为突出。这与中国玉米的多样化、专用化发展较慢不无关系。因此，为了促进玉米产业链的有效延伸，尽快提高玉米主产区的农民增收能力，在玉米综合生产能力建设中，应把促进玉米生产的多样化和专用化放在重要地位。结合推进玉米生产的多样化和专用化，带动玉米的优质化。

参考文献

[1] 郭玮等：《强化主销区在粮食安全中的责任》，载于《农村经济文稿》2005 年第 2 期。

[2] 郭玮：《粮食供求区域平衡政策研究》，载于《经济研究参考》2005 年第 11 期。

[3] 陈锡文：《当前中国的粮食供求与价格问题》，载于《中国农村经济》1995 年第 1 期。

[4] 李志强：《中国"八五"期间粮食供需变化及平衡分析》，载于《中国农村经济》1997 年第 6 期。

[5] 常向阳：《对我国粮食市场"买难——卖难"波动的反思》，载于《农业经济问题》1997 年第 11 期。

[6] 课题组：《农产品"买难"、"卖难"交替发生的深层原因及对策研究》，载于《中国农村研究报告·（1999）》，中国财政经济出版社 2000 年版。

[7] 欧维中等：《关于缓解南北方粮食远距离大量流动矛盾的对策探讨》，载于《中国农村研究报告·（1990～1998）》，中国财政经济出版社 2000 年 3 月版。

[8] 农村年度分析课题组：《1994 年中国农村经济发展年度报告兼析 1995 年发展趋势》，中国社会科学出版社 1995 年版。

[9] 农业部产业政策与法规司：《农村政策法规调查与研究》，中国农业出版社 2006 年版。

[10] 朱彬：《我国粮食产业衰退的需求原因及其调整前景》，载于《中国农村经济》2001 年第 4 期。

[11] 徐蕴辉：《对小麦过剩现象的再认识》，载于《中国农村经济》2000 年第 4 期。

[12] 陈锡文：《当前中国的粮食供求与价格问题》，载于《中国农村经济》1995 年第 1 期。

[13] 刘振伟：《我国粮食安全的几个问题》，载于《农业经济问题》2004 年第 12 期。

[14] 张留征：《粮情·对策——中国粮食问题研究》，重庆出版社 1990 年 7 月版。

[15] 中国社会科学院农村发展研究所：《2004～2005 年：中国农村经济形势分析与预测》，社会科学文献出版社 2005 年版。

［16］刘江：《21 世纪初中国农业发展战略》，中国农业出版社 2000 年版。

［17］朱希刚：《自给与进口：中国粮食供需平衡分析》，国研网 2005 年 3 月 30 日。

［18］韩俊：《农村市场经济体制建设》，江苏人民出版社 1999 年版。

［19］谭向勇、孙琛：《目前粮食过剩问题及对策》，载于《农业经济问题》1999 年第 7 期。

［20］郑有贵等：《改革开放以来中国农业政策对粮食增产的影响》，载于《粮食安全问题》，中国农业出版社 2001 年版。

［21］于保平：《关于当前粮食供求形势与粮食政策的几点思考》，国务院发展研究中心调查研究报告（内部资料）2004 年第 75 号。

［22］韩俊等：《完善宏观调控政策的建议》，载于国务院发展研究中心《调查研究报告》2006 年第 31 期。

［23］孔祥智等：《中国三农前景报告》，中国时代经济出版社 2005 年版。

［24］黄明东：《2006 年世界大米市场回顾及 2007 年展望》，http://www.cnmf.net，2007 年 4 月 24 日。

第五章

中国区域粮食综合生产能力的
特征及影响因素

内容摘要　提高中国粮食综合生产能力，必须充分认识和分析区域粮食生产能力的强弱，因为区域粮食生产能力，构成整个粮食综合生产能力的主体。从中国区域粮食综合生产能力来看，已经具有现实产量和潜在产量高，专业化生产优势明显；资源优化配置能力强，劳动生产效率较高；规模化发展基础较好，集约化经营势头强劲；科技进步作用明显，技术贡献水平大等优势特征。为了提高中国区域粮食综合生产能力，必须着力克服粮食生产资源越来越短缺，体制性障碍约束，经济效益不明显，区域分工不协调等障碍。实施包括优化粮食生产结构重点发展优质粮食品种，加快实施以技术替代资源战略，以及建立适度灵活的粮食进出口贸易政策等在内的政策措施。

提高中国粮食综合生产能力的战略性措施之一，是充分发挥粮食①生产的区域性优势，建立稳定的以主产区为主的粮食生产和供给体系。就目前和今后一个发展时期而言，提高中国区域粮食综合生产能力，是增强全国粮食综合生产能力的基础和前提。深入分析影响提高区域粮食综合生产能力的因素，寻求有效的对策，显得极为迫切。

一、中国区域粮食综合生产能力现状

根据中国自然经济特点和粮食生产状况，目前基本形成了以东北、冀鲁豫、长

---

① 本章论述的粮食主要包括水稻、小麦和玉米。

江流域、西北、西南、东南、京津和青藏等主要生产区域格局。[①] 其中的一些区域，基本支撑了中国的粮食生产，形成了决定性的粮食生产和供给地位。

（一）粮食生产的集中优势区域明显，主要品种生产空间布局趋于合理

经过几次大的农业结构调整和农业布局优化，中国的粮食区域性生产格局业已形成。水稻主要集中于长江中游和东南地区，北方粳稻主要集中于东北地区。小麦主要集中于黄淮海的冀鲁豫地区，约占全国粮食产量的20%。玉米主要集中于东北和冀鲁豫地区（见表5-1）。从表5-1上我们可以看出，中国粮食生产的区域特征比较明显，主要集中在东北、长江和冀鲁豫，三大地区集中生产了全国56.7%的粮食。此外，随着粮食重要性的逐步体现和各地区粮食安全观的树立，一些具有发展粮食基础和条件的地区，也加大了对粮食的投入和资源保障，使得粮食产量有了较快的发展。其中，西北、西南两大地区，粮食产量已经占到全部粮食产量的28.9%，是增长比较快的地区之一，基本消除了粮食短缺的局面。

表5-1   2005 年全国粮食区域分布表

项目		全国	区域分布比例（%）							
			东北	冀鲁豫	长江	西北	西南	东南	京津	青藏
粮食总量	面积（千公顷）	104 278.0	15.3	21.2	17.9	14.7	19.4	11.0	0.4	0.4
	产量（万吨）	48 402.2	15.3	22.9	19.0	11.1	17.8	13.0	0.4	0.4
水稻	面积（千公顷）	28 847.0	10.0	2.5	38.7	1.3	24.6	23.7	0.1	0.0
	产量（万吨）	18 058.8	11.1	2.8	37.4	1.3	23.8	23.8	0.1	0.0
小麦	面积（千公顷）	22 793.0	1.2	46.6	12.7	19.0	11.7	7.8	0.5	0.7
	产量（万吨）	9744.5	1.1	56.7	10.6	15.9	7.6	7.8	0.6	0.7
玉米	面积（千公顷）	26 358.0	25.8	30.0	5.1	19.8	15.9	2.5	0.9	0.0
	产量（万吨）	13 936.5	28.6	30.3	4.3	20.8	13.2	2.4	0.9	0.0

数据来源：《中国统计年鉴》（2006 年）。

---

① 分区方案：东北区：黑龙江、吉林、辽宁；冀鲁豫：河北、山东、河南；长江：长江中游四省的湖南、湖北、江西、安徽；西北区：内蒙古、山西、陕西、甘肃、宁夏、新疆；西南区：重庆、四川、贵州、云南、广西；东南区：东南沿海的上海、江苏、浙江、福建、广东、海南；京津：北京、天津；青藏区：青海、西藏。

（二）全国粮食生产持续向北方转移，南方粮食产量份额有所下降

综观中国粮食生产总量按照南北区域划分，原来的南方地区粮食产量比重逐步降低，北方地区比重有所提高，显示出中国粮食生产区域持续向北位移。这种位移实际上是北方粮食综合生产能力提高的表现，是优化粮食生产布局的结果，同时，也是满足市场需求，实现全国范围内粮食供需平衡的内在要求（见表5－2）。

表5－2　　　　　　　　　　　南北方粮食生产布局变化表　　　　　　　　　　%

年份		1982	1985	1995	2000	2001	2002	2003	2004	变化值 （2004年较1982年）
面积	北方	49.1	49.8	50.6	51.2	52.1	52.2	52.0	51.8	＋2.7
	南方	50.9	50.2	49.4	48.8	47.9	47.8	48.0	48.2	－2.7
产量	北方	37.8	40.9	46.1	45.9	47.5	48.7	49.1	49.8	＋12.0
	南方	62.2	59.1	53.9	54.1	52.5	51.3	50.9	50.2	－12.0

从中国粮食发展历史来看，一直以来是南方产量大于北方，是国内粮食主要产区，实现粮食供需平衡主要依靠南方。随着经济的发展，城市化进程的加快和农业结构调整的深入，南方粮食生产呈现了减少趋势。

从表5－2可以看出，在中国南北方地区粮食生产中，产量的变化趋势比面积更显著。这表明，产量因素是促使中国南北方粮食生产布局向北位移的主要力量。进一步分析可以看出，南方粮食产量在20世纪80年代初期曾达到62.2%的高份额，到了90年代中期下降到53.9%，2004年进一步降低到50.2%。从南北方地区粮食产量比重变化的轨迹可以看出，南北方地区的粮食产量份额在进入21世纪后，变化速度值有所降低。2000～2004年的5年间，只有3.9个百分点的变化值。说明目前和今后，这种粮食生产布局的变化有减缓的趋势，从而维持南北方粮食产量各据一半的总格局。

（三）西南西北粮食产量地位增强，在全国粮食总量中份额有所上升

随着市场经济的快速发展，中国东中部粮食生产条件较好的地区的粮食生产地位趋于下降，而原本粮食供给长期不足的西南西北地区粮食生产有所提高，在全国粮食产量中的份额增加。根据一项统计，东南地区粮食产量占全国粮食产量的比重，由20世纪80年代初期的20%，下降到2005年的13%，其中稻谷产量比重由33%下降到2005年的24%；长江中游地区粮食产量占全国粮食产量的比重，也从

20 世纪 80 年代初期的 22% 下降到 2005 年的 19%。而西北地区的粮食产量则在同期从 9% 上升到 11%；西南地区则从 1993 年的 16.6% 上升到 2005 年的 18.1%。西南西北地区粮食产量的增加和份额的提高，说明中国粮食生产得到了各个地方的普遍关注。特别是出现局部范围的粮食短缺局面，导致即便是条件较差的地区，也积极发展粮食生产。如像西南西北既是生态环境比较脆弱的地区，同时，相对于其他地区来讲，也是发展粮食现实和潜力相对不足的地区，但通过努力，粮食产量增长较快，份额有所增加。

（四）　长江中游及东南水稻生产地位下降，东北地区持续提高

水稻主要集中于长江中游和东南地区，北方粳稻主要集中于东北地区。水稻是中国第一大粮食品种，约占产量的 38%。经过几十年的发展，客观上已经形成了相对集中的产区，大致分布在中国的长江中游地区、东南地区和东北地区。长江中游地区的水稻产量约占中国全部产量的 37.4%，东南地区约占 23.8%，东北地区约占 11.0%，三大集中产区合计为 72%。这一格局的形成，显示了中国水稻生产充分发挥出了地域资源优势，是当前和今后一个时期中国水稻生产的主要地区，也是发展优势农业的主要依托地区。依据中国资源条件和农业优势，水稻生产显示出一定的地域分布。但是，随着农业结构调整的持续深入，以及市场需求的不断变化，水稻生产发展了一些变化，这些变化引起了水稻布局的重新确立。

根据一项统计，长江中游地区是中国第一大水稻集中产区，最高年份曾占到全部水稻产量的 39%。但是，由于水稻收益的不稳定和结构调整的影响，水稻生产在全国中的地位多次出现下降，2005 年只有 37.4%。

东南地区是中国仅次于长江产区的第二大水稻集中产地，20 世纪 80 年代东南地区水稻产量占到全国水稻产量的 34.2%，但是，随后份额逐步下降，到 2005 年只有 23.8%，下降了 10.4 个百分点。

东北地区是中国又一个水稻集中产区，米质比较优良，口感好，是市场需求较大的品种。为了满足不断扩张的消费需求，东北地区不断扩大水稻种植面积，提高水稻产量，其水稻生产地位显著提升。2005 年东北地区水稻面积和产量在全国双减少的情况下独有增加，使其在全国水稻产量中的份额，从 1980 年的 3%，跃升到 2005 年的 11%。

西南地区是中国生态条件相对脆弱的地区，为了尽快消除粮食短缺的局面一直以来以发展水稻为主要目标，产量不断增加，在全国水稻产量中的份额逐步提高，从 1986 年的 21.9% 上升到 2004 年的 23.8%，最高时曾达到 26.6%（见表 5-3、表 5-4）。

表 5 - 3　　　　　　　　　　　　　水稻种植面积变化　　　　　　　　　　　千公顷

年份	全国	东北	冀鲁豫	长江	西北	西南	东南	京津	青藏
1990	33 065	1635	712	12 612	397	7435	10 194	80	0.8
1995	30 745	1737	700	11 664	367	7106	9098	72	1
2000	29 962	2680	780	10 960	430	7026	8034	50	1
2005	28 379	28 727	719	11 151	380	6967	6740	18	1
1990 年比 2005 年变化值	-4686	+27 092	+7	-1461	-17	-468	-3454	-62	+0.2

数据来源：《中国统计年鉴》（2006 年）。

表 5 - 4　　　　　　　　　　　　　水稻种植产量变化　　　　　　　　　　　万吨

年份	全国	东北	冀鲁豫	长江	西北	西南	东南	京津	青藏
1990	19 175	991	444	7263	239	4360	5828	50	0.3
1995	18 523	1029	477	6926	207	4295	5533	56	0.5
2000	18 790	1794	495	6603	299	4439	5135	24	0.6
2005	18 059	2011	507	6750	271	4315	5370	13	0.6
1990 年比 2005 年变化值	-1116	+1020	+63	-513	+32	-45	-458	-37	+0.3

数据来源：《中国统计年鉴》（2006 年）。

（五）小麦生产持续向冀鲁豫集中，东北、西北生产逐步萎缩

小麦是中国三大粮食作物之一，是重要的加工原料。目前国内的一些小麦品种，还不能完全自给，需要靠进口解决。为了解决此矛盾，通过农业结构调整，发展短缺品种，并依据资源条件，推动小麦集中生产。小麦主要集中于黄淮海的冀鲁豫地区，小麦产量约占全国的 20%。随着中国小麦生产布局的逐步调整，作为传统小麦产地的冀鲁豫在全国中的地位持续上升，其小麦产量从 1990 年占全国产量的 42.6%，提高到 2005 年的 55.7%。冀鲁豫小麦产量份额的提高，是在种植面积比重下降的情况下实现的，表明这个地区小麦的单产水平显著提高。另外，长江中游地区和西北地区有一部分的小麦生产，大约占到全部产量的 25.9%。冀鲁豫小麦产区的主要特点是产量稳定、品质较好，是国内小麦加工的主要原料产区。特别是用于生产饼干等的弱筋小麦，主要来自于这个地区。

长江、西北、东北和东南等地区的小麦生产，由于品质和市场的约束，加大了结构调整的力度，不但面积有所下降，而且产量也呈现减少趋势，整个小麦生产是一种萎缩的趋势。特别是从 1990～2005 年，东北地区小麦种植面积下降了

85.6%，产量减少了81.3%；西北地区小麦种植面积下降了35.3%，产量减少了21.0%（见表5-5、表5-6）。

表5-5　　　　　　　　　　　　　　小麦种植面积变化　　　　　　　　　　　　　千公顷

年份	全国	东北	冀鲁豫	长江	西北	西南	东南	京津	青藏
1990	30 753	1956	11 438	3703	6808	3256	3009	329	255
1995	28 860	1368	11 326	3401	6138	3541	2515	314	258
2000	26 653	785	11 349	3142	5371	3304	2242	243	218
2005	22 793	280	10 619	2906	4407	2496	1794	152	139
2005年比1990年变化值	-7960	-1676	-819	-797	-2401	-760	-1215	-177	-116

数据来源：《中国统计年鉴》（2006年）。

表5-6　　　　　　　　　　　　　　小麦种植产量变化　　　　　　　　　　　　　万吨

年份	全国	东北	冀鲁豫	长江	西北	西南	东南	京津	青藏
1990	9936	560	4229	1026	1884	883	1100	164	91
1995	10 222	354	4875	1097	1660	979	996	166	94
2000	9964	148	5304	972	1556	892	891	126	75
2005	9745	105	5529	1033	1488	688	764	74	65
2005年比1990年变化值	-191	-455	+1300	+7	-396	-195	-336	-90	-26

数据来源：《中国统计年鉴》（2006年）。

（六）北方玉米生产地位稳步上升，西北成为第三大玉米产地

玉米是中国第二大粮食品种，产量约占全部粮食产量的27.7%，是主要的出口大宗农产品和饲料加工原料产品，主要集中于东北和冀鲁豫地区，2005年两个地区玉米产量约占全国的57.9%。20世纪80年代以来，中国玉米生产发生了一些变化。西北地区玉米发展较快，已经成为国内第三大玉米产区，2005年该地区玉米产量占全国的20.8%。在全国玉米种植面积的增量中，西北地区的贡献份额高达44.2%，居第一位；东北地区玉米种植面积有所增加，增量贡献居第二位，达到了22.9%；其次是冀鲁豫，贡献率达到了21.8%。玉米产量的增加中，也是西北地区的贡献份额最大，达到了41%；其次是冀鲁豫的31.2%、西南地区的14.8%和东北地区的13.9%。玉米生产布局的变化，主要是农业结构调整和资源优化配置的结果，一些适宜发展玉米的产区集中度提高产量增加，另外一些不

适宜发展的地区，逐步调整和压缩了玉米生产，玉米生产集中度进一步地提高（见表 5 - 7、表 5 - 8）。

表5-7			玉米种植面积变化					千公顷	
年份	全国	东北	冀鲁豫	长江	西北	西南	东南	京津	青藏
1990	21 402	5753	6623	935	3254	3838	610	385	3
1995	22 776	6273	6943	1125	3544	3901	622	366	3
2000	23 056	5421	7094	1214	4127	4203	725	267	5
2005	26 358	6788	7917	1354	5276	4135	626	259	4
2005 年比 1990 年变化值	+4956	+1035	+1294	+419	+2022	+297	16	-126	+1

数据来源：《中国统计年鉴》（2006 年）。

表5-8			玉米种植产量变化					万吨	
年份	全国	东北	冀鲁豫	长江	西北	西南	东南	京津	青藏
1990	9882	3393	3041	294	1421	1255	272	205	0.9
1995	11 199	3516	3684	470	1630	1363	322	214	1.0
2000	10 600	2335	3537	569	1959	1745	353	100	3.0
2005	13 937	3979	4227	600	2889	1820	284	136	3.0
2005 年比 1990 年变化值	+4055	+586	+1186	+306	+1468	+565	+12	-69	+2.0

数据来源：《中国统计年鉴》（2006 年）。

（七）粮食主产区产量比重提高，主销区产量份额减少

中国按照地区粮食产量及需求量划分，一般可分为主产区、主销区和产销平衡区。[①] 中国政府大规模实施粮食生产扶持政策，不但促进了农业结构的调整，而且提高了粮食主产区的生产总量，增加了主产区在国内粮食供求平衡中的分量。根据一项统计资料测算，中国粮食主产区粮食产量呈现不断增长的趋势，份额不断提高。主销区粮食产量份额呈现持续下滑趋势。产销平衡区粮食产量份额略有提高（见表 5 - 9）。

从 1998 ~ 2005 年各区域的粮食生产轨迹来看，在 2003 年之前的粮食减产中，减产幅度最大的是主销区，幅度为 34.4%，其次为主产区，为 15.8%，最后是产销平衡区，为 6.5%。2003 年以后，增产幅度最大的是主产区，达到了 16.2%，

---

① 主产区包括：河北、内蒙古、辽宁、吉林、黑龙江、江苏、安徽、江西、山东、河南、湖北、湖南和四川等 13 个省；主销区包括：北京、天津、上海、浙江、福建、广东、海南 7 个省。其他为产销平衡区。

表 5 - 9 主产区、主销区和产销平衡区产量及结构变化

种 类	项 目	粮 食		
		1998 年	2003 年	2005 年
产量（万吨）	主产区	36 315.7	30 578.5	35 543.2
	主销区	5213.6	3417.7	3415.7
	平衡区	9700.4	9073.2	9443.3
结构（%）	主产区	70.9	71.0	73.4
	主销区	10.2	7.9	7.1
	平衡区	18.9	21.1	19.5

数据来源：国家统计局农调队，《中国农村统计年鉴》（1999 年、2004 年、2006 年）。

产销平衡区增产 4.1%，主销区是减产，减产幅度 0.1%。显然，粮食生产正在向主产区集中，到 2005 年，主产区粮食产量占全国比重达到了 73.4%。

二、区域性粮食综合生产能力的主要特征

改革开放以来，在农业几次大规模的战略性结构调整背景下，粮食的空间布局发生了根本性变化，主要粮食品种生产开始由分散生产向集中生产转化、由劣势产区向优势产区转化，开始呈现非区域性生产向区域性生产转化。从表象上看，粮食综合生产能力是粮食生产资源（耕地、水等）、粮食种植效益、农业基础设施、粮食生产投入、相关粮食政策、农民受教育程度、科技进步作用以及自然灾害等综合作用的结果。但是，实质上，区域性发展粮食的资源整合能力是否强大，也就是把这些要素转化为现实粮食产出能力的强弱。转化能力强，粮食的现实生产能力就强，否则就弱。从中国目前区域性粮食综合生产能力看，具有以下几个主要特征。

（一）现实产量和潜在产量高，专业化生产优势明显

体现中国粮食集中产区的区域性粮食综合生产能力的最主要标志就是，粮食的现实产出水平较高，总量贡献大，且商品率较高，通常都能够在全国粮食产量中占有重要位置。同时，粮食的潜在产出水平也高于其他地区。现实粮食生产能力是指，只要投入劳动力、土地、水资源、资金、科技、机械、种子等资源要素，就可以获得比较稳定的产出。假设资源要素供给无限、投入不断，粮食的生产能力就可以持久下去。显然，目前几大集中产区粮食综合生产能力的现实产出水平，已经超出了全国其他地区，并且正在得到充分的发挥。拥有区域性粮食综合生产能力，就

必须拥有现实的粮食产出能力。

潜在的粮食综合生产能力则是指，通过各种宏观调控手段，增加资源要素投入，利用先进适应技术如生物工程技术、转基因技术等，将蕴藏的粮食生产能力，转化为现实的生产能力。它是在粮食市场出现供不应求时，以合理配置的资源要素投入于粮食生产，使潜在的生产能力迅速转化为现实的粮食产出。这种潜在的粮食生产能力，往往是以储备的形态出现。

在目前中国几个主要粮食生产区域来看，都具备了潜在的粮食生产能力，而且，只要国家投入必要的资源要素，包括资金、技术，就能够较快的将潜在的粮食生产能力转化为现实的生产能力。特别是东北地区、冀鲁豫、长江流域，是中国现实和潜在粮食生产能力的集中蕴藏地区。

不仅如此，集中生产发挥区域优势，正是体现现实生产能力和潜在生产能力的最好途径。目前，东北地区、冀鲁豫和长江流域地区等，已经基本实现了区域化生产，并成为未来中国建立粮食主要品种生产带的核心地区。国家近几年投入大量的财力物力，以支持这些地区集中发展具有优势的粮食品种，正是强化这些地区现实生产能力，培育和储备潜在生产能力的重要举措，已经收到很好的效果。尤其是这些地区的专业化生产水平较高，已经基本实现了区域性粮食生产几大优势的组合化发展。保证粮食种植面积，应用科技手段，实施农业机械化等措施，都充分展示了这些地区的现实粮食生产能力。

（二）资源优化配置能力强，劳动生产效率较高

中国粮食主要产区的粮食综合生产能力较强的一个重要特征是，集中动员各种资源要素的能力较之其他地区强。包括资金投入、耕地数量、机械化程度、农田水利设施、科技投入、化肥施用水平等资源总量，在配置使用方面发挥出较强的产出能力。粮食生产能力是影响粮食生产各种因素的最佳配置所形成的期望产出能力。目前中国粮食主要产区的东北地区、冀鲁豫、长江流域等产区的资源动员能力较强，也就是粮食生产的投入总量要远远大于非主要产区。农田有效灌溉面积、农业机械化总动力、化肥施用总量、劳动投入，以及劳动者素质等综合性资源因素投入的水平，基本上超过了全国的平均水平。

由于农业资源配置比较合理，投入份额较高，因此，产出水平也比较显著（见表5-10至表5-13）。其中，东北地区稻谷平均产出水平超过全国平均水平的18.5%，玉米平均产出水平超过全国平均水平的12.6%；冀鲁豫小麦的平均产出水平超过全国平均水平的20.1%；东北地区劳动生产效率是全国平均水平的2倍。

表 5 - 10　　　　　　　　**2004 年主要产粮区域农田基本建设情况**

	有效灌溉面积占耕地面积比重（%）	旱涝保收面积占耕地面积比重（%）	机电灌溉面积占耕地面积比重（%）	每千公顷农机总动力（千瓦）
全国	44.5	32.4	29.5	5229
东北地区	25.3	15.8	24.7	2296
冀鲁豫	61.9	47.8	55.6	9514

数据来源：《中国农村统计年鉴》（2005 年）。

表 5 - 11　　　　　　　　**2004 年主要产粮区域农资施用水平**

	每千公顷耕地农用化肥施用量（万吨）	每千公顷耕地农膜使用量（万吨）	每千公顷耕地农用柴油使用量（万吨）	每千公顷耕地农药使用量（万吨）
全国	356.6	12.9	139.9	10.7
东北地区	195.5	8.2	85.2	5.5
冀鲁豫	544.1	23.5	226.0	14.6

数据来源：《中国农村统计年鉴》（2005 年）。

表 5 - 12　　　　　　　　**2004 年主要产粮区域农业投资**

	家庭经营费用现金支出（元）	购买生产性固定资产支出（元）	农村固定资产中农业投资额比重（%）
全国	788.5	106.4	10.9
东北地区	1297.9	195.4	31.2
冀鲁豫	887.3	117.8	12.7

数据来源：《中国农村统计年鉴》（2005 年）。

表 5 - 13　　　　　　　　**2004 年主要产粮区域产出率水平**

	劳动生产率（公斤/劳动力）	稻谷（公斤/公顷）	小麦（公斤/公顷）	玉米（公斤/公顷）
全国	1518	6130.6	4251.9	5120.2
东北地区	3190.6	7262.4	3510.5	5767.3
冀鲁豫	1467.7	6661.2	5106.6	4948.6

数据来源：《中国农村统计年鉴》（2005 年）。

（三）规模化发展基础较好，集约化经营势头强劲

中国区域粮食综合生产能力较高的另一个显著特征是，由于土地规模较大，具有发展规模化经营的基础和条件，因而能够形成更高的产出水平，取得更好的投入

产出效益。目前，在土地数量相对丰富的地区，甚至在土地不是很丰富的地区，已经出现了规模化经营，并带动了粮食生产的区域化和专业化（见表5-14）。不仅如此，规模化经营还带动了传统粮食增长方式的转变，加快了粮食生产现代化建设步伐。各类粮食生产机械的广泛应用，生产设施配套的推广，功能齐全的机电排灌设施的投入，以及配套的农田水利工程体系等，都在很大程度上促进了粮食生产的集约化进程。比如，规模化发展较快的东北地区国有粮食生产系统，用世界最先进的农业机械武装农业，使粮食生产向集约农业、现代农业迈出了重要一步，创下了中国农业最高的劳动生产率，人均生产粮食15吨。同时，先进的大马力拖拉机在保护性耕作、节约能源等方面具有独特的优势。此外，国有粮食生产系统近年来还重点推广应用了土壤深松、精密播种、秸秆还田等20多类100多项农机新技术，彻底改造了传统的农业生产方式，并为农业的规模化、标准化、产业化生产创造了条件。农业机械化的广泛应用，使提高粮食品质在粮食产区成为现实。

表5-14　　　　　　　　　2004年主要产粮区域土地资源状况

	耕地总量（千公顷）		劳动力总量（万人）		劳均耕地（公顷/人）
	绝对值	比重	绝对值	比重	
全国	130 039	100.0	30 596.0	100.0	0.40
东北地区	21 526	16.6	1888.6	6.2	1.14
冀鲁豫	22 683	17.4	7015.1	22.9	0.32

数据来源：《中国农村统计年鉴》（2005年）。

（四）科技进步作用明显，技术贡献水平大

中国区域性粮食综合生产能力高的重要标志是，科技进步的作用日益增加，适用技术逐步推广。稻谷、小麦、玉米的各类科技攻关和技术集成，实现了粮食产区的高产和超高产。东北地区主要粮食集中产区，坚持自主创新、集成创新和引进消化吸收再创新，加快农业科技进步，农业科技成果转化率达82%，农业科技贡献率达65%，比全国平均水平高出20多个百分点。各类栽培技术的应用，实现了粮食的稳产高产。目前，国有粮食生产系统实行模式化栽培，就是一种集成创新，为粮食的不断增产作出了巨大贡献。模式化栽培，就是由农业专家将许多先进的农业技术综合组装起来，形成一套种植模式。农户只要严格按照这个模式种地就能获得高产，避免了面对多种农业新技术不知怎样使用或使用不当的情况。同时，国有粮食生产系统在农业生产过程中引入了工业化生产理念，即农业标准化，也就是在农业生产的各个环节上都做到制定标准、按标准实施。突出以服务为核心，强化

"统"的功能。目前，国有粮食生产系统已经组成粮食生产的科技大军，构建起庞大的科技推广网络和服务体系，达到了科技人员直接到户、科技要领直接到人、科技成果直接到田的效果。

三、影响区域粮食生产能力的因素分析

（一）粮食生产资源越来越短缺

耕地和水资源不足，是影响区域性粮食生产能力的最主要资源性障碍。因为，粮食生产是土地密集型产业，粮食又是需水型产品，粮食生产危机首先源于耕地面积难以遏止的减少趋势和水资源的不足，所以，粮食生产危机必然带来粮食不安全，就是说耕地、水资源的不足必然影响粮食安全。

中国是一个资源约束型国家。粮食是土地、水资源密集型产品，发展粮食就意味着占用并消耗较多的资源，尤其是占用并消耗较多的耕地和水资源。资源不足既制约和影响粮食生产，也制约农民调整农业结构。

根据1996年耕地普查数据，中国拥有耕地资源实际为13 003.9万公顷（约合19.5亿亩），虽然比早期的统计数字有所增加，但仍是一个耕地不足的国家。目前中国人均耕地水平仍居世界低水平，不及世界平均水平的47%，并且呈现出以下几个特点：（1）耕地分布极为不均衡。人均耕地大于0.13公顷的12个省（区）主要分布在东北和西北。南方四省（广东、福建、江苏、浙江）和北京、天津、上海人均耕地不足0.067公顷。全国有将近1/3的县人均耕地低于0.053公顷。（2）耕地质量不高。长江流域及其以南地区，水资源量占全国的80%，但耕地仅占全国的38%。淮河流域及其以北地区，水资源量不足全国的20%，耕地却占到全国的62%，属于严重的错位分布。现有耕地中，有607万公顷属于25度以上的坡耕地。由于耕地自然分布的缺陷，全国有水源保证和灌溉设施的耕地，只有5237万公顷，不到40%。（3）耕地退化严重。受荒漠化影响，中国干旱、半干旱地区，40%的耕地不同程度退化。全国有30%左右的耕地，不同程度的受水土流失危害；四是耕地负荷率较高。据统计，中国耕地的垦殖率平均为14%，北方地区高达32.6%。而世界耕地垦殖率只有11%。这种状况不利于耕地的休养生息和培肥地力。

未来中国耕地资源也难以实现动态平衡。根据有关部门测算，到2030年，中国耕地供需形势不容乐观。据国土资源部门预测，有三项因素造成耕地减少：一是

生态环境建设中的退耕，预测为 755.3 万公顷；二是独立工矿和能源、交通、水利建设及城市占用约为 732 万公顷（过去 1986~1995 年的 10 年中，中国净减少耕地 500 万公顷，相当于日本耕地面积的总和）；三是农业结构调整和灾害损毁约为 583.3 万公顷。三项共计减少 2070 万公顷。有三项增加耕地的因素包括：一是土地整理增加耕地 666.7 万公顷；二是土地复垦增加耕地 200 万公顷；三是土地开发增加耕地 520 万公顷。合计增加耕地 1386.7 万公顷，增减相抵，缺口 683 万公顷。所以，尽管我们拥有动员耕地资源，进行空间使用上的配置能力，但却因为不能获得足够的耕地总量供给支持，导致提高粮食生产能力，发展粮食生产，保障国家粮食安全受到影响。

除此以外，城市化发展对土地的大量占用，必然加剧粮食生产的资源短缺局面，尤其是粮食主产区推进城市化进程，将在很大程度上削弱粮食增产能力的提高。根据一项调查，2004 年江苏省建设占用土地总量达到了 181 万公顷，其中城市建设占地比重高达 82%。1996~2004 年的 9 年间，江苏省建设用地新增 35 万公顷，其中占用耕地 20 万公顷，平均每年建设占用耕地 2.2 万公顷。根据建设用地规模和社会经济发展各因子之间的定量分析，每增加 1 亿元的国内生产总值（GDP），大约需要占用 22.2 公顷土地。据此推算，到 2010 年江苏省将需要新增建设用地 17 万公顷，到 2020 年将新增建设用地 49 万公顷，其中 80% 为城市建设用地。显然，土地资源不可避免的被占用，已经成为制约中国区域性粮食生产能力提高的一个主要因素。同样的，作为粮食紧缺省份的浙江省，随着社会经济发展，城市化建设占用耕地面积越来越大。1997~2004 年城镇新增建设用地 5.79 万公顷，其中占用耕地比重高达 77.5%。

除耕地紧缺外的另一大制约因素是水资源短缺，而且制约力已经超过耕地上升到第一位。一项研究表明：世界上 30%~40% 的粮食产自灌溉农田，今后 30 年中，发展中国家 70% 的粮食必须产自灌溉农田。有许多国家因为贫困、人口增长和水资源利用手段有限等因素影响，保障粮食安全困难重重。人们已经普遍认为，应当把水资源当作一种国际公共宝藏。

从国内水资源情况看，根据数据分析，中国水资源短缺状况有进一步恶化的趋势，并且呈现出以下几个特点：（1）水资源总量不足。来自有关部门的数据表明，中国人均水资源不足 2200 立方米，仅为世界人均水平的 1/4，而且时空分布不均，南方水多北方水少。全国有一半地区年降雨量低于 400 毫米，属于干旱、半干旱地区。根据 1997 年联合国可持续发展委员会审议的《全面评估世界淡水资源》报告中的标准对照，中国有 1/4 的地区属于严重缺水，1/10 的地区低于起码生存线（联合国划定，人均占有水资源量 2000 立方米为严重缺水边缘，1000 立方米时为人类生存起码标准）。到 2030 年前后，中国可用水量可能达到极限值，有可能发生资源型水危机。当人口达到 16 亿人，人均水资源量将比现在还减少 1/5，仅为 1750 立方米，其中黄淮海流域人均水资源量仅为 390 立方米。届时中国将成为严重缺水国。（2）农业用水需求量较大。中国基本上是灌溉农业，全国 75% 的粮食、90% 的经济作物依靠灌区生产，每年需要灌溉用水 4000 亿立方米，仍有 2670 万公顷耕地因旱受灾，灌区每年缺水 300 亿立方米。到了 2030 年，农业用水总量将达到 6000 亿立方米。（3）水资源分布不均衡。中国水资源主要集中在南方，北方不到 20%。造成北方用水紧张和地下水资源的过度开采。据测算，黄淮海平原是中国主要的商品粮基地，但整个流域缺水严重，供需缺口率高达 6% ~ 17.2%。其中，冀鲁豫每亩耕地水资源量为 274 立方米，东北地区每亩水资源量为 486 立方米，为全国平均水平的 1/5 和 1/3。而超过 5% 就会严重影响经济社会发展和生态环境。（4）农业用水方式极为落后。到现在农业灌溉用水多数仍沿用传统的土渠输水、大水漫灌的方式，加上工程不配套、老化失修、管理粗放，使得单位水资源产出效益低下。据计算，中国单方用水生产的粮食只有 1 公斤，而发达国家为 2 公斤。目前的灌区有效灌溉面积只达到设计面积的 75%，中低产田占 1/3。水资源短缺和利用方式的落后给粮食生产带来严重损失。例如，山东省曾因黄河断流，使当年粮食减产 270 万吨，减产的粮食能够供给 900 万人需要。即便是水资源比较丰富的地区，也存在着利用方式不科学而导致的浪费，加剧了整个水资源的紧缺程度。联合国粮农组织认为，水资源是粮食保障计划的关键因素（见表 5 – 15）。

表 5 – 15　　　　　　　　　　各区域水资源状况

	水资源量（亿立方米）	人均水资源量（立方米/人）	单位土地水资源量（立方米/亩）	单位耕地水资源量（立方米/亩）
全国	27 741.3	2147	195	1499
东北	1551.1	1446	131	486
冀鲁豫	904.6	354	118	274
长江区	5008.7	2147	474	1943
东南区	4625.8	1776	563	2492
西北区	2228.1	1536	41	587
西南区	8346.6	3348	408	2363

数据来源：《中国农村统计年鉴》（2005 年）。

　　耕地和水资源不足的刚性约束，足以构成中国在发展新阶段，提高粮食区域性综合生产能力的关键性"障碍"。

（二）体制性障碍约束至今存在

目前中国家庭小农经营组织方式，是提高粮食生产能力必须面对的基本事实。因为土地规模狭小，既不利于发展粮食生产，提高粮食商品率和扩大规模化生产，也不利于提高粮食生产效率，更不利于复杂先进适用技术的推广应用和农民收入的提高。它放大了"国家粮食安全"问题，缩小了"提高粮食能力"的可能性，因而成为提高粮食区域性生产能力的最主要和最根本的制度性约束。

中国 20 世纪 70 年代末施行农村家庭联产承包制的一个显著特点是，土地等生产资料划归分属于农户。全国 2.6 亿农户，平均每户拥有耕地 0.56 公顷，粮食主产区的农户家庭土地拥有规模情况稍好（见表 5-16）。

表 5-16　　　　　　　　2004 年各区域人均土地情况　　　　　　　　亩/人

	土地面积	农用地	耕地
全国	11.1	7.6	1.4
东北地区	11.1	9.2	3.0
冀鲁豫	3.0	2.2	1.3
长江区	4.5	3.7	1.1
东南区	3.2	2.6	0.7
西北区	37.5	22.2	2.6
西南区	8.2	6.9	1.4

数据来源：《中国农村统计年鉴》（2005 年）。

如此微小的耕地等资源拥有水平，决定了目前中国农户只能采取家庭小农式的经营方式。这种小农家庭经营组织方式，适合当时中国农业生产的特点和不同层次的生产力水平，对于农民由食不裹腹转向温饱有余的确是灵丹妙药，但在中国农业发展已经进入一个新的阶段后，越来越显示出它的不适应性，对于商品性农业的发展并非是最佳制度选择。显然，承包政策对农业生产力所产生的效应已到末期。与农业现代化国家相比，无论是在规模上，还是在劳动生产率上，以及适应市场的能力上，都远为落后，集中表现为生产成本高、交易成本高、产品竞争力低、农民收入率低。

1. 不利于提高农业竞争能力

在市场经济条件下，效益是检验农业发展的最终标尺。农业效益的状况，取决于农业竞争力的状况。相对于发达国家，当前中国粮食价格高、成本高的问题，已经比较突出，这在相当程度上，导致了中国粮食的竞争力不强。加入 WTO 以后，随着国际竞争国内化、国内竞争国际化的迅速发展，如何提高粮食的国际竞争力，成为当务之急。

2. 农户难以适应并进入市场

让为数众多的分散农户直接进入市场，无法回避交易成本高的问题，而始终处于弱势地位的农民，更显得小农家庭经营局限性的突出。特别是中国粮食主产区的农户，进入市场的成本更高。

3. 不利于农业特别是资源性农业发展，限制了粮食等生产的盈利能力

农业现代化国家所走过的历程表明，只要拥有足够数量的农业资源如耕地，发展粮食等资源性产品一样可以通过降低生产成本、提高劳动生产率来获得较高的经济收益。因为粮食比较利益虽低，但规模效益高，同样可盈利。如美国家庭农场，平均每户家庭拥有的耕地大约数千公顷。如此数量的耕地，为农户实施大规模机械化、电气化，甚至卫星遥感测量技术，提供了必不可少的条件，大大降低了单位产品成本，提高了每户每人的劳动生产率，从而增强了市场竞争力和市场强势地位，为农户获取丰厚利润提供了安全保障。

反观中国家庭小农经营组织，无论是耕地数量，生产手段，经营方式，经营理念，市场应变能力，经济收益等诸多方面，都还处于传统、落后的状态。原因就在于它的小农经营方式。在此情况下，即使对所有的农产品都实行价格保护，或大幅度提高农产品收购价格，一个农民一年无非就是增加几十元的收入，不可能带来相对较高的收入水平，还会影响农户发展粮食生产的积极性。

从区域角度分析看，东北地区是最有条件实现规模化经营的地区，也是中国现在和今后主要的粮食资源供给区。但是，由于受到家庭经营规模狭小的制约，尽管粮食总产量较大，分散到每个家庭的产量就显得很小了。同样的，在冀鲁豫、长江流域、东南、西南西北，小规模经营依然是粮食生产的主要形式。而这恰恰是提高区域性粮食生产能力的致命因素。

所以，区域粮食生产能力提高的过程，实际上是在"政策变量"中增强"改革内涵"力度，彻底变革家庭小农经营组织方式的过程；是发展粮食规模经营、降低生产成本、提高劳动生产率、增强市场竞争力、获取粮食收益的过程；也是一个发展商品农业的过程。要顺利完成这一过程，必须克服来自小农家庭经营的"制度性障碍"制约。

（三） 流通体制不完善

提高区域性粮食生产能力，在很大程度上取决于粮食的流通体制和粮食市场发育、交易活跃与否。因为，区域性粮食能力提高的结果，除了能够获得更多的粮食以外，更重要的是要能够将产出的粮食运往需要的地区。这就需要具备完善通畅的流通渠道，充满活力的市场交易。从中国目前来看，以粮食为主的农产品流通市场，无论是它的方向、主体、管理，还是规模、档次、规则、布局、手段等都不适应区域性粮食生产能力提高的要求。

1. 目前的粮食流通主体还不是市场化和竞争性的

从现在的情况来看，重要的收购环节和进出口环节，还没有形成多元化和竞争性的主体。这就使得粮食主产区发展粮食的利益，在市场流通环节得不到保障。同时，缺乏粮食流通主体，也使农民难以直接进入市场，或进入市场后，利益不能保证。整个培育和发展新型粮食流通主体的工作滞后。

2. 还没有健全统一、开放、竞争、有序的粮食市场体系

粮食市场体系包括有形的市场，也包括相应的市场规则与制度。但从目前来看，中国粮食市场发育还比较落后，不能适应国家建立粮食安全战略的需要，也不适应通过粮食市场交易进一步激发粮食主产区发展粮食的积极性。而完善的统一市场，正常发挥功能的开放经营，公平交易下的市场竞争，规范的制度化管理，以及国家宏观调控的可靠依托，这些正是粮食市场体系所追求和应具备的。

3. 政府调控下的市场形成粮食价格机制不健全

粮食价格机制（包括价格形成机制和管理体制），是粮食流通体制和运行机制的基础和核心。而目前中国粮食市场价格形成，很大程度上还存在着人为的痕迹，市场供求决定价格水平和高低，只是在一定程度上适用，还没有扩展到整个粮食市场领域。因此，不利于粮食主产区农民获得正当的参与市场竞争和获利的权利，影响到这部分农民的生产积极性。

中国粮食流通体制存在的诸多亟待解决的问题，造成粮食在全国范围、地区范围的流通不畅，在很大程度上制约了粮食市场的正常交易和粮食市场的发育完善，给我们进一步提高粮食生产能力增加了难度，特别是主产区粮食生产能力的提高，往往会因为流通环节的制约而受到限制。

（四）经济效益不明显

种种迹象表明，提高粮食生产能力所进行的生产活动，是非常具体和现实的。20多年来，为了提高中国的粮食安全，增强粮食生产能力，粮食生产已经从主要依靠活劳动投入，转向依靠资金物质技术投入。生产方式的改变，大大提高了粮食总产出水平，但同时也增加了成本，且一直居高不降。与此同时，粮食市场价格又进入波动状态。到目前为止，中国粮食市场价格已经在2004年的高位状态中，显现出回落的趋势。这种趋势还没有显示出止落的苗头（见表5-17至表5-19）。

表5-17　　　　　三种粮食产量和生产成本变化比较

年份	三种粮食			稻　谷			小　麦			玉　米		
	1990	2004	增长(%)	1990	2004	增长(%)	1990	2004	增长(%)	1990	2004	增长(%)
亩产量(公斤)	334.0	404	20.9	414.0	451	8.9	230.0	340	47.8	358.0	424	18.4
物质费(元)	83.4	200	140.0	98.6	226	129.0	79.4	200	152.0	72.1	174	141.0
总成本(元)	144.0	396	175.0	169.0	455	169.0	128.0	356	178.0	131.0	376	187.0

表5-18　　　　　中国主要粮食品种批发市场价格变动　　　　　　　　　元/吨

	大　米	小　麦	玉　米
1996年	2635.0	1839.0	3147.0
1999年	2032.0	1366.0	2177.0
2006年	2429.0	1460.0	1329.0
1996~2006年变化值	-206.0	-379.0	-1818.0
1990~2006年变化率（%）	-0.8	-2.3	-8.3

表5-19　　　　　主要粮食品种每亩成本利润率变动　　　　　　　　　%

年份	1990	1994	1999	2000	2001	2002	2003	2004
稻谷	56.2	106.2	17.8	12.5	20.3	9.0	17.0	62.7
小麦	21.0	38.6	-3.4	-8.1	-8.5	-15.4	-8.9	47.7
玉米	35.6	83.8	3.32	-2.1	19.6	8.8	18.1	35.9

数据来源：《全国农产品成本收益资料汇编》（2005年）。

　　粮食生产成本增加价格下降最直接的结果是，粮食的成本利润率强烈波动。根据一项统计测算：1990 年中国三种粮食（稻谷、小麦、玉米）每亩成本利润率为39.4%，1996 年提高到 40.1%，最高时的 1994 年达到 79.7%，此后直线下降，2000 年每亩成本利润率为 - 0.9%，2001 年为 11.25%，2002 年为 1.3%，2003 年为 9.1%，到 2004 年跃升到 49.7%。

　　从各年统计数字看，三种粮食中小麦每亩成本利润率的波动幅度最为剧烈，在1994 年达到峰值以后，连续的负值，直到 2004 年才回升到正值水平（见表 5 - 20至表 5 - 22）。玉米虽然出现负值的年份只有一年，但是，从 1990～2004 年间，每亩成本利润率基本保持不变，考虑到物价变动因素，实际投入产出效益是负数。稻谷每亩成本利润率虽然没有呈现负值，但是，增长幅度并不显著，1990～2004 年只增加了 11.6%。

表 5 - 20　　　　　　　　部分产粮地区粮食（稻谷粳稻）成本收益表　　　　　　　　　　%

年份	河北	辽宁	吉林	黑龙江	江苏	浙江	安徽	云南	新疆
1999	43.7	60.8	68.4	56.7	50.1	44.0	74.1	40.3	50.3
2001	13.6	61.7	69.6	54.6	79.5	73.0	48.1	42.1	51.8
2004	86.9	65.6	86.4	80.5	85.9	104.2	60.4	31.9	64.5
变化值（2004 年较 1999 年）	43.2	4.8	18.0	23.8	35.8	60.2	- 13.7	- 8.4	14.2

数据来源：《全国农产品成本收益资料汇编》（2005 年）。

表 5 - 21　　　　　　　　部分产粮地区粮食（小麦）成本收益表　　　　　　　　　　%

年份	河北	山东	河南	江苏	安徽	四川	陕西	新疆	甘肃
1999	41.4	17.6	32.9	30.7	41.8	- 11.5	- 10.5	30.3	0.65
2001	16.9	13.2	42.5	25.5	27.1	- 28.6	7.1	44.5	0.90
2004	49.5	57.0	104.8	68.0	60.1	4.7	27.0	40.3	- 5.50
变化值（2004 年较 1999 年）	8.1	39.4	71.9	37.3	18.3	—	—	10	—

数据来源：《全国农产品成本收益资料汇编》（2005 年）。

表 5 - 22　　　　　　　　部分产粮地区粮食（玉米）成本收益表　　　　　　　　　　%

年份	河北	辽宁	吉林	黑龙江	山东	河南	内蒙古	山西	四川
1999	57.9	24.9	27.4	24.9	28.3	45.9	18.0	1.2	- 0.9
2001	47.7	54.1	24.3	41.9	75.4	54.6	48.9	23.8	- 18.4
2004	62.1	34.0	15.0	30.6	74.3	73.7	23.7	48.5	47.9
变化值（2004 年较 1999 年）	4.2	9.1	- 12.4	5.7	28.4	27.8	5.7	47.3	—

数据来源：《全国农产品成本收益资料汇编》（2005 年）。

显然，对于粮食生产者来说，必须有高于成本费用的收益，才会从事粮食生产。当粮食生产利益下降无利可获时，一方面促使更多的粮食生产者到非粮食产业或非农产业领域谋生；另一方面种粮劳动力就会减少耕作面积或减少粮食投入，使粮食生产规模保持在仅仅能够满足家庭需要的水平上。

今后，中国粮食生产成本上升趋势还将存在，粮食收益增长空间非常有限，这将非常不利于提高中国区域粮食生产能力。

（五）区域分工不协调

提高中国区域性粮食生产能力，主要是提高粮食主产区的生产能力。但是，按照资源禀赋差异、比较优势与分工协调原则，划分的粮食主产区和粮食主销区，由于存在经济利益获取的不平衡，已使提高粮食主产区生产能力遇到重重阻力。

目前，粮食比较效益低是一个不争的事实。粮食市场放开，流通环节的逐步理顺和通畅，也在一定程度上增加了粮食主产区的经济压力。因为，主产区粮食生产外流越多越吃亏，这就把粮食流通贸易关系，转为明显的产销双方利益的得失关系。集中表现为粮食利益在主产区和主销区的分配过于失衡，产区利益在生产与流通环节中流失严重。区域分工间的利益分配关系，成为比分工协作本身更为棘手的深层次问题，从而也成为提高中国区域粮食生产能力所要面对的问题。

众所周知，粮食是集自然风险和市场风险于一身的重要农产品。同时，粮食又是各种资源要素如水、土地、资金、劳动、技术、教育等综合投入的产物。获得粮食就意味着在上述诸风险并存中投入这些综合要素，甚至包括非资源性要素投入等，提供它相应的生长环境。谁发展粮食生产，谁就要承受各种风险，投入各种生产要素。在实行粮食区域分工中，随着粮食这种低价商品的输出，投入者抑或是主要投入区的经济利益就会随之流失，输出越多流失越多。

由于在粮食主产区存在着各种利益矛盾，使得依靠市场调节区域供需平衡，实现区域分工协作，呈现出明显的脆弱性和相当的不稳定性。这种状况，不利于中国建立一套强有力的粮食安全体系，更不利于提高粮食主产区的生产积极性。

（六）大宗粮食品种竞争力弱

提高中国区域粮食生产能力，遇到的最大的外部不利因素是，大部分粮食在国际市场上的竞争力偏弱。这种状况，对于粮食主产区的东北尤其不利。

改革开放打开国门，使我们必须面对日益激烈的国际竞争市场。作为中国大宗出口的粮食产品，要在国际市场中提高竞争力，扩大贸易出口规模，就必须发挥比较优势，尤其是加入 WTO 以后。根据有关部门测算，中国粮食品种中的中籼稻、晚籼稻和粳稻生产，具有一定的比较优势，玉米处于明显劣势，小麦和早籼稻生产已处于利益均衡点，不具出口优势。

实证分析表明，中国粮食比较优势变动，主要受国际市场价格、土地产出率、生产成本、国内价格等综合因素的影响，但各因素对不同粮食品种的影响程度不一样。其中，稻谷比较优势主要与国际市场价格变动有关；小麦比较优势与土地产出率有关；玉米等更多的受生产成本影响。而价格则对所有品种都有影响。过去，政府在粮食短缺时实施的以提高价格为主的宏观调控政策，已使国内粮食等农产品的价格水平居于较高位置，已经超过国际市场粮食价格约 30% ~ 70%。由于高位价格水平，中国粮食比较优势逐步丧失，出口竞争力大大降低。而国际市场粮食不但产品品质优于中国，而且交易价格也低于中国，致使中国在粮食出口方面处于被动局面。

预计今后中国粮食生产的比较优势将进一步下降，尤其是玉米和小麦，大米的优势将被削弱。在此情况下，中国一方面要根据已签署的有关协议，允许外国粮食大量进入。根据一项统计，山东、四川、深圳已订购美国玉米 6 万吨，中国玉米贸易形势逆转已不可避免，很可能不用几年，中国将成为玉米净进口国。很有可能重蹈大豆覆辙。另一方面中国又有大宗粮食，由于比较优势丧失而难以出口，不得不转向国内寻求市场，从而影响到粮食主产区的生产，打压农民生产积极性。这已经不仅仅是提高区域性粮食能力的问题，而是整个国内粮食生产能否持续的问题。

这种局面目前来看，可能有利于粮食主产区休养生息，适度调整产区粮食生产目标，但是从深层次上看，过多的粮食进入，不符合中国实现储备粮食综合生产能力的战略方向。(1) 不利于市场价格回升。在国内粮食市场出现阶段性、结构性过剩的时候，超量进口粮食，只能是继续打压国内粮食市场价格回升的势头。(2) 不利于保护耕地资源。粮食大量进口，必然挤压国内粮食生产，容易出现农民抛荒撂荒现象，或造成耕地改为非农用地逾越"红线"的行为发生。如果不加以控制，势必使粮食生产失去耕地等资源要素的保障。(3) 弱化国内粮食生产能力。粮食过度进口，会提高国内粮食进口依存度，削弱通过资源转换获取粮食的能力，冲击国内市场。如玉米每年进口 450 万吨，就会替代东北玉米主产区 1/3 的产量。(4) 增加财政负担。大量进口粮食，需要增加仓储、交通、港口等设施，加大各项财政费用支出。

（七）种粮主体生产积极性不高

提高中国区域粮食生产能力，面临的一个较大制约因素是地方政府和粮农的生产积极性问题。粮食主产区的地方政府和农户实际上都是"经济人"，两者的种粮积极性都取决于种粮收益和成本的比较。如果不考虑政治和社会因素，纯粹从经济角度考虑，地方政府发展粮食生产的积极性不高。本级地方政府从粮食生产中汲取的财政收入减少。原因是，农业税减免政策，导致地方财力吃紧。此外，农村税费改革，尽管有中央财政的转移支付，但低于农业税减免额，农业税收入净减少。发展粮食生产增大地方政府本级财政支出压力。主要是本级农口系统行政、事业单位人员的人头费和办公费，以及本级发展粮食生产的水利建设等支出，上级农业综合开发项目的配套资金，上级扶贫项目的配套资金，上级粮食风险资金项目的配套资金，"三补"的配套资金。发展农业不如发展工商业。无论是从财政收支的角度考虑，还是从 GDP 增长的考虑，抑或是从政绩考虑，地方政府发展工商业的积极性都要高于发展农业的积极性。与此同时，农民种粮的积极性提高，但是后劲不足。从不同的时期纵向比较，农民种粮的积极性提高，主要原因是，粮食直补、良种补贴、农机具购置补贴、农业生产资料价格综合补贴；农村税费改革；粮食价格上涨，并实行最低收购价制度。但由于粮食比较效益较低，不同产业的横向比较，粮食显然处于不利地位。因此，农民的种粮积极性后劲不足。实际情况也是如此，务农种粮不如打工、不如种经济作物。加上化肥、农药、燃油等生产资料价格上涨，粮食涨价收入被抵消。当然，种粮劳动者的数量减少，种粮劳动者的素质下降，给粮食生产也带来了不利影响。外出打工增加导致"老人"农业、"妇女"农业，种粮劳动力素质普遍不高，新技术推广应用受到影响，大多数农民是凭经验种田。

（八）　相关制度约束力增加

新形势下提高中国区域粮食生产能力，还面临着诸多制度方面的约束，这些约束力较强的因素，在很大程度上是削弱了粮食生产能力的提高。其中包括：财政制度使资金使用效率不高。支农资金投入结构不尽合理。支农支出中，直接用于流通环节的补贴过高，用于建设性的支出比重不高、用于农民可以直接受益的中小型基础建设的比重较小，一些关系农业发展全局的基础性、战略性、公益性项目，如农业品质改良、重大病虫害控制、社会化服务体系等缺乏足够的投入保障。

1. 支农资金管理体系不完善

主要是财政支农投入高度依赖上级政府，地方财政连"吃饭"都不能保证，很难再向经济效益相对较低的农业追加投入；支农支出实行分块管理，因而不同程度地存在条块分割、相互之间不协调、重复投入，力量分散，有限的资金不能形成合力；财政支农资金使用监督机制有待完善。金融制度使资金投入不足。（1）邮政储蓄系统只存不贷，取走了农村本已有限的资金，实际是在"抽血"；（2）商业银行在农村没有分支机构，不可能为农村粮食生产"输血"；（3）政策性银行的资金投向受到严格限制，也不可能为直接粮食生产提供很多资金支持；（4）农业保险在农村基本是空白，粮食生产风险基本由农户自己承担；（5）现在真正为粮食生产提供直接金融服务的只有农村信用社，但信用社同样存在严重的"离农"倾向。其结果是农户特别是种田大户资金短缺。粮食生产社会化服务体系不健全。

2. 生产领域的社会化服务体系亟待加强

（1）农技推广网络不完善，具体表现为村级没有农技推广网络，县、乡级农技部门技术设备落后，农技部门之间的配合，联系较少；（2）农技人员自身素质不高，具体表现为专业知识陈旧、老化，多年来一直未得到过培训；（3）农技推广经费不足，目前的经费只能维持农技人员的基本工资、根本没有资金用来进行农技推广，导致许多试验、示范无法开展。

3. 流通领域的社会化服务体系不利于粮食生产

（1）粮食流通体制问题，粮食风险基金县级财政配套，地方财政难以兑现；（2）粮食主产区和主销区的仓储平衡困难；（3）农业生产资料供应方面，种子、化肥、农药价格上涨，质量难以保证。

四、提高粮食区域生产能力的政策建议

今后中国粮食增产，将主要依靠区域性粮食生产能力的提高，尽快消除影响区域性粮食生产能力提高的各项因素已成当务之急。

（一）优化粮食生产结构，重点发展优质粮食品种

中国粮食作物布局经过多年调整，现已形成生产优势带和生产区域。据统计，经过几年调整，中国玉米、水稻等大宗农产品品种整体水平登上新的台阶，高水分玉米、劣质早稻种植面积大幅度压缩，专用玉米和优质水稻发展迅速。今后应该加大提高粮食特别是大宗商品粮的品质，重点增加专用粮食和需求较大的品种。小麦重点改良东北春小麦品种及发展黄淮海专用小麦；稻谷重点解决南方早籼稻杂交问题，发展优质食用稻、加工用稻及饲料稻的生产；玉米今后发展方向是高蛋白饲料玉米。从今后发展的粮食品种方面看，早稻主要是压缩适口性差、出米率低、市场

滞销的早籼稻面积，根据市场需求发展早稻优质品种；调减不适宜种植区的早稻种植面积，改种其他粮食作物；拓宽稻谷用途，发展高产量、高蛋白质和高出糙率的饲料稻谷和加工专用稻生产；小麦要特别注意发展面包、饼干所需的强筋、弱筋专用小麦，重点抓好黄淮海地区优质冬小麦开发和提高东北优质春小麦品质；玉米要重点发展高淀粉、高油、高糖等专用型玉米的生产。

（二）加快实施以技术替代资源的战略

提高区域性粮食生产能力的关键是加大粮食生产适用技术的投入和应用，尤其是优质粮食技术的应用。

1. 加大农业技术研究与开发的投入力度

目前中国农业科研投资占农业总产值的比重不到0.2%，不但低于发达国家平均数的2.37%，也低于30个最低收入国家0.65%的平均数，严重制约了中国农业科技的开发与应用。政府必须加大农业科技投入。据有关单位测算，农业科研投资如按6%速度递增，到2005年农业技术进步贡献率会达到52%，2015年可以达到60%，2030年可以达到70%。

2. 研究推广农业适用新技术，突破一系列技术"瓶颈"

中国是一个资源短缺而需求量大的国家，除了需要保护现有和开拓新的资源外，重要的是充分利用各种农业技术，来相对增加资源的供给量，弥补和替代资源的不足。可以根据中国的气候、生物、肥料、技术等因素，以耕地和水资源为核心，以种植业为主体，围绕旱作技术与灌溉技术，土壤肥力与肥料施用，光能利用与耕作制度，品质优化与关键技术，饲料转化与农牧结合，土地利用与农业结构等环节，建立农业资源高效利用的高新技术体系。通过农业高新技术的综合使用，以较少的资源投入和能耗投入，获得最大的粮食产出，实现以技术替代资源的战略。对于高新技术运用所替代和保护下来的耕地和水资源，纳入国家资源保护范围，达到储备生产能力的目的。要从资源消耗型技术为主转向资源节约型技术为主。

其中包括：（1）高产适用技术。重点加快以水稻、小麦、玉米为主的高产技术研究和开发，提高单产。目前中国粮食的单位产出水平低于发达国家，其中，水稻低30%、小麦低60%、玉米低35%，迫使我们获得等量产量消耗更多的耕地和水资源。所以，要减少耕地和水资源消耗，必须在单位产量上有所突破；（2）重点研究农业灌溉技术和节水技术，提高水资源利用效率。目前中国农业灌溉用水利用率只及新兴工业化国家的一半，更低于高水平的国家（如以色列的水利效率高达 90%）。除了水价政策和管理方面的原因外，主要是当前能够适用于大田作物的节水灌溉技术及设施仍然空白，能够广泛应用农田的工程性覆盖材料和保水、蓄水技术不过关。根据匡算，农业用水利用率提高 10 个百分点，即可节水 300 亿立方米。今后在节水用水技术方面实现突破，将大大提高资源的储备和转换能力。（3）提高化肥施用技术，调整化肥施用地区结构。中国是化肥施用较高的国家，由于化肥施用技术水平低，不仅造成浪费而且形成污染，破坏生态环境。为此，中国应加大化肥施用技术的研究力度，在化肥类型、化肥剂型、成分含量、施用方式等方面取得突破。做到简单、快速、精确、持久、有效和低成本。同时要加大化肥使用地区的结构调整，根据研究，中国不同地区粮食产量存在明显的差异，呈现东高西低的格局。高施肥量地区（东部地区）的粮食播种面积仅占全国的 30.5%，而产量却占全国的 34.4%；中施肥量地区（中部地区）播种面积占全国近 44.7%，产量占全国的 46%；低施肥量地区（西部地区）虽然播种面积占全国的 24.6%，但产量不到全国的 20%。而粮食增产潜力的地域分布趋势则相反，呈现西高东低的格局。根据测算，化肥增产效率（增施单位化肥的粮食增产量）以西部地区最高，每投入 1 公斤化肥可增产粮食 9.41 公斤；中部地区居中，每投入 1 公斤化肥可增产 7.17 公斤粮食；而东部地区最低。从全国来看，东部地区虽然粮食生产潜力大，但是增产潜力很小，由于施肥量较大，增施化肥的增产效果不明显，因此专家建议，今后中国的化肥应该重点考虑投向中部和西部地区。（4）植物保护防治技术。目前病虫害对粮食生产危害极大，而且有恶化的趋势，必须加以有效控制。重点是研究开发能够增强种子抗病虫害能力的技术，特别是生物防治技术。

在研究开发上述各项农业技术中，要把生物技术作为一个重点，尤其要重视基因技术、基因工程。利用生物技术解决病虫害、保险储藏，可使粮食的实际产量提高近 40%。近年来，许多国家已开始利用基因技术，改变物种性能、增强作物抗病虫害能力、提高作物产量，以及改善作物的营养成分等。通过利用基因技术，开辟改造传统农业的新领域，扩大农产品的应用领域，提高农产品的市场价格和增加出口。通过基因技术，不断强化粮食综合生产能力。

3. 加快农业科技的法制建设

鉴于农业科技在提高粮食生产能力方面的重要作用，国家有关部门应尽快制定《农业科技进步法》，从根本上解决农业投入的随意性和随机性，将每年农业科技投入，以及增长比例以法律的形式稳定下来。

（三）　建立适度灵活的粮食进出口贸易政策

粮食进出口贸易政策，是保障粮食生产正常进行，增强区域性粮食综合生产能力的重要组成部分。今后粮食进出口贸易政策的基本目标是，发挥中国农业生产的比较优势，提高农业资源的配置效率，推动农业生产结构、种植业结构的优化。利用灵活的粮食进出口贸易政策，鼓励粮食适度进口，可以弥补资源的不足。如进口2000万吨粮食，等于节约200亿立方米水和250万公顷耕地。腾出和节约的耕地和水资源，可以推动区域性的生态环境保护，培育粮食增产后劲。为此，政府应加快农产品进出口贸易体制改革。除了原有的农产品进出口贸易部门，继续从事粮食进出口外，应在粮食主产区，允许具有经济实力的民营企业、或非贸易部门从事粮食的进出口业务。另外，为了适应国际市场发展的需要，政府应将中国的粮食内外贸部门统一起来，由一个部门运作，以利于国家政策的贯彻落实。

（四）　积极发展适度规模经营

政府今后应该创造条件，推进粮食规模经营，提高劳动生产率。粮食规模经营的发展与土地的劳动力负荷量减少，是同步进行的。只有减少农业劳动力，才能增加单位劳动力的耕作面积。粮食规模经营和农业劳动力的减少是一个长期的、渐进的过程，不可能一蹴而就，但是我们必须为实现这个过程创造条件。主要是要大力推进城镇化进程。中国城市化水平不仅低于世界42%的平均水平，也低于发展中国家37%的平均水平。要把积极推进农村人口城镇化摆上重要的议事日程。要特别重视农村小城镇建设。通过发展小城镇，促进乡镇企业的合理布局，可以加快第二、第三产业的发展，为解决农村剩余劳动力的就业提供新的就业机会。

农民发展粮食生产，增加经济收入，不是规模越大越好，而是适度规模，控制资源在一个合理区间内。以发展优质稻为例，效益最好的不是种植面积最多的，而是适度的种植面积。中国农业科学院水稻研究所进行了一项比较实验，集体种植优质水稻面积30公顷，种粮大户种植3～7公顷，普通农户0.5公顷（中国平均每户拥有耕地水平）。结果显示，经济效益最好的是种粮大户，其中成本收益率，种粮大户比种植30公顷以上的集体高90%，比种植0.5公顷以下的农户高51.7%。产量则分别高14%和9.8%。

可见，国家在发展粮食规模化经营过程中，应注意强调农户的适度规模经营，把二者结合起来，以达到资源的合理利用和最佳的经济效益。

（五） 加强粮食区域间合作

提高区域性粮食生产能力的重要环节是，建立粮食主销区与主产区的协作关系，实现区域性的合作。

1. 为了保证区域之间粮食流通的正常进行，有必要在粮食产销区间建立长期合作关系，确定互利互惠的经济利益关系，共同拟定并遵守生产分工协作计划，逐步形成以定向流通为主的粮食流通体系

粮食平衡协作计划要强调正规化、制度化，避免救急与追加式的临时平衡，要突出固定性、经常性、有序性的特点，防止短期性、临时性、无序性的平衡协作。根据实际，这种协作计划可以作年度间适时适度的调整。

2. 粮食主销区要缩小粮食生产规模，为主产区腾出市场空间

可以在现有商品粮基地基础上，有重点的选择一批自然经济条件较好、农业基础设施强，集中连片的地区，建立高水平的商品粮生产基地。粮食主销区可以根据财力雄厚的优势，集中必要的资金、技术和物资，实施异地开发政策，建立粮食"飞地"。

3. 建立产销双方长期的期货合同，加快粮食批发交易市场建设，有效的调剂各地区粮食余缺，缩短粮食流动距离，减少粮食的相对流动

要建立粮食中央批发市场、区域批发市场和农村粮油初级市场的三级市场体系。按照中央文件规定，缺粮地区与主产区之间粮食批量交易只能在县以上粮食批发市场进行，而目前的粮食批发交易市场基本上还是粮食部门的粮油公司加各级粮库，真正有形的粮食批发市场很少。因此销区粮食部门和企业只能到有限的几个全国性粮油批发市场或期货市场购买，或与主产区粮食部门协商，签订购销合同。为此，粮食主产区有必要尽快建立若干一定规模的粮食批发市场，以便于销区购买和进行交易，同时主销区也要发育自己的规模较大的批发市场，除了本区域内的产销区粮食余缺调剂外，还能吸引区域外主产区粮食经营部门入场销售，送粮上门。

（六） 加强分类指导推进区域分工

提高区域性粮食生产能力，要根据实际情况实行因地制宜、分类指导，发挥不同地区不同品种的比较优势，实现资源整合和最优配置，达到粮食的有效增长。

一项研究表明，中国粮食生产具有较强国际市场比较优势（DRCC < 0.85），同时也具有较强国内综合优势的主产省区（播种面积平均占全国播种面积的5%）有：四川、安徽、贵州、云南、浙江、吉林、江苏、黑龙江、辽宁、河北、内蒙古、山东、山西、河南等，其中有的省市多数粮食品种具有较强的比较优势，可以划定为优势主产省。个别品种与国际市场比较处于明显劣势（DRCC > 1.05）的主产省市有：湖南、江西、广东、湖北、福建、四川、江苏、安徽、山东等省（见表5－23）。

表5－23　　　　　　　　　　中国粮食产品比较优势地区差异概览表

品种	具有较强比较优势地区（DRCC < 0.85）	比较劣势地区（DRCC > 1.05）
早籼稻		湘、赣、粤、鄂、闽
中籼稻	川、皖、贵、云、豫、陕	
晚籼稻	浙	粤
粳稻	吉、苏、黑、辽、云、皖、豫、宁、津、沪、冀、晋、贵	京
小麦	冀、晋、蒙、陇、新、宁、津、黑	川、苏、皖、闽、鄂
玉米	冀、津、宁	鲁、川、京、晋、苏、鄂、湘、桂、贵、陕
大豆	黑、冀、蒙、皖、鲁、豫、吉、辽、陕、鄂	
高粱	辽、黑、蒙、晋	
谷子	冀、晋、豫	陇

注：①国内资源成本系数（DRCC），是指赚取（或节省）一个边际单位外汇与从事该产品的生产活动所需要消耗的国内资源成本的价值比较。如果 DRCC 小于1，则该产品生产活动具有比较优势；如果大于1，则为比较劣势；②带着重号的**黑体字**省份播种面积超过全国5%；③既带着重号又带下划线的**黑体字**省份具有国内综合优势与国外比较优势。

在确定的粮食生产区域分工中，需要（1）调整小麦生产的品种结构，适当压缩小麦生产。降低江苏、四川和安徽的播种面积。适当扩大河北、河南和山东的小麦生产。（2）调整玉米生产结构，压缩国内生产和出口。从资源配置角度看，不应当维持较大生产量和出口量。适当提高河北、辽宁、黑龙江、河南的种植面积，大幅度压缩吉林、山东和四川的玉米生产（3）压缩南方稻米生产，提高稻米品质。适当压缩黑龙江和湖南的稻米生产，稳定南方双季稻主产区生产，适度扩大江苏、安徽、湖北和四川大米的生产。

（七）进一步深化粮食流通体制改革

中国粮食流通体制改革成绩显著，但粮食品种质量差价过小是目前存在的一个主要问题，不利于引导农民面向市场调整粮食生产结构，发展优质粮食生产。因此需要从品种培育、生产、收购和加工环节，采取有效措施，根据市场需求和粮食内在品质，进一步拉开品质差价、季节差价、地区差价，真正做到按质论价、优质优价。要建立和完善粮食供给、需求、市场价格变动的预测预报系统。不仅要提供国内粮食市场的行情，也要提供国际粮食市场动态，将粮食生产与国内外市场紧密联系起来，使国内粮食生产更好地适应市场需求，并通过价格变动，调节粮食生产。

1. 加快粮食主销区粮食购销市场化的改革方向

2001 年起浙江省率先在粮食销售市场放开的基础上，粮食收购市场进一步放开，允许多种所有制经营主体经批准参与粮食经营。今后，粮食主销省区经营者也可以从事粮食贸易，充分利用两个市场、两种资源来促进和实现省内粮食供求总量和结构的平衡，粮食收购价格随行就市。

2. 利用市场粮食供给丰富和粮食库存较多的时机，在东部地区全面推行"双放开"政策

除浙江外，江苏、上海、广东、海南省，也已进行了这项改革。

3. 调整粮食保护价范围

政府应将粮食保护价范围，从全国逐步缩小限定在粮食主产区和集中产区，以保护粮食主产区和集中产区农民的生产积极性，促进该区农民尽快稳定增收。

4. 减少政策性振荡，慎用传统动用国库调节供求的宏观手段

只要市场供求不发生大的波动，不引起严重通货膨胀，也不引起社会恐慌和不安，就应以刺激价格继续回升，增加农民收入为主。为此，当前国家库存的粮食不宜过早过多的向外抛出。根据调查，上半年江苏省由于粮食减产，市场价格回升，已使农民增加收入 33 元，增幅 6.3%。

第六章

农业生产资料对中国粮食综合
生产能力的影响及政策

内容摘要 本章着眼于探讨农业生产资料（以下简称"农资"）价格、用量的变化对中国粮食综合生产能力的影响及其原因分析。在价格问题上，利用农资准化价格的指标，以 1978 年至 2005 年的统计数据为基础进行回归分析。结果表明：影响生产的不是农资价格本身，而是农资相对于农产品的准化价格；耕地面积减少量和成灾率都受到反映农业生产收益率的农资准化价格的影响；影响农资价格的主要因素是煤的价格等。目前同种作物的化肥等农资的单位用量已处于稳定水平。蔬菜、果树种植面积的增加是化肥使用总量增加的原因。化肥的流失、规模养殖下的粪肥与农田脱钩以及农膜残留伤害了水体和土壤质量，危害了长期的农田生产能力。笔者认为：政策制定不能停留于农资价格上面，应该考虑农业整体的收益率；应该把关于粮食的所有政策着力点都集中于粮食的综合生产能力，转变对粮农倾斜的政策思路；政府有必要扶持农技部门对农户进行用肥用药的长期技术指导和培训；有必要利用建设现代农业的契机在果蔬种植上发展精准农业等。

粮食综合生产能力是指一定时期、一定地区在一定社会经济技术条件和正常气候状况下，通过各种生产要素综合投入、有机组合及相互作用所形成的，能够相对稳定地实现一定产量的粮食产出能力。它由耕地、水资源、资本、劳动力、科技等要素的投入能力及配置方式所决定，由粮食产量所表现。[①] 农业生产资料（以下简称"农资"）包括化肥、农药、种子、农机油、农用机械、农用薄膜等农业生产所使用的物资。这些物资的价格、投入量、使用结构对粮食综合生产能力产生什么样的影响，将是本章的研究目标。就市场层面而言，价格的变化是一个核心环节，因为它直接影响着农业生产资料的投入量和使用结构，通过投入量和使用结构的变化

---

① 国家发改委宏观经济研究院课题组：《提高我国粮食综合生产能力的思路和政策研究（主报告）》，国家发改委宏观经济研究院 2005 年度重点课题。

间接而又根本地影响着综合生产能力的各个方面。从技术层面而言，纯粹的投入量和使用结构可以不与价格产生任何关系而发生变化。本研究将按照这两个层次展开。在第一个层次，笔者将围绕价格中心环节，跳过投入量和使用结构这两个因素，分析价格变化将对体现生产能力的若干方面产生什么影响，具体包括粮食产量、耕地面积变化和成灾率等方面；在第二个层次，我们将跳开价格因素，重点分析农业生产资料的投入量和使用结构对综合生产能力的其他方面如耕地、水质量的影响。

一、农业生产资料价格变化对粮食综合生产能力的影响

从 2004 年开始，中国政府采取"粮食直补"的办法，把给粮食企业的补贴转变为按农民种粮面积直接将补贴发放给种粮的农民。与此同时，在 2004 年、2005 年农业生产资料价格上涨，无形中抵消了"粮食直补"的政策效果。政府、农民、研究者对这种情况众说纷纭、莫衷一是。我们将利用较长期的时序数据从综合生产能力的几个侧面进行分析以期澄清是非。

（一）改革开放以来的农资价格走势

1. 名义价格：农机油、饲料、化肥和农药波动最大[1]

1978 年至 2005 年，从总体上看，农资的价格指数与物价指数基本上呈相同趋势的变化。比较特别的是 1986 年之前和 1995 年、1998 年两个年份。1983 年之前，不管总体的物价水平怎么变化，农资价格保持稳定、平缓的增长，价格控制的迹象明显。1984 年有个较大幅度的增长，而这次增长似乎带来了整体物价水平在 1985 年的上涨（从时间上看确实如此）；而这次增长之后的 1985 年和 1986 年两年明显增长幅度不如物价增长水平（真实价格水平下降）。在随后的将近十年，农资价格的变化基本上与物价的变化同步。但变化幅度却都大于物价变化的幅度。1992 ~ 1994 年三年间，物价水平连续大幅上涨，并以 1994 年为物价上涨的最高峰，1995 年物价总体增长水平开始回落。但是农资的价格增长水平却在 1995 年达到了一个最高峰（包括最近的 2004 年增长都远没达到这种幅度）。我们当前所关注的 2004 年、2005 年的农资价格波动只是长期价格波动中并不突出的一个环节（见图 6 - 1）。

---

[1]　本部分原始数据详见本章附件 6 - 2 中的附表 6 - 1。

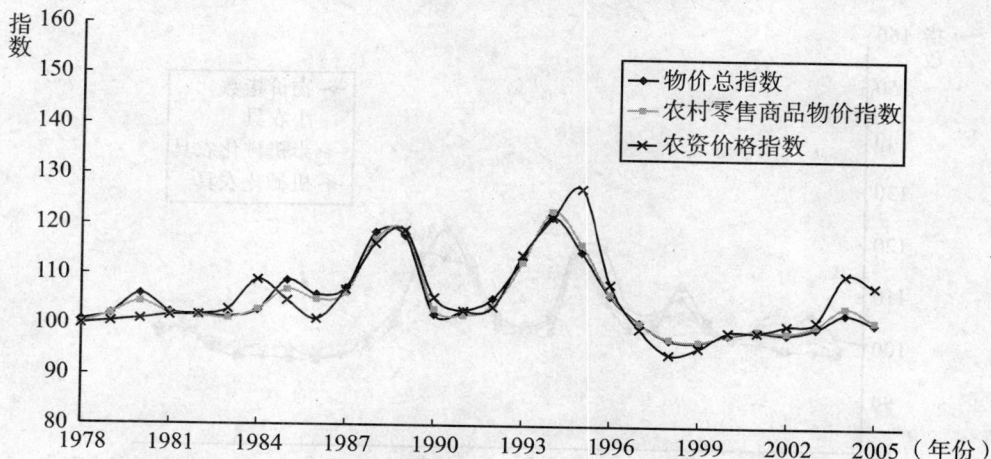

图6-1　农资价格指数与物价指数（以上一年为100）

数据来源：根据1986~2006年《中国统计年鉴》整理。

　　分种类看，在所有农资中，价格波动较大的是农用机油、饲料、化肥和农药（农药械），在历年的价格变化中这几类农资与整体的物价波动或者趋势不一或者幅度不同；而属于农业生产固定资产类商品的小农具、半机械化农具和机械化农具，它们的价格走势与物价走势基本一致（见图6-2、图6-3）。在接下去的研究中，我们将把眼光集中在价格变化过程中比较特别的农用机油、饲料、化肥和农药（械）上。从特性上看，这些农资恰好具有"低值易耗"、流动性强的特点。

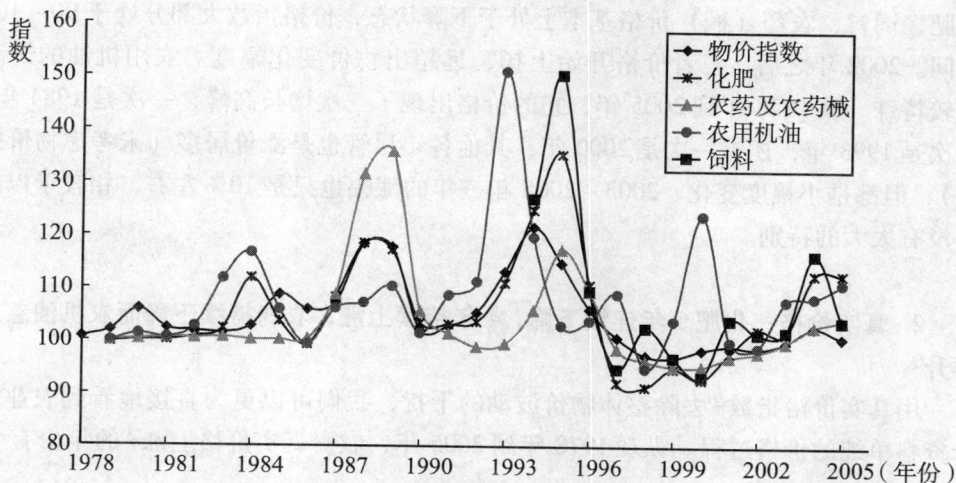

图6-2　化肥等农资价格指数（以上一年为100）

数据来源：根据1986~2006年《中国统计年鉴》整理。

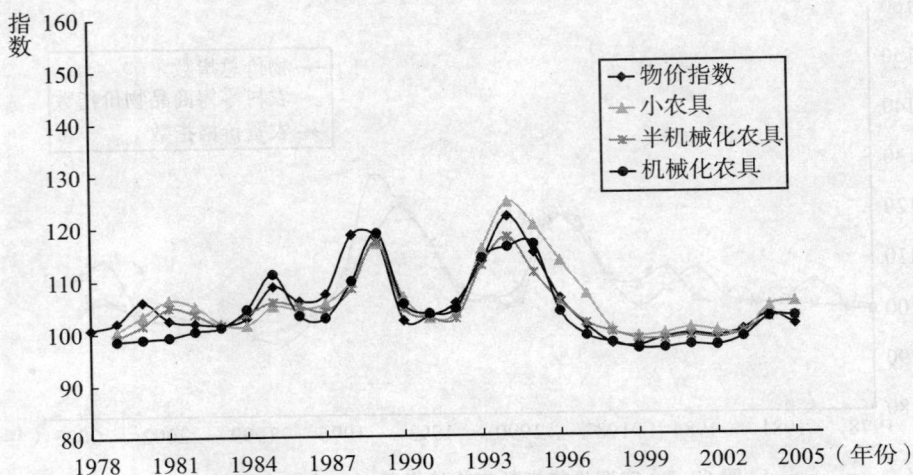

图6-3　小农具等农资价格指数（以上一年为100）

数据来源：根据1986~2006年《中国统计年鉴》整理。

　　具体而言，饲料、化肥和农药（械）价格变化趋势比较接近。其中，三者在1995年都有较大涨幅，而涨幅最大的是饲料，其次是化肥。对于化肥来说，这次涨价是在1978年至今的28年里幅度最大的一次（饲料1993年以前的数据不详，1993年以后的历年里这也是幅度最大的一次）。农药（械）价格指数在这年也有较大的增长，但是涨幅不如1989年（那年的指数为135.8）。从1997年到2001年，化肥、饲料、农药（械）价格基本上处于下降状态，价格指数大部分处于90~100之间。2002年之后，三者价格开始上扬，远超出物价变化幅度。农用机油的情况比较特殊。从1978年到2005年，它的价格出现了三次增长高峰，一次是1984年，一次是1993年，还有一次是2000年，其他各年尽管也是涨价居多（未考虑物价指数），但都是小幅度变化。2003~2005年三年的涨幅也只是10%左右，相较于以前并没有太大的特别。

　　2. 真实价格：化肥5年连续下降，4年持续上涨，农药持续下降而农机油急剧攀升①

　　用真实价格指数②去除整体物价波动的干扰，我们可以更为直接地看到农业生产资料单纯的价格过程。纵观1978年到2005年，农资真实价格上涨③的年份有12

---

①　本部分原始数据详见本章附件6-2的附表6-1和附表6-2。
②　真实价格指数＝名义价格指数/物价指数。
③　对于真实价格指数，所有大于1的年份都在涨价，小于1的是降价。

个年份，包括1983年、1984年、1989年、1990年、1993年、1995年、1996年、2000年、2002年、2003年、2004年和2005年。2000年到2005年的这段涨价过程与1993年到1996年的情况有些类似。2000年先有小幅度上涨，2001年保持价格水平不变，2002年到2005年持续上扬。1993年到1996年的情况也基本如此：1993年小幅度上涨，1994年保持不变，1995年大幅度上扬，1996年继续上涨（见图6-4）。而且从历年的情况看，农用机油的价格变化似乎是整体农资价格变化的先导。1993年和2000年农资总体价格指数小幅度上涨，这两年正是农用机油价格指数大幅度上涨的时候（当然，总体指数必然受个体指数的影响），更重要的是，在农用机油上涨后的第二年，化肥、饲料等生产资料的价格也随之攀升，当然农用机油价格下降后的一两年化肥、饲料的价格也有了相应的回落。而从1999年到2005年，农用机油的价格就再也没有下降过，相应地，从2002年开始，化肥饲料价格一直在涨。更早地看，1984年那次化肥的涨价，似乎也有1983年农用机油的涨价作为先导。而农药（械）的价格走势比较特殊，似乎每次大幅度变化都和农用机油反其道而行。

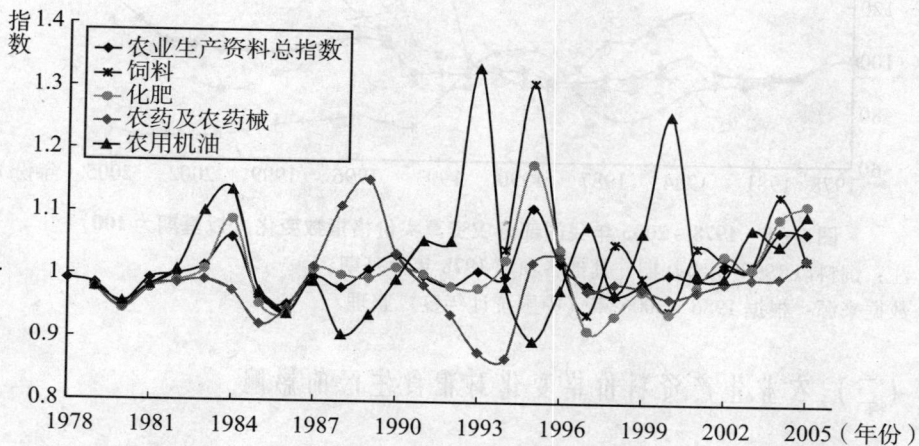

图6-4 1978~2005年我国部分农资真实价格指数变化（以上一年为1）

数据来源：根据1986~2006年《中国统计年鉴》整理。

以1978年价格为基数（100），化肥的价格在1981年到1994年的14年间，除了1984年、1985年两年达到或接近于100，其他12年基本上保持在90左右。经历了1995年、1996年两次高价（最高的1996年达到109.35，见图6-5）后，1997年到2001年连续5年持续降价，2001年达到了1978年以来的最低点85.47。这一年之后触底反弹、连续4年上涨（以2005年幅度最大），到了2005年上升到了1978年以来的最高峰110.74。而农药的价格其实上涨的情况并不明显，而且大趋势是在持续下降。1996 年农药的指数达到最高点 102，此后就几乎再也没有高过。农资涨价明显的 2004 年、2005 年，其价格指数也仅为 68.23 和 70.46。涨价最为明显的是饲料和农用机油。饲料指数的基期是 1993 年，1993 年之后基本上是节节攀升，2005 年的指数达到 170.64。不同于化肥的是，1997 年之后的饲料价格并没有什么下降，大体上处于高位状态。农用机油的涨价趋势似乎不可阻挡，以 1978 年为基期，1984 年、1993 年两次高峰分别为 115.88 和 131.45，而到了 2005 年这个指数急剧上升到了 204.45（从 1999 年到 2005 年上升的趋势一直没有停止过）。

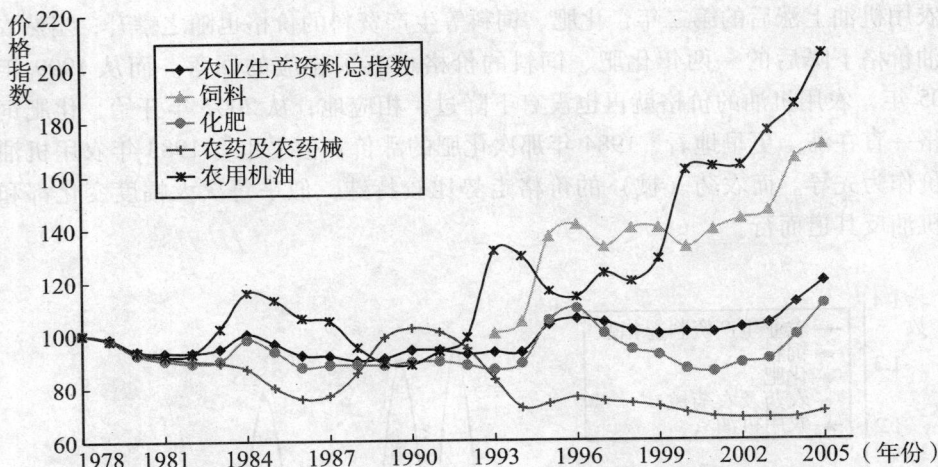

图 6-5　1978～2005 年我国部分农资真实价格指数变化（以基期为 100）

注：饲料以 1993 年为基期，其他各项以 1978 年为基期。

数据来源：根据 1986～2006 年《中国统计年鉴》整理。

（二）农业生产资料价格变化对粮食生产的影响

数理逻辑的分析（详见本章附件 6-1）表明，考察农资价格变化对粮食生产的影响需要借助于两个指标，一个是农资的准化价格[①] P'（$P' = P_X/P_Y$，即农资市场价格与农产品市场价格的比值），一个是毛收入结构中农资投入所占的比重，即 $P_X X/P_Y Y$（注：$Y = F(X, Z)$，与本章附件 6-1 中的 F 等价）。

1. 成本分析：化肥、农机油涨价可能主要影响粮食生产

不同的生产资料由于在成本结构中所占比重不同，其价格变化对生产的影响程

[①]　生产资料的准化价格是生产资料的价格与相应的产品价格之间的比值，是一个相对价格的概念。

度必然有所不同。而且农业生产中不同的种植类型之间由于互补性、替代性的存在，其经营也势必因其成本结构的不同而在同一种农资价格变化时受到不同影响。

我们将分别针对粮食中的稻谷、小麦、玉米以及非粮食作物中的棉花、马铃薯、陆地西红柿和大白菜的成本结构进行分析。稻谷、小麦、玉米是我们分析的重点，而对棉花等非粮食作物的考察是基于种植可替代性的考虑。在小麦、玉米产区，如果不种小麦和玉米，可以选择用棉花或者马铃薯替代；在水稻产区一般的地块（不考虑只能种水稻的低洼地带），不种水稻而种西红柿、大白菜等蔬菜，是一种典型的变更方式。不管对哪种粮食作物，替代当然还有别的选择，但笔者无法对所有的可替代品进行一一考察，只能选择其中一两种作为代表。[1]

（1）从直接物质费用比重看，农资价格变化对小麦影响可能最大。直接物质费用在统计指标里是物质费用中的直接费用，也是前面分析中提到的"可变投入"中的物质指标。选择这项指标是因为对经营者来说这是只有进行某项经营活动才可能相应发生的费用，[2] 经营决策时对这样的费用最敏感。这里的"比重"选的是占主产品产值的比重，而不是占总产值的比重。因为笔者认为，对农户来说，种粮食、种蔬菜看重的是主产品的产出，副产品的收益只是微不足道的附加，多数情况下并不会成为农户经营决策的参考依据。与物质费用相对应的是劳动费用，在间接物质费用比重相对较小且比较稳定的情况下，[3] 直接物质费用的比重和走势基本上就是整个物质费用的大体比重和走势。直接物质费用比重越高，则相应地劳动费用比重越低。

从纵向数据来看，稻谷、玉米、棉花、陆地西红柿和大白菜直接物质费用所占比重在年度间有所波动，但长期来看基本变化不大（见表6-1）。这表明单位面积所投入的劳动力水平多年来大体相当。值得注意的是小麦的变化：1998年以后直接物质费用比重大幅度上升，显然这是机械化水平提高的结果。而同期小麦的机械作业费和排灌费提高、劳动力投入工日减少证实了这个判断（见本章附件6-2附表6-7）。

从平均水平看，粮食作物的直接物质费用占主产品产值的比重总体上大于蔬菜等经济作物的相应比重，而粮食作物中，小麦的直接物质费用比重大于稻谷和玉米，而稻谷和玉米两者之间差不多。棉花的该项指标也与稻谷、玉米差不多。这些直接物质费用，其实就是投入的农业生产资料的成本。前面的数理逻辑分析表明（详见本章附件6-1），毛收入结构中可变物质投入所占比重越大，生产资料价格

---

[1]　当然选这些种类除其代表性之外，还有出于统计数据获取的便利性的考虑。

[2]　而间接费用的支出可能不管有没有这项经营它都会发生，只不过在成本计算上分摊到别的经营项目上而已。

[3]　对大田种植的经营来说，间接物质费用所占比重确实较小而且稳定。

的变化对产量的影响越明显。基于此，我们可以认为，从直接效应上看，农资价格变化对小麦的种植影响最明显，其次是稻谷、玉米和棉花，蔬菜种植的影响最小。而从替代性的角度考虑，假定其他因素不变，农资价格的变化会引起小麦与玉米、小麦与棉花、水稻与蔬菜之间的相互替代。所以最终的影响无法仅凭简单的逻辑予以判断。而且这只是一个仅考虑了投资回报率的结果，并没有考虑到农户改变经营类型的资金和风险问题。

（2）粮食受化肥、农机油的影响可能最明显，农药主要影响棉花蔬菜。在物质费用里面，对于多数的农作物种植，化肥的比重无疑是第一位的（蔬菜的比重相应较低，这与蔬菜种植中多使用有机肥有关，分别见表 6-1 和本章附件 6-2 中的附表 6-10、附表 6-11 和附表 6-12），农药在棉花、陆地西红柿和大白菜中比重较大，在粮食生产中使用比重都比较低，而且小麦和玉米用药多年来基本上没有大的波动，值得注意的是水稻，在所有粮食作物中，它的用药费用比重最大，而且有递增的趋势。粮食、棉花生产在机械作业、排灌方面的费用都比较大，而以小麦最为明显。蔬菜种植这方面费用的比重很小（见表 6-1）。

这些信息表明，化肥价格变动影响最大的应该是粮食生产，而农药价格变化对棉花、蔬菜的影响最大（从替代效应的角度看，对粮食可能就是逆向影响）。农机油也会很明显地影响粮食生产（并以小麦最为明显），而且越到后面影响越明显。

表 6-1　　　　　　　　中国若干农作物生产的成本结构

年份		1981	1985	1990	1995	1998	2000	2003
直接物质费用/主产品产值	稻谷	0.385	0.296	0.334	0.260	0.303	0.373	0.335
	小麦	0.519	0.400	0.481	0.352	0.511	0.602	0.521
	玉米	0.399	0.311	0.377	0.270	0.337	0.426	0.343
	棉花	0.358	0.320	0.243	0.283	0.320	0.307	0.378
	马铃薯	0.371	—	0.433	0.156	—	0.302	0.231
	陆地西红柿	0.248	—	0.244	0.188	—	0.215	0.200
	大白菜	0.296	—	0.226	0.152	—	0.197	0.185
化肥费/直接物质费用	稻谷	0.337	0.378	0.392	0.413	0.381	0.356	0.356
	小麦	0.304	0.334	0.383	0.391	0.380	0.361	0.365
	玉米	0.365	0.378	0.438	0.481	0.464	0.452	0.453
	棉花	0.316	0.328	0.340	0.363	0.325	0.358	0.347
	马铃薯	0.000	—	0.124	0.128	—	0.190	0.281
	陆地西红柿	0.287	—	0.093	0.227	—	0.250	0.251
	大白菜	0.697	—	0.295	0.326	—	0.344	0.362

续表

年份		1981	1985	1990	1995	1998	2000	2003
农药费/直接物质费用	稻谷	0.067	0.068	0.085	0.079	0.088	0.093	0.106
	小麦	0.018	0.015	0.030	0.031	0.032	0.034	0.033
	玉米	0.012	0.009	0.018	0.030	0.031	0.032	0.034
	棉花	0.151	0.134	0.210	0.243	0.211	0.186	0.174
	马铃薯	0.000	—	0.012	0.012	—	0.021	0.039
	陆地西红柿	0.042	—	0.055	0.094	—	0.139	0.144
	大白菜	0.138	—	0.134	0.122	—	0.187	0.158
农机油相关费用*/直接物质费用	稻谷	0.113	0.126	0.136	0.155	0.208	0.245	0.259
	小麦	0.104	0.109	0.144	0.206	0.269	0.316	0.320
	玉米	0.077	0.071	0.094	0.120	0.154	0.206	0.203
	棉花	0.068	0.059	0.075	0.093	0.134	0.145	0.157
	马铃薯	0.218	—	0.063	0.072	—	0.089	0.078
	陆地西红柿	0.109	—	0.041	0.057	—	0.079	0.064
	大白菜	0.047	—	0.071	0.090	—	0.086	0.095

注：＊农机油相关费用＝机械作业费＋排灌费＋燃料动力费，原始数据详见本章附件6－2中的附表6－6至附表6－12。

数据来源：根据1981年度、1985年度《全国主要农副产品生产成本收益与农业生产率资料汇编》以及1991年、1996年、2001年和2004年《全国农产品成本收益资料汇编》数据整理、计算。

2. 农资整体准化价格与粮食生产：以负相关为主

数理逻辑分析结果表明，可变投入要素准化价格越高，要素市场价格的变动对生产的影响越大。而基于农业生产利润为零的假设，要素准化价格与农业生产函数可以构成线性关系。利用多元线性回归进行处理，回归公式为：$\hat{Y} = a + \sum_{i=1}^{n} b_i p_i' + \delta$，其中余项 δ 表示所有未涉及的投入因子（具体转化过程详见本章附件6－1）。

事实上，在农户进行生产决策时，其所依据的"产品价格"一般是基于上期价格的预期，基本上可以认为以上期价格为依据。但是在统计指标上，我们只能按上一年价格和当年价格两种情况来处理，这样就会出现不可避免的麻烦：以双季水稻为例，早稻可能参照前一年早稻的价格，也可能参照晚稻的价格；晚稻可能参照当年早稻的价格也可能参照前一年晚稻的价格。所以为了检验哪种参照更接近于实际情况，我们将对其分别进行验证。

生产资料的价格参照点也面临着相同的问题。因为生产决策可能是临时作出的，也可能是在上个生产周期就做出来的。如果是在上季作出的决定，生产资料的价格的参照点就是上季的购买价格，而临时作出的往往是基于当季的价格。同时，如果是上季作出的决定,产品的价格依据一定是上季的价格(视为上一年价格);如果是临时作出的,则产品价格可能依据上一年价格也可能根据当年价格。

设决策期为 t 期,则我们需要考察的三个准化价格分别为: $P'(t-1)$、$P'(t, t-1)$ 和 $P'(t)$,其中 $P'(t-1) = \dfrac{P_X(t-1)}{P_Y(t-1)}$,$P'(t, t-1) = \dfrac{P_X(t)}{P_Y(t-1)}$,$P'(t) = \dfrac{P_X(t)}{P_Y(t)}$。

农资整体准化价格是根据农资平均价格指数与稻谷销售(收购)价格指数折算出来的结果。这是一个衡量农资总体价格变化对稻谷生产影响的综合性指标。粮食生产分别从稻谷、小麦和玉米的产量和播种面积三种作物两个方面进行考察。

笔者分别以稻谷、小麦和玉米的产量、播种面积为因变量,以农资平均价格指数的相应的三个准化价格(计算准化价格所用的各种价格指数以及计算得到的准化价格详见附件 6-2 中的附表 6-1 至附表 6-5)为自变量,用后退法进行一般线性回归(在后面关于准化价格的所有回归都采用同样的方法,以便于比较,下文不再赘述)。

回归结果如下(详细结果及显著性参见本章附件 6-3 的附表 6-18 到附表 6-20):

(1)稻谷:产量与上一年农资准化价格显著负相关。式(6-1)、(6-2)的结果表明,本期的稻谷产量与上期农资准化价格 $P'(t-1)$ 显著负相关。可以大致认定,上期的农资市场价格与本期稻谷产量负相关,而上期的稻谷市场价格与本期稻谷产量正相关。[1] 而以面积为因变量的分析结果表明,前一年的农资、稻谷价格指数比与种植面积正相关,即前一年农资价格越高,稻谷的种植面积越大,而与当年的农资价格指数负相关,即当年农资价格越高,稻谷的种植面积越小。[2]

$$Y(t) = 25084.073 - 10515.819 P'(t-1) \qquad (6-1)$$

$$S(t) = 45367.513 + 24198.612 P'(t-1)$$
$$- 21838.989 P'(t, t-1) - 21130.161 P'(t) \qquad (6-2)$$

(2)小麦:种植面积与上一年农资准化价格显著负相关。小麦与农资准化价格的回归结果给了我们一个清晰的认识。种植面积与农资准化价格 $P'(t-1)$ 显著负相关,即上一年农资价格越高,今年的小麦种植面积越小,上一年小麦价格越

---

[1] 前一年农资价格与决策年份稻谷种植面积正相关,原因有三种可能,一个是纯粹的时序数据上的巧合,农户种植水稻并不会因上一年农资价格的变化而有所改变;一个是农资的涨价对可以与水稻相互替代的种植类型(如蔬菜等)产生较大影响,因为替代作用,水稻的种植面积反而因为农资在前一年的涨价而增加;另外一种可能是两种价格共同作用的结果,尽管农资价格涨价会导致减少种植面积,但稻谷涨价会带来种植面积的扩大,这种由稻谷价格带来的扩大效应超过了由农资涨价带来的缩减效应,所以最终的结果在数字关系上体现为正相关。

[2] 种植面积的改变是农户一个重大的生产决策过程。在全国范围看来,水稻有单季早稻、单季晚稻、单季中稻、双季稻甚至三季稻等不同种植类型,所以农资的上一年价格、当年价格,稻谷的上一年价格、当年价格对不同类型的种植都会产生影响,所以综合的结果是三种准化价格与面积大小的改变都有关系。

高，今年小麦种植面积越大。总产量的关系式除了进一步验证对于种植面积的回归结果之外，还提供了一个重要的信息，即当年的准化价格 $P'(t)$ 与产量正相关。这可能是一个反过来的逻辑：因为上年的准化价格低，种小麦的潜在比较收益高，所以新的一年会有更多的投入，投入提高农资的需求量上涨使得农资价格相对上涨，而投入多使得产出提高，产量上去了，小麦的市场价格也随之下跌。上面的这个逻辑只要有一个成为事实就会出现公式（6-3）里表现的结果。小麦一般一年只种一季，另一季或者种水稻或者种玉米或者种其他作物甚至因无法种植而赋闲，所以对小麦的考察相对比较简单，所以数量分析得出来的结果比相对复杂的稻谷种植显得清晰也是自然而然的事情。这个比较简单的逻辑得出的比较清晰的结论更值得我们注意。

$$Y(t) = 6784.063 - 12609.158 P'(t-1) + 6972.181 P'(t, t-1)$$
$$+ 10246.171 P'(t) \tag{6-3}$$
$$S(t) = 39660.981 - 14451.855 P'(t-1) \tag{6-4}$$

（3）玉米：农资总体的准化价格对玉米的影响不显著。农资的准化价格1、2和3对玉米的总产量、单产和面积影响都不明显，相对比较显著的是农资准化价格1对玉米单产的影响，上一期农资价格指数与玉米单产负相关而上一期玉米价格与单产正相关（见本章附件6-3中的附表6-20）。

3. 主要农资的准化价格与粮食生产

这里所考察的主要农资包括化肥、农药和农用机油。在计算式中，笔者将用 P'_f、P'_p、P'_o 分别代表化肥、农药、农用机油的准化价格，在回归分析中，我们把三种农资的三种准化价格（准化价格详见本章附件6-2中的附表6-1至附表6-5）同时作为自变量放入回归模型进行自动筛选，最终得到以下结果（详细结果及显著性参见本章附件6-3的附表6-21到附表6-23）：

（1）稻谷：上期的肥价影响面积而本期肥价影响产量，农药的影响很特殊。

$$Y(t) = 26286.691 - 6800.454 P'_f(t, t-1) - 5559.883 P'_p(t-1)$$
$$- 5237.597 P'_o(t-1) + 4331.687 P'_o(t, t-1) \tag{6-5}$$
$$S(t) = 32588.629 + 4341.234 P'_f(t-1) + 3437.946 P'_p(t-1)$$
$$- 4771.109 P'_o(t, t-1) - 2040.530 P'_o(t) \tag{6-6}$$

水稻的种植过程中，施肥有基肥、追肥之分，基肥是在插秧之前施，而且基肥的用量占了所用肥料总量的70%以上，所以插秧之前的化肥价格水平就决定了农户当期对水稻种植的投入程度。而追肥因为所占比重不大，农户一般在买基肥的时候一起买，后期的价格波动对其影响并不大。所以影响农户购买化肥决策的应该是插秧之前的化肥价格水平。这就是为什么化肥的准化价格 $P'_f(t, t-1)$ 与稻谷的产量显著负相关的原因。一旦种植之后，由于有了较大的前期投入（如施基肥），后续的投入由于所占份额并不大，一般对价格并不敏感。农药是在水稻种下去一段时间之后才用的，到那时候，如果需要用药，不管市场价格如何，农户都不得不买，所以当期的农药市场价格并不会对农户用药的数量产生影响，所以当期农药价格没有对产量水平产生影响。能够产生影响的是上一期的农药价格水平，即农户决定本期种多少面积以及对单位面积的投入水平时，所参照的价格体系是上期的农药价格、本期的化肥价格以及上期的稻谷价格。本期农机油价格与本期水稻种植面积显著负相关，这从农机油的准化价格 $P_o'(t, t-1)$ 和 $P_o'(t)$ 对于面积的关系式可以清楚地看出来。但是对于产量，当期农机油价格却表现为正相关关系。其背后原因有待进一步分析。

（2）小麦：农机油准化价格对产量的影响最复杂。对化肥、农药、农机油准化价格的回归结果表明，小麦的面积和总产量都与当年的化肥价格（体现为化肥准化价格 $P_f'(t, t-1)$ 和 $P_f'(t)$、上一年的农机油价格有关。

$$Y(t) = 2510.377 + 21\,551.667P_f'(t) - 9645.691P_p'(t-1)$$
$$- 5421.981P_o'(t-1) + 7637.067P_o'(t, t-1)$$
$$- 5724.659P_o'(t) \tag{6-7}$$

$$S(t) = 30\,796.387 + 7541.749P_f'(t, t-1) - 8845.141P_o'(t-1) \tag{6-8}$$

产量关系式涉及农机油的三个准化价格，三个准化价格同时进入最终的关系式不可避免存在着较明显的自相关，但是这却在一定程度上增强了我们对整个回归结果的信赖度，因为在三种主要粮食作物中，小麦生产过程的机械化程度是最高的，所以农机油价格对小麦（而不是稻谷或玉米）产量有明显而特殊的影响正好符合实际的情况。综合农机油三个准化价格的回归结果，在不考虑小麦价格变化的情况下，上期的农机油价格越高，本期的小麦产量越低；[①] 而本期产量高的时候，本期的农机油价格也随之上涨，这很可能是需求旺盛所致。

（3）玉米：与农机油准化价格正相关。玉米的回归结果比较特殊：面积和产量与要素准化价格的关系几乎没有共同性。所以笔者特地在这个分析中将单产也进行了一次回归。结果表明，玉米的产量更多地受单产而不是种植面积影响。对单产、种植面积以及产量的回归结果是非常理想的。单产与化肥的准化价格 $P_f'(t-1)$（即化肥上一年的价格指数与玉米上一年的价格指数之比）显著负相关，而与农机油的准化价格 $P_o'(t, t-1)$（即当年的农机油价格指数与上一年的玉米价格指数之比）显著正相关。产量的回归结果也是如此。

$$Y = 15\,630.838 - 17\,193.999P_f'(t-1) + 5910.859P_o'(t, t-1) \tag{6-9}$$

---

① 这与种植面积减少直接相关。在对面积的回归中，农机油准化价格 1 与面积显著正相关。而在对单产进行试验性回归处理的时候，农机油准化价格 1 并没有进入最终模型。

$$S = 23\,327.419 - 9451.983 P'_p(t-1) + 4921.2 P'_o(t-1) \qquad (6-10)$$

$$y = 0.630 - 0.522 P'_f(t-1) + 0.165 P'_o(t,\ t-1) \qquad (6-11)$$

前面的成本结构分析表明化肥在玉米的所有的物质投入中占了最大的比重，所以上一年的化肥价格对新一年种玉米的决策有负向影响，上一年肥价越高、玉米价格越低，今年玉米产量越低。主要原因在于单位投入的减少使得单位产出减少；玉米的种植过程尽管也会用到机械，但相对于小麦，对机械从而对农机油的依赖不大，农机油价格越高（不管是上一年价格还是当年价格），玉米种得越多、产量越高，这很显然是替代作用的结果（对小麦的替代）。农药的价格对玉米的单产并没有影响，但显著地负向影响着种植面积。事实上玉米用药量很低，对面积有这么显著的影响，笔者推测这可能只是数量上的相关性。农机油的指标很有价值，对于面积而言，农机油准化价格 1 显著正相关，即上期的农机油价格越高本期的玉米种的面积越大。这又是一个替代效应。与单产合起来解释就是，在玉米的价格不变的情况下，上期的农机油价格越高，本期小麦种得越少而玉米种得越多；本期的农机油价格越高，对本期玉米的单位投入越多，从而产量越高。

（4）对三种粮食作物回归结果的进一步解释。从农资总体的回归结果看（见表 6-2），稻谷、小麦、玉米的产量与农资准化价格 $P'(t-1)$ 都是负相关，但是负相关的原因各有不同。稻谷的面积与 $P'(t-1)$ 正相关，即种地越不划算就越种水稻。这与笔者家乡的情况很相似。因为农资准化价格高，所以种菜、种水稻都不划算。但是种水稻相对于种菜所耗劳动少，不想费时间在农业生产上又不想让地荒着，最好的办法就是种水稻。而且即使赚不到钱至少也可以保证不饿肚子。同时，后期的投入下降，因此单产下降从而产量下降。而因为水稻有多季，所以当年的农资价格也会给中稻、晚稻的种植面积产生影响从而影响总种植面积，而这个影响不同于前者，因为在南方晚稻的种植季节可替代性的选择较多。小麦和玉米的产量与代表上期价格的 $P'(t-1)$ 成反比，但与代表当期的 $P'(t)$ 成正比。在笔者看来，其背后的逻辑是上期农资准化价格高，经营者缩减本期小麦的种植面积，从而减少小麦本期产量，从而使小麦的价格上升，使得 $P'(t)$ 减少（即产量与 $P'(t)$ 成正相关）。而玉米因为大部分是在七月份前后小麦收了之后才开始种植，所以其面积受当年的农资价格影响，当然其回归显著相对较弱，不能太明确地根据数据说明问题。

对化肥、农药和农机油回归的结果有几个比较特殊的环节需要进一步说明：

①小麦与玉米的替代效应非常明显。比较（6-7）、（6-8）、（6-9）、（6-10）、（6-11）五个计算式以及表 6-2 显示的关于小麦和玉米与农机油准化价格的系数，农机油的准化价格对小麦生产的影响不管是面积还是产量，都是负的，即农机油准化价格越高（不管是哪个准化价格），小麦种植面积越小、产量越低，这点与玉米的情况刚好相反。这是典型的替代作用的结果。

②水稻的种植与蔬菜同样具有明显的替代效应。这点从农药准化价格对稻谷面积的关系就可以看出来（农药准化价格 $P'_p(t-1)$ 与水稻种植面积正相关，见表6-2）。前面的成本结构分析已经表明，以陆地西红柿和大白菜为代表的蔬菜种植所费农药比重远大于粮食作物的这项支出。农药价格变化对蔬菜的影响将大于对粮食的影响。而且在南方稻作区，很多地方习惯于蔬菜和水稻的轮作，因为农药价格的变化而发生水稻、蔬菜之间的相互替代是自然而然的结果。

表6-2　　　农资准化价格与粮食产量、面积的标准化系数（beta值）

		产量			面积		
		稻谷	小麦	玉米	稻谷	小麦	玉米
农资	$P'(t-1)$	- 0.608	- 1.069	- 0.409	+ 1.167	- 0.637	
	$P'(t, t-1)$		+ 0.573		- 1.055		- 0.280
	$P'(t)$		+ 0.731	+ 0.330	- 0.797		+ 0.246
化肥	$P'_f(t-1)$				- 0.582	+ 0.191	
	$P'_f(t, t-1)$	- 0.373				+ 0.323	
	$P'_f(t)$		+ 1.050				
农药（械）	$P'_p(t-1)$	- 0.463	- 0.799		+ 0.239		- 0.543
	$P'_p(t, t-1)$						
	$P'_p(t)$						
农机油	$P'_o(t-1)$	- 0.771	- 1.094			- 1.075	+ 0.417
	$P'_o(t, t-1)$	+ 0.708	+ 1.693	+ 0.577	- 0.650		
	$P'_o(t)$		- 1.235		- 0.261		

数据来源：根据回归结果整理（原始数据详见本章附件6-3中的附表6-18到6-23各回归结果）。

③水稻面积的替代性增加并没有带来产量的相应提高。在前面的农资总体准化价格就有这个规律，而对化肥、农药、农机油的回归结果再次强化了这样一种规律。本期水稻的种植面积与上期的农药准化价格都成正比，但是产量却与上期的农药准化价格成反比就是一个很好的例证。

④人力对机械的替代可以一定程度上提高单产。这是从农机油准化价格 $P'_o(t, t-1)$ 对于三种粮食作物体现出来的共同规律得出的推论。本期的农机油价格提高，直接的结果是减少机械作业，减少机械作业必然增加人力劳动，而这同时粮食产量（不管是稻谷、小麦还是玉米）都得到提高。所以笔者据此大胆作出判断。

笔者需要强调的是，我们在这部分考察的是农资价格对粮食生产的影响，其影响的有无或者大小是通过农资价格与农产品价格的比值即准化价格对生产的影响来实现的，产生作用的是农资价格与农产品价格两个方面，而不是单一的某一价格。

（三）农资价格变化对耕地数量、成灾率的影响

对于粮食的综合生产能力，粮食的年度产出水平只是一个基本的指标。考察粮食安全问题，在多数时候并不是看粮食产量一时能增加或减少多少，而是看在需要全力生产的时候能够生产多少，从这个意义上讲，只要满足基本的消费需求，产量因为市场环境变化一时的增减都是无关紧要的。重要的是看市场环境的变化会不会对粮食生产能力的根本要素造成伤害。

粮食的综合生产能力的根本要素有两个方面，一是可以用于生产粮食的耕地面积总量，二是可种粮耕地的单位产出能力和水平。单位产出水平（即单产）取决于经营者的投入水平、灌溉水状况、耕地土壤状况、气候条件以及反映科技投入状况的种子技术使用状况。优良品种的使用取决于农业科研投入和农业技术推广，这两者都是公共的投入，不以市场的价格水平为转移。市场的价格水平主要影响的是农户的生产经营行为选择，包括对品种技术的采纳、对耕地的护理以及对务农与否的选择。品种技术采纳与价格的作用涉及复杂的农户时序数据，本研究无法支撑，我们只能把眼光集中在对耕地的护理和对务农与否的选择上。①

对耕地的护理是对耕地产出能力的反映，它外在地表现为耕地的有机质含量、耕地的灌排水系统以及相应的抵御水灾、旱灾的能力。我们把抵御灾害能力作为一个代表性指标来考察。耕地排灌水系统问题不是由一家一户的行为来体现的，它更多地属于由一家一户的判断、选择而形成的集体行为（如是否愿意修水利等）。从宏观的指标上可以用受灾成灾率来衡量。从逻辑上，可以认为，如果务农的相对收益比较低（从农资的角度看，即农资相应的准化价格比较高），大家不会对农田及相应的水利进行有效护理，成灾率较高。当然这个结果有时滞性，滞后的时间也许是一年，也许是两年甚至更长。

农户对务农与否的选择并不能直接表现为耕地的增加或者减少。一般来说，农户即便外出打工不种地，他也不愿意轻易放弃土地，即便流转也是短期的，这并不会改变耕地的总量（如前面水稻对蔬菜的替代增加了面积却降低了产量的表现）。在严格控制耕地使用模式转变②的情况下，会较大幅度改变耕地总量的只有因为城市化、工业化、公共建设或其他类型的政府行为导致对耕地的占用。农业生产的比较收益越低，农民越不会在乎耕地的变更及被占用，从而地方政府改变耕地用途越容易。在耕地面积减少的大趋势下，种地比较收益低（即农资相应准化价格高）

---

① 灌溉水的状况主要体现在水资源质和量两个方面，量的问题与自然条件相关，质的问题无法通过数量的关系与价格建立直接联系，但与农资的使用状况直接相关，耕地土壤状况也是如此。我们将在下面另行分析。
② 如挖鱼塘等。

的年份，耕地减少的幅度会更大（也许也有时滞）。

基于以上判断，笔者将利用宏观数据对成灾率、耕地面积变化与农资准化价格关系进行验证。

1. 耕地面积与农资准化价格：减少量与准化价格正相关

耕地面积的增减是一个重大的经营决策，其决策依据必然是几年来已有的投入产出状况。所以笔者将在回归分析中使用决策期三年、两年、一年前的农资准化价格作为自变量。这里的农资准化价格指数用的是全国农资价格指数与同一年农业产品（包括农林牧渔）价格指数①的比值。耕地面积的增减有两组数据，一组是全国不连续但可以一定程度说明问题的数据，一组是来自粮食主销区福建省提供的完整时序数据，两组数据分别进行回归作为相互补充。

（1）全国耕地不连续的数据表明，耕地减少量与两三年前的农资准化价格有关。全国的耕地面积没有一个完整的时序统计数据，笔者只能根据掌握的各种资料进行整理，这样的结果导致许多不连续，无法进行严格意义的回归分析。我们所能参照的连续数据只有 1987 年到 1998 年共 12 年的数据（见表 6 – 3）。

表 6 – 3		1980 ~ 2005 年全国耕地数量的变化情况			万公顷
年份	净减少数	耕地面积	年份	净增减	耕地面积
1980		13 510.68	1994	43. 2387	13 118.16
1981 ~ 1986	212. 353	13 298.33 (1986)*	1995	40. 9108	13 077.25
1987	49. 4793	13 248.85	1996	73. 33	13 003.92
1988	30. 4345	13 218.41	1997	48. 67	12 955.25
1989	2. 90055	13 215.51	1998	26. 1	12 929.15
1990	– 9. 98447	13 225.5	1999 ~ 2001	220. 95	12 708.2 (2001)*
1991	2. 3268	13 223.17	2002 ~ 2003	115. 24	12 592.96 (2003)*
1992	29. 4869	13 193.68	2004	253. 74 **	12 339.22
1993	32. 2843	13 161.4	2005	36. 16	12 208.27

注：* 括号里的时间表示耕地面积对应的年份；** 其中生态退耕 223.73 万公顷。

数据来源：1981 ~ 1998 年增减数根据石玉林、卢良恕主编的《中国农业需水与节水高效农业建设》第 158 页；1980 ~ 1998 年耕地面积按《中国统计年鉴（2004）》公布的 1996 年 10 月 31 日时点数推算；2001 年耕地面积来自《中国统计年鉴（2004）》；2003 年和 2004 年的数据按国土资源部 2005 年公布的数字整理；2005 年的数据来自国土资源部 2006 年公布的数字。

---

① 当然，如果能用种植业产品的价格指数可能更为理想。可惜这个数据没有长期、连续的指标，只能用大农产品价格指数来替代。

　　利用 1987 年到 1998 年这 12 年的耕地变化时序数据和相应的农资准化价格数据进行简单的回归（笔者分别使用了同期、前一期、前两期和前三期的数据进行多元线性回归，用后退法筛选），得到的回归结果显示：三年前和一年前的农资准化价格对耕地的减少数量有数量上比较明显的正向影响，而且这种影响是两个准化价格共同作用的（回归检验也显示，仅用三年前的准化价格显著性减弱；见表 6 - 4）。这个结果仅基于 12 年的时序数据，样本量有限，还不具备足够的统计说服力。但是，这个简单的回归提醒我们，三年、两年、一年前的农资准化价格对本年耕地数量的减少可能有正向的影响，[①] 即三年、两年、一年前的农资准化价格越低（相应地，农业生产的回报率越高），本年度耕地数量减少幅度可能越小，而且三年前的农资准化价格影响可能最明显。

表 6 - 4　　　　　　　　　全国耕地减少数与农资准化价格回归结果 *

	非标准化系数		标准化系数	T	Sig.
	B	标准差	Beta		
常数项	- 389. 846	134. 049		- 2. 908	0. 017
$P'(t-3)$ **	348. 997	120. 155	0. 668	2. 905	0. 017
$P'(t-1)$ **	246. 835	126. 953	0. 447	1. 944	0. 084

　　注：* 自变量：耕地减少数；模型的 F 值 5. 264，显著性系数为 0. 031；
　　** $P'(t-3)$、$P'(t-1)$ 分别代表考察期 3 年前和 1 年前的农资准化价格。
数据来源：根据数据回归结果整理。

　　1999 年以后非连续的数据可以进一步支持以上的回归结果。1999 ~ 2001 年减少 220. 95 万公顷，平均每年减少 73. 65 万公顷；2002 ~ 2003 年减少 115. 24 万公顷，平均每年减少 57. 62 万公顷；2004 年减少量为 253. 74 万公顷（见表 6 - 3）。相应地，从 1996 年开始，农资的准化价格开始进入了一个持续的回升期，农业生产的回报率持续下降，从 1999 年开始连续七八年农资准化价格处于 1978 年以来的最高位，农业生产的回报率处于最低谷（见表 6 - 5）。这种状况和基于 12 年连续数据回归得到的结果基本一致。

　　耕地数量的减少尽管有包括"开发热"、"退耕还林"在内的多种原因，但是以上的数据分析结果表明，农业生产的回报率（表现为农资的准化价格）对耕地数量的减少有直接、较为明显的影响。如果是同期的数据，没办法说明哪个是因哪个是果，但是回归结果显示的时间先后顺序足以表明，农资准化价格的高低是耕地减少数量的原因，这一点是毋庸置疑的。

――――――――――

　　① 回归结果把两年前的准化价格排除在外，但笔者认为，这更多地是因为两年前准化价格与三年前、一年前这两组数据的相关性。

（2）基于福建省完整的时间序列数据的回归结果进一步支持以上判断。全国的数据点明了大致的趋势，但是由于时间序列样本数据的有限性，说服力不够强。福建省的调查数据弥补了我们这方面的缺憾。[①]

从1978年至今，福建省的耕地面积同全国的大趋势一样逐年减少，全省常用耕地面积1978年是1946万亩，到了2005年降到了1693.5万亩，除了1996年耕地面积增加了85.7万亩之外，其他各年都在减。面积减少的几个高峰期分别是1985～1986年，1993～1994年，1997～1998年和2000～2001年，而2001年之后每年面积减少量也是居高不下（年均减少17万亩左右）。从数据上，我们看不出1985～1986年面积的减少与准化价格的关系，但是显然可以看出后面几个阶段的面积变化与农资准化价格变化有明显的时序联系。1990～1993年农资准化价格连续四年处于高位，是农业的投资回报率较低的时期，经过1994～1995年的恢复之后，1996年以后农资准化价格再次上升，而且这次上升持续到了2005年，这也是耕地面积持续较大幅度减少的几年。相应地，一旦农资准化价格下降（农业的投资回报率升高），耕地面积的减少幅度随之下降，1996年当年甚至增加[②]（见表6－5）。

表6－5　　　　全国农资准化价格与福建省耕地面积（1978～2005年）　　　　万亩

年份	全国农资准化价格变化			福建省耕地面积变化	
	农业生产资料总指数	农产品生产价格总指数（包括农林牧渔）	农资对于农产品的准化价格	耕地面积	减少量
1978	100.0	100.0	1.000	1946.0	—
1979	100.4	122.1	0.822	1942.0	4.0
1980	101.4	130.8	0.775	1936.5	5.5
1981	103.1	138.5	0.745	1933.5	3.0
1982	105.1	141.5	0.743	1926.7	6.8
1983	108.2	147.8	0.733	1924.0	2.7
1984	117.9	153.7	0.767	1919.4	4.6
1985	123.5	166.9	0.740	1891.8	27.6
1986	124.9	177.6	0.703	1875.4	16.4
1987	133.6	198.9	0.672	1865.9	9.5
1988	155.3	244.6	0.635	1858.8	7.1
1989	184.6	281.3	0.656	1857.8	1.0
1990	194.8	274.0	0.711	1854.8	3.0

[①] 这部分，笔者使用的是福建省的耕地数量和全国的农资准化价格。使用全国的农资数据是因为笔者认为，福建作为一个省，在全国相对统一的大市场环境中，农资及农产品市场价格变化的趋势大体一致，所以用全国的农资、农产品平均的价格指数来分析福建省的情况从总体上是可以接受的。

[②] 这显然与1994～1995年的回升有关。

年份	全国农资准化价格变化			福建省耕地面积变化	
	农业生产资料总指数	农产品生产价格总指数（包括农林牧渔）	农资对于农产品的准化价格	耕地面积	减少量
1991	200.4	268.5	0.746	1851.7	3.1
1992	207.8	277.6	0.749	1842.8	8.9
1993	237.2	314.8	0.753	1828.8	14.0
1994	288.4	440.5	0.655	1815.6	13.2
1995	367.4	528.1	0.696	1806.0	9.6
1996	398.3	550.3	0.724	1891.7	−85.7
1997	396.3	525.1	0.754	1860.4	31.3
1998	374.5	483.5	0.775	1831.8	28.6
1999	358.7	424.5	0.845	1820.8	11.0
2000	355.5	409.2	0.869	1780.6	40.1
2001	352.3	406.0	0.868	1759.0	21.7
2002	354.1	404.7	0.875	1741.3	17.6
2003	359.0	422.5	0.850	1723.5	17.8
2004	397.1	477.9	0.831	1711.2	12.3
2005	430.1	484.6	0.887	1693.5	17.7

注：农资准化价格为各年农资价格指数与同一年农产品价格指数的比值；价格指数以1978年为100；福建省的耕地面积是由福建省统计部门提供的常用耕地面积。

数据来源：农资准化价格相关数据由笔者根据历年中国统计年鉴数据整理计算所得；福建省耕地面积数据由福建省农业厅提供。

对以上数据，笔者使用了与对全国数据一样的处理方法分别对耕地减少数量和耕地面积进行回归，自变量依然为三年、两年和一年前的农资准化价格。而不管是以耕地减少数量为因变量还是以耕地面积为因变量，结果都非常显著（见表6-6）。

表6-6　　　　　福建省耕地状况与全国农资准化价格回归结果

因变量		自变量	非标准化系数		标准化系数	t值	显著性系数 Sig.
			B	标准差	Beta		
模型1*	耕地减少数	常数项	−41.863	40.804		−1.026	0.317
		$P'(t-2)$	429.394	95.882	1.304	4.478	0.000
		$P'(t-3)$	−360.936	97.998	−1.072	−3.683	0.001
模型2**	耕地面积	常数项	2350.030	107.872		21.785	0.000
		$P'(t-2)$	−691.214	142.960	−0.718	−4.835	0.000

注：*模型1的F值10.045，显著性系数为0.001；**模型2的F值23.377，显著性系数为0.000。

数据来源：根据回归结果整理。

根据以上结果，我们得到了以下两个回归数量关系式：

$$\Delta S(t) = -41.863 + 429.394 P'(t-2) - 360.936 P'(t-3) \qquad (6-12)$$

$$S(t) = 2350.030 - 691.214 P'(t-2) \qquad (6-13)$$

式（6-12）表明，$t-2$ 期的农资准化价格对 t 期减少水平的影响是正的，即 $t-2$ 期农资准化价格越高，t 期耕地面积减少越多；而 $t-3$ 期农资准化价格对 t 期耕地面积减少水平的影响是负的，这个指标可以大致表明农资准化价格持续高位或者持续低位一般不会超过 3 期（从数据上反映为 3 年）。从标准化系数上看，$t-2$ 期的影响程度要大于 $t-3$ 期的影响程度，而总体影响是正的。这样的结果从现实的逻辑上看也可以理解。是否减少耕地面积，主要看农业生产的投资回报率。回报率高（表现为农资的准化价格低），便不愿意减少耕地，在耕地面积减少不可逆转的大趋势下，表现为减少幅度的下降。反之亦然。而 t 期减少耕地的决策是在前一年即 $t-1$ 期的时候作出的，这时候决策的依据必然是 $t-1$ 期和之前两三期内的投资回报率。式（6-12）里的 $t-2$ 期和 $t-3$ 期的准化价格的系数反映的是这几期内综合的效果，这点与全国数据分析里的前一年、前三年准化价格的影响内涵是一致的。

而式（6-13）给了我们一个更醒目、更直截了当的结论：t 期的耕地面积与 $t-2$ 期的农资准化价格显著成反比，即 $t-2$ 期农资准化价格越高，t 期耕地面积越小。耕地面积的减少与由农资准化价格反映的农业投资回报率具有非常显著的相关性。这个结论可以提醒我们，耕地面积减少难以遏制的症结可能就在于农业生产的投资回报率长时间低迷。1996 年至今全国农资准化价格居高不下而福建省乃至全国耕地面积持续多年大幅度减少，这就是一个很好的例证。

2. 成灾率与农资准化价格：准化价格对管护水平负影响

前面已经说明，考察成灾率的价值在于透视农户对耕地的护理状态。成灾率是成灾面积与受灾面积的比值，受灾是自然因素所致，经营者无力改变。经营者能做的是通过日常的工作和受灾前后的努力把灾害的损失减少到最低程度。如果农业生产的比较收益高，农业经营者平时的工作（如小水利的维修、管护等）就会比较细致，受灾时出大问题的概率就会降低，而且受灾前后对农田的管护、对农作物的照顾积极性相应比较高，从而降低灾害影响程度。[1] 反之亦然。我们所用的成灾面积是指受灾损失 30% 以上的面积，[2] 由这个临界指标与受灾面积构成的成灾率可以

---

[1] 以福建东南沿海香蕉种植为例，如果香蕉收益好，台风来临之前农户就会给每个香蕉树搭几个木头固定住，以防风把香蕉树刮倒。但是如果香蕉卖不出去，农户的这些努力就会减少甚至不做。这样成灾率相应提高了。

[2] 根据《中国统计年鉴》的标准。

很好帮助我们透视农户群体对耕地的态度和护理状态（见表6－7）。

表6－7　　　　　　　成灾率与农资准化价格（1978～2005年）　　　　万公顷，%

年份	农资对农产品准化价格	受灾面积	成灾面积	成灾率	水灾成灾率	旱灾成灾率
1978 *	1.000	5079	2180	0.429	0.323	0.447
1979	0.822	3937	1512	0.384	0.425	0.378
1980 *	0.775	4453	2232	0.501	0.550	0.478
1981	0.745	3979	1874	0.471	0.461	0.472
1982	0.743	3313	1612	0.487	0.533	0.482
1983	0.733	3471	1621	0.467	0.473	0.472
1984	0.767	3189	1526	0.479	0.508	0.444
1985	0.740	4437	2271	0.512	0.630	0.438
1986	0.703	4714	2366	0.502	0.609	0.324
1987	0.672	4209	2039	0.484	0.472	0.592
1988	0.635	5087	2394	0.471	0.513	0.396
1989	0.656	4699	2445	0.520	0.522	0.520
1990	0.711	3847	1782	0.463	0.475	0.429
1991	0.746	5547	2781	0.501	0.594	0.359
1992	0.749	5133	2586	0.504	0.474	0.517
1993	0.753	4883	2313	0.474	0.525	0.410
1994	0.655	5504	3138	0.570	0.620	0.560
1995	0.696	4582	2227	0.486	0.599	0.443
1996	0.724	4699	2123	0.452	0.598	0.310
1997	0.754	5343	3031	0.567	0.512	0.597
1998	0.775	5015	2518	0.502	0.618	0.355
1999	0.845	4998	2673	0.535	0.562	0.551
2000	0.869	5469	3437	0.629	0.590	0.661
2001	0.868	5222	3179	0.609	0.598	0.616
2002	0.875	4712	2732	0.580	0.604	0.597
2003	0.850	5451	3252	0.598	0.640	0.582
2004	0.831	3711	1630	0.439	0.512	0.492
2005	0.887	3882	1997	0.514	0.553	0.529

注：* 1978年、1980年两年的成灾面积有争议。2000年以后的中国统计年鉴上的这两年的数据大于1999年及以前的年鉴数，但2000年以后的年鉴对此没有作出任何说明。笔者参照的是1999年以前的年鉴数。

数据来源：根据1981～2006年《中国统计年鉴》数据整理计算。

对总体成灾率、水灾成灾率和旱灾成灾率与不同期的农资准化价格进行相关性分析发现，$t-2$ 期的农资准化价格与 t 期的总体成灾率有非常明显的正相关（在 0.01 水平的双尾检验中相关性显著，pearson 相关系数为 0.538），与 t 期的旱灾成灾率也有比较明显的正相关（在 0.05 水平的双尾检验中显著），与 t 期的水灾成灾率弱正相关。$t-1$ 期的农资准化价格与 t 期的总体成灾率、旱灾成灾率也有较明显的正相关，但是相对于 $t-2$ 期，相关性都相应减弱（见表 6-8）。面对水灾，多数农户可能一筹莫展无能为力，所以农户的行为对水灾的成灾率并不能产生明显的影响；而面对旱灾，农户的积极行为可能对抵御灾害能起较大的作用；可能面对风灾等其他类型的灾害，农户积极的防护措施可能抗灾效果会更加直接更加明显。所以才可能出现这样的相关性。

表 6-8　　　　　　　　　　成灾率与农资准化价格相关性分析

		$P'(t)$	$P'(t-1)$	$P'(t-2)$
成灾率	Pearson Correlation	0.193	0.443（*）	0.538（**）
	Sig.（2-tailed）	0.346	0.023	0.005
	N	26	26	26
水灾成灾率	Pearson Correlation	-0.194	0.120	0.278
	Sig.（2-tailed）	0.344	0.561	0.169
	N	26	26	26
旱灾成灾率	Pearson Correlation	0.287	0.387	0.423（*）
	Sig.（2-tailed）	0.155	0.051	0.031
	N	26	26	26

注：** 在 0.01 水平（双尾）上相关性显著；* 在 0.05 水平（双尾）上相关性显著。
数据来源：根据相关性分析结果整理。

根据相关性分析结果，对总体成灾率、旱灾成灾率与各期农资准化价格分别进行线性回归，结果只有总体成灾率与 $t-2$ 期的农资准化价格构成显著的数量关系（见表 6-9，式 6-14）。

$$R = 0.186 + 0.422P'(t-2) \qquad (6-14)$$

表 6-9　　　　　　　　　　总体成灾率与农资准化价格回归系数[*]

因变量	自变量	非标准化系数		标准化系数	t	显著性系数 Sig.
		B	Std. Error	Beta		
成灾率 R	常数项	0.186	0.103		1.810	0.083
	$P'(t-2)$	0.422	0.135	0.538	3.125	0.005

* 模型的 F 值为 9.763，显著性系数为 0.005。
数据来源：根据回归结果整理。

这再一次很好地印证了前面的推测和假设。$t-2$ 期的农资准化价格高，农业生产的投资回报率低，从而影响了 $t-1$ 期农户对农田管护的积极性，从而直接导致 t 期面对灾害抵御能力下降，从而成灾率升高；而且因为以 $t-2$ 期为代表（可能隐含了 $t-1$ 期甚至 $t-3$ 期）的投资回报率低，面对灾害，农户的防灾、抗灾积极性下降，成灾率也因之而升高。笔者想强调的是，这样的结果反映的不是一个个经营个体的行为，而是总体表现出来的趋势。也许面对各种不同类型的灾害、不同的经营主体表现出来的行为迥异，但是作为一个全局性的大趋势，这样的结果是可以接受而且值得重视的。

基于以上分析，我们的结论是，农资对粮食的生产能力有显著的影响。这个影响体现在耕地面积的变化和成灾率的变化两个指标上，其背后是农业经营者对耕地的珍视态度和护理行为。而产生这个影响的不是单一的农资价格问题，而且涉及农产品的价格问题，由这两个价格体系共同形成的农资准化价格才是影响农户行为、影响农业生产能力的根本。

（四）　对农资价格变化影响的小结

农资价格变化对粮食生产水平和生产能力的影响是一个错综复杂的过程，所有的价格变化影响都是一整个价格体系尤其是生产资料和产品价格相互作用的结果。如果非要找出生产资料价格变化的直接、单一的影响，我们只能假定其他所有价格都保持不变（尤其是粮食价格。尽管事实上这是不可能发生的）。根据回归结果计算，如果上一年农资价格整体上涨 1%，则本年稻谷面积增加 1.167%，而产量减少 0.608%；小麦面积减少 0.637%，产量减少 1.069%；玉米产量减少 4.09%。如果本年农资价格上涨 1%，则本年稻谷面积将减少 1.852%，而产量影响不明显；玉米的面积将减少 0.034%（但不够显著），而小麦与玉米产量随农资价格同步增加。[①] 而化肥、农药（械）和农机油价格的变化也都会带来相应的产量效应、面积效应（见表 6 – 10）。

表 6 – 10　　　粮食及其他要素价格不变下的农资价格变化对粮食生产的影响　　　%

价格指数增加1%		产量			面积		
		稻谷	小麦	玉米	稻谷	小麦	玉米
农资	$P(t-1)$	− 0.608	− 1.069	− 0.409	+ 1.167	− 0.637	—
	$P(t)$	—	+ 1.304	+ 0.330	− 1.852		− 0.034

---

①　其实这是小麦玉米价格变化的结果，在假定小麦玉米价格不变的情况下，只能反映为农资价格的上涨。

价格指数增加1%		产量			面积		
		稻谷	小麦	玉米	稻谷	小麦	玉米
化肥	$P(t-1)$	—	—	−0.582	+0.191	—	—
	$P(t)$	−0.373	+1.050	—	—	+0.323	—
农药（械）	$P(t-1)$	−0.463	−0.799	—	+0.239	—	−0.543
	$P(t)$	—	—	—	—	—	—
农机油	$P(t-1)$	−0.771	−1.094	—	—	−1.075	+0.417
	$P(t)$	+0.708	−0.458	+0.577	−0.911	—	—

数据来源：根据回归结果计算所得。

而对于反映粮食生产能力的耕地面积和成灾率，从全国的数据来看，如果前一年、前三年的农资价格分别上涨1%，则耕地减少量将分别增加0.447%和0.668%（当然，趋势可以接受，但影响程度因受数据量的限制而说服力不强）；而福建省的耕地数据则表明，如果两年前农资价格上涨1%，则本年耕地数量将减少0.718%，耕地减少数将增加1.304%，而由于农资价格波动周期的影响，三年前的农资涨价对耕地减少数反而是负效应。从全国的成灾率看，两年前农资涨价1%，则今年成灾率将上升0.538%（见表6-11）。

表6-11　　　　　农产品价格不变下的农资价格变化对粮食生产能力的影响　　　　%

价格指数增加1%		耕地面积		耕地减少数		成灾率
		全国数据	福建数据	全国数据	福建数据	
农资	$P(t-1)$	—	—	0.447	—	—
	$P(t-2)$	—	−0.718	—	1.304	0.538
	$P(t-3)$	—	—	0.668	−1.072	—

数据来源：根据回归结果计算所得。

以上仅仅是提供了一个抽象规律性的结果。对实际生活中农资涨价的全面理解绝对不能割裂其他的因素而把农资价格置于真空之中。笔者想再次强调的是，农产品价格变化本身也是至关重要的。如果说影响生产或者生产能力，则农资价格与农产品价格两者的重要性难分伯仲。

以农资价格对稻谷产量影响为例：过去农资涨价的一个高峰期是1995年和1996年，单纯地考虑农资价格，根据上面分析的结果，则1996年和1997年稻谷产量将相应地下降，而事实是稻谷产量在1996年和1997年持续增长，1997年曾达到历史最高峰。原因是在农资涨价的同时，稻谷价格也在上涨，而且上涨的幅度远大于农资价格的上涨幅度。在农资价格处于低谷的1999年到2002年，稻谷的产量也在持续下降，原因是这期间稻谷的价格下降的幅度远远大于农资的下降幅度。而 2004 年稻谷价格大幅度上涨，尽管农资价格也在上涨，综合的结果还是带来了稻谷产量的较大幅度增加（如图 6－6 所示）。①

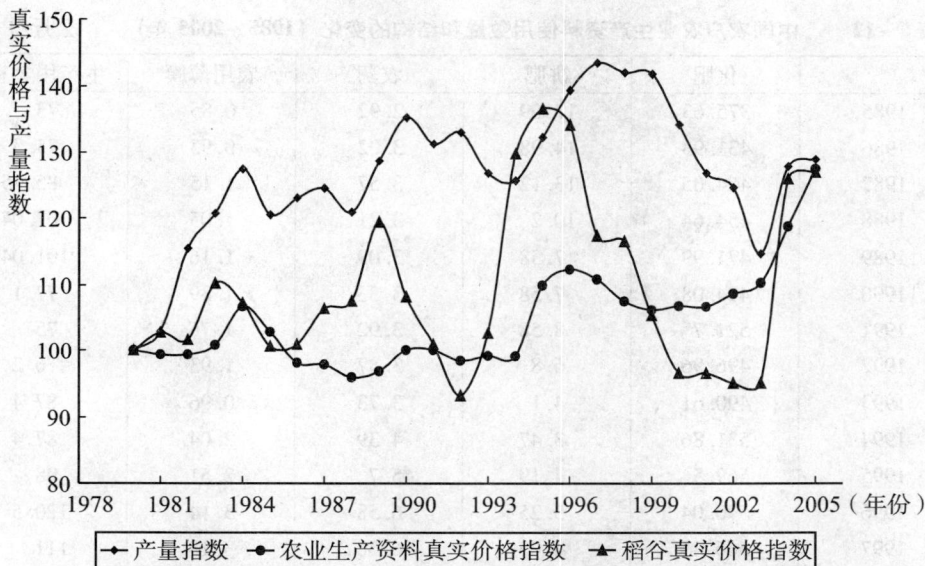

图 6－6 农资、稻谷真实价格指数与稻谷产量指数（以 1980 年为 100）

数据来源：笔者根据 1981～2006 年《中国统计年鉴》数据整理、计算所得。具体数据详见本章附件 6－2 中的附表 6－13。

二、部分重要的农业生产资料投入量和使用结构对生产能力的影响

（一）农资投入量和部分使用结构的变化

1. 化肥投入总量不断增加，化肥搭配更为均衡

《中国农村住户调查年鉴》数据显示，1985～2005 年 20 年间，67 000 多样本

---

① 系统地理解农资涨价对粮食生产水平和粮食生产能力的影响不能把眼光仅仅停留于农资的价格上。当然，本研究的着眼点就是农资问题，所以在接下去的篇幅笔者将着重剖析农资价格变化背后的原因。至于其他价格问题将留给别的研究进一步补充。

户户均化肥使用量从最开始的 375.63 公斤增加到 2005 年的 643.2 公斤，整体上显著呈递增趋势，仅在若干年份略有波动，1996 到 2000 年五年内有小幅减少（见表 6-12）。

表 6-12　　中国农户农业生产资料使用数量和结构的变化（1985～2005 年）　公斤/户

	化肥	饼肥	农药	农用薄膜	生产用燃料
1985	375.63	17.09	2.92	0.85	73
1986	431.93	14.98	3.02	0.93	75.3
1987	464.05	13.12	3.57	1.15	85.75
1988	454.64	10.2	3.21	1.05	107.04
1989	471.99	7.38	3.09	1.16	101.04
1990	494.08	7.58	3.33	1.39	77.1
1991	521.7	8.58	3.92	1.76	75
1992	496.96	6.8	3.87	1.93	76.2
1993	490.61	4.1	3.73	0.96	87.4
1994	531.86	3.47	4.39	2.04	87.4
1995	569.5	4.19	5.7	2.51	98
1996	590.04	5.25	6.58	3.14	120.5
1997	566.41	4.03	6.58	3.14	111
1998	551.84	3.9	6.3	3.31	83.6
1999	547.66	5.21	7.2	2.96	86.7
2000	545.78	7.54	9.8	4	90.8
2001	554.27	9	10.16	4.05	84.8
2002	552.4	8.8	10.02	3.6	90.8
2003	555.2	6.5	—	4.3	63.3
2004	616.3	5.8	—	4.4	106.3
2005	643.2	5.6	—	4.9	90.4

数据来源：根据《中国农村住户调查年鉴》1992 年到 2006 年整理。根据年鉴说明，所有汇总资料均来自全国 31 个省区市，857 个调查县，对 67 000 多个农村调查户的资料整理。另外，农药从 2003 年开始没有统计数据。

根据《中国统计年鉴》的全国数据，从 1980 年到 2005 年，全国农业生产化肥施用总量逐年增加，其中，1985 年化肥总施用量是 1775.8 万吨，2005 年为 4766.2 万吨。在总播种面积大体稳定而略有增加的情况下，亩均化肥施用量从 1980 年的 5.78 公斤、1985 年的 8.24 公斤稳步增加到了 2005 年的 20.44 公斤。从氮、磷、钾三种肥料的使用上看，氮肥一直占最大比重，但是其份额在显著地逐年下降；磷肥比重也有所降低，稳步增加的是钾肥（从 1980 年的 2.7% 增加到 2005

年的 10.3%）。而复合肥的使用显然越来越受青睐，2005 年它的使用比重为 27.3%，而 1980 年仅为 2.1%（见表 6 – 13）。应该说，肥料的搭配更为均衡。当然，这与种植结构的变化也有关系。

表 6 – 13　　　　　　　　　　　　全国农业用肥情况

年份	化肥施用量（万吨）					播种面积（千公顷）	亩均用肥（公斤）	化肥使用结构			
	总量	氮肥	磷肥	钾肥	复合肥			氮肥	磷肥	钾肥	复合肥
1980	1269.4	934.2	273.3	34.6	27.2	146 380	5.78	0.736	0.215	0.027	0.021
1985	1775.8	1204.9	310.9	80.4	179.6	143 626	8.24	0.679	0.175	0.045	0.101
1989	2357.1	1536.8	418.9	120.5	280.9	146 554	10.72	0.652	0.178	0.051	0.119
1990	2590.3	1638.4	462.4	147.9	341.6	148 362	11.64	0.633	0.179	0.057	0.132
1991	2805.1	1726.1	499.6	173.9	405.5	149 586	12.50	0.615	0.178	0.062	0.145
1992	2930.2	1756.1	515.7	196.0	462.4	149 007	13.11	0.599	0.176	0.067	0.158
1993	3151.9	1835.1	575.1	212.3	529.4	147 741	14.22	0.582	0.182	0.067	0.168
1994	3317.9	1882.0	600.7	234.8	600.6	148 241	14.92	0.567	0.181	0.071	0.181
1995	3593.7	2021.9	632.4	268.5	670.8	149 879	15.98	0.563	0.176	0.075	0.187
1996	3827.9	2145.3	658.6	289.6	734.7	152 381	16.75	0.560	0.172	0.076	0.192
1997	3980.7	2171.7	689.1	322.0	798.1	153 969	17.24	0.546	0.173	0.081	0.200
1998	4083.7	2233.3	682.5	345.7	822.0	155 706	17.48	0.547	0.167	0.085	0.201
1999	4124.3	2180.9	697.8	365.6	880.0	156 373	17.58	0.529	0.169	0.089	0.213
2000	4146.4	2161.5	690.5	376.5	917.9	156 300	17.69	0.521	0.167	0.091	0.221
2001	4253.8	2164.1	705.7	399.6	983.1	155 708	18.21	0.509	0.166	0.094	0.231
2002	4339.4	2157.3	712.2	422.4	1040.4	154 636	18.71	0.497	0.164	0.097	0.240
2003	4411.6	2149.9	713.9	438.0	1109.8	152 415	19.30	0.487	0.162	0.099	0.252
2004	4636.6	2221.9	736.0	467.3	1204.0	153 553	20.13	0.479	0.159	0.101	0.260
2005	4766.2	2229.3	743.8	489.5	1303.2	155 488	20.44	0.468	0.156	0.103	0.273

数据来源：根据《中国统计年鉴（2006 年）》整理。

2. 有机肥低水平投入

从全国的层面上看，没有有机肥施用量的统计数据，这无疑削弱了我们论证的能力。从基于农村住户调查的数据看，作为有机肥的代表——饼肥使用量在从 1985 年到 1994 年十年间显著下降，1994 年到 2001 年有波动地回升，之后几年，又逐步走入低谷。2005 年每户饼肥用量为 5.6 公斤，而 1985 年是 17.09 公斤（见表 6 – 12）。而畜禽粪肥等有机肥的用量在总体上的减少只能从农户调查的经验中感受出来。

3. 农药、农膜使用量都在不断增加

根据住户调查，1985 年户均农药使用量为 2.92 公斤，到了 2002 年这个数据增加为 10.02 公斤，而且基本上年年递增（2003 年之后数据不详）。农用薄膜的使用量也历经了一个相当显著的增加过程：1985 年户均农膜用量仅为 0.85 公斤，到了 2005 年，每户平均的农膜用量达到 4.9 公斤。

4. 生产燃料用量基本稳定

生产燃料包括农用柴油、农用汽油以及生产用煤等。1985～2005 年，生产燃料的用量基本保持在 70 公斤到 110 公斤的范围内波动。用量最多的是 1996 年，达到 120.5 公斤，最少的是 2003 年，为 63.3 公斤（以上见表 6－12）。

（二）农业生产资料使用状况对即期粮食产出水平的影响

1. 亩均农资用量与粮食产量的关系

农业生产用燃料的水平在一定程度上反映的只是机械对劳动力替代（特别是农用柴油和汽油），并不会对亩产量产生积极影响。在这部分，我们考察的指标是种子、化肥和农膜的使用量。这三种生产资料的投入都与粮食的单位产量有着直接的关系，其影响程度如何、怎么影响，是我们的关注点。一般来说，同一种类型的种子每亩用量基本上稳定不变，用量的改变可以作为品种改变的替代指标。越是优质的品种一般来说对应的用量应该越少。在别的因素不变的情况下，化肥和农膜的使用量对产量会有正向影响（当然是在一定限度之内）。为验证以上判断，我们利用了三种粮食部分投入产出 19 年的时序数据进行检验。检验分别利用简单的线性关系和对数关系进行一般线性回归。

回归结果表明，稻谷的亩产水平与种子、化肥、农膜用量更明显地成一般线性关系。其中最显著的是农膜用量，标准化系数为 0.755，显著性参数为 0.000；种子用量与产量显著负相关，而化肥是较显著的正相关。这些结果与我们的判断完全一致。小麦种植很少使用农膜，对农膜我们不作考察。在种子和化肥这两项指标中，更明显地呈现对数关系。其中，种子用量与小麦产量是显著正向关系，这与前面对稻谷的分析结果完全相反；化肥也保持正相关，但显著性水平有所下降。玉米的情况与小麦差不多，种子、化肥的用量与亩产成较显著的正相关。需要指出的是，玉米的亩产量与农膜用量关系并不明显，而不是想象中的显著相关。而且，玉

米与种子、化肥明显的是一般线性关系，而不是对数关系（见表6-14）。①

表6-14　　　　　　　　化肥、种子、农膜与粮食产量的回归结果*

| | | 一般线性关系 | | | 对数关系（根据库伯-道格拉斯函数） | | |
		种子	化肥	农膜	种子	化肥	农膜
稻谷	标准化系数 Beta	-0.410	0.331	0.755	-0.541	-0.256	0.332
	显著性参数 Sig.	0.005	0.032	0.000	0.012	0.132	0.088
小麦	标准化系数 Beta	0.671	0.269	—	0.732	0.309	—
	显著性参数 Sig.	0.002	0.162	—	0.000	0.068	—
玉米	标准化系数 Beta	0.742	0.448	-0.088	-0.088	-0.009	-0.372
	显著性参数 Sig.	0.031	0.029	0.780	0.794	0.976	0.283

　　*注：该分析参照的数据是1978年、1985年、1988年、1990~2005年共19个年份的时间序列数据。一般线性关系的因变量是三种粮食各自的平均亩产量；对数关系是根据库伯-道格拉斯函数的假定，以粮食亩产的自然对数为因变量，以三种投入要素的自然对数为自变量，进行一般线性回归。其中，为了便于分析，农膜用量以百克为单位取对数。
　　数据来源：以《全国农产品成本收益资料汇编（2006）》提供的原始数据为素材进行回归分析所得。

　　对种子回归的不同结果可能与稻谷、小麦、玉米的种子自身的性质有关。水稻的种子替代性较强，农户可以选择是自己留种还是市场上购买。自己留的传统品种一般用量大而产量较低，购买的高产优质品种用量相对较少。在这种规律下，出现这种结果是自然而然的。小麦和玉米的种子一般都是从市场上购买而不是自己留，所以不会出现稻谷种子的那种替代性。农膜用量与玉米产量的不相关可能与农膜的增产潜能发挥到极致有关，当然也不排除农膜残留对玉米生产的危害导致增产与减产抵消这种可能。事实上，观察一下数据就会发现，玉米农膜用量从1993年达到高峰之后就比较明显地逐年减少。化肥的用量尽管与三种粮食的产量都有较明显的正相关关系，但从年度数据看，化肥投入量不断波动，但在波动中大体稳定，1992年后并没有出现明显的增加趋势，反而是1990年、1991年达到一个高峰期之后下滑，而后保持平稳。这可以说明，对于粮食生产来说，化肥的用量经过前期不合理的过度增加之后经调整已经达到了较合理的稳定状态。在这种稳定状态下，用量的减少对产量会产生一定的不利影响。但是超过稳态水平的增加并不一定会产生什么促进作用（见本章附件6-2中的附表6-16）。

2. 化肥使用结构

　　对于用肥结构，我们只能获得1998年以后的全国数据。从稻谷施肥的状况看，

---

　　① 笔者必须强调，因为时序数据的有限性，而且分析的要素并没有涵盖所有影响因素，回归结果的说服力有限。

1998 年以后氮肥的使用比重在下降，磷肥钾肥变动不大。使用比重显著上升的是复合肥。小麦和玉米肥料调整的步伐显然滞后于水稻，在 2004 年之前各种肥料的使用比重没有明显的增加或减少的趋势，2004 年、2005 年两年氮肥用量明显减少而复合肥用量明显增加。从这有限的几年数据看来，施肥结构的变化对当期产量并没有产生明显的影响（见表 6 - 15）。

表 6 - 15　　　　　三种粮食化肥使用结构变化情况（1998 ~ 2005 年）　　　　公斤/亩

年　份			1998	1999	2000	2001	2002	2003	2004	2005
稻谷	主产品产量		421.9	420.6	415.1	427.2	420.4	408.8	450.9	431
	化肥用量		20.2	20.55	20.6	20.4	21.1	21	19.52	20.89
	比例	氮肥	0.606	0.605	0.602	0.574	0.564	0.548	0.579	0.522
		磷肥	0.114	0.109	0.121	0.127	0.118	0.119	0.107	0.105
		钾肥	0.081	0.075	0.087	0.078	0.076	0.081	0.085	0.089
		复混肥	0.199	0.21	0.189	0.221	0.242	0.252	0.229	0.285
小麦	主产品产量		245.9	261.3	289.8	261.4	261.9	255.2	339.8	325.8
	化肥用量		18.99	19.48	22	18.8	20.6	18.9	19.11	21.59
	比例	氮肥	0.522	0.522	0.495	0.516	0.51	0.513	0.535	0.459
		磷肥	0.111	0.117	0.064	0.112	0.107	0.106	0.101	0.112
		钾肥	0.012	0.015	0.014	0.011	0.01	0.005	0.007	0.011
		复混肥	0.355	0.347	0.427	0.362	0.374	0.376	0.356	0.419
玉米	主产品产量		383.9	363.2	350.5	379.4	392.6	368.5	423.6	422.6
	化肥用量		19.76	19.84	20.5	20	20.9	20.9	18.81	18.39
	比例	氮肥	0.675	0.683	0.649	0.655	0.632	0.641	0.624	0.566
		磷肥	0.066	0.065	0.068	0.09	0.077	0.072	0.062	0.058
		钾肥	0.015	0.008	0.01	0.015	0.014	0.01	0.006	0.009
		复混肥	0.244	0.244	0.273	0.24	0.278	0.278	0.308	0.367

数据来源：根据《全国农产品成本收益资料汇编（2006）》整理。

3. 农膜的使用对生产能力的拓展

地膜在农业生产上的应用是对农业生产能力的拓展。地膜覆盖提高了土壤温度，它使中国农作物种植区域向北延伸 500 公里，向高海拔、高纬度扩张，大大提高中国华北、西北、东北以及南方的高山丘陵地区土地利用潜力。目前，我们已能采用地膜技术在海拔 1000 ~ 1500 米的高寒地区种植玉米。一亩玉米地覆盖地膜，产量即可在原来的水平上再增产 100 ~ 300 公斤；一亩甘薯覆盖地膜，多数情况下能再增产 1000 公斤以上。除防寒、抗冻外，使用地膜还有抗旱、防虫、杀草、改善光照、抑制盐碱及其他效果。在华北、西北和东北的干旱和半干旱地区，地膜的保水功能尤显突出。据统计，使用农膜后每亩地至少节约土壤水分 50～80 立方米，一亿亩就能节水达 50～80 亿立方米，相当于几十座大型水库的容量。[①] 肯定地说，农膜的使用从粮食的可种植范围、增产、节水抗旱等方面，极大地增强了粮食的综合生产能力。

（三）肥料、农药、农膜的利用对农业生产能力的不利影响

化肥、农药和农膜的使用毫无疑问增强了当前农业的生产能力，但是这些生产资料的过度使用、不当使用以及肥料结构的失衡对环境造成了伤害，这种伤害如果持续恶化，将会极大地破坏农业、尤其粮食的生产能力。这些伤害主要表现在水质的富营养化和土壤的污染两大方面。

1. 化肥和畜禽粪便是许多水域水质恶化的重要污染源

2002 年水利部采用国家《地表水环境质量标准》（GB3838－2002），对全国河流、湖泊、水库的水质状况进行了评价，评价结果显示，在 12.3 万公里评价河长中，Ⅰ类水河长占 5.6%，Ⅱ类水河长占 33.1%，Ⅲ类水河长占 26.0%，Ⅳ类水河长占 12.2%，Ⅴ类水河长占 5.6%，劣Ⅴ类水河长占 17.5%。全国符合和优于Ⅲ类水的河长占总评价河长的 64.7%。在评价的 24 个湖泊中，6 个湖泊水质符合或优于Ⅲ类水，6 个湖泊部分水体受到污染，12 个湖泊水污染严重。在进行了营养化程度评价的 161 座水库中，处于中营养状态的水库 105 座，处于富营养状态的水库 56 座。在国家重点治理的"三湖"中，太湖 16.5% 的面积为Ⅱ、Ⅲ类水，75.3% 的湖面为Ⅳ类水，8.2% 的湖面为Ⅴ类水；中营养水平的水域占太湖总面积的 16.5%，富营养水平的占 83.5%。云南滇池水质为Ⅴ类和劣Ⅴ类，处于富营养状态。巢湖东半湖水质为Ⅳ类，西半湖水质为Ⅴ类和劣Ⅴ类，东半湖处于中营养状态，西半湖处于富营养状态。[②]

化肥、农药等农业生产资料使用量的急剧增加与各流域水质污染在时间上的同步性容易使人把污染的责任与化肥农药的过度使用联系在一起。由于在这个问题上没有宏观数据，我们只能把目光集中在有限的几个地区：滇池、五大湖及三峡库区等几大流域。[③]

从 20 世纪 60 年代至今，伴随着中国社会生产力的巨大发展，滇池、五大湖等具有地区象征意义的水域也历经着水质不断恶化的过程。20 世纪 60 年代滇池、太

---

①　李文伟：《塑料农膜与农业生产可持续发展》，载于《兵团教育学院学报》2006 年第 1 期，第 28 页。
②　根据水利部《2002 年中国水资源公报》的数据整理。
③　在这方面，张维理等（2004）做了一个出色的研究，我们将部分引用其宝贵的研究数据。

湖、巢湖是一二类的良好水质，到了 20 世纪 80 年代发展为三到五类，而现在无一例外地都成了劣五类水质；洪泽湖、洞庭湖、鄱阳湖和三峡库区，则无一幸免地从较好的水质转化成今天的富营养化。所有这些水域，主要的污染物是总氮和磷（见表 6 − 16）。

表 6 − 16 　　　　　　　　　　　中国重要水域水质的变化

水域	20 世纪 60 年代	20 世纪 70 年代	20 世纪 80 年代	20 世纪 90 年代	现在	主要污染物
滇池（草海）	Ⅱ	Ⅲ	Ⅴ	劣Ⅴ	劣Ⅴ	总氮、磷
滇池（外海）	Ⅱ	Ⅲ	Ⅳ	Ⅴ	劣Ⅴ	总氮、磷
太湖	Ⅰ～Ⅱ	Ⅱ	Ⅲ	Ⅳ～Ⅴ	劣Ⅴ	总氮、磷
巢湖	水质尚好	Ⅲ	Ⅳ	Ⅴ	劣Ⅴ	总氮、磷
洪泽湖	水质尚好		中～高营养		富营养化	总氮、磷
洞庭湖	水质尚好		贫～中营养		富营养化	总氮、磷
鄱阳湖	水质尚好		中营养		富营养化	总氮、磷
三峡库区	水质尚好				富营养化	总氮、磷

注：根据国家环保总局制定的水质标准。
数据来源：张维理、武淑霞、冀宏杰、Kolbe H：《中国农业面源污染形势估计及控制对策——21 世纪初期中国农业面源污染的形势估计》，载于《中国农业科学》2004 年第 7 期。

中国农业科学院土壤肥料研究所的研究结果显示，在太湖流域，来源于农田、畜禽养殖业的总磷分别为 19% 和 35%，总氮分别为 29% 和 23%，贡献率均超过来自生活的污染（表 6 − 17）。对滇池流域和其他流域的初步研究结果也获得同样的结论。

表 6 − 17 　　　　　太湖流域不同污染源对水体总氮总磷的贡献率 　　　　　　%

污染源类型	农田面源	畜禽业面源	城乡结合部生活面源	农村生活面源	工业、城市生活点源
P − 贡献率	19	35	22	8	16
N − 贡献率	29	23	21	10	17

注：贡献率指各来源所排放到水体的氮、磷数量分别占排放到水体的氮、磷总量的百分比。
数据来源：张维理、武淑霞、冀宏杰、Kolbe H：《中国农业面源污染形势估计及控制对策——21 世纪初期中国农业面源污染的形势估计》，载于《中国农业科学》2004 年第 7 期。

2. 化肥、农药、农膜的不当使用造成土壤污染

（1）化肥、农药的粗放使用造成土壤酸化、地力下降。以云南省大理市为例，2002 年该市大田土壤 PH 值平均为 6.29，蔬菜地土壤 PH 值平均为 4.83；全市耕地

土壤酸化（PH<5.5）面积达 2565 公顷，占总耕地面积的 12.98%，尤以湖西片区的蔬菜地为甚。此外，土壤结构、理化性状亦受到不同程度的破坏，地力下降，土壤板结，一些区域的土壤中部分重金属含量超标严重。据检测，湖滨区土壤中铜的含量达 24.77～178.73 毫克/公斤，超标率为 43.24%；汞超标率 2.7%，含量 0.09～2.116 毫克/公斤；Cd 的含量 0.48～0.80 毫克/公斤，普遍超标。[①] 中国每年使用农药的面积在 2.8 亿公顷以上，每年使用的农药量达 50 万～60 万吨，农药施用平均用量 2.33 公斤/公顷，以东南四省（浙江 9.96 公斤/公顷、上海 9.85 公斤/公顷、福建 7.69 公斤/公顷、广东 7.12 公斤/公顷）用量为最高，其中约有 80% 的农药直接进入环境。除农药的残留毒害作用外，主要是有机磷的流失污染。[②] 这是造成磷污染的一个重要原因。

（2）农膜残留恶化土壤理化性状。在东北、华北大量使用农膜地区，仅农田塑料的年残留量就高达 40 千克/公顷左右，土壤平均残留率达 20% 左右。[③] 在安徽省亳州市，1986 年全市农地膜使用量 361 吨，2001 年达到 5750 吨，13 年间增长近 16 倍。使用面积占耕地面积的比例由 1986 年的 3.17% 提高到 2001 年的 18.5%。但农膜的回收率仅为 26%，部分残留到土壤中，农地膜残留率达到 7.36%，平均每公顷残留量达 13.45 千克。[④] 云南省大理市近 5 年蔬菜和玉米地中地膜残量（不包括生活塑料废弃物）累计达 433.4 吨，接近 2003 年全市 479 吨的地膜总用量。[⑤]农田中残膜的连年累积，不但破坏了土壤结构，而且降低土壤通透性和保水、保肥能力，影响作物根系发育及对水分、养分的吸收，最终对生产能力造成不利的影响。

（四）农业生产导致的污染扩大的原因

1. 蔬菜、水果种植面积的增加是化肥和农膜使用总量增加的原因

（1）化肥和农膜单位面积用量基本保持稳定。从稻谷、小麦和玉米三种粮食的使用情况看，化肥、农膜的投入并没有明显的逐年增长趋势，尽管有所波动，但总体用量基本稳定（见本章附件 6-2 的附表 6-16）。而从三种粮食、棉花、苹果

---

①⑤　杨曙辉、宋天庆：《洱海湖滨区的农业面源污染问题及对策》，载于《农业现代化研究》2006 年 11 月第 27 卷第 6 期，第 430 页。

②　苑韶峰、吕军、俞劲炎：《氮、磷的农业非点源污染防治方法》，载于《水土保持学报》2004 年 2 月，第 123 页。

③　杨正礼：《中国农田污染评价与防治道路探究》，载于《中国农学通报》第 22 卷第 9 期 2006 年 9 月，第 416 页。

④　张冬青、张丽：《亳州市农业面源污染现状及其防治对策》，载于《黑龙江环境通报》2003 年 7 月，第 27 页。

（作为水果的代表）、蔬菜各自的年度用量数据来看，这种稳定性更为明显。尤其从 1998 年以后的数据看，不管是粮食棉花，还是苹果、蔬菜，化肥和农膜用量基本保持在一个比较稳定的范围内（见表 6－18）。显然，这排除了因为单位用量增加使得总量增加的可能。

表 6－18　　　　主要农作物亩均化肥、农膜用量的变化（1978～2005 年）　　　　公斤

年份	每亩化肥用量				每亩农用薄膜用量		
	三种粮食平均	棉花	苹果	蔬菜平均	三种粮食平均	棉花	蔬菜平均
1978	15.20	14.40			0.00	0.00	
1985	19.60	21.70			0.00	0.00	
1988	23.90	26.10			0.00	0.00	
1990	28.70	29.50			0.00	0.00	
1991	25.50	32.10	56.08		0.20	1.00	
1992	16.60	22.50	36.61		0.30	1.40	
1993	21.20	30.30	40.92		0.40	1.40	
1994	16.86	24.09	31.31		0.23	1.35	
1995	17.43	23.12	31.17		0.17	1.48	
1996	17.55	22.05	40.05		0.25	1.70	
1997	17.17	22.45	35.16		0.23	1.59	
1998	19.64	23.93	41.54	32.8	0.28	1.90	13.16
1999	19.95	24.36	40.85	37.21	0.26	1.74	12.36
2000	20.30	26.50	45.5	38.71	0.20	1.70	13.24
2001	19.80	26.10	42.4	38.22	0.20	1.80	11.5
2002	20.90	29.00	33.2	39.24	0.20	1.80	11.21
2003	20.20	30.40	41.3	43.5	0.20	1.90	11.3
2004	19.14	25.50	41.14	39.05	0.20	2.23	18.79
2005	20.29	26.01	49.98	36.38	0.18	1.84	11.67

数据来源：根据《全国农产品成本收益资料汇编（2006）》整理。

（2）蔬菜、果园面积的持续增加是化肥用量不断增加的最主要原因。表 6－18 表明，单位面积的蔬菜和苹果，化肥用量大于粮食和棉花的用量，其中苹果和蔬菜的化肥用量几乎相当于粮食平均用量的两倍。农作物播种面积的时序数据（表 6－19）表明，在所有的农作物种植中，蔬菜和果园面积的增加最为明显。其中，1978 年，蔬菜的面积是 3331 千公顷，到了 2005 年，蔬菜的面积变为 17 721 千公顷，增加了 4.32 倍；1978 年果园面积仅为 1657 千公顷，2005 年为 10 035 千公顷，增加 5.06 倍。28 年来，几乎年年递增。与此同时，谷物的种植面积有所减少。这

种减少，一定程度上为蔬菜等非粮食作物的种植所替代。正是这种高耗费的种植类型对低耗肥种植类型的不断替代，使得化肥使用总量年年递增。农膜用量的增加也是如此。而这就是农业生产导致环境压力越来越大的重要原因之一。

表6-19　　　　　　　农作物总播种面积变化情况（1978~2005年）　　　　千公顷

年份	农作物总播种面积	粮食作物	其中，谷物	油料	棉花	蔬菜	果园面积	茶园面积	糖料	烟叶
1978	150 104	120 587		6222	4866	3331	1657	1048	879	784
1980	146 380	117 234		7928	4920	3163	1783	1041	922	512
1985	143 626	108 845		11 800	5140	4753	2736	1077	1525	1313
1989	146 554	112 205		10 504	5203	6290	5372	1065	1529	1798
1990	148 362	113 466		10 900	5588	6338	5179	1061	1679	1593
1991	149 586	112 314	94 073	11 530	6538	6546	5318	1060	1947	1804
1992	149 007	110 560	92 520	11 489	6835	7031	5818	1084	1906	2093
1993	147 741	110 509	88 912	11 142	4985	8084	6432	1171	1687	2089
1994	148 241	109 544	87 537	12 081	5528	8921	7264	1135	1755	1490
1995	149 879	110 060	89 310	13 102	5422	9515	8098	1115	1820	1470
1996	152 381	112 548	92 207	12 555	4722	10 491	8553	1103	1846	1853
1997	153 969	112 912	91 964	12 381	4491	11 288	8648	1076	1923	2353
1998	155 706	113 787	92 117	12 919	4459	12 293	8535	1057	1984	1361
1999	156 373	113 161	91 617	13 906	3726	13 347	8667	1130	1644	1374
2000	156 300	108 463	85 264	15 400	4041	15 237	8932	1089	1514	1437
2001	155 708	106 080	82 596	14 631	4810	16 402	9043	1141	1654	1340
2002	154 636	103 891	81 466	14 766	4184	17 353	9098	1134	1872	1328
2003	152 415	99 410	76 810	14 990	5111	17 954	9437	1207	1657	1264
2004	153 553	101 606	79 350	14 431	5693	17 560	9768	1262	1568	1266
2005	155 488	104 278	81 874	14 318	5062	17 721	10 035	1352	1564	1363

数据来源：根据《中国统计年鉴（2006）》整理。

2. 规模养殖背景下的用肥结构加剧对环境的污染

化肥对农家肥的大量替代，一方面是节约劳动力、提高产量的原因，另一方面是因为可用农家肥数量的减少。可用农家肥数量的减少是因为畜禽养殖的集中。散养的数量减少，规模养殖的增加，大大降低了粪肥还田的便利性和可能性。如此一来，本来可以用于农业生产的粪肥很大一部分白白流失，一方面造成化肥过度使用，使得土壤质量下降，另一方面无端造成了区域性污染。

（1）规模养殖迅速发展。以重庆合川为例，根据对 8 村 16 社的调查，2002 年 8 个村共有农户 9816 户，养猪户 7650 户，占农户的 77.2%，规模养猪 41 户，占养猪户的 0.5%；2004 年 8 个村共有农户 9802 户，养猪户 6452 户，占农户的 65.8%，规模养猪户 88 户，占养猪户的 1.4%。[①] 三年内，养猪户数减少了 15.6%，而规模养猪户数则增加了 115%。2003 年底，无锡市生猪年出栏 50 头以上的规模养猪场（户）有 2222 个，年出栏量为 94.6 万头，规模养殖占全市生猪养殖总量的 65.24%；全市年上市 5000 只以上的家禽养殖场（户）有 1906 个，年上市家禽达 1712.85 万只，占全市家禽年上市总量的 90.31%。[②]

（2）规模养殖下的畜禽粪无法有效地与农田对接。畜禽规模养殖数量很大且发展很快，但绝大部分的规模化畜禽场建设没有配套耕地吸纳其产生的粪便，单向运作的养殖业，加上没有配套的治污接口技术，难以形成具有多环节链接和实现粪便—沼气—肥料综合效应的良性循环，无法有效吸纳与降解废污排放，实现变废为利之目的。[③]

据测算，[④] 一个存栏量为 5000 头的养猪场，将每年产生的流质厩肥运至周边最近的农田，年运输量为 40 313 吨公里，平均每头猪为 8 吨公里，15 000 头的养猪场，年运输量为 209 470 吨公里，平均每头猪为 14 吨公里。[⑤] 由于运费高，并且也缺乏运送和施用流质厩肥的专用设施，许多养殖专业户通常是用简易的沉淀池将液态粪水排到沟渠中，仅将固体粪肥卖给种植专业户。根据调查和测算，仅液态粪水排放一项，对流域水体氮富营养化的贡献率达到 10% ~ 30%，磷达到 3%。

（3）流失的畜禽粪便成了巨大的污染源。规模养殖的集中，使得农村一些村、镇本地的人畜禽粪便产生量已经大大超出当地农田可承载的最大负荷。目前在滇池、太湖流域的一些乡镇，每公顷农田对农村人畜排出有机氮、磷养分承载量已经分别达到 1000 千克、600 千克，大大超过了许多国家规定的每公顷农田可承载的畜禽粪便的最大负荷（150 千克氮/公顷）。在这些乡镇，即便完全不使用氮、磷化肥，本地的农田也不能有效消解当地的畜禽养殖业产生的氮、磷养分。[⑥]有研究判断，[⑦] 全国有 60% 的养殖场缺乏必要的污染防治措施。在规模养殖不断扩大，而养

---

① 薛继春、王承华、胡源、王华平：《畜禽规模养殖调查》，载于《畜牧市场》2006 年第 8 期，第 39 页。

② 熊沈学、顾其君、孙元麟、刘国泽、陈新力、沈丽玲：《无锡市畜禽规模养殖调研报告》，载于《畜牧兽医科技信息》2004 年 9 月，第 23 页。

③ 翁伯琦：《防治畜禽养殖污染刻不容缓》，载于《农业环境保护》2002 年 6 月，第 288 页。

④⑥ 张维理、武淑霞、冀宏杰、Kolbe H.：《中国农业面源污染形势估计及控制对策 I. 21 世纪初期中国农业面源污染的形势估计》，载于《中国农业科学》2004 年第 7 期，第 1013 页。

⑤ 按一头猪年产粪水量 3.225 吨，其中总氮量为 5.5 ~ 8 千克 N，总磷量为 5 千克 P_2O_5，农田对粪水的有效承载量为 1 公顷耕地可消纳 8 头猪的粪水，相当于每公顷耕地承载的 N、P 养分量分别为 44 ~ 64 千克 N 和 40 千克 P_2O_5（张维理等，2004；第 1013 页脚注）。

⑦ 杨正礼：《中国农田污染评价与防治道路探究》，载于《中国农学通报》第 22 卷 2006 年第 9 期，第 416 页。

殖场产生的畜禽粪便无法有效地与农田对接的情况下，对水体、自然环境的污染不可避免（如表 6 - 17 所示），而且若不及时解决，必将有急剧扩大的趋势。

据国家环保总局对全国 23 个省、自治区、直辖市的调查结果显示：1999 年中国畜禽粪便产生总量约 19 亿吨，是工业固体废物产生量（7. 8 亿吨）的 2. 4 倍，湖南、河南、江西等地区甚至高达 4 倍以上，大多数省区都接近于 2 倍。仅规模化养殖企业所排放的粪便量就占工业固体废物产生量的 30%，而山东、广东、湖南等省则高达 40%。同时，畜禽粪便中化学需氧量（COD）的排放量已达 7188 万吨，远远超过工业废水和生活污水化学需氧量之和（1388. 9 万吨）。一般认为，畜禽粪便对土地总体负荷警戒安全值以 0. 4 为宜，而北京、上海、山东、河南、湖南、广东、广西等地区负荷警戒值都已超过 0. 49，全国总体平均水平也已经达到 0. 49，对生态环境构成明显的威胁态势。[①] 显然，上文对诸多不同地区的分析结果表明，从 1999 年至今，情况并没有发生好转。

三、若干农资、粮食政策评价

（一）关于农资政策：从价格变化的原因谈起

评判农资政策曲直是非，有必要从剖析农资价格变化的原因开始。价格的变化有四种可能，一种是成本的变化，一种是供需关系的转变，一种是来自垄断企业的垄断性调价，还有一种是来自行政力量的政策性调价。垄断性的调价在当前中国的农资行业尤其是化肥行业中几乎不可能出现，因为现在的农资生产企业并未形成对全国市场有足够影响的大企业、大集团，所有的农资企业基本上都处于分散的经营、竞争状态，不具备垄断市场的能力。所以，我们分析的着眼点集中在成本、供需关系和政策三个方面。

本章的开头已经说明，农业生产资料价格的波动主要集中在化肥、农机油、饲料和农药上面，农药的真实价格长时间持续下降，饲料不是本研究的重点，所以我们把目光集中于化肥和农机油，而农业生产资料总体的价格指数作为整体的指标也作为我们考察的一项内容。与农机油价格直接相关的就是原油价格，这点无须作出太多解释。所以，我们分析的重点是化肥。

---

① 翁伯琦：《防治畜禽养殖污染刻不容缓》，载于《农业环境保护》2002 年 6 月，第 288 页。

1. 以煤为主的原料价格变化与农资价格变化的显著正相关

化肥的主要原料是煤、天然气和石油,在全国化肥行业中,以煤为原料的生产占70%,天然气占26%,油占4%。[①] 化肥生产的成本主要有两部分,一个是原料一个是电力,在较长一段时间里,电的价格基本上保持相对稳定,而且化肥生产企业还享受着优惠电价。所以笔者假定电的价格不变。原料价格是我们的考察点。如果化肥价格的变化与成本变化有关,那么这个变化将主要集中在原料价格上。化肥的主要原料是煤、天然气和石油,且以煤占绝大部分,所以煤价格的变化将可能是牵动化肥整个价格变化的核心。

(1)煤和原油价格与农资价格密切相关。对于煤和石油的价格,笔者只能借助于进出口的价格作为国内市场价格的替代,[②] 其中煤价参考的是1981年至2005年的进口价和出口价,石油参考的是相同期间原油的出口价(因为1997年以前没有原油的进口数据)。[③] 在此期间,天然气并不是中国主要的进出口物资,没有相应的统计数据可以获取,所以只能对天然气不做考察。化肥的价格按以1978年为基期(100)的价格指数来衡量。对农资平均价格的处理也是如此。

回归结果显示,农资与煤进口价、原油出口价及汇率都呈显著正相关,而且从标准化系数上看,汇率的影响系数最大,为0.866,煤和原油的影响程度似乎差别不大,分别为0.178和0.146;化肥的影响因子也是相同的三项,汇率的系数依然最大(标准化系数为0.806),不同的是在这个关系式里煤的影响程度远大于原油,而且原油的显著性较弱(见表6-20)。当然,汇率在一定程度上是国内物价指数的替代。把汇率对因变量的影响理解成物价指数的影响应该更为合理一些。

表6-20 农资价格指数与原料美元价格及汇率的回归结果

因变量	模型		自变量	非标准化系数		标准化系数	T值	显著性系数 Sig.
	F值	显著性系数 Sig.		B	标准差	Beta		
农资价格指数	301.790	0.000	常数项	-118.526	20.773		-5.706	0.000
			煤进口价	2.791	0.623	0.178	4.481	0.000
			原油出口价	0.291	0.066	0.146	4.419	0.000
			汇率	39.021	1.784	0.866	21.868	0.000

---

① 金俊:《放开化肥价格,取消生产优惠,对农民直补》,载于《中国农资》2005年8月,第9页。
② 笔者假定,煤和原油国内市场的价格与国内企业进出口的价格在整体的变化趋势上是一致的。在企业有比较自由的进出口权利的条件下,这种假定是可以接受的。在这种情况下,作为趋势性的分析,用进出口的价格替代国内市场价格在不得已的情况下是一种次优选择。
③ 为区分国际价格和汇率的不同影响,我们将把两者作为两个变量同时纳入回归模型。

因变量	模型		自变量	非标准化系数		标准化系数	T 值	显著性系数 Sig.
	F 值	显著性系数 Sig.		B	标准差	Beta		
化肥价格指数	161.277	0.000	常数项	-113.671	25.856		-4.396	0.000
			煤进口价	3.717	0.775	0.258	4.794	0.000
			原油出口价	0.157	0.082	0.086	1.912	0.070
			汇率	33.377	2.221	0.806	15.027	0.000

数据来源：根据回归结果整理。

（2）国际市场价格上升与 2004 年、2005 年农资涨价同步。2004 年、2005 年这两年价格变化为国际价格推动的解释提供了一个恰当的例证。这两年按美元计算的煤进出口价和原油出口价明显大幅度上升：煤进口价从 2003 年的 33.86 美元/吨上升到了 2004 年的 47.92 美元/吨、2005 年的 52.87 美元/吨，相对于 2003 年的价格水平，2004 年上涨了 41.5%；而煤的出口价上涨幅度更大，2003 年每吨仅为 29.30 美元，到了 2004 年涨为 43.98 美元，比 2003 年上涨 50.1%，2005 年为 59.60 美元，比 2004 年又上涨了 35.5%，相对于 2003 年则翻了一番。原油出口价在 2004 年和 2005 年也有相类似的大幅度增长（2005 年比 2004 年增长了 38.5%，见本章附件 6-2 中的附表 6-14）。这两年的农资涨价显而易见是国际市场上以煤、原油为代表的能源价格大幅度上涨的直接结果。这种影响是直接而且迅速的，没有任何时滞性。

当然，作为农资成本的构成，管理成本、运输成本都是很重要的部分，全面考虑成本的变迁不能忽视这些环节。但是，对于像农资（尤其化肥）这样在原材料上绝对依靠重要的能源物资的行业，就长期的价格波动而言，原材料价格影响无疑是第一位的。所以笔者在有限的篇幅中把眼光集中于最重要的这个环节。其他环节肯定对农资市场的价格波动会有所影响，但相比而言，这种影响几乎微不足道。

2. 供需关系：上一年的产需缺口与化肥价格指数正相关

对农资供需关系的综合考察需要涉及各种类型农资的各年度供求数据，但目前的统计资料无法支撑。笔者仅选择化肥作为考察点。

（1）化肥施用量稳步、持续增长。从 1978 年至今，中国农业生产化肥施用总量一直保持稳定、持续的增长，28 年的时间里没有一年减少过，[①] 发生变化的只有

---

① 这是基于统计数据得出的判断。也许我们有理由怀疑统计数据的准确性，但是受限于掌握的资料，我们只能假定统计数据的准确性与权威性。

增长的速度有所不同（见图6-7，详细数据见本章附件6-2中的附表6-15）。亩均用量也是如此。

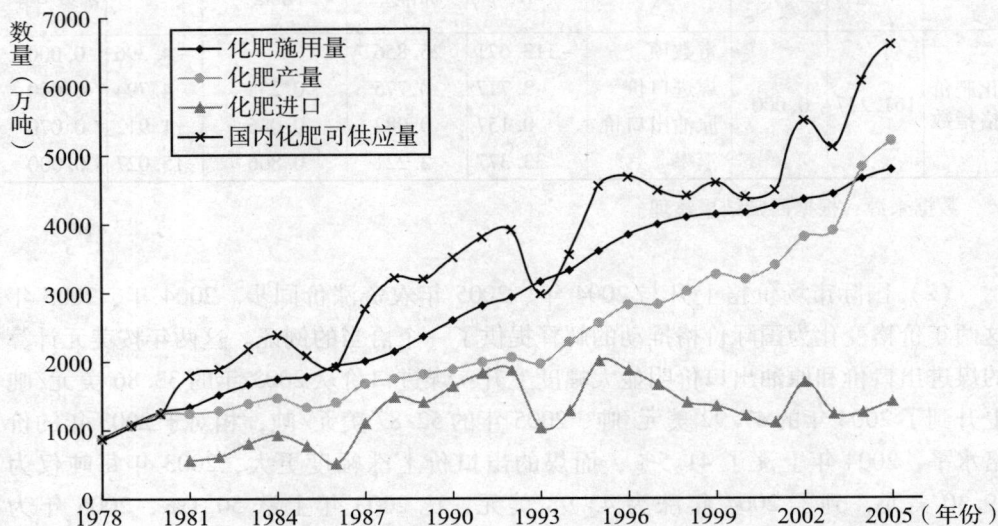

图6-7　我国化肥供需状况（1978～2005年）

数据来源：根据1981～2006年《中国统计年鉴》计算整理（详见本章附件6-2中的附表6-15）。

（2）化肥供应量在波动中增加。尽管在很长一段时间里，国内化肥产量满足不了国内农业生产用肥需求，但是国内化肥企业的生产能力及生产总量在持续增长是毋庸置疑的，只是增长的速度慢于化肥需求量增长的速度导致产需缺口拉大。在化肥涨价幅度很大的2004年和2005年，化肥的产量大幅度上升，并史无前例地超过了农业的化肥施用量，这样的突破与政府的努力不无关系。另外，化肥进口量在波动中保持稳定的范围。从1987年开始至今，中国的化肥进口量基本上保持在1000万吨到2000万吨之间，1992年、1995年两次到达接近于2000万吨的高峰期，而1993年和2001年有两次触底接近1000万吨。

（3）产需缺口与农资价格正相关，但不能解释最近的涨价。笔者需要强调的是，化肥的生产量加上进口量形成的供给总量在多数年份实际上超过了农业的化肥施用量，但这并不意味着多数年份都有剩余形成储备。多数年份都产生这个余额是因为我们并没有把一部分工业用肥考虑在内。因为没有这方面的数据，我们只能暂时忽略这个问题，假定工业用肥的数量是一定的，那么实际的供需缺口大小可以勉强地用供给总量与农业化肥施用量的余额来代替。考察供需关系是否对价格产生影响，就是看供需缺口的大小是否对当年的价格或者下一年的价格产生影响。如果遵循正常的经济学逻辑，结果就应该是缺口越大、价格越高。

通过对当年产需缺口、上年产需缺口、当年供需缺口、上年供需缺口以及相应的缺口率与化肥价格指数分别进行回归、比较，最终得到表6-21的结果。

表6-21　　　　　　　　　　化肥价格指数与产需缺口回归结果

| 因变量 | 模型 | | 自变量 | 非标准化系数 | | 标准化系数 | t值 | 显著性系数 Sig. |
	F 值	Sig.		B	标准差	Beta		
化肥价格指数	6.505	0.000	常数项	129.148	29.975	—	4.309	0.000
			上一年产需缺口	0.172	0.042	0.631	4.063	0.000

数据来源：根据回归结果整理。

结果表明，供需关系确实对价格产生影响，而且产生影响最明显的是上一年国内化肥产量与农业化肥施用量之间的缺口。上一年的产需缺口越大，这年化肥的价格指数越高。

当然，这样的回归结果反映的是整体的一般趋势，而不是某些特殊。2004年和2005年的情况就是这个一般趋势覆盖不到的特殊。这两年产需缺口是负值（即产量大于需求量），而价格指数非但没有下降，反而急剧上扬。这个原因只能用别的理由来解释。

3. 农资政策演进

任何一项政策的出台都有其特定的历史背景。对农业生产资料相关政策的理解也要将其放在相应的历史背景中。1978年以来的农资政策变革就是一个从计划向市场转变的谨慎过程。

1979年十一届四中全会上中共中央作出了《关于加快农业发展若干问题的决定》，关于农资，《决定》提出，"农业机械、化肥、农药、农业塑料等农用工业品，在降低成本的基础上逐步降低出厂价格和销售价格，把降低成本的好处基本上给农民。"这个决定诞生于改革开放之初，无疑对以后的政策具有先导性作用。这里有一个重要的信息，降低农用工业品的成本，而且要把降低成本的好处给农民。这恐怕是以后通过对农资企业实行优惠借以惠及农民的政策、思想出发点。

1989年为保证农用工业生产的稳步增长和农业生产资料价格的相对稳定，对化肥、农药、农膜企业生产所需主要原材料、电力、燃料和外汇实行平价供应，或由财政部门继续给予补贴。但是这项直接赋予企业实惠的政策并没有带来农资生产企业生产能力的扩张，这点从化肥的产量曲线就可以很明显地看出来（见图6-7）：从1989年到1992年化肥的产量只是缓慢增长，与1989年之前的情况并没有太大的区别。增长速度开始发生较大变化的是1993年以后。在经过了1992年到1993年那次短暂下降之后，化肥产量增长率较之以前有较大提高。值得注意的是1992年12月国务院发布了《关于加强化肥、农药、农膜经营管理的通知》，通知建议放开化肥价格，平议差价作为价外补贴，直接付给农民。农药、农膜的价格也应相对放开。笔者认为，正是放开肥价的信号使得随后的几年化肥的产量逐年较大幅度增长。当然，随后1993~1995年连续几年农资价格大幅度上涨跟这个政策不无关系（具体作用的程度尚待进一步分析）。

1994年、1998年乃至最近的2004年和2006年，几个关于农资的重要通知都是针对化肥作出的。1994年要求适当提高化肥价格，并把政府原来对出厂价格统一定价（具体见表6-22）改为政府规定出厂中准价和上下浮动幅度，具体价格由企业根据自己的情况在这个范围内定价；而1998年的则进一步改为政府仅对大型氮肥生产企业制定出厂中准价和上下浮动幅度，且中准出厂价会根据成本和供求情况适时调整，放开零售价格。2004年提高了中准价水平，上浮幅度10%而下浮不限。整个政策轨迹就是政府逐步改变以往计划模式，逐渐担当起市场的宏观调控者角色的过程。

表6-22　　　　　　　部分农资相关政策文件（1979~2006年）

时间	政策文件	价格问题	其他规定
1979.9.28	中共中央《关于加快农业发展若干问题的决定》	农业机械、化肥、农药、农业塑料等农用工业品，在降低成本的基础上逐步降低出厂价格和销售价格，把降低成本的好处基本上给农民	迅速大幅增产各种农资，保证质量。重视有机肥。化肥增产保持氮磷钾合理比例。科学施肥、科学用药，充分发挥肥药效能，研究防肥、药污染的办法，推广生物防治
1988.9.28	国务院《关于化肥、农药、农膜实行专营的决定》		中国农资公司和各级供销合作社的农资经营单位对化肥、农药、农膜实行专营，其他部门、单位和个人一律不准经营上述商品。计划内统购，计划外优惠价格收购；非统配计划品种联销、代销或自销

时间	政策文件	价格问题	其他规定
1989.12.28	国务院《关于完善化肥、农药、农膜专营办法的通知》	对化肥、农药、农膜企业生产所需主要原材料、电力、燃料和外汇，要尽力安排平价供应，或由财政部门继续给予补贴，以保证农用工业生产的稳步增长和农业生产资料价格的相对稳定	1. 中国农业生产资料公司和各级供销社的农资经营单位是农资专营的主要渠道 2. 化肥、农药、农膜及生产所需主要原材料、燃料，全列为国家指令性运输计划，交通、铁道部门要根据各级农资公司和农垦系统、农技部门及生产企业申报的计划优先安排 3. 逐步扩大平价化肥原料煤的供应
1992.10.25	国务院《关于加强化肥、农药、农膜经营管理的通知》	放开化肥价格，平议差价作为价外补贴，直接付给农民。农药、农膜的价格也应相对放开。防止农资价格出现大波动，以稳定粮棉生产	随着粮、棉交易市场的发育和粮、棉价格的逐步放开，国家粮肥挂钩、棉花奖售的专项化肥应当逐步取消
1994.4.23	国务院《批转国家计委关于改革化肥价格管理办法请示的通知》	适当提高化肥价格。国家规定化肥出厂中准价格和上下浮动幅度，由企业在国家允许的范围内自主确定出厂价格。化肥的调拨价格和零售价格实行经营差率或利润率控制	注：原来是统配化肥国家统一定价、地方管理的化肥和计划外化肥实行最高限价
1998.11.16	国务院《关于深化化肥流通体制改革的通知》	化肥出厂价格由政府定价改为政府指导价。国家计委只对大型氮肥企业生产的化肥制定中准出厂价和上下浮动幅度。中准出厂价根据化肥生产成本和市场供求的变化适时进行调整。放开化肥零售价格，必要时省级物价部门可以对部分品种规定最高限价	1. 化肥流通由直接计划改为间接管理，发挥市场作用。取消国产化肥生产和统配收购计划，产销企业自主购销。国家计委还进行宏观调控 2. 有关部门应优先保证、均衡供应化肥生产所需石油、天然气、煤炭、矿石、电力等原材料和能源；铁路、交通、港口等单位应优先保证化肥及其原材料的运输，并对有经营资格的单位调运农用化肥和磷矿石实行优惠运价。对化肥生产、经营和国内短缺品种进口继续实行税收优惠政策

时间	政策文件	价格问题	其他规定
2004.11.17	发改委、财政部等《关于做好化肥生产供应工作加强价格监管的通知》	从 2004 年 12 月 1 日起将 1998 年确定的尿素中准价水平由现行每吨 1400 元提高到 1500 元,上浮幅度为 10% 不变,下浮不限	目的:适度疏导前期积累的价格矛盾,适当弥补生产企业因煤、油等原材料、燃料涨价造成的成本增支因素,稳定生产
2006.1.20	发改委、财政部《关于做好 2006 年化肥生产供应和价格调控工作的通知》		2006 年,继续对化肥生产用电实行优惠电价;继续暂免征收尿素产品增值税;继续对化肥铁路运输免收铁路建设基金

数据来源:根据各政策文件整理。

表 6 – 23　　　　　　　　　化肥价格影响因子的综合回归结果

因变量	模型		自变量	非标准化系数		标准化系数	T 值	Sig.
	F 值	Sig.		B	标准差	Beta		
化肥价格指数(a)	235.435	0.000	(Constant)	– 66.700	20.826		– 3.203	0.004
			煤进口价	4.482	0.658	0.312	6.807	0.000
			美元:人民币	18.064	4.342	0.436	4.161	0.000
			放开政策	77.918	20.447	0.369	3.811	0.001
化肥真实价格指数	12.766	0.000	(Constant)	65.381	5.497		11.894	0.000
			煤进口价	0.611	0.137	0.650	4.461	0.000
			原油出口价	0.033	0.017	0.280	1.918	0.068
化肥价格指数(b)	363.714	0.000	(Constant)	– 69.807	16.788		– 4.158	0.000
			煤进口价	3.176	0.629	0.221	5.045	0.000
			放开政策	40.425	19.955	0.192	2.026	0.056
			物价指数	0.684	0.112	0.664	6.130	0.000

注:a. 该回归过程没有引进物价指数;b. 该回归过程引进了物价指数。
数据来源:根据回归结果整理。

4. 对各影响因素的综合分析:成本变化是核心因素

以上分别从成本、供求和政策三个方面进行了独立的分析。分析表明,煤价(由煤的进口美元价格表示)、油价(由原油的出口美元价格表示)、汇率(美元:人民币)、产需缺口和政策都对化肥的价格形成影响。为便于综合比较,笔者把煤价、油价、汇率、产需缺口和政策都作为因变量,化肥价格指数作为自变量进行一般线性回归。化肥价格指数变化有通货膨胀或紧缩的影响(用物价指数反映),笔者分别使用了化肥的名义价格指数和真实价格指数两个指标分别回归。同时，由于汇率与国内通货膨胀指数（即物价指数）显著正相关，[①] 为了辨别是汇率还是物价指数的影响，笔者在用化肥的名义价格指数进行了两次回归，一次仅使用了汇率、一次把汇率和物价指数同时纳进去。对于政策的影响因子笔者使用了两个虚拟变量，一个是1989年的优惠政策，1990年及以后为1，1989年及以前为0；另一个是1992年的放开信号，1993年及以后为1，1992年及以前为0。

　　回归结果显示，在没有使用物价指数、以化肥名义价格指数为因变量的回归中，显著地进入最终模型的只有煤价、汇率和放开政策三个因子，供需缺口、油价、优惠政策因不显著而被剔出了模型。起显著作用的三个因子影响程度最大的是汇率，Beta值为0.436，其次是放开政策（Beta0.369），最后才是煤价（Beta0.312）。在使用化肥真实价格指数为因变量的回归结果中，汇率和政策的因素都被剔除了，最后的结果只有煤价和油价这两个原材料价格，而且像在对成本的分析中的结果一样，煤价的影响程度是最大的。第三个模型是以化肥名义价格为因变量，自变量中纳入了物价指数的回归结果。最终进入模型的和第一个回归结果差不多，只不过汇率变成了物价指数。这个结果表明，相较于汇率，物价指数的影响更显著。而物价指数采用时候，模型的F值提高到363.714（第一个模型为235.435）。基于第三个模型，我们的结论是，化肥价格的变化有三个因子起显著作用。关系最密切的是物价指数。除去物价指数不讲，影响价格的其次是原料煤的价格，其中煤价（按美元计）上升1%，化肥的名义价格将上升0.221%；另一个显著影响的是价格放开的政策信号，这样一个政策信号使得1992年成为中国肥价的一个分界点，更成为中国化肥生产能力的一个分界点。

　　需要补充说明的是第二个模型对于化肥真实价格回归的结果。这个结果表明，决定化肥最终真实价格走向的是决定成本的原材料价格，而不是供需关系或其他。

（二）　农资政策与粮食安全相关政策评价

1. 农资政策：惠及的是部分农资企业

　　涉及农资的政策主要有对生产企业的优惠和价格控制两个方面。从化肥、农药价格指数的变化情况看，这些政策似乎都具有两三年的短期效果（见图6-2）。但事实上这种政策并没有惠及农民，而只是让享受优惠政策的农资生产企业饱受其利。1989年，在整体物价上涨的时候实施优惠政策，这些优惠政策覆盖之下的农

---

①　两者的 Pearson 相关系数达到0.983，在0.01水平的双尾检验中显著性系数为0.000（样本数25）。

资企业大大降低了生产成本。前面已经说明，降低了生产成本并没有带来生产规模的相应扩大，同时价格的下降也只是通货紧缩的缩影（真实价格并没有明显下降，见图6-4）。而在1992年整体物价面临上涨的时候之后，农资又迎来了国家新一轮的优惠政策，这次的优惠政策是放开价格，于是从1993年到1996年，化肥价格迎来了比整体物价更疯狂的新一轮上涨（详见图6-1和图6-4）。这些农资企业在一降一涨之中双重套利，农民的生产并没因此获利，国家的政策效果与政策初衷大相径庭。

1994年的提价政策得到了有效实现，但这种结果与其说是政策改变了市场，不如说是市场的力量推动政策被动改变。如果说政策起作用，那它的作用在于通过改变使得价格水平顺应了市场（或许是企业力量）的要求。2004年的调价也如出一辙。

对化肥尤其是氮肥生产企业实行煤、电、油、运、税等各个环节的优惠，是基于国内的化肥生产企业少而弱的现实以及许多资源配置环节都处于计划调配的特点。出于扶持这类企业的发展而进行优惠，从这个意义上理解，政策确实达到了一定的短期效果，现在国内化肥生产能力的大幅度提高可以说一定程度上得益于此。但是，即便在这样一个层面上，时至今日，这种政策所能取得的效果已经并将继续适得其反。其不利因素已为决策部门所认识。[①] 经过10多年的全面市场经济体制改革，具有浓厚计划时代特点的补贴方式反而影响了化肥生产企业在市场经济中的健康发展。所以取消优惠势在必行。限价措施是跟优惠政策相伴而生的，没有了优惠政策，限价行为也没有存在的必要。

对农资生产能力进行扶持对国家大有裨益，[②] 但对农资价格人为地实行限制对农业的长远发展没有任何好处。即便可以成功地控制住部分产品价格（一般是氮肥），但是因为提供了错误的价格信号，将引导农业经营者偏向于使用优惠价格下的化肥而减少使用有机肥，偏向于使用优惠政策下的氮肥而减少使用没受到优惠的磷肥和钾肥。从这个角度看，将加剧化肥对耕地土壤的不利影响，削弱长期的生产能力。

2. 以粮食为中心的短期作为不可取

粮食安全问题是国策性的重大问题。所以很多涉农政策都与粮食安全相关。保

---

① 2006年，在国家发改委《改革和完善化肥价格调控机制的方案（征求意见稿）》上明确指出当前化肥政策存在的一些主要问题，包括：（1）实行限价等措施与化肥上下游绝大部分产品价格已市场化不相适应。（2）运用行政手段控制价格与化肥生产、流通渠道和所有制的多元化不相适应。（3）化肥生产企业因使用不同原燃料所享受的政策优惠不一，造成苦乐不均。（4）部门、行业、地方利益使优惠政策难以完全落实到位，也扭曲了市场价值链。（5）缺乏有效解决化肥生产与季节性消费矛盾的市场手段。

② 当然，到现在这种扶持已经可以、并且必须告一段落了。

护耕地为了保证粮食的生产能力,粮食直补是为了鼓励农民种粮食,曾经的保护价、现在的最低收购价是为了保证种粮农民的利益。但事实上,我们的数据分析结果表明,耕地的减少量与农业生产的比较收益(体现为农资对于农产品价格指数的准化价格)成反比,是收益能力而不是"耕地保护政策"决定着保护能力。粮食直补政策鼓励农民种粮食,其结果是扩大了粮食的供给,无形中拉低了粮食的实际价格,降低了粮食种植本来就很低的种植收益,这样短期扩大了粮食种植的份额却削弱了耕地保护的能力。同时用最低收购价来指导市场价格,其结果往往成了一种畸形市场定价,有些地方本来价格高于市场,最低收购价一出台,市场价马上就跌到了相同的价位。[①] 用低于实际价格的"指导价"来指导市场,直接损害了粮农的利益;即便抛开这种情况不说,用高于实际价格的"指导价"来抬高市场价格,与粮食直补一样给农民提供了错误的信号,一旦政策发生调整,损失最大的还是粮农。

如果仅仅考虑到短期的粮食产量调整,粮食直补、"最低收购价"这种政策显然是有效的。但如果考虑到农民的利益以及农业(包括粮食生产)的长远发展,这样的短期政策不可取。

(三) 农业技术服务与农业环境保护

1. 农业技术服务体系对环境问题力所不及

科学家们曾经在北京郊区利用一种作物对养分需要的精确而快速诊断方法,进行了对比种植试验,他们仅用了现在农民习惯种植方式 1/3 至 1/4 的化肥农药,就取得了同样产量。也就是说,现在农民为保证高产而投入到农田里的大量化肥农药,有很大一部分是白白扔掉或损失掉了。这些化肥农药或进入土壤、地下水对生态环境和地下水带来潜在威胁,或挥发到大气中,对大气造成污染。[②]

对于前面提到的来自于农田的水体污染和耕地本身的土壤污染问题,没有任何理由责怪农业的经营者农民本身,而本应该提供技术指导和服务的农业技术部门难逃其咎。当然,农业技术部门的失职责任也不在农业技术部门本身。

根据中科院农业政策研究中心对全国 7 省 28 个县 334 个专业农技站 1245 位农技人员进行的调查,约有 23% 的农技推广机构的事业费除人员工资外还略有剩余,另外 42% 左右的农技推广机构除人员工资外基本没有事业费;其余 35% 的农技推

---

① 据笔者 2006 年对尤溪县调查,发生的事情给这个问题提供了一个鲜活的典型案例。当地本来稻谷每百斤的价格 80 元以上,而国家的最低收购价每百斤 70 元的政策一出台,粮贩子马上把收购价压到了 70 元。

② 《北京在做中国最贵的农业试验》,载于《北京农业科学》2001 年第 5 期,第 24 页。

广人员的工资尚不能按时发放。除事业费外，一半以上农技推广单位所申请的中央或省级农业技术推广项目费被当地财政或者农业行政部门所截留。[①] 根据中国人民大学农业经济系课题组 2003 年对西部地区农业技术推广情况的调查，50% 的农业技术推广机构没有业务经费，而有这项经费的机构中，人员工资与业务经费的比例平均为 11.6：1。[②] 在这种情况下，农业技术推广部门能够维持正常运转已属不易，更何谈其他。当然，经过多年调研，这种情况应该有了好转的可能。[③] 但是，不管如何，对于解决农业的合理用肥、用药问题，农业技术服务部门任重道远。

2. 农村发展过程中对环境问题的短视

规模养殖带来的环境问题是这种忽视的典型。任何一个地方在发展的过程中总是会大力地鼓励规模养殖，实现"规模经济"，但是很少有相关部门会稍微长远一点地考虑到环境的负荷能力以及排泄物的再利用问题。这样的过程对农业生产能力造成的伤害也许并不是这种规模收益所能弥补的。难以降解的农膜的使用所带来的残留问题也是一个无奈的例子。新农村建设应该从中吸取教训。

四、结论和政策建议

（一）研究结论

本研究主要考察了三个方面的问题，一是农资价格的变化对粮食产量及粮食综合生产能力产生什么、如何产生影响，二是农资的使用数量和结构对粮食的生产能力产生什么影响，三是涉及农业生产资料及粮食安全的政策如何评价。基于对以上问题的展开，本章得到了以下几个基本结论：

1. 关于农资价格

（1）从农资价格走向看，应主要关注农机油和化肥。从长时间来看，农资价格指数的变化与整体物价指数的变化趋势基本一致，但是变化幅度都要大于物价指数的变化幅度，2004 年、2005 年的农资价格上涨也经历了这么一个超越物价上涨

---

① 资料来源于由胡瑞法、李立秋执笔的《农业技术推广体系改革与发展的建议（讨论稿）》，2004 年 7 月。
② 笔者参与了该调查。这些数据根据调查资料整理所得。
③ 2006 年 8 月国务院颁布了《关于深化改革加强基层农业技术推广体系建设的意见》，为改善这种状况奠定了一个良好的基础。

幅度的过程。在主要的农资产品中，农机油、饲料、化肥和农药这类在农业生产资料中属于低值易耗的物资价格变化幅度较大。从真实价格看，农药的价格实际上是在逐年下降，化肥的真实价格在经历了从1997年开始连续5年下降、2年低谷的阶段之后于2004年急剧回升，农机油从1996年以后一直在大幅度涨价，2004年、2005年涨价幅度更大。2004年、2005年的农资涨价是化肥、农机油和饲料等物资共同作用的结果。而农药其实并没有涨价。

（2）由要素和产品共同决定的准化价格才是考察点。对农业生产函数的数理分析结果表明，产出量受要素价格的影响程度取决于投入要素的准化价格和要素投入额占产出市场价的比重。一般而言，准化价格越高，影响程度越大；要素投入额比重越大，影响程度越大。在假定农业生产平均利润率为零的情况下，要素准化价格与产出可构成一般线性关系。事实也表明，利用要素准化价格的概念确实可以利用一般线性回归关系较好地解决农资影响粮食生产的评估问题。

（3）农资准化价格变化对粮食生产影响最大。成本结构和准化价格分析结果表明，农资准化价格的变化对粮食生产的影响最大，尤其以小麦最为明显。水稻种植会因为农资（尤其农药）涨价而扩大面积，却不会为此增加产量（反而减产），扩大面积是对蔬菜种植的替代，而减产是对农资涨价或者稻谷降价的直接反应。玉米在对农机油价格变化的反应上与小麦形成了显著的替代效应，即农机油涨价小麦缩减面积、减少产量，而玉米增加面积提高产量。对春季作物种植决策产生影响的是上一年的农资价格和上一年的产品价格；而对秋季作物形成影响的一般是当年的农资价格和上一年的产品价格。影响不是单方面的，而是农资价格与产品价格共同作用的结果，两方面都不能偏废。

（4）由耕地面积和成灾率反映的粮食生产能力确实显著受农资价格变化影响。但这种影响的来源也是农资相对于农产品的准化价格。两三年前农资准化价格越高，耕地减少量越大，而成灾率也越高。成灾率问题的关联可以为以后的研究提供一个新的参考点，而对耕地面积减少的规律性结果对为如何遏制耕地面积减少而发愁的中央决策部门是一个很有价值的意外发现。

2. 关于农资用量和使用结构

（1）化肥、农药、农膜等生产资料的使用确实在很大程度上增强了包括粮食生产在内的农业生产能力。化肥、农膜等物资在粮食、蔬菜等种植中，单位面积的用量基本稳定，没有增加的趋势。但化肥用量低于一般水平的年份，粮食的产量确实会有所减少。

（2）化肥、农膜使用总量的增加主要源于蔬菜、果园种植面积的不断扩大。这些农资使用总量的不断增加不断地加大着环境的负担。许多重要流域的水体富营养化、土壤的酸化与化肥无效利用后的流失直接相关。这种化肥过度使用带来的环境污染破坏着水资源、危害着耕地，对未来包括粮食在内的农业综合生产能力构成了巨大的威胁。农膜的残留也存在着类似的问题。

（3）农业生产上用肥结构的改变、有机肥用量的减少在一定程度上与畜禽养殖的规模化、集中化有关。规模化养殖破坏了畜禽排泄物与农田的对接，在减少有机肥还田的同时，还因为畜禽粪便的流失严重增加了环境负担。这是造成许多地方水体富营养化的又一个重要原因。

3. 关于政策

（1）农资价格变化与政策有关，但主要取决于原材料价格。除了整体物价上涨的因素之外，原材料（尤其是煤）的价格对整体农资尤其是化肥的价格具有决定性作用。1992年政策放开的信号对化肥的价格从而对化肥的产量都产生了明显的正向作用。但是对农资企业的优惠政策并没有产生积极、显著的影响。2004年农资涨价的原因在于煤价格的上涨。

（2）农资政策前面的几次调整受益的是农资企业而不是农民本身，其结果与初衷背道而驰。事实上在现在的市场环境中，优惠政策和价格控制政策不利于企业的成长也不利于产业的发展。

（3）过度强调以粮食为中心的政策倾向未必能够达到增强粮食综合生产能力的效果。农技系统的荒废、规模养殖与农田的隔离、推广难以降解的农膜在农田的使用等缺乏远见的举措往往导致对生产能力的无形破坏。

（二）政策建议

当前，政府相关决策部门已经意识到农资领域的几大问题，并拟着手取消对农资企业的相关优惠政策、取消限价、放开价格。这几方面，笔者已无须赘述。而且本章的研究结果支持这几项相关措施。但是，除了这几方面之外，还有几个建议需要提出来以供参考。

1. 政策制定的出发点不能仅仅停留于农资价格

前面的所有分析都表明，对粮食生产水平、生产能力产生影响的不是农资本身的价格，而是农资相对于农产品的准化价格。农资涨价，如果农产品也一起涨价，且幅度大于农资，则农资准化价格下降，则农民种田受益，1996年前后乃至最近的2004年，水稻种植就反映了这样一种结果。事实上，在所有人都在为农资涨价叹息农民利益受损的时候，种水稻的农户反而增加了水稻种植面积也提高了稻谷产量。而 1998 年到 2001 年农资价格处于低水平稳定的时候，水稻的种植面积和产量却在逐年下降，原因是稻谷价格的下降幅度大于农资价格的下降。其实从准化价格的角度这个时期比当前更需要考虑农资问题或者农产品价格问题。

2. 把关于粮食的所有政策着力点都集中于粮食的综合生产能力

粮食综合生产能力不是粮食一年两年的生产水平，而是在需要生产的时候能够生产的水平。粮食的综合生产能力体现在两个方面，一个是耕地的数量，一个是耕地的质量。如何遏制耕地面积的减少是摆在政府面前的一大难题。前面的分析表明，农资相对于农产品的准化价格越高，即农业生产的相对收益越低，后续年份耕地面积减少量越大。降低农资的准化价格、提高农业生产的收益率是遏制耕地面积减少的可用、而且也许会很有效的办法。因此，笔者建议：

（1）以提高农业生产（种植业）的收益率为目标进行全方位的努力。需要说明的是这里的农业指的是整个种植业而不仅局限于粮食生产。

（2）重新斟酌对粮农进行政策倾斜的必要性。在特殊时期引导农民种粮食是必要的，但是在一般情况下，源于粮食价格低下而导致的种粮比较收益低下其结果必然导致粮食产量下降，而相应的市场反应是粮食价格的上涨，种粮的比较收益提高了粮食产量必然会随之提高。但是如果在粮食价格低的时候政府提供粮食生产的补贴，必然误导粮农在本应缩减面积的情况下继续维持甚至扩大生产，其结果必将使得价格继续低迷，这样反而不利于维护粮农的长久经济利益。所以有必要考虑重新调整对粮农的倾斜性政策。

（3）把补贴的对象扩展到全部种植业生产主体，包括粮棉油和经济作物，即所有使用耕地进行农业生产的对象。这样做才有利于真正长远地保护耕地。

（4）将化肥补贴作为集体资金用到农田水利建设上面去。对于耕地质量的提高，前面的成灾率分析已经论证了农业生产收益率高低对于耕地抗灾能力的重要性。所以提高农业生产的收益率也有提高耕地抵御灾害能力的效果，这种效果就是通过更多的投入以维护修理水利设施等行为来实现的。而国家在这方面也需要作出相应的努力。在农资改革征求意见稿里也有对粮农实行化肥补贴的思路，这样的做法与其他对粮农倾斜的政策有相同的弊病。基于此，笔者建议把化肥补贴直接补到农田水利建设，这样既可免去直补于粮农的弊端，又可有效实现支农效果，同时免去了对使用化肥的误导。

3. 扶持农技推广部门对农户进行用肥用药的长期技术指导和培训

前面的数据已经表明，中国的化肥施用量在持续地上升，过度使用化肥的情况很普遍（其实农药也是如此），而这种过度使用对很多农民来说则是出于无奈。这点与农技推广部门的失职有关。而农技推广部门的失职与各级政府政策导向的失误有关。1979年中共中央《关于加快农业发展若干问题的决定》中特别提到，"广积农家肥，多种绿肥，多制饼肥和其他有机肥，积极扩大秸秆还田……要广泛推行科学施肥、科学用药，充分发挥化肥和农药的效能，认真研究防治化肥、农药对作物、水面、环境造成污染的有效办法，并且积极推广生物防治。"而事实上在农户各自自主经营以后，很少见到政府相关部门在这方面这么深远的考虑，政府农技推广部门在科学施肥、科学用药问题上做得很少，以至于为了提高产量，只能增施化肥。所以化肥施用量在持续稳健地上升。改变不科学的用肥模式，既是对耕地质量、粮食生产能力的保证，也是对农资市场的一种调节。

4. 利用建设现代农业的契机，在果树、蔬菜种植领域大力发展精准农业

迅速发展的果树和蔬菜种植是当前农用化肥用量不断增加的最主要原因。它们对化肥农药有很强的依赖。而由它们产生的化肥、农药剩余对环境的影响最为明显。精准农业[①]的最大特点就是针对土壤的不同阶段的不同性状有针对性地精确施肥、用药，这样将可以最大限度地减少化肥和农药的浪费和污染，对于改善环境、增强农业（从而增强粮食）的生产能力大有裨益。而且在比较收益较高的果树、蔬菜领域实施成本较高的精准农业技术，比较容易为经营者所接受。

5. 以提高可持续的综合生产能力为目标，探求有机肥高效转换的新模式

化肥替代有机肥，原因是多方面的。而化肥使用方便、节约劳动力以及有机肥肥源减少是其中重要的原因。有机肥肥源减少不是因为畜禽养殖量下降，而是因为畜禽养殖的集中。养殖规模化经营的结果导致养殖与种植的分离，农户一定程度上也因此减少了对有机肥的使用。如果能够构建一种恰当的模式，把规模化养殖场的畜禽粪便、厩肥（甚至城市的人畜粪便）集中加工，用类似于化肥的性状方便地返回农田，则一方面可以减少这些人畜粪便带来的污染，一方面可以减少化肥的使用，并改善耕地土壤性状。这是一个既有利于改善环境又有利于极大增强农业综合生产能力的一举多得之策，值得进行更进一步的探讨。

---

① 精准农业是当今世界农业发展的新潮流，是由信息技术支持的根据空间变异定位、定时、定量地实施一整套现代化农事操作技术与管理的系统，其基本含义是根据作物生长的土壤性状，调节对作物的投入，即一方面查清田块内部的土壤性状与生产力空间变异，另一方面确定农作物的生产目标，进行定位的"系统诊断、优化配方、技术组装、科学管理"，调动土壤生产力，以最少的或最节省的投入达到同等收入或更高的收入，并改善环境，高效地利用各类农业资源，取得经济效益和环境效益。来源：http://www.cngrain.com/Publish/data/200106/38254.asp。

参考文献

　[1] 国家发改委宏观经济研究院课题组：《提高我国粮食综合生产能力的思路和政策研究（主报告）》，2005 年课题报告。

　[2] 国家统计局：《中国统计年鉴》，1981～2006 年，中国统计年鉴出版社。

　[3] 国家发改委价格司：《全国农产品成本收益资料汇编》（2004 年、2006 年），中国统计出版社。

　[4] 国家物价局农价司、商务部物价司等：《全国主要农副产品生产成本收益与农业生产率资料汇编（1981 年度）》，1983 年 6 月。

　[5] 国家物价局农价司、商务部物价司等：《全国主要农副产品生产成本收益与农业生产率资料汇编（1985 年度）》，1987 年 10 月。

　[6] 国家物价局工农业产品成本调查总队、商业部财会物价司等：《全国农产品成本收益资料汇编（1991）》。

　[7] 国家计划委员会、中国轻工业总会等：《全国农产品成本收益资料汇编（1996）》。

　[8] 国家发展计划委员会、国家经济贸易委员会等：《全国农产品成本收益资料汇编（2001）》，中国物价出版社。

　[9] 石玉林、卢良恕（主编）：《中国农业需水与节水高效农业建设》，选自《中国可持续发展水资源战略研究报告集》第 4 卷，中国水利水电出版社 2001 年版。

　[10] 国土资源部：《国土资源公报》，国土资源部网站（http://www.mlr.gov.cn/）。

　[11] 国家统计局农村社会经济调查司：《中国农村住户调查年鉴》，1992～2006 年，中国统计出版社。

　[12] 李文伟：《塑料农膜与农业生产可持续发展》，载于《兵团教育学院学报》2006 年第 1 期。

　[13] 水利部：《2002 年中国水资源公报》。

　[14] 张维理、武淑霞、冀宏杰、Kolbe H.：《中国农业面源污染形势估计及控制对策——21 世纪初期中国农业面源污染的形势估计》，载于《中国农业科学》2004 年第 7 期，第 37 页。

　[15] 杨曙辉、宋天庆：《洱海湖滨区的农业面源污染问题及对策》，载于《农业现代化研究》2006 年 11 月第 27 卷第 6 期。

　[16] 苑韶峰、吕军、俞劲炎：《氮、磷的农业非点源污染防治方法》，载于《水土保持学报》2004 年 2 月。

　[17] 杨正礼：《中国农田污染评价与防治道路探究》，载于《中国农学通报》第 22 卷第 9 期 2006 年 9 月。

　[18] 张冬青、张丽：《亳州市农业面源污染现状及其防治对策》，载于《黑龙江环境通报》2003 年 7 月。

　[19] 薛继春、王承华、胡源、王华平：《畜禽规模养殖调查》，载于《畜牧市场》2006 年第 8 期。

　[20] 熊沈学、顾其君、孙元麟、刘国泽、陈新力、沈丽玲：《无锡市畜禽规模养殖调研报告》，载于《畜牧兽医科技信息》2004 年 9 月。

　[21] 翁伯琦：《防治畜禽养殖污染刻不容缓》，载于《农业环境保护》2002 年 6 月。

［22］金俊：《放开化肥价格，取消生产优惠，对农民直补》，载于《中国农资》2005 年 8 月。

［23］中共中央：《关于加快农业发展若干问题的决定》，1979 年 9 月 28 日。

［24］国务院：《关于化肥、农药、农膜实行专营的决定》，1988 年 9 月 28 日。

［25］国务院：《关于完善化肥、农药、农膜专营办法的通知》，1989 年 12 月 28 日。

［26］国务院：《关于加强化肥、农药、农膜经营管理的通知》，1992 年 10 月 25 日。

［27］国务院：《批转国家计委关于改革化肥价格管理办法请示的通知》，1994 年 4 月 23 日。

［28］国务院：《关于深化化肥流通体制改革的通知》，1998 年 11 月 16 日。

［29］国务院：《关于深化改革加强基层农业技术推广体系建设的意见》，2006 年 8 月。

［30］国家发改委、财政部等：《关于做好化肥生产供应工作加强价格监管的通知》，2004 年 11 月 17 日。

［31］国家发改委、财政部：《关于做好 2006 年化肥生产供应和价格调控工作的通知》，2006 年 1 月 20 日。

［32］佚名：《北京在做中国最贵的农业试验》，载于《北京农业科学》2001 年第 5 期。

［33］胡瑞法、李立秋：《农业技术推广体系改革与发展的建议（讨论稿）》，2004 年 7 月。

［34］国家发改委：《改革和完善化肥价格调控机制的方案（征求意见稿）》，2006 年。

附件 6-1

农业生产资料价格变化对粮食生产影响的理论分析
——基于生产函数对关键点的考察

（一）数理分析

假设农户的生产函数为 $F(X, Z)$，其中，X 表示可变投入（如化肥、农药等），Z 表示固定投入（如土地等）。生产函数完全遵循经典的假设，即投入品的边际产出递减。同时我们假设农户的经营完全以市场为导向，利润最大化是其进行生产经营决策的出发点，但是固定投入的成本不在考虑的范围内。

基于以上假设，我们的生产决策函数表示为：

$$\max \pi = P_Y F(X, Z) - P_X X \qquad (附 6-1)$$

其中，P_Y 表示产品价格，P_X 表示可变投入的市场价格。对 X 求 π 的导数，得：

$$\frac{\partial \pi}{\partial X} = \frac{\partial F}{\partial X} P_Y - P_X = 0 \Rightarrow \frac{\partial F}{\partial X} = \frac{P_X}{P_Y} \qquad (附 6-2)$$

（附 6-2）式表明，最佳投入水平 X^* 可以表示为 P_X、P_Y 的函数，同时又取决于固定投入水平 Z 的大小。所以不妨令 $X^* = f(P_X, P_Y; Z)$，由此（附 6-1）式可以表示为：

$$\pi^* = P_Y F(f(P_Y, P_X; Z), Z) - P_X f(P_Y, P_X; Z) \qquad (附 6-3)$$

对 P_X 求导，得：

$$\frac{\partial \pi^*}{\partial P_X} = \frac{\partial F}{\partial f} \frac{\partial f}{\partial P_X} P_Y - f - P_X \frac{\partial f}{\partial P_X} = 0 \Rightarrow \left(\frac{\partial F}{\partial f} \frac{P_Y}{P_X} - 1 \right) = \frac{f}{P_X} \frac{\partial P_X}{\partial f} \qquad (附 6-4)$$

因为 $f = X^*$，所以（附 6-4）式等价于：

$$\left(\frac{\partial F}{\partial X^*} \frac{P_Y}{P_X} - 1 \right) = \frac{X^*}{P_X} \frac{\partial P_X}{\partial X^*} \qquad (附 6-5)$$

对（附 6-5）式整理可得：

$$\frac{\partial F/F}{\partial P_X/P_X} = \frac{P_X X^*}{P_Y F} \left(1 + \frac{\partial X^*/X^*}{\partial P_X/P_X} \right) \qquad (附 6-6)$$

（附 6-6）式表明，产出对于可变投入的价格弹性受毛收入结构的影响（由 $\frac{P_X X^*}{P_Y F}$ 显示，即可变投入的市场价值占总产出市场价值的比重）。这个信息提示，在毛收入结构中，可变投入所占比重越大，可变投入市场价格的波动对产出的影响越大。

（附 6-5）式可转化为：

$$\frac{\partial X^*/X^*}{\partial P_X/P_X} = \frac{1}{\dfrac{\partial F}{\partial X^*}\dfrac{P_Y}{P_X} - 1} \qquad (\text{附} 6-7)$$

把（附 6-7）代入（附 6-6）得：

$$\frac{\partial F/F}{\partial P_X/P_X} = \frac{\dfrac{\partial F/F}{\partial X^*/X^*}}{\left(\dfrac{\partial F}{\partial X^*}\dfrac{P_Y}{P_X} - 1\right)} \qquad (\text{附} 6-8)$$

（附 6-8）式的结论是：产出对于可变投入的价格弹性 $\dfrac{\partial F/F}{\partial P_X/P_X}$（以下简称价格弹性）与产出对于可变投入的技术弹性（即增加 1% 的物质投入量能增加百分之几的产出）$\dfrac{\partial F/F}{\partial X^*/X^*}$ 成正比，即增加物质投入增产效果越明显的经营类型受价格波动的影响越大。同时，价格弹性与边际投入价值的产出回报率（表现为 $\dfrac{\partial F}{\partial X^*}\dfrac{P_Y}{P_X}$）成反比，即产出回报率越高，受价格波动的影响越小。

对于 $\dfrac{\partial F}{\partial X^*}$ 这项反映技术状况的指标，笔者认为只有在品种技术和种植方式发生较大改变的时候才需要考虑。在下面的分析中，我们将假定这项指标（边际产出）保持不变。

所以，我们只需考察两个对象，即 $\dfrac{X^*}{F}$ 和 $\dfrac{P_Y}{P_X}$。在对（附 6-6）式的分析中我们提到的反映毛收入结构的指标 $\dfrac{P_X X^*}{P_Y F}$ 基本上是以上两个指标的综合。所以要考察 $\dfrac{X^*}{F}$、$\dfrac{P_Y}{P_X}$ 和 $\dfrac{P_X X^*}{P_Y F}$ 三个指标，只需考察其中任意两个指标即可。笔者将用 $\dfrac{P_X X^*}{P_Y F}$ 替代 $\dfrac{X^*}{F}$ 进行分析。在对价格进行准化处理的时候，我们经常用到一个指标，即准化价格 P'，而 $P' = \dfrac{P_X}{P_Y}$。产出的价格弹性与边际投入价值的产出回报率 $\dfrac{\partial F}{\partial X^*}\dfrac{P_Y}{P_X}$ 成反比，在 $\dfrac{\partial F}{\partial X^*}$ 不变的情况下与 $\dfrac{P_Y}{P_X}$ 成反比，而与 $P' = \dfrac{P_X}{P_Y}$ 成正比，即，可变投入的准化价格

越高，产出受可变投入品市场价格变化的影响越大（因为 P' 和 $\dfrac{P_X X^*}{P_Y F}$ 都与价格弹性

正相关，所以 $\dfrac{X^*}{F}$ 与价格弹性也正相关）。

（二）准化价格向实证分析的转换

根据公式（附 6 - 1），我们可以得到：

$$F(X,\ Z) = \frac{P_X}{P_Y}X + \frac{\pi}{P_Y} = P'X + \hat{\pi} \qquad\qquad （附 6 - 9）$$

其中，$\hat{\pi} = \dfrac{\pi}{P_Y}$（一般称为准化利润）。对于任意多项的要素投入，（附 6 - 9）

式可以转化为：

$$F(x_i,\ Z) = \sum_{i=1}^{n} p_i' x_i + \hat{\pi} \qquad\qquad （附 6 - 10）$$

假定在集体最优的条件下，利润 π 及对应的准化利润 $\hat{\pi}$ 为零（完全竞争的市场条件下的结果，而且这也符合中国农业生产的现状）。所以，在数据分析中，我们可以利用多元线性回归进行处理，回归公式可表示为：

$\hat{Y} = a + \displaystyle\sum_{i=1}^{n} b_i p_i' + \delta$，其中余项 δ 表示所有未涉及的投入因子。

附件 6－2

基 础 数 据

附表 6－1　　　　主要农资和粮食作物的价格指数（以上一年为 100）

年份	物价指数	农村零售商品价格指数	农资总指数	化肥	农药（械）	农机油	小农具	饲料	半机械化农具	机械化农具
1978	100.7	100.1	99.9	—	—	—	—	—	99.2	98.5
1979	102	102	100.4	99.7	100.1	99.9	100.3	—	99.2	98.5
1980	106	104.4	101	100.1	100.3	101.3	103.3	—	101.5	98.8
1981	102.4	102.1	101.7	100.1	100.6	100.6	106.3	—	104.8	99.2
1982	101.9	101.7	101.9	100.8	100.5	102.7	105.1	—	103.6	100.3
1983	101.5	101.2	103	102.4	100.7	111.8	101.8	—	101.5	101
1984	102.8	103	108.9	111.9	100.2	116.7	101.4	—	103.6	104.5
1985	108.8	107	104.8	103.8	100.2	106	105	—	105.8	111.1
1986	106	105	101.1	99.3	100.4	99.4	104.4	—	105	103.2
1987	107.3	106.3	107	108.3	108.8	106.2	105.5	—	104	102.7
1988	118.5	117.1	116.2	118.6	131.6	107.3	109.5	—	108.3	109.7
1989	117.8	118.8	118.9	117.3	135.8	110.4	116.7	—	117.1	118.7
1990	102.1	103.2	105.5	103.6	105.7	101.5	106.5	—	104.4	105.3
1991	102.9	102	102.9	103.2	101.4	108.7	102.5	—	102.6	103.4
1992	105.4	103.9	103.7	103.7	98.9	111.5	103.4	—	102.4	104.3
1993	113.2	112.6	114.1	111.1	99.5	150.9	115.5	—	112.5	113.8
1994	121.7	122.9	121.6	124.9	105.9	119.8	124.4	127	117.8	115.9
1995	114.8	116.4	127.4	135.4	117.4	103	120	150.3	111	116.4
1996	106.1	106.4	108.4	110.9	109.5	103.9	113.2	109.6	105.5	103.6
1997	100.8	100.7	99.5	92.2	98.6	109	106.9	94.8	101.4	99
1998	97.4	97.6	94.5	91.4	96.4	94.9	100.1	102.6	99.6	97.6
1999	97	97.1	95.8	94.9	95.3	103.9	98.8	97	98.3	96.4
2000	98.5	98.5	99.1	92.9	95.3	123.9	99.3	93.4	98.2	96.5
2001	99.2	99.6	99.1	97.9	97.1	100	100.3	104.1	98.8	97.1
2002	98.7	99.1	100.5	102.4	98	98.9	99.7	101.5	98.3	96.9
2003	99.9	100.5	101.1	101.6	99.9	107.8	99.3	102	99.4	98.5
2004	102.8	104.2	110.6	112.8	103	108.4	104.3	116.5	102.1	102.2
2005	100.8	101.4	108.3	112.8	104.1	111.1	105.1	103.9	102.3	102.3

　　注：2001 年所有农产品价格指数从年鉴中无法获得，只能参照当年物价指数 99.2 进行处理。

　　数据来源：根据 1981～2006 年《中国统计年鉴》数据整理。

附表 6 - 2　　　主要农资和粮食作物的价格指数（以 1978 年为 100）

年份	农资总指数	化肥	农药（械）	农机油	稻谷	小麦	玉米
1978	100.00	100.00	100.00	100.00	100.00	100.00	100.00
1979	100.40	99.70	100.10	99.90	130.20	131.10	130.00
1980	101.40	99.80	100.40	101.20	140.36	141.33	140.14
1981	103.13	99.90	101.00	101.81	147.65	148.67	147.43
1982	105.09	100.70	101.51	104.55	148.84	154.32	153.03
1983	108.24	103.12	102.22	116.89	164.02	170.07	168.64
1984	117.87	115.39	102.42	136.41	164.02	171.09	168.64
1985	123.53	119.77	102.63	144.60	167.30	171.26	171.84
1986	124.89	118.93	103.04	143.73	177.84	178.62	198.48
1987	133.63	128.80	112.11	152.64	201.31	184.69	206.62
1988	155.28	152.76	147.53	163.78	241.17	212.77	216.33
1989	184.63	179.19	200.35	180.82	315.21	259.36	285.12
1990	194.78	185.46	211.77	183.53	291.88	238.61	278.28
1991	200.43	191.40	214.73	199.50	279.92	224.77	245.44
1992	207.85	198.48	212.37	222.04	272.64	247.48	265.57
1993	237.15	220.51	211.31	335.06	339.71	260.84	316.55
1994	288.38	275.41	223.77	401.40	523.15	397.00	478.95
1995	367.40	372.91	262.71	413.44	631.97	528.41	674.84
1996	398.26	413.19	287.67	429.57	658.51	577.02	643.79
1997	396.27	380.96	283.64	468.23	580.81	513.55	606.45
1998	374.47	348.19	273.43	444.35	561.64	491.98	617.98
1999	358.74	330.44	260.58	461.68	492.56	437.37	533.31
2000	355.52	306.98	248.33	572.02	444.29	357.77	479.45
2001	352.32	300.53	241.13	572.02	440.73	354.91	475.61
2002	354.08	307.74	236.31	565.73	428.39	348.16	435.19
2003	359.03	312.67	236.07	609.85	427.96	358.61	455.20
2004	397.09	352.69	243.15	661.08	583.31	470.49	532.13
2005	430.05	397.83	253.12	734.46	592.65	453.56	521.49

数据来源：根据 1981～2006 年《中国统计年鉴》数据整理。

附表 6 – 3　　　　农资对于稻谷的准化价格（1979～2005 年）

年份	农资			化肥			农药（械）			农机油		
	P'_1	P'_2	P'_3	P'_1	P'_2	P'_3	P'_1	P'_2	P'_3	P'_1	P'_2	P'_3
1978	—	—	—	—	—	—	—	—	—	—	—	—
1979	1.000	1.004	0.771	1.000	0.997	0.766	1.000	1.001	0.769	1.000	0.999	0.767
1980	0.771	0.779	0.722	0.766	0.767	0.711	0.769	0.771	0.715	0.767	0.777	0.721
1981	0.722	0.735	0.698	0.711	0.712	0.677	0.715	0.720	0.684	0.721	0.725	0.689
1982	0.698	0.712	0.706	0.677	0.682	0.677	0.684	0.687	0.682	0.689	0.708	0.702
1983	0.706	0.727	0.660	0.677	0.693	0.629	0.682	0.687	0.623	0.702	0.785	0.713
1984	0.660	0.719	0.719	0.629	0.704	0.704	0.623	0.624	0.624	0.713	0.832	0.832
1985	0.719	0.753	0.738	0.704	0.730	0.716	0.624	0.626	0.613	0.832	0.882	0.864
1986	0.738	0.747	0.702	0.716	0.711	0.669	0.613	0.616	0.579	0.864	0.859	0.808
1987	0.702	0.751	0.664	0.669	0.724	0.640	0.579	0.630	0.557	0.808	0.858	0.758
1988	0.664	0.771	0.644	0.640	0.759	0.633	0.557	0.733	0.612	0.758	0.814	0.679
1989	0.644	0.766	0.586	0.633	0.743	0.568	0.612	0.831	0.636	0.679	0.750	0.574
1990	0.586	0.618	0.667	0.568	0.588	0.635	0.636	0.672	0.726	0.574	0.582	0.629
1991	0.667	0.687	0.716	0.635	0.656	0.684	0.726	0.736	0.767	0.629	0.683	0.713
1992	0.716	0.743	0.762	0.684	0.709	0.728	0.767	0.759	0.779	0.713	0.793	0.814
1993	0.762	0.870	0.698	0.728	0.809	0.649	0.779	0.775	0.622	0.814	1.229	0.986
1994	0.698	0.849	0.551	0.649	0.811	0.526	0.622	0.659	0.428	0.986	1.182	0.767
1995	0.551	0.702	0.581	0.526	0.713	0.590	0.428	0.502	0.416	0.767	0.790	0.654
1996	0.581	0.630	0.605	0.590	0.654	0.627	0.416	0.455	0.437	0.654	0.680	0.652
1997	0.605	0.602	0.682	0.627	0.579	0.656	0.437	0.431	0.488	0.652	0.711	0.806
1998	0.682	0.645	0.667	0.656	0.600	0.620	0.488	0.471	0.487	0.806	0.765	0.791
1999	0.667	0.639	0.728	0.620	0.588	0.671	0.487	0.464	0.529	0.791	0.822	0.937
2000	0.728	0.722	0.800	0.671	0.623	0.691	0.529	0.504	0.559	0.937	1.161	1.288
2001	0.800	0.793	0.799	0.691	0.676	0.682	0.559	0.543	0.547	1.288	1.288	1.298
2002	0.799	0.803	0.827	0.682	0.698	0.718	0.547	0.536	0.552	1.298	1.284	1.321
2003	0.827	0.838	0.839	0.718	0.730	0.731	0.552	0.551	0.552	1.321	1.424	1.425
2004	0.839	0.928	0.681	0.731	0.824	0.605	0.552	0.568	0.417	1.425	1.545	1.133
2005	0.681	0.737	0.726	0.605	0.682	0.671	0.417	0.434	0.427	1.133	1.259	1.239

注：$P'_1 = P'(t-1) = \dfrac{P_X(t-1)}{P_Y(t-1)}$，$P'_2 = P'(t, t-1) = \dfrac{P_X(t)}{P_Y(t-1)}$，$P'_3 = P'(t) = \dfrac{P_X(t)}{P_Y(t)}$

数据来源：笔者根据 1981～2006 年《中国统计年鉴》数据整理、计算所得。

附表 6 – 4　　　　　农资之于小麦的准化价格（1979～2005 年）

年份	农资			化肥			农药（械）			农机油		
	P'_1	P'_2	P'_3	P'_1	P'_2	P'_3	P'_1	P'_2	P'_3	P'_1	P'_2	P'_3
1978	—	—	—	—	—	—	—	—	—	—	—	—
1979	1.000	1.004	0.766	1.000	0.997	0.760	1.000	1.001	0.764	1.000	0.999	0.762
1980	0.766	0.773	0.718	0.760	0.761	0.706	0.764	0.766	0.710	0.762	0.772	0.716
1981	0.718	0.730	0.694	0.706	0.707	0.672	0.710	0.715	0.679	0.716	0.720	0.685
1982	0.694	0.707	0.681	0.672	0.677	0.653	0.679	0.683	0.658	0.685	0.703	0.677
1983	0.681	0.701	0.636	0.653	0.668	0.606	0.658	0.662	0.601	0.677	0.757	0.687
1984	0.636	0.693	0.689	0.606	0.678	0.674	0.601	0.602	0.599	0.687	0.802	0.797
1985	0.689	0.722	0.721	0.674	0.700	0.699	0.599	0.600	0.599	0.797	0.845	0.844
1986	0.721	0.729	0.699	0.699	0.694	0.666	0.599	0.602	0.577	0.844	0.839	0.805
1987	0.699	0.748	0.724	0.666	0.721	0.697	0.577	0.628	0.607	0.805	0.855	0.826
1988	0.724	0.841	0.730	0.697	0.827	0.718	0.607	0.799	0.693	0.826	0.887	0.770
1989	0.730	0.868	0.712	0.718	0.842	0.691	0.693	0.942	0.772	0.770	0.850	0.697
1990	0.712	0.751	0.816	0.691	0.715	0.777	0.772	0.816	0.887	0.697	0.708	0.769
1991	0.816	0.840	0.892	0.777	0.802	0.851	0.887	0.900	0.955	0.769	0.836	0.888
1992	0.892	0.925	0.840	0.851	0.883	0.802	0.955	0.945	0.858	0.888	0.988	0.897
1993	0.840	0.958	0.909	0.802	0.891	0.845	0.858	0.854	0.810	0.897	1.354	1.285
1994	0.909	1.106	0.726	0.845	1.056	0.694	0.810	0.858	0.564	1.285	1.539	1.011
1995	0.726	0.925	0.695	0.694	0.939	0.706	0.564	0.662	0.497	1.011	1.041	0.782
1996	0.695	0.754	0.690	0.706	0.782	0.716	0.497	0.544	0.499	0.782	0.813	0.744
1997	0.690	0.687	0.772	0.716	0.660	0.742	0.499	0.492	0.552	0.744	0.811	0.912
1998	0.772	0.729	0.761	0.742	0.678	0.708	0.552	0.532	0.556	0.912	0.865	0.903
1999	0.761	0.729	0.820	0.708	0.672	0.756	0.556	0.530	0.596	0.903	0.938	1.056
2000	0.820	0.813	0.994	0.756	0.702	0.858	0.596	0.568	0.694	1.056	1.308	1.599
2001	0.994	0.985	0.993	0.858	0.840	0.847	0.694	0.674	0.679	1.599	1.599	1.612
2002	0.993	0.998	1.017	0.847	0.867	0.884	0.679	0.666	0.679	1.612	1.594	1.625
2003	1.017	1.031	1.001	0.884	0.898	0.872	0.679	0.678	0.658	1.625	1.752	1.701
2004	1.001	1.107	0.844	0.872	0.983	0.750	0.658	0.678	0.517	1.701	1.843	1.405
2005	0.844	0.914	0.948	0.750	0.846	0.877	0.517	0.538	0.558	1.405	1.561	1.619

数据来源：笔者根据 1981～2006 年《中国统计年鉴》数据整理、计算所得。

附表 6 – 5　　　　　农资之于玉米的准化价格（1979～2005 年）

年份	农资			化肥			农药（械）			农机油		
	P'_1	P'_2	P'_3	P'_1	P'_2	P'_3	P'_1	P'_2	P'_3	P'_1	P'_2	P'_3
1978	—	—	—	—	—	—	—	—	—	—	—	—
1979	1.000	1.004	0.772	1.000	0.997	0.767	1.000	1.001	0.770	1.000	0.999	0.768
1980	0.772	0.780	0.724	0.767	0.768	0.712	0.770	0.772	0.716	0.768	0.778	0.722
1981	0.724	0.736	0.700	0.712	0.713	0.678	0.716	0.721	0.685	0.722	0.726	0.691
1982	0.700	0.713	0.687	0.678	0.683	0.658	0.685	0.689	0.663	0.691	0.709	0.683
1983	0.687	0.707	0.642	0.658	0.674	0.611	0.663	0.668	0.606	0.683	0.764	0.693
1984	0.642	0.699	0.699	0.611	0.684	0.684	0.606	0.607	0.607	0.693	0.809	0.809
1985	0.699	0.733	0.719	0.684	0.710	0.697	0.607	0.609	0.597	0.809	0.857	0.841
1986	0.719	0.727	0.629	0.697	0.692	0.599	0.597	0.600	0.519	0.841	0.836	0.724
1987	0.629	0.673	0.647	0.599	0.649	0.623	0.519	0.565	0.543	0.724	0.769	0.739
1988	0.647	0.752	0.718	0.623	0.739	0.706	0.543	0.714	0.682	0.739	0.793	0.757
1989	0.718	0.853	0.648	0.706	0.828	0.628	0.682	0.926	0.703	0.757	0.836	0.634
1990	0.648	0.683	0.700	0.628	0.650	0.666	0.703	0.743	0.761	0.634	0.644	0.660
1991	0.700	0.720	0.817	0.666	0.688	0.780	0.761	0.772	0.875	0.660	0.717	0.813
1992	0.817	0.847	0.783	0.780	0.809	0.747	0.875	0.865	0.800	0.813	0.905	0.836
1993	0.783	0.893	0.749	0.747	0.830	0.697	0.800	0.796	0.668	0.836	1.262	1.058
1994	0.749	0.911	0.602	0.697	0.870	0.575	0.668	0.707	0.467	1.058	1.268	0.838
1995	0.602	0.767	0.544	0.575	0.779	0.553	0.467	0.549	0.389	0.838	0.863	0.613
1996	0.544	0.590	0.619	0.553	0.612	0.642	0.389	0.426	0.447	0.613	0.637	0.667
1997	0.619	0.616	0.653	0.642	0.592	0.628	0.447	0.441	0.468	0.667	0.727	0.772
1998	0.653	0.617	0.606	0.628	0.574	0.563	0.468	0.451	0.442	0.772	0.733	0.719
1999	0.606	0.581	0.673	0.563	0.535	0.620	0.442	0.422	0.489	0.719	0.747	0.866
2000	0.673	0.667	0.742	0.620	0.576	0.640	0.489	0.466	0.518	0.866	1.073	1.193
2001	0.742	0.735	0.741	0.640	0.627	0.632	0.518	0.503	0.507	1.193	1.193	1.203
2002	0.741	0.744	0.814	0.632	0.647	0.707	0.507	0.497	0.543	1.203	1.189	1.300
2003	0.814	0.825	0.789	0.707	0.718	0.687	0.543	0.542	0.519	1.300	1.401	1.340
2004	0.789	0.872	0.746	0.687	0.775	0.663	0.519	0.534	0.457	1.340	1.452	1.242
2005	0.746	0.808	0.825	0.663	0.748	0.763	0.457	0.476	0.485	1.242	1.380	1.408

数据来源：笔者根据 1981～2006 年《中国统计年鉴》数据整理、计算所得。

附表 6－6　　　　　　　　　稻谷生产平均成本结构　　　　　　　　　元

年　份	1981	1985	1990	1995	1998	2000	2001	2002	2003
主产品产量（千克）	306.6	376.86	414.1	408.2	421.9	415.1	427.2	420.4	408.8
产值合计	85.42	145.57	264.44	702.5	593.36	451.72	481.85	453.37	513.96
主产品产值	76.56	131.93	241.27	670.32	564.63	429.56	458.64	432.1	491.03
每亩用工（工日）	29.3	21.88	20.6	19.01	16.4	14.6	14.1	13.3	13.1
每亩物质费用	33.54	44.47	92.17	197.49	187.67	173.15	170.08	172.74	176.8
其中：直接生产费用	29.46	39.06	80.66	174.55	171.36	160.36	157.99	160.25	164.73
1. 种子秧苗费	3.91	4.74	10.32	22.71	16.64	15.29	13.53	15.23	15.07
2. 农家肥费	5.02	4.56	6.47	9.01	9.35	7.04	7.03	6.89	6.11
3. 化肥费	9.94	14.77	31.58	72.12	65.34	57.01	56.19	57.1	58.69
4. 农膜费			1.08	2.86	3.22	2.77	2.6	2.57	2.31
5. 农药费	1.96	2.65	6.88	13.79	15.02	14.87	15.58	15.5	17.45
6. 畜力费	4.12	6.46	10.95	19.05	20.24	18.35	17.89	16.7	16.61
7. 机械作业费	1.3	1.81	4.99	12.63	17.99	21.3	21.75	23.3	24.58
8. 排灌费	2.03	3.1	5.97	12.21	16.58	17.97	19.18	18.46	19.2
9. 燃料动力费	—	—	—	2.27	1.15	0.07	0.01	0.05	—
10. 棚架材料费	—	—	0.22	0.54	0.61	0.49	0.48	0.51	0.37
11. 其他直接费用	1.18	1.04	2.2	7.36	5.22	5.2	3.75	3.94	4.34

数据来源：根据 1981 年度、1985 年度《全国主要农副产品生产成本收益与农业生产率资料汇编》以及 1991 年、1996 年、2001 年和 2004 年《全国农产品成本收益资料汇编》数据整理。

附表 6－7　　　　　　　　　小麦生产平均成本结构　　　　　　　　　元

年　份	1981	1985	1990	1995	1998	2000	2001	2002	2003
主产品产量（千克）	157.8	198.5	230.3	257.3	245.9	261.1	261.4	261.9	255.2
产值合计	58.4	94.12	155.37	412.24	351.25	283.48	296.14	290.04	309.36
主产品产值	51.8	84.84	140.17	388.21	327.38	263.34	274.52	268.47	287.95
每亩用工（工日）	20.4	14.53	14	12.69	10.8	9.6	9.5	9.3	9
每亩物质费用	30.12	38.4	74.85	153.65	178.72	168.97	160.13	162.67	159.5
其中：直接生产费用	26.87	33.95	67.38	136.46	167.16	158.48	150.49	153.13	149.95
1. 种子秧苗费	4.79	6.61	13.31	25.7	28.19	26.14	24.93	24.7	24.21
2. 农家肥费	6.91	6.34	7.53	11.02	11.44	9.52	9.78	9.85	10.28
3. 化肥费	8.18	11.33	25.8	53.33	63.51	57.26	52.55	55.93	54.74
4. 农膜费	—	—	0	0.12	1.02	0.16	0.14	0.09	0.03
5. 农药费	0.49	0.52	2.05	4.25	5.37	5.4	5.01	5.88	5.59
6. 畜力费	3.27	4.75	6.97	10.43	9.62	7.58	7.82	6.34	5.9
7. 机械作业费	1.56	2.12	6.33	17.51	30.58	32.54	32.36	32.79	32.38
8. 排灌费	1.23	1.57	3.34	9.95	13.52	17.57	15.83	16.24	15.55
9. 燃料动力费	—	—	—	0.7	0.93	—	—	—	—
10. 棚架材料费	—	—	0	0.01	—	—	—	—	—
11. 其他直接费用	0.44	0.67	2.05	3.44	2.98	2.31	2.07	1.31	1.27

数据来源：同上。

附表 6-8　　　　　　　玉米生产平均成本结构　　　　　　　　元

年　份	1981	1985	1990	1995	1998	2000	2001	2002	2003
主产品产量（千克）	239.2	296.9	358.3	361.6	383.9	350.5	379.4	392.6	368.5
产值合计	62.34	103.36	177.64	522.28	444.79	323.68	392.13	382.38	410.41
主产品产值	54.41	92.21	157.05	484.56	412.98	300.1	366.79	358.05	388.68
每亩用工（工日）	21.7	16.31	17.03	16.04	14.2	12.4	12.4	11.7	11.3
每亩物质费用	24.98	33.01	68.01	147.04	150.64	138.13	136.93	144.26	141.78
其中：直接生产费用	21.7	28.64	59.24	130.87	139.05	127.95	127.37	134.87	133.17
1. 种子秧苗费	1.71	3.13	8.31	19.55	17.3	15.4	15.54	21.04	17.93
2. 农家肥费	6.19	6.15	8.04	11.65	12.54	10.04	11.23	10.74	10.74
3. 化肥费	7.92	10.84	25.94	62.92	64.47	57.86	55.51	58.77	60.39
4. 农膜费			1.69	2.15	3.96	2.42	3.06	2.66	2.66
5. 农药费	0.26	0.26	1.07	3.94	4.37	4.08	4.34	4.71	4.62
6. 畜力费	3.54	5.08	7.08	12.74	12.99	10.48	10.31	10.44	9.31
7. 机械作业费	0.86	0.97	3.67	9.5	12.56	14.7	14.27	15.25	15.32
8. 排灌费	0.82	1.05	1.92	6.09	8.43	11.46	11.49	9.62	9.41
9. 燃料动力费				0.16	0.47	0.2	0.12	0.17	0.05
10. 棚架材料费			0	0.28	0.05	0.05	0.06	0.05	0.05
11. 其他直接费用	0.4	0.56	1.52	1.89	1.91	1.26	1.44	1.42	2.69

数据来源：同上

附表 6-9　　　　　　　棉花生产平均成本结构　　　　　　　　元

年　份	1981	1985	1990	1995	1998	2000	2001	2002	2003
主产品产量（千克）	81.7	60.33	67.8	61.43	68.3	71.3	77.9	81.9	68.2
产值合计	138.54	207.83	538.89	1035.8	919.63	839.23	689.59	889.26	1138.71
主产品产值	120.22	178.28	463.46	904.62	810.55	737.99	589.78	783.66	1018.8
每亩用工（工日）	50.2	42.86	44.26	41.67	34.4	29.1	30	29.2	27.1
每亩物质费用	43.09	57.05	112.42	256.42	259.72	226.5	222.88	222.34	242.07
其中：直接生产费用	37.2	48.87	96.97	229.3	245.38	214.58	212.35	211.89	230.82
1. 种子秧苗费	2.34	3.4	7.07	15.36	18.04	18.86	21.19	21.31	24.56
2. 农家肥费	9.31	9.5	13.23	20.33	19.65	15.76	14.3	12.25	15.03
3. 化肥费	11.77	16.04	33.01	83.25	79.72	76.77	73.72	80.87	84.94
4. 农膜费			6.16	15.5	17.45	14.43	15.78	13.77	16.72
5. 农药费	5.62	6.56	20.34	55.63	51.7	39.99	36.92	34.25	37.83
6. 畜力费	3.05	4.34	6.18	11.8	10.19	7.59	8.12	6.31	6.01
7. 机械作业费	1.06	1.01	3.57	9.59	14.7	12.71	14.07	15.44	15.99
8. 排灌费	1.47	1.86	3.74	11.76	18.09	18.49	19.34	21.61	22.12
9. 燃料动力费			0.67	0.61	0.92				
10. 棚架材料费			0.58	0.63	0.77	0.45	0.38	0.22	0.27
11. 其他直接费用	2.58	6.16	2.42	4.84	14.15	9.53	8.53	5.86	7.35

数据来源：同上。

附表 6 – 10　　　　　　　陆地西红柿生产平均成本结构　　　　　　　　　元

年　　份	1981	1990	1995	2000	2003
主产品产量（公斤）	2588			3828.4	4078.3
产值合计	345.71	1476.45	3278.59	3160.72	3272.18
主产品产值	339.2	1476.45	3278.59	3160.72	3271.72
每亩用工（工日）	99	84.7	78.59	65.6	54.3
每亩物质费用	100.96	410.44	728.9	711.71	683.35
其中：直接生产费用	84.24	360.58	615.32	680.82	655.32
1. 种子秧苗费	5.6	73.75	94.85	65.62	83.31
2. 农家肥费	22.03	47.76	112.01	107.26	111.55
3. 化肥费	24.21	33.52	139.7	170.51	164.46
4. 农膜费		109.91	71.66	62.54	42.38
5. 农药费	3.5	19.79	57.85	94.74	94.41
6. 畜力费	3.13	5.75	8.11	10	12.73
7. 机械作业费	3.84	2.75	5.83	12.93	14.32
8. 排灌费	5.38	9.55	20.04	39.69	27.35
9. 燃料动力费		2.36	8.92	1.5	
10. 棚架材料费		46.59	57.9	97.72	94.16
11. 其他直接费用	16.55	8.91	38.45	18.31	10.65

　　数据来源：根据 1981 年度《全国主要农副产品生产成本收益与农业生产率资料汇编》以及 1991 年、1996 年、2001 年和 2004 年《全国农产品成本收益资料汇编》数据整理。

附表 6 – 11　　　　　　　　大白菜生产平均成本结构　　　　　　　　　元

年　　份	1981	1990	1995	2000	2003
主产品产量（千克）	2037.5			3824	4056.9
产值合计	201.71	586.01	1939.17	1568.24	1822.34
主产品产值	200	583.34	1939.17	1564.28	1821.04
每亩用工（工日）	55.4	33.9	40.59	28.7	26.8
每亩物质费用	67.62	160.03	361.07	328.38	358.26
其中：直接生产费用	59.11	131.62	295.05	308.13	336.64
1. 种子秧苗费	2.09	9.31	28.68	24.23	25.42
2. 农家肥费	16.08	32.1	75.99	65.56	71.64
3. 化肥费	21.19*	38.83	96.31	106.02	121.73
4. 农膜费		4.05	3.52	5.77	6.58
5. 农药费	8.18	17.7	35.88	57.76	53.13

续表

年　份	1981	1990	1995	2000	2003
6. 畜力费	6. 13	5. 94	11. 87	8. 19	6. 43
7. 机械作业费	1. 13	3. 34	5. 66	11. 7	17. 91
8. 排灌费	2. 75	8. 32	17. 86	24. 55	26. 54
9. 燃料动力费		1. 05	7. 71	1. 95	5. 6
10. 棚架材料费		0. 02	1. 13	0. 06	
11. 其他直接费用	1. 53	10. 96	10. 44	2. 34	1. 66

注：＊原数据为41.29，但与肥料费总额明显不符。根据前后数据对比，笔者认为21.29可能才是正确数字。

数据来源：同上。

附表 6－12　　　　　　　　　　马铃薯生产平均成本结构　　　　　　　　　　元

年　份	1981	1990	1995	2000	2003
主产品产量（千克）	1184			1658. 5	1854. 8
产值合计	164. 98	311. 21	1916. 4	937. 05	1271. 34
主产品产值	164. 98	311. 21	1914. 45	936. 05	1235. 7
每亩用工（工日）	36. 3	21. 65	31. 07	18. 3	18. 8
每亩物质费用	71. 43	158. 42	347. 02	291. 47	301. 71
其中：直接生产费用	61. 14	134. 88	298. 8	282. 31	285. 52
1. 种子秧苗费	28. 4	58. 87	177. 63	121. 31	103. 51
2. 农家肥费	10. 24	30. 37	46. 95	50. 62	41. 98
3. 化肥费	0	16. 78	38. 18	53. 52	80. 22
4. 农膜费		10. 42	2. 1	17. 17	8. 8
5. 农药费		1. 63	3. 68	5. 99	11. 15
6. 畜力费	6. 15	4. 28	6. 57	7. 5	14. 02
7. 机械作业费	7. 8	4. 6	11. 52	14. 81	12. 5
8. 排灌费	5. 54	1. 69	10. 07	9. 54	8. 11
9. 燃料动力费		2. 16		0. 68	1. 55
10. 棚架材料费					1. 04
11. 其他直接费用	3. 01	4. 08	2. 1	1. 17	2. 64

数据来源：同上。

附表 6 - 13 农资、稻谷真实价格指数与稻谷产量指数 (以 1980 年为 100) * 万吨

年份	物价指数	农资指数	稻谷价格指数	稻谷产量	产量指数	农资真实价格指数	稻谷真实价格指数
1980	100.00	100.00	100.00	13 990.5	100.00	100.00	100.00
1981	102.40	101.70	105.20	14 396.0	102.90	99.32	102.73
1982	104.35	103.63	106.04	16 160.0	115.51	99.32	101.63
1983	105.91	106.74	116.86	16 887.0	120.70	100.78	110.34
1984	108.88	116.24	116.86	17 826.0	127.42	106.76	107.33
1985	118.46	121.82	119.20	16 856.9	120.49	102.84	100.62
1986	125.56	123.16	126.70	17 222.0	123.10	98.09	100.91
1987	134.73	131.78	143.43	17 426.0	124.56	97.81	106.46
1988	159.66	153.13	171.83	16 911.0	120.87	95.91	107.62
1989	188.08	182.07	224.58	18 013.0	128.75	96.81	119.41
1990	192.02	192.09	207.96	18 933.1	135.33	100.03	108.30
1991	197.59	197.66	199.43	18 381.3	131.38	100.03	100.93
1992	208.26	204.97	194.25	18 622.2	133.11	98.42	93.27
1993	235.75	233.87	242.03	17 751.4	126.88	99.20	102.66
1994	286.91	284.39	372.73	17 593.3	125.75	99.12	129.91
1995	329.38	362.31	450.26	18 522.6	132.39	110.00	136.70
1996	349.47	392.74	469.17	19 510.3	139.45	112.38	134.25
1997	352.26	390.78	413.81	20 073.5	143.48	110.93	117.47
1998	343.10	369.29	400.15	19 871.3	142.03	107.63	116.63
1999	332.81	353.78	350.94	19 848.7	141.87	106.30	105.45
2000	327.82	350.59	316.54	18 790.8	134.31	106.95	96.56
2001	325.20	347.44	314.01	17 758.0	126.93	106.84	96.56
2002	320.97	349.17	305.22	17 453.9	124.76	108.79	95.09
2003	320.65	354.06	304.91	16 065.6	114.83	110.42	95.09
2004	329.63	391.59	415.60	17 908.8	128.01	118.80	126.08
2005	332.26	424.10	422.25	18 058.8	129.08	127.64	127.08

注：真实价格指数＝价格指数/物价指数。使用真实价格指数是为了剔除通货膨胀因素的影响，便于和产量指数进行比较。

数据来源：笔者根据 1981～2006 年《中国统计年鉴》数据整理、计算所得。

附表 6 – 14　　　农资价格指数、煤进出口价、原油出口价及汇率（1981～2005 年）

年份	价格指数（以1978年为100）			单价（元/吨）			单价（美元/吨）			年平均汇率
	农资	化肥	农机油	煤进口	煤出口	原油出口	煤进口	煤出口	原油出口	1美元 = 人民币（元）
1981	103.13	99.90	101.81	48.48	82.77	404.01	28.43	48.54	236.94	1.7051
1982	105.09	100.70	104.55	53.71	98.71	418.75	28.38	52.15	221.26	1.8926
1983	108.24	103.12	116.89	52.94	87.83	385.79	26.80	44.46	195.27	1.9757
1984	117.87	115.39	136.41	60.27	96.20	444.17	25.90	41.34	190.88	2.327
1985	123.53	119.77	144.60	79.08	118.85	513.29	26.93	40.47	174.79	2.9366
1986	124.89	118.93	143.73	121.39	140.81	289.74	35.16	40.78	83.91	3.4528
1987	133.63	128.80	152.64	134.53	131.04	429.34	36.14	35.21	115.35	3.7221
1988	155.28	152.76	163.78	136.37	122.47	368.59	36.64	32.90	99.03	3.7221
1989	184.63	179.19	180.82	149.49	135.99	424.53	39.70	36.12	112.75	3.7651
1990	194.78	185.46	183.53	177.34	180.97	704.94	37.08	37.83	147.38	4.7832
1991	200.43	191.40	199.50	183.40	199.22	691.54	34.45	37.42	129.91	5.3233
1992	207.85	198.48	222.04	194.13	207.93	711.31	35.20	37.71	128.99	5.5146
1993	237.15	220.51	335.06	167.74	204.26	714.33	29.11	35.45	123.97	5.762
1994	288.38	275.41	401.40	238.29	273.44	928.82	27.65	31.73	107.77	8.6187
1995	367.40	372.91	413.44	365.84	294.91	990.77	43.81	35.31	118.64	8.351
1996	398.26	413.19	429.57	379.15	317.90	1135.77	45.60	38.24	136.61	8.3142
1997	396.27	380.96	468.23	396.34	305.61	1142.98	47.81	36.87	137.88	8.2898
1998	374.47	348.19	444.35	358.67	273.78	810.64	43.32	33.07	97.91	8.2791
1999	358.74	330.44	461.68	301.69	239.82	883.57	36.44	28.97	106.73	8.2783
2000	355.52	306.98	572.02	267.88	219.47	1708.68	32.36	26.51	206.40	8.2784
2001	352.32	300.53	572.02	290.86	244.87	1516.53	35.14	29.58	183.22	8.277
2002	354.08	307.74	565.73	251.50	250.01	1400.58	30.38	30.21	169.21	8.277
2003	359.03	312.67	609.85	280.24	242.48	1691.25	33.86	29.30	204.33	8.277
2004	397.09	352.69	661.08	396.63	364.01	1997.12	47.92	43.98	241.29	8.2768
2005	430.05	397.83	734.46	433.12	488.23	2736.67	52.87	59.60	334.08	8.1917

数据来源：根据 1981～2006 年《中国统计年鉴》整理。

附表 6-15　　　　　　　　　化肥的供需状况（1978～2005 年）　　　　　　万吨

年份	单位播种面积化肥施用量（公斤/亩）	农作物总播种面积（千公顷）	化肥施用量	化肥产量	产需缺口量	产需缺口率	化肥进口量	国内化肥可供应量	供需缺口量
1978	3.93	150 105	884.0	869.30	14.70	0.017	—	—	—
1979	4.88	148 477	1086.3	1065.40	20.90	0.019	—	—	—
1980	5.78	146 381	1269.4	1232.10	37.30	0.029	—	—	—
1981	6.13	145 157	1334.9	1239.00	95.90	0.072	555	1794.1	-459.2
1982	6.97	144 755	1513.4	1278.10	235.30	0.155	606	1884.1	-370.7
1983	7.68	143 993	1659.8	1378.90	280.90	0.169	800	2178.4	-518.6
1984	8.04	144 221	1739.8	1460.20	279.60	0.161	923	2383.2	-643.4
1985	8.24	143 626	1775.8	1322.20	453.60	0.255	761	2083.2	-307.4
1986	8.93	144 204	1930.6	1395.70	534.90	0.277	510	1905.7	24.9
1987	9.20	144 957	1999.7	1672.20	327.50	0.164	1090	2762.2	-762.5
1988	9.85	144 869	2141.5	1740.20	401.30	0.187	1471	3211.2	-1069.7
1989	10.72	146 554	2357.1	1802.50	554.60	0.235	1393	3195.5	-838.4
1990	11.64	148 363	2590.3	1879.70	710.60	0.274	1626	3505.7	-915.4
1991	12.50	149 586	2805.1	1979.50	825.60	0.294	1818	3797.5	-992.4
1992	13.11	149 008	2930.2	2047.90	882.30	0.301	1859	3906.9	-976.7
1993	14.22	147 741	3151.9	1956.30	1195.60	0.379	1021	2977.3	174.6
1994	14.92	148 241	3317.9	2272.80	1045.10	0.315	1266	3538.8	-220.9
1995	15.98	149 879	3593.7	2548.14	1045.56	0.291	1991	4539.1	-945.4
1996	16.75	152 381	3827.9	2809.04	1018.86	0.266	1857	4666.0	-838.1
1997	17.24	153 969	3980.7	2820.96	1159.74	0.291	1649	4470.0	-489.3
1998	17.48	155 706	4083.7	3010.00	1073.70	0.263	1387	4397.0	-313.3
1999	17.58	156 373	4124.3	3251.00	873.32	0.212	1335	4586.0	-461.7
2000	17.69	156 300	4146.4	3186.00	960.41	0.232	1189	4375.0	-228.6
2001	18.21	155 708	4253.8	3383.01	870.75	0.205	1092	4475.0	-221.2
2002	18.71	154 636	4339.4	3791.00	548.39	0.126	1682	5473.0	-1133.6
2003	19.30	152 415	4411.6	3881.31	530.25	0.120	1213	5094.3	-682.7
2004	20.13	153 553	4636.6	4804.82	-168.24	-0.036	1240	6044.8	-1408.2
2005	20.44	155 488	4766.2	5177.86	-411.64	-0.086	1397	6574.9	-1808.6

数据来源：根据 1981～2006 年《中国统计年鉴》计算整理。

附表 6－16　　　　三种粮食亩均产量与部分生产资料的平均用量　　　　公斤

年份	稻谷				小麦				玉米			
	种子	化肥	农膜	亩产*	种子	化肥	农膜	亩产*	种子	化肥	农膜	亩产*
1978	7.82	17.8	0	278.4	6.75	12.9	0	156.8	2.03	14.9	0	229
1985	5.2	23.3	0	376.9	7.04	19.1	0	198.5	1.7	16.5	0	296.9
1988	4.54	29	0	373.1	7.5	22	0	197.1	1.53	20.7	0	313.2
1990	3.64	34.2	0	414.1	7.51	26.5	0	230.3	1.49	25.3	0	358.3
1991	6.57	29.5	0.3	399.8	15.26	23.7	0.1	217.3	3.1	23.2	0.2	354.5
1992	6.17	20	0.3	403.8	14.97	15.1	0	233.5	3.12	14.7	0.6	351.5
1993	5.79	23.8	0.3	410.1	14.4	20.9	0.1	255.8	3.63	18.9	0.7	369.3
1994	6.91	19.4	0.32	412.1	16.59	15.7	0.04	244	3.31	15.5	0.33	366.8
1995	5.46	19.66	0.27	408.2	16.06	15.31	0.01	257.3	3.28	17.32	0.21	361.6
1996	5.45	18.5	0.35	415.8	15.8	16.8	0.05	260.9	3.35	17.3	0.3	381.1
1997	4.59	18.32	0.29	423.1	15.96	16.89	0.07	277.4	3.05	16.32	0.32	348
1998	4.27	20.2	0.34	421.9	15.91	18.99	0.11	245.9	3.22	19.76	0.4	383.9
1999	4.52	20.55	0.39	420.6	15.8	19.48	0.03	261.3	3.05	19.84	0.35	363.2
2000	3.9	20.6	0.3	415.1	17.8	22	0	289.8	3	20.5	0.3	350.5
2001	3.7	20.4	0.3	427.2	15.6	18.8	0	261.4	2.9	20	0.3	379.4
2002	3.5	21.1	0.4	420.4	15.7	20.6	0	261.9	3	20.9	0.3	392.6
2003	3.5	21	0.3	408.2	15.6	18.9	0	255.2	2.9	20.9	0.3	368.5
2004	2.78	19.52	0.41	450.9	14.24	19.11	0.01	339.8	2.99	18.81	0.19	423.6
2005	2.68	20.89	0.36	431	13.88	21.59	0	325.8	2.84	18.39	0.19	422.6

注：＊亩产仅指主产品产量。

数据来源：根据《全国农产品成本收益资料汇编（2006）》整理。

附表 6－17　　　　粮食亩均产量与部分生产资料的平均用量取自然对数的结果＊

年份	稻谷				小麦				玉米			
	种子	化肥	农膜	亩产	种子	化肥	农膜	亩产	种子	化肥	农膜	亩产
1978	2.06	2.88		5.63	1.91	2.56		5.05	0.71	2.70		5.43
1985	1.65	3.15		5.93	1.95	2.95		5.29	0.53	2.80		5.69
1988	1.51	3.37		5.92	2.01	3.09		5.28	0.43	3.03		5.75
1990	1.29	3.53		6.03	2.02	3.28		5.44	0.40	3.23		5.88
1991	1.88	3.38	1.10	5.99	2.73	3.17		5.38	1.13	3.14	0.69	5.87
1992	1.82	3.00	1.10	6.00	2.71	2.71		5.45	1.14	2.69	1.79	5.86
1993	1.76	3.17	1.10	6.02	2.67	3.04		5.54	1.29	2.94	1.95	5.91
1994	1.93	2.97	1.16	6.02	2.81	2.75		5.50	1.20	2.74	1.19	5.90
1995	1.70	2.98	0.99	6.01	2.78	2.73		5.55	1.19	2.85	0.74	5.89

年份	稻谷				小麦				玉米			
	种子	化肥	农膜	亩产	种子	化肥	农膜	亩产	种子	化肥	农膜	亩产
1996	1.70	2.92	1.25	6.03	2.76	2.82		5.56	1.21	2.85	1.10	5.94
1997	1.52	2.91	1.06	6.05	2.77	2.83		5.63	1.12	2.79	1.16	5.85
1998	1.45	3.01	1.22	6.04	2.77	2.94		5.50	1.17	2.98	1.39	5.95
1999	1.51	3.02	1.36	6.04	2.76	2.97		5.57	1.12	2.99	1.25	5.89
2000	1.36	3.03	1.10	6.03	2.88	3.09		5.67	1.10	3.02	1.10	5.86
2001	1.31	3.02	1.10	6.06	2.75	2.93		5.57	1.06	3.00	1.10	5.94
2002	1.25	3.05	1.39	6.04	2.75	3.03		5.57	1.10	3.04	1.10	5.97
2003	1.25	3.04	1.10	6.01	2.75	2.94		5.54	1.06	3.04	1.10	5.91
2004	1.02	2.97	1.41	6.11	2.66	2.95		5.83	1.10	2.93	0.64	6.05
2005	0.99	3.04	1.28	6.07	2.63	3.07		5.79	1.04	2.91	0.64	6.05

注：＊为便于计算，对农膜以百克为单位再取对数。其他的都是以千克为单位取对数。

数据来源：根据附表 6－16 计算整理。空白处为无数据。

附件 6 – 3

部分统计分析结果

附表 6 – 18　　　　　农资准化价格与稻谷生产的线性回归系数

因变量	模型	自变量	非标准化系数		标准化系数	T 值	显著性参数
			B	Std. Error	Beta		
产量	3	（Constant）	25 084.073	1968.965		12.740	0.000
		农资 P'_1	– 10 515.819	2744.567	– 0.608	– 3.832	0.001
面积	1	（Constant）	45 367.513	4641.206		9.775	0.000
		农资 P'_1	24 198.612	11 076.408	1.167	2.185	0.039
		农资 P'_2	– 21 838.989	9038.023	– 1.055	– 2.416	0.024
		农资 P'_3	– 21 130.161	7770.125	– 0.797	– 2.719	0.012

数据来源：根据回归结果整理。

附表 6 – 19　　　　　农资准化价格与小麦生产的线性回归系数

因变量	模型	自变量	非标准化系数		标准化系数	T 值	显著性参数
			B	标准差	Beta		
产量	1	（Constant）	6784.063	2240.627		3.028	0.006
		农资 P'_1	– 14 609.158	6705.641	– 1.069	– 2.179	0.040
		农资 P'_2	6972.181	4904.209	0.573	1.422	0.169
		农资 P'_3	10 246.171	3837.743	0.731	2.670	0.014
面积	3	（Constant）	39 660.981	2821.273		14.058	0.000
		农资 P'_1	– 14 451.855	3499.527	– 0.637	– 4.130	0.000

数据来源：根据回归结果整理。

附表 6 – 20　　　　　农资准化价格与玉米生产的线性回归系数

因变量	模型	自变量	非标准化系数.		标准化系数	T 值	显著性参数
			B	标准差	Beta		
产量	2	（Constant）	9667.362	4990.358		1.937	0.065
		农资 P'_1	– 11 718.303	6663.577	– 0.409	– 1.759	0.091
		农资 P'_3	11 661.581	8232.656	0.330	1.417	0.169
面积	2	（Constant）	20 949.013	5328.391		3.932	0.001
		农资 P'_2	– 7057.168	5229.277	– 0.280	– 1.350	0.190
		农资 P'_3	8735.165	7354.087	0.246	1.188	0.247

数据来源：根据回归结果整理。

附表 6 – 21　　　　化肥、农药及农机油准化价格与稻谷生产的线性回归系数

因变量	模型	自变量	非标准化系数		标准化系数	T 值	显著性参数
			B	标准差	Beta		
产量	6	（Constant）	26 286.691	1787.736		14.704	0.000
		化肥 P_2'	− 6800.454	3907.236	− 0.373	− 1.740	0.096
		农药 P_1'	− 5559.883	2415.884	− 0.463	− 2.301	0.031
		机油 P_1'	− 5237.597	2625.038	− 0.771	− 1.995	0.059
		机油 P_2'	4331.687	2378.449	0.708	1.821	0.082
面积	6	（Constant）	32 588.629	1019.498		31.965	0.000
		化肥 P_1'	4341.234	2561.066	0.191	1.695	0.104
		农药 P_1'	3437.946	1616.824	0.239	2.126	0.045
		机油 P_2'	− 4771.109	924.630	− 0.650	− 5.160	0.000
		机油 P_3'	− 2040.530	991.886	− 0.261	− 2.057	0.052

数据来源：根据回归结果整理。

附表 6 – 22　　　　化肥、农药及农机油准化价格与小麦生产的线性回归系数

因变量	模型	自变量	非标准化系数		标准化系数	T 值	显著性参数
			B	标准差	Beta		
产量	5	（Constant）	2510.377	3754.485		0.669	0.511
		化肥 P_3'	21 551.667	8004.263	1.050	2.693	0.014
		农药 P_1'	− 9645.691	2780.283	− 0.799	− 3.469	0.002
		机油 P_1'	− 5421.981	2798.105	− 1.094	− 1.938	0.066
		机油 P_2'	7637.067	3273.927	1.693	2.333	0.030
		机油 P_3'	− 5724.659	3135.844	− 1.235	− 1.826	0.082
面积	8	（Constant）	30 796.387	1606.642		19.168	0.000
		化肥 P_2'	7541.749	2471.848	0.323	3.051	0.005
		机油 P_1'	− 8845.141	871.859	− 1.075	− 10.145	0.000

数据来源：根据回归结果整理。

附表 6 – 23　　　　化肥、农药及农机油准化价格与玉米生产的线性回归系数

因变量	模型	自变量	非标准化系数		标准化系数	T 值	显著性参数
			B	标准差	Beta		
产量	8	（Constant）	15 630.838	2941.063		5.315	0.000
		化肥 P_1'	− 17 193.999	4335.420	− 0.582	− 3.966	0.001
		机油 P_2'	5910.859	1502.065	0.577	3.935	0.001

因变量	模型	自变量	非标准化系数		标准化系数	T 值	显著性参数
			B	标准差	Beta		
单产	8	（Constant）	0.630	0.079		7.980	0.000
		化肥 P'_1	−0.522	0.116	−0.630	−4.489	0.000
		机油 P'_2	0.165	0.040	0.574	4.092	0.000
面积	8	（Constant）	23 327.419	2234.140		10.441	0.000
		农药 P'_1	−9451.983	2458.172	−0.543	−3.845	0.001
		机油 P'_1	4921.200	1667.856	0.417	2.951	0.007

数据来源：根据回归结果整理。

第七章

城市化、工业化对粮食综合生产能力和粮食安全的影响

内容摘要 本章利用统计数据，通过定量的方法计算了改革开放以来中国城市化、工业化水平提高和粮食供给与需求的弹性关系，分析了城市化、工业化对粮食综合生产能力和粮食安全的影响。在此基础上，对2010年和2020年城市化、工业化与粮食综合生产能力和粮食安全的关系进行了预测。结果表明，在粮食需求方面，随着城市化、工业化的发展，城镇居民口粮需求将逐步减少，但饲料用粮和工业用粮需求将保持继续增加，总需求将呈现刚性增长趋势；在粮食综合生产能力方面，虽然城市化、工业化能够增加现代农业投入、促进农业技术进步，从而提高粮食综合生产能力，但是它们也会导致中国耕地总量持续减少，并进一步挤占农业灌溉用水，因此对粮食生产的综合影响是负面的，但其负面影响程度随着国家实施更加严格的耕地保护制度和推广使用农业节水措施将趋于减弱。总体而言，未来中国城市化、工业化对粮食综合生产能力的正面影响将不再能够抵消粮食需求增加和耕地、水资源减少的负面影响，从而使国家粮食安全面临潜在的隐忧。基于这些预测和判断，本章最后提出降低城市化、工业化对粮食综合生产能力和粮食安全消极影响的政策建议，即严格保护好耕地资源，千方百计提高耕地质量；搞好土地整理和复垦开发；努力提高粮食复种指数；合理利用水资源，努力提高水资源利用率；加强科学规划，积极稳妥地推进城市化进程。

改革开放以来，中国城市化和工业化的进程发展迅速。城市化率从1983年的21.6%上升到2005年的43.0%，工业现代化也已经取得了举世瞩目的成绩，[①] 城市化和工业化的发展对中国的经济发展起到了巨大的推动作用。但是，在城市化和工业化的进程中，也产生了一些负面影响，特别是造成对耕地、水资源等资源的挤占，农业劳动力从农业向工业、从农村向城市大量流动等一系列问题。在中国人多地少、农业基础地位并不牢固，以及人增地减、水资源短缺的趋势不可逆转的条件

---

① 曾寅初（2005）等分析认为，在三阶段的划分中，我国目前大概处于工业化中期阶段的上半期；在四个阶段的划分中，我国目前大概处于工业化的第二个阶段。黄群慧（2004）经测算认为，经过20多年的发展，我国工业现代化水平的综合指数已经达到28.72，工业现代化进程已经起步。

下，城市化和工业化的发展势必面临着与粮食生产争地、争水的矛盾，从而影响粮食的综合生产能力和粮食安全。另一方面，工业化也可能通过增加现代农业投入、促进农业技术进步为增加粮食的供给能力创造条件。因此，必须从供需两个方面来分别分析城市化和工业化对粮食综合生产能力和粮食安全的影响。

本章利用统计数据，通过定量的方法计算粮食供求对城市化和工业化弹性，来分析改革开放以来中国城市化、工业化进程对土地、水资源、农业投入等要素的影响，揭示城市化、工业化与粮食供求之间的关系，由此判断城市化、工业化进程中中国粮食综合生产能力和粮食安全的变动趋势，并提出相关政策建议。

一、城市化、工业化对粮食生产和安全影响的分析框架

（一）城市化、工业化的概念与指标

城市化是农业人口转变为非农业人口和居住地域从农村迁移到城镇的过程。工业化通常是指一个国家由农业国向工业国的转化过程，即国民经济结构从以农业为主的经济转变为以工业为主的经济的过程。城市化与工业化有着内在的、本质的联系，它们之间相辅相成、相互促进。钱纳里提出的城市化"发展模型"表明，工业化与城市化的相关性十分显著。

衡量城市化和工业化的指标很多，如城市化率和工业化率的变动、人均收入水平（GDP 或 GNP）的变动、三次产业产值结构的变动、第二、第三产业增加值占 GDP 的比重、非农就业比重的变动，等等。通常用城市化率（城市人口占总人口的比重）来衡量城市化水平，用第二、第三产业增加值占 GDP 比重或者就业人数占总就业人员的比重来衡量工业化水平。城市化率的指标在一定程度上也能够反映工业化水平，工业化的指标也是如此，不过两者各有侧重。考虑到数据可得性以及城市化和工业化指标之间的相互关系，本章采用城市化率作为衡量城市化、工业化水平的主要指标，来测算城市化、工业化与粮食产需的弹性，在个别地方辅之以工业化的指标（第二、第三产业生产总值占 GDP 比重）进行弹性分析，以便得到更全面、更准确的研究结果。

（二）城市化、工业化对粮食综合生产能力和粮食安全的影响

城市化、工业化通过产品与生产要素市场的作用，导致资源在城乡之间流动，

引起粮食综合生产能力和粮食需求的变化，进而影响国家粮食安全。这些影响既有积极的方面，也有消极的方面。积极的影响：一是工业化的发展促进了农资工业的发展，有利于改善化肥、农药等现代生产要素的质量，降低农业生产资料的相对价格，提高粮食综合生产能力，增加粮食供给；二是工业化过程中资本要素也在不断积累，从而促进农业机械等资本要素的投入和农业生产基础设施建设，也可以提高粮食综合生产能力；三是城市化、工业化的发展将促进粮食生产和粮食加工、饲料养殖业的技术进步，使同样的耕地资源生产出更多的粮食，同样的粮食可以通过加工转化得到畜产品与加工产品，有利于实现粮食安全；四是城市化和工业化推动农村和农业人口向非农产业转移，有利于促进农业生产向能人集中，扩大农户经营规模，提高农业产出水平；五是城市化、工业化的发展势必带来经济发展水平的提高和综合国力的增强，有利于国家增加农业投入，加强粮食综合生产能力建设。

消极的影响：一是随着城市化、工业化的发展，部分耕地将由农地转向非农用地，耕地的减少会造成粮食供给的减少；二是城市化和工业化的快速发展将挤占农业灌溉用水，从而减少粮食单产；三是随着城市化、工业化的发展和人民生活水平的提高，食物消费结构将发生变化，工业用粮、饲料用粮的需求进一步增加；四是在城市化、工业化过程中，粮食生产的比较优势不断下降，如果不能加强国家对农业的支持和保护，将会影响农民的种粮积极性，不利于提高粮食产出水平。

可见，城市化、工业化对粮食综合生产能力和粮食安全的影响，将取决于上述正反两方面影响的综合效果。如果正面影响大于负面影响，则有利于实现国家粮食安全；反之，则不利于实现国家粮食安全。

（三）　本章采用的研究方法

本章采用弹性分析来探讨城市化、工业化对粮食综合生产能力和粮食安全有关因素的影响程度。如果需要分析的两个变量的时间序列数据（见表7-1），那么利用对数形式的线性回归模型，得到其弹性值。例如要分析城镇人均主食用量（D）对工业化率（I）的弹性，则可以构建如下的回归模型：

$$\ln D = a + \eta \ln I \tag{7-1}$$

由于本章用城市化率作为衡量城市化和工业化的指标，则变量I的回归系数η反映了城市化率每增加1个百分点时对应的相关变量将增长几个百分点，即相关变量对城市化、工业化的弹性值。

在粮食需求对城市化、工业化的弹性方面，本章主要计算口粮、工业用粮和饲料用粮对城市化、工业化的弹性；在粮食生产对城市化、工业化的弹性方面，主要计算了耕地和水资源占用、现代生产要素投入和技术进步对城市化、工业化的弹性。

为了反映粮食供求对城市化和工业化的弹性变化，考虑到中国城市化和工业化发展的阶段性特征，本章将1980年以来的城市化进程划分为四个时期，分别计算各个时期的弹性：第一时期为1980～1986年，第二时期为1987～1995年，第三时期为1996～1999年，第四时期为2000～2005年。

表7－1 弹性分析所用数据的来源

指　　标	数据来源
城市化率	《中国统计年鉴》
第二、第三产业生产总值占GDP的比重	《中国统计年鉴》
口粮需求（城镇和农村）	《中国统计年鉴》
化肥施用量	三农数据网
工业用粮与饲料用粮	国家发改委
农机使用量	《中国统计年鉴》、《中国农业统计年鉴》
亩产	中国种植业信息网
耕地面积	《中国农业统计年鉴》、《中国统计年鉴》及中经网数据库

二、城市化、工业化对粮食需求的影响评价

（一）城市化、工业化对口粮消费需求的影响分析

1. 人均口粮消费的变动趋势

中国城镇居民人均口粮消费量呈明显减少的趋势。图7－1显示，1983年城镇居民人均粮食消费量[①]是181公斤，此后一直在减少，2005年减少到96公斤，比1983年减少47%，平均每年下降2.04%。而农村居民的人均口粮消费量变化要复杂得多，大体上分为三个阶段。第一阶段是1984年前迅速增加的阶段，如1983年农村居民的人均口粮消费量还只有225公斤，到1984年增加到257公斤。第二阶段是1985年至1994年，虽然期间人均口粮的消费量在1991年和1992年一度出现

---

① 由于农村居民粮食消费是"原粮"数据，为统一口径，本章对城镇居民粮食消费用0.8的系数转换为原粮。

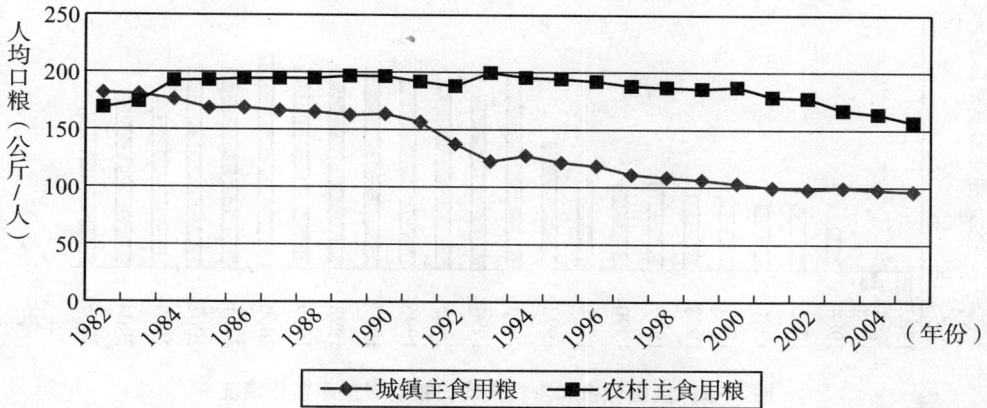

图7-1 全国城镇与农村人均口粮消费的变动趋势

数据来源：历年《中国统计年鉴》，如不特别说明，下同。

过下降，但是总体上看基本稳定在260公斤左右。第三阶段是1995年之后，人均口粮消费量开始下降，从1995年的259公斤减少到2005年的209公斤，特别是2000年至2005年间，人均口粮消费量的减少加速，总体下降速度为19.36%，年均下降速度达到3.23%，远高于1995~1999年间0.99%的下降速度。工业化进程必然带来城市化的发展，推动部分人口从农村迁移到城镇，因此，城镇与农村人均口粮消费量之间的差距变动趋势对于全国人均口粮总消费具有重要影响。图7-2显示，1982年至2005年，城镇与农村人均口粮消费差距的变化特征，主要取决于农村人均口粮消费量的变化特征，因为城镇人均口粮消费量是一种单调下降的趋势。20多年间城乡人均口粮消费整体上经历了差距扩大、基本稳定和差距缩小的三个阶段。1994年之前属于差距扩大的阶段，城镇与农村人均口粮消费量的差距从1982年的-13公斤，扩大到1994年的68公斤，最高的1993年曾经达到77公斤，扩大了4倍多。1994~1999年属于差距基本稳定的阶段，由于城镇和农村的人均口粮消费量几乎以相同的速度缓慢减少，所以两者的差距基本稳定在75公斤左右。2000~2005年属于差距缩小阶段，由于农村人均口粮消费量较快减少，减少速度开始超过城镇，两者的差距由前一阶段的84公斤下降到60公斤，平均每年缩小4公斤。

2. 人均口粮消费对城市化和工业化的弹性

以下我们以城市化率作为衡量城市化和工业化水平的指标，计算城镇与农村人均口粮消费量对城市化和工业化的弹性。计算过程及结果见表7-2。

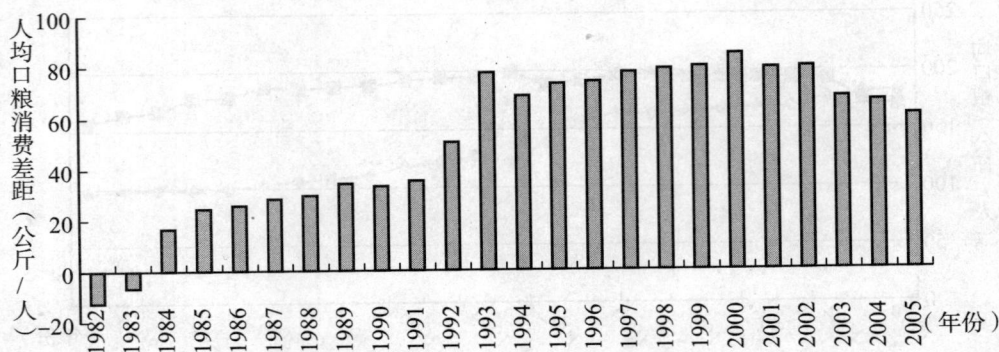

图 7-2　全国城镇和农村人均口粮消费差距变化情况

表 7-2　　　　城镇与农村人均口粮消费量对城市化比率的分阶段弹性

年　份	1983~1986	1987~1995	1996~1999	2000~2005	简单平均
城镇口粮	-0.0374	-0.0387	-0.0403	-0.0359	-0.0381
	(0.0134)	(0.0115)	(0.0095)	(0.0078)	
农村口粮	-0.0109	-0.0082	-0.0078	-0.0089	-0.0089
	(0.0069)	(0.0059)	(0.0049)	(0.0040)	
城乡差距	0.0629	0.0814	0.0840	0.0671	0.0738
	(0.0537)	(0.0467)	(0.0389)	(0.0318)	

注：括号内数据是标准差。

　　首先，从城镇人均口粮消费来看，1999 年以前，弹性绝对值逐渐上升，城镇人均口粮消费量加速下降。2000 年以后，弹性值出现下降，城镇人均口粮消费量的下降速度开始变小。

　　1983 年至 2005 年的简单平均弹性是 -0.0381，说明全国城市化比率每增加 1 个百分点，则城镇人均口粮消费量减少 3.81 个百分点。分时间段来看，1996~1999 年的弹性绝对值最大，为 -0.0403，说明这一段时间城市化进程对城镇人均口粮的影响最大。1983~1986 年间为 -0.0374，而 2000~2005 年的弹性绝对值最小，为 -0.0359。从整体上看，弹性值变化不大，基本稳定在 -0.035 至 -0.041 之间。从趋势上看，1999 年以前，弹性绝对值逐渐上升，说明城镇人均口粮消费量的下降在缓慢地加速。但是 2000 年以后，弹性值又出现下降，说明城镇人均口粮消费量的下降速度已经开始变小。总体而言，城市化对城镇人均口粮的影响很大。

　　其次，从农村人均口粮消费来看，农村人均口粮消费量有减少的趋势，1983~1986 年和 2000~2005 年变化较大，1987~1995 年间和 1996~1999 年的变化较小。

　　1983 年至 2005 年间的简单平均弹性是 -0.0089，说明随着全国城市化和工业化水平的提高，农村人均口粮消费量逐步减少。考虑到农村人均口粮消费量变化的非单调性特征，更有意义的结果要考察各时期弹性。分时期来看，在 1983～1986 年和 2000～2005 年两个时间段内，农村口粮消费对城市化的弹性值比较大，分别为 -0.0109 和 -0.0089，表明在这两个时期，城市化率每增加 1 个百分点，农村人均口粮的消费量减少较快。1987～1995 年间和 1996～1999 年的弹性值相对较小，说明这两段时间农村人均主食用量的消费量变化较小。

3. 城市化和工业化对口粮消费总量的影响

进入 20 世纪 90 年代以后，无论是城镇还是农村的人均口粮消费都在减少。但是，这并不能直接得出随着城市化、工业化的进展，口粮消费总量也将减少的结论。因为，除了城镇与农村各自的人均口粮消费量的变化之外，影响口粮消费总量变化的因素还有：（1）城镇与农村之间人均用粮消费的绝对量差距的变化速度；（2）城市与农村人口比重的变化速度；（3）城镇与农村总人口的增长速度。前两个因素与城镇、农村各自的人均口粮消费的变动趋势一起，影响着全国人均的口粮消费量的变化。

就目前情况看，城镇人均口粮的数量要显著低于农村，这说明至少就口粮消费而言，随着工业化和城市化的进展，将使得主食用量消费总量朝着减少的方向变化。仅就这一点而言，城市化和工业化的进展无疑是有利于实现粮食安全的。但是，值得注意的是，根据分时间段的弹性分析结果，农村人均主食消费的下降速度在加速，而城镇人均主食消费的下降速度在减缓，这表明随着城市化和工业化的进展，城镇与农村在人均口粮消费绝对量上的差距会逐步缩小。这样，由于城市化和工业化的发展，农村人口转变为城市人口带来的口粮消费的减少数量在下降。因此，如果不考虑人口增长的因素，城市化、工业化的发展有利于减少全国口粮消费需求。如果把人口增长因素考虑在内，全国口粮消费总量是否会减少，就要看全国人均口粮消费减少总量和人口增长所带来的口粮增长两者之间相互抵消的结果。只有当全国人均口粮消费量的减少超过人口增长带来的口粮消费增加时，全国的口粮消费总量才会减少。

国家统计局的计算结果显示，"九五"期间中国口粮消费总量以稳步攀升为主。虽然城乡居民人均口粮消费有所下降，城镇人均口粮消费年均下降 3.2%，农村人均口粮年均下降 0.7%。但由于这期间人口增长较快，年均人口自然增长率达 9‰以上，快于人均口粮消费下降速度。"九五"期间全国口粮消费保持增长势态。"十五"期间城乡居民人均消费口粮继续保持下降格局。2004 年城乡居民口粮人均消费年均分别减少 1.1% 和 1.8%。而"十五"期间中国人口自然增长率下降到 7‰以下，由于农村居民口粮下降速度较快及人口自然增长率下降，"十五"期间全国口粮消费呈下降趋势。2005 年中国口粮的总需求量继续下降，只有 27 107 万吨，比上年下降 0.34%。[①]

（二）城市化、工业化对工业用粮和饲料用粮消费需求的影响分析

1. 工业用粮与饲料用粮消费的变动趋势

"九五"时期以来，虽然中国城镇居民口粮处于稳中趋降的趋势，但饲料用粮和工业用粮保持了快速增长，粮食消费总量保持刚性平稳增长态势，年平均增长率约 0.8% ~ 1%（见图 7 - 3）。

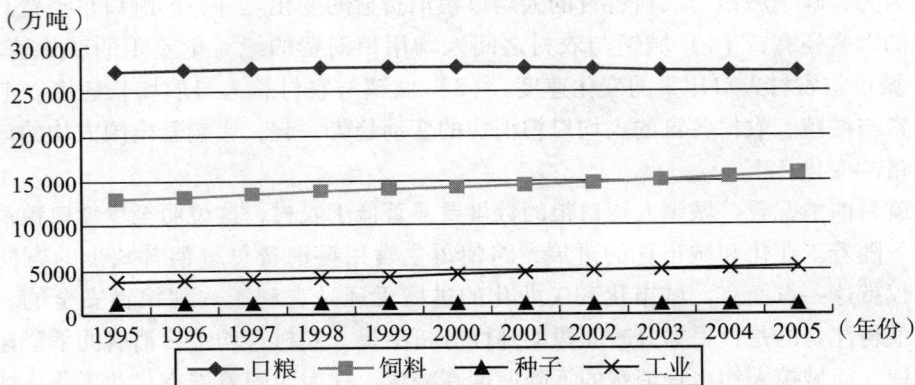

（万吨）

图 7 - 3　我国不同用途粮食消费变化情况

数据来源：国家统计局内部报告。

受养殖业发展和工业加工快速发展的需求拉动，中国饲料用粮和工业用粮每年以超过 2% 速度增长。2005 年饲料用粮达到 15 818 万吨，比上年增长 2.5%；工业用粮达到 5335 万吨，比上年增长 2.28%。

2. 工业用粮与饲料用粮消费对城市化、工业化的弹性

以城市化率作为衡量指标，计算得到的工业用粮与饲料用粮消费需求对城市化、工业化的弹性如表 7 - 3 所示。

首先，从简单平均弹性来看，城市化率每增加 1 个百分点，将使工业用粮消费需求增长 2.33 个百分点，饲料用粮消费需求增长 1.52 个百分点。工业用粮消费需

[①]　国家统计局：《我国粮食消费总量将持续增长》（内部报告），2006 年 7 月。

求的增长要明显快于饲料用粮消费需求的增长（见表7－3）。

表7－3　　　　　　工业用粮和饲料用粮消费需求对城市化率的弹性

年　　份	1996～1999	2000～2005	简单平均
工业用粮	0.0230	0.0237	0.0233
	(0.00126)	(0.00103)	
饲料用粮	0.0154	0.0150	0.0152
	(0.00064)	(0.00052)	

注：括号内为标准差。

其次，从弹性值的时期变化来看，工业用粮消费需求对城市化的弹性值略有上升，1995～1999年和2000～2005年的弹性值分别为0.0230和0.0237；饲料用粮消费需求的弹性值有所下降，1995～1999年和2000～2005年的弹性值分别为0.0154和0.0150，说明城市化率的增加不同程度地促进了工业用粮行业和饲料用粮行业的发展。

上述结果表明，随着城市化、工业化的进展和人民生活水平的提高，人们的消费结构必然发生变化，肉、蛋、奶等畜产品、水产品和加工食品的消费比重扩大，而口粮的消费比例下降。因此，工业用粮和饲料用粮的消费需求扩大，必然成为城市化、工业化进程中粮食需求增长的主要推动力量。

3. 粮食总消费需求对城市化和工业化的影响

粮食的总消费需求包括城镇口粮、农村口粮、工业用粮和饲料用粮，2005年中国粮食总消费48 153万吨（不含种子用粮），其中，城镇居民口粮（折合成原粮）约6000万吨，农村居民口粮约21 000万吨，饲料用粮15 818万吨，工业用粮5335万吨。大约分别占粮食总需求的12%、43%、33%和11%，所占比例差别很大。因此，这四类粮食需求对城市化和工业化的弹性值要按照一定的权重相加，本章根据2005年的现有比重以及发展趋势将比重确定为0.1、0.4、0.35和0.15，则可以得到粮食总消费需求对城市化和工业化的综合影响（见表7－4）。

表7－4　　　　　　粮食总消费需求对城市化和工业化的弹性

年　　份	城镇口粮	农村口粮	饲料用粮	工业用粮	加权平均
1996～1999	－0.0403	－0.0078	0.0154	0.0230	0.00169
2000～2005	－0.0359	－0.0089	0.0150	0.0237	0.00166
总　　计	－0.0381	－0.00835	0.0152	0.02335	0.00167

从表7－4中可以看出，1996～1999年粮食总消费需求对城市化和工业化弹性为0.00169，这表明城市化率每增加一个百分点，粮食总需求将增加0.169个百分点；2000～2005年的弹性值为0.00166，表明城市化率在这一时期每增加一个百分点，粮食总需求将增加0.166个百分点。从总平均值来看，城市化率每增加一个百分点，粮食总需求将增加0.167个百分点。

从发展趋势来看，未来随着中国经济的发展，城市化和工业化进程快速推进，粮食总需求仍将呈现上升趋势，但增幅会有所下降，主要是由于非农业用粮用量的增加而增加。

三、城市化、工业化对粮食综合生产能力的影响评价

（一）城市化、工业化对耕地的影响

城市化、工业化对耕地的影响主要表现为城市扩张和工业建设对耕地的占用，包括两个方面：一是数量，二是质量。由于城市化、工业化对耕地质量影响的衡量比较复杂，加上数据难以获得，这里仅对耕地数量减少的情况进行分析。改革开放以来，中国耕地面积大幅度减少，耕地问题日益成为制约粮食生产的瓶颈。

1. 耕地资源减少及其构成情况

新中国建立初期，中国通过开发荒地等途径，耕地面积总量不断增加，并于1957年达到最大值。此后，耕地面积逐年递减，特别是改革开放以来，耕地资源非农化的现象更加明显，耕地面积下降的趋势进一步加剧。1979年，中国耕地面积为13 476万公顷，2004年减少到12 082万公顷，比1979年减少1394万公顷，减少了10.3％，年均减少速度为0.41％，相当于平均每年减少49.96万公顷的耕地。期间，出现两个耕地面积大幅度减少的时期，分别是1984～1986年和2000～2003年（见表7－5、图7－4）。

表7－5　　　　　　　　　1983年以来中国耕地面积变化情况

年份	耕地面积（千公顷）	当年耕地净减少面积（千公顷）	耕地净减少面积占上年耕地面积的比例（％）
1983	132 932.3		
1984	132 426.4	505.9	0.38

续表

年份	耕地面积（千公顷）	当年耕地净减少面积（千公顷）	耕地净减少面积占上年耕地面积的比例（%）
1985	131 419.0	1007.4	0.76
1986	130 802.6	616.4	0.47
1987	130 461.4	341.2	0.26
1988	130 294.5	166.9	0.13
1989	130 228.7	65.8	0.05
1990	130 245.6	-16.9	-0.01
1991	130 226.3	19.3	0.01
1992	129 998.5	227.8	0.17
1993	129 674.1	324.4	0.25
1994	129 479.4	194.7	0.15
1995	129 546.6	-67.2	-0.05
1996	130 039.2	-492.6	-0.38
1997	129 904.2	135	0.20
1998	129 643.2	261	0.20
1999	129 206.2	437	0.34
2000	128 233.1	973.1	0.75
2001	127 615.8	617.3	0.48
2002	125 930.0	1685.8	1.32
2003	123 392.2	2537.8	2.02
2004	122 444.3*	947.9	0.77
2005	122 082.7*	361.6	0.30

　　数据来源：耕地面积和耕地减少面积数据来源于《中国农业年鉴》各年版、《中国统计年鉴》各年版以及国家信息中心中经网数据库，转引自中国人民大学农业与农村发展学院课题组：《工业化过程中粮食安全面临的挑战》，内部报告，2005 年 9 月。

　　注：带 * 的数据分别来自 2004 年和 2005 年中国国土资源公报。

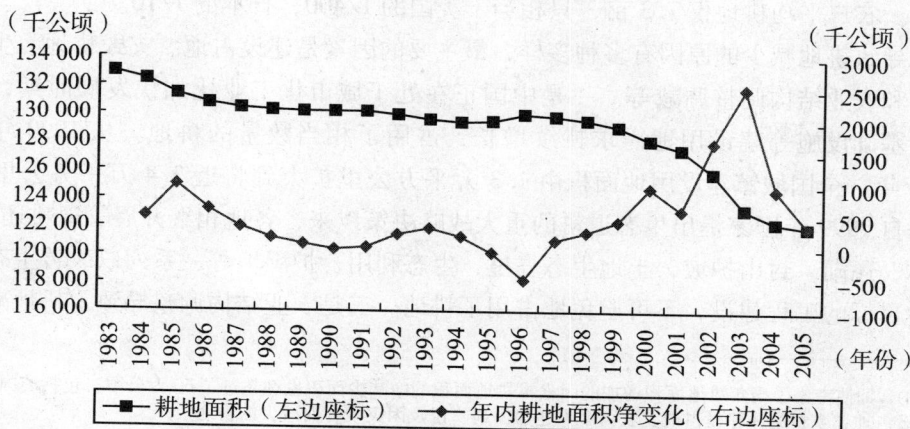

图 7 - 4　1983 年以来我国耕地面积变化情况

第一个时期是1984～1986年，以乡镇企业和农民建房占用耕地为主。改革开放后，中国乡镇企业异军突起，发展迅猛，并带动农民收入的快速增长。乡镇企业的扩张和农民收入提高所形成的建房热，导致对耕地的大量占用，到20世纪80年代中期，中国耕地面积减少出现了第一个高峰期，1984～1986年的3年间耕地面积每年减少50万公顷以上。[①] 1986年为遏制耕地面积下降的势头，国务院先后发布《关于加强土地管理、制止乱占耕地的通知》和《中华人民共和国土地管理法》等土地管理法律和规章。此后，耕地面积减少的幅度趋于缩小，并于1991年达到低谷，当年耕地面积减少了48.8万公顷，净减少1.93万公顷。从1992年开始，受到邓小平南巡讲话的鼓舞，各地经济发展不断升温，大量占用耕地的现象重现，每年耕地面积减少都在62万公顷以上。

第二时期是2000～2003年，以开发区和城市化扩张占地为主。1999年以后，中国耕地面积减少进入第二个高峰期。1999年以来，全国出现开发区热和城市快速扩张的趋势，各地大规模建设开发区，扩展城市发展的土地空间，占用了大量的耕地，加上期间实施的退耕还林政策，[②] 耕地面积以递增的速度快速下降，2002年和2003年耕地面积净减少分别高达168.58万公顷和253.78万公顷（见表7-5）。2004年，国务院下达《关于深入开展土地市场治理整顿、严格土地管理的紧急通知》，全面清理开发区，开发区热逐步降温，2004年和2005年中国耕地面积净减少分别为94.79万公顷、36.16万公顷，耕地面积减少有所缓和。

改革开放以来，中国耕地面积减少和人口继续增长的现象同时并存，其带来的直接后果是人均耕地面积逐年减少。中国人均耕地已由1996年的1.59亩减少到2005年的1.40亩，仅为世界平均水平的40%，耕地资源的稀缺性日益突出。其中，有666个县（市、区）的人均耕地甚至低于联合国确定的0.795亩的安全警戒线。农户平均耕地仅7.3亩，只相当于美国的1/400，日本的1/10。

导致耕地减少的原因有多种多样，最主要的因素是建设占地、灾毁耕地、生态退耕和农业结构调整调减等。一是中国正在处于城市化工业化加快发展时期，城镇、基础设施等建设用地需求持续增长，占用了相当数量的耕地。从1990年到2004年，全国城镇建设用地面积由1.3万平方公里扩大到将近3.4万平方公里。[③] 二是自1999年国家提出生态退耕的重大战略决策以来，各地相继开展了退耕还草、还林、还湖，封山护坡，土地生态复垦，生态利用，护湿地等一系列以改善生态环境为目标的工程建设，不可避免地占用了耕地。三是农业结构调整导致了耕地减少

---

① 即使考虑了当年耕地面积增加的因素，耕地面积的净减少面积也都超过了60万公顷。包括因国家基础建设占地、乡村集体建设占地、农民个人建房占地，以及因灾废弃而减少的耕地。
② 1999～2003年全国退耕还林面积合计540万公顷。
③ 《国土资源部官员称我国土地粗放利用存四大弊端》，中国新闻网，2005年8月3日。

和质量的退化。农业结构调整是新时期解决"三农"问题的一项重要战略举措。然而，在市场经济条件下，部分农业结构调整结果不仅不利于保护耕地，反而会引起耕地数量的减少和质量的退化，如挖塘养鱼、把耕地改成果园种树或兴建农副产品加工厂等。四是一些不可避免的自然变化摧毁了部分耕地。

2. 城市化、工业化与耕地面积减少的相关性

改革开放以来，除个别年份外，中国城市化和工业化水平呈现不断上升的趋势，特别是进入21世纪以来，呈现出进一步加快的趋势。由于城市化是伴随着工业化的进程共同发展的，城市化的影响更为明显，因此，本部分主要从城市化率来衡量与耕地减少的相关性。分阶段看，改革开放以来，中国城市化进程可以分为四个阶段：

一是1979～1984年以农村城市化为主导的发展时期。党的十一届三中全会后，随着家庭联产承包责任制在全国范围内推广，中国粮食生产连续几年获得大丰收，有效缓解了中国粮食供求的矛盾，为一部分农民从土地上解放出来转为市民奠定了基础。加上乡镇企业异军突起，促进了小城镇的快速发展。1978～1984年，中国城镇总人口从17 245万人增加到24 017万人，年均增长5.67%，远高于同期总人口1.36%的年均增长率；城市化水平17.92%上升到23.01%，年均增加0.85个百分点。

二是1984～1992年由城市经济体制改革推动的发展时期。从1984年开始，中国经济体制改革由农村转向城市，增强了城市经济的发展活力，新增城市数目急剧增加，人口吸纳能力不断增强，1984～1992年中国城镇总人口由24 017万人增加到32 372万人，年均增长3.80%；城市化水平由23.01%提高到27.63%，年均增长0.58个百分点。

三是1993～1998年以县改市与城市数量扩张为主导的发展时期。1992年邓小平南巡讲话后，中国经济进入新一轮高速增长期，加上国家降低设市标准和放宽户籍管理限制等一系列推进城市化进程的措施，城市数量快速扩张，从1992年的517个增加到1996年底的668个，城镇人口也从1992年的32 372万人增加到1998年的37 942万人，年均增长2.7%；城市化水平由27.63%增加到30.40%，年均增长0.46个百分点。

四是1999～2005年城市化加快推进时期。随着工业化进程的加速，城市化也得到了快速发展。1999～2005年，中国城镇人口也从43 748万人增加到56 212万人，年均增长4.3%；城市化水平由34.8%增加到43.0%，年均提高0.36个百分点（见表7-6和图7-5）。

表 7 - 6　　　　　　　　　改革开放以来中国城市化发展情况

年份	总人口（万人）	城镇人口（万人）	城市化率（%）	年度间变化率（百分点）
1983	103 008	22 274	21.6	0.48
1984	104 357	24 017	23.0	1.4
1985	105 851	25 094	23.7	0.7
1986	107 507	26 366	24.5	0.81
1987	109 300	27 674	25.3	0.8
1988	111 026	28 661	25.8	0.49
1989	96 259	29 540	26.2	0.4
1990	98 705	30 195	26.4	0.19
1991	105 851	31 203	26.9	0.5
1992	112 704	32 175	27.5	0.6
1993	114 333	33 173	28.0	0.51
1994	115 823	34 169	28.5	0.48
1995	117 171	35 174	29.0	0.42
1996	118 517	37 304	30.5	1.5
1997	119 850	39 449	31.9	1.4
1998	121 121	41 608	33.4	1.5
1999	122 389	43 748	34.8	1.4
2000	123 626	45 906	36.2	1.4
2001	124 761	48 064	37.7	1.44
2002	125 786	50 212	39.1	1.43
2003	126 743	52 376	40.5	1.44
2004	127 627	54 283	41.8	1.3
2005	128 453	56 212	43.0	1.2

数据来源：国家统计局《中国统计年鉴》（各年度）。

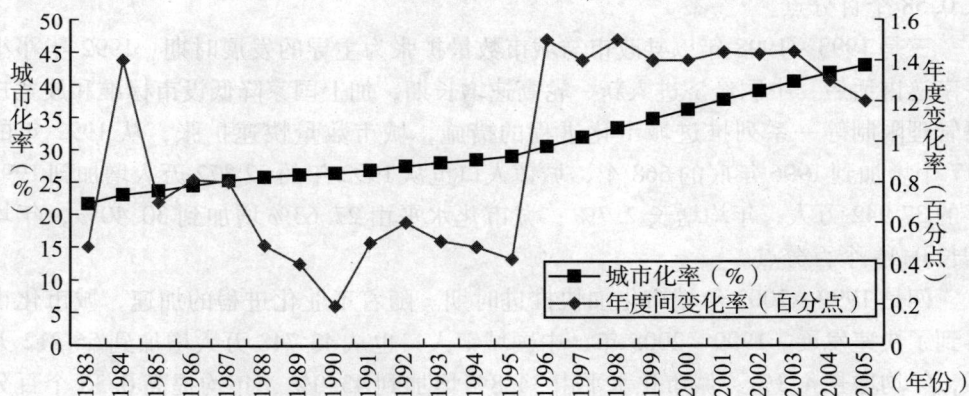

图 7 - 5　1983 年以来我国城市化进展情况

计算结果显示，城市化率每增加 1 个百分点，将使耕地面积减少 0. 529 个百分点，相当于耕地绝对减少 213.05 万公顷。考虑到 1996 年中国城镇人口统计口径调整的因素，可以把该年作为分界点，分别计算前后的弹性值。其中，2000 ~ 2004年各地大规模推进开发区建设和生态退耕，导致了耕地的大规模占用，这个期间的弹性值可以作为耕地面积下降的高估计值；而 1996 ~ 1999 年的耕地面积变化幅度相对较小，这个期间的弹性值可作为对耕地面积下降的低估计值（见表 7 - 7）。

表 7 - 7　　　　　　　　　　　耕地减少对城市化率的弹性

年　份	1983 ~ 1986	1987 ~ 1995	1996 ~ 1999	2000 ~ 2005	简单平均
弹性值	－ 0. 0060	－ 0. 0056	－ 0. 0047	－ 0. 0049	－ 0. 00529
	（0. 00118）	（0. 00101）	（0. 00084）	（0. 00069）	

注：1996 年因进行土地普查导致耕地面积变化较大，故应把它分离出来；括号内为标准差。

3. 耕地面积与粮食产量变化的相关性

前述分析表明，耕地变化通过影响粮食播种面积对粮食生产产生影响。为评估耕地数量变化对粮食产量的影响程度，这里对耕地面积变化率与粮食产量增长率的相关性进行分析。耕地面积年变化率指当年耕地面积的净减少占上一年耕地总面积的百分比，粮食产量年增长率指当年粮食产量的净增长占上一年总产量的百分比。计算结果表明，1984 ~ 2005 年的耕地面积年变化率和粮食产量年增长率如表 7 - 8所示。

表 7 - 8　　　　　　　改革开放以来中国粮食产量及年增长率变化情况

年份	粮食产量（万吨）	粮食产量年增长率（%）	耕地面积年变化率（" + "为增）
1983	38 728	9. 25	
1984	40 731	5. 17	－ 0. 38
1985	37 910.8	－ 6. 92	－ 0. 76
1986	39 151	3. 27	－ 0. 47
1987	40 298	2. 93	－ 0. 26
1988	39 408	－ 2. 21	－ 0. 13
1989	40 754.9	3. 42	－ 0. 05
1990	44 624	9. 49	－ 0. 01
1991	43 529	－ 2. 45	－ 0. 01
1992	44 265.8	1. 69	－ 0. 17
1993	45 648.8	3. 12	－ 0. 25
1994	44 510.1	－ 2. 49	－ 0. 15

年份	粮食产量（万吨）	粮食产量年增长率（%）	耕地面积年变化率（"＋"为增）
1995	46 661.80	4.83	＋0.05
1996	50 453.50	8.13	＋0.38
1997	49 417.10	－2.05	－0.10
1998	51 229.50	3.67	－0.20
1999	50 838.58	－0.76	－0.34
2000	46 217.52	－9.09	－0.75
2001	45 263.67	－2.06	－0.48
2002	45 705.75	0.98	－1.32
2003	43 069.53	－5.77	－2.02
2004	46 946.95	9.00	－0.77
2005	48 402.00	3.10	－0.30

数据来源：《中国统计年鉴》各年。

改革开放以来，中国粮食生产具有明显的周期波动特征，基本呈现出"两增（产）一减（产）"的波动周期规律。但是，进入21世纪以来，这种特征越来越弱化。而耕地面积除了1995～1996年两年增加外，其余年份都减少的趋势，而且这种趋势在1997～2003年逐年递增（图7-6）。

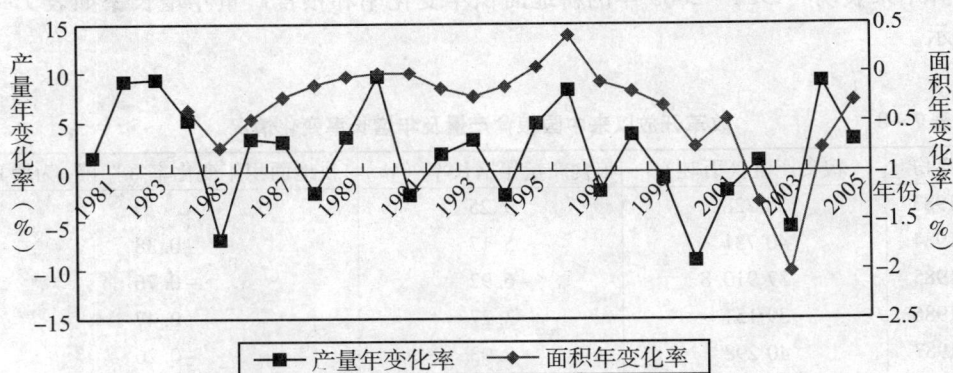

图7-6　我国耕地面积变化与粮食产量变化的关系

虽然耕地面积年变化率和粮食总产量年增长率的变化趋势并不完全一致，但它们之间也存在相关性。通过对耕地面积年变化率和粮食产量年增长率3年平均滑动的相关分析，结果表明两者的相关系数达0.70，说明耕地面积与粮食总产量之间具有明显的正相关（见图7-7）。

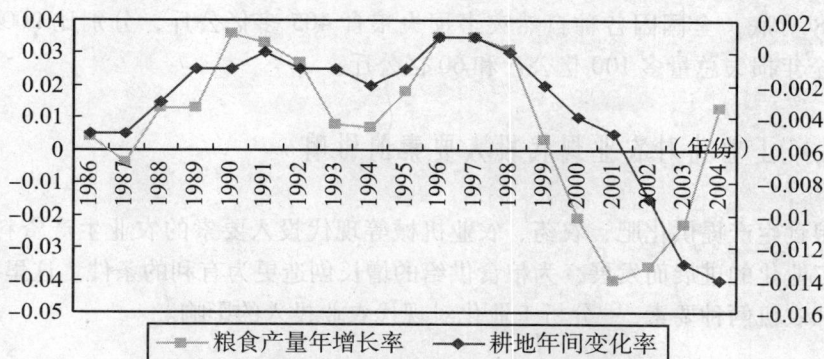

图 7-7　耕地面积变化与粮食产量变化的 3 年平滑平均

不过，在一些年份，耕地面积年变化率与粮食总产量年增长率的变化并不完全同步，即耕地面积的减少并非必然引起粮食总产的减少。这是因为，粮食播种面积下降和自然灾害频发也是影响粮食产量的重要原因。粮食的播种面积从 1980 年的 117 234 千公顷下降到 2005 年的 104 278 千公顷，同时随着农业产业结构的调整，粮食播种面积在农作物总播种面积的比重也在不断下降，从 1980 年的 80.34% 下降到 2005 年的 67%（见图 7-8）。

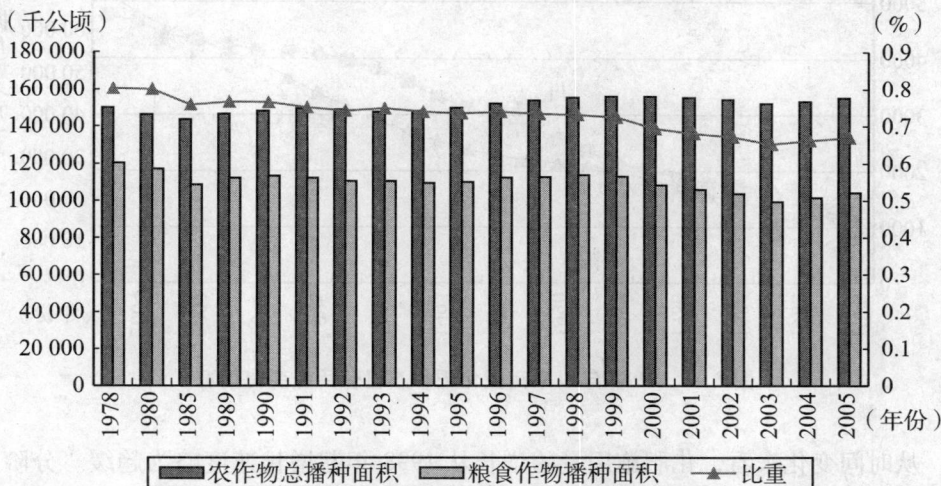

图 7-8　1978 年以来我国粮食播种面积变化情况

从自然灾害的角度来看，中国处在全球季风气候显著、自然灾害发生频繁的区域。农业又是受自然灾害危害程度最大的产业。近 5 年的统计资料表明，中国平均每年因气象灾害造成的粮食损失已超过 500 亿公斤。据农业部农情调度统计，截至

2006 年 8 月底，全国因各种自然灾害损失粮食 405 多亿公斤，分别比 2004 年和 2005 年全年损失总量多 100 亿公斤和 60 亿公斤。

（二）工业化对农业现代投入要素的影响

为粮食生产提供化肥、农药、农业机械等现代投入要素的农业生产资料工业，会随着工业化的进展而发展，为粮食供给的增长创造更为有利的条件。这里我们选择化肥和农机两种要素，[①] 分析工业化对现代农业投入的影响。

1. 化肥施用量与农机拥有量的变动趋势

随着工业化的进展，无论是化肥施用量还是农机拥有量都在快速稳定增长。如图 7-9 所示，1980 年至 2005 年间，中国化肥施用量从 1269.4 万吨，一直增加到 4766.2 万吨，二十多年的时间内增长了 2.75 倍，年平均增长率高达 5.22%。同期，中国农机拥有量由 14 745.7 万千瓦，增长到 68 398 万千瓦，增长了 3.64 倍，年平均增长率高达 6.08%。

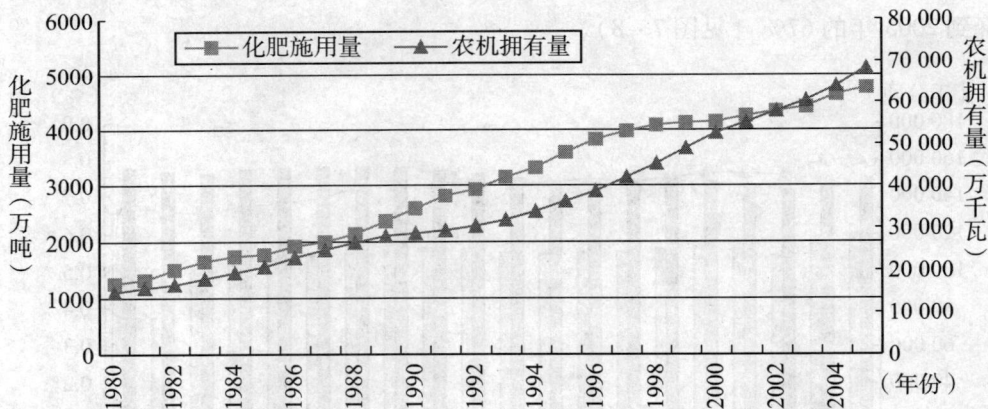

图 7-9 1980 年以来我国化肥和农机使用量变化情况

从时间变化来看，化肥施用量的增长从 1998 年起增长速度略为趋缓。分阶段计算化肥施用量的年平均增长率，我们发现 1998 年至 2005 年间的年平均增长率为 1.94%，比 1980 年至 1997 年间的 6.95% 有较大幅度的降低。与这种趋势相反，农

---

① 由于无法根据现行公布的统计数据区分粮食作物和非粮食作物的化肥与农机使用情况，所以这里对农业整体的化肥施用量与农机拥有量进行分析。

机拥有量的增长则从 1993 年开始呈现出增长加速趋势，分阶段计算农机拥有量的年平均增长率，我们发现 1993 年至 2005 年间为 6.06%，比 1980 年至 1992 年间的 6.62% 略低。

2. 化肥施用量和农机拥有量对工业化的弹性

以第二、第三产业生产总值占 GDP 比重作为工业化的指标，计算得到的化肥施用量与农机拥有量对工业化的弹性值如表 7－9 所示。

表 7－9　　　　化肥施用量与农机拥有量对第二、第三产业生产总值占 GDP 比重的弹性

年　份	1980～1986	1987～1995	1996～1999	2000～2005	简单平均
化肥施用量	0.0442	0.0470	0.0486	0.0473	0.0468
	(0.0101)	(0.0091)	(0.0086)	(0.0081)	
农机拥有量	0.0369	0.0398	0.0418	0.0433	0.0405
	(0.0085)	(0.0077)	(0.0072)	(0.0068)	

注：括号内是标准差。

1980 年至 2005 年间，化肥施用量对第二、第三产业生产总值占 GDP 比重增加的弹性值的简单平均是 0.0468，表明第二、第三产业生产总值占 GDP 比重每增加 1 个百分点，化肥施用量将增加 4.68 个百分点。同期，农机拥有量对第二、第三产业生产总值占 GDP 比重增加的弹性值的简单平均为 0.0405，表明第二、第三产业生产总值占 GDP 比重每增加 1 个百分点，农机拥有量将增长 4.05 个百分点。两者的简单平均弹性相差不大，农机拥有量略小一些。

从分时期的弹性变化来看，1980～2005 年间，无论是化肥施用量还是农机拥有量的弹性值都基本保持上升态势，表明工业化、城市化对农业现代投入是正向影响的。就化肥施用量而言，弹性最高的时期是 1996～1999 年间，其次是 2000～2005 年间，弹性最低的时期在 1980～1986 年间。而对于农机拥有量来说，弹性最高的是 2000～2005 年间，其次是 1996～1999 年间，弹性最低的是 1980～1986 年间。

（三）城市化、工业化对粮食单位面积产量的影响

城市化和工业化对粮食单产的影响，主要是来自于技术的提高和投入的增加所致，为评价城市化和工业化对粮食单产的影响，弹性的计算公式如下。

$$E = \frac{dp}{du} \cdot \frac{u}{p}$$
（7－3）

其中：u 表示城市化率，P 表示粮食单产；du 和 dp 分别是城市化率和粮食单产的变化率。粮食单位面积产量对城市化率增加的弹性值，在 1980 年至 2005 年期间平均为 0.0203，也就是说城市化率每增加 1 个百分点，粮食单位面积产量将会增长 2.03 个百分点（见表 7 – 10）。这表明随着城市化的进展，中国粮食单位面积产量是在不断地提高，城市化对粮食单位面积产量具有积极影响。分时段来看，从 1983 ~ 1986 年的 0.023 降至 2000 ~ 2005 年的 0.0177，说明城市化率对粮食单产的影响有不断下降趋势。

粮食单位面积产量对第二、第三产业生产总值占 GDP 比重的弹性值，在 1980 年至 2005 年期间平均为 0.0145，也就是说第二、第三产业生产总值占 GDP 比重每增加 1 个百分点，粮食单位面积产量将会增长 1.45 个百分点（见表 7 – 11）。这表明随着工业化的进展，中国粮食单位面积产量是在不断地提高，工业化对粮食单位面积产量具有积极影响。

但是，从分时期的变化趋势来看，中国粮食单位面积产量对第二、第三产业生产总值占 GDP 比重增加的弹性呈现出逐步增大的趋势，不过 2000 ~ 2005 年略有下降。1980 ~ 1986 年间的弹性值为 0.0135，1987 ~ 1995 年为 0.0146，1996 ~ 1999 年间进一步下降到 0.0153，2000 ~ 2005 年间略有下降到 0.0145。这说明，工业化对粮食单位面积产量一直具有积极的正面影响，而且这种影响呈现不断增强的趋势。

表 7 – 10　　　　　　　　粮食单位面积产量对城市化率的弹性

年　份	1983 ~ 1986	1987 ~ 1995	1996 ~ 1999	2000 ~ 2005	简单平均
弹性值	0.0203	0.0214	0.0218	0.0177	0.0203
	(0.0060)	(0.0052)	(0.0043)	(0.0035)	

注：括号内是标准差。

表 7 – 11　　　　粮食单位面积产量对第二、第三产业生产总值占 GDP 比重的弹性

年　份	1980 ~ 1986	1987 ~ 1995	1996 ~ 1999	2000 ~ 2005	简单平均
弹性值	0.0135	0.0146	0.0153	0.0145	0.0145
	(0.0064)	(0.0058)	(0.0054)	(0.0052)	

注：括号内是标准差。

（四）　城市化、工业化对水资源的影响

中国是一个水资源短缺的国家，人均占有量只有 2200 立方米，约为世界人均水量的 1/4，且时空分布极不均衡。这种状况决定了水在提高粮食单产中占有举足

轻重的作用。随着城镇化进程的加快，城市用水量不断增加，城市生活与农业生产争水的矛盾进一步加剧。特别是西北和华北地区，从 20 世纪 70 年代末开始，城市缺水的范围不断扩大。为满足城市用水的需求，一批原来以供应农业灌溉为主的水库，已不同程度地转向工业及城市生活供水，进一步加剧了粮食生产用水的短缺程度，导致农业灌溉用水减少，粮食生产只能在非充分灌溉的条件下进行，产出水平受到一定程度的影响。

1. 中国农业用水状况及特点

从静态看，农业用水虽然占全国总用水量的份额最大，但是农业可利用水资源远远少于需求。根据水利部全国水资源综合规划成果（2006），目前全国水资源总量为 28 412 亿立方米，其中地表水资源量为 27 374 亿立方米，不重复的地下水资源量为 1038 亿立方米。2004 年全国总供水量和总用水量均为 5547.8 亿立方米。其中，农业用水 3585.7 亿立方米，占总用水量的 64.6%；工业用水 1228.9 亿立方米，占总用水量的 22.2%；生活用水 651.2 亿立方米，占总用水量的 11.7%。从近几年的情况来看，农业用水基本保持在 3800 亿立方米左右，每年缺水约 300 亿立方米。

从动态看，农业用水的比重不断下降。1980 年农业用水的比重为 88.2%，2000 年下降为 73.9%，2004 年进一步降为 64.6%；绝对量在 1997 年达到高点后，呈现出逐年下降趋势。而工业用水和城市生活用水比重和绝对数量都在不断上升，2004 年工业用水和城市生活用水的比重分别比 1980 年提高了 12 个百分点和 10 个百分点，比 2000 年提高了 1.5 个百分点和 2.2 个百分点（见表 7 - 12 和图 7 - 10）。

表 7 - 12　　　　　　1980 ~ 2004 年中国水资源消费及其构成情况　　　　亿立方米、%

年份	农业用水		工业用水		城市生活用水		总计
	用水量	所占比例	用水量	所占比例	用水量	所占比例	
1980	3912	88.2	457	10.3	68	1.5	4437
1993	4055	78.0	904	17.4	237	4.6	5198
1997	4198	75.3	1121	20.2	247	4.5	5566
2000	4061	73.9	1139.1	20.7	298	5.4	5498.6
2003	3737	70.2	1177.2	22.1	406	7.6	5320.4
2004	3585.7	64.6	1228.9	22.2	651.2	11.7	5547.8

数据来源：水利部内部报告。

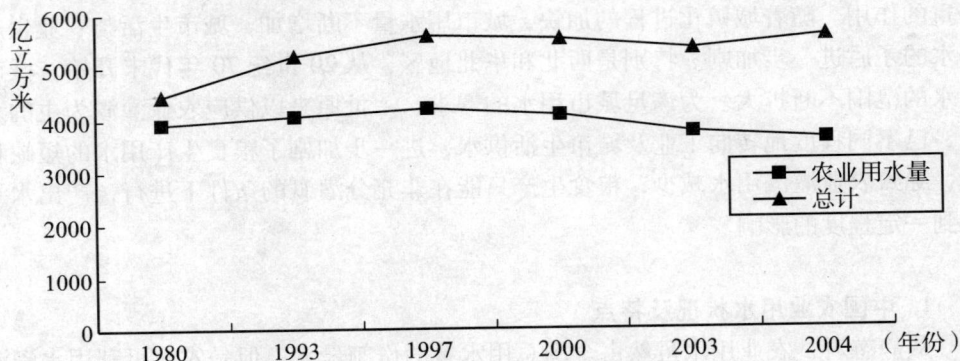

图 7 - 10　1980 年以来我国总用水量和农业用水量变化情况

分区域看，长江流域农业用水量最大，年平均为 984 亿立方米，缺水的西北内陆地区和黄淮海地区农业用水量也较大（见表 7 - 13）。

表 7 - 13　1997 ~ 2004 年流域分区农业用水量　　　　亿立方米

流域分区	1997 年	2000 年	2003 年	2004 年	1997 ~ 2004 年平均
全国	3919.7	3783.5	3432.9	3585.7	3739.9
松辽河	443.7	421.6	383.6	398.5	419.1
海河	318.8	280.7	262.0	256.6	287.1
黄河	314.4	302.4	260.7	277.1	298.1
淮河	500.0	387.8	305.1	381.7	413.4
长江	1059.7	1021.6	909.2	948.6	984.0
珠江	532.1	554.0	519.4	169.0	531.7
东南诸河	193.7	188.8	165.8	522.5	243.7
西南诸河	74.9	83.8	80.0	83.1	82.1
西北诸河	482.5	542.8	547.1	548.4	537.7

数据来源：水利部内部报告。

随着中国农业用水总量的不断减少，灌溉面积、单位耕地面积用水都远远满足不了需求。2004 年，全国有效灌溉面积 8.44 亿亩，占总耕地面积的 45% 左右，但每年实际灌溉的只有 7 亿多亩，其余都是"望天田"。[①] 单位耕地平均用水量也逐步下降，从 2000 年的每公顷 317 立方米减少到 2004 年的每公顷 293 立方米。在中国农业用水供给不足的情况下，这种下降并不是因为水资源利用效率提高所引起，

---

① 水利部：《国家中长期粮食安全规划水资源专题研究》，内部报告，2006 年 8 月。

而是由于总量减少造成。

在中国农业生产上，存在用水总量不足与水浪费严重并存的矛盾。近些年来，随着农业结构调整的深入和节水灌溉新技术的推广使用，灌溉用水的利用系数有所提高，但由于灌溉设施水平整体落后，管理粗放，目前中国农业灌溉用水的利用率仅为45%，[①] 比发达国家70%~90%的水平低25个~45个百分点。

2. 农业灌溉用水与粮食单产的相关分析

前述分析可知，农业灌溉用水对粮食单产具有重要的影响。研究表明，2000年全国耕地亩均粮食产量为300公斤/亩，灌溉面积粮食平均单产约为500公斤/亩，是非灌溉农田单产水平的2倍左右；而在降雨量较少的北方地区，灌溉农田粮食单产甚至高达非灌溉农田的近3倍（见表7-14）。可见，农业灌溉用水是提高耕地粮食单产水平的重要因素。

表7-14　　　　　　　　　　　　　粮食单产比例系数

分　区	东北诸河	海滦河	淮河	黄河	长江	珠江	东南诸河	西南诸河	内陆河
灌溉地粮食单产/非灌溉地粮食单产	1.611	2.755	2.755	2.755	1.779	2.243	2.243	1.985	2.732

数据来源：水利部内部报告。

从中国目前农业用水粮食产出效率来看，生产1公斤的粮食大约耗水1立方米，是国外0.5立方米的2倍。[②] 1997年是中国粮食产量历史最高的年份之一，对应的用水总量和农业用水量也创历史最高水平，因此，可以以该年为基期测算1997年以来农业用水减少对粮食单产的影响。为简便起见，这里用农业用水量与粮食播种面积占耕地面积的比例的乘积作为粮食用水量的近似值。表7-12显示，1997~2004年中国农业用水从4198亿立方米，减少到3586亿立方米，减少了592亿立方米；其中，粮食用水从3079亿立方米减少到2373亿立方米，减少了706亿立方米。如果按照每生产1公斤粮食需求农业用水1立方米的口径计算，相当于减少粮食产量1412亿斤（706亿公斤）。2004年中国粮食播种面积为1.02亿公顷，据此可以测算每公顷耕地减少1384斤（692公斤）粮食，折合每亩92斤（46公斤）。

---

① 农业部：《全国农业和农村经济发展第十一个五年规划》，2006年10月。
② 水利部：《国家中长期粮食安全规划水资源专题研究》，内部报告，2006年8月。

（五）城市化、工业化对农业劳动力的影响

城市化对粮食生产影响的另一个体现是通过吸纳农村中的农业劳动力到城市来打工，从而减少从事粮食生产的劳动力数量。理论上说，如果所吸纳最后一个农业劳动力的边际粮食产量大于零，那么城市化就会对粮食生产造成不利影响。对快速转出是否会影响到粮食生产所必需的劳动力。考虑到中国农业剩余劳动力大量存在的现实状况，从全国整体来看，至少在相当长的时期内，农业劳动力的转出还不会影响到粮食生产。研究表明，改革开放以来，随着城市化水平的不断提高，大量农业劳动力从农村转向城镇，累计转移农村劳动力数量达到 1.4 亿人左右。特别是 1990 年以后，农业劳动力的转出速度开始大于农业劳动力的自然增长率，不仅农业劳动力占社会总劳动力中的相对比重不断下降，而且其绝对数量也在 1997 年开始下降。如表 7－15 所示，1980 年至 2002 年间，农业劳动力就业比重由 1980 年的 68%，下降到 2002 年的 43%。[①] 说明中国已经处于劳动力就业结构的快速转换阶段，已经由大部分劳动力从事农业的社会进入到大部分劳动力在非农业就业的社会。

尽管如此，由于中国农村存在大量的富余劳动力，研究表明目前农村富余劳动力大约在 1.5 亿～2 亿人，[②] 他们的边际粮食产量几乎是零，因此，从这个视角看，城市化所带来的农业劳动力转移对粮食生产几乎没有什么消极影响，即使有也是非常小的。

表 7－15　　　　　　　　　中国劳动力的就业构成及其变化

年　份		合计	按主要行业划分					
			农业	制造业	建筑业	交通运输业	商业餐饮	其他
数量（百万人）	1980	429	291	59	10	8	14	47
	1990	653	341	86	24	16	28	158
	2000	740	334	80	36	20	47	223
	2002	754	325	83	39	21	50	236
比重（%）	1980	100	68	14	2	2	3	11
	1990	100	52	13	5	2	4	24
	2000	100	45	11	5	3	6	30
	2002	100	43	11	5	3	7	31

数据来源：国家统计局，《中国统计年鉴（2003）》，中国统计出版社 2003 年版，第 124、第 128～129 页。

[①] 因统计资料数据只有到 2002 年，这里无法对 2003 年以后的情况进行分析，但这并不影响我们的研究结论。

[②] 高尚全主编：《未来五年中国经济社会发展报告》，中共中央党校出版社 2006 年版。

今后即使按照每年转 1000 万农业劳动力的乐观估计（实际上是不可能的），到 2020 年中国农村还会存在一部分富余劳动力。可见，从劳动力数来的供给角度看，城市化所带来的农业劳动力转移对粮食安全不会造成消极影响。然而，从劳动力的素质来看，因为城市化所推动的农业劳动力转移大部分属于农村中文化素质较高的青壮年，留在农村从事粮食生产的主要是"386199"部队，这样就可能影响科技成果的应用和生产的效益，从而影响到粮食产量。

（六）城市化对农业经营规模的影响

发达国家的经验表明，随着城市化的提高，农业土地经营规模一般来说呈现扩大的趋势。但是，在中国，由于人口增长、耕地减少以及农村居民向城市迁移缓慢等因素的共同作用，[①] 因此，自 1980 年至 2005 年的 20 多年中，虽然农业劳动力人均的耕地面积从 1980 年的 0.33 公顷/人提高到 2005 年的 0.41 公顷/人，但是同期农户的耕地面积反而从 0.56 公顷/户降低到 2005 年 0.48 公顷/户（见表 7 - 16）。由表 7 - 16 可知，中国的城市化并没有带来农业土地经营规模的扩大。

表 7 - 16　　　　　　　　　　　　农业土地经营规模的变化

年份	耕地面积（千公顷）	乡村户数（万户）	农业劳动力（万人）	户均耕地面积（公顷/户）	劳均耕地面积（公顷/人）
1980	99 305	17 673	29 808	0.562	0.333
1985	131 419	19 077	30 351	0.689	0.433
1990	130 246	22 237	33 336	0.586	0.391
1995	129 547	23 282	32 335	0.556	0.401
2000	128 233	24 149	32 798	0.531	0.391
2001	127 616	24 432	32 451	0.522	0.393
2002	125 930	24 569	31 990	0.513	0.394
2003	123 392	24 793	31 259	0.498	0.395
2004	122 444.3	24 971	30 596	0.490	0.400
2005	122 082.7	25 223	29 976	0.484	0.407

数据来源：国家统计局，《中国统计年鉴（各年版）》，中国统计出版社；《中国农村统计年鉴（2006）》，中国统计出版社。

从长远发展趋势来看，随着中国工业化的进展，无论是农业劳动力的转移还是农地制度的创新，都会朝着有利于农业经营规模扩大的方向转变；但是，这是一个

---

① 农村居民向城市迁移缓慢的主要根源在于户籍制度和农地制度的限制。

漫长的过程。同时，根据中国耕地资源的禀赋条件，中国也很难从小规模的农户经营转换到美国等耕地资源相对丰富国家那样的大规模企业化农业经营。

（七）城市化、工业化对粮食综合生产能力的综合影响

粮食综合生产能力由粮食产量来表示。根据粮食产量（Y）与面积（L）、单产（P）之间的关系（$Y = L \times P$），我们可以得出三者的增长率存在以下关系：

$$g(Y) = g(L) + g(P) \qquad (7-4)$$

其中 $g(Y)$、$g(L)$、$g(P)$ 分别代表粮食产量（Y）与面积（L）、单产（P）的增长率。

在同时考虑 $g(Y)$、$g(L)$、$g(P)$ 对同一指标变化的弹性时，以上的关系式仍然成立，即粮食产量对城市化的弹性可以由以下等式计算：

$$\eta(Y) = \eta(L) + \eta(P) \qquad (7-5)$$

式中，$\eta(Y)$、$\eta(L)$、$\eta(P)$ 分别表示粮食产量（Y）与粮食耕地面积（L）、粮食单位面积产量（P）对城市化的弹性。

根据上式，利用前述关于耕地面积和粮食单产的弹性研究结果，可以测算城市化和工业化对粮食综合生产能力的综合影响，结果如下（见表7-17）。

表7-17　　城市化、工业化对粮食综合生产能力和粮食供给的综合影响

年　份	对耕地面积影响的弹性①	对单产影响的弹性②	对粮食供给的弹性（①＋②）
1983~1986	-0.0060	0.0203	0.0143
1987~1995	-0.0056	0.0214	0.0158
1996~1999	-0.0047	0.0218	0.0171
2000~2005	-0.0049	0.0177	0.0128
简单平均	-0.0053	0.0203	0.0150

注：以城市化率作为衡量城市化和工业化的指标。
数据来源：作者计算。

首先，城市化和工业化对粮食综合生产能力的综合影响虽然是积极的，但是进入2000年以后这种积极影响正在减弱。以城市化率作为指标计算的城市化、工业化对粮食供给的综合影响弹性是0.015，表明随着城市化率每增加1个百分点，粮食生产将会增加1.5个百分点。值得关注的是综合影响弹性的分时期变化，虽然各个时期的弹性都是正值，说明城市化和工业化对粮食生产的综合影响是积极的，但是，2000年以后弹性值出现减小。从1996~1999年的0.0171下降到2000~2005年的0.0128。

其次，耕地面积减少的消极效果增强和粮食单产增加的积极效果降低，同时造成了城市化对粮食生产综合影响积极效果的弱化。1983～1986 年和 1987～1995 年，城市化进程中耕地面积减少的弹性分别为 -0.006 和 -0.0056，粮食单产增加的弹性分别为 0.0203 和 0.0214，说明两个时期的影响是基本稳定的。而从 20 世纪 90 年代后期开始，耕地面积减少的弹性从 -0.0047 提高（指绝对值）到 2000～2005 年间的 -0.0049，而粮食单产增加的弹性则从 0.0218 下降到 2000～2005 年间的 0.0177。上述情况表明，一方面，化肥、农机等农业现代投入虽然随着工业化的进展在迅速增长，但是粮食单位面积产量却不仅没有随之提高，反而处在缓慢下降之中。另一方面，随着城市化的进展，因为占用耕地而引起的耕地面积减少的影响则迅速恶化。[①]

总之，虽然从改革开放以来到 2005 年为止，城市化、工业化对粮食综合生产能力的综合影响是积极的，可以抵消其对粮食需求的负面影响，基本保障了中国的粮食安全。但是 2000 年以来的趋势表明，今后城市化、工业化对粮食生产的综合影响将不再能够抵消需求增加的影响，从而使国家粮食安全面临挑战。

四、城市化、工业化对中国中长期粮食综合生产能力和粮食安全的影响预测

（一）城市化、工业化对粮食需求的综合影响

根据前文分析，城市化和工业化对口粮消费需求的影响与对工业用粮、饲料用粮消费需求的影响具有不同的方向，所以在不考虑人口增长的情况下，由于城乡居民具有不同的食物结构，预测工业化、城市化对粮食消费需求的影响，必须看以上两类不同方向影响的强弱程度。

首先要预测未来中国的城市化发展程度。今后 5～15 年，随着中国经济的快速发展，城市化和工业化的进程将会进一步加快，也就是到 2010 年和 2020 年，中国的城市化率将会继续逐步提高。2005 年中国城镇人口占总人口的比重已达 43%，过去 6 年间年均递增 1.376%，考虑到要长期维持这么高的城市化率增长率可能有一定难度，假设在 2010 年前城市化率年均增加 1.2%、在 2010～2020 年间城市化率年均递增 1%，则到 2010 年和 2020 年，中国的城市化率将会分别达到 49% 和 59%。

---

①　考虑到公布的统计数据对实际耕地减少情况的过低评价误差，工业化进程中耕地面积减少的消极影响应该比计算结果所反映的状况更加严峻。

从前文计算的弹性可知，城市化率每增加 1 个百分点，城镇口粮将减少 3.81 个百分点，农村口粮将减少 0.84 个百分点，工业用粮和饲料用粮将分别增加 2.33 个百分点和 1.52 个百分点。总体来看，城市化率每增加 1 个百分点，粮食总需求将增加 0.167 个百分点。如果 2010 年中国城市化水平提高 6 个百分点，2020 年提高 16 个百分点，那么中国的粮食需求将分别增加 1.002 个百分点和 2.672 个百分点，也即 2010 年和 2020 年的粮食总需求量将分别增加 483 万吨和 1289 万吨（以 2005 年为基期）。

（二） 城市化、工业化对粮食生产的综合影响

1. 城市化、工业化对水资源影响的预测

未来 15 年，中国城市化水平将继续保持较大幅度提高，从而意味着每年将有数千万农村人口转为城镇人口，城市生产生活用水量也将与其同步增长，不仅在总量上会出现快速增长，质量上也有较高要求。根据前述关于城市化的发展趋势，按照中国 2000 年城镇居民每人生活用水定额 219 升/日和农村居民每人生活用水定额 89 升/日计算，[①] 城市化水平提高将是 2010 年和 2020 年城市用水需要比 2004 年新增加 338 亿立方米和 572 亿立方米。根据国家发改委宏观经济研究院课题组的预测，到 2020 年中国水资源供给和需求量约为 5955 亿 ~ 6635 亿立方米，[②] 比 2004 年提高 400 亿 ~ 1100 亿立方米，新增的水资源有一半以上用于满足城市生活用水，其次是工业用水，也会保持一定的增长幅度。农业用水需求量虽然随着粮食产量目标的提高而增加，但是受到供给能力的制约，农业灌溉可用水量仍将维持在目前的水平。这就意味着在目前农业用水每年短缺 300 亿立方米的基础上，如果灌溉用水的利用系数得不到明显提高，那么城市生活用水的增加就等同于农业灌溉可用水量的减少。如果通过发展节水农业，使水资源利用系数能够按《全国农业"十一五"发展规划纲要》所预期的目标提高（即"十一五"时期末比 2005 年提高 5 个百分点、2020 年比 2005 年提高 15 个百分点），到 2010 年和 2020 年农业节水分别达到 180 亿立方米和 538 亿立方米。这个节水量可以部分抵消城市化水平提高对水资源的占用。这样，在保持现有灌溉面积不变的情况下，城市化和农业灌溉水利用系数提高的综合作用的结果使 2010 年和 2020 年农业用水短缺分别减少到 158 亿立方米和 34 亿立方米。

从水资源的角度来预测，根据以上预测结果，我们估算未来 15 年中国城市化

---

① 宋建军主编：《全面建设小康社会的水资源保障》，中国计划出版社 2005 年版，第 57 ~ 59 页。
② 宋建军主编：《全面建设小康社会的水资源保障》，中国计划出版社 2005 年版，第 83 页。

对粮食产量的影响。有两种不同的组合：一是农业灌溉水利用系数不变；二是农业灌溉水利用系数逐步提高。在农业灌溉水利用系数不变的假设下，城市化水平提高占用农业灌溉水资源导致 2010 年和 2020 年粮食单产减少分别为 281.5 公斤/公顷和 476 公斤/公顷，而同时城市化导致耕地面积下降分别为 113 万公顷和 425 万公顷。根据下面关于粮食产量变化与耕地、单产变化的计算公式：

$$dY = (dL/L)Y + (dP/P)Y \qquad\qquad (7-6)$$

可以计算得到，2010 年和 2020 年城市化对粮食产量的影响分别为 13 298 万吨和 21 136 万吨左右（以 2005 年为基期）。

在农业灌溉水利用系数提高的假设下，城市化提高占用农业灌溉水资源导致 2010 年和 2020 年粮食单产减少分别为 131.5 公斤/公顷和 30 公斤/公顷，而同时城市化导致耕地面积下降与前面的假设相同。同样方法计算得到，2010 年和 2020 年城市化导致粮食产量减少分别为 4804 万吨和 5106 万吨。

可以看出，两种不同假设的估算结果存在较大的偏差，我们认为，后一个假设所得到的结果可能更接近未来实际结果。

2. 城市化、工业化对耕地和单产的影响预测

从前文的弹性分析来看，城市化和工业化对粮食综合生产能力和粮食供给的综合影响是积极的。尽管对耕地面积和单产的影响方向是相反的，但是，增加单产的影响大于耕地面积的减少。以城市化率作为指标计算的结果表明，城市化率每增加 1 个百分点，耕地面积减少 0.53 个百分点，单产增加 2.03 个百分点。对粮食供给的综合影响弹性是 0.015，表明随着城市化率每增加 1 个百分点，粮食生产将会增加 1.5%。如果 2010 年中国城市化水平提高 6 个百分点，2020 年提高 16 个百分点，那么中国的粮食生产将分别增加 9 个百分点和 24 个百分点，也即 2010 年和 2020 年的粮食总产量将分别增加 4356 万吨和 11 616 万吨（以 2005 年为基期）。

（三）　城市化、工业化对中长期粮食安全的影响预测

从粮食需求的角度来看，随着城市化和工业化的发展，口粮需求将会不断减少，但是不会无限制的一直减少下去，应该在某一个时期保持稳定的态势，目前城镇口粮消费和农村口粮消费都有比较大的减少空间，未来将逐渐减缓；而工业用粮和饲料用粮，则随着中国工业化进程的加快和养殖规模的扩大，将继续保持加快增长，从而导致粮食总需求的持续刚性增长。从粮食供给的角度而言，城市化和工业化将导致耕地减少和对农业用水的挤占，从而制约粮食单产和总产水平的提高，影响粮食供给能力，但从另一方面讲，工业化的技术为粮食产量的增加提供了技术条

件和投入要素。

根据计算的结果，从总体来看，由于口粮消费的减少和工业用粮、饲料用粮的增加，2010 年和 2020 年的粮食总需求量将分别增加 483 万吨和 1289 万吨；2010 年和 2020 年粮食产量减少分别为 4804 万吨和 5106 万吨。从对耕地面积和单产的角度，2010 年和 2020 年的粮食总供给量将分别增加 4356 万吨和 11 616 万吨，2010 年粮食总供给将减少 448 万吨，供需缺口依然较大。

而 2020 年，如果仅仅按照弹性分析，粮食供给将增加 6510 万吨，这样的话，中国的粮食供给则能满足国内需求。但实际上，耕地的产量增加不是无限度的，粮食的总供给也不是一直增加的。如果粮食播种面积能够做到不低于 1 亿公顷，通过增加投入和技术进步，到 2020 年单产每年能够增加 1% 的话（以 2005 年为基数），那么 2020 年每亩的亩产将增加 45 公斤左右，由此粮食供给将增加 6750 万吨左右，从总需求来看，即使做到供求基本平衡也是相当困难的。

更现实的是，由于中国粮食生产有很多制约因素，今后很可能出现一定的供需缺口，仍将维持粮食净进口的格局，粮食供需缺口可能会进一步拉大，因此，中国的粮食安全形势仍然不容忽视。

五、结论与建议

（一）研究结论

总结上述分析，我们可以得到如下的主要结论：

第一，就粮食需求而言，随着城市化和工业化的发展，口粮需求将会不断减少，工业用粮和饲料用粮将继续保持加快增长，从而导致粮食总需求的持续刚性增长。

根据计算得到的粮食需求对城市化和工业化的弹性值，城市化率每增加 1 个百分点，城镇居民人均口粮需求减少 3.81 个百分点、农村居民人均口粮需求减少 0.89 个百分点；工业用粮需求增加 2.33 个百分点，而饲料用粮需求增加 1.52 个百分点。总体来看，中国城市化率每增加一个百分点，粮食总需求将增加 0.167 个百分点。尽管城乡之间人均口粮的差距进入 2002 年以后迅速缩小，但是，考虑到 2000 年以后中国人口的自然增长率已经降到 0.8% 以下，且在不断降低的因素，随着工业化的进展，口粮总体的需求仍然处在不断减少的趋势。因此，就粮食需求而言，迅速增长的非口粮需求，将是中国工业化进程中粮食安全所面临的巨大挑战。

第二，就粮食综合生产能力和粮食供给而言，城市化和工业化将导致耕地减少和对农业用水的挤占，从而制约粮食单产和总产水平的提高，影响粮食综合生产能力。

根据计算得到的弹性，1983～1999年间，城市化率每增加1个百分点，耕地面积减少0.54个百分点，粮食单位面积产量增长2.12个百分点；但是2000～2005年间，城市化率每增加1个百分点，耕地面积减少0.49个百分点，粮食单位面积产量则增长1.77个百分点。如果说2000年前中国粮食安全的总体局面是平稳的，那么我们可以得到在工业化进程中保证粮食安全的最低临界影响应该是，城市化率每增加1个百分点，耕地面积的减少不能超过0.54个百分点，而同时粮食单位面积产量的增长必须超过2.12个百分点。

第三，在相当长的一个时期内，城市化对从事粮食生产的农业劳动力数量和农业经营规模不会产生大的影响。目前，中国农业剩余劳动力的总体规模在1.5亿～2亿人，即使未来城市化进程加快导致农业劳动力转出速度进一步提高，但是从保证粮食生产所需的必要劳动力来看，农业劳动力的转移对粮食生产不会带来大的消极影响。同时，考虑到中国耕地资源条件和农户的数量规模，从发展趋势看，目前小规模的农业经营很难在短期内得到改变。

第四，就粮食安全而言，随着城市化和工业化的发展，中国粮食的安全形势依然严峻。分析结果表明，近期粮食的供需缺口可能会进一步增大，未来虽然有所缓解，但仍不容忽视耕地面积的减少和单产增加的有限空间。

（二） 政策建议

1. 严格保护好耕地资源，千方百计提高耕地质量

要认真执行最严格的耕地保护制度，严格实施耕地保护的省长分级负责制。加强执法监督和社会舆论监督的力度，加大对乱占耕地行为的处罚，有效遏制耕地征占用增长过快的势头。新农村建设要做好农村土地利用规划，积极推进节地型农村住房建设，防止出现新一轮乱占耕地的现象。完善耕地占补平衡制度，对补充耕地的数量、质量实行按等级折算，防止占多补少、占优补劣。从法律上明确基本农田保护面积，粮食主产区要明细划定粮食生产农田保护区，并落实到地块和农户，建立档案，接受社会的监督。努力提高耕地质量。坚持以改造中低产田为重点，按照建设高标准基本农田的要求，努力扩大"沃土工程"的实施范围和规模，提高高产田的比重。加强对耕地质量动态跟踪和监测，加快建立耕地质量评价体系和补偿制度，激励和引导农民运用综合农艺、生物和工程措施提高耕地质量。推广测土配

方施肥技术，努力提高肥料利用率。

2. 搞好土地整理和复垦开发

积极稳妥地推进农村土地综合治理，开展田、水、路、林、村综合整治，提高农业综合生产能力。加强对农村宅基地的整理，提高复垦利用水平。结合矿山生态环境恢复治理，全面推进对工矿生产建设中塌陷、挖损、压占废弃土地的复垦。在保护和改善生态环境的前提下，适度开发宜农的后备土地资源，缓解用地矛盾。针对不同成因的盐碱化土地，采取不同综合开发模式，因地制宜开展盐碱地治理与开发。

3. 努力提高粮食复种指数

从日本和中国台湾的经验来看，随着经济的发展，农业劳动力就业机会成本的提高，复种指数会有一个先提高后下降的变动趋势。如台湾1952年的粮食复种指数为1.73，1965年为1.89，此后复种指数开始下降，1997年仅为1.15。[1] 目前，中国粮食生产的复种指数仅为1.24，[2] 与日本和中国台湾20世纪60年代所处的相同发展阶段相比，中国粮食生产的复种指数明显偏低。为此，要加大优质良种资源研发力度，努力缩短作物种植周期，提高耕地利用效率。

4. 合理利用水资源，努力提高水资源利用率

积极开发农业用水来源渠道，建立科学合理的用水机制，提高水资源利用率。一是根据不同区域水资源的承载能力，合理确定农业发展规模和速度，调整粮食等农作物的布局和品种结构，减少高耗水的作物，增加少耗水的耐旱作物，优化农业用水配置。二是加强节水技术和设备的研究及推广，发展节水技术和设施，提高水资源利用率。三是改革以农业用水为主的管理体制，建立合理的水资源价格体系，加快城市水价改革步伐，制定合理的供水价格，通过价格调节水资源的配置。

5. 加强科学规划，积极稳妥地推进城市化和工业化进程。

针对近几年来占用耕地增长过快的态势，重新调整土地利用总体规划和非农建设用地规划，从严从紧控制非农建设用地的总量和速度。同时，优化城市发展布局，建立形成大、中、小城市和小城镇有机结合的城镇体系。加强对大、中城市扩张的科学规划，防止大城市建成区的无序扩张。清理不合理的开发区，严防城郊耕

---

① 曲福田：《耕地非农化对中国粮食安全的影响》，http://www.bmoc.cnm，2005年2月3日。

② 国家发改委宏观经济研究院课题组：《提高我国粮食综合生产能力的思路和政策研究》，2005年12月，内部报告。

地撂荒。提高城市高密度社区的比例，建立土地节约型城市。

6. 引导粮食需求，提倡科学合理的粮食消费。

目前，在粮食需求方面存在诸多的不合理消费。比如，中国很多地区的大学校园、机关食堂、饭店酒楼等存在大量的粮食浪费，令人触目惊心。同时，作为白酒的生产和消费大国，每年消耗的粮食数量巨大。因此，非常有必要倡导可持续的粮食消费和节俭节约精神，提倡少喝白酒，减少酒精工业的用粮消耗。

参考文献

［1］国家发改委宏观经济研究院课题组：《提高我国粮食综合生产能力的思路和政策研究》，2005 年 12 月，内部报告。

［2］《国土资源部官员称我国土地粗放利用存四大弊端》，中国新闻网，2005 年 8 月 3 日。

［3］曲福田：《耕地非农化对中国粮食安全的影响》，http://www.bmoc.cnm，2005 年 2 月 3 日。

［4］宋建军主编：《全面建设小康社会的水资源保障》，中国计划出版社 2005 年版。

［5］中国人民大学农业与农村发展学院课题组：《工业化过程中粮食安全面临的挑战》，内部报告，2005 年 9 月。

［6］国家发改委宏观经济研究院课题组：《城市化对我国中长期粮食生产的影响》，2006 年 12 月，内部报告。

［7］黄群慧：《中国工业现代化水平的基本测评》，载于《中国工业经济》2004 年第 9 期。

第八章

国家大型商品粮基地的
粮食综合生产能力

内容摘要　本章首先简要介绍了国家大型商品粮生产基地建设的背景、指导思想、目标及主要内容。作者强调，随着人们收入的增加和生活水平的逐步提高，粮食市场需求发生了很大变化，粮食消费需求由数量型向质量型转变，多样化、优质化和便捷化的粮食消费需求日益增长。因此，大型商品粮基地建设的主导思想相应地由单纯追求产量增长逐步转向产量和质量并重，同时加快农业结构战略性调整，发展优质、高产、高效农业，实现农业增效、农民增收。针对近年粮食供求出现的新变化，大型商品粮基地建设要更加注重改善粮食生产基础设施条件，提高粮食综合生产能力和生产水平，增加粮食主产区粮食调出量。其次，本章还介绍了当前大型商品粮生产基地的建设成效，基地项目区内良种繁育和统一供种体系逐步建立健全，粮食品种结构进一步优化，粮食综合生产能力和竞争力有了明显提高。再次，本章指出国家大型商品粮基地建设存在的问题，主要表现在投资力度、资金来源、建设规模、建设内容等方面。最后，针对存在的问题，本章提出了今后大型商品粮基地建设的指导思想、基本原则，以及加大基地建设投入力度、拓宽投资渠道、实现粮食产业化经营等具体对策及建议。国家大型商品粮基地作为提供商品粮的骨干力量，切实抓好基地建设，加大基地支持力度，对于提升中国粮食综合生产能力，保障国家粮食安全具有十分重要的意义。

　　粮食是关系国计民生的战略物资，对于中国这样一个拥有 13 亿人口的大国来说，立足国内实现粮食基本自给，始终是整个经济工作的重中之重。为了不断提高粮食综合生产能力，增加商品粮供给，确保中国粮食安全，从 20 世纪 90 年代中期开始，国家集中财力以地市为单位建设国家大型商品粮生产基地，扶持粮食主产区改善农业生产基础设施条件，提高粮食生产水平，取得了较好成绩。但受国家财力限制，国家大型商品粮生产基地的投入力度仍然偏弱，资金来源渠道比较单一，项目建设规模较小，粮食产后加工、流通业发展滞后，这些远远不能满足国家大型商品粮生产基地发展粮食产业的需要。因此，认真总结中国大型商品粮基地建设的成功经验，有针对性地研究提出进一步加强国家大型商品粮基地的政策建议，对于稳定和提高粮食综合生产能力，进而保障中国粮食安全具有十分重要的意义。

一、国家大型商品粮基地建设背景、目标及主要内容

（一）大型商品粮基地建设背景

1993 年底至 1994 年，由于种种原因，国内粮食供给不足，供求关系陡然紧张，市场粮价大幅上扬，以致影响价格总体水平上升 4 个百分点，并由此引发了国外对中国粮食安全的担心，更有美国人莱斯特·布朗提出"谁来养活中国"的论调。针对这一形势，国家加大了对粮食生产的投入力度，在继续安排投资建设国家商品粮生产基地县的同时，把国家大型商品粮生产基地建设作为切实提高中国粮食综合生产能力，保证商品粮源供应，改善中国粮食供需状况，维护粮食市场的稳定的一项重大举措。1995 年《中共中央关于制定国民经济和社会发展"九五"计划和 2010 年远景目标的建议》明确指出，国家"要有重点地选择若干片增产潜力大的地区，集中投入，建成稳定的商品粮生产基地"。1996 年初，中央农村工作会议又对这项工作提出了明确要求，随即，国务院明确由国家计委牵头负责组织实施大型商品粮基地建设。

（二）基地建设的指导思想、目标和主要内容

1. 指导思想

国家在建设第一批大型商品粮基地确定的指导思想是，围绕提高粮食产量，以地市为单位，按照因地制宜、优势互补、共同促进、稳定发展为原则，通过国家专项投资扶持，改善农业、水利等基础设施和生产条件，努力提高粮食产出水平和商品率，确保国家掌握稳定的商品粮源，保障商品粮供应，增强国家对粮食市场的调控能力，促进国民经济持续、健康地发展。

根据上述指导思想，国家计委会同农业部、水利部、财政部等有关部门，根据全国 300 多个地市的耕地面积、粮食产量、人均占有量和商品粮调出量，以及增产潜力等粮食生产、调运情况，在东北平原、黄淮海平原和长江中下游平原等商品粮重点调出省（区）和农垦系统择优选择了吉林长春、黑龙江绥化、安徽阜阳、湖

南衡阳等 20 个粮食生产大市，以地市为单位，开始集中投资建设第一批国家大型商品粮生产基地。首批选建的大型商品粮生产基地在全国粮食生产和商品粮供给中占有重要地位。据统计，1995 年上述 20 个地市耕地面积 2.2 亿亩，粮食播种面积 2.4 亿亩，均占全国的 15%；粮食总产量 7600 万吨，约占全国的 17%；提供商品粮 3280 万吨，约占全国的 20% 左右；净调出粮食 1200 万吨，平均每个地区（市）净调出粮食 60 多万吨。[①]

2. 建设目标

大型商品粮生产基地建设的主要目标是，通过连续几年集中投资，改善农业生产条件，提高单产水平，大幅度提高粮食产量和调出量。计划到 2000 年国家能够稳定掌握 1000 万吨左右的专储粮源，缓解粮食供求矛盾，稳定市场粮价，为实现 2000 年全国粮食增产 5000 万吨的目标作出贡献。

基地建设从 1996 年开始，建设期为 5 年，国家每年安排中央投资 2 亿元，共计投资 10 亿元，平均每个基地安排中央投资 5000 万元；地方政府按 1:1 进行资金配套，项目总投资规模达到 21.1 亿元。

3. 建设内容

鉴于中国农业基础设施条件差、抗御自然灾害的能力低是制约粮食生产的主要因素。因此，大型商品粮基地的建设内容紧紧围绕改善粮食生产基础设施条件、提高粮食生产能力来安排。基地建设的重点内容是：以扩大灌溉面积、提高水资源利用率为主的渠道衬砌、灌渠配套等中小型农田水利基础设施建设，形成一批旱涝保收的基本农田，增强粮食生产抗御自然灾害的能力；以提高统一供种水平为目的的区域性良种繁育基地等统繁统供体系建设，加快优良品种扩繁和推广，提高粮食生产的科技含量；以培肥地力，提高耕地产出水平的中低产田改造和土壤平整改良，以及其他病虫害防治、土壤测土配方施肥、农业机械及配套设施等农业服务体系建设。力争通过几年投资建设，使粮食主产区的农业生产条件大为改观，抗御自然灾害的能力明显，粮食生产再上一个新台阶。

（三）农业新阶段时期的国家大型商品粮基地建设

进入 20 世纪 90 年代末期，中国农业发展进入了新阶段。粮食等主要农产品产量大幅度增长，供求关系由长期短缺转变为供求总量基本平衡、丰年有余。并且，

---

① 根据有关省份提供的资料汇总。

随着人们收入的增加、生活水平逐步提高，粮食市场需求也发生了很大变化。人们在解决了温饱问题之后更加注重饮食健康，粮食消费需求逐渐由数量型向质量型转变，粮食的品质、安全日益受到关注，多样化、优质化和便捷化的粮食消费需求趋势越来越明显，市场需求对粮食生产的约束作用也随之显现出来。在粮食供需形势发生了根本性变化的新形势下，中国粮食生产的主导思想相应地由单纯追求产量的增长，逐步转向产量和质量并重。加快农业结构战略性调整，发展优质、高产、高效农业，满足城乡人们日益提高的消费需求，提升农产品品质和竞争力，实现农业增效、农民增收成为新阶段农业和农村工作的主要任务。

适应这种新形势、新情况的变化，从 2000 年开始，原国家计委及时调整了国家大型商品粮生产基地的建设思路，基地的建设目标由单纯追求提高粮食产量转为产量和质量并重发展，突出改善粮食品质。同时，原国家计委积极调整粮食投资结构，加大大型商品粮基地的投入力度，使基地建设的中央投资规模由原来的每年 2 亿元增加到 4 亿元。基地建设的指导思想是在保护和稳定粮食综合生产能力的基地上，注重充分发挥各地区域比较优势，加快水稻、小麦、玉米品种更新改良，调整优化粮食品种结构，扶持优质粮食生产，提高粮食品质和市场竞争力，推动全国粮食生产持续、协调、健康地发展。利用全国粮食总量供大于求的有利时机，积极扶持云南、贵州等西部地区基本口粮田建设，以及藏区青稞等特殊地域、特殊品种的粮食生产，引导粮食调入区提高口粮自给水平，实现粮食区域平衡，并在黑龙江、吉林、甘肃等省份适宜地区扶持高油大豆和优质啤酒大麦生产。

在建设内容和投资安排上，除了继续加强良种繁育、农田水利等基础设施建设外，针对一些地方农业科研单位的育种优势，将地方农业科研院所作为基地建设的技术依托单位，纳入基地建设范畴。大力扶持育种科研单位的实验室建设，配备必要的育种科研仪器设备，完善试验田的田间设施，改善省、地级农业科研院（所）的育种科研条件，加快高产、优质、高效粮食新品种的培育和先进适用技术的开发、集成，并加大在项目区的示范、推广力度，提高大型商品粮基地粮食生产的科技含量，推进粮食生产增长方式的转变。

在基地选建条件上，除将本地区粮食产量、商品粮调出量作为基本选建条件外，还把当地是否具有粮食加工、销售企业，能否全额收购基地生产出来的粮食作为一个重要前提，实现粮食加工增值，防止在粮食供大于求的形势下出现卖粮难的现象，影响农民种粮收入。同时，通过当地政府的协调、引导，促使企业与项目区逐步建立长期稳定的购销关系，推动粮食生产、加工、销售环节有效衔接，实现粮食产业化经营，增强粮食市场竞争力，提高种粮收益，实现粮农增产增收。

2003 年底以来，中国粮食供求关系出现了一些新情况、新问题。集中表现在：一是耕地连年减少，总面积由 1996 年底的 19.51 亿亩，减少到 18.89 亿亩；二是粮食播种面积连年减少，由 1998 年的 17.1 亿亩减少到 2003 年的不足 15 亿亩；三是粮食总产量连年减少，由 1998 年的 5132 亿公斤减少到 2003 年的 4305 亿公斤；四是人均粮食占有量连年减少，由 1998 年的 412.5 公斤减少到 2003 年的低于 350 公斤；① 五是粮食产销格局发生变化，粮食调出省明显减少，有的省已经从调出省变为调入省，粮食库存较快下降。同时，粮食需求持续增长，特别是饲料和工业用粮增长较快，导致当年粮食产需缺口不断扩大。国家粮食安全问题再度引起全社会的广泛关注，党中央、国务院多次强调保护和提高粮食生产能力，确保国家粮食安全。为此，国家大型商品粮基地把发展优质、高产粮食生产，力求尽快提高商品粮产量作为主要目标。把扶持主产区粮食生产作为基地建设重点，基地建设资金全部投向国务院确定的 13 个粮食主产省区。根据制约粮食生产的瓶颈因素，积极调整投资结构，进一步突出小型农田水利设施建设，大幅度提高这部分建设内容的投资比例，增强粮食生产抗御自然灾害的能力，同时，引导各地推广普及优良品种，增加粮食生产科技含量，提高粮食单产水平，切实提升主产区的粮食综合生产能力，加快高产、优质粮食生产，为保障国家粮食安全作出应有的贡献。

二、国家大型商品粮生产基地建设的成效

（一）改善了粮食生产条件，提高了综合生产能力

截至 2004 年，国家大型商品粮生产基地建设共涉及 19 个省（区）的 51 个地市、330 多个县和 22 个农场，累计建成了 55 个大型商品粮生产基地。其中，有 19 个优质小麦生产基地，21 个优质稻生产基地，8 个优质专用玉米生产基地，6 个优质大豆生产基地，以及优质啤酒大麦和藏区青稞生产基地等。这些大型商品粮生产基地在增加粮食产量，保障全国商品粮供给中发挥着重要作用。初步统计，上述大型商品粮生产基地耕地面积约 4.5 亿亩，约占全国的 23%；粮食面积 4.8 亿亩，约占全国的 30%；提供商品粮 6000 多万吨，约占全国的 1/3 以上。1996 年以来，原国家计委共计安排中央投资 25 亿元，累计建设良种繁育基地 200 万亩，晒场、种子库等设施 30 万平方米，改造中低产田 300 多万亩，新建、完善排灌站 2000 多座，修建各类渠系 1.4 万公里，发展节水灌溉面积 1500 多万亩。② 经过多年建设，大型商品粮生产基地项目区内良种繁育和统一供种体系逐步建立健全，小型农田水

① 《中国统计年鉴》（1996～2004 年）。
② 根据项目建设资料统计汇总。

利等基础设施得到完善，粮食生产条件明显改善，抗御自然灾害的能力显著增强，粮食品种结构进一步优化，粮食综合生产能力和竞争力有了很大提高。已建国家大型商品粮生产基地的粮食产量达到 1.7 亿吨，比项目建设前增加 2000 多万吨；项目区粮食平均亩产达到 400 多公斤，比项目建设前提高 100 公斤左右。

（二）切实发挥粮食主产区的优势，起到了稳定粮食生产大局的重要作用

在近年农业结构调整中，由于项目区粮食种植效益的提高，调动了农民种粮积极性，粮食生产波动幅度较小。在全国粮食播种面积减少 2 亿亩的情况下，这些地市粮食播种面积减少不到 2000 万亩，约占全国面积减少的 1/10，减幅低于全国 4 个百分点，[①] 黑龙江、安徽、河南和黑龙江垦区项目区的粮食面积不但没有减少还有所增长。同时，项目区积极调整优化粮食品种结构，大力发展优质小麦、水稻、专用玉米和高油大豆生产，优良品种普及率达到 90% 以上。国家大型商品粮基地建设在提高中国粮食生产水平、增加商品粮有效供给、改变粮食供求紧张的状况、稳定市场粮食价格、增加农民种粮收入、促进国民经济的持续、快速发展等方面作出了积极贡献。

（三）优化了品种结构，提高粮食品质和单产水平

从 2000 年开始，原国家计委将农业科研院（所）作为基地的技术依托，从改善育种科研条件入手，为基地建设提供优良品种和技术支撑。累计安排资金 4 亿多元，用于河北、辽宁、黑龙江、吉林、山东、河南等 20 多个地方农科院（所）改造、完善育种实验室、品种试验田、种质资源保存库等设施。几年来，上述科研院所先后引进、培育了 100 多个适合当地特点和市场需求的粮食新品种。这些品种普遍表现出高产、稳产、优质、抗病性强、适应性广的性状。如陕西西北农林科技大学培育的陕 253、陕麦 150 小麦新品种亩产 400～500 公斤，品质指标达到或超过国家一级面包麦标准；小偃 22、西农 2208 等小麦新品种适应性较广，可在华北、黄淮海等麦区广泛种植。河北藁城农科所培育的藁优 8901、9409 等优质强筋小麦，单产水平达到 500 公斤/亩，面筋含量等内在品质指标均超过国家标准。辽宁水稻研究所在本溪市国家大型商品粮基地建设带动下，几年来育成了 18 个水稻新品种，比前三年平均每年多培育 3 个品种，其中特优质水稻品种——辽粳 371 各项品质指

---

① 根据项目建设资料统计汇总。

标均达到部颁一级优质米标准，成为项目区的主栽品种。该所还通过组装集成技术，形成了一套标准化栽培技术规程，水稻育苗亩用种量由 7～10 公斤减到 4～5 公斤，① 大大节约了种稻成本。黑龙江省农科院培育的绥农 20、黑农 46 等一批高油大豆新品种，含油率接近或超过进口大豆。

（四） 建立了科研与生产紧密结合的模式，加速了科技成果的转化

由于国家大型商品粮基地实现了科研与生产的紧密结合，使科研人员可以直接面向项目区，把这些新品种、新技术在第一时间推广、应用到田间地头，减少了中间环节，缩短了新品种、新技术的转化时间。而且，粮食生产条件的改善，也使广大农民乐于认可和接受这些新品种、新技术，优良品种和先进的栽培技术能够在项目区迅速大面积推广，项目区优良品种的普及率明显超出其他地区。如陕西渭南大型商品粮基地 2004 年优质小麦面积达到 120 多万亩，比 2003 年增加 1 倍，占全省优质麦面积的比重由 15% 升至 22%。河北石家庄大型商品粮基地项目区的优质小麦面积增至 300 万亩，约占全市小麦面积 70% 左右，高出全省 48 个百分点。辽宁本溪大型商品粮基地项目区的良种普及率达到 95%，比建设前提高了 25 个百分点。吉林省农科院培育的 30 多个优质专用玉米新品种（系）在项目区累计推广 500 万亩，占全省推广面积 80% 以上。黑龙江绥化大型商品粮基地的优质高油大豆比重达到 98% 左右，比项目建设前提高了 42 个百分点。② 同时，由于粮食生产实现了优质化、区域化、规模化种植，解决了分种、分收、分储造成的品种混杂、质量参差不齐、难以实行优质优价等问题，降低了用粮企业的生产成本。

（五） 以加工企业为龙头，实现了粮食产业化经营

卖粮难是困扰主产区粮食发展的一个难题，为保证农民的种粮收益，原国家计委在安排商品粮基地布局中，打破以往就基地抓基地、就生产抓生产的模式，按照产业化经营的思路，围绕大中型粮食加工企业进行布点建设，促使基地与加工企业建立了长期的粮食产销协作关系，保证了基地生产出来的粮食有稳定的销路，能够卖出好价钱，避免了粮食积压，增加了农民务农收入，提高了种粮效益。项目区在龙头企业的带动下，农民按照企业要求的品种、技术和标准进行订单生产，加工企业凭订单收购，从而把千家万户分散的小规模的生产组织起来，形成了"小规模、大群体"的格局，提高了粮食生产的规模效益。如内蒙古巴盟优质小麦基地以恒

---

① 根据项目建设调查汇总。
② 根据项目区典型调查。

丰面粉集团公司为龙头，公司按优质优价收购项目区的小麦，形成了公司＋农户的产、加、销一体化产业链，项目区农民因此人均增收 60 元左右。吉林省玉米生产基地依托当地正大、德大、大成、黄龙等一批大中型饲料和玉米精深加工企业，按照企业的要求和产销订单发展优质专用玉米生产，仅此一项每年即加工转化项目区近 300 万吨玉米。河南新乡优质小麦基地通过与河南第二面粉厂等大中型面粉加工企业建立"公司＋基地＋农户"的模式，使项目区 70% 以上的优质小麦成为订单小麦，小麦收购价也高出市场平均价 10% 左右，实现了小麦优质优价，种植优质小麦比普通小麦平均每亩增收 30 元左右。[①] 辽宁本溪优质稻基地依托当地粮食加工企业，积极培育粮食品牌，开拓国内外市场，使当地的桓仁大米打入了日本市场，并吸引日本客商在当地设厂加工大米直销日本。

（六）统筹安排项目资金，避免了重复建设

国家对粮食的生产性投入，一是单个商品粮生产基地县建设为主，二是以地区（市）为单位集中连片的大型商品粮基地建设。对比两种不同模式的基地建设，以县为单位建设商品粮基地的管理模式普遍存在项目区布局分散、投资不能有效整合，项目内容类同，极易出现重复建设现象，不利于投资效益的发挥。而以地市为单位投资建设的国家大型商品粮生产基地，在项目区布局上，可以使一个地市内若干个县的项目区集中连片，扩大项目建设规模，提高规模效益；在项目投资安排上，可以在一个地市范围内充分发挥各个县的优势，统筹安排，合理布局，各有侧重，适合制种的项目县则重点建设良种繁育基地，适合大规模粮食生产的项目县则重点发展商品粮生产基地；在地方资金配套上，由于地市级财政情况好于县级财政，以地市为单位，可以使地市级承担更多的财政配套资金，有利于落实地方各级配套资金，发挥各方面积极性共同建设和管理商品粮基地；在产业化经营上，地市级政府具有调控辖区内的粮食加工企业的能力，可以有效地协调粮食产、加、销等环节主体关系，促使企业与生产基地建立紧密的购销关系，推动粮食产业化经营。

三、国家大型商品粮基地建设存在的问题

经过近十年的投资建设，国家大型商品粮生产基地建设取得了显著成效，项目区的农业基础设施条件明显改善，粮食生产抗御自然灾害的能力有所增强，高产、

---

① 根据项目区典型调查。

优质粮食种植面积逐步扩大，种粮效益稳步提高。国家大型商品粮生产基地建设已成为保护和提高粮食综合生产能力，保证国家粮食安全，增加农民种粮收入，增强粮食生产发展后劲的有效措施。但从投入力度、建设规模、投资来源、建设内容等方面看，国家大型商品粮基地建设还存在着一些问题需要加以改进和完善。主要表现在：

（一）基地建设投资渠道单一，投入总量不足

目前，国家大型商品粮基地的投资主要依靠各级政府的财政资金特别是中央财政预算内基建投资。初步汇总，在整个基地建设投资中，中央投资约占总投资的66%，西部省区高达80%，[①] 其余投资基本上是省、市、县三级配套资金。由于国家大型商品粮生产基地大多侧重于良种繁育、小型农田水利工程、病虫害防治等公益性的基础设施建设，这些设施建设的投资回报率比较低，加上商品粮基地又以粮食生产为主，经济比较效益低于其他行业，因此，商业银行的资金不愿涉足基地建设，国家政策性银行也尚未顾及粮食产业。几乎没有信贷资金等其他投资来源，投资渠道比较单一。

从基地的投入水平看，受国家财力限制和投资来源单一等因素影响，国家大型商品粮基地的投入总量明显不足、力度偏小。从中央财政投入情况看，1996～2000年，国家用于大型商品粮基地的中央投资每年仅2亿元，平均每个基地安排1000万元，建设规模仅局限20万亩左右。2001年以后，国家用于商品粮基地建设的中央预算内基建投资增至4亿元，比2001年以前提高了1倍，但与基地建设投资需求相比，投入仍显不足。大型商品粮基地均为粮食主产区，所在地市的耕地面积大体在500万～1000万亩之间，项目区亩均安排建设资金仅80元，[②] 对于集中连片的基地投资规模显然偏小，也无法满足保护和提高粮食综合生产能力的要求，无法大面积、根本上改变农业基础设施薄弱的状况。

（二）基地建设规模偏小，建设内容受到限制

由于基地投资数额有限、扶持力度不大，大型商品粮基地的建设规模偏小。从已建的基地情况看，各地规划建设的商品粮生产基地的面积较大，拟建的工程项目也比较多。但受投资限制，仅能根据资金规模在地势相对平坦、有一定基础条件、集中连片的地方建设一些核心示范区，平均每个基地项目建设规模仅为30万亩左

---

① 根据项目建设资料统计。
② 根据项目建设资料汇总。

右，而基地所在的地市粮食种植面积一般在 300 万~400 万亩，建设规模仅占粮食种植面积的 1/10 左右。从建设内容上看，受中央财政资金使用方向、资金规模等因素限制，基地建设只能重点选建良种繁育、小型农田水利工程和中低产田改造、病虫害防治、土肥检测等一些与粮食生产直接相关的基础设施建设，着重解决制约粮食生产的"卡脖子"工程，造成了部分基地工程项目不完善、不配套等问题，满足不了商品粮基地建设的需要。一些地区的农田灌排的骨干设施仍然主要依靠大型灌区改造投资，导致有效灌溉面积难以扩大，粮食生产的抗旱能力不强，单产潜力得不到充分发挥。并且，受财政资金使用方向限制，以及投入不足的制约，一些与粮食生产相关的粮食产后加工、销售等环节无法安排投资，银行贷款又没有及时跟进，制约了粮食产后加工等后续环节的发展，影响了商品粮基地的综合效益，也阻碍了整个粮食产业链条的建立、完善和效益的发挥。

（三） 粮食加工、流通企业缺乏信贷资金支持，发展相对滞后

粮食生产的发展离不开加工、流通等后续环节的带动。由于国家大型商品粮基地投资属于国家财政资金，重点扶持良种繁育、农田水利、病虫害防治和土肥改良等公益性基础设施建设，不能安排粮食加工、储藏、销售等经营性项目建设，因此，基地项目区的粮食加工、流通等后续环节的发展主要依靠银行信贷资金的支持。另外，项目区的粮食加工、流通企业规模往往比较小，产品档次低，经济实力弱，抗风险能力差，往往满足不了商业银行的贷款要求。并且，粮食加工、流通企业的盈利水平不如其他行业，商业银行也不愿将信贷资金投向粮食领域。国家政策性银行贷款的重点侧重于能源、交通等大中型项目，对农业领域涉足不多，导致粮食加工、流通企业难以获得银行贷款支持，粮食加工、流通行业的发展滞后，在一定程度上制约了企业发挥对粮食生产的带动作用。

从近年来基地建设的实际情况看，由于企业贷款困难，收购资金紧张，技改资金不足，粮食加工、储藏、销售等环节发展相对缓慢。虽然通过大型商品粮基地建设提高了粮食产量和质量，但因后续环节没有相应跟上，进而形成完整的粮食产、加、销产业链条，使基地增产的粮食不能及时被企业收购，甚至一些地区一度出现卖粮难的现象，更谈不上实现优质优价、带动农民增产增收，挫伤了农民的种粮积极性，影响了当地粮食生产的健康发展。以陕西渭南市大型商品粮基地为例，在项目建设初期，由于当地面粉加工企业规模偏小、技术落后、产品质量低，没有形成自己的品牌，使基地生产出来的优质专用小麦不能及时就地加工转化，小麦产量和质量虽然上去了，但销售不畅，优质小麦卖不出好价钱。在经过各级政府的协调和努力下，当地的粮食加工企业迅速发展起来，企业规模得到扩大，产品质量得到提

高，小麦收购数量稳步增加，从而形成了基地优质小麦稳定的销路，并成为当地财政收入一个增长点。

（四）地方财政比较困难，基地建设投资配套难度大

为调动地方各级政府支持粮食生产的积极性，加大对粮食生产的投入力度，大型商品粮生产基地采取中央和地方政府联合投资的方式进行建设。基地投资中除安排中央财政预算内基建投资外，还要求省、市、县三级地方政府按照一定的中央和地方1:1的比例配套投资，统筹安排使用，扩大基地的投资建设规模。由于大型商品粮基地大多位于粮食主产省区，这些省市的财政状况明显不如东部经济发达地区，地方财力较弱，特别是地、县两级财政大多是吃饭财政，一些粮食主产县往往是粮食大县、工业小县、财政穷县，无力按照要求及时、足额地安排财政资金用于大型商品粮基地建设，项目配套投资落实难度较大。近年来，为缓解地方政府的财政配套压力，按照实事求是、因地制宜的原则，国家大幅度调低了地方财政的配套比例，其中西部地区的基地建设地方配套投资比例仅为1:0.25。同时，根据地方省、市、县三级财政状况，强调以省级政府资金配套为主，要求省级财政的配套比例为全部地方配套资金的一半，大大减轻了地、县级财政配套的负担。但从目前粮食主产区地、县级经济发展状况来看，相当部分的粮食生产大县仍然缺乏稳定、足额的财政收入来源，而财政支出数量又比较大、负担沉重，地、县级财政的配套投资仍面临着较大的压力，容易导致配套不及时、不齐全问题的发生。

（五）非主产省的粮食生产缺乏有效扶持

2000年，针对当时中国农业发展进入新阶段，粮食供求总量基本平衡、丰年有余的形势，为优化区域布局和品种结构，支持一些地区特别是西部地区发挥区域比较优势增加粮食生产，实现口粮基本自给和粮食区域平衡，国家在基地建设过程除了继续安排大部分投资用于粮食主产省区生产基地建设的同时，安排了一部分资金用于贵州、云南、陕西等非主产省的粮食生产基地建设。进入2003年后，由于中国粮食供求形势发生变化，按照国务院的要求，大型商品粮基地建设资金全部集中在13个粮食主产省区，导致非粮食主产省特别是西部地区缺乏中央投资支持。而这些省区的自身财力有限，可用于粮食生产的财政资金不足，无法切实改善当地的粮食生产条件，提高粮食综合生产能力。另外，非粮食主产省特别是西部地区农业基础设施条件较差，粮食生产能力较弱，加上近年来实施退耕还林等生态环境建设，耕地面积有所减少，粮食产量相应下降，外调商品粮增加，运粮成本偏高，粮

食区域平衡面临着较大压力，亟须国家在粮食生产方面给予扶持和帮助。

（六）粮食专业合作经济组织发育滞后，资金支持力度不足

粮食专业合作经济组织是连接生产和销售的重要桥梁，是实现一家一户的小生产与大市场有效对接的重要渠道。在中国国情和现行的农村生产经营制度下，建设粮食生产基地，增加粮食生产，实现规模化、专业化和标准化生产，还必须发展各类专业合作经济组织，提高粮食生产的组织化程度。特别是随着中国粮食市场全面放开，迫切需要建立健全各类粮食生产、加工专业合作经济组织，提高粮食生产、加工的组织化程度，促进粮食生产持续、健康、稳定发展。但目前中国粮食合作经济组织发展比较滞后，缺乏资金来源和支持，粮食合作组织不能突出主体地位，发挥改善粮食生产条件、加强小型农田水利建设的作用；不能组织农民在生产、加工和销售等一系列过程中的正常经营行为，尤其是不能引导粮食产区的农民，进行专业化生产和集约化经营，满足不了生产、加工、流通的需要。不仅如此，缺乏资金支持的粮食生产合作组织，不能很好的帮助农民实现粮食的产业化经营，致使优势产区的优势没有很好的显现出来。同时，粮食生产组织功能的弱化，不能很好地起到保护农民利益，维护农民的合法权益的作用。即使是已建立的专业合作组织，也往往由于缺少优惠贷款支持，资金实力弱，而面临着经营主体地位不明确、机制不健全和功能比较单一的局面。

（七）大型农业机械购置资金不足，影响农业机械化进程

在中国粮食生产的骨干力量中，有一批像黑龙江农垦那样的以粮食生产为主的国营大中型农场，在增加商品粮有效供给，稳定市场粮价，保障国家粮食安全发挥着举足轻重的作用。这些农场地域广阔，人均粮食种植面积大，粮食商品率高，组织化程度高，粮食种植规模效益显著，粮食生产优势比较明显。国营农场这种大规模的生产方式与人均1亩多地的一家一户小规模承包经营有着明显不同，其独特的生产经营形式决定了国营农场必须实行机械化生产，生产上自然离不开大马力拖拉机、大型农机具。但由于大马力拖拉机、大型农机具单机价格高，联户作业，具有一定程度的经营性色彩，大型商品粮基地建设资金用于购置大型机具补贴的不多。另外，国内金融机构从贷款收益、项目管理等因素考虑，不愿给国营农场购置所需要的农机具提供贷款，加上一些商业银行贷款手续繁杂、难度大、利率高，使农场大型农业机械购置资金缺乏来源渠道，农机具投资出现空白，企业原有的大中型生产机械设备逐渐老化失修，更新速度慢，直接影响了国营农场采用先进适用的农业

机械，影响了农场粮食生产优势的充分发挥，进而影响了农场农业现代化建设的步伐。近几年，黑龙江农垦等国营农场为了弥补大型农机具的资金缺口，不得不申请外国政府贷款来购置所需的各类大中型农业机械。

四、以提高粮食综合生产能力为核心，继续加强国家大型商品粮基地建设

提高粮食综合生产能力，保障国家粮食安全，是今后一段时期农业和农村工作的主要任务，是实现经济社会健康、稳定发展的重要基础。国家大型商品粮基地大多选建在粮食主产区，这些基地是增加商品粮有效供给的骨干力量，从一定意义上说，抓好国家大型商品粮基地建设，就抓住了全国粮食生产的关键，掌握了全国粮食生产的主动权。为此，国家应集中有限的财政资金，加大投入力度，继续以地市为单位建好国家大型商品粮基地，稳定和提高粮食生产能力和市场竞争力，保障粮食稳定供应，增加粮食主产区粮农收入。

（一）基地建设的指导思想

今后一段时期，中国人增地减的矛盾不会根本性改变，粮食生产面临着资源和环境的双重约束。随着人口的增加和人民生活水平的提高，全社会对粮食供给的数量和质量将提出新的更高的要求，粮食供求仍然呈偏紧的态势。根据中国粮食供求关系的变化趋势，以及保障国家粮食安全、促进农民增收、满足社会经济发展的需要出发，今后国家大型商品粮基地建设的指导思想是：按照党的十六大、十六届三中、四中和五中全会的要求，树立和落实科学发展观，贯彻党中央、国务院关于加强和扶持农业的一系列方针政策，以提高粮食综合生产能力，增加商品粮供给，促进粮食总量平衡、区域平衡和品种平衡，保障国家粮食安全为主要目标，以市场需求为导向，以改善农业基础设施为重点，依托农业科技进步，以地市为单位，集中连片统筹规划建设旱涝保收的基本农田，提高粮食单产水平和粮食生产抗御自然灾害的能力。推动节水农业的发展，转变农业增长方式。加快优质、高产粮食生产的发展，增加优质粮食供给，满足市场需求，增加粮农收入。

——以提高粮食综合生产能力，增加商品粮供给为主要目标。随着中国人口的增加和经济社会的发展，粮食需求将呈刚性增长的态势，粮食数量和质量需求会逐步提高。同时，经济快速发展使建设用地不断增加，加上生态环境建设等因素，耕地面积会进一步减少，农业用水资源也难有增加，粮食生产资源约束将越来越明

显，从而导致今后一段时期粮食供求平衡面临着较大的压力。大型商品粮基地作为粮食生产的骨干力量，必须以增加粮食产出，发展优质粮食生产，实现粮食总量、区域和品种平衡，满足市场需求，保障国家粮食安全为主要目标。

——以市场需求为导向，发展优质粮食生产。中国已顺利实现了现代化建设的第二步战略目标，人均 GDP 超过 2000 美元，经济发展总体上步入全面建设小康社会的阶段。这一阶段，人们对粮食的需求明显不同于以往农产品短缺时期的市场需求。除了必需的数量要求外，人们将更加注重粮食的品质、卫生、安全、便捷，而且，粮食加工业的发展也对优质、专用粮食提出了新的要求。上述市场需求的变化对粮食生产提出了更高的要求。因此，大型商品粮基地在发展粮食生产，大幅度提高粮食产量的同时，还要根据市场供需关系变化调整粮食品种结构，积极发展优质、专用粮食生产，重点增加供需缺口较大的粮食生产。

——以改善农业基础设施为重点，提高粮食单产水平。虽然中国粮食产量已经达到较高水平，但从总体上看，中国农业基础设施仍然比较薄弱，农田水利工程建设欠账较多，粮食生产抗御旱涝等自然灾害的能力不强，制约中国粮食生产的稳定发展。因此，建设大型商品粮生产基地，提高粮食综合生产能力，首要任务是改善农田水利等基础设施，建设旱涝保收的基本农田，提高粮食单产水平和抗御自然灾害能力。

——发展节水农业，转变农业增长方式。中国水资源短缺，人均水资源占有仅为世界平均水平的 1/4，工农业用水比较紧张，特别是近年来部分地区干旱频繁，灌溉水源不足，直接影响着粮食生产。根据社会经济发展态势，今后粮食生产所需要的耕地、水资源将是逐步减少的趋势，农业用水资源难有增长空间，粮食生产面临的资源约束越来越大。因此，大型商品粮基地建设必须按照科学发展观的要求，走可持续的路线，改变过去浪费资源的粗放经营模式，以降低农业耗水水平为目标，坚持发展节水农业，转变农业增长方式。

（二）基地建设的基本原则

根据上述基地建设的指导思想，今后一段时期大型商品粮基地建设的基本原则主要是：

（1）以地市为单位，统筹规划建设的原则。实践证明，以地市为单位统筹规划、建设大型商品粮基地，能够使项目区集中连片，提高投资规模效益；项目县建设内容能够各有侧重，避免重复建设，提高基地建设的整体效益；能够发挥地市级财政状况较好的优势，落实基地建设地方配套资金，减轻县级财政配套的压力；能够发挥地市政府的协调作用，推动粮食产业化经营；能够避免以县为单位建设商品粮基地出现的投资分散、规模小而散、重复建设、投资效益偏低的缺陷。

（2）优化品种结构，发展优质高产粮食生产的原则。基地建设除了要实现增加粮食产量的目标外，还要注重提升粮食的品质，优化粮食品种结构，推广种植优良品种，加快发展优质、高产、高效粮食生产，满足市场需求。

（3）以粮食主产区为主，适当兼顾其他地区的原则。粮食主产区是增加商品粮供给，保障国家粮食安全的主要力量，因此，基地建设要以粮食主产区为重点，发挥其粮食生产优势，增加全国粮食产量。同时，中国地域辽阔，从实现全国粮食总量平衡、区域平衡的宏观大局考虑，基地建设还应适当兼顾非主产区特别是西部地区的粮食生产，扶持适宜地区建设粮食生产基地。

（4）政府投入支持为主，吸引社会参与的原则。大型商品粮基地主要是社会公益性基础设施建设，加上粮食生产比较效益较低，种粮农民收入水平低，投入能力有限，决定了基地建设只能以政府投入支持为主。同时，要积极创造条件，通过信贷、税收优惠等方式，吸引社会广泛参与基地建设。

（5）依靠农业科技进步，提高粮食单产的原则。在粮食播种面积不可能大幅度增加的前提下，提高产量主要依靠增加粮食单产。大型商品粮基地建设在改善基础设施条件的同时，要发挥地方农科院所的优势，推动新品种、新技术研发，促进新品种、新技术推广应用，依靠科技进步提高粮食单产水平。

（6）促进产、加、销衔接，实现产业化经营的原则。大型商品粮基地建设不仅要提高粮食产出水平，还要解决好粮食销路问题。要按照产业化经营的思路，引导基地农户与周边粮食加工流通企业建立稳定的粮食购销合同，防止出现卖粮难的问题。

（7）创新管理机制，长期发挥项目效用的原则。吸取以往项目工程重建设轻管理、产权不清、工程设施管理机制不健全，导致工程设施使用寿命短、损毁快，无人管护的教训，积极探索项目管理新机制，明晰产权，落实管护责任，确保工程设施长期发挥效用。

五、政策建议

大型商品粮基地是提高中国粮食综合生产能力，保障国家粮食安全的有效措施，是促进粮食结构调整，提升粮食竞争力，增加农民种粮收入的有效途径，是落实国家支农惠农政策措施的具体体现。2005年《中共中央关于制定国民经济和社会发展第十一个五年规划的建议》再次指出，要加强国家大型商品粮基地建设。为此，今后一段时期，要贯彻落实党中央的指示精神，继续加大大型商品粮基地的投入力度，坚持以地市为单位的建设管理方式，按照上述指导思想、基本原则，全力抓好大型商品粮基地建设。

（一）　加大投入扶持力度，扩大基地建设规模

大型商品粮基地建设有效地解决了小型农田水利基础设施薄弱等制约粮食生产的突出问题，解决了一家一户、基层政府无力解决的问题，是一项农民受益、国家得粮的民心工程，深受基层政府和农民欢迎。虽然国家每年用于大型商品粮基地投资达到 4 亿元，但从保护和提高粮食综合生产能力的要求看，投入力度仍然偏小。为此，在国家财力允许的前提下，应进一步加大大型商品粮基地的投入力度，调整、整合现有的各类农业投资，增加基地建设的中央投资规模，集中有限的农业资金，逐步将全国的产粮大市建设成为设施配套完善、高产、稳产的大型商品粮生产基地，切实解决影响粮食生产的薄弱环节，扩大基地建设规模，提高基地建设标准，增加、充实和完善基地建设内容，尽快提高中国的粮食综合生产能力，确保国家掌握充足、稳定的粮源，增加种粮农民的收入，提高中国粮食的市场竞争力。

（二）　拓宽投资渠道，引导政策性银行支持基地建设

大型商品粮基地建设投资需求量大，受国家财力限制，单纯依靠各级政府特别是中央财政投入难以完成基地建设任务，因此，在国家增加基地建设投入的同时，应积极开辟更多的资金投入渠道，把政策性银行的金融政策与国家的农业产业政策紧密结合起来，引导银行等金融机构特别是国家政策性银行，以及社会资金参与基地建设，拓宽投资来源，争取更多的资金投入。在资金投向上，中央财政投资重点投向小型农田水利、良种繁育、病虫害防治等社会公益性基础设施建设，银行信贷资金则主要投向粮食加工、流通、营销等有一定效益的粮食产前、产后，以及一些基础设施项目建设，发挥银行特别是政策性银行的资金优势和扶持作用，使政策性银行成为推动中国粮食发展，提升粮食综合生产能力，保障国家粮食安全的重要力量之一，使政策性银行成为增加对大型商品粮基地建设资金投入、保障粮食生产资金需要的重要来源，在尊重市场经济规律的前提下体现国家意愿，逐步形成中央财政投资和国家政策性银行互相补充，共同支持国家大型商品粮基地建设的格局，缓解基地粮食在生产、加工、流通等诸环节中资金不足的矛盾。

（三）　重视和支持西部省区的粮食生产

粮食主产省区是中国商品粮的主要调出区，是保障国家粮食安全的骨干力量。

抓住粮食主产省区的粮食综合生产能力建设，就抓住了全国粮食生产的关键，就掌握了粮食生产的主动权，因此，国家安排财政投资，扶持粮食主产区的粮食生产是十分必要的。但还应该看到，中国地域辽阔，地区差异较大，保障国家粮食安全，不仅要实现粮食总量供求平衡，还应注重粮食的区域平衡、品种供求平衡，应避免远距离调粮，增加粮食销售成本，应帮助退耕还林等生态环境建设地区实现口粮基本自给，避免因缺少口粮或粮价过高，导致农民重新开荒种地，破坏生态环境。因此，根据全国粮食供求的形势，在加大大型商品粮基地投入力度，抓好粮食主产区粮食生产基地建设的同时，重视和支持西部省区的粮食生产，安排部分资金扶持西部地区商品粮基地建设，在适宜地区建立以保证口粮供给为目标，以坡改梯、集雨灌溉、淤地坝为主要建设内容的粮食生产基地，提高当地的粮食生产能力，实现口粮基本自给，减少远距离调粮，降低用粮成本，巩固生态环境建设成果。

（四）实行粮食产业化经营，增加农民种粮收入

提高粮食生产水平，增加农民种粮收入，不仅要扶持生产环节，还应同步发展粮食产前的品种培育、产后的加工、流通、信息服务等环节；实现粮食生产稳定发展，不仅需要提高粮食产量，还必须有稳定的销路、有加工企业的龙头带动，能够卖出好价钱。否则，容易使生产出来的粮食卖不出去，不能实现优质优价，造成新的"卖粮难"，挫伤农民的发展粮食生产的积极性。因此，国家大型商品粮基地建设除了要大力改善农田水利等粮食生产基础设施条件之外，还必须引导、鼓励和支持粮食加工、流通等后续产业的发展。要发挥政府职能部门的协调作用，促成龙头企业与基地建立稳定的产销关系，引导和带动粮食生产，推广订单种植，实现粮食产销衔接、优质优价，从而把一家一户的小生产与千变万化的大市场联结起来，形成小规模、大群体的格局，提高粮食生产的组织化程度，保证粮食有稳定的销路，解决粮食卖难问题，增加粮农收入，加快粮食产业化经营的发展，企业也可以建立稳定的原料基地，提高产品质量，降低生产经营成本。

金融机构特别是国家政策性银行要从国家利益大局出发，根据粮食加工、流通企业的特点，制定优惠信贷条件，降低信贷门槛，放宽贷款条件，积极帮扶粮食加工、流通企业改造生产线，改进产品质量，提高生产经营和管理水平，建立现代企业制度，扩大经营规模，增强对粮食生产的带动能力。要积极创造条件鼓励和吸引信贷资金对粮食加工、流通等龙头企业的支持，逐步将粮食流通、加工和仓储等设施建设纳入信贷重点，对符合条件的粮食生产、流通、加工企业积极提供贷款支持，扶持企业做大做强，推动粮食产业化龙头企业的发展。

（五）建立粮食科研和生产紧密联结的机制

在粮食播种面积难有大幅度增加的前提下，提高粮食综合生产能力，加快粮食生产的发展，关键要依靠科技进步提高粮食生产的科技含量，提升粮食单产水平。要继续发挥国家大型商品粮基地建设中探索形成的依托地方农业科研院（所）建设基地，发挥农业科研单位的优势，加快优良品种和先进栽培技术的推广步伐，形成粮食科研和生产有效联结的机制的有益经验，在今后的基地建设坚持依靠农业科技提高粮食综合生产能力的指导思想，将农业科研单位纳入基地建设范围统筹考虑，引导和鼓励大型商品粮基地与地方农业科研院（所）建立互利、互惠的稳定的技术协作关系，逐步形成粮食科研与生产联结机制，依托科研单位的技术优势，加快优良品种和先进实用技术的研发，并率先在项目区推广、普及，加快发展高产、优质粮食生产，提高大型商品粮基地的粮食单产水平。

（六）抓好基地项目建设和管理工作

大型商品粮基地是国家为了提高粮食综合生产能力、增加商品粮产量、保障国家粮食安全实施的一个重大农业项目，是国家安排中央财政投入、支持农业生产和促进农民增收的重要举措。切实抓好基地项目建设，是贯彻落实党中央、国务院解决"三农"问题的一系列政策措施，是一项惠及广大农民的德政工程。大型商品粮基地所在省、市、县各级政府要改变以往重建设轻管理、重扶持轻发展的做法，精心部署，建章立制，改革和完善机制，切实抓好项目的建设和管理。要按照国家基本建设程序的要求，认真执行项目建设"四制"规定，落实项目建设责任，抓好项目工程建设。同时，在遵循市场经济规律的基础上，重视和做好对已建工程设施的管护工作，因地制宜试行小型农田水利工程改制、拍卖等产权制度改革，探索基地建后管理的新路子，明晰产权，落实责任，建立项目管理良性发展的机制，延长项目工程设施使用期限。

（七）加快发展粮农专业合作经济组织

农民专业合作经济组织是一种新型农业产业组织形式。加快农民专业合作经济组织的发展具有重大现实意义，它是解决千家万户农民有序进入大市场的制度和机制建设，是市场经济条件下中国农业和农村经济发展的客观要求和必然趋势。从一定意义上说，扶持农民专业合作经济组织就是扶持农民、扶持农业、繁荣农村。大型商品粮基地各级政府要把发展粮食专业合作经济组织作为搞好基地建设和管理，发展粮食持续、健康、稳定发展，繁荣农村经济、促进农民增收的重要措施，列入重要议事日程。要努力营造宽松环境，通过政策、财政、税收优惠等具体扶持手段，积极引导和帮助粮农成立各类专业合作经济组织，在农户自愿联合的基础上，按照"民办、民管、民受益"和"自我组建、自我管理、自我服务、自我受益、边发展边规范、循序渐进"的原则，引导和支持大型商品粮项目区探索成立各类粮食产加销的互助性经济组织，发挥合作组织在粮食产前、产中、产后的服务功能，提高粮食产业的组织化程度和产业化水平，增强粮食生产抵御市场风险的能力。

案例 1

江苏省扬州市国家大型商品粮
生产基地建设情况

一、扬州市粮食生产现状

（一）农业资源和农村经济基本情况

1. 农业资源

扬州市地处江苏中部，长江北岸，江淮平原南端。京杭大运河、京沪高速公路纵贯南北，宁启铁路、宁通高速公路横穿东西，长江流经境域南缘，自然条件优越，水陆交通便捷，素称"苏北的门户"。辖区位于东经 119°01′~119°54′，北纬 32°10′~33°25′，属北亚热带湿润气候区，气候温和，四季分明。境内地势平缓，一马平川。河湖众多，水网密布。日照充足，雨量充沛，光、热、水三要素配置协调，具有发展农业的良好条件。

（1）气候资源。扬州市属于北亚热带湿润季风气候，受东亚季风气候作用，四季分明，雨量集中，光热充裕。全市太阳总辐射南少北多，年日照时数 2044~2313 小时。年平均气温 15.7~16.3℃，无霜期 218~239 天，稳定通过 10~20℃期间积温 4110℃，十分有利于稻麦粮食生产。全年总降水量 878~1030mm，汛期一般在 6~9 月份，集中降水量在 454~658mm 左右，入梅期一般在 6 月中旬，出梅期在 7 月上旬，梅雨期 15 天左右，梅雨量 153mm。

（2）水资源。扬州市地处长江、淮河下游，水资源十分丰富。全市常年地表径流量 16.2 亿立方米，地下水资源 8.5 亿立方米，多年平均水资源总量 22.5 亿立方米。常年外来水量 45.4 亿立方米。工业废水、居民生活等污水排放，对农业生产有一定的影响，但主要影响在于降水对农田土壤表层的冲刷侵蚀，使农田中可溶性氮磷物质和土壤颗粒及悬浮固体物流入水体，以及农业生产中化肥、农药污染。

（3）土地资源。扬州市土地总面积 995.09 万亩，根据全市土地利用现状划分，一级类型土地 8 个、二级类型土地 34 个。土地面积中耕地面积 461.67 万亩，占总面积的 46.4%；园地 18.0 万亩，占总面积的 1.8%；林地 12.66 万亩，占总面积的 1.3%；牧草地 5700 亩，占总面积的 0.06%；水域 312.54 万亩，占总面积的 31.4%；未利用土地 10.19 万亩，占总面积的 1%。耕地中，灌溉水田 430.74 万亩、水浇地 3.21 万亩、旱地 23.54 万亩、菜地 4.18 万亩。全市耕地土壤基础地力产量 515 公斤。土壤有机质、全氮、速效磷、速效钾含量分别为 2%、0.15%、10ppm 和 100ppm。

2. 农村经济基本情况

扬州市现辖广陵区、邗江区、维扬区等三区，高邮、江都、仪征三个县级市和宝应县，97 个乡镇 1248 个行政村，总面积 6638 平方公里。2004 年，全市总人口 454.29 万人，其中农业人口 313 万人，总农户 98.8 万户，总劳动力 164.62 万人。耕地面积 475.6 万亩，农民人均耕地 1.52 亩。近几年来，扬州市认真贯彻党中央、国务院和省委、省政府关于加强"三农"工作的一系列重大决策部署和政策措施，紧紧围绕农民增收这个中心，依靠科技进步，调整农业结构，深化农村改革，加快发展农村社会事业，农业和农村经济发展保持较快发展。2004 年全市农业实现总产值 159.3 亿元、增加值 79.8 亿元，分别比上年增长 6.8% 和 6%；农民人均纯收入 4755 元，增加 583 元，增长 12.6%。

扬州市在重视和加强粮食生产的同时，进一步优化农业结构。正确处理了粮食生产和农业结构调整的关系，推进集约式调整，重点建设了优质粮食、优质油菜、蔬菜、林业、花木、禽业、奶业、特种水产等 8 大农业优势产业。2004 年全市粮食播种面积 504.5 万亩，粮食总产达 20.5 亿公斤，比上年增产 2.5 亿公斤，增长 13.8%。全市蔬菜播种面积达 105 万亩，花木面积达 14.1 万亩、果园面积 4.1 万亩、茶叶面积 3.5 万亩，新增成片造林 12.3 万亩。加快发展畜禽水产养殖业，全市水产养殖面积 105 万亩、扩大 3 万亩，水产品产量 30 万吨、增产 2 万吨，其中，特种水产养殖面积 80 万亩、扩大 4 万亩；全市出栏生猪 191 万头，饲养家禽 8850 万只、奶牛 3600 头。

（二）粮食生产情况

扬州市农业生产长期以来一直以粮食作物种植为主。近几年，随着农业结构调整不断推进，全市以瓜果蔬菜、花卉、茶叶为主的经济作物种植面积逐年扩大。2004 年，扬州市农作物播种总面积 676.5 万亩，其中粮食作物播种面积 504.5 万亩，占农作物播种总面积的 74.6%，经济作物种植面积 172.0 万亩，耕地复种指数在 190% 左右。扬州市农作物种植的基本制度以麦稻或油稻两熟制为主，常年粮食种植面积550万~570万亩，平均亩产380~400公斤，位于江苏省粮食单产第六位，总产21亿~23亿公斤，位于江苏省粮食总产第七位。其中，夏粮种植面积240万亩左右，平均亩产275公斤，总产5.5亿~6.5亿公斤；水稻种植面积283万亩，平均亩产540公斤，总产15亿~16亿公斤。2004年扬州市农业生产虽然遭受了病虫严重危害，但粮食生产仍然取得了较好收成。全市粮食种植面积504.5万亩，平均亩产406.3公斤，总产达到20.5亿公斤。其中，麦类作物种植面积191.0万亩，平均亩产326.2公斤，总产6.3亿公斤；水稻种植面积287.8万亩，平均亩产500公斤，总产14亿公斤左右。水稻是扬州市主要粮食作物，也是城乡居民的主食，发展水稻生产，在确保粮食安全、促进农民增收中具有举足轻重的作用。

（三）粮食消费、加工、销售等情况

1. 消费能力

根据扬州市2002年末农业、城镇人口及前三年平均实际口粮消费量和种子需求量测算，扬州市2004年口粮和种子用粮的最低需求量为10.9亿公斤，其中，口粮10.6亿公斤，种子量0.3亿公斤；按照人均占有400公斤的90%的安全数测算，全市粮食安全需求量为16.3亿公斤；按照人均占有500公斤的90%的安全数测算，全市粮食宽裕需求量为20.35亿公斤。近几年，扬州市粮食总产量与粮食宽裕需求量相近，可在确保扬州市粮食安全的前提下，向外地提供余粮。

2. 加工能力

扬州市具有较强的粮食加工转化能力。通过改造、改制、新建，组建了一批粮食加工龙头企业。全市现拥有粮食加工企业90多个，年总加工能力达150万吨以上。其中，稻米加工企业80多个，年总加工能力达128万吨。全市现有万吨以上的粮食加工企业14家，其中最大加工企业年加工能力在30万吨以上。规模较大的高邮双兔米业有限公司、扬州宝泰米业有限公司、扬州金宝来米业有限公司和高邮鸿运米业有限公司等年销售收入都在亿元以上。扬州金宝来米业有限公司、高邮市鸿运米业有限公司为中粮总公司出口加工企业，通过QS安全质量认证和ISO9001-2000质量管理体系认证，两企业年生产8万吨，其中外销3万吨左右。2003年，全市规模以上稻米加工企业累计收购稻谷原料58.3万吨，加工精制大米39.1万吨，其中内销34.5万吨，外销4.6万吨。全市的粮食商品率62%以上。在多年的生产销售中，培育了"双兔"、"金幸"、"安宜"、"地作"、"鸿运"等一批无公害、绿色、有机稻米知名名牌，产品畅销省内外。

3. 销售能力

全市现有国有粮食购销企业 126 个，其中国家粮食储备库 7 个、省级粮食储备库 7 个，完好仓储容量 75 万吨，全年水稻购销 43 万吨左右。近年来，扬州市积极发挥粮食部门、基层组织和农村经纪人三个销售主渠道作用，并多方联系，主动与外地厂商开展合作，搞好销售。进一步采取有效措施，完善订单操作规程，促进优质水稻订单合同向规范化方向发展，全市有 90 万亩优质水稻基本上实现了订单生产。目前，粮食购销贸易遍及全国 30 个省、市、区。

（四）粮食生产的比较优势

扬州市地处江苏中部，南北过渡地带，气候、土壤和生态等条件十分有利于稻、麦、油、棉等多种作物的生长，种植业比较发达，农作物布局以稻麦、稻油两熟为主，生产粮食具有众多优势，是国家和江苏省重要的商品粮基地，历来被人们誉为"鱼米之乡"。

1. 生态优势突出

由于扬州市地处江淮之间，土壤肥沃，光照充足，热量丰沛，雨量适中，生态环境优越，因而 2003 年扬州市被誉为国家生态示范市，所属的宝应、江都、高邮、仪征四县（市）已建成国家级生态示范区，其中宝应县又是国家有机农业示范县，这些自然资源优势表明，扬州市蕴藏着发展优质粮食的巨大潜力。

2. 生产基础良好

扬州市地貌主体为里下河淤积平原和长江冲积平原，耕地土层厚、有机质含量高，保水保肥能力强。自 20 世纪 60 年代兴建江都水利枢纽工程以来，经过几十年的努力，全市逐步建成了"旱能灌、涝能排"的农田水利配套体系。全市现有有效灌溉农田面积 440.78 万亩，占全市耕地总量的 92%。拥有农机总动力 174.8 万千瓦，其中大中型拖拉机 4780 台，联合收割机 5548 台，农机综合作业水平 78%。

3. 科技力量雄厚

扬州市驻有扬州大学、江苏里下河地区农科所、扬州农业职业技术学院，是江苏省农业科研院所最为集中的地区之一，并有省级遗传育种重点学科和生物工程重点实验室，小麦、水稻育种科研水平均居全国前列，近几年先后育成扬麦 11、扬麦 13、丰优香占、扬粳 9538 等优质高产抗病稻麦新品种 16 个，累计推广面积 3 亿多亩。

4. 区位优势凸显

扬州市位于江苏省中部，东依上海，西接南京，处于中国第一河长江与京杭大运河的交汇点。润扬大桥已于 2005 年 5 月顺利通车，宁启铁路、宁通高速横穿东西，京沪高速纵贯南北。境内县县通高速公路，形成了水陆交通便捷的枢纽城市。从扬州乘车，到南京 1 小时、上海 2 小时、北京 8 小时，区位优势明显凸显。扬州市已融入长三角经济发展区，即将成为国际大都市上海的米袋子。

5. 产业发展势头强劲

自粮食购销市场放开以来，扬州市粮食经营机制较活，激发了粮食产业化开发快速发展，通过改造、改制、新建，组建了一批优质稻麦加工龙头企业，年加工能力达到 150 万吨。创立了一批无公害、绿色、有机稻米名牌，产品畅销省内外，占据了省内外一定规模市场，初步开拓了外销市场，具有较广泛的影响。

（五）制约粮食生产的因素

制约扬州市粮食生产的因素主要有以下几个：

1. 缺乏稳定长效的农业政策

现在基层干部和农民最关心的是政策能否稳定，他们担心粮食一少，好政策就来了；粮食一多，好政策又走了。因此，迫切要求国家确立有利粮食增产和农民增收的稳定长效的政策体系和运作机制，保护农民种粮的积极性。

2. 种粮比较效益低

尽管国家落实了"多予、少取、放活"的政策，全面取消农业税，确保"三补"及时足额到位，增加对农业尤其对粮食生产的支持，同时还对稻麦收购实行最低收购价的措施，但种粮与种其他经济作物相比，效益还是偏低。

3. 农业生产资料价格偏高

农业生产资料价格上涨的势头虽已得到遏制，但确保稳定农业生产资料价格，还有赖于对其原材料、电力和运输等价格实行优惠，如果生产化肥、农药、农膜、农机等农资产品的企业长期处于无利甚至亏损状态，这些企业将失去生产积极性。

4. 农田水利基础设施老化失修

长期以来，农田水利设施只用不管，年久失修，灌排不配套，急需更新改造，而农村自身筹资筹劳难度增大，亟待解决资金来源。

5. 农村科技推广体系不健全

不少基层乡镇的科技推广队伍经费无保障，技术人员流失严重，依靠科技兴农尚未有效解决。

6. 分散经营规模小

扬州市有里下河、沿江高沙土、丘陵三个农区，全市人均耕地1.52亩，在土地承包时，采用了好田优地家家有份，差土劣地按人分摊的办法，致使每家经营多处小块田地。目前千家万户的各自小规模农业生产，不利于高效率农用机械的推广和使用，不利于优质粮食品种推广，不利于降低粮食生产成本，明显制约着扬州市粮食生产能力的提高。

二、扬州市国家大型商品粮生产基地建设情况

扬州市优质稻米生产基地建设项目于2001年10月经原国家计委"计农经（2001）1965号"文批准立项，2001年12月由原江苏省发展计划委员会下达投资计划，2002年3月由原省发展计划委员会批复实施方案，并于2002年4月正式开工建设。自项目开工建设以来，扬州市严格按照国家、省发改委的要求，坚持高起点、高标准、高效益，认真组织，科学规划，精心施工，严格管理，经过两年多的建设已完成了项目建设任务。

（一）项目区概况

按照《国家大型优质商品粮生产基地建设项目管理办法》要求，扬州市优质稻米生产基地建设项目主要围绕农田基础设施配套体系、优质水稻良种繁供体系、优质稻米育种科研体系、农业综合服务体系和农机服务中心等五个方面的建设，解决水稻生产品质层次低、品种更新慢、生产成本高等障碍，实现全面提升水稻生产竞争力的目标。根据原江苏省发展计划委员会苏计农经发（2002）228号《关于扬州市优质稻米生产基地建设项目实施方案的批复》和苏计农经发（2003）446号《关于扬州市优质稻米生产基地建设项目实施方案调整的批复》批复精神，原江苏省发展计划委员会共批复扬州市优质稻米生产基地建设项目总投资7969.6万元，比原计划7500万元增加了469.6万元，其中农田基础设施配套体系4489.6万元，优质水稻良种繁供体系1050万元，优质稻米育种科研体系1080万元，农业综合服务体系800万元，农机服务中心项目350万元，项目前期工作及管理费用200万

元。扬州市从项目建设实际出发，共下达项目总投资 8401.6 万元，其中农田基础设施配套体系 4830.6 万元，优质水稻良种繁供体系 1085 万元，优质稻米育种科研体系 1081 万元，农业综合服务体系 825 万元，农机服务中心项目 380 万元，项目前期工作及管理费用 200 万元。项目资金来源分别为中央预算内投资 3000 万元，地方配套 5401.6 万元。项目建设期为两年。项目建设地点为扬州大学农学院、江苏里下河地区农科所和宝应、高邮、江都、仪征、邗江等 5 县（市、区）。

（二）项目建设完成情况

经过两年多的组织实施，扬州市优质稻米生产基地建设项目已竣工，实际完成总投资 8409.09 万元，其中，中央预算内投资 3000 万元，地方配套 5409.9 万元。分项目主要建设内容完成情况如下：

1. 农田基础设施配套体系

农田基础设施配套体系由农田基础设施配套项目和农机配套补助项目等两部分组成，市下达总投资 4830.6 万元，其中中央预算内投资 1584.8 万元，地方配套 3245.8 万元。实际完成总投资 4891.86 万元。（1）农田基础设施配套项目市下达总投资 4386 万元，其中中央预算内投资 1520 万元，地方配套 2866 万元。主要建设内容为平田整地 17 249 亩，土壤改良 29 270 亩，桥 89 座，水闸 13 座，泵站 61 座，涵洞 147 座，渡槽 13 座，小沟级建筑物 14 299 座，渠道衬砌 242.23 公里，机耕道路 134.71 公里，农田林网 51.45 万株。实际完成总投资 4446.9 万元，共完成平田整地 23 770 亩，土壤改良 38 940 亩，桥 89 座，水闸 18 座，泵站 61 座，涵洞 142 座，渡槽 13 座，小沟级建筑物 15 687 座，渠道衬砌 249.95 公里，机耕道路 133.02 公里，农田林网 52.78 万株。（2）农机配套补助项目市下达总投资 444.6 万元，其中中央预算内投资 64.8 万元，地方配套 379.8 万元。主要建设内容为购置高性能水稻插秧机 150 台，反旋灭茬机 100 台，秸秆还田机 120 台，收割机切碎抛散装置 100 套，高效远程弥雾机 60 台，激光平田整地系统 2 套，开展农机技术培训 500 人次。实际完成总投资 444.96 万元，购置高性能水稻插秧机 150 台，反旋灭茬机 100 台，秸秆还田机 120 台，收割机切碎抛散装置 100 套，高效远程弥雾机 60 台，激光平田整地系统 2 套，开展农机技术培训 333 人次。

2. 优质水稻良种繁供体系

扬州市下达总投资 1085 万元，其中中央预算内投资 365 万元，地方配套 720 万元。主要建设内容为建设提纯复壮基地 1000 亩，良种繁育基地 17 500 亩，新改建种子仓库 4940 平方米，新改建水泥晒场 12 200 平方米，完善种子加工生产线 6

条，添置种子加工包装设备 40 台/套，种子检测设备 79 台/套，完善种子检测实验室 2 处 500 平方米。实际完成总投资 1127.42 万元，共完成提纯复壮基地 1000 亩，良种繁育基地 17 500 亩、新改建种子仓库 5904 平方米，新改建水泥晒场 14 334 平方米，完善种子加工生产线 6 条，添置种子加工包装设备 53 台/套，种子检测设备 117 台/套，完善种子检测实验室 2 处 500 平方米。

3. 优质稻米育种科研体系

扬州市下达总投资 1081 万元，其中中央预算内投资 400 万元，地方配套 681 万元。实际完成总投资 1091.56 万元。（1）优质、丰产、多抗水稻种植创新项目总投资 251 万元，其中中央预算内投资 80 万元，地方配套 171 万元。主要建设内容为运用现代生物技术手段，快速聚集水稻高产、优质、高抗等有利基因，与常规育种密切结合，缩短水稻品种选育的周期，为优质水稻生产基地不断更新品种，提高稻米品质，保持竞争优势，提供技术储备和支持。购置仪器设备 53 台/套，配套部分小型仪器设备。实际完成总投资 251.75 万元，新建水稻种植实验室 170 平方米，购置仪器设备超额完成计划任务。（2）优质水稻育种工程项目市下达总投资 310 万元，其中中央预算内投资 120 万元，地方配套 190 万元。主要建设内容为购置水稻育种工程相关的仪器原子吸收光谱仪、气相色谱仪、高效液相色谱仪、凯氏定氮仪、原子荧光光度计、小区联合收割机等仪器设备 35 台/套。实际完成总投资 313.2 万元，购置仪器设备 35 台/套，完成了计划任务。（3）稻米品质分析与农产品质量检测中心项目市下达总投资 520 万元，其中中央预算内投资 200 万元，地方配套 320 万元。主要建设内容为办公、检测用房 920 平方米，购置检测仪器设备 13 台套。实际完成总投资 526.61 万元，完成办公、检测用房 920 平方米，按实施方案购置的检测仪器设备 13 台/套已全部到位，并投入使用。

4. 农业综合服务体系

扬州市下达总投资 825 万元，其中中央预算内投资 400 万元，地方配套 425 万元。截至审计日，已完成总投资 760.38 万元。（1）优质稻米生产技术集成、病虫害测报、土壤肥料服务体系建设等项目市下达总投资 358 万元，其中中央预算内投资 105 万元，地方配套 253 万元。主要建设内容为研究开发优质水稻无公害生产和优质化栽培的专用成套技术；集成优质水稻生产技术并制定技术规程，包括无公害稻米、绿色稻米、有机稻米操作规程 3 套，摄制优质稻米生产技术专题录像资料片 1 部，并编制相应的专用培训教材 1 套；建设不同层次的优质水稻标准化栽培示范方 6 个；健全建设优质稻米生产气象测报体系，根据全市不同水稻种植区要求的气象环境，制定保障优质稻米生产的气象技术服务预案 1 套；配套优质稻米生产基地病虫害测报与控制体系，制定保障全市优质稻米生产的病虫害预测及综合防治预案 1 套；配套建设无公害优质水稻生产的植保与土肥管理技术保障体系，制定适应全市优质稻米生产的耕地本底环境、肥料等控制预案 1 套。实际完成总投资 343.95 万元，研究开发了优质水稻无公害生产和优质化栽培的专用成套技术，集成了优质水稻无公害生产技术体系，制定了无公害稻米、绿色稻米、有机稻米生产技术操作规程共四套。研究了超高茬麦田套稻生产技术，制定了超高茬麦田套稻技术规程；建立了优质水稻新品种展示园，筛选并推广一批适合扬州市种植的优质水稻新品种（组合）。建立了百亩以上成片的优质稻米栽培示范方 5 个，发挥了示范方新品种、新技术辐射作用；拍摄完成了优质稻米生产技术专题录像片和超高茬麦套稻生产技术专题录像片各一部；编制了水稻无公害优质生产技术培训教材一套，培训基地种粮大户、技术人员 5 万人次左右；建成覆盖全市优质稻米生产基地的病虫害测报网，筛选并推广应用了一批高效、低毒、低残留农药及生物农药，制定了无公害优质水稻病虫草安全控制技术规程；建立了扬州市土壤肥力与地下水长期定位监测网络系统，全面掌握了项目区耕地土壤肥力状况，筛选出适用于本地区优质稻米生产的优质水稻栽培肥料组合；建立了优质稻米生产气象预测预报体系，根据全市不同水稻种植区要求的气象环境，制定了保障优质稻米生产的气象技术服务预案 1 套。（2）扬州农业决策支持与服务网络信息系统项目由扬州市优质稻米生产基地办项目由农村产业服务中心和决策支持信息系统等两部分组成，市下达总投资 467 万元，其中中央预算内投资 295 万元，地方配套 172 万元。实际完成总投资 416.43 万元。农村产业服务中心，市下达总投资 340 万元，其中中央预算内投资 225 万元，地方配套 115 万元。主要建设内容为新建 1000 平方米左右中心机房及工程设计装修，购置电脑等仪器设备 17 台/套。决策支持信息系统，市下达总投资 127 万元，其中中央预算内投资 70 万元，地方配套 57 万元。主要建设内容为包括数据库架构建设、数据整理和转换数据入库，优质稻米生产基地土壤与环境调查，农业决策平台及社会应用服务平台。经过建设，农村产业服务中心新建 1000 平方米左右的中心机房基本竣工，购置的电脑等仪器设备 17 台/套已全部到位。决策支持信息系统项目购置了数据库服务器 2 台，应用服务器 1 台，数据存储系统一套，数据备份系统一套，安全系统 1 套；建成农业耕地资源基础、耕地环境质量数据库、农村社会经济数据库、农业资源数据库、农业产品市场数据库、农情数据库；进行了项目区耕地生产潜力评价、耕地环境质量评价、土壤养分丰缺状况评价，研发了施肥咨询模块；建成政府决策支持模块和社会公众服务模块。

5. 农机服务中心项目

扬州市下达总投资 380 万元，其中中央预算内投资 250.2 万元，地方配套 129.8 万元。主要建设内容为新建维修检测车间及辅助设施 2700 平方米，购置高性能农机维修、保养、检测设备 104 台/套。已完成总投资 380.65 万元，新建维修检测车间及辅助设施 2700 平方米，购置高性能农机维修、保养、检测设备 114 台/套。

（三）项目建设的主要成效

1. 粮食综合生产能力显著提高

通过两年多的项目建设，极大地改善了项目区农田水利、交通等基础设施条件，加快了优质水稻生产新品种新技术的推广步伐，提高了粮田的综合生产能力，促进了全市优质水稻的丰产丰收。扬州市优质稻米生产基地项目区水稻平均单产由建成前的 536 公斤/亩提高到 579 公斤/亩，增长 8%，水稻总产由建成前的 17.2 万吨提高到 18.5 万吨，增长 7.6%。

2. 经济生态效益显著提高

一是通过防渗渠的使用，有效地杜绝了土明渠内的自然渗漏，改变了灌田先灌渠、水电资源浪费严重的现象。江都市项目区平均每亩可节水 165 立方米，节电 9 度。二是通过平田整地、衬砌渠道，增加了有效耕地面积。高邮市高邮镇、马棚镇项目区通过填复老河、老渠、老庄基，增加复垦土地 176.9 亩，年增效益 36.6 万元。江都市项目区采用混凝土节水防渗渠后，断面比原来土渠明显减少，干渠渠身横向占地平均每边减少 0.15 米，共节约耕地 20.3 亩。三是通过新品种、新技术的推广应用，有效地降低了物耗和工本。宝应县山阳镇项目区示范种植了水稻新品种丰优香占 3000 亩，平均亩产 600 公斤，亩增效益 80 元。江都市项目区通过秸秆还田，平均每亩节约使用化肥 68 公斤，节本 48.6 元；通过水稻机插秧及配套的双膜育秧，亩均节省稻种 2.4 公斤，节省人工 2 个工日，节约成本 45.21 元；通过机械化植保，项目区水稻防病治虫仅 3~4 次，相当于人工植保的 50%，节约农药及人工费用 58.6 元。四是通过田间道路、桥梁的建设，进一步改善了项目区的生态环境。据初步测算汇总，整个项目区水稻年总产值由建成前的 2.2 亿元增加到 3.5 亿元，增加 1.3 亿元，增长 59%。

3. 产业化程度显著提高

项目实施后，扬州市稻米加工龙头企业与生产基地签订收购合同近 100 万亩，项目区的 18 个核心基地与龙头企业签订定购收购协议率近 90%。高邮市双兔米业有限公司按照双赢的思路，采取种粮"双卡"制（购种卡、售粮卡）和"双订"制（农户订单种植、农技部门订金服务），与生产基地农户签订种植面积 15 万多亩。通过加工企业的统一收购、加工、贮运、包装和销售，既调动了基地农户种植优质水稻的积极性，又保证了稻米加工品质，提高了优质米的市场竞争能力。目前，优质稻米已被列入为全市重点发展的八大主导产业之首，并拥有 12 个优质稻米品牌，其中绿色稻米品牌 7 个，无公害稻米品牌 4 个，有机稻米品牌 1 个。由全国稻米专家评出的"十大金奖大米"品牌中，扬州市占据了 2 个品牌，分别为高邮市双兔米业有限公司生产的"双兔"牌绿色大米和扬州宝泰米业有限公司生产的"安宜"牌香米。全市最大的稻米加工企业高邮市双兔米业有限公司被列为全省农业产业化重点龙头企业。

4. 农业科技水平显著提高

通过实施育种科研体系，进一步加强了项目区与农业科研院校的联系与合作，大大提高了项目的科技含量。扬州大学承建的水稻种植创新实验室已建成、使用，实验室仪器设备也已配套到位，利用该实验室的基本条件，在转基因育种实验室，实验室高效转化的技术流程和操作规程已经确立，通过对优质杂交籼稻组合丰优香占的父本——R6547 的转化，后代经检测，获得聚合了 3～5 个外源基因的稳定遗传株系。其他品种如扬稻 6 号、R507 等的转化，也得到聚合了 2～4 个外源基因的稳定遗传株系。R6547 的转化成果已向农业部申报转基因安全性评价。在分子标记辅助育种实验室，实验室高效检测的技术流程和操作规程已经确立，在分子标记辅助育种研究方面，利用分子标记定位了多个抗纹枯病主效数量基因，以及与产量有关的卷叶、快速生长等有益株型基因，通过分子标记辅助抗性选择，获得显著提高对纹枯病抗性水平的新品系。开展抗水稻条纹叶枯病的分子育种研究，并已取得阶段性成果。江苏里下河地区农科所承建的"优质水稻育种工程"通过购置 35 台（套）仪器设备，运用转基因分子标记辅助选择等现代生物学手段，聚合有益基因，不断创新种质资源，培育了一批达国标优质米三级以上的新品种新组合，育种水平在省内外处于领先地位。该项目自实施以来，通过省级以上审定定名品种 8 个，获得植物新品种权保护 8 个，其中丰优香占 2003 年通过国家审定定名，先后被列为农业部跨越计划、国家科技部成果重点推广项目，其稻米被评为 2002 年中国优质稻米博览会金奖。扬两优 6 号品质达国标优质米三级以上，产量比汕优 63 增产 10%，其综合性能居目前国内"两系"杂交水稻领先水平，2004 年进入国家生产试验，被列入为国家科技成果转化项目和江苏省成果推广项目。通过实施良种繁供体系建设项目，初步建立起从良种培育到种子检测、加工、示范推广的一条龙良种繁育体系，极大缩短了良种技术的推广周期，使科技对粮食生产的贡献率明显提高。江都市小纪镇按照优质稻米生产的要求，组织新的优良品种，实行分区域连片种植，平均亩产比常规品种增产 40 公斤以上。通过实施农机配套工程，进一步调动了农民使用农业机械的积极性。农业机械化作业水平大幅度提高。江都市水稻插秧机械化水平由 2001 年的 1% 提高到 2004 年的 11%，被列为全省水稻种植机械化示范县（市）。

5. 农民收入显著提高

随着优质稻米生产基地项目的建成，由于生产成本的降低，粮食产量的增长，国家鼓励农民种粮的若干政策的落实到位，农民种粮的收入大幅度提高。全市项目区水稻面积 32 万亩，平均每亩节本 25 元，降本增效 800 万元；平均亩产增产 43 公斤，增产增效 2614.4 万元；每公斤稻谷提价 0.3 元，提质增效 5145.6 万元，总计新增效益 8560 多万元。项目区内农民近 32 万人左右，农民人均受益 260 元以上。

（四）项目管理的主要做法

1. 健全项目管理组织机构

按照投资体制改革和项目管理的要求，市、县（市、区）政府专门成立了优质稻米生产基地项目建设领导小组，由政府分管领导任组长，发改委、财政、农业、粮食、水利、农业开发等部门为成员单位，协调解决重大问题。领导小组都将基地建设作为一项重要工作列入议事日程，经常听取情况汇报，定期召开现场办公会，及时研究解决项目实施中出现的问题。领导小组下设办公室，挂靠在市、县（市、区）发改委，具体负责项目规划、建设的各项协调管理工作。

2. 高起点做好项目目标定位与规划

为切实发挥中央投资的经济、社会效益，在项目的目标定位上，广泛征求了育种科研、农田工程、生产加工和粮食贸易等方面的专家意见，对项目目标进行高起点定位。在高起点定位的基础上，组织了科研、生产、水利、工程咨询等多方面的专业人员，编制了项目实施方案，并分别经市项目建设领导小组、项目特聘专家、省有关部门专家审查，对实施方案提出的主导品种选择、工程技术措施、项目运作模式、资金管理程序、产业化整合方案等重大问题进行反复论证。从规划环节上，力求做到方案科学可行、目标适度超前、措施切合实际。

3. 完善项目建设的各项制度措施

为做好项目建设与管理工作，市发改委和市财政局联合制定了《扬州市优质稻米生产基地项目资金管理办法》，着重从以下六项制度建设入手，完善各项项目建设管理措施，提高项目管理水平和效率。

（1）实行项目法人负责制。扬州市及所属的县（市、区）优质稻米生产基地项目办作为项目管理单位，全面负责项目建设的各项规划、管理、监督等工作。项目办主任，由市、县（市、区）发改委分管领导担任，对项目建设负责。项目建设单位相应成立项目建设专门的工作机构，作为各分项目的项目法人，明确一名分管领导做组长，对项目建设的工程质量、财务账目、资金使用等负责。

（2）实行项目建设合同制管理。为明确项目管理部门、项目建设单位、施工单位和材料供应单位的权利与义务，严格按照市场经济的规则组织项目建设和工程施工。主要是按照国家一般基建项目管理要求，在项目发包、工程施工和大宗材料采购等环节实行了严格的三级合同制管理。首先，市项目办与各项目建设单位签订项目承建合同，规定了项目总投资、资金来源、工程地点、工程量、主体工程造价、工程技术标准、工期、产权改革任务、项目验收条件等要求。其次，项目建设单位与工程施工单位签订施工合同，规定工程地点、工程量、主体工程造价、工程技术标准、工期等要求。三是施工单位与材料供应单位签订材料供应合同，明确约定材料的数量、质量、单价等内容。通过实行三级合同管理，不仅大大增加了项目建设的透明度，也有效控制了项目投资预算，为加强工程质量管理提供了法律依据。

（3）严格执行项目建设工程监理制。为了加强田间工程建设的质量管理，商品粮基地工程达到规定的使用寿命的目标，项目办指定了江苏省苏源监理中心第二监理部作为项目的监理单位，全面负责分项目农田水利工程的监理，对工程设计、施工进度、操作工序、建筑材料、隐蔽工程等涉及工程质量的环节进行实时控制，确保施工质量。

（4）部分工程实行招投标制。由于本项目中的工程主要是田间土方和小型施工工程，单位工程造价一般在20万元以下，招投标的成本较高。为了保证工程的建设质量，项目实施单位参照工程招投标的做法，对用量较大、投资较多的工程、仪器设备，采用招标方式确定施工单位、生产供应单位。

（5）项目资金管理实行报账制。为做好项目建设的资金与财务管理，从制度上杜绝挤占、挪用项目资金现象，对项目建设资金全部实行报账制管理。对县级项目，市财政部门依据市发改委批复的项目建设实施方案，按年度将资金下达到县级财政部门。县级财政部门依照计委对项目实施方案的批复和县级项目办与项目实施单位签订的协议，在项目开工前，将全部应拨资金的30%作为项目建设启动资金，预拨至项目建设单位。项目建设单位按照实施方案组织施工建设，并按照工程和用款进度，编制详细的报账清单，提供原始票据，经项目办审查后向财政部门报账，申请下一批拨款；最后县级财政部门预留10%的资金，作为项目质量保证金，待项目通过验收后统一结算。对于市直项目，由项目实施单位和市项目办签订项目实施协议后，市财政拨付50%资金至市项目办，市直项目实施单位按照规定要求到市项目办报账。市直项目实施中期，根据项目进度和报账情况，待市项目办、财政等部门检查报账情况验收合格后，再下拨项目经费的 40%，余下的 10% 待项目验收合格拨付。

（6）项目建设实行准备金制度。为保证项目自筹资金足额筹集到位，对项目的农田基础设施工程全面推行项目准备金制度，要求各项目乡镇必须将应自筹资金的 20% 作为项目建设准备金，在项目开工前预缴入市项目办资金专户。否则，不予开工。通过这种方式，共筹集到位项目准备金 545 万元，为项目顺利实施提供资金保障。

4. 加强项目建设的效能监察

配合"六制"措施实施，扬州市将优质稻米生产基地建设项目纳入市委、市政府 2002 年度工作效能监察范围，且列为市纪委重点监察的年度全市重大工程项目之首。市发改委、财政局和监察局联合制定了《关于加强优质稻米生产基地项目建设效能监察的工作意见》，健全和完善"六制"制度，加强项目资金、财务管理，以工作制度的形式予以明确规定。同时规定项目建设单位的一把手要对项目建设负责，市发改委、财政局、监察局依照工作意见，定期对项目建设进展和管理制度执行情况进行检查，及时预防和纠正各种违规违纪做法。

三、基地建设存在的主要问题

（一）全市水稻单产连续多年徘徊不前，大面积均产亟待突破亩产 600 公斤的"瓶颈"

自从 20 世纪 70 年代杂交水稻育成以后，伴随着栽培技术的进步，扬州市单季稻生产出现了一个飞跃，大面积均产较快地突破 500 公斤。但是，进入 21 世纪以来，全市水稻单产一直徘徊不前，大面积均产未能突破 600 公斤。此外，各县（市）之间水稻单产很不平衡，且各县（市）水稻单产年际间也不稳定。

（二）农业化学品过量投入现象普遍，安全、清洁生产的稻作生态环境的保护与持续改善任重道远

传统稻作对有限耕地进行"重用轻养"的掠夺式生产，使不少土壤肥力因素失衡而地力逐渐下降。许多地方仍采用传统稻作施肥与用药方法，过量施用无机氮肥、化学农药导致稻区水体等环境恶化。近年来，水稻节水、节肥、节药栽培技术的研究虽有一定进展，但并未能从根本上解决稻作资源合理利用与环境改善问题。

（三）稻作现代化程度低，全程机械化配套率与普及率低

随着经济的发展，水稻生产的机械化水平有了不同程度的提高。水稻生产的耕

整地、排灌、植保、运输和初加工等环节基本实现了机械化或半机械化，但水稻生产机械化总体水平偏低。从水稻生产过程各环节机械化来看，水稻播种、移栽与秸秆全量还田这三个环节，已成为实现水稻生产全程机械化的瓶颈。这三个环节上农机农艺虽均有一定研究成果，但技术上均未能达到大面积实用化。同时，机直播、机移栽（抛）方式，稳定高产的技术问题仍未根本解决。

（四）长期投入不足，且投入分散，基础设施薄弱，服务体系落后，抗御重大自然灾害能力差，不适应现代稻作的发展

近几年来，农田基本建设主要靠农业资源开发项目、土地治理项目、商品粮基地建设项目以及水利项目等投入，建设规划缺乏系统配套，加上投入渠道单一，投入力度偏小，因此无论大、中、小型水利条件及田间排灌设施建设薄弱，还是土、水、种、肥、机、技等服务体系落后状况，均拖了稻作与时俱进的后腿。

（五）高产质不优现象突出，水稻品质结构不适应市场需求

由于长期重视产量的提高，忽视了品质的改善，不仅优质高产品种少，而且缺乏优质高产协调的综合生产技术，从而出现了普通食用大米、低档食用大米过剩，而优质米、专用米缺乏的局面。例如，当前稻米的外观品质、蒸煮食味品质以及卫生品质不能满足国际国内市场与消费者需求，也严重制约了水稻种植效益的提高。

（六）产前、产中、产后不协调，稻作经营规模小，生产效益低

长期以来水稻生产往往仅注重在产中这一阶段，从而造成产前、产中及产后严重脱节。近年来，水稻栽培科学技术的研发与整个生产环节的衔接以及为产前和产后提供必要的技术保证等问题虽被引起关注，但并未能真正在实践上系统解决问题。同时，目前土地经营规模过小，也是稻作效益较低的一个重要原因。

（七）产业化程度低，带动作用不够明显

尽管水稻是扬州市农业的第一优势产业，但对粮食加工企业投入不足，龙头企业带动力不强，加上还没有组织起高效的粮食经济合作组织，稻米产业化程度低，带动地方经济发展的显示度不够。

（八）与农业科研缺乏有效的对接，技术成果转化、推广滞后，影响了稻作产业的可持续发展

扬州市有省内外著名的农业院校和科研机构，人才与科研优势十分明显，但缺乏有效的对接机制，在新品种、无公害生产等方面，新科研成果的转化、应用滞

后，影响了扬州市稻作产业竞争力与可持续发展。

四、政策建议

（一）继续加大扬州粮食生产的投入力度，进一步扩大优质高效粮田的建设规模，完善农田基础设施，不断提高粮食综合生产能力

扬州一直是全国的粮食主产区之一，为国家粮食安全作出了较大的贡献，但由于粮食主产区一般是粮食大县、经济小县、财政穷县，加之近年来农业税制改革，地方财力有限，粮食主产区的投入严重不足，因此，国家应进一步加大对粮食主产区的投入力度，充分发挥中央资金的导向作用，积极引导地方和农民加大以农田基础设施为重点的投入力度，发展节水农业、高效农业，实现粮食生产的可持续增长。

（二）加快培育壮大粮食加工龙头产业，突出特色与品牌建设，提高产业化程度

从目前现状看，依托优质粮食生产基地，加快培育壮大粮食加工龙头产业，打造优质粮食品牌，走"加工企业＋基地＋农户"的产业化之路，是增加优质粮食产量、提高种粮效益、保护农民利益的有效途径。因此，扶持粮食加工龙头企业就是扶持粮食生产，就是扶持农民。粮食加工是薄利行业，粮食加工企业自身积累、自我发展的能力差，同时承担着粮价波动、带动农户的较大风险，需要国家给予扶持，重点在产品研发、技术改造、建立基地等方面加大扶持力度。

（三）强化服务体系建设，大力研发应用先进适用稻作技术，提高水稻生产综合效益

稻米产业化是一项系统工程。在扬州市稻作经营状态下，强化服务体系建设特别重要，只有这样才能提高技术的入户率与到位率。要加大科技推广力度，在大力应用优质高产抗逆新品种、超级稻品种基础上，研发应用先进适用稻作技术，重点推广应用超高产技术、优质高产协调技术、水稻抗逆减灾与清洁生产技术、适用轻简技术与全程机械化技术、秸秆还田与保护性耕作技术、肥药高效施肥技术、节水灌溉技术、高效稻作复合生态农业工程。针对性解决其中关键技术难题，找到经济、生态、社会效益协调增长的新途径，壮大扬州市农村经济。

案例 2

河南省新乡市国家大型商品粮
生产基地建设情况

一、新乡市粮食生产现状

（一）农业资源和农村经济基本情况

新乡市是河南省省辖市。全市辖两个县级市、六个县、四个城区、3569 个行政村，550 万人，其中农业人口 439 万人，占总人口的 70% 以上，农村劳动力223.7 万人。辖区面积 8169 平方公里，耕地面积 580 万亩。新乡市交通便利，距首都北京 620 公里，距省会郑州 70 公里，距新郑国际机场不足 100 公里。京广、新焦、新菏铁路在此交汇，106、107 国道和京珠高速穿境而过。

新乡市地处豫北平原，北依太行，南临黄河，西北部为太行山前洪积倾斜平原，东南部为黄河冲积平原，农业资源丰富，农业生产条件优越，是中国重要的商品粮生产基地。

新乡市属典型的大陆季风性气候，四季分明，年平均气温 14℃ 左右，日照时数 2384 小时，无霜期 210 天，年平均降水量 610 毫米左右，年平均相对湿度 68%；现有耕地 580 万亩，另有沙荒和滩涂地 100 余万亩，25 度以下坡耕地 90 余万亩，耕地土质深厚，土壤肥沃；境内建有各种类型的水库 23 座，总库容 19 905 万立方米，水资源相对短缺。全市农产品物种丰富，主要农作物有小麦、水稻、玉米、花生、棉花等，常年粮食播种面积 810 万亩，畜牧养殖主要品种有猪、牛、羊和家禽。辉县的山楂与药材、卫辉的蛋鸡、原阳的大米、封丘的"二花"与蔬菜、获嘉的花卉、长垣的绿色食品、延津的花生等，都享誉省内外。

随着农业投入力度的不断加大，新乡市农业生产条件不断提高。2004 年，全市耕地有效灌溉面积达 492 万亩，旱涝保收田 419.2 万亩，节水灌溉面积达到252.2 万亩，分别占耕地面积的 84.9%、72.4% 和 43.4%，基本形成了旱能浇、涝能排、沟相通、路相连的农田网络。农机总动力达 584.43 万千瓦，平均每百亩耕地拥有农机动力 101 千瓦。农业院校和科研院所达 10 余所，小麦、玉米、水稻、蔬菜育种处于国内领先水平，食用菌、生物技术处于省内领先地位，农业科研综合实力居全省第二位。

2004 年，全市实现粮食总产 295.53 万吨，较上年增长 5.3%，油料总产 23.18 万吨，棉花总产 2.6 万吨。实现农林牧渔业总产值 134.92 亿元，其中农业产值 72.86 亿元，畜牧产值 56.95 亿元；农林牧渔业增加值 78.9 亿元，其中农业增加值 47.36 亿元，畜牧业增加值 28.22 亿元；农民人均纯收入 2748 元，同比增长 14.1%（为近八年来增速最快的一年）。

（二）粮食生产情况

近年来，新乡市立足全国、全省重要的粮食主产区这一优势，以保证粮食需求安全为原则，紧紧抓住粮食生产不放松，不断加大对农业的投入，积极推进农业科技进步，实施项目带动战略，并按照国家关于农业结构战略性调整的要求，以稳定和提高粮食生产能力为基点，依托大型商品粮基地建设，大力实施粮食优质化工程，积极推进粮食产业化经营，促进大宗粮食作物优质化，粮食综合生产能力得到较快提高。1996～2000 年粮食生产连续五年创历史最高水平，2000 年粮食总产达到 295.36 万吨，比 1995 年增加了 42.61 万吨，增长 16.86%，年均递增 3.37%，"九五"期间实现了主要粮食产品由长期短缺到总量基本平衡、丰年有余的历史性转变。

进入 21 世纪以来，新乡市按照国家农业结构调整的总体部署，稳定粮食产量，主攻产品质量，坚持产质并重，全市粮食总产量基本稳定在 300 万吨左右，小麦、玉米、水稻、红薯、大豆五大粮食作物供应充足。2002 年粮食总产达到 300.66 万吨，比"九五"期间平均总产 291.52 万吨增长 3.13%。2003 年由于气候异常，夏粮遭遇高温干旱，秋粮遭遇长期阴雨寡照、大风冰雹等灾害性天气，致使粮食产量与全国形势相同有所减产，粮食总产 280.72 万吨，比 2002 年减少 19.94 万吨。2005 年粮食总产预计达到 305 万吨。目前全市粮食面积稳定在 810 万亩左右，占全省的 6%；年粮食总产 30 亿公斤左右，占全省的 8%；人均占有粮食 528 公斤左右，农民人均占有粮食近 800 公斤，高于全国、全省的平均水平；全市年粮食消费量 19.84 亿公斤，粮食年加工能力 23.7 亿公斤，实际粮食加工量 12.15 亿公斤，每年向国内外提供优质商品粮 10 亿公斤以上。

（三）粮食生产的比较优势

1. 自然条件优越

新乡市处于中国小麦生产带最佳腹地位置，属上等高蛋白、高筋值优质小麦生态区，种植同一品种小麦，其蛋白质高出豫南 2 个百分点，高出豫中 1 个百分点，非常适宜于优质强筋小麦生产。

2. 生产条件良好

新乡市为黄河冲积潮土和太行山前冲积淤土，土层深厚，地力肥沃，有机质含量平均在 1.5% 左右；水利设施配套，排灌方便，特别是引黄无污染灌溉，为提高优质小麦的品质和产量奠定了良好的基础。

3. 科技优势明显

新乡市有河南师范大学、河南科技学院、河南省农科院等一些科研院所，技术力量雄厚，为全市粮食生产提供了强有力的技术支撑，农业科技普及和应用较为广泛，农业科研综合实力居全省第二位。

4. 交通便利

便利的交通条件，便于各类物资和农产品的集散，为粮食的生产、销售和运输带来了便利。

5. 品牌优势突出

新乡市是全国著名的小麦产区，20 世纪 70 年代小麦生产成为全国农业三个先进地区之一。2000 年以后新乡又被确定为全国优质强筋小麦生产基地市。温家宝总理先后两次作出批示，对新乡市大力发展优质小麦、调整农业结构的做法予以肯定和推广。新乡优质小麦品牌在全国打响。目前，形成了以"长远"、"金粒"、"新良"、"强筋"等为代表的一批有影响的名牌产品。

（四）制约粮食生产的因素

1. 农业基础设施薄弱

随着对农业投入的不断加大，农业基础设施建设虽有了明显改善，但仍难以满足现代农业发展的要求，农业基础设施如：水利基础设施、水利服务体系建设、农业科技与农业服务体系建设等仍需加强，抵御自然灾害的能力有待进一步提高。

2. 农业生产资料价格过高

2004 年，全国农业生产资料价格平均上涨 10.6%，由于农业生产资料价格上涨，平均每亩生产投入增加 17.1 元。其中，用量最多的化肥上涨 12.8%，直接影响了种粮收益，继而影响农民的种粮积极性。

3. 耕地面积减少

虽然国家不断加大对耕地使用的治理力度，严格控制非农占地，但随着工业化、城镇化的推进，建设用地不断增加，耕地面积仍呈逐年减少之势。

4. 粮食生产比较效益低

由于粮食种植范围广、数量大、储存难度大、易损耗、投资大、投劳多、风险高而导致粮食生产在整个农业生产中的比较效益处于劣势。

5. 经营分散且规模小

家庭联产承包经营方式，导致了千家万户的各自小规模农业生产，不利于高效率农用机械的推广和使用、优质粮食品种推广和降低粮食生产成本。

二、国家大型商品粮基地建设情况

（一）项目区概况

新乡市优质小麦生产基地建设项目区涉及新乡县、获嘉县、原阳县、延津县、封丘县、长垣县、卫辉市、辉县市8个县（市）的平原地区，便于大面积机械化作业和集中连片开发。土地面积7982平方公里，耕地面积551万亩，总人口466万人，其中农业人口381万人。粮食总产量303万吨，其中小麦产量占总产量的55.8%；工农业总产值232.8亿元，其中农业总产值76.77亿元，农民人均纯收入2197元。

（二）项目建设情况

1. 项目投资

该项目总投资7500万元，其中，国家安排中央预算内资金5000万元，省、市、县配套投资2500万元。投资结构为，育种科研设施建设投资950万元，良种繁育和统一供种体系建设投资1471万元，农田水利工程建设投资4269万元，病虫害防治等农业生产服务设施建设投资450万元，其他投资360万元。项目建设期为2年（2003~2004年）。

2. 建设规模

根据国家批复的项目可行性研究报告，建设规模和主要建设内容：建设优质小麦原原种选育基地1万亩，原种和良种繁育基地20万亩，优质小麦生产基地120万亩。新建低温品种资源库、品质检测室等设施1.6万平方米，修复、新打机井3600眼，铺设低压地埋管道914公里，整修灌排渠道1010公里，购置育种科研、种子加工检测、病虫害防治等仪器设备3329台（套）。

3. 建设目标

充分发挥新乡市的自然生态条件、交通地理条件、社会经济条件的比较优势，在国家专项资金扶持下，通过增加投入、科技推广、条件改善，把新乡市建成全国重要的强筋类优质小麦生产基地、优质小麦种子基地、优质小麦产业化基地。

（1）产量目标。本项目建成后，小麦亩产由370公斤左右提高到400公斤左右，每年产优质小麦15.2亿公斤。

（2）质量目标。优质强筋小麦达到：籽粒容重≥770g/L，蛋白质含量≥14%，面粉湿面筋含量≥32%，降落数值≥300s，吸水率≥60%，面团稳定时间≥7.0min。

（3）效益目标。项目对120万亩优质小麦生产大田、1万亩原原种及20万亩原良种繁育基地建设区的水利建设以节水灌溉为中心，按照先节水、后开源，充分利用现有机电井，先修旧井后打新井的原则，新增节水灌溉面积11万亩，改善提高有效灌溉面积30万亩。种植优质小麦380万亩，年总产15.2亿公斤。

4. 完成情况

该项目于2003年12月开工建设，于2005年7月基本完工。在国家、省发改委的指导下，新乡市市、县（市）两级发改委严格按照《国家大型商品粮生产基地建设项目管理办法》要求，认真组织实施，项目整体进展顺利，工程质量整体良好，基本达到了设计要求。项目实际完成投资7514.37万元，共完成新打机井1940眼，洗修旧井2011眼，铺设地埋管道909.986千米，整修灌排渠道883千米，新建硬化渠道160.1千米，购置农机设备337台套，购置各类水泵1584台，购置仪器设备1212台套，新建桥涵闸等小型农田建筑物336座，新建种子加工车间、种子仓库、配肥站、温室、网室、加代挂藏室等共计23 818.42平方米等。建成优质小麦原原种选育基地1万亩，原种和良种繁育基地20万亩，优质小麦生产基地120万亩。项目工程经新乡市重点建设工程质量监督中心评定，认定该项目工程为优良工程。

（三）项目建设成效

1. 农业基础设施水平显著提高

通过项目的实施，新乡市新增、改善有效灌溉面积31万亩，新增节水灌溉面积11.9万亩，新增农机总动力3950千瓦。截至2004年底，全市有效灌溉面积达到492万亩，节水灌溉面积252万亩，旱涝保收田419万亩。土壤的保水性明显提高，小麦适耕期明显延长，作物长势明显见好，受到了广大群众的好评。

2. 农业服务体系进一步完善

项目的实施使优质小麦统一供种、小麦订单签约、病虫害防治、土壤改良、秸秆还田等农业服务能力大大提高。2004年，优质小麦统一供种面积265万亩，比项目实施前增加35.83万亩；小麦订单面积达到250万亩，比项目实施前增加96.3万亩；小麦机械播种面积366.8万亩，比项目实施前增加34.6万亩；机械深耕面积366.78万亩，比项目实施前增加125.78万亩；小麦精播面积达到347.7万亩，比项目实施前增加30万亩；优质小麦亩均播种量由项目实施前的10.4公斤下降到9公斤；种子包衣面积达到156.7万亩，比项目实施前增加22.7万亩；药剂拌种面积274.5万亩，比项目实施前增加24.5万亩；化肥深施面积328.5万亩，比项目实施前增加70万亩；秸秆还田面积183万亩，比项目实施前增加19万亩。

3. 优质小麦产业化步伐加快

2004年，全市农业产业化经营组织达到850家，固定资产26.8亿元，带动农户35万户，连接生产基地160万亩，农户从产业化经营中增收7640万元。农民专业合作组织达到452个，带动种植基地75万亩，资产总额5.7亿元，经营额6.8亿元，吸纳农户6.1万户。以经营小麦种子为主的金粒公司、生产经营面粉为主的新良公司、生产经营方便面为主的亚特兰公司、生产经营营养挂面为主的长远集团等优质麦深加工企业，近两年销售收入年均增长都在20%以上。河北五得利集团认准新乡优质小麦原产地优势后，在新乡建设的日处理小麦4000吨面粉厂与优质小麦基地项目同时开工建设，今年（2006年。编者注）8月生产规模已达2000吨。娃哈哈集团在新乡建设的年产4亿袋方便面项目已于今年（2006年。编者注）6月开工建设，计划年底竣工投产。

4. 农民收入显著增加

2004年农民人均纯收入为2748元，比项目实施前的2002年净增454元，增幅达19.8%。项目对农民增收的促进作用主要表现在以下几个方面：（1）项目的实施使农业生产条件显著改善，粮食增产，品质提高，促使农民增收；（2）农业基础设施的逐步完善，使农民生产实现节水、节电、节油、节时，生产成本下降，间接促进农民增收；（3）低压地埋管道可直接节约耕地近1500亩；（4）在小麦产业化加速过程中，小麦销售价提高，每公斤可增加0.04~0.06元。加上更多的农民投入小麦加工、运输等行业，务工收入大量增加。

新乡市封丘县潘店乡安占村在优质小麦项目实施前，全村每年大田灌溉6次，每次耗电8400度，年耗电50 400度；优质小麦项目在该村共安排地埋管道1800米，控制耕地400亩，项目实施后，该村每次灌溉耗电降至6800度，年可节电9600度，仅此一项该村每年节约灌溉成本6720元！同时，每亩灌溉可节省时间50分钟，大大缩短了灌溉时间。项目实施前该村优质小麦种植只有90亩，项目实施后，由于灌溉便利，种植成本的降低，优质小麦已发展到300亩。

5. 小麦生产掀起高潮，优质麦发展长足进步

项目的实施极大地调动了新乡市农民种植优质小麦的积极性，全市的优质小麦得到了较快发展。2005年，新乡市小麦收获面积466.25万亩，总产181万吨，其中，优质小麦面积已达到358.4万亩，单产393公斤，总产140.8万吨。优质小麦收获面积比项目实施前增加43.4万亩，增长10.8个百分点。2005年全市优质小麦计划播种面积400万亩以上，单产达到400公斤。

优麦品种逐渐集中，目前以新麦18、郑麦9023、豫麦34、济麦20、高优503、郑农16、河北8901、豫麦47为主，其中，新麦18、郑麦9023、豫麦34、高优503播种面积占优质麦总面积的80%。逐步形成单一品种集中连片种植的大趋势。

6. 农业科研实力增强，小麦育种步伐加快

项目的实施显著提升了新乡市的农业科研水平，以省、市农科院为龙头的农业科研体系实力大大增强，小麦育种速度进一步加快，优质小麦新品种不断涌现。

（四）项目建设经验

与其他项目相比，国家大型商品粮基地项目具有涉及领域多（农田、水利、农机、农业科研等）、工程分布广（遍布8个县（市）、74个乡镇、836个行政村）、单位面积投资少（每亩只有53元）、单项工程小而分散、施工环境不稳定等诸多特点。能够较好地完成建设任务，主要经验有以下几点：

1. 坚持尊重实际，尊重社情民意

优质小麦基地建设，涉及千余农村，惠及百万农民。为了把好事办好，必须始

终坚持从群众中来、到群众中去。一是在确定地块及相应建设内容时，反复征求基层干部和群众意见，尊重群众选择。二是在制定实施方案、编制施工设计时，充分考虑家庭联产承包和农民耕作习惯的现实，使项目建设可行。三是在施工过程中，主动邀请土地承包人到施工现场监督，使承包人满意。

2. 领导要重视，组织要健全

项目的特殊性，决定了政府的协调工作是大量的。新乡市各级党委、政府领导都充分认识到了这一点，对项目建设都给予极大的关注和支持。一是市、县（市）两级政府一把手亲自挂帅，担任领导小组组长。二是两级领导小组之间，全部实行项目建设和管理责任制。三是主要领导挂帅又出征。市政府主要领导和相关职能部门负责人都经常主动过问工程建设情况，不定期对工程建设进行督查和跟踪问效，协调解决工程建设中的重大问题。所有这一切，为工程顺利实施提供了强大的政治保证。

3. 程序要完善，管理要科学

在项目招标、项目建设管理、项目监理、工程施工、资金拨付等具体工作中，都根据相关法律法规、规程，制定了一整套严密的程序和规范，使所有参建人员都能做到有章可循，违章必究，有效杜绝了漏洞。在项目进度安排上，统筹安排生产建设，尽量错开农忙季节，做到了生产建设两不误。

4. 勤检查，多沟通

为了及时掌握情况，及时解决问题，一是对所有子项目实行了进度月报制，后期改为旬报制度，及时掌握情况。二是不定期编发项目建设简报，指导面上工作，做到上下沟通。三是实行项目进度质量通报制度，利用批评、表扬两个武器，使所有子项目建设形成比、学、赶、超的局面。四是不定期召开业务协调会，及时掌握信息，及时解决问题。五是在建设的关键环节深入施工现场一线督促检查。

5. 坚持公开公正公平，自觉接受社会监督

一是在成立项目领导小组及办公室时，主动要求审计、财政、纪检等监督部门参加人员并承担相应工作，自觉置项目于部门联合监督之下。二是在招投标过程中，严格按照招投标法办事，首先使程序合理，其次使操作规范，其三使监督有效，其四使专家自主。使所有投标单位能够在公平、公正、公开的环境中平等竞争，使质优价廉的货物和服务脱颖而出，参与工程建设。三是在施工中，自觉邀请资产使用单位现场监督。

三、存在的问题

（一）投入力度偏小，投资渠道单一

农业是弱质产业，政府对农业的投入是改善农业生产条件，加强农业基础设施建设的主要途径。虽然政府不断加大对农业的投入，但投资仍然相对较少，远不能满足建设现代农业的需要。同时国有四大商业银行全面收缩设在县以下网点，在农村只是吸收储蓄，不放贷款，农村信用社体制不完善，政策性银行涉农信贷资金主要用于粮食收购环节，农村资金通过储蓄渠道"农转非"现象严重，农业生产贷款困难。再者，取消"两工"和实行"一事一议"之后，农民对农业的投入（包括投工投劳等）间接减少。

就新乡市大型商品粮基地项目本身而言，规模偏小，仍不能完全满足全市发展优质小麦的需要。从新乡市的农业大市、优质小麦强市的总体布局上看，目前项目的建设规模依然偏小，单位面积投资小，亩均只有 50 元（比其他农田水利项目亩均少 40 ~ 100 元），远不能满足全市做大做强小麦经济的需要。

（二）农业基础设施依然薄弱，抗御自然灾害的能力不强

目前新乡市仍有相当一部分农业（尤其是水利）基础设施年久失修（引黄灌区年久失修、达不到设计要求，河道不畅造成内涝严重和险情不断，水库险情急需加固，种子繁育基地、体系不牢固、不健全），老化严重，不能满足日益发展的农业生产需要。2003 ~ 2005 年，新乡市连续三年均发生了不同程度的内涝、干旱、冻害、冰雹等自然灾害，给农业生产造成了巨大损失。

（三）农业技术推广体系不完善，技术棚架问题严重

目前新乡市基层农业技术推广人员较少，农业技术推广体系呈现网烂、线断、人散的现状。因财力所限，现有技术人员也无法得到进修、培训，技术知识仍停留在过去的基础上。而先进和实用的农业技术，不能及时向乡村推广，农民难以得到较好的产前、产中、产后服务。

（四）农业产业化经营水平不高

强势龙头企业数量少，龙头企业辐射带动能力不强，农民专业合作组织运作不够规范，与农户的利益连接机制有待进一步完善。农村组织化程度低，导致优质小麦及种子分散经营，一村、一乡（镇）难以做到统一品种、统一播种、统一模式

管理、统一收获、统一仓储，因而品质和质量不够稳定，附加值不高。

（五）粮食加工能力滞后

一是大部分粮食加工企业规模小、设备工艺落后，缺乏创新能力和发展后劲。二是粮食加工行业总体产品档次低，精深加工产品少，尽管一些企业具备先进生产能力，但对全市优质麦资源开发利用做得还不够，专用粉生产仅处于起步阶段。三是受内外部环境影响，企业之间竞争激烈，压价倾销，目前新乡市粮食加工行业平均吨利润仅为 20~30 元，远远低于吨利润 100 元的正常指标。四是大部分企业还缺乏品牌意识，品牌效应不明显。五是企业普遍缺乏资金，贷款困难，阻碍企业进一步发展。

四、几点建议

（一）进一步加大国家对大型商品粮基地建设的投入力度

加强以水利工程为主的基础设施建设，实施水利工程节水改造、除涝治理、水利技术服务推广体系建设等工程。加大对农田道路、田间道路等田间基础设施建设。加大对科技推广体系建设的投资力度，搞好农业信息技术服务。继续对农业科研进行投资，实施育种家种子育繁推体系建设等育种项目工程。继续投资田间动力建设，实现农业机械化。

（二）拓宽投资渠道，国家政策性银行资金要投向基地建设

整合政府支农投资，统一规划，使各项支农资金向基地建设倾斜。国家出台向大型商品粮基地融资的相关政策，促使国家政策性银行资金向基地倾斜。协调农村金融组织对农村、农业的投入，使劳动力、资金、土地、科技得到最佳资源配置，特别是农业小额信贷投放的力度需进一步加大，切实解决农民生产资金困难问题。积极盘活民间闲散资金，引导社会力量投资农村和农业基础设施。

（三）大力推进农业产业化经营，努力提升种粮效益

培育粮食加工流通龙头企业，加快粮食产业化经营。采取国家直接投资、政府补助、贴息贷款等各种途径支持粮食加工流通龙头企业的发展，加快粮食产业化经营。加大扶持力度，扶持种粮大户精通适用技术、上规模、上效益、走订单农业之路，培育发展粮食精深加工龙头企业，支持重点企业搞好技术改造、上规模、树品牌。实施企业联基地，基地联农户，产加销一条龙经营，让农户参与生产经营中的

二次分配。

（四）加大对农业科研机构的支持力度，健全科技推广体系

建议依托地方农业科学院所建设国家农业科技创新中心综合试验站，增强优良品种的研发能力和示范带动能力。努力为科技推广创造各种条件，使现有的科技成果和实用技术得到应用，提高农业科技贡献率。建设市、县、乡三级信息网络体系，配备专职工作人员和设备，做好信息服务工作，把生产信息、技术信息、价格信息及时送到群众身边，使农业生产与市场对接。加大对农业领域人力资本投入力度，组建专门的技术性农业管理及科技人才培训基地，有效提高现代化农业生产经营与管理技术水平。

（五）实行最严格的粮田保护措施，确保基本农田的稳定

健全永久性基本农田保护区，做到占补平衡；加强对基本农田规划、用地补充和农业环保管理；依法进行粮田的特殊保护，严格土地流转政策，清除抛荒隐患，有效行使消荒措施。

参考文献

［1］国家统计局：《中国统计年鉴》（1996～2004年），中国统计出版社。

［2］刘江主编：《21世纪初中国农业发展战略》，中国农业出版社2000年版。

［3］王为农、马晓河、蓝海涛：《入世与中国农产品供需平衡》，中国计划出版社2004年版。

第九章

各阶段全国及主产区粮食综合生产能力目标及要素投入

内容摘要 明确全国及主产区粮食综合生产能力的目标规模及要素投入需求，是制定保护和提高中国粮食综合生产能力政策措施的重要依据。本章在分析全国及主产区粮食综合生产能力影响因素和预测中国未来不同阶段（2010年和2020年）粮食需求量的基础上，确定了不同阶段全国及主产区粮食综合生产能力的目标规模，并对所需要素投入进行了研究。主要结论为：（1）2010年和2020年中国粮食需求总量将分别达到5.394亿吨和6.167亿吨；（2）为满足上述需求，在考虑适当进口的情况下，2010年和2020年中国粮食综合生产能力的目标规模分别为5.124亿吨和5.550亿吨；（3）实现2010年中国粮食综合生产能力5.124亿吨目标规模的一个可行方案是：粮食播种面积达到15.5亿亩，粮食成灾面积保持在2004年的水平，每公顷化肥投入和其他物质投入需要比2004年增长9.74%；（4）实现中国2020年全国粮食综合生产能力5.55亿吨目标规模所需要素投入的可能方案是：粮食播种面积为16亿亩，粮食成灾面积保持2004年水平，或降低10%，或降低20%，相应的每公顷化肥投入和其他物质投入比基期2004年增加的幅度分别为16.17%、14.32%和12.47%。粮食播种面积在2020年要保持在16亿亩是确保中国粮食安全的一条警戒线。

20世纪90年代中期中国粮食产量的快速增长曾使人们对中国的粮食问题充满乐观态度。但是1999年以后，中国粮食生产出现较大滑坡，粮食播种面积、总产量和人均占有量持续减少，2003年总产量比历史最高水平的1998年减产700亿公斤，直到2004年才有恢复性增长。2003年下半年开始的全国性粮食价格大幅度上涨也从一个侧面反映出中国粮食安全仍然存在隐忧，中国的粮食安全问题又重新成为各方面关注的焦点。由于提高和保护好中国的粮食综合生产能力是确保中国粮食安全的根本基础，因此一个时期以来，关于中国粮食综合生产能力的研究成为一个热点问题。

目前已有的关于中国粮食综合生产能力的研究主要集中在粮食综合生产能力的内涵、衡量指标、影响因素以及如何保护和提高中国的粮食综合生产能力等方面。

根据现有研究成果，影响提高中国粮食综合生产能力的主要因素有：种粮比较收益低、农民种粮积极性不高，耕地和水资源短缺，农业基础设施薄弱，农业科技储备不足、推广体系不健全以及由政策所造成的地方政府、特别是主产区政府对于发展粮食生产缺乏足够的积极性等。所提出的保护和提高中国粮食综合生产能力的措施主要有：依法严格保护耕地和水资源，增加投入、加强农业基础设施建设，加大科技攻关和科技推广力度，实行对农民的直接补贴，完善粮食市场宏观调控政策，保护农民与地方政府发展粮食生产的积极性等。

综观目前关于中国粮食综合生产能力研究的现状，我们可以看出现有研究具有以下几个方面的不足：

1. 对于中国及主产区未来不同阶段粮食综合生产能力的目标规模没有进行定量研究。中国及主产区到底应该保持多大的粮食综合生产能力对于讨论中国粮食综合生产能力保护机制问题非常重要，因为只有在明确全国及主产区粮食综合生产能力目标规模的前提下，才能够提出具有针对性的粮食综合生产能力保护措施体系。

2. 目前研究中所提出的保护粮食综合生产能力的政策措施也缺乏定量分析。如增加农业投入是一个被经常提到的、非常重要的政策建议，但更具有操作意义的政策建议应该是为实现既定粮食综合生产能力的目标规模，到底需要增加多少投入，这样的投入需求我们是否能够承受等。

3. 目前对于中国粮食综合生产能力的研究大多停留在全国层次，即将全国作为一个整体来研究其粮食综合生产能力及其保护措施，对粮食主产区的粮食综合生产能力及其保护措施的研究还很少见。随着中国农业生产区域布局的调整和优化，粮食主产区作为全国商品粮的主要提供者，在保障粮食供给、维护国家粮食安全方面将发挥更加重要的作用。稳住了粮食主产区的综合生产能力，就稳住了全国粮食生产能力的大局。

上述关于目前中国粮食综合生产能力研究现状中存在的不足之处，正是本章研究的切入点，同时也是本章研究项目的重要意义所在。

本章研究的目标是：在对全国及主产区粮食综合生产能力的影响因素进行定量分析和对未来不同阶段（2010 年和 2020 年）中国粮食需求量进行预测的基础上，确定未来不同阶段中国及主产区粮食综合生产能力的目标规模及所需要素投入量，以为完善中国粮食综合生产能力保护措施提供科学依据。

为实现上述研究目标，本章研究的内容主要包括以下四个方面：（1）全国及主产区粮食综合生产能力的历史变化特征及影响因素分析；（2）不同阶段（2010 年和 2020 年）中国粮食需求量的预测；（3）不同阶段全国及主产区粮食综合生产能力目标规模的确定；（4）不同阶段全国及主产区粮食综合生产能力目标规模所需要素投入量的确定。

一、全国及主产区粮食综合生产能力历史变化特征及影响因素分析

　　粮食综合生产能力是指在一定地区、一定时期和一定的社会经济技术条件下，由各种生产要素综合投入所形成的、能够相对稳定地达到一定水平的粮食产出能力。粮食综合生产能力由耕地、劳动力、资本、技术等投入要素所决定，通过对生产过程的组织与调控，转变为实际产出能力。由于中国长期以来一直采取各种措施努力提高粮食的实际产量，并没有像欧美国家采取耕地休耕制度，因而中国粮食的实际产量就可以反映粮食综合生产能力。在本章中，对中国粮食综合生产能力历史变化特征及影响因素的分析实际就是对中国粮食产量历史变化特征及影响因素的分析。

　　主产区（包括河北、内蒙古、辽宁、吉林、黑龙江、江苏、安徽、江西、山东、河南、湖北、湖南和四川等 13 个省区）粮食综合生产能力是全国粮食综合生产能力的主要组成部分，关系到全国粮食生产大局，对稳定全国粮食供求、确保粮食安全起着不可替代的作用。因此，本章对粮食综合生产能力历史变动特征及影响因素的分析除从全国层次展开以外，还从主产区层次展开。

（一）1978 年以来全国及主产区粮食综合生产能力的历史变化特征

　　图 9 - 1 和图 9 - 2 显示了 1978 年以来全国和主产区粮食播种面积和粮食产量的变动情况，由这两个图我们可以看到，全国和主产区的粮食播种面积和产量变动具有很明显的同趋势性，这从一个方面也反映了主产区粮食生产的波动情况对全国粮食生产的变动起着决定性作用。1978 年以来中国粮食产量的变动可以大致分为快速增长、缓慢增长、相对快速增长、下降和恢复五个阶段。

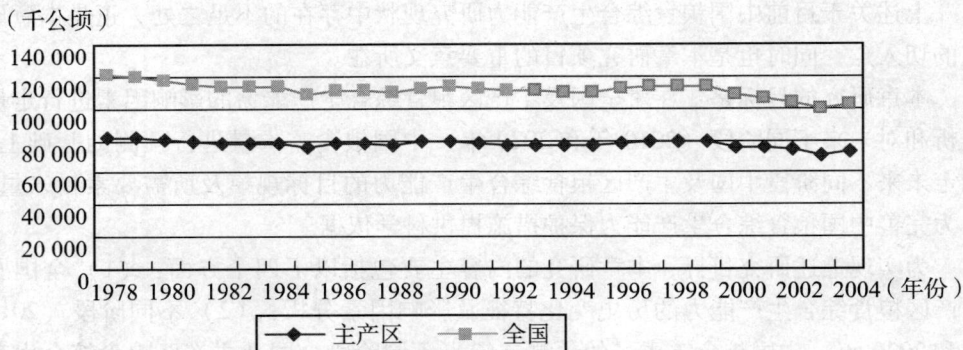

图 9 - 1　1978 年以来全国及主产区粮食播种面积变化情况

数据来源：国家统计局农调队，历年《中国农村统计年鉴》。

1. 第一阶段：粮食产量快速增长阶段（1978～1984 年）

改革开放初期，农村家庭联产承包责任制的推行以及农副产品收购价格的提高极大地调动了农民的生产积极性，促进了粮食生产物质投入的增加，再加上同时期自然灾害相对较少，粮食产量显著提高。在 1978～1984 年的六年间，全国粮食总产量的年平均增长速度为 4.9%，是新中国成立以来增长最快的时期。主产区的粮食产量也由 1978 年的 21 124 万吨增加到 1984 年的 29 366 万吨，增加了 39%。

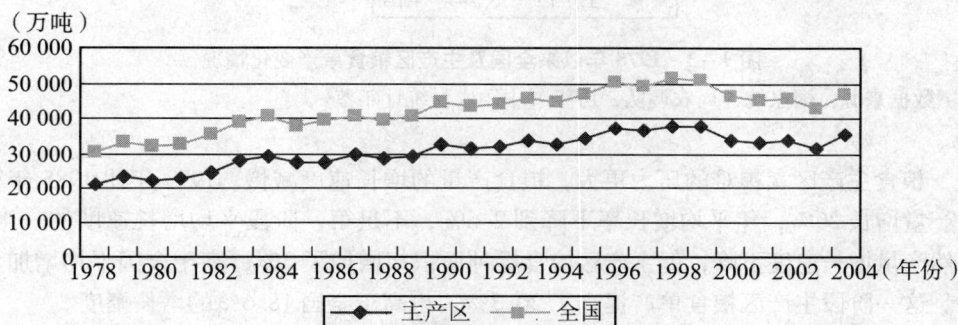

图 9-2　1978 年以来全国及主产区粮食产量变化情况

数据来源：国家统计局农调队，历年《中国农村统计年鉴》。

与产量增长形成鲜明对照的是粮食播种面积的减少。这一阶段全国粮食总播种面积减少了 6.4%，主产区粮食播种面积下降幅度小于全国水平，为 4.6%。这一阶段无论是全国还是主产区粮食产量的增长主要来源于单产水平的提高，全国每公顷粮食产量由 1978 年的 2527 公斤增加到 1984 年的 3608 公斤；同期主产区粮食单产由 2578 公斤/公顷，增加到 3757 公斤/公顷，分别增长了 42.8% 和 45.8%（见图 9-3），主产区粮食单产高于全国平均水平的幅度逐渐加大，表明粮食主产区的生产优势开始显现。

2. 第二阶段：粮食产量缓慢增长阶段（1985～1993 年）

这一阶段制度因素对生产的促进作用已发挥完毕，并且农业生产资料价格出现较大幅度上涨，再加上在全国粮食连年丰收的情况下，国家对于粮食进出口调节的失误，造成全国性粮食供大于求的局面。卖粮难问题抑制了农民的生产积极性，粮食生产受到影响，产量增长速度放慢，全国粮食总产量年平均增长速度下降到 2.3%。与 1985 年相比，1993 年全国粮食播种面积略有增长，达到 110 509 千公顷，增长 1.5%。这一阶段全国粮食总产量的增长幅度为 20.4%，每公顷产量由 1985 年的 3483 公斤增加到 4130 公斤，增长幅度为 18.6%。

（公斤/公顷）

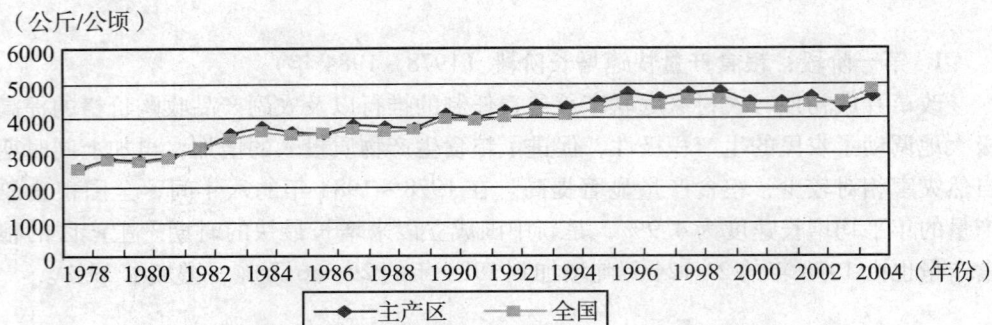

图 9 - 3　1978 年以来全国及主产区粮食单产变化情况

数据来源：国家统计局农调队，历年《中国农村统计年鉴》。

　　粮食主产区卖粮难的压力更大，粮食产量的增长速度减慢。1993 年比 1985 年粮食产量增长 26%，年平均增长率下降到 2.6%，不足第一阶段平均增长速度的一半。虽然产量增长速度下降，但主产区粮食播种面积却增加了 2%，高于全国平均增加水平。这一阶段主产区粮食单产提高了 20.3%，也高于全国 18.6% 的增长幅度。

3. 第三阶段：粮食产量相对快速增长阶段（1994~1998 年）

　　20 世纪 90 年代中期以后中国的市场化改革不断深入，经济迅速发展。政府于 1994 年和 1996 年两度大幅度提高粮食收购价格，水稻、小麦和玉米三种主要粮食作物的平均收购价格比 1993 年七八月份的市场价格提高了 75%。粮食收购价格的提高刺激了粮食种植面积扩大，1998 年全国粮食播种面积比 1994 年增长了 3.9%，同期产量增长 15.1%，1998 年全国粮食总产量达到历史最高水平，为 51 229.5 万吨。这一阶段粮食产量的年平均增长速度为 3.6%。

　　主产区粮食产量增长了 14.1%，年平均增长 2.7%；粮食播种面积增加 4.2%，为 1980 年以来的最高水平。但是主产区粮食单产仅提高了 9.5%，低于全国平均 10.8% 的增长幅度。虽然这一阶段主产区单产增长幅度稍低于全国，由于基数较高，整个时期内的粮食单产仍然比全国高 222.1 公斤/公顷。

4. 第四阶段：粮食产量下降阶段（1999~2003 年）

　　这一阶段虽然中国经济仍以高于世界平均水平的速度增长，但与 1998 年亚洲金融危机之前相比国内需求明显不足，并影响到农业生产，粮食市场价格持续下降，农民收入增长缓慢。为解决农民收入问题，缓解加入 WTO 以后可能出现的对国内粮食生产的冲击，各地区都加快了农业结构调整的步伐，重点是调整种植业结构，削减粮食作物播种面积，增加经济作物的种植面积。另外，再加上农民种粮积极性下降等原因，这一阶段，全国粮食播种面积下降了12.2%，粮食播种面积占农作物播种总面积的比例由1999年的72.5%下降到2003年的65.2%，2003年粮食播种面积仅为1978年的82.4%。1999年起全国粮食总产量连续下降，2003年粮食总产量比1999年减少15.3%，是1978年农村改革以来全国粮食产量下降幅度最大的时期，同期全国粮食单产也下降了近1%。

这一阶段主产区粮食生产变动趋势与全国相同，播种面积下降了10.4%，低于全国下降幅度，粮食产量下降了15.8%，高于全国下降幅度，单产下降了8.7%，远高于全国同期下降幅度。

5. 第五阶段：粮食产量恢复阶段（2004年至今）

2004年中央一号文件的出台，标志着中国政府农业政策在加强农业保护方面迈出了重要一步。粮食直接补贴、良种补贴、农机购置补贴、减免农业税等一系列含金量较高农业政策措施的实行，极大地调动了农民的粮食生产积极性，再加上较为有利的气候条件，2004年中国粮食产量扭转了自1999年起连续5年下降的局面，进入了恢复性增长阶段。与2003年相比，全国粮食播种面积增加了2.2%，粮食产量增加了9.0%，每公顷粮食产量增加了8.5%。

这一阶段主产区粮食生产的变动趋势与全国相同，也出现了恢复性增长，与2003年相比，粮食播种面积增加了2.7%，粮食产量增长了11.4%，每公顷粮食产量增加了6.6%。

从改革开放以来的整个时期来看，主产区在全国粮食生产中的地位逐步提高，表现在粮食播种面积和粮食产量占全国总量的比重都有所提高（见图9-4），其

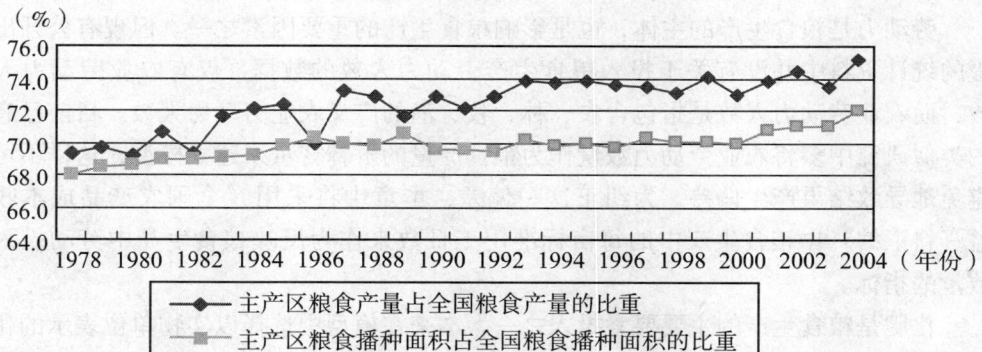

图9-4　1978年以来主产区粮食播种面积及产量在全国中的比例

数据来源：国家统计局农调队，历年《中国农村统计年鉴》。

中，产量提高幅度还略大于面积提高幅度。这种变动也反映了主产区在粮食生产方面资源优势的发挥以及种植业结构调整后全国农业生产区域布局的变化。

（二） 全国及主产区粮食综合生产能力影响因素分析

1. 模型、变量及数据选择

前面我们已经提到，在中国可以用粮食实际产量来表示粮食综合生产能力，因此这里对粮食综合生产能力影响因素的分析就可以转变为对粮食产量影响因素的分析。在本章中我们将建立柯布－道格拉斯生产函数，根据各影响因素的生产弹性和在不同阶段各影响因素对粮食产量增长的贡献率来分析粮食产量的影响因素及其影响程度。

从理论上讲影响粮食产量的因素基本上可以分为四类，第一类是各种生产要素的投入量，如土地、劳动、化肥、机械、资本等的投入量；第二类是各种农业技术进步；第三类是国家粮食政策、农业生产组织与经营制度；第四类是各种自然灾害。

土地是粮食生产最基本的投入要素，其投入数量的规模一般用粮食播种面积来表示。粮食播种面积是解释产量变化的一个关键变量，且对粮食产量是一种正向影响。同时，各种自然灾害对粮食产量的影响很大，成灾面积可以反映粮食生产中受自然灾害的影响程度，粮食产量与成灾面积是一种负相关关系。但是现有各种公开出版的统计资料中的成灾面积都是农作物总成灾面积，并没有单独反映粮食作物受灾面积的指标，在本章中假定自然灾害在各种不同作物种类中的分布是均匀的，这样粮食成灾面积可用粮食播种面积占农作物总播种面积的比例乘以农作物总成灾面积得到。

劳动力是粮食生产的主体，也是影响粮食生产的重要因素之一。但现有公开出版的统计资料中并没有关于投入粮食生产劳动力人数的数据，仅有农业劳动力人数，而农业劳动力人数是指包含农、林、牧、渔的广义农业劳动力人数。目前已有的类似研究中多将农业劳动力数量作为粮食产量的解释变量来建立模型，这样不可避免地导致结果产生偏差。为纠正这一偏差，本章中将采用《全国农产品成本收益资料汇编》中粮食生产中的每亩标准用工日数来作为反映粮食生产中劳动投入数量的指标。

化肥是粮食生产的主要要素投入之一。本来在模型中选择以实物单位表示的化肥投入量最为合理、准确，化肥变量应选择化肥的折纯量。但由于不同种类的化肥有效元素含量不同，而且《全国农产品成本收益资料汇编》不同时期的统计口径存在差异，1991 年以后化肥使用量为折纯量，而此前的统计口径为标准吨，两者不具有可比性。因此，本章中选择了每亩的化肥费用支出作为衡量化肥投入水平的解释变量。在建立模型中，为使不同年份的数据具有可比性，现采用农村生产资料价格指数对不同年份的化肥费用数据进行了调整。

　　在中国粮食生产的各种物质投入中，化肥费占有较大的比重，而其他如种子秧苗费、农家肥费、农药费、排灌费、机械作业费等每一项的比重相对较小。在过去的几十年中，中国农产品成本收益核算方法做过多次修订和调整，一些明细分类数据在统计口径上缺乏连续性。粮食生产中机械使用和农村用电虽然也是十分重要的生产条件，但是在中国农村存在大量剩余劳动力的前提下，机械化和电气化虽然在一定程度上可以减轻农民的劳动强度，提高农业劳动生产率，但对于粮食总量增长却不具备直接的推动力。因此，本章中将除化肥费以外的所有物质费用投入总和作为一个变量引入模型，用来反映除化肥以外的其他物质投入对粮食生产的影响。为消除物价变动的影响，使其他物质费用这一指标在年度间具有可比性，也采用农村生产资料价格指数各年其他物质费用的数据进行了调整。

　　农业技术进步是影响粮食产量的一个非常重要的因素，考虑到农业中的技术进步常常物化在良种、农膜、农药以及农业机械的使用方面，而本章采用的其他物质投入是一个非常宽泛的概念，能够在较大程度上涵盖农业中的技术进步因素。另外，目前常用的以时间 T 作为代表技术进步变量的做法也存在争议，因此在本章模型中将不引入变量来单独反映技术进步对粮食生产的作用。

　　自1978年农村经济体制改革以来，中国农村实行的是以家庭为基本经营单位的生产组织制度以及与此相联系的按人口平均分配的土地制度，这项制度作为农村的一项基本制度将长期保持稳定。早期研究认为，中国农业生产提高的动力在改革初期主要来自农村经济体制改革，但是，这种影响只是一次性的，随着这一制度的普及与稳定，该制度创新对于粮食增产的促进作用几乎为零。在对1978年后粮食生产的分析中完全可以假设制度因素为一常量，由于本章利用1978～2004年关于上述变量的时间序列数据来建立模型对全国粮食生产情况进行分析，所以没有设置时间虚变量。

　　在对全国及主产区粮食综合生产能力影响因素的分析中，为了具有可比性，我们选择了同样的变量建立模型，都采用粮食播种面积、劳动用工日、化肥费用、其他物质费用和成灾面积这5个变量。粮食产量和粮食播种面积数据来源于《中国农村统计年鉴》，劳动用工数量、化肥费用和其他物质费用数据来源于《全国农产品成本收益资料》，粮食成灾面积是根据《中国农村统计年鉴》相关数据整理而得。由于现成资料中缺乏主产区成本数据，本章对13个主产省的化肥费用以及其他物质费用等成本数据，首先利用各自的农业生产资料价格指数进行处理，剔除物价变动的影响，然后再以各省粮食播种面积为权重进行加权平均。由于资料限制，对主产区仅选择了1983～2004年22年的数据建立模型。

根据上述分析，需要估计建立的柯布－道格拉斯生产函数为如下形式：

$$\ln Y = C + a_1\ln(AREA) + a_2\ln(LA) + a_3\ln(FE) + a_4\ln(OM) + a_5\ln(DES) + \varepsilon$$

$$(9-1)$$

其中：

Y：全国（主产区）粮食总产量；

$AREA$：全国（主产区）粮食播种面积；

LA：全国（主产区）劳动标准日；

FE：全国（主产区）化肥费用；

OM：全国（主产区）其他物质费用；

DES：全国（主产区）粮食成灾面积；

ε：残差。

a_1、a_2、a_3、a_4、a_5 为待估参数，分别表示全国（主产区）粮食播种面积、劳动用工数量、化肥费用、其他物质费用和成灾面积生产弹性。

由于劳动用工数量、化肥费用和其他物质费用的总量均是每公顷投入量与粮食播种面积的乘积，同时化肥费用和其他物质费用的历史数据具有较为明显的同趋势性。如果采用劳动用工数量、化肥费用、其他物质费用总量进行模型估计，必然出现较为严重的多重共线问题。为解决这一问题，我们先采用每公顷劳动用工数量、每公顷化肥费用、每公顷其他物质费用与其他数据进行模型估计，然后将粮食播种面积的系数减去这三个变量的系数就可得到粮食播种面积的弹性值。

2. 模型估计结果与分析

运用 OLS 法对（1）式进行回归计算，得到全国及主产区粮食产量的柯布－道格拉斯生产函数模型估计结果如表 9－1 和表 9－2。

表 9－1 　　　全国粮食产量的柯布－道格拉斯生产函数模型估计结果

解释变量	回归系数	标准差	T 检验值	概率
C	－ 4. 148847	4. 736968	－ 0. 875845	0. 3910
ln（粮食播种面积）	1. 294299	0. 277582	4. 662771	0. 0001
ln（每公顷劳动用工数）	－ 0. 249608	0. 068065	－ 3. 667232	0. 0014
ln（每公顷化肥费用）	0. 174588	0. 031810	5. 488483	0. 0000
ln（每公顷其他物质费用）	0. 379921	0. 057368	6. 622529	0. 0000
ln（粮食成灾面积）	－ 0. 107861	0. 027402	－ 3. 936199	0. 0008
判定系数	0. 975273	F－检验值		165. 6577
调整后的判定系数	0. 969386	概率（F－检验值）		0. 000000

说明：被解释变量为 ln（全国粮食产量）。

表 9 − 2　　　　　主产区粮食产量的柯布－道格拉斯生产函数模型估计结果

解释变量	回归系数	标准差	T 检验值	概率
C	− 2.351339	5.163360	− 0.455389	0.6549
ln（粮食播种面积）	1.133597	0.302831	3.743331	0.0018
ln（每公顷劳动用工数）	− 0.134792	0.054822	− 2.458727	0.0257
ln（每公顷化肥费用）	0.171103	0.073524	2.327160	0.0334
ln（每公顷其他物质费用）	0.487850	0.147784	3.301102	0.0045
ln（粮食成灾面积）	− 0.101704	0.025968	− 3.916461	0.0012
判定系数	0.953543	F − 检验值		65.68100
调整后的判定系数	0.939025	概率（F − 检验值）		0.000000

说明：被解释变量为 ln（全国粮食产量）。

从模型估计结果来看，无论是全国还是主产区粮食产量生产函数模型，拟合优度都在 0.95 以上，所考察影响粮食产量的 5 个解释变量均在 95% 或 99% 的置信水平上显著，这说明模型很好地反映了粮食产量与其影响因素之间的关系。

在上述建立模型数据选取的条件下，模型估计结果中粮食播种面积前的系数实际上是粮食播种面积、每公顷劳动用工、每公顷化肥费用和每公顷其他物质费用的生产弹性之和，经过调整可以得到全国粮食播种面积的生产弹性值为 0.989，主产区粮食播种面积生产弹性为 0.610。

从全国来看，粮食播种面积是对粮食产量影响最大的因素，生产弹性达 0.989，这意味着粮食播种面积每增加 1%，粮食产量就增加 0.989%，扩大播种面积目前仍是中国提高粮食产量最有效的途径。其他物质投入是影响粮食产量的第二大因素，生产弹性值为 0.380。化肥投入是影响粮食产量的第三个重要因素，生产弹性值为 0.175，这说明增加化肥投入量仍然能够带来较大的产量增长。成灾面积对粮食产量具有较大的负面影响，成灾面积增加 1%，粮食产量将下降 0.108%，提高防灾抗灾能力，降低粮食受灾、成灾也是提高中国粮食产量的一条有效途径。劳动投入量的生产弹性为 − 0.250，一方面与中国粮食生产中所需劳动投入量呈现不断下降的趋势相吻合；另一个方面也反映出粮食生产中劳动生产率的不断提高。

各因素对主产区粮食产量的影响方向、排序与全国相同，但影响程度不同。粮食播种面积也是影响主产区粮食产量的第一大因素，但影响程度明显小于全国，生产弹性值为 0.610，主要是主产区后备耕地资源更为匮乏，并且粮食种植面积在农作物总播种面积中已占有较大比重所至。其他物质费用是第二大影响因素，生产弹性值达到 0.488，比全国高出近 1/3，主要原因可能是，主产区在粮食生产条件上具有优势，良好的基础条件有助于发挥除化肥之外其他各种投入的效率。化肥投入是影响主产区粮食产量的第三重要因素，生产弹性值为 0.171，略低于全国水平，主要原因是主产区农业集约程度高，化肥的高投入降低了边际产出。2001年和2002年主产区每亩投入化肥折纯量分别比全国平均高0.34公斤和0.17公斤。粮食成灾面积的生产弹性系数是 - 0.102，略低于全国水平。而劳动用工量的生产弹性为 - 0.135，明显低于全国水平，反映了在粮食生产中，主产区比全国具有更高的劳动生产率。

3. 各影响因素对粮食产量增长的贡献率

前面运用柯布 - 道格拉斯生产函数测算出了粮食产量各主要影响因素的生产弹性，这些弹性值从相对量的角度反映了各种投入对粮食产量的影响程度。但在特定时期内，某种影响因素对粮食产量增长的贡献率不仅取决于该因素生产弹性值的大小，还取决于这一因素在整个时期内的变化幅度。因此，要想进一步了解在不同时期内各影响因素对粮食产量增加到底起了多大作用，还必须计算各种影响因素的贡献率。

（1）全国粮食产量增长中各影响因素的贡献率

表9 - 3中列出了自1978年农村改革以来粮食产量变化的五个时期中各影响因素对粮食产量增长的贡献率。由此表我们可以看出，在不同时期，各要素对粮食产量增长的贡献率也不尽相同。改革开放初期，即1978～1984年间，除粮食播种面积的下降对全国粮食产量增长具有较大不利影响外，化肥、其他物质投入增加以及成灾面积减少对粮食增产的贡献率分别是25.2%、29.9%和12.1%，这期间制度创新及其他因素对粮食增产的贡献率也高达17.5%，家庭联产承包责任制的实行在全国范围内极大促进了粮食产量的提高。

表9 - 3　　　　　不同时期各因素对全国粮食产量增长的贡献率　　　　%

时期 项目	1978～ 2004年	1978～ 1984年	1985～ 1993年	1994～ 1998年	1999～ 2003年	2003～ 2004年
粮食产量变动幅度	54.04	33.64	20.41	15.10	- 15.28	9.00
播种面积	- 28.8	- 18.8	7.4	31.6	- 78.6	24.3
用工数量	32.8	34.1	13.8	15.1	21.2	32.1
化肥费用	57.7	25.2	32.8	9.3	- 10.1	24.3
其他物质费用	26.6	29.9	32.7	- 8.3	- 19.2	- 49.3
成灾面积	9.0	12.1	- 0.3	14.3	- 6.8	59.0
其他	2.7	17.5	13.6	38.0	- 6.4	9.7

数据来源：作者根据国家统计局农调队历年《中国农村统计年鉴》有关数据计算而得。

在1985～1993年全国粮食产量的增长中，化肥和其他物质投入的增加作出了主要贡献，两者的贡献率分别达到32.8%和32.7%，与1978～1984年相比，具有明显上升。

在1994～1998年期间，受这一时期国内通货膨胀因素的影响，生产资料价格上涨迅速，化肥以及其他物质投入增加速度与上期相比明显放慢，对粮食产量增长的贡献率也大幅降低，其中，其他物质投入的贡献率为－8.3%。为弥补生产资料价格上涨对农民的不利影响，政府于1994年和1996年两度大幅度提高粮食收购价格，价格上升刺激粮食播种面积的增加，播种面积增加对粮食产量增长的贡献率达到31.6%，是同期贡献率最大的投入要素。

1998年以后国内市场疲软，粮食价格下滑。为提高农民收入，各地都根据比较优势进行农业种植结构调整，全国粮食播种总面积及其在农作物总播种面积中所占比例下降很快。1999～2003年国内粮食总产量下降了15.3%，其中播种面积下降的作用占了78.6%，化肥和其他物质投入的减少所起的作用分别为10.1%和19.2%。

2004年中国粮食产量恢复性增长，比2003年增长9%，其中，粮食播种面积增加和化肥投入增加所起的作用，粮食产量均增长24.3%。由于气候条件较好、粮食成灾面积减少所起的作用为59%，政府新出台的一系列惠农政策及其他因素所起的作用占近10%，但其他物质投入减少所起的负面作用达49.3%。

整体来看，在1978～2004年期间化肥投入的增加对全国粮食产量增长的贡献最大，贡献率达到57.7%，其次是由于劳动生产率的提高导致用工数量的减少对粮食产量增长的贡献率为32.8%，其他物质投入的贡献率也非常大，达到26.6%。而粮食播种面积减少对粮食产量的提高有负面影响，因此，粮食播种面积减少使粮食产量下降的幅度达28.8%。

（2）主产区粮食产量增长中各影响因素的贡献率

表9－4中列出了不同时期主产区粮食产量各影响因素的贡献率。在1983到1984年期间，主产区粮食产量合计增长5.83%，贡献最大的因素是其他物质投入的增加，贡献率达62.3%，化肥投入增加的贡献率也达33.5%，成灾面积减少对产量增加的贡献率是12.3%，为第三大因素。而其他因素对该阶段粮食产量增加的贡献较小甚至是不利影响。

在1985～1993年期间，对主产区粮食产量增长贡献最大的两个因素是其他物质和化肥投入的增加，两者的贡献率分别为42.4%和33.2%。

在1994～1998年期间，粮食播种面积的增加是除其他因素之外贡献率最大的要素，贡献率为18.2%。其他物质投入和化肥投入对主产区粮食产量增长的贡献率比前两个时期有大幅下降，主要原因是由农用生产资料价格上涨和主产区粮食生产中各种投入水平已较高所导致的增长率偏低有关，这一时期主产区其他物质投

表 9 - 4　　　　　不同时期各因素对主产区粮食产量增长的贡献率　　　　　　%

项目 ＼ 时期	1983～2004 年	1983～1984 年	1985～1993 年	1994～1998 年	1999～2003 年	2003～2004 年
粮食产量变动幅度	27.06	5.83	22.74	14.05	-15.85	11.35
播种面积	-16.8	-8.5	5.5	18.2	-40.1	14.4
用工数量	24.6	4.0	2.1	13.5	11.1	17.6
化肥费用	68	33.5	33.2	5.5	-0.6	11.0
其他物质费用	40.7	62.3	42.4	5.3	-15.4	-43.7
成灾面积	5.1	12.3	2.6	6.0	-25.1	49.8
其他	-21.7	-3.5	14.3	51.5	-29.8	50.9

数据来源：作者根据国家统计局农调队历年《中国农村统计年鉴》有关数据计算而得。

入增长了 6%，化肥投入增长了 9%，大大低于前期 22% 和 47% 的增长率。除模型考虑变量以外的其他因素对粮食增产的贡献率达到 51.5%，这主要包括如国家在 1994 年和 1996 年两次大幅度提高粮食收购价格等因素的影响。

在 1999～2003 年期间，主产区粮食产量也出现了较大程度的下滑，减少幅度为 15.85%，除劳动生产率提高对粮食产量有正向影响外，其他四种因素共同作用导致粮食产量下降。其中，以粮食播种面积减少对粮食产量变化的贡献率最大为 -40.1%，粮食成灾面积增加是粮食产量下降的第二大原因，贡献率为 -25.1%。其他物质投入和化肥投入的减少对粮食产量的贡献率分别是 -15.4% 和 -0.6%。

同全国情况一样，2004 年主产区粮食产量恢复性增长，比 2003 年增加了 11.35%。除其他物质投入的减少对主产区粮食产量是负面影响外，其他各影响因素对主产区粮食产量的恢复性增长都作出了正的贡献。贡献最大的是包括政策、技术进步等因素在内的其他因素，贡献率达 50.9%，其次是有利气候条件所导致粮食成灾面积的减少，贡献率达 49.8%。

从 1983～2004 年整个时期来看，化肥投入对主产区粮食产量增长的贡献率最大达 68%，其他物质投入的贡献率仅次于化肥投入，为 40.7%。粮食播种面积减少对粮食产量有明显的不利影响，贡献率为 -16.8%。

4. 影响因素分析结论及其政策启示

通过上面对全国及主产区粮食综合生产能力影响因素的分析，我们可以得出如下两点基本结论：（1）无论是从全国还是从主产区来看，播种面积、其他物质投入和化肥投入是粮食综合生产能力的三个主要影响因素，尽管影响程度在全国和主产区之间有差异；（2）无论是全国还是主产区，自 1978 年农村经济体制改革以来，粮食综合生产能力的提高主要得益于化肥和其他物质投入的增加，而粮食播种面积的减少对粮食综合生产能力具有较大的负面作用。

上述几点基本结论具有如下重要政策含义：切实采取有效措施保护耕地并尽最大可能保证粮食播种面积，增加化肥和其他物质投入特别是增加对粮食主产区的其他物质投入，加快农业科技进步和制度创新，提高抵御自然灾害的能力，是稳定和提高主产区及全国粮食综合生产能力的主要途径。

二、未来各阶段（2010年、2020年）中国粮食需求量预测

（一）未来各阶段（2010年、2020年）中国粮食需求量前人预测结果综述

对中国未来粮食需求量进行准确预测是一件困难的事情。这不仅是因为影响粮食需求量的因素很多，而且许多因素带有一定的不确定性，而且许多指标缺乏完整、系统的统计数据，有些统计资料由于出处、口径不一致，缺乏可比性和可信度。再加上不同研究在预测中所采用的方法不同，[1] 因此其关于各阶段（2010年和2020年）中国粮食需求量的预测结果也不同。

1. 2010年中国粮食需求量前人预测结果综述

（1）朱希刚等[2]在对中国2010年的粮食需求情况进行预测时认为，影响中国未来粮食需求量的主要因素是人口数量和居民收入水平。人口方面，该研究认为2010年将达到或超过14亿人，如果按照20世纪90年代初期人均口粮消费水平计算，2010年口粮绝对增加4600余万吨。随着收入水平的提高，粮食总需求也保持相应增长，直到国民消费结构完全现代化以后，人均收入水平的提高才不会继续推动粮食总需求的增长，人均粮食直接消费量和间接消费量才会保持稳定。

该项研究利用IMPACT模型进行预测的结果为：中国2010年人均口粮的需求量为214公斤，其中农村居民人均口粮为243公斤，城镇居民为174公斤，口粮需求量为2.996亿吨；饲料粮需求量为1.58亿吨，其他用途粮食总需求量为0.544亿吨。2010年粮食总需求量（原粮）为5.8亿吨。

---

[1] 樊胜根、莫塞迪塔·索姆比拉：《中国未来粮食供求预测的差别》，载于《中国农村观察》1997年第3期，第17~23页。

[2] 朱希刚、冯海发：《"九五"及2010年我国农业发展目标测算》，载于《中国农村经济》1995年第7期，第13~20页。

（2）梅方权[①]预测 2010 年中国人口将达到 14 亿～14.3 亿人，根据膳食营养的变化，到 2010 年，人均口粮需求量达到 193 公斤，人均粮食消费量达到 420 公斤，粮食总需求将达到 6 亿吨左右。

（3）黄季焜[②]在分析过去中国粮食供给和需求增长动因的基础上，建立了一个中国粮食供给、需求、贸易和政策分析模型。在粮食需求方面，模型所考虑的因素除了人口和收入变动外，还包括了价格、城市发展、农村市场发育等因素。

该研究认为，人口增长仍然将是粮食总需求量的主要推动力，中国在 2000～2010 年期间，每年人口增长还将达到 990 万人。受城市化及市场化的影响，人均口粮消费量将逐渐趋于稳定并略有下降，人均畜产品和水产品的需求量成倍增长，饲料用粮占粮食总消费量的比例将迅速提高。对饲料用粮的需求到 2010 年达到1.58 亿吨，粮食总需求量的增长将超过国内粮食生产能力。根据作者所建立的需求模型，对中国 2010 年粮食总需求的预测结果为 5.13 亿吨（稻谷换算为大米），原粮的需求量为 5.77 亿吨。

（4）曹宝明等[③]根据国家统计局、南京经济学院粮食经济研究所、FAO 等组织提供的有关统计数据和研究资料，首先运用人口增长模型对中国人口数量进行预测。结果表明，中国人口在 20 世纪末和 21 世纪初期仍将保持较高的增长态势，直到 21 世纪二三十年代人口增长势头才会衰减。到 2010 年末，中国人口数量将达到134 763 万人，其中城镇人口 49 188 万人（占总人口的 36.5%），农村人口 85 575万人（占总人口的 63.5%）。该研究考虑了 FAO 及中国专家提供的几种营养方案，对 2010 年人均粮食需求量给出两种预测结果，一种结果是人均粮食年需求量为458 公斤（较富裕型消费结构情况下），另一种方案是 482 公斤（小康型消费结构情况下）。在假定不考虑粮食年际间储备量的变化、粮食进出口和粮食产后损失的条件下，结合该研究对 2010 年中国人口数量的预测，得到了 2010 年中国粮食需求量的两个预测结果：在小康型消费结构情况下，粮食消费需求量为 64 955 万吨；在较富裕型消费结构情况下，粮食消费需求量为 61 721 万吨。综合两种预测方案，2010 年粮食总需求量将达到 63 338 万吨。

（5）陈锡康等[④]在考虑收入增长、城乡人口比例变化、食品能量和食物消费模式等因素条件下对中国人均粮食消费量进行了预测。该研究根据中国科学院国情分析研究小组测算的中国人均 GNP 水平，并比照与中国有相似膳食结构的日

[①] 梅方权：《21 世纪前期中国粮食发展分析》，载于《中国软科学》1995 年第 11 期，第 98～101 页。

[②] 黄季焜、Scott Rozelle：《迈向 21 世纪的中国粮食回顾与展望》，载于《经济研究参考》1996 年第 4 期，第 10～11 页。

[③] 曹宝明：《粮食产后损失的测定与评价》，载于《南京经济学院学报》1997 年第 1 期，第 31～35 页。

[④] 陈锡康、潘晓明：《不但不会构成威胁还会作出更大贡献——21 世纪中国人均粮食需求量分析与预测》，载于《科学决策》1997 年第 1 期，第 33～36 页。

本、新加坡和我国香港及台湾等地区的发展经验，假设在保持中国传统膳食结构基础上适度增加动物性食品消费数量，2010 年中国人均粮食需求量为 420 公斤，其中谷物需求量为 370 公斤。陈锡康并没有对 2010 年中国的粮食需求总量进行预测。

（6）吕新业等[1]在假定 2010 年中国人口达到 14 亿人和人均国民生产总值平均每年增长速度为 8% ~ 9% 的条件下，采用历史趋势外推法、相关地区人均粮食消费量比较法对中国 2010 年粮食需求进行了预测。

预测结果表明：到 2010 年，中国人均年口粮消费需求为 214 公斤，其中农村居民年需求量为 243 公斤，城镇居民年需求量为 174 公斤，口粮总需求达到 2.899 亿吨。人均饲料粮需求由人均动物性食品消费水平和饲料转化率决定，虽然饲料转化率呈上升趋势，但这种趋势在短期内并不明显。到 2010 年，中国人均动物性食品消费量将进一步增加，人均饲料粮需求达到 113.8 公斤，饲料粮总需求为 1.680 亿吨。除口粮和饲料粮之外的其他粮食需求量（种子用粮、工业用粮等）在 2010 年将达到 0.644 亿吨。汇总后 2010 年中国粮食总需求量为 5.330 亿吨。

（7）陈先枢[2]在对中国粮食需求量的主要影响因素分析后认为，人口增长是中国未来粮食需求量增加的最主要因素，即使按照现行政策严格控制人口增长，到 2010 年中国人口数量也将达到 14 亿 ~ 14.3 亿人。目前，中国口粮占粮食需求的比重较大，每年新增人口 1500 多万人，仅口粮就需增加 360 万吨。中国城乡居民因收入水平差距造成的动物性食品消费量的差距依然很大，随着农村居民收入水平的提高，动物性食品的消费量会较快增长。因此，今后中国粮食需求的压力主要来自饲料粮。他以中国农科院的有关预测为依据，认为到 2010 年人均动物性食品消费所决定的人均饲料粮需求为 112.9 公斤。同时考虑到城市化对粮食需求产生的影响，陈先枢认为 2010 年中国粮食总需求量将达到 5.5 亿吨。

（8）刘旗等[3]在分别建立城乡居民人均口粮消费量和城乡居民人口比重时间序列模型的基础上，预测得出到 2010 年城镇居民人均口粮消费量为 67 公斤，农村居民人均口粮为 211.4 公斤，城镇人口比重约为 36.5%，农村人口比重为 63.5%，在假定 2010 年中国人口达到 13.5 亿人的条件下，得出中国 2010 年口粮总需求量为 2.1423 亿吨。

对于饲料粮需求量的预测，首先采用 1985 ~ 1995 年期间各种动物性食品消费量的年平均增长速度对 2010 年各种动物性食品消费量进行了预测，并结合各种动

---

① 吕新业、王济民：《我国粮食供需预测》，载于《农业现代化研究》1997 年第 1 期，第 12 ~ 16 页。
② 陈先枢：《中国粮食消费需求预测》，载于《消费经济》1998 年第 1 期，第 37 ~ 38 页。
③ 刘旗等：《我国未来粮食供需预测分析》，载于《河南农业大学学报》1998 年第 4 期，第 379 ~ 384 页。

物性食品的转化率，得出 2010 年的饲料粮需求量为 1.5627 亿吨。

另据预测，副食酿造、其他非食品工业用粮、种子用粮以及在仓储和运输过程中造成的粮食损耗合计到 2010 年为 230 万吨左右。

各项预测值汇总，中国 2010 年粮食总需求量将达到 5.2683 亿吨。

（9）康晓光[1]利用指数模型，定量预测了 2010 年中国粮食总需求量。根据 94 个国家的谷物消费数据，建立了人均谷物消费量的指数函数：$Y = 26.111X^{0.2915}$（$\bar{R}^2 = 0.4485$，其中 Y 为人均谷物消费量，X 为人均 GNP）。又依据中国科学院国情分析小组在广泛比较世界各国经济发展的经验和深入研究中国特殊国情基础上对中国中长期人口和经济增长的定量预测结果（2010 年中国人均 GNP 达到 1571 美元，人口达到 14.27 亿人），并假设谷物消费占粮食的比例为 95%，预测得出 2010 年中国人均谷物需求量为 223 公斤，人均粮食需求量为 376 公斤，谷物总需求量为 5.09 亿吨，粮食总需求量为 5.36 亿吨。

（10）杨万江[2]根据人口发展、人均收入变化以及粮食价格等因素，建立数学模型，给出了 2010 年粮食需求量的三种预测方案：如果人口总量达到 14 亿人，则粮食总需求量为 51 748.1 万吨（其中，口粮需求为 23 075.5 万吨，饲料粮需求量为 20 910.3 万吨，其他用粮需求量为 7762.2 万吨）；如果人口总量达到 14.3 亿人，则粮食总需求量为 53 147.9 万吨（其中，口粮需求为 23 570.0 万吨，饲料粮需求量为 21 605.7 万吨，其他用粮需求量为 7972.2 万吨）；如果人口总量达到 14.6 亿人，则粮食总需求量为 54 875.9 万吨（其中，口粮需求为 24 064.5 万吨，饲料粮需求量为 22 580.1 万吨，其他用粮需求量为 8231.4 万吨）。

（11）朱杰等从影响供给和需求的影响因素入手，对中国 2000~2030 年粮食供给和需求进行了概要性的预测与判断。需求方面主要考虑的因素是人口、城市化水平和收入水平。该研究认为，今后中国人口数量还将继续增长，但人口增长率将会下降，2010 年中国人口数量将达到 14 亿人，按照每增加 1 亿人，口粮消费量增加按 1300 万吨计算，2010 年口粮消费量将达到 2.86 亿吨。如果未来中国的城市化进程按照改革开放以来的速度发展，即今后城镇人口占总人口的比重每年上升 0.6 个百分点，则 2010 年城市化率为 38%，按照每上升 1 个百分点间接粮食消费量增加 1054 万吨计算，则 2010 年粮食间接消费量为 2.88 亿吨。人均国民生产总值在 2010 年达到 12 142 元，按人均 GNP 每增加 10 个百分点粮食间接消费增加 430 万吨计算，2010 年粮食间接消费需求为 2.50 亿吨。综合上述结果，该研究预测到 2010 年，中国粮食需求总量在 5.36 亿~5.74 亿吨之间。

---

① 康晓光：《中国进口粮食有害吗》，载于《国际经济评论》1997 年第 2 期，第 19~23 页。
② 杨万江：《对中国粮食问题的再认识》，载于《浙江社会科学》1998 年第 3 期，第 78~83 页。

（12）肖国安①采用对于口粮、饲料粮、种子用粮和工业用粮分别建立模型的方法对中国 2006～2010 年的粮食总需求进行了预测。该项研究预测 2010 年中国粮食总需求量为 60 207.88 万吨，其中口粮 26 952.64 万吨，工业用粮 4745.10 万吨，种子用粮 987.02 万吨，饲料用粮 28 052.98 万吨。

我们将上述各专家学者采用不同方法预测得出的 2010 年中国粮食需求量汇总于表 9－5 中。由表 9－5 我们可以看出：不同专家、学者在进行预测时，由于考虑的因素不同，采用的具体方法不同，因而结果也有较大差异。在表 9－5 中所列的各种预测结果中，最大值为 6.5 亿吨，最小值为 5.17 亿吨，较为多数预测结果在 5.5 亿～6.0 亿吨之间。

表 9－5　　　　　　不同学者对 2010 年中国粮食需求量预测结果汇总

学者	年份	2010 年粮食需求量预测值（亿吨）
朱希刚	1995	5.80
梅方权	1995	6.00
黄季焜	1996	5.77
曹宝明	1997	6.17（较富裕型消费结构） 6.50（小康型消费结构）
吕新业	1997	5.33
陈先枢	1998	5.50
刘　旗	1998	5.27
康晓光	1998	5.35
杨万江	1998	5.17（人口达 14 亿人） 5.31（人口达 14.3 亿人） 5.49（人口达 14.6 亿人）
朱　杰	1999	5.36～5.74
肖国安	2002	6.02

数据来源：作者根据相关文献资料整理。

2. 2020 年中国粮食需求量前人预测结果综述

（1）世界银行、罗斯格兰特和黄季焜等学者和组织预测，中国的粮食需求量将继续以年均 1.7%～1.8% 的速度增长，按照线性趋势进行推算，2020 年将达到 5.4 亿～5.7 亿吨。

（2）梅方权②在分析中国国情变化的基础上，预测中国到 2020 年，人均口粮

---

① 肖国安：《未来十年中国粮食供求预测》，载于《中国农村经济》2002 年第 7 期，第 9～14 页。
② 梅方权：《21 世纪前期中国粮食发展分析》，载于《中国软科学》1995 年第 11 期，第 98～101 页。

需求量达到 173 公斤，人均粮食需求总量达到 450 公斤，粮食需求量将达到 6.93 亿吨，其中 43% 用作饲料粮。

（3）郭书田[1]在考虑了人口增长、城乡人口比例、食物结构变化等因素的基础上，分别预测出口粮、饲料用粮、种子用粮、工业用粮、损耗及其他用粮的未来需求量。在口粮部分，该研究假定未来城镇人口稳定在 100 公斤，农村居民人均口粮年均递减 1.7 公斤，城镇居民比例年均递增 0.6 个百分点，在此基础上预测 2020 年口粮需求为 2.448 亿吨。关于饲料用粮预测，该研究首先给出未来肉类需求量和肉饲转化比，从而得出未来饲料粮需求量为 2.718 亿吨。该研究假定未来种子用粮保持不变，为 1500 万吨，工业用粮每 10 年增长 1000 万吨左右，2020 年工业用粮需求为 0.5 亿吨。损耗及其他用粮为 0.2 亿吨。加总后，得出 2020 年粮食总需求量为 6.18 亿吨。

（4）黄季焜[2]在其构建的包括一个中国粮食供给、需求、贸易在内的系统模型基础上，预测到 2020 年，中国粮食总需求量达到 5.95 亿吨（稻谷换算为大米）。其中饲料粮达到 2.32 亿吨，工业用粮为 0.25 亿吨。

（5）陈锡康等[3]在考虑包括收入等影响人均粮食消费的因素并比照与中国有相似膳食结构的日本、新加坡和我国香港及我国台湾等地的发展经验，假设在保持中国传统膳食结构基础上适度增加动物性食品消费数量，2020 年中国人均粮食需求量为 442 公斤，其中谷物需求量为 390 公斤。但陈锡康未对 2020 年中国的粮食需求总量进行预测。

（6）高启杰[4]在对北京市、湖北省、湖南省、重庆市、山东省、辽宁省和甘肃省等 7 个省（市）661 户城乡居民家庭 2003 年粮食消费数量和结构进行调查的基础上，推算出同年中国城镇居民和农村居民家庭年人均粮食消费量分别为 111.31 公斤（成品粮）和 190.48 公斤（原粮）。1978～2000 年，全国居民人均粮食消费量下降幅度为 16.03%，年均下降速度为 0.79%，假定这一趋势持续到 2020 年，则 2020 年中国城乡居民人均粮食消费量分别要比 2003 年下降 12.6%。由此得到第一套预测结果：2020 年中国粮食（原粮）消费需求总量约为 5.77 亿吨。随后，高启杰又考虑了城镇化导致的城乡人口比例变化等因素，认为 2020 年城镇化水平将达到 64.92%，从而得到第二套预测结果：2020 年中国粮食（原粮）消费需求总量约为 6.12 亿吨。取第一套和第二套预测结果的均值，得到最终预测值：2020 年

---

① 郭书田：《论中国粮食供给问题》，载于《农业信息探索》1996 年第 3 期，第 6～10 页。

② 黄季焜、［美］斯·罗泽尔：《迈向二十一世纪的中国粮食经济》，中国农业出版社 1998 年版。

③ 陈锡康、潘晓明：《不但不会构成威胁还会作出更大贡献——21 世纪中国人均粮食需求量分析与预测》，载于《科学决策》1997 年第 1 期，第 33～36 页。

④ 高启杰：《城乡居民粮食消费情况分析与预测》，载于《中国农村经济》2004 年第 10 期，第 20～25 页。

中国粮食（原粮）需求为 5.95 亿吨。

（7）中国水稻研究所和斯坦福大学的合作研究则预测 2020 年中国的粮食总需求量将达到 5.13 亿吨，其中饲料粮为 1.58 亿吨。

我们将上述各专家学者采用不同方法预测得出的 2020 年中国粮食需求量汇总于表 9－6 中。由表 9－6 我们可以看出：不同专家、学者在进行预测时，由于考虑的因素不同，采用的具体方法也不同，因而结果也有较大差异。其中最大值为 6.93 亿吨，最小值为 5.13 亿吨。

表 9－6　　　　不同学者（机构）对 2020 年中国粮食需求量预测结果汇总

学者（机构）/年份	2020 年粮食需求量预测值（亿吨）
世界银行、罗斯格兰特等	5.4～5.7
梅方权（1995）	6.93
郭书田等（1996）	6.18
黄季焜（1998）	5.95
高启杰（2004）	5.9
中国水稻研究所和斯坦福大学	5.13

数据来源：作者根据相关文献资料整理。

（二）各阶段中国城乡居民口粮需求量预测

1. 各阶段中国城乡居民人均口粮需求量预测

由于中国城乡居民口粮消费水平及影响因素有差异，所以我们分别建立模型来预测城镇居民和农村居民的人均口粮消费量。另外，由于我们所使用的数据来自于历年《中国统计年鉴》，统计口径中未包括户外口粮消费，因此我们将对上述预测值进行调整。

（1）模型、变量及数据选择。最早开始用数量模型的方法来预测中国的粮食需求始于 20 世纪 80 年代初，[①] 所采用的模型包括移动平均、时间序列模型和结构方程模型。其中，结构方程模型包括单方程结构模型和系统方程模型。一般来说，进行短期预测时，时间序列模型有一定优势，因为在短期内消费者行为模式变化较小。进行中长期预测时，结构方程则更有优势，因为在中长期内消费者行为模式极有可能会发生较大变化，而合适的结构方程能捕捉住这种结构上的变化，从而使得预测结果更加准确。相对于系统结构方程，单一结构方程所需数据量较少，建模相

① Liming Wang&John Davis，China's Grain Economy，Ashgate，Aldershot，2000。

对容易，所以本章将建立单一结构方程模型来进行预测。由于城乡居民所处的经济环境和行为方式不同，影响其口粮需求量的因素也不完全相同，因此，我们将对城乡居民分别建立模型。

第一，城镇居民人均口粮需求模型的建立。为建立城镇居民人均口粮需求模型，我们首先要分析一下城镇居民人均口粮需求的影响因素。收入是影响人均口粮需求的最重要因素之一，并且人均口粮需求与收入的变动关系一般会呈现如下规律，即随着人均收入水平的增加，人均口粮消费会经历一个由增加到减少的过程。如果呈现上述规律，则人均口粮需求模型合适的形式是对数—倒数—对数模型。但在我们所考察的数据期间（1984～2004年）内，中国城镇居民人均口粮消费量呈现出一种持续下降的趋势（见图9－5），这样我们就不需要采用对数—倒数—对数模型，而采用一般的双对数模型即可。在建立模型时，收入采用城镇居民的人均实际收入，即用每年的人均可支配收入除以以1978年为基期的消费者价格指数得到。

（公斤）

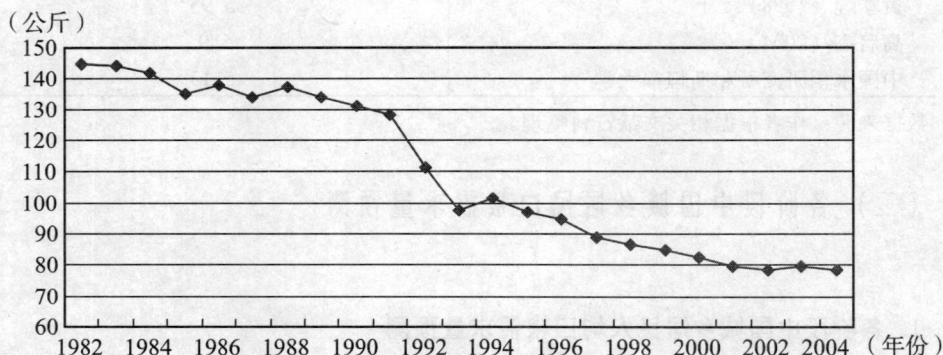

图9－5　我国城镇居民人均口粮消费量变化趋势

数据来源：国家统计局，历年《中国统计年鉴》。

价格是影响人均口粮消费量的另一重要因素。一般而言，人均口粮消费量与粮食价格呈反向变动关系，与其替代品价格呈正向变动关系。由于在1994年之前，没有城镇居民粮食消费价格指数，因此本章中，在1994年之前粮食价格采用城镇零售物价指数代替，1994年及以后采用城镇居民粮食消费价格指数，价格指数是以1978年为基期。由于肉类是粮食消费的最重要替代品，因此我们采用肉禽价格作为替代品价格，其数据采用1984年为基期的城镇居民肉禽消费者价格指数。相关数据均来源于历年《中国统计年鉴》。

消费者的偏好结构也是影响人均口粮消费的一个重要因素。随着社会经济的发展，人们偏好结构也会发生变化。由于偏好本身较难观察到，只能找替代变量来代替，如陈永福[1]在分析稻谷需求时曾采用大米消费占粮食消费比例来作为反映居民对大米偏好程度的指标。我们则采用粮食消费支出占食品支出的份额来表示偏好结构，数据来源于历年《中国统计年鉴》。图 9－6 表明中国城镇居民人均粮食消费占人均食品消费的比例总体上呈下降趋势，之前的一些研究已经注意到了这一点。[2]

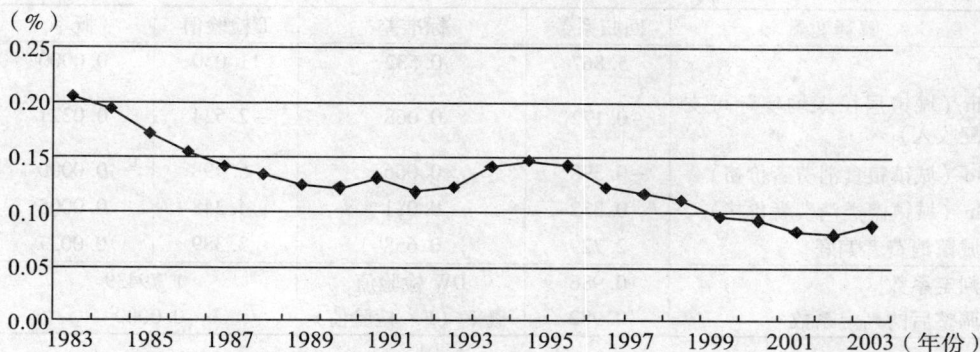

（%）

图 9－6　我国城镇居民人均粮食消费占食品消费的比例

数据来源：国家统计局和历年《中国统计年鉴》。

根据上述理论分析，我们可以构建一个城镇居民人均口粮需求的双对数模型：

$$\ln d = c + a_1 \ln i + a_2 \ln P_g + a_3 \ln P_m + a_4 s \qquad (9-2)$$

其中：d 为城镇居民人均口粮需求量，数据采用城镇居民人均粮食消费量；c 为常数项；i 为城镇居民实际人均可支配收入，数据采用名义人均可支配收入除以以 1978 年为基期的消费者价格指数；P_g 为粮食价格，数据采用 1978 年为基期的城镇粮食消费者价格指数；P_m 为肉类价格，数据采用 1984 年为基期的城镇居民肉禽消费者价格指数；s 为消费者偏好，用粮食消费支出占食品支出的份额来表示。由于 1984 年之前，没有城镇肉禽价格数据，所以我们估计时所采用的时间序列数据跨度为 1984～2004 年。

从表 9－7 的模型估计结果看：修正的拟合优度达到 0.982，DW 检验值通过水平为 1% 的检验，各因素分别在 95% 和 99% 的置信水平上显著，方程通过 F 检验，人均口粮需求的收入弹性为 －0.172，表明城镇居民人均实际收入每增加 1 个百分点，会导致人均口粮需求减少 0.172 个百分点；人均口粮需求的价格弹性为 －0.398，表明人均口粮需求随着其价格提高而减少；城镇居民人均口粮需求对肉类价格的弹性为 0.352，表明随着作为替代品的肉类价格增加，人均口粮需求会增加。城镇消

---

①　陈永福：《中国食物供求与预测》，中国农业出版社 2004 年版。
②　黄季焜、[美] 斯·罗泽尔：《迈向二十一世纪的中国粮食经济》，中国农业出版社 1998 年版。

费者偏好的系数为 2. 229，表明城镇消费者对粮食的偏好越大，则其口粮需求也越多。上述各变量系数的估计结果符号同我们之前理论分析的预期均一致，表明此模型具有较好的解释能力，因此我们将此方程作为城镇居民口粮需求量的预测模型。

表 9 - 7　　　　　　　中国城镇居民人均口粮需求双对数模型估计结果

解释变量	回归系数	标准差	T 检验值	概率
C	5. 867	0. 532	11. 030	0. 0000
ln（城镇居民人均实际可支配收入）	− 0. 172	0. 068	− 2. 534	0. 0221
ln（城镇粮食消费者价格）	− 0. 398	0. 066	− 5. 998	0. 0000
ln（城镇肉类消费者价格）	0. 352	0. 081	4. 348	0. 0005
城镇消费者偏好	2. 229	0. 658	3. 389	0. 0037
判定系数	0. 986	DW 检验值	1. 79439	
调整后的判定系数	0. 982	概率（F - 检验值）	0. 0000	

数据来源：作者根据公式直接计算而得。

第二，农村居民人均口粮需求模型的建立。人均实际收入是影响农村居民人均口粮需求的重要因素之一。自 1978 年以来，中国农村居民人均口粮消费量的变化符合一般规律，即随着收入水平的增加，人均口粮消费量经历一个由增加到减少的过程（见图 9 - 7）。中国农村居民人均口粮消费量在 1993 年到达最高点，之后下降。为更好地反映人均口粮消费量与收入之间这种变动关系，我们建立对数—倒数—对数模型。农村居民人均实际收入用农村居民家庭人均纯收入除以以 1985 年为基期的农村居民消费价格指数。

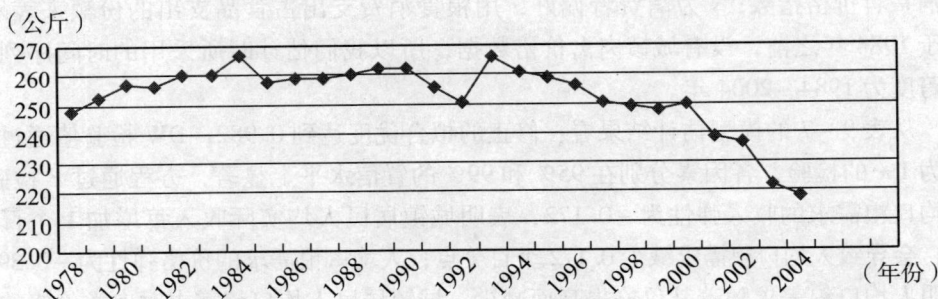

图 9 - 7　1978 ~ 2004 年我国农村居民人均口粮消费量

数据来源：国家统计局和历年《中国统计年鉴》。

　　粮食价格和替代品价格也会影响农村居民人均口粮需求。但与城市居民不同的是：尽管随着改革开放的不断深入，农村的市场化程度不断提高，但农村居民在粮食消费上主要还是以自给为主。因此，影响农村居民人均口粮消费的价格不是粮食的消费者价格，而是农民出售粮食的价格，因为农民消费粮食的机会成本是其出售粮食的价格，同时其收入也受粮食的出售价格决定。在本章中，2001年以前的粮食销售价格采用粮食收购价格指数，2001年由于取消了粮食收购价格指数这一统计指标，所以2001年采用农村粮食零售价格指数，2001年后采用粮食生产价格指数，[①] 价格指数以1978年为基期。同城镇居民模型一样，替代品的价格我们仍采用肉类价格，数据为农村肉禽及其制品消费价格指数，以1984年为基期。

　　考虑到农村居民以自给为主的口粮消费模式，我们在影响因素中还要引入人均粮食产量这个变量，因为农村的口粮消费受其产量的约束。Liming Wang和John Davis[②] 在分析农村居民口粮需求时，也将粮食产量作为影响因素，但在不同期的时序数据和不同的估计方程中，这个变量的显著性各异。

　　除上述几个变量之外，还需要考虑的变量是农村市场发育程度，因为随着农村食品市场的发育和完善，农村居民所面临的可行选择机会扩大，农村居民口粮需求会发生变化。黄季焜和斯·罗泽尔[③]基于河北省的农户调查数据利用AIDS模型进行估计，发现农村食品市场发育程度对农民粮食消费支出有负的显著影响。我们定义农村市场发育程度为：农村居民人均食品现金支出／农村居民人均食品总支出。

　　根据上述理论分析，我们可以构建一个关于农村居民人均口粮需求的对数—倒数—对数模型：

$$\ln d = c + a_1 \ln i + a_2/i + a_3 \ln P_g + a_4 \ln P_m + a_5 \ln o + a_6 m_d \tag{9-3}$$

　　其中：d 为农村居民人均口粮需求量，数据采用农村居民人均粮食口粮消费量，c 为常数项，i 为农村居民人均实际收入，P_g 为粮食销售价格，P_m 为农村肉类价格，o 为人均粮食产量，m_d 为农村市场发育程度。由于1984年之前，没有农村肉禽价格数据，1985年之前没有农村消费价格指数数据，所以我们估计时所采用的时间序列数据跨度为1985～2004年。

　　我们首先把上述所有变量放入方程，估计结果列入表9-8中。

---

　　① 2001年没有粮食生产价格指数统计。另外，销售价格和生产者价格指数都能属于生产者价格，因此用生产者价格指数代替销售价格应是较合理的选择。

　　② Liming Wang&John Davis, China's Grain Economy, Ashgate, Aldershot, 2000。

　　③ 黄季焜、[美] 斯·罗泽尔：《迈向二十一世纪的中国粮食经济》，中国农业出版社1998年版。

表 9 – 8　　　　　　　　　　**全部变量均进入方程的估计结果**

解释变量	回归系数	标准差	T 检验值	概率
常数项 C	15.330	2.879	5.325	0.0001
ln（农村人均实际收入）	-1.581	0.399	-3.960	0.0016
1/农村人均实际收入	-762.060	213.660	-3.567	0.0034
ln（粮食销售价格）	0.098	0.076	1.297	0.2173
ln（农村肉类消费价格）	-0.116	0.078	-1.487	0.1608
ln（人均粮食产量）	0.232	0.132	1.763	0.1013
农村市场发育程度	0.611	0.308	1.984	0.0688
判定系数	0.922	对数似然估计值	56.210	
调整后的判定系数	0.886	DW 检验值	1.997	

数据来源：作者根据公式计算整理。

　　从模型估计结果中，我们发现 ln（粮食销售价格）、ln（农村肉类消费价格）、ln（人均粮食产量）均不显著，我们对这三项是否同时不显著进行了 F 检验，其相伴概率为 0.2339，从而说明这三项同时不显著。去掉这三项后，再重新估计，发现农村市场发育程度项也不显著，去掉后重新估计，最终结果如表 9 – 9。

表 9 – 9　　　　　　**农村居民粮食需求对数—倒数—对数模型最终估计结果**

解释变量	回归系数	标准差	T 检验值	概率
常数项 C	13.779	1.223	11.266	0.0000
ln（农村人均实际收入）	-1.144	0.167	-6.852	0.0000
1/农村人均实际收入	-547.749	90.253	-6.069	0.0000
判定系数	0.891	DW 检验值	1.657	
调整后的判定系数	0.878	对数似然估计值	52.827	

数据来源：作者根据公式计算整理。

　　在模型估计结果中，修正的拟合优度为 0.878，DW 值为 1.657，均通过相应检验，并且农村居民人均实际收入及其倒数形式均在 99% 的置信水平上显著。农村居民人均口粮需求的收入弹性为：-1.144 + 547.749/农村居民人均实际收入，从这个弹性的表达式可以看出，随着农村居民人均实际收入的增加，收入弹性会经历一个由正到负的过程，这与图 9 – 7 中的农村人均口粮消费随时间变化的趋势是一致的，也符合一般规律。另外，ln（粮食销售价格）、ln（农村肉类消费价格）、农村市场发育程度项均不显著，也说明了目前中国农村地区的口粮消费依然有着强烈的自给自足特征，市场对其影响不大。人均粮食产量之所以不显著可能有两个原因：其一，人均口粮消费量基本上小于人均产量，这样导致产量对消费量影响不大；其二，由于人均粮食产量是影响农村居民人均实际收入的一个重要因素，当我们将实际收入作为自变量时便导致了人均产量对人均口粮消费量影响不显著。因此我们将表9-9的模型作为农村居民人均口粮需求的预测方程。

（2）各阶段中国城乡居民人均口粮需求量预测。上面我们已分别建立了中国城乡居民人均口粮需求模型，在利用这两个模型对未来各阶段城乡居民人均口粮需求进行预测时，首先必须要确定各个影响因素（城乡居民人均实际收入、粮食及肉类价格）的未来值。对于各个影响因素未来值的确定，我们主要基于历史数据，利用趋势外推或者时间序列模型预测并结合定性判断，并参考其他研究结果来确定。具体预测过程及结果见附录9-1。

将附录9-1中的中国城乡居民人均实际收入、粮食及肉类价格2010年、2020年的预测值分别代入前面建立的中国城乡居民人均口粮需求模型中，即可得出2010年、2020年中国城乡居民人均口粮需求量（见表9-10）。

表9-10　　　　2010年、2020年中国城乡居民人均口粮需求预测值　　　　公斤

年　份	农村居民人均口粮需求（原粮）	城镇居民人均口粮需求（成品粮）
2010	185.72	68.05
2020	147.99	59.82

数据来源：作者计算整理而得。

2. 各阶段中国城乡居民口粮需求总量预测

为预测2010年和2020年中国城乡居民口粮需求总量，在前面已预测出人均口粮需求量的基础上，我们还必须预测2010年和2020年中国城乡居民的人口数量（具体预测过程及结果见附录9-2），将中国城乡居民人均口粮需求量与城乡人口数量相乘便得到2010年和2020年中国城乡居民口粮需求总量（见表9-11）。

表9-11　　　　2010年、2020年中国城乡居民口粮需求总量预测结果　　　　亿吨

年　份	农村居民口粮需求总量（原粮）	城镇居民口粮需求总量（成品粮）
2010	1.356	0.44
2020	0.959	0.473

数据来源：作者计算整理而得。

由于前面我们预测口粮需求的数据来源于《中国统计年鉴》，而该数据未包括城乡居民户外消费部分，这样我们上面所得的预测结果仅是户内消费部分，因此，我们必须对上面得到的口粮需求总量进行相应调整。

高启杰[1]根据对全国7个省（市）的661户城乡居民家庭2003年粮食消费状况进行调查得出，城镇居民平均每人每年在外用餐127次，农村居民平均每人每年在外用餐115次。根据这一数据，我们可以推算出户外口粮消费约占口粮消费总量的比例，城镇居民为11.6%，农村居民为10.5%。肖国安[2]在对城乡居民口粮消费进行预测时所使用的户外消费比例为城镇居民12%，农村居民为4%。而国家统计局城调队的调查显示，2002年中国城镇居民在外饮食频率为17.10人次/月·户，规模为3.03人/户，这样平均每人在外饮食的频率为5.6次/月。2005年城镇居民在外饮食频率为19.92人次/月·户，户规模为2.96人/户，则平均每人在外饮食的频率为6.73次/月。2002～2005年之间城镇居民平均每人外出就餐次数增加了1.1次，由此大致推算到2010年城镇居民平均每人外出就餐次数为8.5次/月，2020年城镇居民平均每人外出就餐次数为10次/月。由于居民每天的主餐为2顿，按照每月30天计算，可得出城镇居民外出就餐的口粮消费占其全部口粮消费的比例：2010年为10%，2020年为12%。假设农村居民外出用餐口粮消费比例为城镇居民的一半，则其比例为：2010年为5%，2020年为6%。综合比较高启杰、肖国安和依据国家统计局的资料所推出的数据，我们发现三者的城镇居民外出就餐口粮消费占口粮消费比例差异不大，农村居民外出就餐口粮消费占口粮消费比例差异较大，高启杰的数据明显偏高。相比而言，国家统计局城调队的数据准确性较高，所以本研究最终采用的城乡居民外出就餐比例是依据国家统计局城调队资料所推算出来的数据。同时为使统计口径一致，我们按每单位原粮可转化成70%成品粮的原则将城镇口粮需求由成品粮转化为原粮。在考虑了粮食户外消费以及统计口径后，2010年和2020年中国城乡居民口粮需求总量调整结果列入表9－12中。

表9－12　　调整后2010年、2020年中国城乡居民口粮需求总量预测结果　　　　　　　　亿吨

年份	农村口粮需求总量（原粮）	城镇口粮需求总量（成品粮）	城镇口粮需求总量（原粮）	城乡口粮需求总量（原粮）
2010	1.424	0.484	0.691	2.12
2020	1.016	0.53	0.757	1.77

数据来源：作者计算整理而得。

---

① 高启杰：《城乡居民粮食消费情况分析与预测》，载于《中国农村经济》2004年第10期，第20～25页。
② 肖国安：《未来十年中国粮食供求预测》，载于《中国农村经济》2002年第7期，第9～14页。

（三）各阶段中国饲料粮需求量预测

在以前的研究中，对中国饲料粮需求的预测主要有以下两种方法：第一种方法是根据历年饲料粮的需求量建立时间趋势模型或者时间序列模型，来预测未来饲料粮需求量。[①] 第二种方法则是首先预测出肉类需求量，然后按照粮肉转化率来得出相应的饲料粮需求量。[②] 由于第二种方法更具有科学性，所以本研究将采用第二种方法进行预测，即首先预测出未来各阶段（2010 年、2020 年）中国猪肉、牛羊肉、禽肉、蛋、奶和水产品的需求量，再乘以各自的转化率，得到饲料用粮需求量。

1. 各阶段中国城乡居民肉、蛋、奶及水产品人均需求量预测

在预测猪、牛羊、禽肉需求量时，由于《中国统计年鉴》中没有分品种的消费价格数据，因此我们只能先对猪、牛羊和禽肉需求的合计量（肉类需求量）用单一结构方程进行预测，然后预测出这三种肉的需求结构比例，最后求出未来猪、牛羊、禽肉的需求量。对于蛋类人均需求量则是根据历年数据采用线性趋势模型进行预测，奶类人均需求量的预测是根据近几年平均每年增长量进行预测，水产品人均需求量的预测采用线性趋势模型。

（1）城乡居民人均肉类需求预测

1）模型、变量及数据选择

对城乡居民肉类人均需求量的预测仍分别采用单一结构方程模型进行。城镇居民肉类需求方程中解释变量包括人均收入、肉类价格、偏好结构。农村居民肉类需求方程中解释变量包括人均收入、肉类价格、食品市场发育程度。城乡居民人均肉类消费量采用历年《中国统计年鉴》中的数据，其他各变量的数据与前面人均口粮需求预测中所使用的数据一致。

对于城镇居民人均肉类需求，我们可以构建一个如下分析框架：

$$d = d(p_m, i, s) \qquad (9-4)$$

其中：d 为城镇居民人均肉类消费量，p_m 为城镇肉类价格，i 为城镇居民人均实际收入，s 为城镇消费者偏好结构。由于 1984 年之前没有城镇肉类价格数据，所以我们估计时所采用的时间序列数据跨度为 1984~2004 年。经过多次试算，最终选定城镇居民人均肉类需求方程双对数模型。在表 9-13 模型估计结果中，修正

[①] 肖国安：《未来十年中国粮食供求预测》，载于《中国农村经济》2002 年第 7 期，第 9~14 页。
[②] 程国强、陈良彪：《中国粮食需求的长期趋势》，载于《中国农村观察》1998 年第 3 期，第 1~6 页。

的拟合优度为 0.64；DW 值为 1.61，通过检验水平为 1% 的 DW 检验；F 检验的相伴概率为 0.00012，通过检验。城镇居民人均肉类需求的收入的弹性为 0.244，表明随着收入增加，肉类需求增加，而且弹性值小于 1，这说明肉类在现阶段对于中国城镇居民是属于必需品。城镇居民人均肉类需求的价格弹性为 -0.153，说明对肉类的需求随着价格的上升而减少，城镇消费者偏好的系数为 -1.879，意味着当消费者越偏好粮食时，在其他条件不变时，对肉类的消费越少。上述模型中系数符号及数值与我们的预期相符，较好地反映了中国城镇居民人均肉类需求量与各影响因素的关系，我们可将表 9 - 13 中的模型作为中国城镇居民人均肉类需求的预测模型。

表 9 - 13　　　　中国城镇居民人均肉类需求双对数模型估计结果

解释变量	回归系数	标准差	T 检验值	概率
常数项	2.604	0.533	4.965	0.0002
ln（城镇居民实际人均收入）	0.244	0.091	2.692	0.0154
ln（城镇肉类价格）	-0.153	0.053	-2.882	0.0103
城镇消费者偏好结构	-1.879	0.848	-2.216	0.0406
调整后的判定系数	0.6415	被解释变量方差	0.103211	
DW 检验值	1.6114	概率（F 检验值）	0.00012	

数据来源：作者计算整理。

对于农村居民人均肉类需求而言，我们可以构建一个如下的分析框架：

$$d = d(p_m, i, m_d) \tag{9-5}$$

其中：d 为农村居民人均肉类消费量，p_m 为农村肉类价格，i 为农村人均实际收入，m_d 为农村市场发育程度。由于 1984 年之前，没有农村肉类价格数据，1985 年之前没有农村消费价格指数数据，所以我们估计时所采用的时间序列数据跨度为 1985～2004 年。经过试算比较，我们最终选用的估计方程为对数—倒数—对数模型。在表 9 - 14 模型估计结果中，修正的拟合优度为 0.956；DW 值为 1.53，通过检验水平为 1% 的 DW 检验；最大似然值为 40.336，方程通过检验。农村居民人均肉类需求的收入弹性为 0.471 + 63.005/农村居民人均实际收入，弹性值为正，并且随着农村人均实际收入的增加而降低，表明随着收入增加，农村居民人均肉类需求增加，但增加的速度减慢。农村居民人均肉类需求的价格弹性为 -0.093，说明农村居民对肉类的需求随着价格的上升而减少，农村市场发育程度项的系数为 0.708，说明当农村市场发育程度越高时，在其他条件不变时，农村居民对肉类的需求越大，因为这样能以更低的交易成本得到肉类消费品。上述模型中的系数符号及数值与我们的预期相符，因此我们可将表 9 - 14 中的模型作为农村居民人均肉类需求量的预测模型。

表 9 - 14　　　　　中国农村居民人均肉类需求对数—倒数—对数模型估计结果

解释变量	回归系数	标准差	T 检验值	概率
ln（农村肉类消费价格）	- 0.093	0.034	- 2.707	0.0155
ln（农村居民人均实际收入）	0.471	0.044	10.705	0
1/农村居民人均实际收入	- 63.005	20.621	- 3.055	0.0076
农村市场发育程度	0.708	0.224	3.158	0.0061
判定系数	0.963	DW 检验值	1.528	
调整后的判定系数	0.956	对数似然估计值	40.336	

数据来源：作者计算整理。

2）城乡居民人均肉类需求量预测

在前面城乡居民人均口粮需求量的预测中，我们已经给出了一些影响因素的预测值（见附录 9 - 1），下面我们将首先给出农村市场发育程度和城镇居民偏好结构的预测值，并在此基础上，预测城乡居民人均肉类需求量。

在尝试了包括指数平滑以及各种时间序列模型之后，我们分别选择了带常数项、时间趋势项的 AR（1）模型和带常数项、时间趋势项的 AR（2）模型来分别预测农村市场发育程度和城镇居民偏好结构，结果列于表 9 - 15 中。将各影响因素的预测值代入上面建立的中国城乡居民人均肉类需求模型中，就得出 2010 年、2020 年中国城乡居民人均肉类需求量的预测值（表 9 - 16）。

表 9 - 15　　　　　中国农村市场发育程度和城镇居民偏好结构的预测结果

年　份	农村市场发育程度	城镇居民偏好结构
2010	0.6596	0.0796
2020	0.7638	0.056

数据来源：作者计算整理。

表 9 - 16　　　　2010 年、2020 年中国城乡居民人均肉类需求量预测结果　　　　公斤

年　份	农村居民人均肉类需求量	城镇居民人均肉类需求量
2010	24.00	33.11
2020	30.26	38.28

数据来源：作者计算整理。

（2）城乡居民人均蛋类需求预测

对于蛋类需求，我们采用时间序列模型来进行预测。所用的历史数据为 1984 ~ 2004 年城乡居民人均禽蛋消费量，数据均来源于历年《中国统计年鉴》。由图 9 - 8 可以看出，1984 ~ 2004 年期间中国城乡居民人均禽蛋消费量随时间呈近似线性增长，因此我们分别用带常数项和线性时间趋势项模型来进行模型估计和预测。模型估计结果如下：

$$D = -484.3086493 + 0.2474545455 {}^*T \qquad (9-6)$$

其中，D 为城镇居民人均蛋类消费量，T 为时间（1984 年为 1），其 t 检验统计量的值为 9.65，常数项的 t 检验统计量值为 -9.47，修正的拟合优度为 0.82。

$$D = -324.928355 + 0.1646103896 {}^*T \qquad (9-7)$$

其中，D 为农村居民人均蛋类消费量，T 为时间（1984 年为 1），其 t 检验统计量的值为 19.65，常数项的 t 检验统计量值为 -19.46，修正的拟合优度为 0.95。

上述两个方程的统计表现良好，并从图 9 - 8 中可看出，预测值曲线对真实值的拟合情况良好。我们选用它们作为 2010 年、2020 年中国城乡居民人均蛋类需求的预测模型，并得到 2010 年、2020 年中国城乡居民人均蛋类需求量的预测结果（表 9 - 17）。

（公斤）

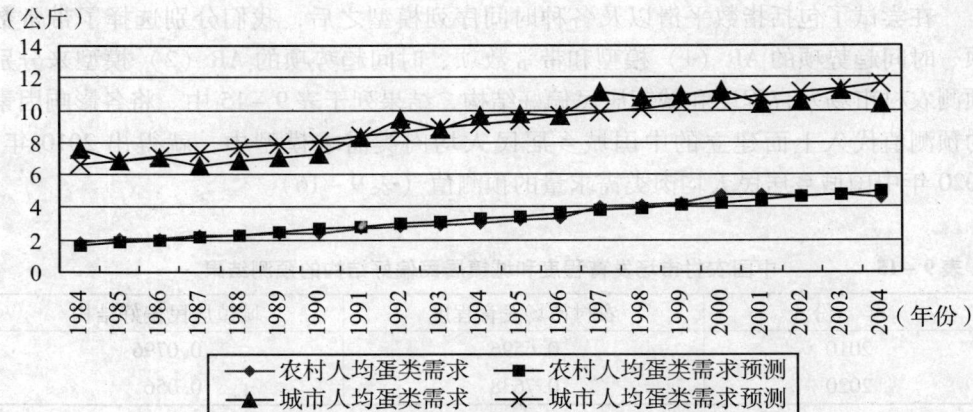

图 9 - 8　我国城乡人均蛋类需求预测拟合图

数据来源：作者据国家统计局《中国统计年鉴》历年有关数据计算。

表 9 - 17　　　　2010 年、2020 年中国城乡居民人均蛋类需求量预测结果　　　　公斤

年　份	城镇居民人均蛋类需求量	农村居民人均蛋类需求量
2010	13.07	5.94
2020	15.55	7.58

数据来源：作者计算整理。

（3）城乡居民人均奶类需求预测

表9-18中为近年来中国城乡居民人均奶类消费量，数据来源于历年《中国统计年鉴》，我们可以看出，中国城乡居民人均奶类消费在不断增长。由于统计资料中关于城乡居民人均奶类消费量的时间序列数据较短，无法采用模型进行预测，所以我们只能先求出2000～2004年城乡奶类消费的年平均增长量，再以2004年为基期，以每年增长量保持不变来预测2010年、2020年中国城乡居民的人均奶类需求量（见表9-19）。

表9-18　　　　　　　　近年中国城乡居民人均奶类消费量　　　　　　　公斤

年　份	城镇人均奶类消费	农村人均奶类消费
2000	9.94	1.06
2001	11.9	1.2
2002	15.72	1.19
2003	18.62	1.71
2004	18.83	1.98
年平均增长量	2.22	0.23

数据来源：作者计算整理。

表9-19　　　　2010年、2020年中国城乡居民人均奶类需求量预测结果　　　　公斤

年　份	城市居民人均奶类需求量	农村居民人均奶类需求量
2010	32	3.4
2020	54	5.7

数据来源：作者计算整理。

中国奶业协会预测认为2020年中国城镇居民奶类人均占有量将达到40公斤。如果考虑到居民户外奶类消费行为，我们的奶类需求预测结果是合理的。

（4）城乡居民人均水产品需求预测

由图9-9可以看出，中国历年城乡居民人均水产品消费量随时间变化基本上呈线性增长趋势，采用线性时间趋势模型的预测值与实际值拟合效果良好。因此我们采用线性趋势模型对2010年、2020年中国城乡居民人均水产品需求量进行预测，结果列于表9-20中。

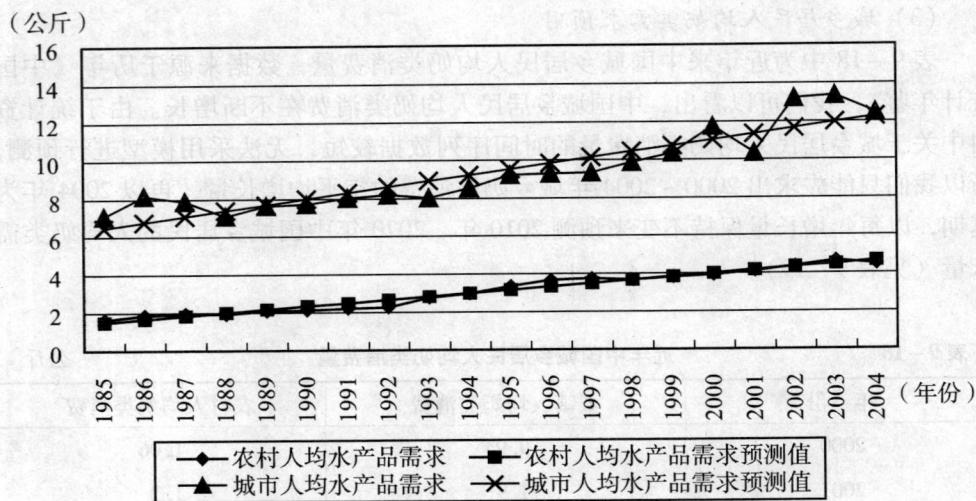

图 9－9　城乡居民人均水产品实际消费量及线性趋势拟合图

数据来源：作者据国家统计局《中国统计年鉴》历年有关资料计算整理。

表 9－20　　　　　2010 年、2020 年中国城乡居民人均水产品需求预测结果　　　　　公斤

年　份	城镇居民人均水产品需求	农村居民人均水产品需求
2010	14.08	5.67
2020	17.13	7.34

数据来源：笔者根据有关资料整理计算而得。

2. 各阶段中国城乡居民肉、蛋、奶及水产品需求总量预测

我们将首先在前面人均肉和蛋、奶和水产品需求预测的基础上，得出肉、蛋等各种需求量，并在此基础上考虑在外饮食进行调整，最终得到各阶段中国城乡居民肉、蛋、奶及水产品需求总量。

将前面预测的各阶段中国城乡居民人均肉、蛋、奶、及水产品需求量乘以各阶段城乡人口的预测值（见附录 9－2），便得到 2010 年、2020 年中国城乡居民肉、蛋、奶及水产品需求总量（见表 9－21）。

由于前面我们进行建模及预测时所采用的关于肉、蛋、奶及水产品的消费数据均来自于历年《中国统计年鉴》，该数据没有包括城乡居民的户外消费量，因此为准确得出中国城乡居民肉、蛋、奶及水产品的需求量，我们还必须对上述预测结果

表 9 - 21　　　　　　　　**2010 年、2020 年中国城乡居民肉、蛋、奶及水产品**

需求总量预测结果（未经调整）　　　　　　亿吨

品　　种	2010 年		2020 年	
	农村	城镇	农村	城镇
肉类	0.175	0.214	0.196	0.303
蛋类	0.043	0.085	0.049	0.123
奶类	0.024	0.207	0.036	0.427
水产品	0.041	0.091	0.048	0.136

注：此表中结果是在《中国统计年鉴》数据基础上预测得到，未考虑城乡居民户外消费情况。

数据来源：作者根据有关资料计算。

进行调整。袁国学和王济民等[①]于 1999 年 6 月在吉林、内蒙古、山东、江苏、四川和广东等六个省（自治区）对各个层次和行业的 633 户城乡居民进行了面对面的问卷调查，得出城乡居民肉、蛋、奶、鱼类户外消费的比重。考虑到袁国学等人的研究中，样本分布比较合理，并且其面对面的调查方式使得其数据具有较强的可信度。所以我们依据袁国学等人的调查数据，同时考虑到未来城乡居民户外食物消费比例有进一步增加的趋势，得出中国城乡居民肉禽、蛋、奶、鱼类户外消费的比重（见表 9 - 22）。我们根据此表的结果，对表 9 - 21 中城乡居民肉、蛋、奶及水产品的需求总量进行调整，具体公式为：调整后的预测值 = 未调整的预测值/（1 - 户外消费比例），结果列于表 9 - 23 中。

表 9 - 22　　　　　**中国城乡居民肉、蛋、奶、水产品户外消费比重的估计值**　　　　%

品　　种	城镇居民户外消费比重	农村居民户外消费比重
肉类	40	15
蛋类	15	15
奶类	5	40
水产品	45	15

数据来源：作者根据袁国学等人的调查结果进行适当调整。

前面我们对中国城乡居民肉类需求的预测是将猪、牛羊及禽肉合在一起预测的，由于不同肉类的饲料转化率不同，为准确计算饲料粮需求量，我们还需要确定在肉类需求量中猪、牛羊和禽肉的数量。为此我们先来预测未来的肉类消费结构，

---

① 袁学国、王济民等：《中国畜产品生产统计数据被高估了吗？——来自中国六省的畜产品消费调查》，载于《中国农村经济》2001 年第 1 期，第 48～54 页。

预测的方法是根据过去城乡居民肉类消费量中猪、牛羊和禽肉各自所占比例的年平均变化率来直接外推。

| 表 9－23 | 调整后的 2010 年、2020 年中国城乡居民
肉、蛋、奶、水产品需求量预测结果 | | | 亿吨 |

品种	2010 年		2020 年	
	农村	城镇	农村	城镇
肉类	0.206	0.357	0.231	0.506
蛋类	0.051	0.100	0.058	0.145
奶类	0.04	0.218	0.062	0.450
水产品	0.049	0.166	0.056	0.247

图 9－10 和图 9－11 反映了过去历年来城镇居民和农村居民肉类消费结构的变化。其中，城镇居民人均猪肉消费比例＝城镇居民人均猪肉消费量／（城镇居民人均猪肉消费量＋城镇居民人均牛羊肉消费量＋城镇居民人均禽肉消费量），其他种类肉类依此类推。城镇居民人均猪、牛羊、禽肉消费量数据来源于历年《中国统计年鉴》，农村居民人均猪、牛羊、禽肉消费量数据来源于 2005 年《中国农村住户调查年鉴》。

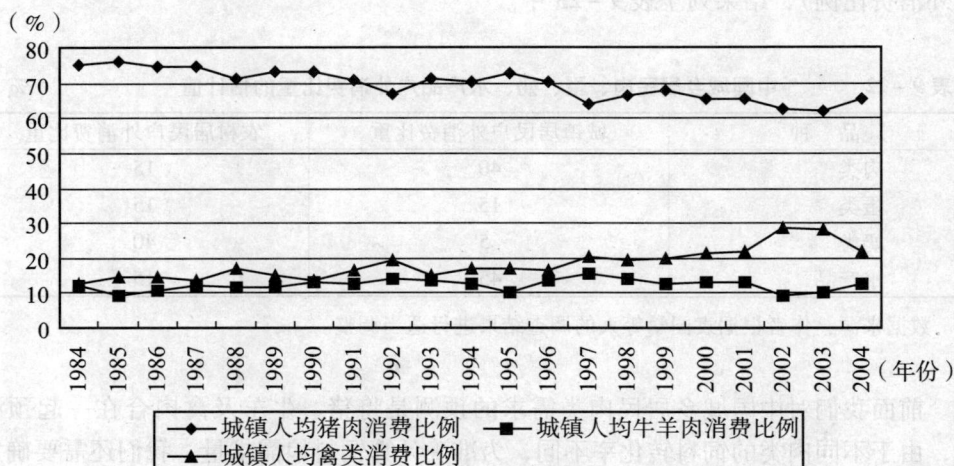

图 9－10　我国城镇居民肉类消费结构的变化情况

数据来源：历年《中国统计年鉴》。

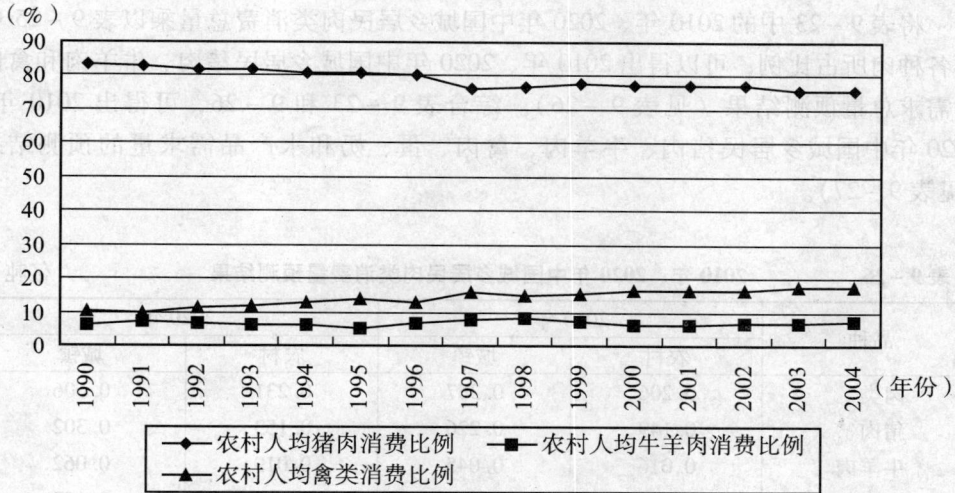

图 9 - 11　我国农村居民肉类消费结构的变化情况

数据来源:《中国农村住户调查年鉴 (2005)》。

从上面两个图中我们可以看出,中国城乡居民肉类消费结构的变化有如下明显特征:猪肉消费量所占比例缓慢下降,禽类消费量所占比例缓慢上升,牛羊肉消费量所占比例变化不是很明显。根据图中的具体数据,我们分别计算了城乡居民猪肉、牛羊肉和禽类消费比例的年平均变化率 (见表 9 - 24)。以 2004 年城乡居民猪、牛羊、禽肉消费比例为基点,按照所计算出的年平均变化率,我们可以得出 2010 年和 2020 年中国城乡居民肉类的消费结构 (表 9 - 25)。

表 9 - 24　　　　　　中国城乡居民肉类消费结构年平均变化率　　　　　　%

农村人均猪肉消费比例变化率	农村人均牛羊肉消费比例变化率	农村人均禽类消费比例变化率	城镇人均猪肉消费比例变化率	城镇人均牛羊肉消费比例变化率	城镇人均禽类消费比例变化率
- 0.726	0.22	3.09	- 0.763	- 0.8954	1.099

数据来源:作者自己计算。

表 9 - 25　　　　2010 年、2020 年中国城乡居民肉类消费结构预测结果　　　　%

年　份	农村猪肉消费比例	农村牛羊肉消费比例	农村禽类消费比例	城镇猪肉消费比例	城镇牛羊肉消费比例	城镇禽类消费比例
2010	72	7.5	20.5	63.22	12.5	24.28
2020	66	7.8	26.2	59.8	12.2	28

数据来源:作者自己计算。

将表 9 - 23 中的 2010 年、2020 年中国城乡居民肉类消费总量乘以表 9 - 25 中的各种肉所占比例，可以得出 2010 年、2020 年中国城乡居民猪肉、牛羊肉和禽肉的需求总量预测结果（见表 9 - 26）。综合表 9 - 23 和 9 - 26，可得出 2010 年、2020 年中国城乡居民猪肉、牛羊肉、禽肉、蛋、奶和水产品需求量的预测结果（见表 9 - 27）。

表 9 - 26　　　　2010 年、2020 年中国城乡居民肉类消费量预测结果　　　亿吨

品种	2010 年		2020 年	
	农村	城镇	农村	城镇
肉类	0.206	0.357	0.231	0.506
猪肉	0.149	0.226	0.153	0.302
牛羊肉	0.016	0.045	0.019	0.062
禽肉	0.042	0.087	0.061	0.142

数据来源：作者自己计算。

表 9 - 27　　　　2010 年、2020 年中国城乡居民猪肉、牛羊肉、禽肉、
蛋、奶、鱼需求总量预测结果　　　亿吨

品种	2010 年			2020 年		
	农村	城镇	城乡总量	农村	城镇	城乡总量
肉类	0.206	0.357	0.564	0.231	0.506	0.736
猪肉	0.148	0.226	0.374	0.153	0.302	0.455
牛羊肉	0.015	0.045	0.060	0.018	0.062	0.079
禽肉	0.042	0.087	0.129	0.061	0.142	0.203
蛋	0.051	0.10	0.151	0.058	0.145	0.203
奶	0.040	0.218	0.258	0.062	0.450	0.512
水产品	0.049	0.166	0.215	0.056	0.247	0.302

数据来源：作者自己计算。

3. 各阶段中国饲料用粮需求预测

（1）饲料转化率的确定

目前中国的饲料转化率水平究竟是多少，存在着很大分歧，主要原因就在于中国肉类生产主要以家庭饲养为主。[①] 下面我们将把其他研究中所采用过的饲料转化率列在表 9 - 28 中，然后综合权衡，选择一个合理的转化率水平。

---

① 朱希刚主编：《跨世纪的探索：中国粮食问题研究》，中国农业出版社 1997 年版。

表 9 – 28 各种研究中所采用的肉饲转化率 %

畜产品	肖国安 （2002 年）	田国强 （1997 年）	农业部 （1988 年）	粮食课题组 （1991 年）	于景元 （1991 年）	隆国强 （1999 年）
猪肉	4	3.5	5.8	5.5 ~ 6.4	5.1	4
牛羊肉	2	3.2		4.8	3	3.4
禽肉	2	2.1	3	2.5 ~ 3.8	3	2.5
禽蛋	2.5	3	3.0 ~ 3.5	3.0 ~ 3.5	2.8 ~ 3.0	2.5
奶类		1.84				
鱼类	1		1.5	3	2	1

数据来源：作者根据相关文献资料整理。

在上表中，除隆国强的转化率数据为饲料粮转化率，其他均为饲料转化率。不同研究中使用的饲料转化率具有较大差别，我们再确定转化率时，基本上是采用上表不同研究中居于中间水平的转化率，本研究最终确定使用的饲料转化率列于表 9 – 29 中。

表 9 – 29 本研究所采用的饲料转化率 %

品种	猪肉	牛羊肉	禽肉	禽蛋	奶类	鱼
转化率	4.5	3.2	2.5	2.5	1.84	1.5

数据来源：作者根据相关资料确定。

（2）未来各阶段饲料用粮需求预测

中国饲料中饲料粮约占 70% ~ 75%，[1] 程国强[2]的研究认为约为 71.4%。考虑到未来以家庭养殖逐渐向规模化养殖转化，饲料中粮食的比重必将增加，因此我们假设 2010 年、2020 年饲料中粮食的比重为 75%。将表 9 – 27 中的肉蛋奶需求量预测值分别乘以表 9 – 29 中的饲料转化率，加总后再乘以 75%，可以得到 2010 年、2020 年中国饲料粮的需求量分别为 2.53 亿吨和 3.53 亿吨。

（四）各阶段中国工业用粮需求量预测

对于工业用粮需求量的预测有三种方法。第一种是按照各类以粮食为原料加工而成的制成品的产量和该制成品粮食转化率来计算；[3]第二种是经验法，按照粮食

① 隆国强：《大国开放中的粮食流通》，中国发展出版社 1999 年版。
②③ 程国强、陈良彪：《中国粮食需求的长期趋势》，载于《中国农村观察》1998 年第 3 期，第 1 ~ 5 页。

产量的 6% 来估计；① 第三种则是直接用历年工业用粮数量进行时序分析。在第一种方法里，估计以粮食为原料加工而成的制成品的产量时又分为结构分析②和时间序列分析。如果采用时间序列分析，则此方法与第三种方法差异并不大。本章将采用第三种方法进行预测，直接采用历年工业用粮数量进行时序分析，新使用的历年工业用粮的数据来自于肖国安。③

我们采用 INDUSE = C(1) * INDUSE(-1) 进行估计，求出 C(1) = 1.0376，得出 1986 ~ 2000 年工业用粮年平均增长率为 3.76%。以 2000 年工业用粮 2995.59 万吨为基点，按照每年 3.76% 的速度增长，得出 2010 年、2020 年工业用粮需求分别为 4333 万吨和 6267 万吨。关于工业用粮需求的预测也有其他研究结果，综合考虑各种研究结果，确定 2010 年、2020 的工业用粮需求（见表 9 - 30）。

表 9 - 30　　　　　　　　　不同研究中工业用粮的预测结果　　　　　　　　　　万吨

年份	程国强 （1998 年）	肖国安 （2002 年）	刘旗等 （1998 年）	黄季焜等 （1998 年）	本研究	朱希刚 （1995 年）	吕兴业 （1997 年）
2010	4000	4745	9712	2300	4333	5440	6440
2020	5000	n. a	n. a	2500	6267	n. a	n. a

注：n. a 为无数据。
数据来源：作者根据相关文献资料整理。

在表 9 - 30 中，黄季焜的预测值中所包含的水稻已换算为大米，朱希刚预测在 2010 年工业用粮和种子用粮总和为 5440 万吨，工业用粮大概为 3500 万吨；吕兴业的数据包括种子和工业用粮食，其中工业用粮大概在 4500 万吨左右。这样程国强、肖国安、本章和吕兴业对 2010 年的预测较为接近。我们确定 2010 年中国工业用粮需求为 4700 万吨，根据程国强的看法，中国工业用粮每十年增长 1000 万吨，我们确定 2020 年中国工业用粮需求为 5700 万吨。

由于我们预测所使用的工业用粮原始数据只到 2000 年，而 2001 年中国开始进行车用乙醇汽油试点，2005 年初，推广使用车用乙醇汽油工作全面启动，在九个省安排试点，包括黑龙江、吉林、辽宁、河南、安徽五个省，以及河北、山东、江苏、湖北四个省部分地区。目前中国乙醇生产的原料主要是玉米，有少量的小麦和薯类等，截至 2005 年，中国乙醇的生产量已达到 36 万吨每年，④ 假定全部以玉米为原料来生产的话，以目前中国加工企业加工 1 吨酒精需要 3.3 吨玉米⑤来计算，

① 隆国强：《大国开放中的粮食流通》，中国发展出版社 1999 年版。
② 黄季焜、［美］斯·罗泽尔：《迈向二十一世纪的中国粮食经济》，中国农业出版社 1998 年版。
③ 肖国安：《未来十年中国粮食供求预测》，载于《中国农村经济》2002 年第 7 期，第 9 ~ 14 页。
④ 《石油替代的趋势动向》：载于《广东化工》2005 年第 10 期，第 74 页。
⑤ 田建军：《原料技术成本三大压力制约乙醇汽油市场》，载于《中国石油和化工》2005 年第 10 期，第 74 ~ 75 页。

需要 118.8 万吨玉米。鉴于车用乙醇汽油在巴西以及欧美推行的成功，[①] 我们认为，车用乙醇汽油的推广范围会进一步扩大，因此假定 2010 年和 2020 年在全国有一半省份推行乙醇汽油。我们首先预测 2010 年和 2020 年的全国汽油需求，然后推算乙醇汽油需求量（见图 9 - 12）。

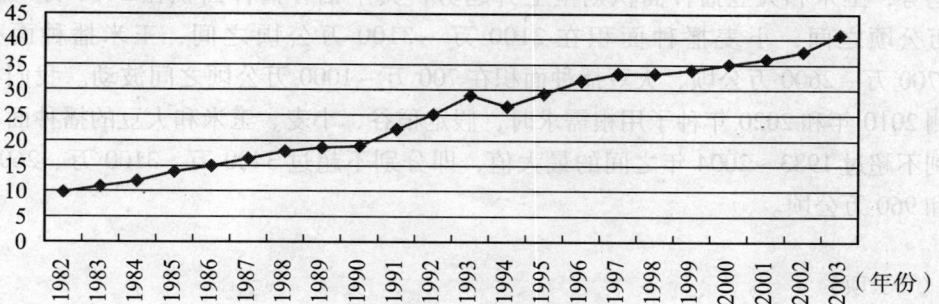

（百万吨）

图 9 - 12 我国历年汽油消费量

由图 9 - 12 可以看出，中国汽油消费量随时间变化而呈线性增长趋势，因此我们用线性时间趋势模型来预测，得出 2010 年和 2020 年中国年汽油消费量为 50.72 百万吨和 65.48 百万吨。按照乙醇汽油消费量为汽油消费量的一半，乙醇汽油中乙醇占汽油的 10%，每吨乙醇用玉米 3.3 吨来计算，可得出 2010 年和 2020 年用来生产乙醇汽油所需要的玉米用量为 8.4 百万吨和 10.8 百万吨。将前面的预测值加上乙醇汽油用玉米需求量，可得出 2010 年和 2020 年中国工业用粮需求量为 5540 万吨和 6780 万吨。

（五）各阶段中国种子用粮需求量预测

种子用粮占粮食总需求量的比例很小，在 4% ~5% 左右。[②] 对种子用粮需求的预测，主要方法有：（1）根据时间序列模型或者时间趋势模型来预测；[③]（2）根据播种面积以及每亩所需用种量来预测；[④]（3）根据用种量和产量的比例来预测。[⑤]我们采用第二种方法进行预测，但此方法仅能预测稻谷、小麦、玉米和大豆

① 王成军、黄少杰：《国外燃料乙醇工业的发展现状及其对我国的启示》，载于《工业技术经济》2005 年第 5 期，第 110 ~112 页。

②⑤ 程国强、陈良彪：《中国粮食需求的长期趋势》，载于《中国农村观察》1998 年第 3 期，第 1 ~5 页。

③ 黄季焜、［美］斯·罗泽尔：《迈向二十一世纪的中国粮食经济》，中国农业出版社 1998 年版。

④ Liming Wang&John Davis，China's Grain Economy，Ashgate，Aldershot，2000 年。

的种子用粮需求，而其他粮食由于包括品种较多，不好用这种方法预测其种子用粮需求量。对于其他粮食种子用粮需求，我们采取下述方法预测：在预测出稻谷、小麦、玉米和大豆的种子用粮需求的基础上，假设未来各阶段其他粮食种子用粮占全部种子用粮的比例与2004年相同（21.3%），[①] 从而可以推算出其他粮食种子用粮数量。

图9-13反映，从1983~2004年，中国稻谷和小麦播种面积从总体上呈下降趋势，玉米和大豆播种面积则呈上升趋势，其中稻谷播种面积在2600万~3400万公顷之间，小麦播种面积在2100万~3100万公顷之间，玉米播种面积在1700万~2600万公顷，大豆播种面积在700万~1000万公顷之间波动。我们在预测2010年和2020年种子用粮需求时，假定稻谷、小麦、玉米和大豆的播种面积分别不超过1983~2004年之间的最大值，即分别不超过3400万、3100万、2600万和960万公顷。

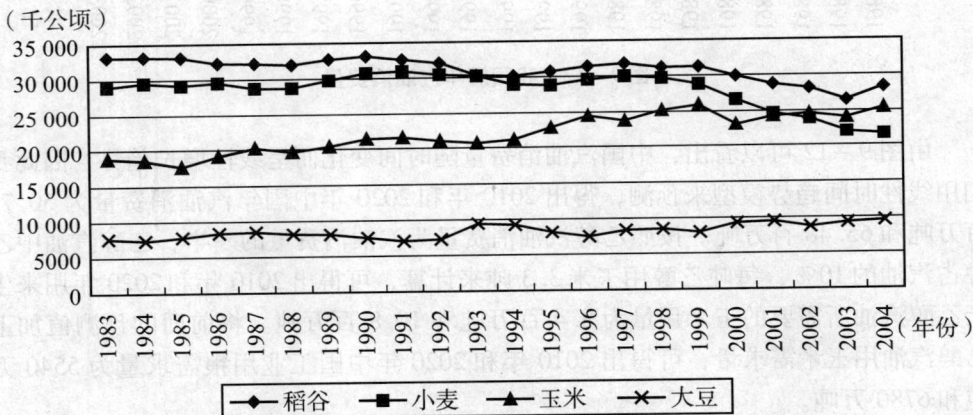

图9-13 我国四种主要粮食作物播种面积变化情况

数据来源：历年《中国农村统计年鉴》。

表9-31	四种主要粮食作物单位播种面积所需用种量			公斤/公顷
粮食品种	水稻	小麦	玉米	大豆
单位面积用种量	150~225	180~260	23~40	60~105

数据来源：Liming Wang&John Davis（2000，p170）

表9-31中列出了四种主要粮食作物单位播种面积的用种量。一般来说单位面积用种量会随着技术的提高而缓慢减少，我们设定2010年和2020年中国水稻、小

---

① 聂振邦：《2005中国粮食发展报告》，经济管理出版社2005年版。

麦、玉米和大豆单位面积用种量处在上表中的中间水平，分别为190公斤/公顷、220公斤/公顷、32公斤/公顷和85公斤/公顷。

将播种面积乘以单位播种面积用种量，我们就可以得到2010年和2020年中国水稻、小麦、玉米和大豆的种子用粮需求，并在此基础上求出其他粮食种子用粮需求（见表9－32）。

表9－32　　　　　　　　　　未来种子用粮需求　　　　　　　　　　万吨

粮食品种	水稻	小麦	玉米	大豆	其他粮食	总量
用种量	646	682	83	82	404	1890

数据来源：作者自己计算。

而程国强（1998）预测时，2000～2030年期间均以1500万吨计算种子用粮需求。我们最后确定2010年、2020年种子用粮需求总量为1890万吨，这个结果略高于方程的估计。

（六）各阶段中国粮食需求总量及各品种需求量的确定

1. 各阶段中国粮食需求总量的确定

前面我们已分别预测出2010年和2020年中国口粮需求、饲料粮需求、工业用粮需求以及种子用粮需求，将上述各种用途粮食需求量加总便得到2010年和2020年中国粮食需求总量分别为5.394亿吨和6.167亿吨（见表9－33）。

表9－33　　　2010年、2020年中国粮食各种用途需求量及总需求量预测结果　　　亿吨

年　份	口粮需求	饲料粮	工业用粮	种子用粮	总量需求
2010	2.120	2.531	0.554	0.189	5.394
2020	1.771	3.529	0.678	0.189	6.167

数据来源：作者自己计算。

2. 各阶段中国各品种粮食需求量的确定

在前面所得出的未来各阶段中国口粮、饲料粮、工业用粮及种子用粮需求量预测值的基础上，预测各品种粮食的需求量。在预测时，我们假定2010年和2020年小麦、稻谷、玉米、大豆和其他粮食在口粮消费、饲料用粮、工业用粮中所占比例与2004年相同，而种子用粮，则直接采用表9－32中的数据。

表9-34是2004年中国小麦、稻谷、玉米、大豆及其他粮食不同用途的消费量，从表中可以看出小麦和水稻（大米）的主要用途为口粮消费，分别占到各自消费总量的80%和85%；玉米、大豆和其他粮食的主要用途为饲料用粮，分别占其各自消费总量的70%、60%和50%。根据表9-34中的数据，我们可以算出小麦、稻谷、玉米、大豆及其他粮食分别在口粮、饲料用粮、工业用粮和种子用粮中所占的比重（见表9-35）。

表9-34 　　　　　　　2004年中国各品种粮食中不同用途的消费量　　　　　　万公斤

用途	小麦	稻谷	玉米	大豆	其他
消费总量	10 230	18 925	11 565	3470	4900
口粮消费	7875	15 800	1210	550	1165
饲料用粮	880	1930	8185	2095	2415
工业用粮	1010	975	2010	260	1075
种子用粮	465	220	160	60	245

数据来源：聂振邦主编，《2005中国粮食发展报告》，经济管理出版社2005年版。

表9-35 　　　　　　　2004年中国不同品种粮食在各种用途中所占比例　　　　　　%

用途	小麦	稻谷	玉米	大豆	其他
消费总量	20.84	38.55	23.56	7.07	9.98
口粮消费	29.61	59.40	4.55	2.07	4.38
饲料用粮	5.68	12.45	52.79	13.51	15.58
工业用粮	18.95	18.29	37.71	4.88	20.17
种子用粮	40.43	19.13	13.91	5.22	21.30

数据来源：作者根据上表数据计算。

从表9-35中可见，在2004年中国粮食消费总量中，稻谷所占比例最大，达到将近40%，玉米和小麦其次，分别占到20%以上。大豆和其他粮食所占比例均不超过10%。在口粮消费中，稻谷占的比例将近60%，小麦所占比例将近30%，而玉米、大豆和其他粮食所占比例很小，均不超过5%。在饲料用粮中，玉米比例最大为53%；小麦比例最小为6%；稻谷、大豆和其他粮食所占比例居于12%～16%之间。在工业用粮中，玉米所占比例将近40%；小麦、稻谷和其他粮食所占比例均在20%左右，大豆比例最小，低于5%。在种子用粮中，小麦比例最大为40%，比例最小的是大豆，所占比例为5%，玉米、稻谷和其他粮食所占比例从13%～22%不等。

假定2010年和2020年各品种粮食在各种用途中所占比例保持在2004年水平，

这样就可根据前面预测的口粮、饲料粮和工业用粮需求量计算 2010 年和 2020 年口粮、饲料粮和工业用粮中各品种粮食的数量（见表 9 – 36、表 9 – 37），种子用粮中各品种粮食的数量直接采用前面关于种子用粮需求量的预测数据。

由表 9 – 36 和表 9 – 37 可看出，2010 年和 2020 年小麦、稻谷的需求量很接近，而玉米需求差别较大。与表 9 – 34 中 2004 年的各品种粮食需求量进行比较，可以看出 2010 年、2020 年的小麦、稻谷需求预测值缓慢降低；相反玉米在 2004 年的需求量为 1.16 亿吨，而 2010 年迅速增至近 1.65 亿吨，2020 年则达到 2.21 亿吨；大豆和其他粮食未来需求量也都表现出稳定的增长态势。这种变化趋势与中国实际情况相吻合。由于中国小麦和稻谷（大米）主要用于口粮消费，少量用于饲料用粮和其他用途，而随着经济发展，口粮需求减少，肉类消费增加，这意味着一方面对主要用于口粮的小麦和稻谷（大米）需求减少，而对主要用于饲料粮和工业用粮的玉米、大豆和其他粮食需求增加。这一结果具有较强的政策含义：中国的粮食安全问题决不只是一个总量问题，还有一个结构问题。上述我们的预测结果说明未来中国粮食安全的压力可能主要来自于人们对肉蛋奶和水产品需求增加所导致的对饲料用粮需求的增加，未来粮食安全中的品种结构问题和总量问题一样重要。

表 9 – 36　　　　2010 年不同用途中各品种粮食的需求量　　　　　　　　亿吨

用途	小麦	稻谷	玉米	大豆	其他	各品种加总
消费总量	0.942	1.743	1.649	0.421	0.639	5.394
口粮消费	0.628	1.259	0.096	0.044	0.093	2.12
饲料用粮	0.144	0.315	1.336	0.342	0.394	2.531
工业用粮	0.105	0.101	0.209	0.027	0.112	0.554
种子用粮	0.065	0.068	0.008	0.008	0.04	0.189

数据来源：作者自己计算。

表 9 – 37　　　　2020 年不同用途中各品种粮食需求量　　　　　　　　亿吨

用途	小麦	稻谷	玉米	大豆	其他	各品种加总
消费总量	0.918	1.683	2.208	0.555	0.805	6.167
口粮消费	0.524	1.051	0.081	0.037	0.078	1.771
饲料用粮	0.2	0.439	1.863	0.477	0.55	3.529
工业用粮	0.128	0.124	0.256	0.033	0.137	0.678
种子用粮	0.065	0.068	0.008	0.008	0.04	0.189

数据来源：作者自己计算。

三、全国及主产区各阶段粮食综合生产能力目标规模的确定

（一）全国各阶段粮食综合生产能力目标规模的确定

中国各阶段（2010 年、2020 年）粮食综合生产能力目标规模的方法是用前面预测出的各阶段中国粮食需求量乘以目标自给率。关于 2010 年中国粮食的目标自给率，我们确定为 95% 比较合理，原因是：（1）中国政府明确提出，基本立足于国内生产来实现中国粮食供求平衡是中国的一项基本国策，因为中国人口众多，需求量太大，而地区间发展又不平衡，粮食对中国的经济社会发展和政治稳定至关重要，同时交通运输的"瓶颈"作用将长期存在，限制了进口粮食向各销区的分流。（2）为调剂粮食品种、丰歉、区域的余缺，中国也会从国际市场上进口一部分粮食，综合考虑粮食安全、国家经济支付能力、港口和运输条件以及国际市场的承受能力，进口数量以不超过消费量的 5% 为宜。（3）从过去历年中国的粮食自给率来看（见表 9 – 38），2010 年保持 95% 的粮食自给率是没有问题的。

表 9 – 38　　　　　　　　　1983 ~ 2003 年中国粮食产量及自给率　　　　　　　万吨

年份	产量	进口量	出口量	自给率（%）
1983	39 078.07	2036.85	179.67	95.57
1984	41 057.02	1654.35	343.31	97.00
1985	38 203.88	1223.25	944.80	99.24
1986	39 454.70	1488.82	994.77	98.75
1987	40 511.98	2440.74	783.58	96.12
1988	39 657.92	2363.47	751.46	96.08
1989	41 004.23	2429.58	679.99	95.89
1990	44 894.44	2221.71	607.61	96.66
1991	43 816.79	2235.09	1126.09	97.51
1992	44 535.38	2088.26	1399.85	98.46
1993	45 933.14	1688.82	1474.72	99.54
1994	44 773.72	1925.36	1366.40	98.74
1995	46 932.60	3124.15	241.10	94.27
1996	50 699.98	2234.38	227.42	96.26
1997	49 667.94	1733.59	939.58	98.42
1998	51 446.48	1566.44	976.13	98.89

年份	产量	进口量	出口量	自给率（%）
1999	51 059.94	1667.83	864.09	98.50
2000	46 434.46	2273.46	1484.94	98.26
2001	45 459.91	2679.90	1011.33	96.37
2002	45 912.41	2373.80	1642.34	98.43
2003	43 258.84	3228.59	2359.89	97.98

说明：表中自给率系作者依据 FAO 数据库资料整理。

数据来源：覃姣，《中国粮食自给状况研究》，2006 年中国农业大学学士论文。

关于 2020 年中国粮食的目标自给率，我们认为确定为 90% 是一个合理和现实的选择，原因是：（1）中国目前处于工业化和城市化快速推进的阶段，耕地面积减少是一个不可逆转的趋势，另外随着人口增加和收入水平的提高，对粮食需求也将增加，这样必然会导致粮食自给率有一定程度的下降。（2）根据众多研究，中国粮食生产的比较优势在下降，如果我们过分去追求一个很高的粮食自给率，必然要付出较大的代价。（3）根据众多经济学家的看法，90% 的粮食自给率也是一个较高的自给率，是一个可以接受的水平。

利用前面所确定的各阶段中国的粮食需求量乘以目标粮食自给率，我们就可得到各阶段中国粮食综合生产能力的目标规模（见表 9－39）。

表 9－39　　　　　2010 年、2020 年全国粮食综合生产能力目标规模　　　　　亿吨

项目	2010 年	2020 年
全国粮食需求量	5.394	6.167
目标自给率（%）	95	90
全国粮食综合生产能力目标规模	5.124	5.550

（二）主产区各阶段粮食综合生产能力目标规模的确定

目前中国确定的粮食主产区包括：河北、内蒙古、辽宁、吉林、黑龙江、江苏、安徽、江西、山东、河南、湖北、湖南和四川等 13 个省和自治区。本研究中确定各阶段粮食主产区综合生产能力目标规模的方法是，利用前面确定的各阶段全国粮食综合生产能力的目标规模乘以主产区粮食产量在全国粮食总产量中所占的比例。由图 9－14 我们可以看出，主产区粮食产量占全国粮食产量的比例自 1978 年以来变化不大，特别是自 1990 年以来增加非常缓慢，在 2004 年达到 75% 左右，我们可以估计 2010 年和 2020 年主产区粮食产量所占比例基本稳定在这一水平。

采用上述方法确定的 2010 年和 2020 年主产区粮食综合生产能力的目标规模列于表 9 - 40 中。

（%）

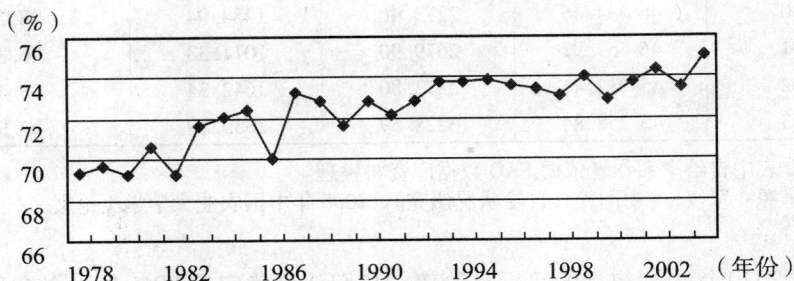

图 9 - 14　1978 年以来主产区粮食产量在全国产量中的比例

数据来源：历年《中国统计年鉴》。

表 9 - 40　　　　　　　　各阶段主产区粮食综合生产能力的目标规模　　　　　　　　亿吨

项　　目	2010 年	2020 年
全国粮食综合生产能力的目标规模	5.124	5.550
主产区粮食产量占全国粮食产量的比例（%）	75	75
主产区粮食综合生产能力目标规模	3.843	4.163

四、全国及主产区各阶段粮食综合生产能力目标规模所需要素投入量的确定

（一）全国各阶段粮食综合生产能力目标规模所需要素投入量的确定

在前面我们利用 1978 ~ 2004 年全国粮食产量和播种面积数据（国家统计局）以及农产品成本收益调查数据（国家计委）构建出了如下生产函数模型：

$$Y = e^{-4.149} AREA^{0.989} LA^{-0.250} FE^{0.175} OM^{0.380} DES^{-0.108} \tag{9-8}$$

其中：Y：粮食总产量

AREA：粮食播种面积

LA：劳动用工数量

FE：化肥费用

OM：其他物质费用

394

DES：粮食成灾面积

由该生产函数可得各种影响因素的生产弹性值分别为：播种面积：0.989；劳动用工数量：－0.250；化肥费用：0.175；其他物质费用：0.380；成灾面积：－0.108。每种影响因素的生产弹性指：该因素的投入量每增加1%所引起粮食总产量变动的百分比。这样粮食产量增加的百分比与各种影响因素投入量变动的百分比具有如下关系式：

$$\text{与基期相比粮食产量变动百分比} = 0.989 \times \text{与基期相比播种面积变动百分比} - 0.250 \times \text{与基期相比劳动投入变动百分比}$$

$$+ 0.175 \times \text{化肥费用变动百分比} + 0.380 \times \text{其他物质费用变动百分比}$$

$$- 0.108 \times \text{粮食成灾面积变动百分比} \tag{9-9}$$

在确定为实现2010年和2020年全国粮食综合生产能力目标规模所需要素投入量的分析中，我们将基期确定为2004年，2004年的各种数据为：

粮食理论产量（即 Y 的估计值）：47 390.59 万吨

粮食播种面积：101 606.03 千公顷

劳动用工数量：146.04 亿工日（143.73 工日/公顷）

化肥费用：280.37 亿元（275.94 元/公顷，1975 不变价格）

其他物质费用：398.01 亿元（391.72 元/公顷，1975 不变价格）

粮食成灾面积：10 783.97 千公顷

由于中国存在严重的农村劳动力过剩现象，并且在粮食生产中对劳动的需求量处于下降趋势，劳动投入在粮食生产中不会构成限制因素，所以在以下各种目标粮食综合生产能力所需要素投入中不考虑劳动投入量的变动，即假定劳动的投入数量维持在2004年的水平。针对上述2010年和2020年中国粮食综合生产能力的目标规模，我们可以分别得到与基期（2004年）相比变动的百分比，在假定不同水平粮食播种面积和粮食成灾面积的情况下，根据公式（9-9）式便可计算出相应的化肥费用及其他物质费用所需增加的百分比（见表9-41、表9-42）。

1. 2010年全国粮食综合生产能力目标规模所需要素投入量的确定

表9-41 中列出了为实现2010年中国粮食综合生产能力5.124亿吨目标规模所需要素投入的各种组合方案。在这些方案中，粮食播种面积为14.91亿亩（2003年水平，也是1978年以来最低水平）和14.60亿亩所对应的各种方案均不是最佳方案，因为在这些方案中，每公顷化肥投入和其他物质投入都需比基期2004年至少增加17.13%，这个增长幅度在到2010年短短的6年内有点过大。另外，在粮食价格不太可能有大幅上涨的情况下，这个增长幅度必然会导致农民种粮收益的下

降，从而不利于粮食生产的发展。

如果 2010 年中国粮食播种面积能稳定在 2004 年水平（15.24 亿亩），同时粮食成灾面积比 2004 年下降 20%，则每公顷化肥投入和其他物质投入需要比 2004 年增长 10.75%。如果 2010 年粮食播种面积能达到 15.5 亿亩，粮食成灾面积保持在 2004 年的水平，每公顷化肥投入和其他物质投入需要比 2004 年增长 9.74%。相比较而言，后一个方案是实现 2010 年中国粮食综合生产能力 5.124 亿吨目标规模更为可行的一个方案，因为 2004 年中国粮食成灾面积是 1978 年以来的最低水平，并且比其他年份低的幅度较大，在到 2010 年有限的时间内，中国农业基础设施、防灾能力等不可能有非常大的改善，因此粮食成灾面积更为可能的一个结果是保持 2004 年的水平。由此我们也看出，为实行 2010 年中国粮食综合生产能力 5.124 亿吨的目标规模，粮食播种面积必须达到 15.5 亿亩，否则化肥和其他物质投入就必须大幅增加，而这又会导致到种粮成本的大幅上涨和农民种粮收益的下降，从另一方面对中国粮食安全造成不利影响。

表 9-41　　　　　　　　2010 年全国粮食综合生产能力目标规模为
5.124 亿吨所需要素投入量

播种面积	成灾面积 （千公顷）	成灾 比例 （%）	化肥总费用 （亿元）	其他物质 总费用 （亿元）	每公顷化肥 费用增加 （%）	每公顷其他 物质费用 增加（%）
14.6 亿亩 （97 333.3 千 公顷）	保持 2004 年水平 10 783.97	11.08	22.13% 342.42	22.13% 486.09	27.49	27.49
	降低 10%， 9705.57	9.97	20.19% 336.96	20.19% 478.35	25.46	25.46
	降低 20%， 8627.18	8.86	18.24% 331.50	18.24% 470.60	23.43	23.43
14.91 亿亩 （99 410.4 千 公顷，2003 年水平，也 是 1978 年以 来最低水平）	保持 2004 年水平 10 783.97	10.85	18.49% 332.20	18.49% 471.59	21.11	21.11
	降低 10%， 9705.57	9.76	16.54% 326.75	16.54% 463.85	19.12	19.12
	降低 20%， 8627.18	8.68	14.6% 321.29	14.6% 456.10	17.13	17.13

续表

播种面积	成灾面积 （千公顷）	成灾 比例 （%）	化肥总费用 （亿元）	其他物质 总费用 （亿元）	每公顷化肥 费用增加 （%）	每公顷其他 物质费用 增加（%）
15.24 亿亩 （101 606.03 千公顷，2004 年水平）	保持 2004 年水平 10 783.97	10.61	14.64% 321.41	14.64% 456.27	14.64	14.64
	降低 10%， 9705.57	9.55	12.69% 315.95	12.69% 448.52	12.69	12.69
	降低 20%， 8627.18	8.49	10.75% 310.49	10.75% 440.78	10.75	10.75
15.50 亿亩 （103 333.3 千 公顷）	保持 2004 年水平 10 783.97	10.11	11.61% 312.91	11.61 444.21	9.74	9.74
	降低 10%， 9705.57	9.1	9.66% 307.46	9.66% 436.46	7.83	7.83
	降低 20%， 8627.18	8.09	7.72% 302.00	7.72% 428.72	5.92	5.92

说明：①与基期 2004 年相比粮食产量增加幅度（51 240 - 47 390）/47 390 = 8.12%）；②表中化肥总费用和其他物质总费用两列数据，百分比为与基期相比所增加的比例，而绝对数则是需要达到的水平。

表 9 - 42　　　　　**2020 年全国粮食综合生产能力目标规模为**
5.550 亿吨所需要素投入量

播种面积	成灾面积 （千公顷）	成灾 比例 （%）	化肥总费用 （亿元）	其他物质 总费用 （亿元）	每公顷化肥 费用增加 （%）	每公顷其他 物质费用 增加（%）
14.91 亿亩 （99 410.4 千 公顷，2003 年水平，也 是 1978 年以 来最低水平）	保持 2004 年水平 10 783.97	10.85	34.69% 377.62	34.69% 536.06	37.66	37.66
	降低 10%， 9705.57	9.76	32.74% 372.16	32.74% 528.31	35.67	35.67
	降低 20%， 8627.18	8.68	30.79% 366.70	30.79% 520.57	33.68	33.68
15.24 亿亩 （101 606.03 千 公顷，2004 年水平）	保持 2004 年水平 10 783.97	10.61	30.83% 366.82	30.83% 520.73	30.83	30.83
	降低 10%， 9705.57	9.55	28.89% 361.36	28.89% 512.99	28.89	28.89
	降低 20%， 8627.18	8.49	26.94% 355.91	26.94% 505.24	26.94	26.94

播种面积	成灾面积 （千公顷）	成灾 比例 （%）	化肥总费用 （亿元）	其他物质 总费用 （亿元）	每公顷化肥 费用增加 （%）	每公顷其他 物质费用 增加（%）
16.0 亿亩 （106 666.7 千 公顷）	保持 2004 年水平 10 783.97	10.11	21.96% 341.93	21.96% 485.41	16.17	16.17
	降低 10%， 9705.57	9.1	20.01% 336.48	20.01% 477.66	14.32	14.32
	降低 20%， 8627.18	8.09	18.07% 331.02	18.07% 469.92	12.47	12.47
16.5 亿亩 （110 000 千 公顷）	保持 2004 年水平 10 783.97	9.8	16.11% 325.54	16.11% 462.14	7.25	7.25
	降低 10%， 9705.57	8.82	14.17% 320.09	14.17% 454.39	5.46	5.46
	降低 20%， 8627.18	7.84	12.22% 314.63	12.22% 446.65	3.66	3.66

说明：①与基期 2004 年相比粮食产量增加幅度（55 500 - 47 390)/47 390 = 17.11%；②表中化肥总费用和其他物质总费用两列数据，百分比为与基期相比所增加的比例，而绝对数则是需要达到的水平。

2. 2020 年全国粮食综合生产能力目标规模所需要素投入量的确定

表 9 - 42 中列出了为实现 2020 年中国粮食综合生产能力 5.55 亿吨目标规模所需要素投入的各种方案。播种面积为 14.91 亿亩（2003 年水平，也是 1978 年以来最低水平）和 15.24 亿亩所对应的各种方案显然不是可取方案，因为在这些方案中，每公顷化肥投入和其他物质投入与基期 2004 年相比至少要增长 26.94%。而播种面积为 16.5 亿亩所对应的三个方案也不是可行方案，因为自 2000 年以来，中国粮食播种面积均没有超过 16.5 亿亩，考虑到今后中国工业化和城镇化的快速推进，中国耕地面积将持续减少，再加上农业结构调整的影响，中国粮食播种面积较难达到 16.5 亿亩。所以为实现中国 2020 年全国粮食综合生产能力 5.55 亿吨目标规模所需要素投入的可能方案中比较可行的是粮食播种面积为 16 亿亩时所对应的三个方案：粮食成灾面积保持 2004 年水平、降低 10% 和降低 20%，每公顷化肥投入和其他物质投入比基期 2004 年增加的幅度分别为 16.17%、14.32% 和 12.47%，这样的增加幅度还是可以实现的。由此我们也看出，粮食播种面积在 2020 年要保持在 16 亿亩是确保中国粮食安全的一条警戒线。

（二）主产区各阶段粮食综合生产能力目标规模所需要素投入量的确定

前面我们根据主产区粮食产量和各种投入要素数据，建立了如下生产函数模型：

$$Y = e^{-2.351} AREA^{0.610} LA^{-0.135} FE^{0.171} OM^{0.488} DES^{-0.102} \qquad (9-10)$$

其中：

Y：主产区粮食总产量

$AREA$：主产区粮食播种面积

LA：主产区劳动用工数量

FE：主产区化肥费用

OM：主产区其他物质费用

DES：主产区粮食成灾面积

由该生产函数可得各种影响因素的生产弹性值分别为：播种面积，0.610；劳动用工数量，－0.135；化肥费用，0.171；其他物质费用，0.488；成灾面积，－0.102。每种影响因素的生产弹性指该因素的投入量每增加1%所引起粮食总产量变动的百分比，这样粮食产量增加的百分比与各种影响因素投入量变动的百分比具有如下关系式：

$$\text{与基期相比粮食产量变动百分比} = 0.610 \times \text{与基期相比播种面积变动百分比} - 0.135 \times \text{与基期相比劳动投入变动百分比}$$

$$+ 0.171 \times \text{化肥费用变动百分比} + 0.488 \times \text{其他物质费用变动百分比}$$

$$- 0.102 \times \text{粮食成灾面积变动百分比} \qquad (9-11)$$

在确定为实现2010年和2020年主产区粮食综合生产能力目标规模所需要素投入量的分析中，我们将基期确定为2004年，2004年主产区的各种数据为：

粮食理论产量（即 Y 的估计值）：35 457.39 万吨

粮食播种面积：72 913 千公顷

劳动用工数量：96.78 亿工日（132.74 工日/公顷）

化肥费用：116.27 亿元（228.04 元/公顷，1978 年不变价格）

其他物质费用：254.20 亿元（348.64 元/公顷，1978 年不变价格）

粮食成灾面积：7629.54 千公顷

同全国一样，由于劳动力对主产区粮食生产能力不构成限制，所以我们不考虑劳动力的变动情况，假定劳动投入数量维持在2004年的水平。针对上述2010年和

2020 年主产区粮食综合生产能力的目标规模，我们可以分别得到与基期（2004年）相比变动的百分比，在假定不同水平粮食播种面积和粮食成灾面积的情况下，根据（9－11）式便可计算出相应的化肥费用及其他物质费用所需增加的百分比（见表 9－43、表 9－44）。

表 9－43　　　　　2010 年主产区粮食综合生产能力目标规模为
3. 843 亿吨所需要素投入量

播种面积	成灾面积（千公顷）	化肥总费用（亿元）	其他物质总费用（亿元）	每公顷化肥费用增加（％）	每公顷其他物质费用增加（％）
10. 30 亿亩（68 666.7 千公顷）	7629. 54（2004 年的水平）	18. 11%	18. 11%	25. 42	25. 42
		137. 33	300. 24		
	6866. 59（比2004年下降10%）	16. 56%	16. 56%	23. 77	23. 77
		135. 53	296. 31		
	6103. 63（比2004年下降20%）	15. 02%	15. 02%	22. 13	22. 13
		133. 73	292. 37		
10. 65 亿亩（71 016.6 千公顷，2003 年水平，也是1978 年以来最低水平）	7629. 54（2004 年的水平）	15. 13%	15. 13%	18. 2	18. 2
		133. 86	292. 66		
	6866. 59（比2004年下降10%）	13. 58%	13. 58%	16. 61	16. 61
		132. 06	288. 72		
	6103. 63（比2004年下降20%）	12. 03%	12. 03%	15. 03	15. 03
		130. 26	284. 79		
10. 94 亿亩（72 913 千公顷，2004 年水平）	7629. 54（2004 年的水平）	12. 72%	12. 72%	12. 72	12. 72
		131. 06	286. 54		
	6866. 59（比2004年下降10%）	11. 17%	11. 17%	11. 17	11. 17
		129. 26	282. 60		
	6103. 63（比2004年下降20%）	9. 63%	9. 63%	9. 63	9. 63
		127. 46	278. 67		
11. 3 亿亩（75 000 千公顷）	7629. 54（2004 年的水平）	10. 07%	10. 07%	7. 01	7. 01
		127. 98	279. 80		
	6866. 59（比2004年下降10%）	8. 52%	8. 52%	5. 50	5. 50
		126. 18	275. 87		
	6103. 63（比2004年下降20%）	6. 98%	6. 98%	4	4
		124. 38	271. 93		

说明：①与基期 2004 年相比粮食产量增加幅度（38 430 － 35 457.39）/35 457.39 = 8.38%；②表中化肥总费用和其他物质总费用两列数据，百分比为与基期相比所增加的比例，而绝对数则是需要达到的水平。

表 9 - 44　　　**实现 2020 年主产区粮食综合生产能力目标所需要素投入量**

播种面积	成灾面积（千公顷）	化肥总费用（亿元）	其他物质总费用（亿元）	每公顷化肥费用增加（％）	每公顷其他物质费用增加（％）
10.65 亿亩（71 016.6 千公顷，2003 年水平，也是 1978 年以来最低水平）	7629.54（2004 年的水平）	28.82%	28.82%	32.26	32.26
		149.78	327.47		
	6866.59（比 2004 年下降 10%）	27.28%	27.28%	30.67	30.67
		147.98	323.54		
	6103.63（比 2004 年下降 20%）	25.73%	25.73%	29.09	29.09
		146.18	319.60		
10.94 亿亩（72 913 千公顷，2004 年水平）	7629.54（2004 年的水平）	26.42%	26.42%	26.42	26.42
		146.98	321.35		
	6866.59（比 2004 年下降 10%）	24.87%	24.87%	24.87	24.87
		145.18	317.42		
	6103.63（比 2004 年下降 20%）	23.32%	23.32%	23.32	23.32
		143.39	313.48		
11.3 亿亩（75 000 千公顷）	7629.54（2004 年的水平）	23.77%	23.77%	20.32	20.32
		143.90	314.62		
	6866.59（比 2004 年下降 10%）	22.22%	22.22%	18.82	18.82
		142.10	310.68		
	6103.63（比 2004 年下降 20%）	20.67%	20.67%	17.31	17.31
		140.30	306.75		
11.6 亿亩（77 500 千公顷）	7629.54（2004 年的水平）	20.59%	20.59%	13.46	13.46
		140.21	306.55		
	6866.59（比 2004 年下降 10%）	19.05%	19.05%	12	12
		138.41	302.61		
	6103.63（比 2004 年下降 20%）	17.50%	17.50%	10.54	10.54
		136.61	298.68		
12 亿亩（80 000 千公顷）	7629.54（2004 年的水平）	17.42%	17.42%	7.02	7.02
		136.52	298.48		
	6866.59（比 2004 年下降 10%）	15.87%	15.87%	5.61	5.61
		134.72	294.55		
	6103.63（比 2004 年下降 20%）	14.32%	14.32%	4.2	4.2
		132.92	290.61		

说明：①与基期 2004 年相比粮食产量增加幅度（41 630 - 35 457.39）/35 457.39 = 17.41%；②表中化肥总费用和其他物质总费用两列数据，百分比为与基期相比所增加的比例，而绝对数则是需要达到的水平。③2020 年主产区粮食综合生产能力目标为 4.163 亿吨。

1. 2010 年主产区粮食综合生产能力目标规模所需要素投入量的确定

表 9-43 中列出了为实现 2010 年主产区粮食综合生产能力目标规模 3.843 亿吨所需要素投入的各种方案。播种面积为 10.30 亿亩和 10.65 亿亩所对应的各种方案均不是最佳方案，因为在这几个方案中每公顷化肥投入和每公顷其他物质投入比基期 2004 年至少要增加 15.03%。考虑到 2010 年离现在并不很远，化肥和其他物质投入这样一个增加幅度显得有点大。根据主产区粮食播种面积的历史变化情况，要在 2010 年使主产区粮食播种面积达到保持 2004 年水平（10.94 亿亩）或达到 11.3 亿亩应该不成问题，考虑到 2004 年主产区粮食成灾面积是 1978 年以来的最低值，在 2010 年再降 10% 或 20% 的可能性不大。所以我们认为为实现 2010 年主产区粮食综合生产能力 4.843 亿吨的目标规模所需各种要素投入一个可能的方案是：播种面积 11.3 亿亩，成灾面积 7629.54 千公顷（2004 年水平），每公顷化肥投入和每公顷其他物质投入比基期 2004 年增加 7.01%。

2. 2020 年主产区粮食综合生产能力目标规模所需要素投入量的确定

表 9-44 中列出了为实现 2020 年主产区粮食综合生产能力 4.163 亿吨目标规模所需要素投入的各种方案。由此表我们可以看出，播种面积为 10.65 亿亩（2003 年水平，也是 1978 年以来最低值）、10.94 亿亩（2004 年水平）和 11.3 亿亩所对应的各种方案均不是可行方案，因为在这些方案中每公顷化肥投入和每公顷其他物质投入比基期 2004 年增加的比例至少在 17.31%。粮食播种面积达到 12 亿亩所对应的方案也不是可行方案，因为自 1983 年以来，主产区粮食播种面积就没有达到过这个水平，考虑到未来中国城市化、工业化的快速发展，2020 年主产区粮食播种面积达到 12 亿亩不太可能。所以要实现主产区粮食综合生产能力 4.163 亿吨目标规模的可能方案是粮食播种面积为 11.6 亿亩所对应的三个方案，对应于不同的粮食成灾面积，每公顷化肥费用和每公顷其他物质费用的增加幅度在 10.54% ~ 13.46% 之间。

五、主要结论

根据上述研究，本章得出的主要结论如下：（1）2010 年和 2020 年中国粮食需求总量将分别达到 5.394 亿吨和 6.167 亿吨。（2）为满足上述需求，在考虑适当进口的情况下，2010 年和 2020 年中国粮食综合生产能力的目标规模分别为 5.124 亿吨和 5.550 亿吨；对主产区而言，2010 年和 2020 年粮食综合生产能力的目标规模分别为 3.843 亿吨和 4.163 亿吨。（3）实现 2010 年中国粮食综合生产能力 5.124 亿吨目标规模的一个可行方案是：粮食播种面积达到 15.5 亿亩，粮食成灾面积保持在 2004 年的水平，每公顷化肥投入和其他物质投入需要比 2004 年增长 9.74%；实现 2010 年主产区粮食综合生产能力 3.843 亿吨的目标规模所需各种要素投入一个可能的方案是：播种面积达到 11.3 亿亩，成灾面积为 7629.54 千公顷（2004 年水平），每公顷化肥投入和每公顷其他物质投入比基期 2004 年增加 7.01%。（4）实现中国 2020 年全国粮食综合生产能力 5.55 亿吨目标规模所需要素投入的可能方案是：粮食播种面积为 16 亿亩，粮食成灾面积保持 2004 年水平、或降低 10%、或降低 20%，相应的每公顷化肥投入和其他物质投入比基期 2004 年增加的幅度分别为 16.17%、14.32% 和 12.47%，粮食播种面积在 2020 年要保持在 16 亿亩是确保中国粮食安全的一条警戒线；实现主产区粮食综合生产能力 4.163 亿吨目标规模的可能方案是粮食播种面积为 11.6 亿亩所对应的三个方案：对应于不同的粮食成灾面积，每公顷化肥费用和每公顷其他物质费用的增加幅度在 10.54% ~ 13.46% 之间。

附件 9 - 1

未来各阶段中国城乡居民人均实际
收入、粮食及肉类价格的预测

对于未来各阶段中国城乡居民人均实际收入、粮食价格和肉类价格的预测，我们主要基于历史数据，利用趋势外推或者时间序列模型预测并结合定性判断，并参考其他研究结果来确定。

一、未来各阶段中国城乡居民人均实际收入的确定

对于未来各阶段（2010 年、2020 年）中国城乡居民人均实际收入，我们采用二次指数平滑①的方法来进行预测。二次指数平滑公式为：

$$s_t = \alpha y_t + (1 - \alpha) s_{t-1} \qquad (附式 9 - 1)$$
$$d_t = \alpha s_t + (1 - \alpha) d_{t-1} \qquad (附式 9 - 2)$$

其中，y_t、s_t、d_t、分别是实际值、一次指数平滑和二次指数平滑序列，α 是平滑系数。

二次指数平滑预测公式为：

$$y_{T+k} = \alpha_T + b_T k \qquad 对于所有 k \geqslant 1 \qquad (附式 9 - 3)$$
$$\alpha_T = 2s_T - d_T \qquad (附式 9 - 4)$$
$$b_T = \frac{\alpha}{1 - \alpha} (s_T - d_T) \qquad (附式 9 - 5)$$

T 为样本末期

附图 9 - 1 和附图 9 - 2 分别是利用二次指数平滑法拟合的中国城乡居民人均实际收入值（预测值）与实际值的比较图。从这两个图中我们可看出，二次指数平滑法所得的预测值较好地拟合了实际值。因此，我们采用二次指数平滑法对 2010 年和 2020 年中国城乡居民人均实际收入进行预测，预测结果列于附表 9 - 1 中。

---

① 二次指数平滑适合于存在线性趋势时序数据的预测。其特点在于能够追踪最新的数据变化趋势，因此如果从定性上判断某一时期数据对其滞后一期或者两期数据的依赖性较大，则可以用此方法进行预测。此方法在 Eviews3.1 软件上很容易实现。详见易丹辉（2002）p99—p105。

（元）

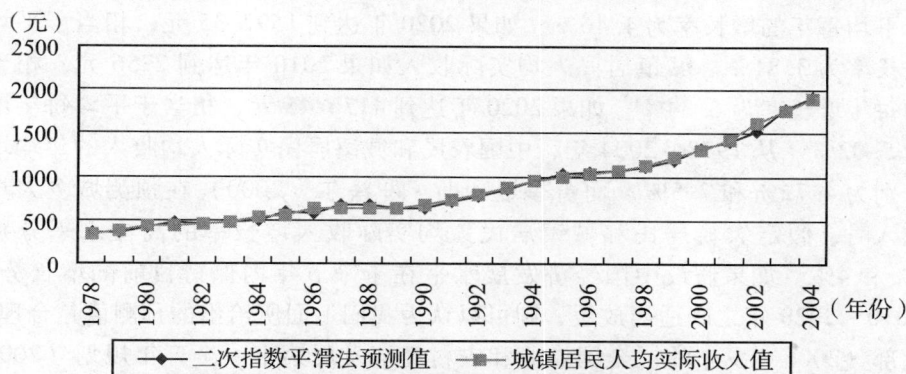

附图 9 - 1　我国城镇居民人均实际收入预测值与实际值

数据来源：作者自己计算。原始数据来源于国家统计局历年《中国统计年鉴》。

（元）

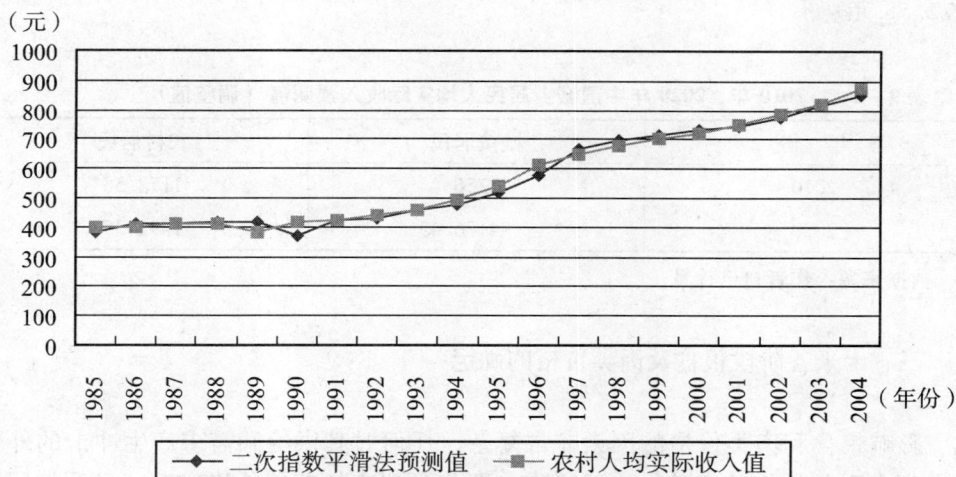

附图 9 - 2　我国农村居民人均实际收入预测值与实际值

数据来源：作者自己计算。原始数据来源于国家统计局历年《中国统计年鉴》。

附表 9 - 1　　　　　2010 年、2020 年中国城乡居民人均实际收入预测值　　　　　　　元

年　份	城镇居民	农村居民
2010	2756	1142. 82
2020	4176. 45	1592. 35

数据来源：作者自己计算。

以 2004 年为基期，农村居民人均实际收入如果 2010 年达到 1142. 82 元，相

当于平均每年的增长率为 4. 46%，如果 2020 年达到 1592. 35 元，相当于平均每年增长率为 3. 81%。城镇居民人均实际收入如果 2010 年达到 2756 元，相当于平均每年增长率为 6. 34%，如果 2020 年达到 4176. 45 元，相当于平均每年增长率为 5. 02%。从 1978 ~ 2004 年，中国农民和城镇居民实际人均收入的年均增长率分别为 4. 72% 和 7. 5%。而黄季焜和斯·罗泽尔（2000）在预测城乡人均实际收入时，假定农村居民和城镇居民人均实际收入增长率的高位水平分别为 4. 5% 和 4%。如果假设中国经济发展水平在未来五年内保持目前的增长势头，在 2010 ~ 2020 年之间适当放缓，则可以认为我们上面所给出的预测值是合理的。农业部（2006）发布的《全国农业和农村经济发展第十一个五年规划（2006 ~ 2010 年)》提出了农民年收入增长 5% 的目标，考虑到中央政府最近两年出台的一系列惠农政策，这个目标应该是合理的。因此，我们将附表 9 - 1 中 2010 年农村居民实际人均收入按自 2004 年起，每年增长 5% 的速度予以调整，结果为 1172. 58 元。

附表 9 - 2   2010 年、2020 年中国城乡居民人均实际收入预测值（调整值）   元

年　份	城镇居民	农村居民
2010	2756	1172. 58
2020	4176. 45	1592. 35

数据来源：作者自己计算。

二、未来各阶段粮食及肉类价格的确定

影响粮食和肉类价格的因素非常复杂，任何对其供给和需求产生冲击的外生因素都会引起价格的变动。一般说来，要想预测中长期的价格变动，必须使用局部均衡乃至一般均衡模型才有可能。由于我们仅仅是对城乡居民人均口粮需求进行单方程预测，价格作为外生变量，没有必要采用极为复杂的模型去进行预测，因此本研究中我们主要根据价格过去的变化趋势，来预测未来各阶段的价格水平。对于城镇粮食消费价格指数的预测；我们采用带常数项的 AR（2）模型进行预测；对于城乡肉类消费者价格指数，采用带时间趋势项的 AR（2）模型进行预测。之所以采用 ARMA 是因为经过诸如平稳性在内的检验，发现这些时间序列数据符合 ARMA 建模的条件；至于具体的每个模型的阶数，则是根据自相关和偏自相关系数并结合模型的估计结果来确定。使用 AR 模型还有另外一个重要原因，就是我们发现这种模型能够给出一个最为平滑的价格预测曲线，它能较好地体现过去价格变化的总体特征。预测城镇居民粮食消费价格指数时使用的历

史数据为以 1978 年为基期的 1978 ~ 2004 年城镇居民粮食消费价格指数，预测城镇和农村肉类消费价格指数时使用的历史数据，为以 1984 年为基期的 1984 ~ 2004 年城镇和农村肉类消费价格指数。数据均来源于历年《中国统计年鉴》。城镇居民粮食、肉类消费价格指数和农村居民肉类消费价格指数的时间序列模型估计结果以及预测值与实际值的比较列于附表 9 - 3 至附表 9 - 5 及附图 9 - 3 至附图 9 - 5 中。

附表 9 - 3　　　　　城镇居民粮食消费价格指数时间序列模型估计结果

解释变量	回归系数	标准差	T 检验值	概率
C	703. 3984	707. 5158	0. 994181	0. 03
AR（1）	1. 66132	0. 182396	9. 108303	0. 00
AR（2）	- 0. 689194	0. 182925	- 3. 767621	0. 0011
调整后的判定系数	0. 958915	被解释变量方差		233. 9579
对数似然估计值	- 130. 3525	AIC 信息准则		10. 6682
滞后多项式倒数根	0. 86　0. 8			

数据来源：作者自己计算。

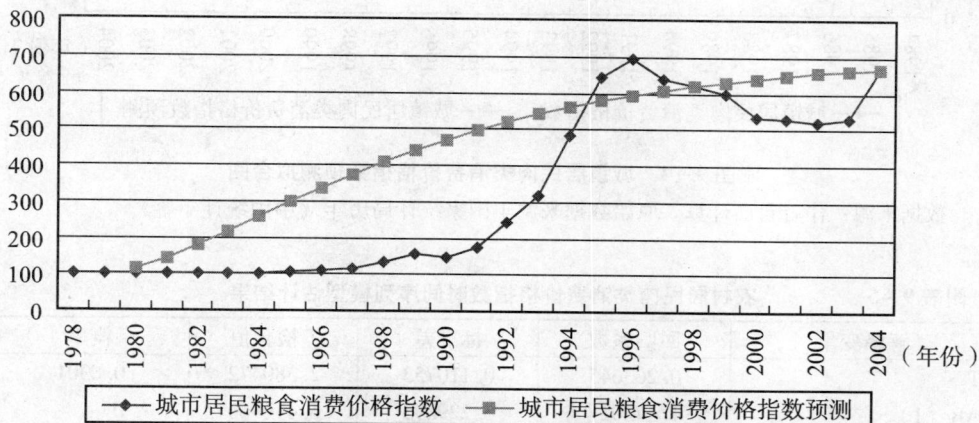

附图 9 - 3　城镇居民粮食消费价格指数预测拟合图

数据来源：作者自己计算。原始数据来源于国家统计局历年《中国统计年鉴》。

附表 9 – 4　　　　城镇居民肉类消费价格指数时间序列模型估计结果

解释变量	回归系数	标准差	T 检验值	概率
T	0. 220993	0. 084446	2. 61698	0. 0187
AR（1）	1. 491908	0. 224553	6. 643893	0
AR（2）	− 0. 561961	0. 215236	− 2. 610911	0. 0189
调整后的判定系数	0. 930599	被解释变量方差		120. 2925
对数似然估计值	− 90. 99119	AIC 信息准则		9. 893809
滞后多项式倒数根	. 75 − . 07i　　. 75 + . 07i			

数据来源：作者自己计算。

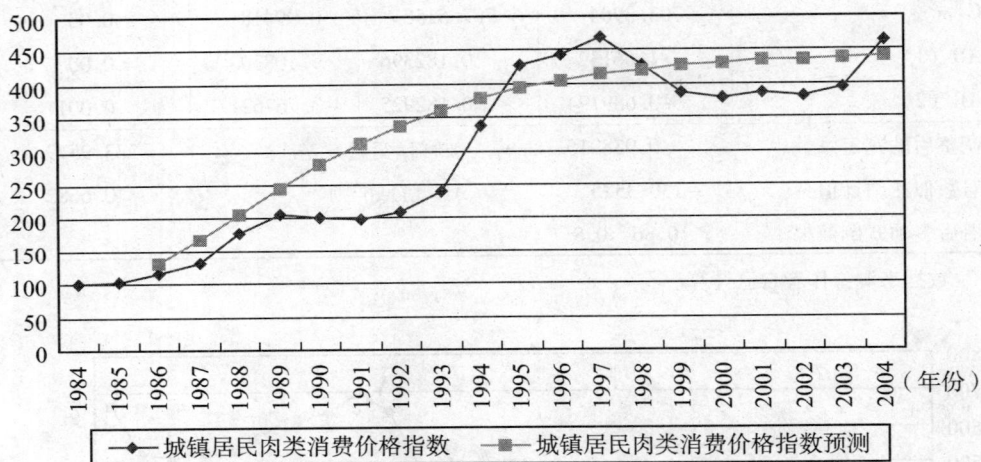

附图 9 – 4　城镇居民肉类消费价格指数预测拟合图

数据来源：作者自己计算。原始数据来源于国家统计局历年《中国统计年鉴》。

附表 9 – 5　　　　农村居民肉类消费价格指数时间序列模型估计结果

解释变量	回归系数	标准差	T 检验值	概率
T	0. 263645	0. 110753	2. 380472	0. 0301
AR（1）	1. 472021	0. 229395	6. 416966	0
AR（2）	− 0. 538964	0. 218467	− 2. 467025	0. 0253
调整后的判定系数	0. 925382	被解释变量方差		139. 659
对数似然估计值	− 94. 51602	AIC 信息准则		10. 26484
滞后多项式倒数根	0. 79　　　0. 68			

数据来源：作者自己计算。

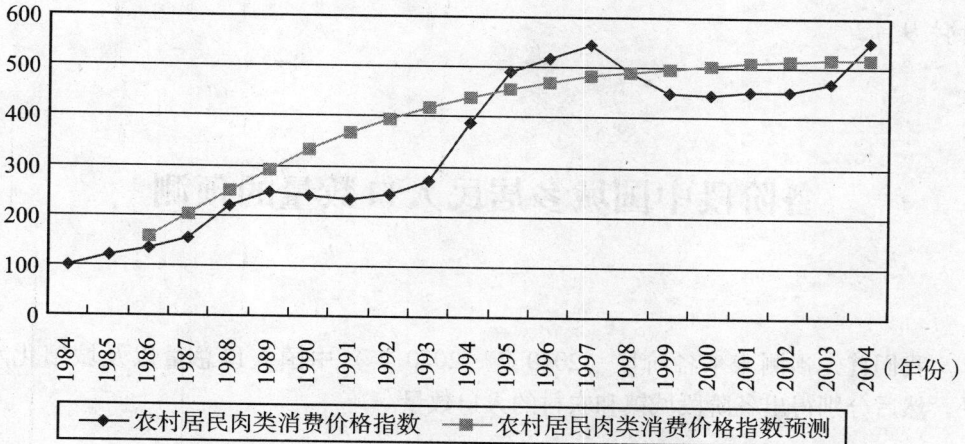

附图9-5　农村居民肉类消费价格指数预测拟合图

数据来源：作者自己计算。原始数据来源于国家统计局历年《中国统计年鉴》。

从附表9-3至附表9-5中的估计结果来看，修正的拟合优度以及最大似然值和各项的t检验均通过检验，滞后多项式倒数根均落入单位圆内，满足过程平稳的基本要求，而且我们分别考察了三个模型的残差自相关图，符合白噪声的条件。另外，从附图9-3至附图9-5中可以看出，这三个模型对实际值具有较好的拟合程度，因此我们可以用这三个模型来对2010年和2020年各类价格指数进行预测，结果列于附表9-6中。

附表9-6　　　　　　　2010年、2020年各种价格指数的预测值

年　份	城市粮食消费价格指数	城市肉类消费价格指数	农村肉类消费价格指数
2010	688.4	444.0	527.7
2020	700.0	446.4	532.4

附件9-2

各阶段中国城乡居民人口数量的预测

我们首先预测未来各阶段（2010年、2020年）中国人口总量以及城镇化水平，然后分别得出各阶段城镇和农村的人口数量。

一、各阶段中国人口总量的确定

基于历年《中国人口统计年鉴》中的中国人口数据，我们分别用二次指数平滑法、时间序列模型和时间趋势模型进行模拟，得出的模拟曲线如附图9-6。其中，曲线1、2、3、4分别代表实际人口值曲线、线性一阶滞后法预测值曲线、线性时间趋势法预测值曲线和二次指数平滑法预测值曲线。

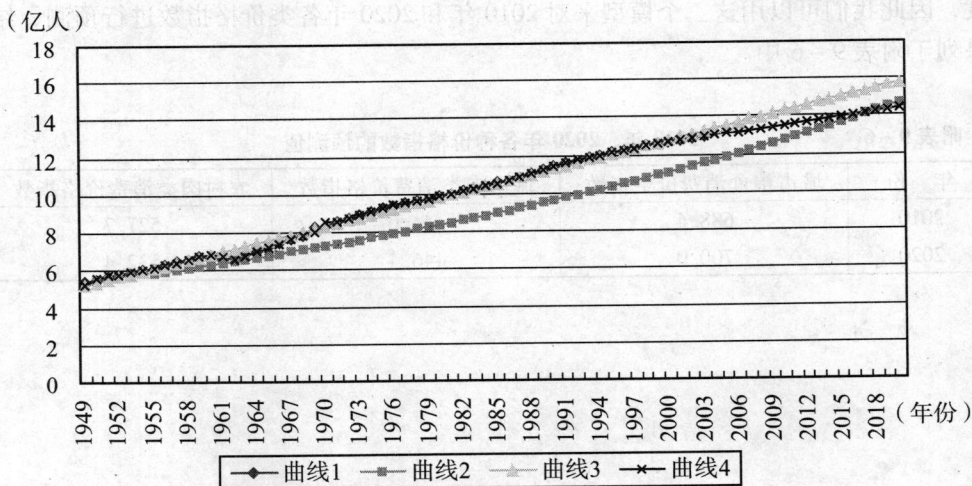

（亿人）

附图9-6　我国人口总量各种预测方法的预测值曲线

数据来源：作者自己计算。原始数据来源于国家统计局历年《中国人口统计年鉴》。

由附图9-6我们可以看出，二次指数平滑法较好地拟合了1949～2003年间中国人口的变动情况，并且能反映中国未来人口增长变缓的趋势，所以我们采用该方法所获得的预测结果：中国人口总量 2010 年为 13.52 亿人，2020 年为 14.38 亿人。

为了验证我们的预测是否合理，我们看一下另外两个重要的预测结果。第一个是国务院第五次全国人口普查办公室（2006）所作出的中国未来人口总量的预测（附表 9-7）。

对比附表 9-7 我们可以看出，本章上述关于 2010 年的预测值略低于国务院第五次人口普查办公室预测值的中方案 2，居于中方案 1 和中方案 2 之间，本章 2020 年的预测值略高于五普办公室预测的中方案 2，居于中方案 2 与高方案之间。

附表 9-7	第五次全国人口普查关于中国未来人口预测结果			亿人
年份	高方案	中方案 2	中方案 1	低方案
2010	13.83	13.57	13.45	13.37
2020	14.87	14.29	14.03	13.85

数据来源：国务院第五次全国人口普查办公室，《世纪之交的中国人口》，中国统计出版社 2006 年版。

第二个人口预测结果实际上是关于人口预测的一组研究结果（见附表 9-8）。不同机构、专家学者对于中国未来人口数量的预测，由于方法不同，结果也存在差异。为便于观察，我们将这几项研究中的人口预测结果的最大值、最小值和平均值列于附表 9-9 中。从表中我们看出，本章研究的预测值均略低于上述几项研究的最小值。

附表 9-8				其他研究的人口预测值				万人
年份	国家统计局（1995 年）	国家计生委（1998 年）	跨世纪的中国人口（1995 年）	中国人口丛书（1991 年）	蒋正华（1995 年）	曾毅（1990 年）	林富德翟振武（1996 年）	联合国（1998 年）	世界银行（1998 年）
2010	137 280	138 619	137 278	136 676	139 156	137 100	138 710	136 495	138 642
2020	146 030	148 255	146 035	149 131	149 110	145 300	146 950	144 882	148 929

数据来源：作者根据相关文献资料整理。

附表 9 – 9　　　　其他几项研究中人口预测的最大值、最小值和平均值　　　　万人

年　份	最大值	最小值	均　值
2010	139 156	136 495	137 772.9
2020	149 131	144 882	147 180.2

数据来源：作者自己计算。

经过权衡确定 2010 年和 2020 年中国人口总量的预测值分别为 13.78 亿人和 14.4 亿人。这个值介于国务院第五次全国人口普查办公室（2006）所作出的未来人口总量预测值的高方案和中方案 2 之间。

二、未来各阶段中国城乡人口比例的确定

附图 9 – 7 是中国历年城镇人口占总人口比例变化趋势图，从中我们可以看到 1995 年以后，中国的城市化进程加速。我们分别采用二次指数平滑法和带虚拟变量的时间趋势法对 2010 年和 2020 年中国城市化水平进行了预测（见附表 9 – 10）。

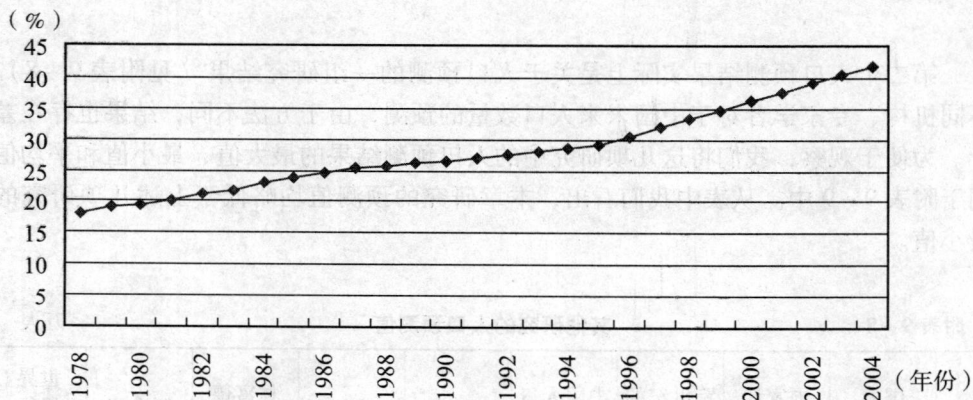

附图 9 – 7　我国城镇人口占总人口的比例

数据来源：国家统计局历年《中国人口统计年鉴》。

附表 9 – 10　　　　**2010 年、2020 年中国城镇化水平预测结果**　　　　%

预测方法	2010 年城镇人口占总人口的比例	2020 年城镇人口占总人口的比例
二次指数平滑	49.72	62.96
线性时间趋势	50.41	64.61

数据来源：作者自己计算。

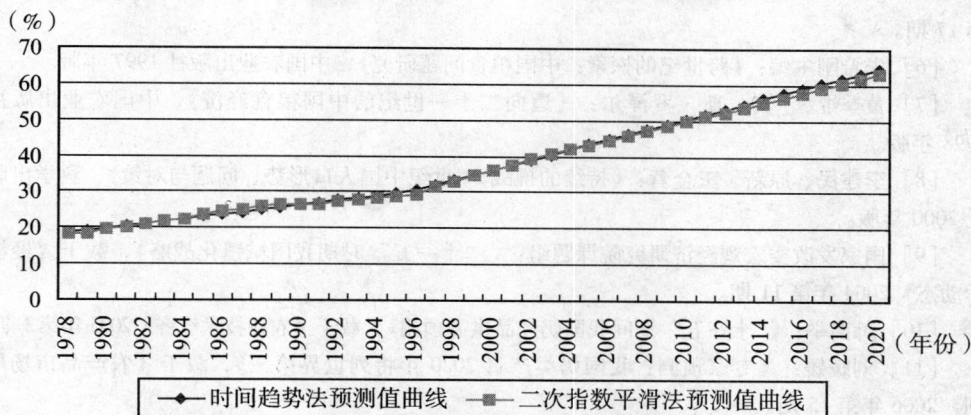

附图 9 - 8　我国城镇人口比重的预测值曲线

数据来源：作者自己计算。

在其他关于中国城镇化进程的研究中，国家发改委宏观经济研究院课题组（2004）提出了到 2010 年，城镇化水平应力争达到 47% 以上，到 2020 年，达到 55% 以上的目标。曹桂英、任强（2005）的研究预测 2010 年中国城镇化水平为 43.9%，2020 年城镇化水平为 50.1%。在包括本章预测在内的上述各项研究中，国家发改委宏观经济研究院课题组的预测值居于中间水平。因此，我们采用其预测结果，确定 2010 年、2020 年中国的城镇化水平分别为 47% 和 55%。根据这个比例，我们可以预测出 2010 年、2020 年的中国城乡人口总量（见附表 9 - 11）。

附表 9 - 11　　　　　　2010 年、2020 年中国城乡人口数量预测　　　　　　亿人

年　份	2010	2020
城镇	6.4766	7.9200
农村	7.3034	6.4800

数据来源：作者自己计算。

参考文献

[1] 肖国安：《未来十年中国粮食供求预测》，载于《中国农村经济》2002 年第 7 期。

[2] 程国强、陈良彪：《中国粮食需求的长期趋势》，载于《中国农村观察》1998 年第 3 期。

[3] 曹桂英、任强：《未来全国和不同区域人口城镇化水平预测》，载于《人口与经济》2005 年第 4 期。

[4] 钟甫宁：《关于肉类生产统计数字中的水分及其原因的分析》，载于《中国农村经济》1997 年第 10 期。

[5] 卢锋：《我国肉、蛋、水产品产量统计约有四成水分》，载于《中国经贸导刊》1998 年

第 17 期。

［6］朱希刚主编：《跨世纪的探索：中国粮食问题研究》，中国农业出版社 1997 年版。

［7］黄季焜、［美］斯·罗泽尔：《迈向二十一世纪的中国粮食经济》，中国农业出版社 1998 年版。

［8］李建民、原新、王金营：《持续的挑战 21 世纪中国人口形势、问题与对策》，科学出版社 2000 年版。

［9］国家发改委宏观经济研究院课题组：《"十一五"时期我国城镇化战略》，载于《经济学动态》2004 年第 11 期。

［10］韩高举：《"十一五"期间我国奶产品供需预测》，载于《农业技术经济》2005 年第 3 期。

［11］刘媛媛：《专家预测：我国奶类产量 2020 年将列世界第三》，载于《农产品市场周刊》2006 年第 15 期。

［12］张忠义：《中国奶业"十一五"规划绘就蓝图》，载于《农产品市场周刊》2006 年第 21 期。

［13］LIMING WANG&JOHN DAVIS, *China's Grain Economy*, Ashgate, Aldershot, 2000.

［14］隆国强：《大国开放中的粮食流通》，中国发展出版社 1999 年版。

［15］樊胜根、莫塞迪塔·索姆比拉：《中国未来粮食供求预测的差别》，载于《中国农村观察》，1997 年。

［16］梅方权：《21 世纪前期中国粮食发展分析》，载于《中国软科学》1995 年第 11 期。

［17］陈锡康、潘晓明：《不但不会构成威胁，还会作出更大贡献 21 世纪中国人均粮食需求量分析与预测》，载于《科学决策》1997 年第 1 期。

［18］黄季焜、Scott Rozelle：《迈向 21 世纪的中国粮食回顾与展望》，载于《经济研究参考》1996 年第 4 期。

［19］高启杰：《城乡居民粮食消费情况分析与预测》，载于《中国农村经济》2004 年第 10 期。

［20］袁国学、王济民、韩青：《中国畜产品生产统计数据被高估了吗？——来自中国六省的畜产品消费调查》，载于《中国农村经济》2001 年第 1 期。

［21］卢锋：《我国若干农产品产销量数据不一致及产量统计失真问题》，载于《中国农村经济》1998 年第 10 期。

［22］国家统计局：《中国统计年鉴》，中国统计出版社。

［23］国家统计局农村社会经济调查司：《中国农村住户调查年鉴》，中国统计出版社 2005 年版。

［24］易丹辉：《数据分析与 Eviews 应用》，中国统计出版社 2002 年版。

［25］农业部：《2005 年中国农业发展报告》，中国农业信息网。

［26］国务院第五次全国人口普查办公室：《世纪之交的中国人口》，中国统计出版社 2006 年版。

［27］国家统计局人口和社会科技统计司：《中国人口统计年鉴》，中国统计出版社，历年。

［28］农业部软科学委员会办公室：《粮食安全问题》，中国农业出版社 2001 年版。

［29］农业部：《全国农业和农村经济发展第十一个五年规划（2006～2010 年）》。

［30］《石油替代的趋势动向》，载于《广东化工》2005 年第 10 期。

［31］田建军：《原料、技术、成本三大压力制约乙醇汽油市场》，载于《中国石油和化工》2005 年第 10 期。

［32］王成军、黄少杰：《国外燃料乙醇工业的发展现状及其对我国的启示》，载于《工业技术经济》2005 年第 10 期。

［33］程国强、周应华、王济民、史照林：《中国饲料供给与需求的估计》，载于《农业经济问题》1997 年第 5 期。

［34］聂振邦主编：《2005 中国粮食发展报告》，经济管理出版社 2005 年版。

［35］陈永福：《中国食物供求与预测》，中国农业出版社 2004 年版。

第十章

粮食综合生产能力政策
评价及长效机制*

内容提要　粮食综合生产能力是农业综合生产能力的基础，提高粮食综合生产能力是确保国家粮食安全的核心。本章首先界定了粮食综合生产能力的内涵和粮食综合生产能力建设政策的基本框架，并回顾了中国粮食综合生产能力建设的演变历程；其次，从资源保障、物质装备、科技支撑、生产经营、收入支持、风险抗御、加工转化和市场调控八个方面分析了近年来中国粮食综合生产能力建设的主要政策及其绩效；第三部分介绍了国外发展粮食生产的基本经验和对中国的启示；第四部分从自给水平、区域布局、保护程度和支持手段四个方面探讨了中国粮食综合生产能力建设的重大变量选择；第五部分全面提出了加强中国粮食综合生产能力建设的政策措施。

　　粮食综合生产能力是一个国家或地区在一定时期内，由资源状况和经济、技术条件所决定，各种生产要素综合投入所形成，可以相对稳定实现一定产量的粮食产出能力。粮食综合生产能力是农业综合生产能力的基础，是确保国家粮食安全、促进国民经济协调发展的有力保障。世界各国大都把粮食综合生产能力建设放在农业政策的重要位置，采取各种措施来保护和提高粮食综合生产的能力。中国历来也高度重视粮食综合生产能力的建设，在不同的历史时期和发展阶段，也采取了有力措施加强粮食综合生产能力，取得了用世界 9% 的耕地养活全球 21% 人口的巨大成就。本章以粮食综合生产能力建设为核心，认真总结粮食综合生产能力的构成要素和粮食综合生产能力建设的政策框架，客观评价近期中国粮食综合生产能力建设政策的绩效，分析借鉴国外发展粮食生产的主要做法和经验，在此基础上，得出中国粮食生产能力建设的可行方案，并提出加强粮食综合生产能力建设的政策建议。

---

　　* 本项研究主持人：张红宇，研究员，博士生导师，农业部产业政策与法规司司长。

一、中国粮食综合生产能力建设的政策框架

（一）粮食综合生产能力建设政策框架及功能定位

粮食生产具有农业生产的一般特征，即自然再生产与社会再生产的结合。一方面，生产者与土地发生交换关系，在一定生产组织形式和资源禀赋条件下投入劳动、种子和化肥等生产要素，获得产品——粮食；另一方面，生产者与市场发生交换关系，向市场提供粮食，作为交换获得收入，并使再生产过程得以继续。粮食综合生产能力建设，即政府作为公共事务的管理者，为实现保护和提高粮食综合生产能力的目标，采取各种手段和措施，作用于粮食生产的各个要素与环节，使之按照政府设定的方向发生积极变化。粮食综合生产能力建设政策指的是此过程中政府采取的各种手段和措施的总称。从政策指向的对象划分，粮食综合生产能力建设政策可概括为资源要素的政策、生产者的政策和市场方面的政策。具体可划分为以下八个方面：

1. 资源保障政策。使粮食生产有必要的耕地和水资源为基础而采取的措施和手段。这是保护和提高粮食综合生产能力的基础条件，主要包括基本农田保护政策、耕地质量建设政策、水资源保护等政策。

2. 物质装备政策。为促使生产者加强粮田基础设施建设，增加化肥、农药等生产投入品的数量，提高农业机械化水平而采取的措施和手段。这是提高粮食生产效率的基本手段，主要包括农田水利基本建设政策、农业机械化推进政策、农业投入品产业发展等政策。

3. 科技支撑政策。为增加粮食生产科技含量，强化粮食生产科技支撑而采取的措施和手段。这是在资源、人口等约束条件不断增强的情况下提高粮食综合生产能力的必由之路，主要包括粮食新作物品种的开发、新技术的应用、推广体系和手段的完善等政策。

4. 生产经营政策。指采取多种经营形式将生产者组织起来投入粮食生产活动。这是影响粮食生产效率的重要因素，主要包括农地经营政策、农民组织等政策。

5. 收入支持政策。为保证粮食生产者能够得到合理而有保障的收益，从而具有发展粮食生产积极性而采取的措施和手段。这是市场经济条件下影响粮食综合生产能力的重要因素，主要包括价格政策、税收政策、补贴政策等。

6. 风险抗御政策。为防范和化解粮食生产与流通过程中面临的自然和市场风险而采取的各种措施和手段。这是防止粮食生产出现剧烈波动，稳定提高粮食综合生产能力的必要条件，主要包括发展农业保险、健全粮食市场体系等政策。

7. 加工转化政策。为发展以粮食为主要原料的农产品加工业而采取的各种扶持政策和优惠措施。这是延长粮食产业链条，提高粮食产品附加值，增加粮食生产者收入水平的重要途径，主要包括导向性的产业政策及优惠性的财政、税收、信贷等方面的政策。

8. 市场调控政策。为防止粮食市场大起大落，保证粮食供需平衡所采取的宏观调控措施。这是市场经济条件下保证粮食稳定供给，确保国家粮食安全的必然要求，主要包括国家粮食储备调节政策、粮食产品收购价政策及进出口调控等政策。

上述八个方面的政策构成了市场经济条件下粮食综合生产能力建设政策体系的基本框架，其逻辑关系（见图10－1）。其中，资源保障、物质装备和科技推进政策的主要对象是粮食生产中物的因素，目的在于使粮食生产有基本的物质条件保障；生产经营政策和收入支持政策主要针对粮食生产中人的因素，目的是组织粮食生产者进行生产并保障有其发展粮食生产的积极性。加工转化、风险抗御和市场调控政策主要对象是粮食生产中的市场因素或通过市场调节间接作用于粮食生产中物的因素，目的在于克服市场的不确定性给粮食生产造成的不利影响。当然，任何政策的功能都不是单一的。以主要粮食品种的最低收购价政策为例，该政策既能引导和调控粮食市场价格，又能保障生产者的收入。同样，补贴政策既能增加生产者的收入，同样也能影响粮食播种面积。对上述政策主要功能作出划分，目的是便于分析研究。上述政策及对象之间又相互交叉、相互影响，任何单一政策的变化都可能引起其他因素发生改变，因此，对任何一项政策的评价都应当置于整个粮食生产大局中予以考虑。

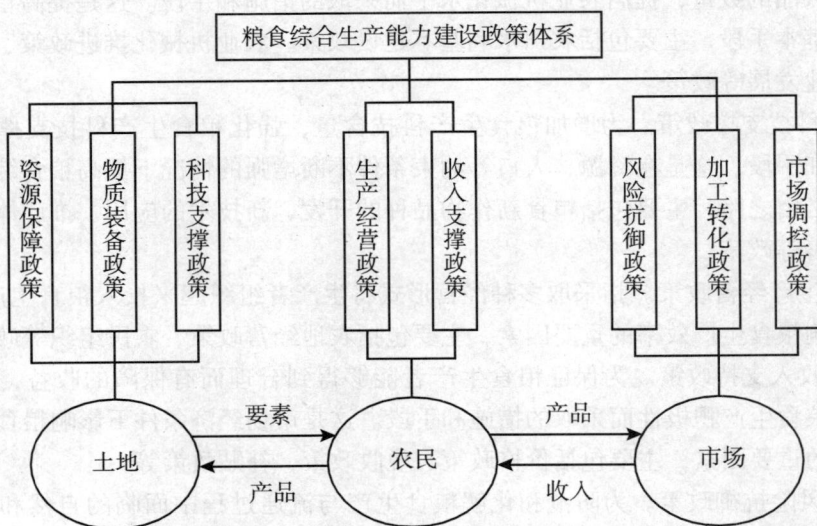

图 10－1　粮食综合生产能力建设政策体系框架图

（二）中国粮食综合生产能力建设阶段与政策特点

中国政府一贯高度重视粮食安全问题，在不同历史时期和发展阶段都采取了有力措施发展粮食生产，不断增强粮食综合生产能力，满足了人民群众生活水平提高对粮食的需要，适应了国民经济持续发展的要求。从变迁过程看，中国粮食综合生产能力建设大体可分为三个阶段：

第一阶段为1949～1978年。本阶段粮食总产由1949年的1132亿公斤增加到1978年的3048亿公斤，年均增长3.5%。同期粮食人均占有量210公斤提高到318公斤。[①] 这一阶段粮食生产波动大，人均占有量低，供不应求的矛盾没有根本解决，人民公社制度和统购统销的计划体制是影响本阶段粮食生产最重要的制度安排。新中国成立后，"耕者有其田"的土地改革实现了农民千百年来梦寐以求的愿望，调动了亿万农民的生产积极性，使粮食生产迅速增长。但随后人民公社制度的确立和粮食统购统销政策的实施，尽管国家掌握了粮源，但对粮食生产的促进作用并不明显，反而对粮食综合生产能力稳定提高构成了制度性约束。当然，这一阶段国家加大了对农田水利、农业科教和农用工业等基础设施的投入，在一定程度上也使粮食综合生产能力有所提高。本阶段粮食综合生产能力建设的主要措施有：一是大力建设农田水利等基础设施。从20世纪50年代开始，除陆续兴建了一大批大中型水利工程项目外，国家每年组织动员农村集体经济组织开展大规模的群众性农田水利、土地整理等基本建设，为粮食生产提供了比较坚实的生产基础。二是大力扶持化肥、农机等农用工业的发展，在物质投入上确保了粮食生产有稳定增产的可能。三是建立了比较完整的农业科研教育和技术推广体系，推广了一大批优良品种和先进实用技术，确保了粮食有稳定的增产潜力。这些措施使中国粮食总产先后登上2亿吨和3亿吨两个大的台阶，成就是不可忽视的。同时，上述政策措施为改革开放后中国粮食产出水平迅速提高奠定了坚实的基础。

第二阶段为1979～1998年。这一阶段中国粮食综合生产能力迅速提升，粮食产量由1979年的3321亿公斤增加到1998年的5123亿公斤，年均增长2.6%，人均占有量达到400公斤，总产和人均占有量均创历史最高水平，从根本上扭转了中国粮食长期短缺局面，实现了粮食供求基本平衡，丰年有余。[②]党的十一届三中全会以后，中国开始了以市场化为基本取向的经济体制改革，从根本上突破了以往计划体制的束缚。在农村经济领域，家庭承包经营制度的确立和推行，奠定了新时期粮食综合生产能力稳定提高的制度基础，极大地调动了农民的生产积极性，使过去

---

①②　资料来源于《中国统计年鉴（2005）》。

积累的基础设施、农业科技的增产潜能得以释放，促使粮食产量迅速增加。这一时期粮食综合生产能力建设的主要政策还包括：大幅提高粮食收购价格，推进粮食流通体制改革，增加化肥等物质投入，建设一大批商品粮基地，推广应用了杂交水稻、杂交玉米等高产新品种和新技术等。这些政策措施，有的是对计划经济管理体制的深刻变革，当然更多地是不断引入市场经济的因素，充分体现了经济体制转轨时期的特征。

第三阶段为 1999～2005 年。这一阶段中国粮食综合生产能力波动徘徊，粮食产量经历了由高至低，再由低逐年回升的历程，粮食产量由 5084 亿公斤变化到 4800 亿公斤，年均下降 0.9%，人均粮食占有水平也有所降低。[①] 进入 20 世纪 90 年代中期后，随着农业综合生产能力的提高，中国进入了农业结构调整的新阶段。同时，随着对外开放的不断扩大以及中国加入 WTO，粮食的生产和流通受国际市场的影响越来越大。与上述变化相适应，中国开始构建和完善与经济全球化和社会主义市场经济体制相适应的粮食综合生产能力建设政策体系。特别是针对在结构调整中一些地方出现忽视粮食生产的倾向，粮食综合生产能力有所下降的状况，中国出台了一系列做法与国际接轨，符合市场经济规律的政策措施。主要包括：推进以市场化为基本取向的粮食流通体制改革，在 13 个粮食主产省区组织实施"优质粮食产业工程"，减免粮食生产的有关税费，实行对种粮农民的直接补贴、农资综合补贴、良种补贴、农机具购置补贴，对产粮大县实行奖励等政策，初步形成了新时期粮食综合生产能力建设政策框架体系。

经过长期的实践探索，中国逐渐形成了一套比较完整的粮食生产支持政策体系。总体来看，中国的粮食综合生产能力建设政策具有如下基本特点：

1. 粮食综合生产能力建设政策明显受不同时期经济政治环境的影响

粮食综合生产能力建设政策属于国家经济政治政策的重要组成部分，明显受一定时期经济体制、发展阶段、市场环境等外部条件的影响和制约。例如，在粮食综合生产能力建设的第一阶段，所处的基本环境是高度集中的计划体制。这一时期粮食生产经营上的制度安排和政策措施既有生产者积极性不高的缺陷，客观上也具有组织大量人力物力进行农田基础建设、推进农业科技进步的优势。第二阶段粮食综合生产能力建设政策尽管表现出巨大的潜力，但在摆脱计划体制不利影响的同时，也表现出还不能完全适应市场经济体制的特点。第三阶段粮食综合生产能力建设政策则表现出受经济全球化的影响，支持方式与手段必须与国际接轨的特点。总之，粮食综合生产能力建设政策必须适应经济政治环境的变化及时作出相应调整。

---

① 资料来源于《中国统计年鉴（2005）》和《中华人民共和国 2005 年国民经济和社会发展统计公报》。

2. 粮食综合生产能力建设各项政策的功能、特点和时效性不尽相同

粮食综合生产能力建设政策体系由诸多政策构成，各项具体政策的功能、特点以及发挥作用的机理各有不同。例如，资源保障政策对粮食综合生产能力建设的作用，主要是通过必要的粮食播种面积和提高耕地利用效率以增加粮食产出；最低收购价政策主要是通过影响农民的收入预期，进而影响农民的种植意向和生产行为来发挥对粮食生产的引导作用；科技支撑政策主要是通过培育新的粮食作物品种，推广先进农业技术，增加粮食生产的科技含量来影响粮食生产。同样，粮食综合生产能力建设各项政策的作用时效也不尽相同，有的政策主要着眼于长期效果，需要长时期坚持才能见到实效，如资源保障政策、物质装备政策、科技支撑政策；有的政策主要是考虑即时效应，以期在较短时期产生政策效应，如市场调控政策、收入支持政策等。

3. 粮食综合生产能力建设不同政策之间有很强的关联性

粮食综合生产能力建设的各项具体政策既相互支撑也互相制约，是一个有机整体，如能发挥这些政策的相互协调和互补作用，就能够相互支撑、相得益彰，反之则可能相互制约，难以产生综合效应。例如，改革开放前的几十年间，国家通过有效的组织动员，投入了大量的人力物力开展农田水利基础设施建设，形成了比较坚实的生产基础，但由于生产经营政策难以调动广大农民的积极性，制约了农田基础设施生产潜能的发挥。而在改革开放以后，家庭承包经营制度的实施和大幅高粮食收购价格极大地调动了广大农民的生产积极性，使改革开放前积累的农田水利等基础设施建设和农业科技进步等方面的巨大潜能得以发挥，粮食生产出现了连年大幅增产的局面。

4. 制度安排对粮食综合生产能力建设的影响至关重要

粮食生产是农业生产的一个最重要的核心子系统。国家农业农村发展的一系列基本的制度安排，尤其是正式制度对粮食综合生产能力建设有着根本性影响。从发展历程看，农地制度、生产组织制度、粮食流通体制等基本制度在不同时期对粮食综合生产能力的提高产生了根本影响。以基本经营制度为例，在人民公社体制下，农户不是独立的生产经营单位，粮食的生产和分配制度难以调动生产者的积极性，粮食生产效率长期低下。改革开放以来的家庭承包经营政策，在经法律确认后成为中国农业基本经营制度，重新确立了农户家庭的生产主体地位，有效解决了粮食生产的激励机制问题，大大促进了粮食生产的发展。

二、现阶段粮食综合生产能力建设政策及其绩效

改革开放以来，中国开始构建与市场经济体制相适应的粮食综合生产能力建设政策体系，特别是从 2003 年下半年开始，针对粮食连续几年减产的形势变化，国家出台了一系列发展粮食生产的政策措施，在比较短的时期内实现了粮食的恢复性增产，并由此开始搭建起新时期发展粮食生产的政策框架。现阶段粮食综合生产能力政策体系无论在政策内涵上，抑或是在外延上，都有了明显变化和发展。

（一）资源保障政策

耕地和水资源是粮食生产的基本组成要素，是制约粮食综合生产能力提升的基本资源。地少水少是中国的基本国情，而且随着经济社会发展，耕地和水资源的短缺对提高中国粮食综合生产能力提出了越来越严峻的挑战。

耕地数量逐年减少，质量不断下降。中国耕地面积已由 1998 年的 19.45 亿亩减少到 2004 年的 18.37 亿亩，6 年间全国净减耕地 1.08 亿亩。[①] 目前，全国人均耕地已由 1996 年的 1.59 亩减少到 2004 年的 1.41 亩，有 666 个县（市、区）的人均耕地低于联合国确定的 0.795 亩的安全警戒线。[②] 同时，耕地土壤有机质含量低，耕地土壤退化，耕地土壤养分非均衡化，耕地土壤环境污染等问题日趋严重，耕地质量不容乐观。全国有 60% 的耕地不同程度的受干旱、洪涝、盐碱等各种限制因素的制约，中低产田占全国耕地面积的 70% 以上。[③] 水资源总量不足，分布不均衡。人均占有量只有 2200 立方米，约为世界人均水量的 1/4。[④] 农业可利用水资源、灌溉面积、单位耕地面积用水都远远少于需求。此外，不同区域水资源占有量和农业用水差异很大，存在严重的季节性和区域性缺水。

国家为保护耕地和水资源付出了不懈的努力。耕地资源保护方面，一是长期坚持把耕地资源保护作为一项基本国策，在《宪法》以及《土地管理法》、《基本农田保护条例》和《农村土地承包法》等一系列法律法规中对保护耕地提出了明确要求；二是加强基本农田建设，划定了基本农田保护区，明确了基本保护区划定制度、占补平衡制度、禁止破坏和荒芜基本田制度、行政首长负责制度、监督检查制

---

① 资料来源于国土资源部的《2004 年中国国土资源公报》。
②③ 农业部课题组：《新时期农村发展战略研究》，中国农业出版社 2005 年版，第 153 页。
④ 资料来源：中国工程院项目组，《中国可持续发展水资源战略研究综合报告（摘要）》，http://www.cae.cn。

度、地力培肥和环境保护制度，切实保护耕地资源，从严控制耕地的占用和改变用途；三是加强耕地质量建设，组织实施"沃土工程"，努力培肥地力，保护和提高耕地质量。特别是针对近年来耕地数量减少和质量下降的严峻形势，实行了最严格的耕地保护制度，开展清理整顿乱征滥占土地工作，严把"土地"闸门，遏制乱占滥用耕地的势头，取得了初步成效。水资源保护利用方面，发布了《中国节水技术政策大纲》，推广使用旱作节水技术，提高水资源使用效率。

中国为保护耕地和水资源采取了很多措施，并收到初步效果。但目前中国正处于工业化、城镇化的快速发展阶段，人口、资源、环境之间的矛盾突出，耕地资源数量减少、水资源短缺的局面很难得到有效抑制。今后一个时期，城市与农村争地、工业与农业争水的矛盾将会更加突出，发展粮食生产所需的资源总量难以增加。加强粮食综合生产能力建设，只能在有效保护资源的基础上，更加注重提高资源利用效率，通过加强耕地质量建设，弥补耕地数量的不足；通过发展节水农业，缓解农业用水紧缺的矛盾。

（二）物质装备政策

农田基础设施和物质装备水平是提高粮食综合生产能力的保障条件。目前农田基础设施薄弱，农业投入品利用效率不高，农业机械化水平较低的问题比较突出。改善粮食生产的物质装备条件，是近年来中国粮食综合生产能力建设政策的重点之一。

从农田基础设施看，由于近中期投入不足，现有的农田水利工程大多老化失修，设施不配套，难以发挥应有的作用。到 2003 年底，全国有效灌溉面积仅为 8.1 亿亩，旱涝保收面积为 5.92 亿亩，机电排灌面积为 5.42 亿亩。近年来，不仅数量增加不多，而且设施完好率低。[①] 从化肥、农药等投入品看，中国已成为世界上最大的化肥生产国、进口国和使用国。2003 年全国化肥施用总量达到 4411.8 万吨，约占世界总量的 30%；农药年均用量 25 万吨，居世界第二位。[②] 但中国化肥和农药在施用环节上普遍存在着用量盲目、施用技术和手段落后等问题。据调查，20 世纪 50 年代中国每公斤化肥可生产粮食 15 公斤，70 年代为 9 公斤，而到 90 年代仅为 7 公斤左右。农药的有效利用率不足 40%，每年约有 60 万吨的农药制剂进入生态环境，农作物药害面积 300 万亩。[③] 从农机装备来看，目前在四大粮食作物中，除小麦生产基本实现机械化外，水稻机械栽植和机收水平分别为 6% 和 23.4%，玉米机播和机收水平分别为 46.9% 和 1.9%，大豆机播、机收水平分别只有 50% 和 23.6%，总体仅相当于法国 20 世纪 50 年代、韩国 20 世纪 70 年代

---

①③　农业部课题组：《新时期农村发展战略研究》，中国农业出版社 2005 年版，第 154～155 页。
②　资料来源于《中国统计年鉴》、《中国农村统计年鉴》。

末的水平。①

2004 年以来，中央连续 3 个一号文件都把加强农业基础建设，提高物质装备水平作为增强粮食和农业综合生产能力的重要内容，提出明确要求并采取了有力措施。一是组织实施优质粮食产业工程。在全国 13 个粮食主产省区选择 484 个县（场），重点实施优质专用良种育繁、病虫害防控、标准粮田、现代农机装备推进和粮食加工转化项目，重点建设一批国家优质专用粮食基地。二是加强农田水利建设。加快实施以节水改造为中心的大型灌区续建配套，加快中小型水利设施建设，扩大农田有效灌溉面积，提高排涝和抗旱能力。三是提高农业投入品利用效率。中央财政安排专项补助，推广测土配方施肥先进技术，为广大农民提供免费测土、配方和施肥指导服务。四是加快农业机械化发展。从 2004 年开始，各级财政拿出一部分资金，对农民个人、农场职工、农机专业户和直接从事农业生产的农机服务组织购置和更新大型农机具给予一定补贴。这些措施为这几年粮食综合生产能力的恢复发挥了重要作用。

加强农田基础设施建设，提高农业投入品使用效率，加快农业机械化发展，是今后一个时期增强粮食综合生产能力深具潜力的领域。据分析测算，通过完善农田基础设施，使现有 6 亿亩中低产田得到改造，每亩提高一个等级可增产 100 公斤；通过科学使用化肥，把化肥利用率提高 10 个百分点，使化肥的增产能力恢复到 20 世纪 70 年代水平，可提高粮食产量 30 亿公斤以上；通过提高农机装备水平，充分发挥农业机械在提高粮食生产效率、争抢农时、提高复种指数、抗旱排涝乃至节本增效等方面的重要作用，可使农机装备对粮食单产增产贡献率在现有基础上进一步提高。②

（三）科技支撑政策

长期以来，中国农业科研和推广水平不断提高，为增强粮食综合生产能力，确保国家粮食安全作出了重大贡献。目前中国已形成产前、产中、产后不同领域，中央、省、地（市）、县、乡不同层次，研究、开发、推广、应用不同环节的较为完善的农业科学研究和推广体系。在新时期和新阶段，依靠科技提高单产是提高中国粮食综合生产能力的必由之路。

强化科技支撑是近年来中国粮食恢复增长的重要原因。2004 年、2005 年两年，中国粮食单产分别达到 308 公斤和 309.5 公斤，连创历史新高，2005 年粮食单产比 2003 年增加 20.5 公斤，仅此一项，就增产粮食 340 多亿公斤。目前，中国科技

---

①② 农业部课题组：《新时期农村发展战略研究》，中国农业出版社 2005 年版，第 154～155 页。

对粮食增产的贡献率已经达到了48%。[1] 为提高粮食生产的科技水平，2004年农业部启动了小麦、玉米、水稻、大豆四大作物综合生产能力科技提升行动，重点推广了50个主导品种和10项主推技术，收到很好的效果。核心示范区水稻单产提高10%，冬小麦单产提高15%。[2] 2005年农业部又组织实施了农业科技入户工程，推广应用50个主导品种和20项主推技术，特别是测土配方施肥技术深受基层干部和广大农民的欢迎。2006年，中央一号文件明确了继续实施粮食丰产科技工程，立足东北、华北和长江中下游三大平原，以水稻、小麦、玉米三大粮食作物为主攻方向，涵盖中国12个粮食主产区，力求通过一系列关键技术重大突破，为全面提升中国粮食综合生产能力提供科技支撑。

农业科技对促进粮食增产的潜力很大。从粮食单产水平看，1998~2003年6年间，世界稻谷平均单产为259公斤/亩，最高单产为625公斤/亩，中国平均单产415公斤/亩；世界小麦平均单产为181公斤/亩，最高单产为585公斤/亩，中国单产254公斤/亩；世界玉米平均单产为293公斤/亩，最高单产为1195公斤/亩，中国玉米单产317公斤/亩。[3] 通过科技发展，提高粮食单产水平潜力巨大。从后备品种选育看，近年来，中国成功选育了20多个超级杂交稻新品种新组合，基本实现百亩示范片平均亩产800公斤的目标；已经育成亩产600公斤的超级小麦品种；建立了9种杂种玉米优势利用模式。[4] 对这些已经实现科研目标的高产品种，如果加快试验示范和推广，对粮食增产的作用将十分明显。

（四）　生产经营政策

以家庭承包经营为基础、统分结合的双层经营体制，是在总结实践经验基础上确立的农村基本经营制度，是中国粮食生产稳定发展的制度保证。在稳定和提高粮食综合生产能力，发展现代农业进程中，必须坚持和完善这一基本制度，并在此基础上探索小规模农户与大市场连接的有效途径。

1978年党的十一届三中全会后，中央连续下发5个"一号文件"，通过不断扬弃联产到劳、包产到户、包干到户等阶段性政策，最终确立了以家庭承包为基础、统分结合的双层经营体制。这项制度创新奠定了粮食生产稳定增长的制度基础，使中国以粮食为主的农产品产量持续增长。通过政策的不断调整和完善，1993年《中华人民共和国宪法修正案》进一步明确了家庭承包经营的法律地位。1998年，

---

① 资料来源：《中国农业发展报告（2005）》，《全国农业和农村经济发展第十一个五年规划（2006~2010年）》。
② 资料来源于杜青林部长在全国农业工作会议上的讲话，中国农业信息网、http://www.agri.gov.cn。
③ 资料来源：根据FAO资料和《中国统计年鉴》历年资料计算。
④ 农业部课题组：《新时期农村发展战略研究》，中国农业出版社2005年版，第156页。

党的十五届三中全会再次强调，农村的基本经营制度必须长期坚持。2003 年，《中华人民共和国农村土地承包法》正式颁布，以法律的形式明确赋予了广大农民长期而有保障的土地承包经营权，粮食综合生产能力稳步提高的制度基础进一步得到巩固。

20 世纪 90 年代以来，随着中国市场经济体制的完善，小规模经营农户也表现出了组织化程度低、市场谈判能力弱、经营风险大等缺陷，难以适应大市场的需要。为适应市场经济和农业增长方式转变的要求，广大农民积极探索，在家庭承包经营基础上创造了农业产业化经营方式，有效衔接了小规模经营农户与大市场的联系，找到了一条实现农业现代化的现实途径。近几年，在政府的大力扶持下，农业产业化经营蓬勃发展。目前，全国各类产业化组织超过 10 万个，国家重点龙头企业 580 多家，省级重点龙头企业 2700 多家。[①] 出现了一大批集生产、加工、销售为一体，与广大农户紧密联结的粮食产业化龙头企业和农民专业合作组织，带动了结构调整、科技创新、市场开拓和农民增收。

农业经营制度的创新和完善，为中国粮食综合生产能力的提高奠定了基础。从稳定提高粮食综合生产能力的要求看，目前农业生产经营组织制度还有两个方面需要继续完善。一方面，双层经营体制外部存在各种力量侵害集体和农户利益的问题，内部存在农户土地所有权不充分的问题；另一方面，粮食生产、加工、销售的产业化程度还不高，受市场波动影响大的问题突出。为使粮食综合生产能力建设有稳定的经营制度基础，必须继续稳定和完善统分结合的双层经营体制，积极推进粮食的产业化经营，提高农民的组织化程度。

（五）收入支持政策

收入水平是决定农民发展粮食生产积极性最重要的因素。特别是现阶段中国农业就业比重偏高，种粮收入仍是农民主要收入来源之一，保障农民的种粮收入是提高粮食综合生产能力的根本保障。近年来中国出台的粮食生产扶持政策大多坚持以保障农民收入为导向，其中影响最大、受益面最广的是农业税费减免、对种粮农民直接补贴和农资综合补贴政策。

对种粮农民补贴政策。2004 年，在试点的基础上，国家出台了对主产区种粮农民实行直接补贴的政策，把过去对粮食流通环节的补贴改为对种粮农民的直接补贴，所需资金从粮食风险基金中列支。当年全国共有 29 个省份实行对种粮农民直接补贴，资金总额已达 116 亿元，全国共有 6 亿农民受益，直接增加了种粮农民的

---

① 资料来源：《中国农业发展报告（2005）》。

收入。2005 年，国家补贴资金规模增加到 132 亿元，补贴方法也按照向主产区和粮食倾斜的原则作了相应完善。[①] 2006 年，国家继续完善和强化对种粮农民直接补贴，补贴资金规模增加到了 142 亿元。同时，针对农资价格持续上涨影响种粮农民受益的情况，国家以石油综合配套调价为契机，中央财政新增资金 125 亿元，对种粮农民柴油、化肥、农药、农膜等农业生产资料增支实行综合直补，取得了较好效果。

农村税费减免政策。2000 年，中国在安徽全省启动了农村税费改革试点。到 2003 年，在全国推开了以"三取消、两调整、一改革"为基本内容的改革。2004 年，国家确定吉林、黑龙江两省进行免征农业税试点，河北、内蒙古等 11 个粮食主产省（区）农业税税率降低 3 个百分点，其余省区市农业税税率总体上降低 1 个百分点。同时，免征除烟叶以外的农业特产税。在政策落实过程中很多省份都加大了农业税减免的力度，使广大农民得到了实惠。2005 年，国家进一步扩大了农业税免征范围，加大农业税减征力度。在国家扶贫开发工作重点县实行免征农业税试点，在其他地区进一步降低农业税税率，牧区开展取消牧业税试点，全国共有 28 个省（区、市）决定免征农业税，其余 3 个省区也有一部分县市实行了免征。2006 年，中国全面免征了农业税，原定 5 年内免征农业税的目标提前两年实现，目前已没有专门针对粮食生产征收的税种。

减免农业税费、实行对种粮农民直接补贴，是中国落实"多予少取放活"方针，提高粮食综合生产能力的重大举措和政策创新，对发展粮食生产起到了积极促进作用。一是直接增加了农民收入。以 2004 年为例，减免农业税收可使全国农民受益 302 亿元，直接补贴可使农民受益 116 亿元，全国农民人均收入因此增加约 50 元左右。[②] 二是引导发展粮食生产。减税和补贴政策向农民发出了国家重视粮食生产的信号，引导广大农民增加投入，提高科技含量，积极发展粮食生产，迅速扭转了粮食生产的徘徊局面。三是改变了过去对农民多"取"少"予"，或只"取"不"予"的分配格局，有效改善了党群、干群关系。四是采取减免税收和直接补贴农民的方式，与国际做法直接接轨，符合 WTO 规则，创新了国家支持农业和粮食生产的机制，为探索新的条件下支持粮食生产的有效途径作出了有益探索。补贴政策存在的主要问题是由于中国农户数量多，经营规模小，国家财力还有限，尚不足达到发达国家那样的高补贴水平，对农民收入的直接影响有限。税收政策则要求尽快适应税费改革后农村的新形势，调整国家、集体与农民之间的关系，转变政府职能，积极推进配套改革。

---

① 资料来源：《中国农业发展报告（2004）》，《中国农业发展报告（2005）》。
② 资料来源：根据《中国统计年鉴（2005）》、《中国农业发展报告（2005）》计算。

（六）风险抗御政策

中国粮食生产的抗灾能力不强，每年因灾损失严重。同时，粮食市场波动起伏大，粮价上涨时农民所得不多，粮价下跌时农民损失惨重。健全粮食生产的风险抗御政策，对提高中国的粮食综合生产能力具有重要意义。近年来，在加强农业基础设施建设，增强粮食生产抗御自然风险的能力的同时，中国还重点加强了农业保险、期货市场的建设。

积极发展农业保险。2004～2006 年的连续 3 个中央一号文件明确提出了要加快建立政策性农业保险制度，在部分产品和部分地区率先试点并在此基础上不断扩大试点范围，鼓励有条件的地方可对参加种养业保险的农户给予一定的保费补贴，鼓励商业性保险机构开展农业保险业务，鼓励发展多种形式、多种渠道的农业保险。根据中央的要求，2004 年保监会颁布了发展农业保险的指导性意见，提出农业保险发展的五种模式，当年批准三家专业性农业保险公司，并在江苏、四川、辽宁、新疆等省和自治区开展农险试点之后，2005 年安徽、内蒙古、四川、湖北等 9 个省份相继开展了多种模式的农业保险试点工作。随着政府陆续出台一系列扶持政策，农业保险出现了恢复性增长。据有关部门统计，2005 年农业保险保费收入已达 7.5 亿元，同比增长 89%。①

发展农产品期货交易。期货市场具有套期保值、发现价格的功能，不仅可以为农民提供播种和卖粮的信息参考，还可以指导粮食企业与农民签订订单，帮助农民提前锁定种植利润，以市场手段促进农民增收。2004 年中央一号文件提出要完善粮食现货和期货市场，2005 年中央一号文件提出要注重发挥期货市场的引导作用。目前，中国的期货市场在经历了 20 世纪 90 年代末的清理整顿后，正步入规范发展的轨道。2004 年中国证监会批准大连商品交易所上市玉米期货品种，使中国期货市场交易的主要农产品品种增加，交易制度不断完善，对粮食生产发展的影响不断加大。

近年中国粮食生产的风险抗御政策取得了一些进展，但总的看来，农业保险涵盖的范围和领域还有限；进入期货市场交易的粮食品种还比较少，市场交易的规模也还很小。从发展趋势看，粮食生产面临自然灾害面广灾重的态势，国际国内市场变化给粮食生产带来的风险日趋增加。为切实防范和化解粮食生产面临的风险，应继续鼓励开展多种形式的农业保险试点，大力发展农产品期货市场，构建提高粮食综合生产能力的风险防范体系。

---

① 资料来源：中央电视台网站，www.cctv.com.cn。

（七）加工转化政策

粮食加工是指对原粮进行工业化处理，制成半成品或成品粮食、粮食食品及其他产品的过程。粮食加工业是粮食再生产过程的重要环节和食品工业的基础性行业，与人民生活密切相关，对于提高人民生活质量，调整优化粮食生产结构，增强粮食综合生产能力具有重要意义。

2004年中央一号文件明确提出支持主产区进行粮食转化和加工。主产区要立足粮食优势促进农民增加收入、发展区域经济，并按照市场需求，把粮食产业做大做强。按照国家产业政策要求，引导农产品加工业合理布局，扶持主产区发展以粮食为主要原料的农产品加工业，重点是发展精深加工。国家通过技改贷款贴息、投资参股、税收政策等措施，支持主产区建立和改造一批大型农产品加工、种子营销和农业科技型企业。2005年中央一号文件对粮食加工转化政策进一步加以明确。大力扶持食品加工业特别是粮食主产区以粮食为主要原料的加工业。粮食主产区要立足本地优势，以发展农产品加工业为突破口，走新型工业化道路，促进农业增效、农民增收和地区经济发展。采取财政贴息等方式，支持粮食主产区农产品加工企业进行技术引进和技术改造，建设仓储设施。按照增值税转型改革的统一部署，加快食品等农产品加工业增值税转型的步伐。

在国家政策的大力扶持下，中国粮食加工业的发展取得了长足进步。到2004年，全国规模以上的粮油加工企业8546个，总产值2459亿元，产品销售收入2445.2亿元，出口交货值50.2亿元，利润总额17.5亿元，其中大米、面粉的销售收入分别为710亿元、569亿元。[①] 在加工技术方面，中国大米、面粉、玉米、油脂加工技术在引进、消化、吸收国际先进技术的基础上，部分大型企业在生产设备、生产工艺、生产技术、产品质量上已达到或接近发达国家20世纪90年代初期的先进水平。粮食过腹转化也取得了相当大的成就，2004年中国畜牧业总产值突破1万亿元大关，畜牧业的发展直接增加了饲料粮的消费需求，2004年中国饲料用粮1680亿公斤，比1990年增长了55.34%。[②]

尽管粮食加工转化和过腹转化都取得了很大的进展，但与人民群众生活水平提高的要求相比，与国际粮食加工产业的发展水平相比，中国的粮食加工业还很落后。存在加工专用品种和优质原料基地缺乏；加工企业数量多、规模小；粮食加工链条短、资源利用率较低；标准体系和质量控制体系不健全，产品缺乏国际竞争力；科技投入和技术储备不足，创新能力较差等问题。需要加大贯彻落实已有的各

---

① 资料来源：《中国粮食发展报告（2005）》。
② 农业部课题组：《新时期农村发展战略研究》，中国农业出版社2005年版，第160页。

项扶持政策的力度，并根据形势的需要，在信贷、税收、投资等方面出台新的扶持措施。

（八）市场调控政策

进入新阶段以后，国内粮食市场的发展及国际粮食市场的变化对粮食综合生产能力的提高构成了新的影响。针对这种新形势，中国及时推进粮食流通体制改革，并对化肥、农药等粮食生产主要投入品价格的大幅上涨进行干预，加大了市场调控力度。

推进粮食流通体制改革。继 1998 年实行"三项政策、一项改革"之后，2001年在浙江、福建、广东等 8 个粮食主销区全面推行粮食市场化改革，此后粮食市场放开的步伐加快。2004 年在主销区和产销平衡区粮食收购市场和价格已经放开的基础上，全面放开了主产区的粮食收购市场，以充分发挥市场机制的作用，形成全国统一的粮食市场。粮食流通体制改革，一方面转换粮食价格形成机制，充分发挥了市场对粮食价格的决定作用；另一方面，在继续发挥国有粮食企业主渠道作用的同时，发展和规范多种所有制的粮食流通企业，实现了粮食流通市场主体多元化。

主要粮食品种的最低收购价政策。在推进粮食流通体制改革的同时，从 2004年新粮上市起，国家对重点粮食品种早籼稻、中籼稻、粳稻实行最低收购价，当重点粮食品种市场价格高于最低收购价时，由粮食经营企业按市场价格随行就市收购；在市场价格低于最低收购价时，由国家指定的粮食经营企业按照最低收购价格敞开收购。2004 年早籼稻的最低收购价每 50 公斤/70 元，中籼稻每 50 公斤/72 元，粳稻每 50 公斤/75 元。2005 年国家继续在部分地区对稻谷执行最低收购价政策。2006 年，最低收购价政策范围扩大到小麦。最低收购价政策正逐渐成为中国在市场经济条件下保障种粮农民利益的重要手段。

农资价格调控政策。2004 年初，中国以化肥价格为主的农资价格出现较快上涨，政府有关部门制定了一系列扶持生产、促进流通、保障供应、稳定价格的措施。一是采取价格和税收优惠政策，促进国内化肥生产和流通，增加化肥供给总量。二是灵活运用税收政策，限制用肥旺季化肥出口，增加国内市场供应。三是建立中央和地方两级化肥淡季商业储备制度，及时运用储备稳定市场和平抑价格。

完善粮食宏观调控。适应粮食流通体制改革的要求，对粮食市场的调控也由以行政命令为主转向以经济手段为主进行调控。主要调控政策包括：健全和完善中央和省级粮食储备制度及调控机制，主要通过储备粮购销进行市场调节；按照立足国内，进出口适当调剂的原则，灵活运用国际市场调剂国内粮食市场品种余缺；合理调整粮食主产区与销区的利益关系，加大扶持主产区的政策力度；完善粮食省长负责制，建立中长期粮食供求总量平衡机制和市场监测预警机制等。

中国的粮食市场调控政策有了很大的进展。推进粮食流通体制改革，完善粮食市场体系，培育多元化的市场主体等措施增加了粮食市场竞争。在最低收购价政策引导下，粮食市场运行平稳，市场粮价大都稳定在最低收购价以上或在启动收购预案后很快恢复到最低收购价以上。农资价格调控政策对扶持生产、保证供应、稳定价格产生了一定的积极作用，避免了农资价格的持续过快上涨。此外，粮食进出口调控政策成效也很显著，粮食进出口也由 2003 年的净出口转为净进口。未来应沿着目前的思路对有关政策进行健全和完善。

三、发展粮食生产的国际经验及其对中国的启示

长期以来，围绕保障粮食安全的目标，许多国家已经形成了一套比较完善的政策体系。虽然由于经济社会背景不同和资源禀赋差异，不同国家和地区粮食综合生产能力建设所面临的问题和侧重点有所差异，政策的目标和手段也在不断变迁和创新之中，但各国在发展粮食生产方面表现出很多共同之处，其思路和做法值得参考借鉴。

（一）国外发展粮食生产的主要政策

从世界范围来看，不论是发达国家，还是发展中国家，对于国家粮食安全都高度重视，采取了一系列政策措施，支持本国粮食生产的发展。具体说来，各国的粮食综合生产能力建设政策主要可归纳为价格支持、收入支付、科技支撑、基础建设、政策性保险、税收和信贷支持等方面。

1. 价格支持

主要包括干预价格、贷款差价补贴、最低支持价格、保护价收购等方式。政策目标主要是稳定和提高农民收入，调动农民生产积极性，进而确保粮食生产的稳定供给。这是美国、欧盟、日本等国家运用时间最长和范围最广的支持政策。

美国一直采取保护性收购政策和目标价格支持相结合的做法。1933 年《农业调整法》提出的支持价格政策，1973 年出台的目标价格以及 1996 年依据《联邦农业完善与改革法》对价格与收入支持政策进行的调整，政策的重点始终是调控农产品市场价格，稳定和提高农民收入。《2002 年农场安全与农村投资法案》，重新启动并创新了保护价政策，实行由贷款差价补贴、直接补贴和反周期补贴组成的三

连环补贴方式，其中的贷款差价补贴和反周期补贴属于价格支持范畴。贷款差价补贴指农场主可用农产品作为抵押，根据政府公布的信贷价格，向农产品信贷公司申请贷款。如果市场价格高于信贷价格，农场主出售农产品后，归还贷款和利息；如果市场价格低于信贷价格，农场主以政府确定的标准现货基价归还贷款，不仅不需要支付利息，还可以取得与信贷价格之间的差价。这实际上相当于最低保护价格。反周期补贴主要取决于两个价格：一是农业法案确定的目标价格。这是农民得到合理收益的价格，根据前期市场价格和未来供需状况确定。二是有效价格。当市场价格高于信贷价格时，有效价格等于全国平均市场价格与定额直接补贴之和；当市场价格低于信贷价格时，有效价格等于信贷价格与定额直接补贴之和。如果有效价格低于目标价格，农民可以获得目标价格与有效价格之间的差价补贴。

欧盟从 20 世纪 60 年代中期开始实行共同农业政策，制定了较高水平的干预价格。当农产品市场价格低于干预价格时，以干预价格入市收购，建立干预库存，并配合以门槛价格控制进口，促使市场价格达到或维持比较理想的目标价格水平。此后欧盟的共同农业政策虽经多次调整，价格支持政策的重要性和支持水平有所降低，但至今仍然占有重要地位。1992 年共同农业政策确定在随后三年中粮食支持价格水平降低 29% 。在 "2000 年议程" 中继续降低对粮食的价格支持水平，降低谷物的干预价格水平，2000 ~ 2001 年合计降低 15% 。[①]

日本的稻作安定经营对策制度，对因价格下跌给农民收入带来的损失进行补偿。由农户按大米基准价的 2%，政府则按 6% 比例共同出资建立稻作安定经营基金。粮食价格下降时对完成政府规定粮食生产任务的农民进行补贴，具体方法是根据前三年的自主流通米价格平均数算出基准价格，然后从稻作安定经营基金中支付当年实际价格与基准价格差额的 80% 。[②]

2. 收入支付

价格支持尽管调动了农民的生产积极性，保护了农民利益，但直接影响农户生产决策，易对农产品生产和贸易产生扭曲。因此，在 WTO 农业协议框架下，大多数发达国家又将对农民的支持和保护政策重点转向了收入支付。收入支付政策的执行方式又分为直接支付、面积限制补贴、投入品补贴等多种形式。

直接补贴是美国对农民三连环补贴方式的重要组成部分。补贴数量等于某种产品的直接支付率与支付面积和支付单产的乘积。有关产品的直接支付率由农业法案规定，支付面积为基期农场种植面积的 85%，支付单产为 1995 年确定的水平。支付单产和支付面积一经确定，便保持不变，与以后每年的生产情况和市场价格无

① 佚名：《欧盟确保国家粮食安全的主要做法》，上海农委政务网（http://e-nw.shac.gov.cn）。
② 佚名：《日本确保国家粮食安全的主要做法》，上海农委政务网（http://e-nw.shac.gov.cn）。

关。定额直接补贴在作物收获前一年的 12 月 1 日提前支付 50%，其余在作物收获当年的 10 月兑付。

欧盟 2000 年开始实施的《2000 年议程》，提出了改革共同农业和粮食政策的新方案，降低价格干预政策的力度，转而强化直接补贴政策，主要的直接补贴形式有作物面积补贴和休耕补贴。作物面积补贴与以往跟产量挂钩的价格补贴不同，它与产量脱钩而与作物种植面积挂钩。种植小麦、高粱、玉米等粮食作物的农民可以享受此项补贴。休耕面积补贴的目的为了解决粮食过剩问题，同时又保护耕地和粮食生产能力。对符合休耕条件的农户按休耕面积给予直接补贴，补贴额与作物面积补贴金额相当。

日本政府 2000 年出台了对山区、半山区直接支付制度。目的是为了杜绝耕地抛荒现象，提高山区和半山区生产力水平，促进粮食、农业生产和社会经济的发展。标准是山区、半山区与平原地区的生产成本差异的 80%。最终目标是将其生产力水平提高到邻近的非补贴对象区的水平。该制度自 2000 年开始实施以来，补贴的范围不断扩大，金额不断增加。2003 年发放的面积为 66 万公顷，补贴金额达到 546 亿日元。[①]

3. 科技支撑

1900 ~ 2000 年的 100 年间，由于新技术不断发明、新产品不断出现，使粮食生产不断发展，这一时期化肥使用量增加了 23 倍，农药增加了 53 倍，同期世界谷物总产由 1934 年的 5.5 亿吨提高到 2000 年的 21 亿吨。[②] 美国、欧盟、日本等发达农业重视农业科研、教育和推广的经验值得中国借鉴。

美国历来重视农业的科研、教育和推广，19 世纪就建立了各州的公立农学院和农业试验站，20 世纪初又建立和完善了覆盖全国的农业科技推广系统。各州农学院统管全州的农业教育、科研和推广业务，形成了"三位一体"的农业科研教育推广体系，促进了美国农业科学技术的迅速发展和普及。美国政府非常注重对农业公共研究的投入，1915 ~ 1970 年，农业科研和推广费用增长超过了 5 倍。[③] 1997 年，美国联邦政府农业研究总经费为 8.5 亿美元，2000 年美国仅联邦政府的农业科研推广拨款就达到 18 亿美元。[④] 2002 年农业法继续加大了对农业科研、教育和推广的力度，要求在 5 个财政年度内将农业科研经费预算额度增加 1 倍。完善的农业科研推广体系和大规模的农业科技投入为美国粮食生产奠定了坚实的基础。目

---

① 柯炳生：《发达国家对农民的直接补贴政策及其对我国的启示》的研究报告。
② 杜青林：《认清形势抓住机遇增强做好农业和农村经济工作的使命感》，湖北农业信息网，http://www.hbagri.gov.cn。
③ 徐更生：《美国农业政策》，中国人民大学出版社 1991 年版，第 209 页。
④ 根据世贸组织有关文件整理，http://www.wto.org。

前，科技在美国农业发展中的贡献率达到 70%。

欧盟高度重视科技对农业生产的作用，在农业科研、推广、病虫害控制等方面投入大量资金。2001～2002 年，欧盟农业科研和推广投入达到 28 亿欧元。同时，欧盟各国也大力促进农业科技的发展。荷兰的农业科技和推广系统最为典型。在农业科研方面，荷兰建立了农业大学、农业研究所和实验站，从事农业基础研究和应用研究。在农业教育方面，有正规的农业学校教育、高等农业院校教育和农民在职培训等，农渔及自然管理部每年 1/3 的预算用于农业教育。优越的科研条件、良好的农民教育水平，遍布全国的科研、教育和技术推广体系，使荷兰的农业技术居于世界领先地位。法国政府对农业科研和推广体系非常重视，建立了一套高效的技术推广和服务体系，通过设置成果推广署、农业发展署、农业研究单位和专业技术中心及专业技术协会等机构，确保法国农业科研推广工作保持先进水平。

日本的农业科研和推广体系比较完善。科研机构由国立和地方公立科研机构、大学、民间科研机构三大系统组成。农业推广服务主要是通过政府的农业改良普及事业和农协的营农指导开展。政府在全国设有 600 多所"农业改良普及所"，由 600 多名专门技术员和上万名改良普及员承担推广工作，农协的近 2 万名营农指导员与普及所密切配合，确保了日本农业科技推广工作的顺利进行。

4. 基础建设

粮食生产的基础设施具有准公共品性质，很多国家都把支持基础建设作为扶持农业和粮食生产的重要措施，提供资金、政策等多方面的扶持。欧盟和日本的政策较有代表性。

欧盟对农民投资基础设施进行补贴和资助。欧盟规定，凡是购买大型农业机械、土地改良、兴修水利等，欧盟提供 25% 的资金。英国对田界围栏、农场建筑、农业机械、农田排水设施及农村道路建设提供补贴，对于修建农场的道路、堤坎、供电系统，国家承担 2/3 的费用。2001～2002 年仅欧盟提供的基础设施投入就达 11.4 亿欧元。

日本政府设立了各种针对基础设施建设的资助和补贴项目。农田水利建设补贴，20% 用于大型公共水利设施建设，80% 直接投入农田基本改造。对于一般的农田改造项目，只要通过一定的审批程序并达到一定的标准，中央财政补贴 50%，都道府县和市町村财政分别补贴 25% 和 15%。1990～1995 年，日本国家农业财政预算支出增加了 37%，其中强化农业基础设施建设的支出增加了 175%。1993～2002 年实施的"第四个土地改良长期计划"的总投资规模为 41 万亿日元，主要包括农田水利、道路建设、国土保护、防灾、开垦和农地开发等事业。[①]

5. 政策性保险

粮食生产面临较大的自然风险和市场风险，因此各国普遍采取了发展农业保险的形式帮助农户防范和化解风险。由于农业和粮食生产具有高风险性和不确定性，商业性公司在纯粹市场环境下难以或不愿意进入该领域，国外的农业保险一般都采取了政府财政补贴，发展政策性农业保险的模式。

为了帮助农民尽快抗御风险，恢复生产，美国对从事农业保险的机构提供大规模的保费补贴，使农民能以较低的保险率普遍参加农业保险。1980 年联邦作物保险法案规定给投保人相当于作物保险费 30% 的补贴。1994 年联邦作物保险改革法推出了灾害险，向损失超过平均产量 50% 的农民提供补贴，补贴额为受灾作物当年目标价的 60%，补贴费用由联邦政府承担。1996 年国会虽然废除了 1994 年联邦作物保险改革法强制要求农民参加保险的条款，但是对于愿意接受购买作物保险的农民仍然给予保险费补贴。1999 年和 2000 年特别条款又增加了对农民作物保险费的补贴。2000 年的农业风险保护法案规定 2001～2005 年额外提供 82 亿美元的保险费补贴，吸引更多的农民参加保险。到 2001 年，美国已经为主要作物提供至少一种形式的收入保险。政府对农场主投保保费的补贴比例达到 50%～80%。

日本是一个自然灾害频繁的国家，为了减轻灾害对农户和农业生产的影响，日本政府规定，被灾害损害的公共设施、农地、农业设施，损失由政府承担。另一方面，日本还建立由政府直接参与的强制性保险制度。日本政府规定，凡生产数量超过规定数额的农民和农场必须参加保险，政府对保险费进行补贴。据估计，政府保险费补贴占保险费的 50%～80%。[②]

6. 税收和信贷支持

除上述扶持政策之外，很多国家还对农业和粮食生产采取优惠性的税收政策。同时，针对商业性金融机构不愿意进入农业和粮食领域的特点，各国还采取了发展政策性农村金融等扶持政策。

欧盟各国对农业和粮食生产提供各种优惠和支持。在德国，政府向农民收取的税种少于其他职业的从业人员，农民只缴纳土地税和所得税；法国对农民购置农机具给予 10% 的税收回扣，购买农机燃料免税；意大利对农业机械的进口减税 11%，农用动力燃料油的增值税也由 12% 减为 6%。

信贷支持方面。法国农业信贷银行和地区农业互助信贷银行是面向农业的专业

---

① 秦富、王秀清等：《国外农业支持政策》，中国农业出版社 2003 年版，第 140～141 页。
② 柯炳生：《发达国家对农民的直接补贴政策及其对我国的启示》的研究报告。

金融机构，提供短期、中期和长期贷款，短期贷款期限为 1 年左右，主要用于购买种子、农机具和牲畜，长期贷款不超过 30 年，主要用于购买土地和兴建建筑物。农业贷款的利率大约是非农业贷款的 50%，对于用于购买农机具和土地的中长期贷款，利率更低。银行的利息差额由财政负责补贴。西班牙运用银行信贷手段，向农民提供大量优惠贷款。通过农贷利息补贴制度和农业发展资金援助制度，采取利息补贴、损失补贴、债务担保以及其他类似的资金援助形式，向农民提供长期的低息贷款及其他优惠贷款。

（二）发展粮食生产的国际经验对中国的启示

从国外发展粮食生产的主要政策看，既有结合本国国情、制定相应支持政策的特殊性，又有不断调整政府行为和手段以适应市场化、国际化趋势的普遍性，对中国完善粮食综合生产能力建设政策具有重要的借鉴意义。

1. 要高度重视粮食安全

粮食是当今世界重要的战略资源，是一国经济发展和政治稳定的基础。世界各国都对发展粮食生产，确保国家粮食安全给予了相当重视，采取了各种措施保障粮食供给，使国家的粮食自给率保持在较高水平。从全球范围来看，20 世纪 60 年代以来，谷物自给略有盈余。总体上发达国家自给率比较高，2002 年发达国家平均谷物自给率为 110%，多数发达国家平均谷物自给率都在 90% 以上，即使是发展中国家，平均自给率也达到了 88.7%。[①] 日本、韩国等国家为保障本国粮食自给甚至付出重大代价。这充分表明无论是在什么样的条件下，都应对粮食生产予以高度重视。

2. 切实保护和提高粮食综合生产能力

世界各国特别是发达国家在粮食供大于求的情况下，不一定追求当期产出水平最大化，甚至采取休耕等手段控制产出水平，但都把保护和提高粮食综合生产能力作为保障国家粮食安全的基础性工作。无论是发达国家，还是发展中国家，无论是土地资源比较丰富的国家，还是土地资源相对匮乏的国家，大都建立了符合自身国情的农业科研推广体系，加强粮食生产基础设施建设，提供政策性保险、信贷服务，超前建设粮食综合生产能力。因此，必须将农业的基础设施建设、农业科技进步、资源环境保护等基础性工作作为保护和提高粮食综合生产能力的长期性和先导性措施，坚持长抓不懈。

---

① 根据国际粮农组织有关资料计算。

3. 充分保护和调动种粮农民的生产积极性

农民是粮食生产的微观主体，是粮食综合生产能力建设政策的直接执行者和政策效果的具体承担者，他们的生产积极性是决定粮食生产效率最重要的因素。各国政府大都选择把保护和调动生产者的积极性作为政策的切入点。美国的贷款差价补贴、直接补贴和反周期补贴政策的对象都是农场主。日本稻作安定经营基金和对山区、半山区农民的直接补贴制度，政策受益对象也是农民。因此，在粮食综合生产能力建设的政策选择上，必须采用那些能使农民直接受益、能够有效调动种粮农民生产积极性的政策手段和措施。

4. 灵活调整粮食生产政策的目标和手段

不同时期粮食供求形势不同、内外环境也不一样，粮食生产政策的目标和手段也应相应调整。欧盟在 20 世纪 60 年代农产品供给不足，于是以较高的干预价格水平并配以门槛价格控制进口，鼓励本国扩大生产。到了 70 年代中期，主要农产品实现了基本自给乃至过剩，于是又采取了鼓励出口为基本手段的对策。以往对农民的收入扶持大都是通过价格支持形式，而随着粮食供求形势的变化和国际贸易环境的变迁，补贴政策又由价格支持和价格补贴转向直接补贴。因此，在目前粮食生产和流通环境复杂多变的情况下，应根据形势变化及时调整粮食综合生产能力建设的有关政策。

5. 促进扶持政策法制化、长期化

与政策相比，法律法规的实施更具有权威性和长期性。美国《2002 年农场安全与农村投资法案》的实施期为 2002～2007 年，为期 6 年。《欧盟 2000 年议程》就确定了 2000～2006 年的农业预算支出水平，并且明确了 2000～2001 年的重要农作物干预价格和粮食的直接补贴标准。日本的《针对山区、半山区地区等的直接支付制度》是落实《农业基本法》和《食品·农业·农村基本计划》的具体政策措施之一，权威性高，而且没有最终期限，第一期暂定为 5 年。各国的扶持政策大都以法律、法规的形式公布，具有很强的权威性，而且期限都比较长，相对稳定，易于给农民形成比较稳定的预期。因此，加强粮食综合生产能力建设，应及时将各种行之有效的政策措施法制化、长期化，保证政策的权威性、稳定性和可预期性。

四、中国粮食综合生产能力建设长效机制的方案选择

未来 5～15 年，是中国统筹城乡经济社会发展，实现全面建设小康社会目标的

关键时期，确保国家粮食供给，支撑国民经济持续稳定健康发展，必须充分把握粮食综合生产能力建设的变化趋势，科学选择粮食综合生产能力建设的总体方案。

（一）近中期中国粮食综合生产能力建设外部环境的变化趋势

从发展趋势判断，未来 5～15 年对粮食综合生产能力建设可能产生重大影响的因素主要包括四个方面。

1. 粮食需求总量稳定增长，需求特点有新的变化

粮食消费总量将会进一步增加，但增速会放缓。城市人均口粮稳定，农村人均口粮下降，人均口粮消费进一步减少；饲料用粮随着畜牧业的发展进一步增加，但受消费能力增长的制约和饲料技术改进的影响，增速会有所放缓；工业用粮因技术进步和工艺改进，粮食用途进一步扩展，用于转化的用量会有所增加；种子用粮因播种面积相对稳定和技术不断改进的影响，继续保持稳定态势。品种结构进一步优化，各品种需求存在差异。随着畜牧业的发展，玉米和大豆的需求仍将不断增加；随着人们膳食结构的改善，稻谷的需求稳定增长；小麦需求总量相对稳定，优质品种的需求进一步增加。二元消费结构逐步改善，粮食商品需求不断增加。随着农村人口的流动和城乡分割二元结构的改善，城乡粮食消费之间的差别会缩小，商品性用粮会大大增加。食物消费呈现多样化趋势，但粮食消费仍占主导地位。城乡居民对蔬菜、水果、水产品和植物油等的消费都还有较大的上升空间，非粮食食物的替代性会进一步增强，但由于中国长期形成膳食结构和消费习惯不可能在短期内发生大的改变，粮食消费基本格局在相当长的时期内还难以动摇。

2. 粮食供给水平逐渐提高，保障供给的难度加大

随着农业科技的进步、后备资源的开发、农业装备水平的提高和政府调控能力增强，国家的粮食供给水平也会有所提高，但产出水平提升的难度会越来越大。随着中国工业化、城镇化进程加快和人口进一步增长，耕地减少和水资源紧缺的趋势不可逆转，城镇和工业与农村和农业争地、争水的矛盾将更加突出。农业基础设施薄弱，装备水平偏低，集中表现为农田基础设施建设投入不足、化肥等农业投入品利用效率不高、农业机械化水平较低。科技贡献率偏低，创新能力不强，科技支撑的作用还不够充分。政策扶持力度不够，支持手段有待完善，粮食储备的吞吐调节、进出口调控等都还需要加强。

3. 市场经济体制不断完善，经济市场化的影响日益加深

经过改革开放二十多年的发展，现阶段中国经济市场化的程度日益加深，市场

对资源配置的基础性作用不断强化。在粮食生产和流通方面，逐步取消了计划经济体制下的统购统销制度，特别是 2004 年以后，中国全面放开了粮食市场和价格，国有粮食企业和其他粮食经营者都可以直接进入市场购销粮食，粮食价格主要由市场形成。可以预见，与市场经济体制的完善相适应，市场因素对粮食生产流通的影响将越来越突出，粮食综合生产能力建设必须自觉遵循和积极运用市场规律。

4. 经济自由化和全球化步伐加快，国际市场对国内影响不断加大

经济自由化和全球化是世界经济发展的大趋势，也是粮食综合生产能力建设必须考虑的重要背景。特别是加入 WTO 以来，中国农业和粮食生产与国际市场的联系日益紧密。三年的过渡期之后，中国农业对外开放的程度又有了很大提高。在粮食贸易上，个别品种如玉米和大豆的贸易量增加较快，大豆的进口量甚至超过了国内生产量，而且这种趋势还有可能继续下去。同时，国际贸易规则也会对中国未来粮食综合生产能力建设产生较大影响。WTO2004 年就新一轮农业贸易谈判达成了框架性协议，在市场准入、国内支持和出口竞争等主要问题上达成了一些基本规定，除国内支持减让暂时对中国国内粮食支持政策影响不大外，市场准入减让、出口竞争减让等政策都可能对未来中国粮食生产和贸易产生较大影响。这要求未来粮食综合生产能力建设政策设计必须未雨绸缪，充分考虑到国际市场变化和国际贸易规则的潜在影响。

（二）中国粮食综合生产能力建设长效机制的方案选择

确定粮食综合生产能力建设长效机制的方案，关键是对粮食发展的一些重大变量作出抉择，并依据所确定的重大变量选择对应的政策措施。从目前情况看，粮食综合生产能力建设长效机制的方案选择必须考虑的重大变量有自给水平、区域布局、保护程度和支持手段等四个方面。

1. 自给水平

粮食自给水平有较高和较低两个方面可以选择。高自给率意味着主要依靠国内生产满足本国消费需求，可以使粮食安全得到可靠的保障，在复杂的国际经济政治环境中取得主动，但可能会造成一定的经济效率损失；低自给率则主要是指根据比较优势的原则，较多进口资源密集型的粮食，弥补本国耕地资源和水资源不足的缺陷，将有限的资源用来发展更具比较优势的劳动密集型农产品，这样的经济效率比较高。但能否达到目标，要受到一系列经济政治外部条件的约束。

目前中国粮食有进有出，进大于出。2000～2003 年累计进口粮食 680 亿公斤，

出口 605 亿公斤，净进口 75 亿公斤。[①] 正常年景下，进口粮食占国内粮食消费的 2% 左右，粮食自给率保持在较高的水平，对国际市场的依存度有限。从发展趋势看，中国长时期大量进口粮食的难度很大。一是中国在粮食贸易上的"大国效应"明显。中国既是粮食生产大国，也是消费大国，粮食进出口对国际粮食市场的变化有着重大影响，中国粮食自给率每下降 1 个百分点，就会影响世界粮食贸易量 2 个百分点。二是国际粮食市场贸易结构与国内消费的粮食品种差异很大。大米、小麦和玉米在中国粮食消费中分别占到 36.3%、22.0% 和 26.7%，但国际市场上述三种产品的比例分别为 10.2%、40.6% 和 32.3%。作为中国主要粮食消费品种的大米，国际贸易量仅为 2753 万吨。目前中国大米需求量在 1.8 亿吨以上，如果中国大米自给率下降 10 个百分点，需要进口大米 1800 万吨，占全世界大米贸易量的近 70%。[②] 三是粮食国际贸易中的不确定因素很多。中国不掌握国际粮食贸易的定价权，"贱买贵卖"现象明显。同时，油价上涨带来的运输成本上升、美国和欧盟削减粮食出口补贴可能抬高粮食价格等情况都可能会给中国粮食贸易带来不利影响。四是保持较高的粮食自给率有利于维护中国负责任大国的形象。从国际粮食贸易格局看，出口主要集中在美国、欧盟等发达国家，而进口则主要是一些发展中国家，如果中国大量进口粮食引起国际市场价格上涨，相应会增加发展中国家的经济负担，这不利于树立中国负责任大国的国际形象。

因此，使粮食自给率保持在较高水平，在确保国家粮食安全的前提下，利用国际市场进行年度调剂和品种调剂，立足国内生产保障国家食物安全，依然是保障中国粮食安全必须坚持的基本国策。从近期看，应将粮食自给率保持在 95% 以上水平，随着国际市场影响的加深和国家调控能力的加强，粮食自给率可以略有调整，但自给率水平应确保在高水平上。这既是权衡经济政治各方面关系作出的战略部署，也是现有各种制约条件下保障国家粮食安全的现实选择。

2. 区域布局

粮食综合生产能力建设在区域布局上有全面建设和重点建设两种战略。全面建设战略指的是在全国普遍发展粮食生产，主要依靠本区域的生产来保证本地供给。重点建设战略指的是在全国范围内根据比较优势确定粮食优势产区，重点加强主产区粮食综合生产能力建设，使粮食生产向优势区域集中，使粮食生产具备经济和自然上的合理性。

在计划经济体制下，中国强调"以粮为纲"，要求各地区都立足自身的生产来保障供给，这种全面发展战略尽管把粮食生产放在首要位置，但忽视了资源环境条

---

① 资料来源：根据《中国农业发展报告》有关资料计算。
② 王欧等：《国际粮食生产发展政策及政策研究》的研究报告。

件和比较优势原则，使优势产区得不到应有的重点扶持，粮食供给问题长期得不到完全解决。改革开放以来，中国采取建设商品粮基地等措施重点扶持粮食主产区建设，特别是随着农业结构战略性调整的推进，主要粮食品种加快向优势产区集中。经过长期的建设，主产区在发展粮食生产上已经显露出明显的优势。目前，国家按照播种面积、粮食产量和提供的商品粮数量等标准确定了辽宁、黑龙江、吉林、河北、内蒙古、山东、江苏、安徽、江西、河南、湖北、湖南和四川等13个省区为中国粮食主产区，主产区耕地面积约占全国总量的65%，粮食播种面积约占全国的60%，粮食产量约占全国的70%，提供了全国80%以上的商品粮，经过多年建设，目前主产区已经具备了大力发展粮食生产的基础条件。[1] 在地域分布上，粮食主产区大部分集中在中部地区。从国家产业总体布局考虑，东部地区人多地少，工资水平高，粮食这种土地相对密集的农作物不具有比较优势，使粮食生产向主产省区集中是按市场规律配置资源的基本要求；西部地区是中国的生态脆弱区域，采取退耕还林、退牧还草等措施，加强生态建设，发展特色经济，也是发挥比较优势的必然选择。

使粮食生产向主产区集中，是按照市场规律配置粮食生产资源的必然选择，也是加强资源环境保护、提高农业竞争力的有效途径。从发展趋势看，应集中力量，继续采取倾斜性的政策，扶持主产省区和非主产区的产粮大县加强粮食综合生产能力建设。

3. 保护程度

对粮食生产的保护也有高保护程度和低保护程度两种战略可以选择。总体上看，对农业和粮食生产的保护程度主要取决于一国的经济发展水平。发达国家通常对农业和粮食生产采取高保护政策，各种补贴数额庞大，其他支持政策也很多。发展中国家则由于经济发展滞后，农业在国民经济中所占比例高等原因，无力对农业和粮食生产采取高保护政策，一些国家甚至为支持国家工业化战略，通过征收税费提取农业剩余，使对农业和粮食生产的保护水平为负值。

中国自20世纪50年代以来就有对农业特别是粮食生产的支持政策。如农业科研和技术推广服务，农业生产资料的低价供应以及对农业机械化发展的支持等。但为支持国家工业化发展战略，更多地通过剪刀差的方式提取农业剩余，总体上对农业和粮食生产是取大于予的。改革开放以来，随着经济的发展，中国开始加大对农业的支持，初步形成了农业支持保护政策体系，逐渐由"负保护"转变为"正保护"。进入21世纪以后，一方面，从经济发展总量、财政收入、就业结构等重要

---

① 数据来源：根据《中国统计年鉴》计算。

经济指标判断，中国已经进入了工业反哺农业、城市支持农村的新阶段，加强对农业和粮食生产的支持保护具备了客观的经济基础；另一方面，由于农户数量众多、经营规模超小、国家财力有限等原因，中国要达到发达国家那样的高补贴水平也还不现实。以种粮直补政策为例，2004 年中国对种粮农民直接补贴 116 亿元，可使全国农民人均受益 13 元左右，约占当年农民人均增收额的 4%；可使主产区农民人均受益 18 元左右，也只约占当年农民人均增收额的 5%，支持水平还是比较低的。[①]

总之，随着经济社会发展和国家财力增强，以及工业反哺农业、城市支持农村战略的实施，加强对粮食生产的支持保护是中国的必然选择，但对粮食生产支持保护水平的提高必须以国家财力的增强为前提，现阶段中国只能建立与经济发展水平相适应的粮食生产支持保护政策体系。

4. 支持手段

随着经济全球化和市场化程度的加深，对粮食生产支持保护的手段与方式的选择日趋重要。国外对农业和粮食生产的扶持主要通过生产者收入补贴、价格保护和提供一般性公共服务等渠道来实现。在 WTO 框架下，发达国家对农业和粮食生产的支持不仅没有减少，反而有所增加，但支持的手段和方式发生变化，更多地从黄箱政策和蓝箱政策转向了绿箱政策。WTO 的很多农业贸易争端，也是围绕着具体支持手段展开的。

与改革开放前相比，目前中国对农业和粮食生产的支持保护手段大大丰富。在加大对农业科研、推广、基础设施建设、病虫害防治等基础服务的基础上，已经逐步增加了市场服务、检验检测服务、信息服务、价格支持等支持政策。WTO 列出的黄箱政策，中国也逐步开始使用，如近几年开始实施的良种补贴政策，1998 年以来的保护价政策和 2004 年出台的最低收购价政策等。特别是 2002 年以来，中国逐步扩大对种粮农民的直接补贴，农业政策性保险业已经开始试点。同时在加大财政支农的基础上，改变了以往单一的财政投入的支持保护形式，开始利用税收、信贷、价格等多种方式、多渠道对农业进行支持和保护。当然，我们也要注意到，尽管近年来中国扶持粮食发展的政策手段有了很大的创新，但由于中国经济管理体制和财税体制都还不完善，因此目前的支持政策手段具有明显的过渡特征，真正符合市场经济要求和 WTO 规则的扶持手段还不够。

在粮食综合生产能力建设政策措施的选择上，要按照符合市场经济规律和 WTO 规则的原则，创新扶持手段，围绕价格支持政策建立粮食生产支持保护政策

---

① 数据来源：根据《中国统计年鉴》和《中国农业发展报告》数据计算。

体系，围绕直接收入支付制度建立种粮农民收入支持政策体系，采取与国际手段接轨的做法建立起中国的粮食综合生产能力建设政策体系。

五、构建粮食生产稳定发展长效机制的政策措施

构建粮食生产稳定发展长效机制，不断提高粮食综合生产能力，是新阶段中国经济社会发展的重大战略任务。实现这一目标，必须坚持立足国内生产、保持粮食稳定供给的方针，适应经济全球化和市场化的趋势，逐步建立和完善与中国国情相适应、与国际惯例和 WTO 规则接轨的扶持政策体系，采取更有力、更直接、更有效的政策措施，在加强现有能力保护的同时加强新增能力建设，积极构建粮食生产稳定发展的长效机制。

（一）严格保护和合理利用耕地与水资源

耕地和水是粮食生产的重要物质基础。在今后中国耕地资源减少不可逆转和农业用水零增长的情况下，提高粮食综合生产能力必须综合运用法律、经济、技术手段，在确保数量和提高效率两个方面下功夫，合理利用和严格保护耕地与水资源。

1. 实行最严格的耕地保护制度。加快农村土地征占用制度改革。严格基本农田保护制度，把基本农田落实到户和地块，并建立档案和绘制成图，使每一块土地的信息公开透明，便于社会监督。完善耕地占补平衡制度，明确提高补充耕地的质量要求。加大对乱占滥用耕地行为的惩处力度，遏制违法乱占耕地的势头，确保基本农田不被转为非农用地。

2. 不断加强耕地质量建设。加大改造中低产田的投入，推动耕地质量升级。增加"沃土工程"的实施规模和范围，尽快建立全国耕地质量动态监测和预警系统，组织开展全国耕地质量普查。建立耕地质量建设补偿制度，对农民的保护和培肥地力行为给予奖励扶持，引导农民运用综合农艺、生物和工程措施提高耕地质量。

3. 积极推广旱作节水技术。贯彻落实《中国节水技术政策大纲》，针对各地水资源状况，优化农业用水配置，调整粮食等农作物的布局和品种结构，减少高耗水作物，增加少耗水的耐旱作物，控制农作物的水资源利用总量。推广保护性耕作等抗旱保墒技术、喷灌和滴灌等田间节水技术，促进有限水资源的节约和高效利用。

（二）大力加强粮食生产基础设施建设

基础设施建设是实现粮食生产稳定增长的根本措施。今后应以优质粮食产业工程为重点，增加投资总量、突出投资重点、拓宽投资渠道、提高资金使用效益，着力加强粮食生产基础设施建设，提高粮食生产的物质装备水平。

1. 做强做大"优粮工程"。在现有 484 个县（场）基础上，扩大实施范围，从主产区的产粮大县拓展到产销平衡区和销区的重点产粮县。增加投资规模，除加大中央投资外，省一级政府特别是销区政府要在重点产粮县组织实施优质粮食产业工程。充实工程建设内容，以优质专用良种育繁、病虫害防控、高标准基本农田建设、现代农机装备推进、促进粮食加工转化等项目为重点，完善配套工程项目建设。

2. 加强农田水利设施建设。增加各级政府的农田水利设施建设投入，加快以节水改造为中心的大型灌区续建配套步伐，完善灌排体系。搞好病险水库的除险加固、地方中型水源的开发和中小河流域的治理，挖掘水资源利用潜力。开展田间排灌、小型灌区和非灌区抗旱水源、丘陵山区和其他干旱缺水地区雨水集蓄利用等田间水利工程项目建设。鼓励农民投工投劳兴修农田水利和购买田间节水设备，引导产业化经营的龙头企业等社会力量参与农田水利建设。

3. 提高农机装备水平。扩大现有国家财政对大中型农机具购置补贴投入，调动农民购机积极性，增加粮田作业大型动力机械，改变农机装备水平低和结构失衡现状，增强粮食生产的技术集成与标准化生产能力。加强农机社会化服务体系建设，提高农机服务标准化、专业化服务能力。

（三）不断强化粮食生产的科技支撑

依靠科技进步提高单产，是提高中国粮食综合生产能力的主攻方向。今后必须全面加强农业科研、成果转化和推广体系建设，积极构建粮食生产科技支撑的长效机制。

1. 加强农业科研的基础研究，建立激励机制推动农业科技创新体系建设。进一步强化政府对农业科技投入的主体地位，建立以政府为主导、社会力量广泛参与的多元投入保障机制，加强农作物改良中心和重点实验室的建设；建立适应市场经济要求的技术成果评价与分配激励机制，组织开展生物技术、信息技术、遗传工程等重大科研项目攻关，推出一批像超级稻那样的高产优质粮食新品种。

2. 努力提高农业科技成果转化效率，运用市场机制促进农业科技成果转化。围绕粮食生产目标，确定主推技术、主导品种。通过引入市场机制，加快新品种和新技术等科技成果的集成、转化和提高，以项目带动方式引导资金、人才向重点区域、重点作物和重点技术倾斜，鼓励农业科研单位、大专院校等应用研究人员投身粮食生产第一线，推进粮食生产科技成果产业化。

3. 深化农技推广体制改革，逐步建立公益性推广机构为主导的多元化农技推广体系。按照公益性职能和经营性业务分开的原则，合理设置基层的农技推广机构，明确公益性推广机构的职责，国家财力要保障其正常运转；经营性推广机构走向市场，政府给予一定的优惠政策扶持。鼓励科研单位、大专院校、农民专业合作组织和产业化经营的龙头企业开展多种形式的农技推广服务。组织实施农业科技入户工程，加强对农民的培训，引导农户推广应用新品种和新技术。

（四）继续完善粮食生产的组织经营制度

生产经营政策不仅决定着粮食生产的效率，也是市场经济条件下影响粮食生产者收益的重要因素。在新时期必须坚持长期稳定家庭承包经营基本制度，推进粮食生产适度规模经营，积极发展多种形式的产业化经营。

1. 长期稳定家庭承包经营制度。继续稳定和完善农户家庭承包经营，赋予农民长期而有保障的土地使用权。依法保障农民对承包土地的经营权、收益权、转包权，扩大使用权权能。进一步赋予农民承包土地的抵押和入股等权利，实现土地承包经营权的物权化。

2. 鼓励粮食生产适度规模经营。在稳定并完善农村土地家庭承包经营的基础上，有条件的地方可根据自愿、有偿的原则依法流转土地承包经营权，对种粮农民直接补贴、良种补贴、农机补贴等政策要向种粮大户倾斜，鼓励发展粮食生产的适度规模经营。

3. 积极发展粮食产业化经营。鼓励国有粮食企业、中介组织等采取订单收购、建立粮油生产基地、建立利益分配机制等手段与农民形成共同利益体，发展多种形式的粮食产业化经营，延长粮食生产的产业链。建立和完善利益联结与分配机制，切实解决订单兑现难问题。发展粮食产业化中介组织，对产前、产中、产后各个环节实行全方位的社会化服务。

（五）加大对粮食生产主体的收入支持力度

在市场经济条件下，保护和调动种粮农民积极性，关键是保障农民获得稳定的种粮收益。要围绕保障种粮农民收入的目标，采取利益平衡手段，调动主产区和种粮农民的生产积极性。

1. 逐步完善种粮农民的收入保障制度。逐步增加对种粮农民直接补贴的规模，提高补贴标准。完善补贴方式，在发挥政策导向作用的前提下，降低操作成本。尽快出台《农业补贴条例》等相关法律法规，将对种粮农民进行补贴政策制度化和法律化。努力克服化肥、农药等主要农资价格波动对种粮农民收入的影响，建立制度化的农资综合补贴制度。

2. 加大对产粮大县财政扶持力度。逐步增加产粮大县的财政转移支付，帮助解决财政困难问题，保护地方政府发展粮食生产的积极性。调整中央财政对粮食风险基金的补助比例，产粮大县不再承担配套任务。

3. 处理好粮食产销区利益平衡关系。在加强主产区建设的同时，对非主产区特别是主销区的粮食生产能力建设也要提出明确要求，遏制粮食面积和产量的过度调减。鼓励销区到产区投资建设粮食生产基地，采取多种方式筹集资金，建立主产区与主销区之间的利益协调机制，支持主产区加强粮食生产能力建设。

（六）增强粮食生产的抗御风险能力

防范自然风险和市场风险既是粮食生产稳定持续发展的必然要求，也是保护种粮农民利益的重要内容。要建立健全灾害防控体系，尽可能降低各种灾害对粮食生产的影响；健全完善粮食市场体系，尽可能减少种粮农民的利益损失。

1. 健全粮食生产灾害防控体系。建立粮食生产的重大自然灾害和病虫害防控应急反应和处理机制，努力提高监测预报水平，做好防灾的各种物质储备，制定各种灾害的防范和救助预案，确保灾害发生时能够及时反应和有效救灾，把灾害损失降到最低水平。

2. 完善粮食市场体系。积极完善粮食市场准入制度，促进购销主体多元化。改进加强粮食市场监管，促进粮食批发市场建设，努力形成全国统一、开放有序、公平竞争的粮食市场流通格局。完善农产品期货市场，逐步增加上市品种，完善交易制度，充分发挥期货市场的价格引导套期保值和规避风险的作用。

3. 积极探索和建立粮食作物政策性保险的新路子。在开展小麦、水稻、玉米等主要粮食作物品种政策性保险试点的基础上，逐步建立政府扶持、市场化运作、农民自愿投保、企业积极参与的保险制度，保护种粮农民利益，促进粮食生产稳定持续发展。

（七）积极促进粮食转化增值

通过加工转化、过腹转化等形式改变粮食产品的初级形态，延长了粮食生产产业链，增加了后续效益，对提高粮食生产综合效益、增加种粮农民收入具有重要意义。要采取财政、税收等综合手段，扶持粮食加工业、畜牧业的发展，推动粮食转化增值。

1. 大力发展粮食加工业。对粮食加工转化给予税收优惠。设立专项贷款和中长期贷款项目，通过财政贴息向种粮大户、农民合作组织和粮食加工企业提供优惠的生产投入、基本建设与流动资金贷款，增强粮食加工转化能力。

2. 促进粮食过腹转化。加强粮食秸秆综合利用技术研究，制定相应的鼓励政策，不断开发粮食秸秆的新用途。有计划地发展饲用粮食作物，扶持养殖业比重大的地区发展青储玉米等饲用粮食作物。以小额贷款、贴息补助和提供保险服务等形式，支持粮食主产区加快发展畜牧业，促进粮食过腹转化增值。

（八）　加强和改善粮食市场宏观调控

宏观调控是政府的重要经济职能，保护和提高粮食综合生产能力，必须不断加强和改善政府对粮食生产流通的宏观调控方式，保持粮食供求紧平衡，稳定市场粮价。

1. 健全最低收购价制度。逐步扩大实行最低收购价的粮食品种和区域范围，合理确定最低收购价标准。最低收购价要在播种前向农民公布，发挥其引导生产、稳定农民种粮收入预期和影响市场粮价走势的功能。制定切实可行的收购预案，健全完善以中央和地方储备粮企业为主体的最低收购价操作体系。

2. 完善粮食储备调节制度。实行中央和省级两级储备制度，特别是销区粮食储备制度，市、县两级不再承担储备任务和储备费用。健全储备粮的新旧轮换和吞吐调节机制，有效利用储备粮的吞吐调节手段熨平市场粮价的非正常波动，稳定市场粮价。

3. 发挥粮食国际贸易对国内生产的调节作用。密切跟踪国际粮食市场和价格变化，采取积极有效措施，控制好粮食进出口的数量和节奏，既要有利于国内粮食供求平衡，也要避免逆向调节，冲击国内市场、打压或哄抬粮价，引发粮食生产波动。针对当前不同的粮食品种需求状况，制定扶持政策，鼓励东北玉米出口。进一步加大对大豆生产的支持力度，发展国内大豆生产，逐步缓解大豆进口的压力。积极挖掘杂粮薯类生产潜力，不断增强出口优势。鼓励企业到国外投资建设粮食生产基地，开发利用国外资源，进一步拓展国内粮源。

4. 建立健全粮食安全预警机制。密切关注粮食生产、消费、价格、库存、进出口等重要指标的变动情况，研究确立与中国国情相适应的预警理论和预警方法，找准影响粮食生产的相关因子和关键问题，逐步建立高效统一、与国际接轨的监测预警系统。增加对粮食生产预警系统建设的投入，充分利用卫星遥感等先进技术，不断提高预测水平，掌握粮食生产主动权。

参考文献

[1] 农业部课题组：《新时期农村发展战略研究》，中国农业出版社 2005 年版。

[2] 农业部软科学委员会办公室：《保障粮食安全与提高农产品质量》，中国农业出版社 2005 年版。

[3] 农业部软科学委员会办公室：《粮食安全问题》，中国农业出版社 2001 年版。

[4] 农业部产业政策与法规司：《农村政策法规调查与研究（2004）》，中国农业出版社 2005 年版。

[5] 秦富等：《国外农业支持政策》，中国农业出版社 2003 年版。

[6] 柯炳生：《发达国家对农民的直接补贴政策及其对我国的启示》的研究报告。

[7] 王欧等：《国际粮食生产发展政策及政策研究》的研究报告。

[8] 杜青林：《着力构建粮食生产的长效机制》，载于《求是》2004 年第 21 期。

[9] 张红宇：《建立主产区和种粮农民积极性稳定增长机制研究》，载于《农村经济》2005 年第 8 期。

[10] 农业部课题组：《提高粮食综合生产能力是一项重大战略任务》，载于《经济日报》2005 年 11 月 17 日第 12 版。

第十一章

发达国家和人口大国提高粮食综合生产能力和确保粮食安全的经验及启示

内容提要 粮食安全与粮食综合生产能力有着密切的联系。粮食综合生产能力的高低，直接关系到国家的粮食安全。提高粮食综合生产能力，确保粮食安全是中国当前重要而紧迫的问题。本章分析了一些发达国家和人口大国在提高粮食综合生产能力和保障粮食安全方面所采取的政策和措施，包括耕地供给、农业基础设施建设、物质技术装备、粮食生产投入、科技支撑、农民教育、社会化服务体系建设、粮食生产宏观调控、粮食补贴、价格保护和保险保障等方面。在此基础上，根据中国的实际情况，研究提出这些经验和做法对中国提高粮食综合生产能力和保障粮食安全在政策法规管理、保护耕地资源、基础设施建设、农业科技体制、财政和金融扶持、粮食生产补贴、价格保护机制和粮食风险防御机制等方面的启示。

根据 1983 年 4 月世界食品组织（WFO，World Food Organization）对粮食安全的定义，粮食安全的目标就是"确保所有的人在任何时候既能买得到又能买得起所需要的基本食品"。这一定义实际上包含了三层含义：一是要生产足够的粮食；二是要把生产的粮食及时供应到消费者手里；三是消费者能买得起所需要的粮食。[①] 也就是说，粮食安全涉及粮食生产、粮食流通、粮食消费三大领域，其中最重要的是粮食生产问题。

"粮食综合生产能力"是指一定的地区在一定的时期内粮食生产发展和产出的能力。这一概念包括了耕地保护能力、农田建设水平、生产技术水平、政策保障能力、科技服务能力和抵御自然灾害能力等内容，强调粮食生产的持续性和稳定性，这正是粮食安全的内在要求之一。同时，粮食综合生产能力的提高意味着政府可以根据本国具体情况在不破坏生态环境的基础上主动调节粮食生产，及时消除市场波

---

① 周明建、叶文琴：《发达国家确保粮食安全的对策及对我国的借鉴意义》，载于《农业经济问题》2005 年第 6 期，第 74 页。

动和生产季节性波动对粮食安全的不良影响。因此，粮食综合生产能力是粮食安全的核心，前者对后者具有举足轻重的意义：粮食综合生产能力的高低，直接关系到国家的粮食安全。

目前，中国正处于全面建设小康社会的关键时期，也处于工业化、城镇化加快发展的时期。在这个时期，人口增长和人均收入增长结合在一起，将促使全社会粮食需求量较快增长，但是受生产周期波动、耕地与水资源不足和政策空间有限等因素影响，未来一个时期中国粮食产量实现较大增长将面临很大的困难。在诸多不利因素的制约下，如何提高中国粮食综合生产能力，确保工业化、城镇化快速推进过程中中国粮食安全远近无忧，是当前十分重大而紧迫的战略问题。党的十六大报告明确提出要"保护和提高粮食综合生产能力"，"十一五"规划建议提出要提高农业综合生产能力，确保国家粮食安全，[①] 2006 年中央一号文件也指出，确保国家粮食安全是保持国民经济平稳较快增长和社会稳定的重要基础，要求"稳定发展粮食生产，持续增加种粮收益，不断提高生产能力"。[②]

一些发达国家和人口大国在提高粮食综合生产能力，保障粮食安全方面积累了许多有益的经验，特别是许多粮食生产大国对于如何改善粮食生产条件、增加粮食产量、保护农民利益、发展农业科技、健全粮食生产保障机制等方面有许多好的做法，能够为中国提高粮食综合生产能力和保障粮食安全提供启示和借鉴。

一、提高粮食综合生产能力和保障粮食安全的国际经验

为了提高粮食综合生产能力，确保粮食安全，发达国家和人口大国都采取了一系列政策措施，这些措施包括耕地保护、农田建设、技术改进、科技服务、价格政策、补贴政策、粮食储备制度和粮食安全预警系统等内容，总体可归为三类，即基础要素、支撑要素和保障要素。发达国家和人口大国的做法基本是从上述内容入手，着力提高各项要素的水平和能力。

（一）改善粮食生产的基础要素条件

耕地、水资源和农田基础设施、生产装备属基础要素，在形成粮食综合生产能力中具有决定性作用。

---

① 《中共中央关于制定国民经济和社会发展第十一个五年规划的建议》，2005 年 10 月。
② 《中共中央、国务院关于推进社会主义新农村建设的若干意见》，2005 年 12 月 31 日。

1. 确保粮食生产基础资源的供给能力

严格保护耕地资源和水资源，是保护和提高粮食综合生产能力的基础。①

土地资源是粮食生产的根本。耕地是粮食综合生产能力的基础要素，耕地的数量和质量决定着粮食综合生产能力的高低。许多国家特别是粮食生产大国都一直特别重视耕地资源的保护。通过制定政策、增加投入等方式，扩大耕地面积，提高耕地质量，保护土地资源的供给能力。

（1）美国是较早推行耕地保护政策的国家。早在 1933 年，美国就把土地保护和农产品价格支持政策结合起来，补贴停耕土地进行种草种树。为了保护和提高土地质量，美国于 1933 年和 1977 年分别颁布了《土壤保护法》和《土壤和水资源保护法》，制定了"耕地储备计划"、"土壤保持计划"和"用地与养地结合计划"等一系列计划。②

为了调控粮食产量和保护土地资源，有力地保证美国长远的粮食安全，美国采取了一系列措施。首先是加大投入，增强对耕地的保护。美国《2002 年农业安全与农村投资法案》启动了一系列耕地保护计划，将 2002～2007 年 6 年内用于保护耕地的资金预算由 1996～2002 年 7 年的 13 亿美元增加到 46 亿美元。在水土流失严重的地区，实施"土壤保护储备计划"。鼓励农民短期或长期休耕一部分土地。短期休耕是为了控制产量，解决农产品生产过剩的问题；长期休耕主要是为了保持水土资源。政府规定农场主至少要停耕 20% 的土地，可以从政府手中得到相当于这部分土地正常年景产量 50% 的现金或实物补贴。休耕计划对保护耕地资源起到了积极的作用。在农（耕）地保护的实践中，美国广泛采用"土地评价与立地分析"系统（LESA），用以确立农（耕）地保护的类型和范围。

目前，美国已经形成包括立法、规划、税收等手段在内的农（耕）地保护综合体系。具体内容包括：一是划定农业区，规定区内仅能进行木材、谷物或其他植物生产；二是税收政策，对非农用地，按土地价值和土地收益双重收税，而对农地则减收税款，鼓励和保护土地私有者进行农业生产的积极性；三是政府出资购买土地私有者的土地发展权，限制农地的非农化利用；四是将农用土地划分为保护带和过渡带，只允许土地所有者在过渡带改变农地用途。③

（2）日本人均耕地面积不足世界平均水平的 1/10，耕地资源极其有限。为了保障粮食生产，日本政府首先大力促进土地开发和土地改良，以扩大耕地面积，提高耕地质量，完善粮食生产的外部环境。1949 年，日本政府制定了《土地改良

---

① 尹成杰：《关于提高粮食综合生产能力的思考》，载于《农业经济问题》2005 年第 1 期，第 8 页。
② 李典军：《国外现代农业土地政策的特征分析》，载于《南方农村》1995 年第 3 期，第 50 页。
③ 张安禄：《美国农地保护的政策措施》，载于《世界农业》2000 年第 1 期，第 21～26 页。

法》，建立了国家、县、农协三级组织的土地改良体系，利用日本河多、水资源丰富的优势，改、扩水稻生产，划定改良区，组建水利建设管理机构，设立专项资金，开始实施以改良水田灌溉、排水为中心的耕地、土壤改良政策。1952年又制定了《耕土培养法》，鼓励农户多堆肥、施肥，改善土壤结构，改造低洼地和酸性土壤。土地改良为粮食增产打下了良好基础，也为实现农业机械化提供了有利条件。

为了保护有限的耕地资源，日本在土地管理上采用分类管理制度，对土地分类定等，对耕地的购买及转用都作出了严格的规定。农用土地被分为一、二、三类。一类农地主要包括生产力高的耕地、公共投资进行改良的耕地、新开耕地等，此类农地除公共用途外不得转用；三类农地主要包括土地利用区划调整区域内的土地、上下水道等基础设施区内的农地，以及宅地占40%以上的街路围绕区域的农地，这类农地原则上可以转用；二类农地介于一、三类之间，可以有条件地转用。凡涉及农地转用的土地买卖，必须由都道府县知事或农林水产大臣批准。通过对农地的分类管理，日本政府有效地保护了农业用地。[1]

（3）欧盟许多国家为了使耕地不被荒置或挪为他用，规定对于无人照管或经营不善的农业土地进行征购和实施高土地税，或者如不出卖就必须出租，邻居有先买权和先佃权。如西班牙规定，"具有50公顷以上灌溉地的农场和具有500公顷以上旱地的农场，如果耕地不到面积的80%，产量不到正常的70%，可由国家剥夺其所有权"。法国规定，所有农场主都可以向法院诉讼，要求允许经营邻居2年以上未耕种的地产，在缺乏和解的程序时，法院确定租金总额。西欧其他一些国家也都有类似的规定。[2] 在立法方面，英国的《农村计划法》、法国的《农业指导法》等都是为有效保护农地而制定的。此外，欧盟国家还通过休耕补贴和环境保护补贴等手段鼓励农民进行休耕以及减少化学药剂的使用，从而达到保护耕地资源的目的。

（4）印度采取一系列措施切实保护耕地资源。为确保粮食生产的稳步增产，印度政府加强对现有土地资源的保护，并采取了很多措施防治水土流失、沙漠化等。例如因地制宜地将坡地改为梯田，并选用优良品种来提高产量；在土地边缘建立防护林以更好地保持水土；积极改造低劣的土地资源来提高土地资源的利用率等。印度政府还十分重视在水资源方面的投入。在农村水资源管理方面，印度政府制定了一项长期开发计划，力争实现农业用水的持续供应，以促进全国2/3以上缺水地区农业的持续发展。专门制定了国家水资源管理与分配方案，注意水利设施建设，包括水库、灌溉渠、排水设施建设等，[3] 以促进农村地区灌溉总量的增长和灌

---

① 周明建、叶文琴：《发达国家确保粮食安全的对策及对我国的借鉴意义》，载于《农业经济问题》2005年第6期，第76页。

② 李典军：《国外现代农业土地政策的特征分析》，载于《南方农村》1995年第3期，第49页。

③ 付小强：《印度的"第二次绿色革命"》，载于《现代国际关系》2004年第5期，第32页。

溉能力的增强，提高现有灌溉水资源的利用效率，增强农业抵御自然灾害的能力。印度第六个"五年计划"中规定拨款 1216 亿卢比用于灌溉和防洪。[①]

2. 建设农业基础设施

目前，国外农业基础设施发展的趋势是结构调整与技术革新。在国外农业基础设施建设过程中，各国政府都十分重视制定有关政策来指导这项系统工程的建设。其主要目的在于协调有关各方利益，调动建设者的积极性和主动性。各国所制定的有关政策大致包括投资政策、农业政策等方面。

美国农业之所以成为高度发达的商品化的现代农业，其根本原因就在于不仅重视农业物质基础设施，尤其是为农场生产提供大量社会化服务的产前与产后环节的基础设施的建设，而且特别重视农业社会基础设施的建设。美国大型灌溉设施都是联邦政府和州政府投资兴建，而中小型灌溉设施由农场主个人或联合投资，政府给予一定资助。农业技术进步在美国农业总产出增长中的贡献份额为 81%，对劳动生产率增长的贡献份额为 71%。[②] 这些成就，首先应归功于农业研究、推广和教育等社会基础设施的建设。

日本根据本国农业资源和农业生产的具体情况，在选择东北、北陆和北海道三地区作为商品粮生产基地建设的过程中，确定了以土地改良和水利化为先导、以资金投放作保证的方针进行重点建设，在农林水产业预算总额中农业基本建设投资占27.3%，迅速实现了农业生产的水利化，极大地提高了水稻单产和总产量。

印度政府高度重视水利设施建设，改变只强调大型水利工程的情况，从实际出发，加强中小型水利项目建设，投资少，收效快，利用率高，逐步形成了全国较完整的灌溉体系。制定了旱地农业发展战略，根据雨量分布的特点，把全国分为 15个不同的气候区，并依据其土壤与生态条件最大限度地挖掘灌溉潜力。印度政府鼓励开荒和兴修水利，计划 2009 年前开发 2500 万公顷荒地和新增 3500 万公顷灌溉良田。其农业基础设施建设资金投入主要是通过三项具体的投资政策即增加计划投资政策、农业投入补贴政策和农业信贷保证政策来实现的。

巴西政府根据本国地大物博的特点，将公路、灌溉和仓储作为发展农业基础设施的重点，并取得了相当的成果。

澳大利亚政府规定农场主购买新设备、建储粮仓库、修筑堤坝、治理盐碱地等，政府给予 18% 的补助，同时对于农场水利设施、供电系统、燃油设备设施实行免税。

---

①　朱立志、方静：《印度绿箱政策及相关农业补贴》，载于《世界农业》2004 年第 3 期，第 20 页。
②　石爱虎：《国外农业基础设施建设的经验及其启示》，载于《中国软科学》1997 年第 6 期，第 106 页。

3. 提高粮食生产的物质技术装备水平

技术装备水平是支持粮食生产的物质基础，包括投入品、物化技术和生产手段，是形成粮食综合生产能力的重要条件。

农业生产现代化水平的首要标志是机械化程度。由于人少地多，而且国家财力雄厚，美国率先走上了机械化的道路。随后，加拿大、日本、欧盟各国的农业生产过程都基本实现了机械化。农业机械技术解决了生产效率问题，大大提高了上述国家的农业生产能力。20 世纪末期以来，发达国家的农业生产方式开始向自动化、智能化方向发展，并且注重对高效低耗型农业机械的研发和使用，追求环保效应。

20 世纪 80 年代，发达国家将计算机、遥感技术引入粮食生产领域。利用计算机进行农业系统研究、开发和获取市场信息等大大便利了农业生产，引入专家系统进行田间管理得到较快普及。如以色列利用计算机控制滴灌和喷灌技术，节水达50% 以上；美国、法国、日本的农用机器人已进入实用阶段。遥感技术在欧美国家已普遍用于自然资源调查、制图、环境预测、保护管理、天气预报及作物估产等方面，对粮食播种面积、土坡侵蚀和改良、病虫害防治等起到了重要作用。此外，欧美发达国家在农业生物技术开发和利用方面也取得了突出成就，在帮助缓解粮食安全、资源枯竭、环境恶化等问题中发挥了重要的作用。德国、加拿大等已成为现代生物科技农业的典型代表。

（二） 重视粮食生产的支撑要素投入

保护和提高粮食综合生产能力，保障耕地和水资源的供给、建设农业基础设施、改善物质装备是基础。在确保基础资源的供给能力之外，还要重视粮食生产的支撑要素投入。充足的资金投入、广泛的科技应用、良好的人员素质以及社会化服务等支撑要素在形成粮食综合生产能力中具有关键作用。

1. 保证资金投入

由于发达国家普遍具有雄厚的经济实力，在粮食生产投入方面向来都比较充分。即便如此，无论是美国的新农业法，还是欧盟改革后的共同农业政策（CAP），都加大了国家对农业基础设施建设的投入力度。[1] 尤其是日本，为克服小农经济资金不足的弊端，政府对粮食生产实行财政支援，主要有补助金和长期低息贷款两种形式。补助金来源于国家预算拨款，主要用于农田水利建设补助、调整种植结构补

---

① 帅传敏、刘松：《中外粮食政策的比较与启示》，载于《农业经济》2005 年第 9 期，第 27 页。

助、粮食贷款利息补助以及购买粮食生产机械等现代化生产设施补助。日本政府还推出长期低息贷款解决农户生产资金紧缺的状况，其贷款制度有三种：一是通过债务担保形式，吸收各种银行资金投入粮食生产；二是按照国家粮食政策发展生产的农民，可利用农协的资金；三是政府通过金融机构直接发放贷款。

2. 重视科技研发和推广

（1）强大的国家农业科研机构、国家对农业科学研究和推广的投资是国家粮食安全和提高国际竞争力的保障。农业是美国研究与开发长期投资的重点领域之一。美国用于农业科研的私人投资比重在整个农业科研经费中超过50%，其研究重点在于能直接应用于生产，具有市场潜力和高额利润的开发性研究上。对于没有直接经济效益但关系到未来科技发展的基础性研究和应用性研究则主要依赖于政府投资，主要方式是按照法令和条例由联邦政府拨款。美国联邦政府农业研究的投入有四种方向：一是对农业部研究机构农业研究局等的直接投入，占农业部投入的51%。二是依据各州农村和农业人口占全国的农村和农业人口的比例对各州的拨款投入，主要占农业部投入的30%，主要用于各州农业（包括畜牧业和林业）研究、学院的研究和推广以及合作推广体系的重点项目。三是竞争项目拨款，主要为国家研究计划和小型独立项目，占农业部投入的12%。四是特别项目拨款，占农业部投入的7%。美国农业科技体制具有投入主体多、组织形式活、成果转化快的特点。高科技在美国农业领域的广泛应用，得益于美国比较完善的农业科技体制。美国联邦政府对农业研究、教育和推广的投入比例一直比较稳定，研究投入占农业部总预算的2%~4%。[①]

法国国家农业研究院的经费是由政府财政直接支持拨付的。1999~2002年政府预算以每年平均2.6%的速度递增，2002年为5.74亿欧元。此外，还有少量的来自地方公共部门、欧盟以及私人企业等其他研究来源的资金。荷兰政府每年对农业科研、推广和教育的投入约为30多亿荷兰盾，用于农业研究的经费占国家农业预算的25%左右，应用性研究经费的75%~89%来自农渔部的拨款，基础研究、战略研究和应用研究的60%来自农渔部，而农业科研中实际研究问题经费的50%来自农业企业和农民的投资。[②] 印度所有农业研究经费的60%由中央政府提供，邦政府提供约20%，其余来自私人企业和各种资助。

总体来看，国外在农业科技投入方面具有三个显著特征。一是农业科研支出占农业GDP的比例普遍呈上升趋势，但公共支出的增速趋缓。比较而言，发达国家

① 张晴：《国外保障粮食安全的科技工作机制》，载于《世界农业》2006年第9期，第27页。
② 李哲敏、潘月红：《国外农业科研投入体制和机制研究》，载于《科技与管理》2005年第1期，第41页。

在基础性研究方面的经费投入预算比例相对较高，而发展中国家在应用研究、开发研究方面的经费投入比例较高。二是农业科研投入呈现多元化趋势，农业科研经费由公共投资和私人投资共同分担，企业类科研投入的比重不断加大。三是公共和私人对农业科技投资分工明显。由于农业生产基础性研究投资额巨大，直接经济效益低而社会效益高，一般以国家为投入主体，特别是农业基础性研究和技术难以物化的、社会效益高于经济效益的应用性研究，以及农业发展战略和政策研究的经费多来源于财政预算和国家拨款。私人投资的范围主要集中在知识产权容易受到保护、市场潜力大、产品市场开放程度高、以产前和产后农业技术为主的应用性研究。

（2）粮食科技成果要转化为现实生产力才有意义，这需要进行有效的科技推广。发达国家农业科技成果推广率已达 80% ~ 85%，农业科技对农业总产值的贡献率高达 80%，同时，科技咨询、信息咨询产业在发达国家的广泛发展也显示出其农业科技推广事业的巨大进步和发展。

很多国家都非常重视农业科技推广工作，并建立起完善、高效、稳定的组织体系。依据推广工作的主渠道，国外农业推广体系主要可分为六类：一是以政府农业部为基础的农业推广体系。日本、爱尔兰、意大利、泰国、菲律宾等国家都是采用以这种推广体系为主的体系。如日本 1948 年建立农业改良普及所（中心），由中央和地方共同出资，以中央为主管理。二是以大学为基础的农业推广体系。典型代表是美国。美国自 1914 年建立以州立大学为依托的合作推广体系以来，这一体制一直在稳定运行。三是一些商品生产组织或一些开发机构所附属的推广体系。四是非政府性质的农业推广体系。如日本、英国、法国等国农民协会、合作社等组织在政府的大力支持和协助下发挥着越来越重要的作用。五是私人农业推广体系。如英国、法国等的一些农药、化肥、种子生产企业为推销产品而成立的推销部。六是其他形式的农业推广体系。其中，以政府为基础的农业推广体系是农业科技推广的主导力量。[①]

发达国家的农业科技推广法律法规健全，推广工作完全在法律的保障下开展。最典型的是美国和日本。美国的《合作推广法》颁布最早（1914 年），也最完善。日本的《农业改良促进法》是美国《合作推广法》在日本的体现，但在推广的管理（如人员的配备、录用、设施建设、运行方针及制度等）上有更明确、详细的规定，从而依法保障推广事业的健康稳定发展。推广经费是各国的推广立法解决的核心问题之一，依法保障推广经费是推广事业稳定发展的基本保证。日本的法律还鼓励推广员深入基层工作，规定对完成任务的专门技术员每月发给月工资 8% 的津贴，对改良普及员，津贴为 12%（但必须每月深入农户服务 10 天以上）；全年考

---

① 万仪：《国外农业技术推广概览》，载于《云南科技管理》1996 年第 4 期，第 55 页。

核合格者，还发给相当于 5 个月工资的奖金。

此外，各国都十分重视对推广机构的管理，依据法律规定建立了完善的规章制度，确保推广工作有章可循，服务规范。其核心是保证推广员深入农户开展服务，充分履行职责。主要有三个方面：一是在分户、分片包干制的基础上，实行弹性工作制度，由推广员自主安排工作。二是实行周例会和月报告制度，既方便推广机构检查推广员的工作，也促进推广员之间相互交流。三是实行以农户评价为主的考核制度。

为了保障推广员能正常履行职责，国外非常重视对推广员的培训，包括定期组织短期培训、学术报告、研讨会等，并特别重视推广员之间的业务交流。中央（大国包括省州级）推广机构的基本职责之一就是组织系统的培训。例如，荷兰规定，推广员每年至少要参加 1 次短期培训班（1 周），2 年至少要参加 1 次长期培训班（2 周），每 4～5 年要更换 1 次工作岗位，以便成为一专多能的"通才"。完善的规章制度和务实的管理确保推广体系全心全意为农民服务，以农民满意为最终目标。[①]

3. 农民教育和培训

农民教育主要包括以下五个方面的内容：（1）农业劳动者的实际劳动生产技术和经验；（2）农业劳动者掌握和应用农业生产资料的知识、技能及其熟练程度；（3）农业劳动者掌握与农业有关的科技知识；（4）文化知识；（5）经营管理的知识与技能。许多农业生产大国从基础教育到专业教育、职业教育、技术推广、继续教育，有一套完整的教育体系，强调理论与实践相结合，注重生产与生活并举，有立法与相应的奖励政策措施，设有专门的管理机构和足够的经费，加上政府和社会的大力支持，使得农民的文化科技素质普遍较高。[②]

（1）美国农民教育情况。自 1862 年公布"摩里尔赠地法"，以赠地形式建立州立农学院，强调理论与实践结合以来，美国农民教育已有 140 多年的历史；1887年公布"哈奇法"，明确了农业教育、科研、推广相结合的体系；1914 年公布"史密斯－利弗法"，在全国开展农业职业教育和技术推广工作。与此同时，他们采取了一些做法：一是不断更新农业专业训练，扩大农业知识的教育范围；二是农业教育对象不只限于从事农业生产的人，而把产前、产后的从业人员都加在一起，向全民进行农业知识教育；三是培养农民一专多能；四是培养农民对市场变化趋势和市场需求的迅速反应能力；五是培养农民竞争和创造精神；六是加强农业教育与其他

---

① 张凯：《国外培养农业人才的经验及对我国的启示》，载于《科学学与科学技术管理》1999 年第 3 期，第 46 页。
② 石田：《国外加强农业教育和提高农民素质做法》，载于《世界农业》1997 年第 2 期，第 35 页。

学科合作；七是提高科技和管理训练的标准。

（2）法国农民教育情况。法国政府很重视农业教育，规定农民必须接受职业教育，取得合格证书，才能获得国家资助，享受补贴和优惠贷款，取得经营农业企业的资格。此外，每个县都有一所国立农业技术中学和 1～2 所农业技术培训中心，按学生不同年龄和文化程度，授以不同职业技术教育。另外，每年的 60～70 万中学毕业生，约有 10% 接受农业职业教育。政府和农会还利用广播电视及农业刊物等向农民普及推广先进技术。在乡村、农庄建立农业科学知识普及推广站，对农业劳动者进行扫盲教育。目前基本达到了每镇一所推广站，负责农业技术推广，实施技术培训，培训经费的 65% 由国家负担。

（3）德国农民教育情况。农业职业学校和专科学校实行企业与学校配合、理论与实践相结合的方法，对农民进行教育，由企业承担大部分费用和责任来提高受训者的技术能力。毕业后发给"绿色证书（The Green certificate）"，获得经营农业的资格，可享受国家优惠贷款和支持。另外，还在全国举办各种专业技术培训班。

（4）日本农民教育情况。从明治维新以来就重视农民教育，举办农民夜校，农民补习学校。在农业学校或农场附近设农民培训班，农民讲习所等办法，对农民进行文化科技教育。全国共建立了 53 个县立营农大学校，还有农业改良普及所611 个，普及人员 1.2 万多人，青年俱乐部 4000 多个，对普及与提高农民文化科技素质，活跃农村生活起到了积极作用。在日本，注重理论教育与实践相结合，农业高中规定实验、实习的时间必须不低于专业课总数的 50%，在各县的农业大学校里，实验、实习时间则高达总时数的 70%～80%。实习的方法采取家庭实习和学校农场实习相结合的方式，收到了良好的效果。此外，日本还注重对农民进行终身教育，对已具备大学水平的农民进行继续教育。

综上可以看出，发达国家在加强农业教育和提高农民素质方面积累了以下经验：一是政府通过立法高度重视农业教育，包括以立法确定农业职业技术教育的地位，增加教育投入、提供优惠待遇等；二是多部门参与农业教育，官民合办，保证了师资和经费来源；三是教学内容与方法的用户导向；四是强调理论联系实际，加强技能的培养；五是普遍推行"绿色证书制"。规定农民必须接受职业教育，取得合格证书，才能从事农业生产与经营。

4. 建设社会化服务体系

农业发展的综合服务（或社会化服务）是一个庞大的领域，包括生产、流通、金融、保险等许多方面。欧、美、日等国家都支持发展农业合作社和其他中介组织，为农民提供各方面服务。其农业生产的社会服务已较完善，在产前、产中和产后都有较多的组织和团体，以不同的形式和方法为农业生产服务。如美国 1 个农民就有 9 个人在产前、产后各环节为其服务，仅农业推广的"志愿者"就达 290 万人；日本农协几乎包揽了农村的各项服务业（包括农资与农产品营销、加工，农村金融与保险、卫生、教育等），其专职从业人员达 37 万多人。

国外的社会化服务体系形式主要包括合作社、专业性服务公司、农工商联合组织和官方或半官方服务组织。其中，合作社是各国最普遍的形式，在为粮食生产者提供产前、产中和产后服务，帮助农民增收上发挥了重要作用。

（1）合作社。发达国家农业合作社形式多样，但在为农民提供各方面服务、保护农民利益方面都发挥了重要作用。日本的农协分为三级体制，即基层农协、县农协经济联合会、全国农协联合会（全农），为生产者提供组织生产、提供服务、代销农产品、教育培训和信用及保险等业务，同时代表农民与政府就制定农业保护政策和保护农民利益进行协调。美国、欧盟各类农业合作社也发展很快。总的来看，合作社的服务内容一般包括以下几项：一是提供资金信贷服务，例如法国信贷合作社为农民提供其贷款的 90% 左右的信贷资金。日本、瑞典、荷兰、卢森堡等国合作社的信贷也占多数。二是提供农产品收购、加工、销售服务。三是提供生资、科技以及植保方面的服务。在 20 世纪 70 年代，合作社向农民提供的化肥，美国占 42%，瑞典占 70%，挪威占 60%，荷兰占 50%。

（2）专业性服务公司。这是生产力高度发达、生产规模较大、专业化和商品化程度很高的国家比较多的服务形式。如法国最大的克来因汪茨本种子公司，拥有 1500 名工作人员、250 公顷土地和若干子公司、试验站，每年提供的种子占国内市场的 33.3%。

（3）农工商联合组织。主要有三种：一是工商企业与农场合为一体。二是工商企业以合同方式，与农场建立稳定的结合关系，使产、供、销相互协调。这是最普遍的一种形式。三是农场联合起来，兴办粮食加工、贮运、销售企业，这是目前的流行形式和发展趋势。在美国，农工综合体的产值和劳力在国民经济中的比重已占 1/4，意大利占 20%，英国也在 10% 以上。

（4）官方或半官方服务组织。各国大都由政府出资建立了科研、教育、推广一体化的科技服务体系。以外向型农业为主的国家，如美国设立了"国外农业服务局"，为农场主出口产品提供信息、咨询、展销或直接推销等服务。还有一些国家在政府与农户、合作社之间设立了一种半官方咨询服务组织。这种服务组织由政府出资兴建，在全国设分支机构，上挂政府，但不完全受政府领导；下连农民群众，但不搞行政命令，而是根据政府意图开展农民需要和愿意接受的服务，很受农民欢迎。①

---

① 段成凯：《国外农业社会化服务体系的主要形式》，载于《山东经济战略研究》1999 年第 10 期，第 57 页。

（三）完善粮食安全的保障要素

粮食综合生产能力的保障要素主要包括对粮食生产供求关系的宏观调控和提供支持政策以及建立保险保障机制等。尤其是扶持政策在形成粮食综合生产能力中具有保证作用。

1. 对粮食生产和供求关系进行宏观调控

（1）制定粮食产需计划。世界各国尤其发达国家，均将总量平衡与品种结构平衡作为国家对粮食宏观调控的一个首要目标。美国、加拿大、欧盟各国、日本均制定粮食产需计划，以需定产，合理安排每年的生产量。美国粮食干预政策主要包括：实行播种面积和销售配额；实行农产品加工许可制度；提供农产品出口补贴；发放无追索权贷款；签订自愿销售协议等。欧盟对粮食市场的干预主要表现在对国内的干预价格、对外的门槛价格及对粮食出口的补贴。加拿大则进行严格的粮食市场管理，对经营谷仓有严格的审批条件，每年对从事谷物经营的农民进行资格鉴定，实行资质管理。日本对国内粮食的生产和流通实行高度的计划管理。政府每年由农林水产省根据大米年实际供求变化下达稻谷种植面积计划，利用休耕来减少产量，调整粮食种植面积，以保持大米总供求基本平衡；政府建立粮食储备制度，储备规模以 150 万吨为基础，上下浮动幅度为 50 万吨。[1] 在收获期前 5~6 个月，由上至下（农林水产省→县→市镇→村→农户）通知拟收购数量。至收获前 2~3 个月由农户根据实际情况向上申报收购数量，最后汇总至农林水产省，农林水产省再根据全国农户申报的情况适当进行调整，而后正式下达收购指标。

（2）提供法律保障。发达国家还通过法律来保证粮食生产的健康运转，首先是将国家对农业的调控意志转化为农业法规，政府依据农业法规对农业进行宏观调控。各个国家在长时间中都制定了比较完备的农业法律体系。如美国有《农业法》、《食品、农业资源保护和贸易法》等近百部农业法规，日本有《农业基本法》、《农村中央金库法》等 200 余部农业法规。[2] 加拿大和澳大利亚同样具有完整和健全的法律体系。粮食法律的作用体现在三个方面：一是通过立法实现对农产品价格支持，稳定和提高粮食生产者的收入；二是通过实施一些有关农产品价格补贴和生产控制、加强生态建设、维护正常市场秩序的法律法规，来有效地保护公众利

---

[1] 赵素丽：《发达国家管理粮食生产和流通的主要经验、做法及启示》，载于《宏观经济研究》2005 年第 6 期，第 61 页。

[2] 黄丽萍：《农业产业化经营中政府行为的国际经验与启示》，载于《福建教育学院学报》2001 年第 3 期，第 17 页。

益；三是通过粮食立法，在参与世界粮食贸易中保护国家及粮农的利益。

发达国家的粮食法规普遍具有以下三个特征：一是权威性。立法程序相当严格，法律要经过反复辩论、讨论、会商、修改才可颁布，正式颁布的法律民众认可度大，权威性相当高。二是稳定性。西方国家有的农业法律长达一二百年的历史，至今仍然使用。三是操作性。如美国在 1977 年出台的《农业法》规定：有无追索权贷款项目、农户自储农产品项目、目标价值补贴项目、灾害补贴项目等，并对每一具体项目又作了很详尽的规定。

（3）发挥行业协会作用。日本的农协举世闻名。20 世纪 90 年代，日本全国共有综合农协近 4000 个，农户加入农协的比例达 100%。[①] 日本农协在粮食流通中的主要作用是：一是协助农民安排种植计划。农协根据历年农产品销售情况、进出口形势和政府对农业的政策、方针及工农业需求预测，逐级向农民提出种植计划，只要农民接受了计划，收获后的粮食由农协保证推销。二是粮食集货。日本农户经营规模小、零散度高，与粮食大流通不相适应，通过农协集货才能保证市场上粮食的供应。三是向农民提供服务。农协不仅为农民安排粮食生产和上市时间，而且要提供粮食加工、仓储、运输等服务，还要为农民传递粮食市场行情信息。日本农协的存在，有效地实现了政府与农民的沟通，保护了农民利益和粮食生产积极性，对国内粮食供求平衡发挥了重大的作用。

2. 粮食市场体系

完善的粮食市场体系对整个粮食供求平衡起着积极的作用。发达国家对粮食流通的管理和调控方面具有以下特点：

（1）充分发挥市场机制配置资源的作用，政府利用经济和行政手段对粮食进行调控。美国、欧盟都对粮食实行强有力的政府干预政策，日本则通过计划手段管理粮食生产和流通。

（2）健全法律体系，利用法律手段对粮食实施有效管理。在市场化条件下，政府充分利用法律手段管理粮食流通，是发达国家普遍的做法。[②] 日本出台新粮食法，为政府管理和调控粮食提供法律依据；欧盟出台了一系列农业和粮食法律法规，规范各成员国粮食流通，以保持共同农业政策的统一性；美国、加拿大和澳大利亚同样具有完整和健全的法律体系。

（3）政府支持发展农业合作社和其他中介组织，为农民提供各方面服务。日本农协是支撑粮食流通的重要组织基础，欧美的农业合作社是农民直接参与粮食流

---

① 陈再飞：《粮食安全问题研究》，2001 年硕士论文，第 24 页。
② 赵素丽：《发达国家管理粮食生产和流通的主要经验、做法及启示》，载于《宏观经济研究》2005年第 6 期，第 61 页。

通的一种重要形式。与大粮商、加工商相比，合作社在收购农民粮食、就近提供服务，帮助农民进入市场等方面具有优势。目前，美国有近2000个谷物合作社，控制了国内谷物销售的40%，并提供总出口量60%的谷物。在美国的农民经济合作社、日本的农协、澳大利亚和加拿大的小麦局中，都有强大的粮食中间商组织，而且是以农民为主体，政府积极组织引导、培育，逐步推行粮食销售的代理制或利税返还制。

（4）自由购销。美国竞争性的粮食流通主体除了合作社，还有各种类型的私人粮商，一些农场主、私人乡间粮仓、食品加工商、饲料加工企业也直接参与粮食流通。[①] 在粮食购销批发方面，英国实行自由的粮食政策，粮食批发市场发达，农民种植品种、购销对象都由自己决定，中间商可以自由进入粮食市场进行购销活动，政府并不进行过多干涉。日本的新《粮食法》明确了民间流通方式作为流通方式主体。

由于粮食的特殊性，无论是粮食短缺还是过剩的国家，都曾经采取过甚至目前还在采用部分管制性的措施，但市场化是共同的发展趋势。例如，从20世纪20年代开始到20世纪90年代末期的半个多世纪，日本的粮食流通体制经历了"自由买卖——国家统购统销——流通双轨制——市场化"这样一个演变过程，由政府直接管理转向了间接管理，并形成了对粮食供需较完善的宏观调控体系。

3. 补贴政策

由于粮食安全具有公共产品属性，当今世界许多国家，特别是发达国家，都对粮食生产长期给予不同方式和不同程度的支持。其中，补贴政策是目前各国广泛采用的措施之一。

（1）美国主要采用直接补贴和反周期支付（Counter – cyclical payment）政策。2002年，美国制定新农业法案，对原有的直接补贴政策进行了调整和改革，加大了补贴力度。其直接补贴的对象主要为种植小麦、玉米、高粱、大麦、燕麦、水稻和棉花的农民，按照基期的产量进行直接收入补贴。具体计算方法是：支付额＝补贴率×基期面积×85%×补贴单产，新法案的基期面积是1998～2001年4年的平均值，补贴率由农业法案规定，一订几年不变。农户获得的补贴只与基期的产量和法定的补贴标准有关，而与当期实际生产什么和生产多少没有关系，也与当期价格无关。[②] 美国的这种直接补贴是最典型的脱钩补贴模式，总额计算和操作过程很简单，不需要调查农民的土地面积和单产。

---

① 徐柏园：《我国粮食经济宏观层面的几个问题和对策分析》，载于《宏观经济研究》2006年第8期。
② 李瑞锋、肖海峰：《欧盟、美国和中国的农民直接补贴政策比较研究》，载于《世界经济研究》2006年第7期，第80页。

美国反周期支付政策的前身是"市场损失补贴"（1998～2001年）。"市场损失援助"是为了弥补市场价格的变化给农民造成的损失，每年对农民进行的额外补贴。2002年新农业法案将这一措施改为反周期支付制度，主要按照事先确定的目标价格和实际的有效价格之间的差价作为反周期支付率对农民进行补贴。其中，目标价格是按照有关规定事先就已确定，有效价格是指市场价格和贷款率的较高者再加上直接补贴。当有效价格等于或大于目标价格时，不进行反周期支付，当有效价格低于目标价格时，反周期补贴就开始起作用。计算公式为：反周期支付总额＝反周期支付率×反周期支付单产×基期面积。其中，支付面积与支付单产是根据基期情况确定的，与当前的面积和产量没有关系，而支付率与当期的市场价格有关。[①] 反周期支付属于部分脱钩补贴模式。

此外，美国还十分重视对农业给予灾害补贴。通过特别灾害援助计划，对因遭受自然灾害而造成的收入损失进行补贴，以帮助受灾对象稳定收入以及恢复生产。

（2）欧盟实行的是对农民的直接收入补贴政策。主要对粮食生产者实行作物面积补贴和休耕面积补贴。此外，环境保护补贴也是欧盟的重要补贴政策之一。

作物面积补贴与产量脱钩，软粒小麦、硬粒小麦、大麦、燕麦、黑麦、小黑麦、高粱、谷子、荞麦和玉米都属于欧盟规定的可以享受作物面积补贴的粮食作物。[②] 但不同地区、不同作物之间每公顷面积能够获得的补贴额不同。享受补贴权利的土地面积按基础面积计算。基础面积是1989年、1990年、1991年三年的平均值（分作物品种），确定后不变。实际面积越大，超过基础面积的比例越大，每单位面积所能享受到的实际补贴额就越少。欧盟直接补贴政策的基本原理很简单，但对各种情况规定的十分详尽，具体操作方法十分繁琐。

休耕面积补贴主要是在粮食供给过剩时期，对于符合休耕条件的农户按休耕面积给予直接补贴，以此来保护耕地和保持粮食综合生产能力。

此外，欧盟还采取环保补贴制度，对于在农业生产中自愿减少化肥、除草剂、杀虫剂等化学药剂施用量而遭受经济损失的农民，政府给予最高每公顷250欧元的补贴。欧盟采取的环保补贴措施对耕地质量的保护、保持粮食综合生产能力发挥了重要的作用。

（3）日本在1995年颁布和实施了新粮食法，实施各种直接或间接的补贴政策。具体补贴方式主要有农户直接支付制度、稻作安定经营对策、自然灾害补贴等。[③]

日本对农民的直接补贴主要是2000年新出台的《针对山区、半山区地区的直

① 李瑞锋、肖海峰：《欧盟、美国和中国的农民直接补贴政策比较研究》，载于《世界经济研究》2006年第7期，第81页。
② 周明建、叶文琴：《发达国家确保粮食安全的对策及对我国的借鉴意义》，载于《农业经济问题》2005年第6期，第75页。
③ 王玮：《日本确保国家粮食安全的做法》，载于《粮食流通技术》2004年第3期，第13页。

接支付制度》，旨在通过对当地农民实行直接收入支付，弥补山区与平原地区生产成本的差异，调动山区农民的生产积极性，杜绝山区耕地的抛荒现象。补贴的理论标准是山区、半山区与平原地区的生产成本差异的 80%，具体标准根据水田、旱地、草地和人工草地分别设定，并按陡坡地和非陡坡地设定两级标准。最终的目标是将其生产力水平提高到邻近的非补贴对象区的水平。该制度补贴的地区是有客观标准的条件不利地区，并且补贴的额度控制在一定的范围内，不超过地区由于条件不利所遭受的损失，因此归属于 WTO "绿箱政策" 中的地区援助措施，从而回避了 WTO "黄箱政策" 的限制。

日本的稻作安定经营对策制度主要用来补偿农民因价格下跌带来的收入损失。补贴的资金来源于政府和农户共同出资建立的稻作安定经营基金，其中农户按大米基准价的 2% 出资，政府按 6% 出资。在粮食价格下降时，稻作安定经营基金负责对完成政府规定粮食生产任务的农民进行补贴。补贴的具体方法是根据前 3 年的自主流通米价格平均数算出基准价格，然后从稻作安定经营基金中支付当年实际价格与基准价格差额的 80%。这种做法具有农业收入保险的性质，又不违背 WTO 规则，有效地保持了种粮农户收入的稳定。[①]

为提高农民的承灾能力，减轻自然灾害对粮食生产能力和农业发展的不利影响，日本制定了自然灾害补贴政策，主要对遭受自然灾害破坏的公共基础设施、农业设施以及农地进行补贴。

（4）加拿大也对谷物生产给予价差补贴。联邦政府对小麦局的首期付款给予担保。小麦收购时，小麦局的谷物公司首先按预计销售价的 75% 向农民付款，小麦销售后，扣除市场销售费用支出，盈余全部返给生产者；如果销售价过低，小麦局出现的亏损，则由联邦政府提供补贴。澳大利亚也采取了类似的政策保护小麦生产者的利益。[②]

从各国的实践可以看到，发达国家为保证粮食安全，都采取了补贴政策。其中，直接补贴政策由于自身的许多优点以及外部环境的推动，成为许多国家支持和保护农业的主要方式。就补贴模式而言，发达国家一般更倾向于脱钩补贴模式，但也有一些国家或地区部分保留了挂钩补贴模式。例如，2003 年欧盟共同农业政策（CAP）改革的核心内容是建立不挂钩的单一的直接支付制度，但为保证粮食生产不荒废，保留了部分产品的挂钩支付，规定谷物和其他作物可保留 25% 的挂钩支付。

从发达国家实施补贴的过程来看，有几点共同之处。首先，补贴对象主要是生

---

① 周明建、叶文琴：《发达国家确保粮食安全的对策及对我国的借鉴意义》，载于《农业经济问题》2005 年第 6 期，第 75 页。

② 赵素丽：《发达国家管理粮食生产和流通的主要经验、做法及启示》，载于《宏观经济研究》2005 年第 6 期，第 60 页。

产者。只有对生产者进行直接补贴，才能直接调控粮食种植面积，促进粮食生产；其次，补贴力度要达到一定水平。只有补贴金额达到一定水平才能起到激励作用；最后，粮食补贴的做法尽管与 WTO 的精神不一致，但都努力使补贴的具体操作符合 WTO 的规则。

4. 价格政策

价格保护政策主要目的是在国内市场上保护农业生产者利益，稳定农民收入，稳定粮食市场价格。

（1）美国采用的是支持价格政策，目的是为农民提供一个最低保证价格，以保护农民的利益。该项政策的执行机构是联邦政府的农产品信贷公司（Commodity Credit Cooperation，简称 CCC），主要工具是无追索权贷款。无追索权贷款是农产品信贷公司给参加农产品计划的农场主提供的为期 10 个月的短期贷款，并以每单位重量粮食可以得到的贷款额度作为贷款率。农场主可用农产品作抵押，向农产品信贷公司申请贷款。到贷款到期日，如果市场价格高于信贷价格，则农场主归还贷款及利息；如果粮食市场价格低于贷款率，则农民在贷款到期时可以不必归还贷款，而是将粮食交给农产品信贷公司。贷款率实际上是一种支持价格，通过这项政策保证农民所得到的价格不会低于贷款率，以此来保护农民种粮的积极性。1996 年，支持价格政策得到了进一步的完善。农民在市场价格低于贷款率时，不仅可把粮食交给农产品信贷公司，也可以按市场价出售，然后按市场价与贷款率之间的差额获得贷款差额补贴。所以，新做法不仅保证了农民的收入，减轻了财政负担，而且也不会影响粮食的市场价格。[①]

（2）欧盟对内主要采取干预价格政策，对外实行贸易保护政策。欧盟的干预价格是一种保护价格。当粮食市场价格低于干预价格时，农民可以在市场上出售粮食，然后从欧盟设在各成员国的农产品干预中心获得市场价格与干预价格之间的差额补贴。另外，农民也可以将粮食直接按干预价格卖给农产品干预中心。对同一质量的同种谷物产品，干预价格水平相同。支持价格政策确保了在粮食市场价格下跌时农民能够得到一个最低价格，保证农民收入，提高农民的种粮积极性。

欧盟对外的粮食市场政策主要是差价关税和出口补贴。差价关税是对进口粮食征收的一种调节关税，其目的在于使世界市场的粮食无法以低于门槛价格[②]的水平进入欧盟内部，从而保护内部粮食生产者的利益。出口补贴的目的在于鼓励出口以消除粮食过剩，其数额和幅度主要是根据内外部粮食市场的情况进行调整。

---

① 周明建、叶文琴：《发达国家确保粮食安全的对策及对我国的借鉴意义》，载于《农业经济问题》2005 年第 6 期，第 74 页。
② 门槛价格是欧盟用于调控谷物进口的一个政策性价格，是对进口谷物征收差价关税的主要依据之一。

值得注意的是，近年来欧盟对其共同农业政策（CAP）进行了系统改革，新的粮食发展政策有所变化，减少了价格干预，过去以价格支持为基础的机制逐步过渡到以价格和直接补贴为主的机制。新的农业政策努力通过降低价格支持水平保障欧洲农业的国际竞争力，同时更加强调食品安全和突出环境保护。

（3）日本小农经济占主导地位，规模小、资金少，很难根据市场需求调整生产结构，而且日本自然灾害频繁，对粮食生产影响极大，若对农产品价格完全放开，就不能保障粮食安全，从而威胁整个国民经济，因此，日本政府通过直接或间接的手段干预粮食价格。为稳定粮食价格，规定上限和下限价格，政府通过收购和出售粮食调节市场上的供求关系，使价格稳定在规定的幅度以内，保证生产者和消费者双方利益。[1]

5. 粮食风险防范机制

（1）保险制度。建立农业保险制度是世界各国保护粮食生产的又一重要手段。由于粮食生产是在自然条件下进行的，粮食生产者不仅要承担市场风险，还得承担自然风险。目前，世界发达国家越来越重视因自然灾害带来的损失和影响，纷纷建立粮食灾害保险制度。美国、加拿大、日本等发达国家的粮食作物保险制度在稳定生产、保障农民利益方面起了积极的作用。总的来看，国外农业保险制度主要有以下特点：

一是有健全的法律和运作规范，并建立由政府管理的农作物保险公司。大多数国家在建立和完善农业保险制度发展过程中，自始至终都注重运用立法的方式规范农业保险。如美国 1938 年就颁布了《联邦作物保险法》，并依法建立了联邦农作物保险公司（FCIC），为商业保险机构提供再保险，降低商业保险机构参与农业保险的风险，调动其积极性。[2]

二是政府对农业保险给予政策和资金上的支持，使之有别于一般的商业保险业务。各国普遍采取的做法是对农业保险给予不同形式的财政补贴。日本政府对农作物保险的保费补贴为 50% ~70%，并提供部分行政开支费用；美国向农业保险提供 20% ~30% 的保费补贴，并承担经营农业保险的保险公司全部或大部分管理费用。政府对投保的农场主给予相当于保费 50% ~60% 的补贴，使农场主只需支付很少的保费就能参加农业保险。加拿大农作物保险的投保金由农民、加拿大联邦政府和省政府共同负担。此外，加拿大政府还为生产者建立净收入稳定账户，每年由政府和生产者对等投入保险金，具体是生产者按指定农产品净销售额的 3% 投保，联邦政府和省政府各投入 2% 和 1%。

---

① 陈再飞 2001 年硕士论文，《粮食安全问题研究》，第 24 页。
② 孙凡真：《美国确保国家粮食安全的有效机制》，载于《粮食问题研究》2005 年第 3 期，第 34 页。

　　三是从农作物的单一保险逐渐过渡到综合保险，承保农作物的种类越来越多。美国联邦农作物保险公司的承保范围几乎覆盖所有粮食作物。加拿大保险公司共为43 种农作物提供保险，保险范围几乎覆盖所有的农产品，对干旱、水灾、霜害及病虫害等都予以保险，生产者可选择 50%、70% 或 80% 的保险金额。

　　在推动农业保险业发展的同时，发达国家也十分重视对农业给予灾害补贴。美国通过特别灾害援助计划，对因遭受自然灾害而造成的收入损失进行补贴，以帮助受灾对象稳定收入以及恢复生产。灾害援助政策向平均产量损失超过 50%的农民提供受灾补贴，补贴额为受灾作物当年目标价的 60%。[①] 加拿大建立了农业收入灾难救援基金，用于对生产者因无法控制的因素造成收入大幅度下降时提供援助。

　　作为发展中国家的印度也在农村建立了一套农业生产保障体系，为那些因自然灾害而遭受损失的农民提供适当补偿，加强农业生产风险管理。其中，农作物保险作为一种减少风险的策略，需要政府在启动阶段投入补助金。印度的农业风险保障体系还包括建立粮食缓冲储备、提供粮食补助金等。有些风险管理是农场行为和政府行为交织在一起的，如灌溉的改善，对土壤保护的投资，都能减少单产变动和价格风险。仓库设施的改善，包括农户的仓库，也有助于平衡消费，应对突如其来的风险。[②]

　　（2）粮食储备制度。粮食储备制度是国家粮食宏观调控的重要手段，在抵御自然灾害、平抑粮价、稳定粮食市场秩序等方面发挥着重要作用，有利于促进粮食生产的稳定发展。

　　美国采取的是"委托代储"的粮食储备制度。美国的粮食储备制度与支持价格政策关系密切，粮食储备的执行机构是联邦政府的农产品信贷公司。当市场价格低于贷款率时，农民可以将粮食交给农产品信贷公司，这部分粮食就形成储备；如果在市场价格高于贷款率时，政府需要增加储备，就从市场上购买。农产品信贷公司实行"委托代储"，粮食储备任务主要由政府委托那些技术设施、卫生条件较好的商业性粮食储备企业来执行。粮权属于政府，政府支付储存费用以及在储备过程中发生的一切费用，包括损耗和亏损等，接受政府委托代储任务的仓储企业必须按照政府的指令行动。

　　日本将其粮食储备法制化。在确定粮食储备规模时，日本政府主要考虑以下三个因素：一是储备所需的保管费和政府承受能力；二是考虑储备量对市场供求、价

　　① 帅传敏、刘松：《中外粮食政策的比较与启示》，载于《农业经济》2005 年第 9 期，第 26 页。
　　② 朱立志、方静：《印度绿箱政策及相关农业补贴》，载于《世界农业》2004 年第 3 期，第 21 页。

格形成的影响；三是考虑可能发生的自然灾害而导致的歉收程度。[①] 储备粮源为政府收购米和进口米。为有效调节国内市场，政府确定了储备运用方针，包括储备数量、计划上市数量及政府收购数量。在保证储备水平合理方面也采取了如下措施：一是调整政府大米的收购，由政府根据国内生产的年成丰歉，决定是否抛售或增加储备，通过调整储备以抑制粮价的暴涨暴跌；二是把一部分超储备规模的粮食用于国际援助等。[②]

美日等国特别重视通过法律手段对粮食储备进行管理。早在 1916 年美国国会就通过了《美国仓储法》，根据该法又制定了《粮食仓储条例》，对粮食仓储许可证、仓储保证金、仓储存单仓储商的责任和粮食检验、称重、分级等一系列具体操作，都有非常具体的规定；日本也实现了粮食储备法制化。

（3）粮食安全预警系统。粮食安全涉及生产、流通、库存、消费等多方面的基本情况。要作出正确的生产与贸易决策，就必须及时、准确、充分地掌握有关信息。

美国的粮食信息采集网络是所有国家中最为完备的。美国利用遍布全球的使馆、卫星监测系统、航空航天与定位观测技术和国际组织，收集各国气候、灾害、粮食价格、面积、单产、贸易、库存和政策等信息，及时反馈给农业部及相关数据分析部门，以此建立其粮食安全预警系统。美国设立了专门从事全球性粮食分析和预测研究的机构，它们可以无偿利用政府部门采集的各种信息和数据，对全球各种农产品的生产、消费、储备、贸易和价格变化进行模型分析和预测。其服务对象包括美国企业界、政府和农场主。[③]

此外，美国和日本还利用期货市场来发挥粮食安全系统的预警功能。美国芝加哥期货交易所每天的粮食合约交易量达 100 万手，其价格作为国际贸易的基准价格，引导着世界范围内的粮食生产、收购、仓储、运输、贸易、加工和消费，发挥着粮食市场价格"风向标"的作用，国内农民也可以根据期货市场基准价格信息来调整自己的种植结构。日本东京的谷物交易所是世界上第二大粮食期货交易所，每天的粮食合约交易量达 5 万手。日本农民可以根据东京谷物交易所秋季到冬季的粮食价格制定第二年的播种品种和面积。[④]

---

① 周明建、叶文琴：《发达国家确保粮食安全的对策及对我国的借鉴意义》，载于《农业经济问题》2005 年第 6 期，第 76 页。
② 肖顺武：《美日粮食安全措施及其借鉴意义》，载于《理论探索》2007 年第 1 期，第 115 页。
③④ 周明建、叶文琴：《发达国家确保粮食安全的对策及对我国的借鉴意义》，载于《农业经济问题》2005 年第 6 期，第 77 页。

二、国外提高粮食综合生产能力和保障
粮食安全的经验对中国的启示

许多发达国家在提高粮食综合生产能力和保障粮食安全方面，已经形成了比较完善的政策体系。尽管由于经济社会背景不同和资源禀赋条件的差异，不同国家和地区粮食综合生产能力建设及粮食安全所面临的问题与侧重点有所差异，政策的目标和手段也不尽相同，但从主要的方针政策看，既有结合本国国情，制定相应支持政策的特殊性，又有适应市场化、国际化的趋势，政府调控方式和手段的普遍性。尤其是同属 WTO 成员，在按照市场经济原则组织粮食流通、保护农民利益、促进粮食生产稳定发展等方面，是有共性的。国外发达国家的一些成功经验和做法对中国提高粮食综合生产能力和保障粮食安全具有重要的借鉴意义。

总结发达国家和人口大国提高粮食综合生产能力和保障粮食安全的经验，中国在制定粮食生产政策和粮食安全战略的时候要遵守如下原则：

第一，制定相关法律法规，将农业和粮食政策法制化。国外（如美日）特别注重用法律手段来保障粮食安全。在立法层面上，美国、日本都制定了《农业基本法》或《农业法》等最根本的法律。与此同时，还有许多与之相配套的其他法律。中国应根据新时期的农业情况，制定新农业法，对农业和粮食政策、目标、措施、实施主体及工作权限进行法律界定，保证政策的连续性和稳定性。法律的制定将使国家的粮食生产有法可依，也有利于保障粮食安全政策顺利推行。

第二，要把粮食安全的实现当作一个系统来看待。从粮食的生产、流通到储备和风险防范，都要有相应的法律和政策来保障。

第三，作为 WTO 成员国，中国在制定粮食安全战略政策，尤其是制定保护政策的时候，一定要合理利用 WTO 规则，加强对粮食产业的支持和保护。在这方面，日本充分利用"绿箱政策"，加大对农业生产的财政支持和对农户的资金支持，以保护本国农业的做法是值得借鉴的。

在上述原则的指导下，中国可借鉴发达国家和人口大国的经验，制定符合本国国情的具体政策措施。

（一）严格保护耕地资源和水资源，加强基础设施建设，提高机械化水平

1. 采取措施保护粮食生产的基本资源

"耕地是粮食生产最重要的物质基础，耕地安全是确保粮食安全的前提。只有

切实保护好耕地，才能保护好粮食生产能力，保证粮食供给的持续稳定增长"。[①]
而中国当前受工农业用地、环境恶化等因素影响，耕地面积大幅度减少。2006 年
人均耕地只有 1.39 亩，不及世界人均耕地的 47%。此外，由于环境污染和化学物
质的过度使用，耕地质量也在下降，土地的可持续生产能力受到严重影响。

从美国、欧盟和日本的经验来看，保护耕地是一个国家确保粮食安全的长期而
又艰巨的任务。建议中国政府对耕地特别是基本农田的保护采取严格的保护政策，
切实保护中国粮食的综合生产能力。

首先，要保证粮食播种面积。树立和落实全面协调可持续的科学发展观，认真
贯彻和落实《土地管理法》、《基本农田保护条例》，通过政策手段进一步保证粮食
耕种面积。加大农田保护力度，严格控制各类建设用地对耕地尤其是基本农田的侵
占行为。严格耕地审批手续，建立省级耕地保护目标责任制。

其次，要维护和改善耕地质量。提高地力是一项根本性措施，应加大对改善耕
地质量的投入，用补贴等方式引导农民综合运用农艺、生物和工程措施提高耕地
质量。

最后，要积极开发和推广先进农业技术，大力发展节地农业，通过先进农业技
术的应用，保证有限的土地资源得到充分有效利用。

除了耕地资源，水资源短缺且水质恶化也严重制约中国未来的粮食生产。必须
采取有力的措施加强农业用水资源保护，节约农业用水，防止农业用水污染。改变
传统的农业用水方式，提高农业用水利用率。建立科学合理的用水机制，形成政
府、集体、企业和个人共同参与农业节水建设的局面。根据不同区域农业发展特点
和需要，合理制定水资源开发和调配方案。尽快制定农业节水基本规章和相关技术
标准，积极扶持和引导农民使用农业节水技术和设备。积极推行产权制度改革、承
包、租赁等有效措施，加强农业节水工程管护，大力发展节水农业。

2. 加强农业基础设施建设

借鉴美国、印度对农业基础设施建设的经验，我国政府财政必须重视对农业基
础设施建设的投入，为农业生产条件的改善提供必要的资金保证。国家财政农业基
本建设支出要改变历来只重视大江大河治理的情况，从实际出发，加强中小型水利
设施建设、成片中低产田改造等与粮食生产能力密切相关的农业基础设施建设。国
家财政还必须加大对农业科技开发及农业科技成果推广应用方面的投入，从资金上
确保科技兴农战略的实施，推动中国农业产业结构的升级。财政必须加大对"种
子工程"、畜牧良种、优质饲料、区域化优质农产品、退耕还林、还草等方面的支

---

① 2003 年 10 月 23 日温家宝总理在国务院农业和粮食工作会议上的讲话。

出，积极支持农业经济结构调整。进一步完善农业社会化服务体系，搞好产前、产中、产后服务。要求财政必须加大对气象方面的投入，为农民提供优质、准确的气象预报服务；加大对病虫害监控的投入，减轻农业损失；加大对农产品供求信息网络和营销组织建设的投入，逐步建立能够覆盖全国、连接国际市场的农产品供求信息网络。

3. 逐步提高粮食生产的技术装备水平

技术装备水平是支持粮食生产的物质基础，是形成粮食综合生产能力的重要条件。要逐步提高农业装备水平，加快拓展以粮食作物机耕、机播、机收为关键环节的农业机械化发展领域；加大植保工程、种子工程、沃土工程投入力度，完善基层病虫害综合防控、良种繁育推广、地力监测保护的设施和手段。此外，为确保农民的利益，可借鉴印度政府的做法，严格规定农机、化肥、种子等农业生产资料的价格，并以低价或免费向农民提供最新的农业实用技术。

（二）完善农业科技研发和推广体系，加强农业人才的培养

目前，中国科技对种植业增长的贡献率不足 50%，而发达国家科技对农业增长的贡献率已经达到 70% ~ 80%。与发达国家相比，中国农业科技还相对落后，特别是农业科技储备和创新能力差距较大。农业科技发展滞后使粮食综合生产能力的提高缺乏技术支撑。从世界其他国家的经验来看，充足的农业科研投入、灵活高效的运行机制与管理制度以及稳定有效的农业科技推广体系对于促进粮食生产能力的提高，从而保障粮食安全具有重要作用。同时，中国作为一个农业人口大国，要提高粮食的综合生产能力，还必须提高农业人口素质，提高广大种粮农户掌握和应用农业科技的能力。

1. 加大农业科研投入力度

从世界范围来看，尤其是发达国家，农业科研公共支出的增长速度虽然有所减缓，但总量充足并且仍然在持续增长。同时，私人部门对农业的科研投入大幅增加。以 OECD 为例，22 个国家在 20 世纪 90 年代中期，其私人农业科研经费在农业科研总经费中的比例已接近 50%。[1] 在发展中国家，私人农业科研支出在农业科研总支出中的比例也在不断上升。[2]

中国自改革开放以来，对农业科技的投资数量虽然在不断增加，但总量却严重

---

[1]　辛贤：《农业科研机构企业化转制研究——经济学视点》，载于中国农业大学出版社 2002 年版。
[2]　黄季焜、胡瑞法：《政府是农业科技投资的主体》，载于《中国科技论坛》2000 年第 3 期。

不足。目前中国农业科研投入强度（农业科研投资占农业增加值的比重）只有0.5%左右，而发达国家平均水平为2.37%，发展中国家为0.7%～1.0%。[①] 此外，从现有的农业科研投入体系来看，政府财政是目前中国农业科研体系的主要投入者，而来自企业、个人等主体的私人投入发育相当缓慢。科技支农投入总量的不足严重制约了中国农业生产水平的提升。

有研究表明，在其他投入相对不变的情况下，国家财政对农业科研投入费用的增长率每增加1%，中国粮食总产量的增长率就会增加0.119%。[②] 为促进中国粮食生产能力的提高，使粮食安全问题获得强有力的保障，一方面要持续、稳定地增加财政支农科研投入，另一方面要促进农业科研投入主体的多元化，积极引导和推动农业企业成为农业技术创新主体，发挥农业科技示范场、科技园区、龙头企业和农民专业合作组织在农业科技研发和技术推广中的积极作用。

2. 积极推进体制改革，提高农业科技研发能力和推广效果

发达国家一般都有健全的法律法规保障农业科研投入充分以及推广工作顺利开展。中国应制定有关农业研究法规，用法律保障农业科研事业的健康发展。实现依据制度化的法律和规章，制定国家农业科研计划，引导科研方向，保证科研经费，对农民进行教育，普及推广农业技术。国家有关部门可联合组建类似全国农业科研教育推广协调委员会的组织，从宏观上协调全国农业和涉农科研教育推广单位，避免机构之间的相互割裂或者重复工作。

从国际经验来看，公共投入和私人投资在农业科技领域分工明显。从农业科研的基础研究和应用研究的划分来看，中国应考虑允许私人介入应用型农业科研领域，而政府主要负责对基础性研究的公共投入。企业以盈利为目的，没有市场前途的科研项目不会得到企业的支持。而且，企业与市场结合紧密，研究成果能够及时进入转化渠道。因而，企业参与农业科研投入可以为农业科研成果的推广打下坚实的基础。借鉴欧美等发达国家的经验，中国应该建立私人企业的投资激励机制，如加强知识产权保护，逐步取消对企业投资于农业科研的限制，鼓励和引导私人投资于农业科技及推广，建立以政府为主导的多元化农业科研体系，促进科研成果的转化。

发达国家的农业科技推广体系有多种形式。例如，日本是政府主导的农业推广体系，而美国则是以州立大学为依托的合作推广体系。此外，日、英等国的农民协

① 国家发改委宏观经济研究院课题组：《解决"十一五"时期我国粮食安全和"三农"问题的途径》，载于《宏观经济研究》2005年第10期，第24页。
② 卢昆、郑风田：《财政支农科技投入与我国粮食综合生产能力》，载于《社会科学研究》2007年第1期，第36页。

会在农业推广体系中也发挥着日益重要的作用。从中国的情况来看，政府力量在农业推广中的作用是相当重要的，因此，比较现实的选择是组建以政府为基础，同时吸纳科研院所、高等院校、企业和农民组织参与的多元化粮食科技转化、推广应用和服务体系。此外，由于中国农业生产者数量众多，仅有专职或者专业的农技推广员远远不够，因此要特别重视在农民中间培养基层农技推广员，最大限度地扩大农业科技推广和使用效果。

3. 大力发展农业职业技术教育和农业技术推广教育

人是农业和粮食生产的重要要素之一。美、法、德、日等发达国家在农业上十分重视人力资源的提升，通过各种形式对农业生产者进行必要的培训和教育，普及农业科技，这对于粮食综合生产能力的提高十分有利。借鉴国际经验，并结合中国的实际情况，对农民的教育和培训可以从以下两个方面入手：

（1）大力发展农业职业技术教育。目前，中国农村大多数地方农业初、中级人才都很缺乏，与此同时，中国每年有相当数量的中小学毕业生未能升学而直接进入社会，他们当中的许多人将会从事农业。因此，农业职业技术教育的发展应当受到高度重视。可以借鉴国外的做法，一方面在普通中学开设农业职业课，发展农业初中、高中，另一方面广泛开展短期实用技术培训班，培训各类农业技术人员。[1]

（2）大力发展农业技术推广教育。中国的粮食综合生产能力要得到提高，就必须重视农业科学技术的推广与应用，这就迫切需要开展农业技术推广教育工作，培训大批能把农业科研成果推广应用到生产中去的基层农业推广人员，以达到科教兴农的目的。

（三）加强政策法规管理，把宏观调控和市场机制有机结合

1. 加快制定符合中国国情的保障粮食生产的法律法规

加快制定符合中国国情的《粮食法》及相关的配套法规，实现依法管粮。中国目前虽已制定了《粮食收购条例》、《粮食购销违法行为处罚办法》等行政法规，但粮食销售、储备、进出口等方面还没有相应的法律规定。法律法规不健全，制约着粮食流通业的健康发展。许多发达国家如美国、日本等都制定了比较完备的法律体系，因此，应加快制定符合中国国情的《粮食法》及相关的配套法规，把中国

---

① 张凯：《国外培养农业人才的经验及对我国的启示》，载于《科学学与科学技术管理》1999 年第 3 期，第 47 页。

的粮食安全体系建设纳入法制轨道。一方面,规范粮食生产、收购、销售、储备、进出口等;另一方面,在参与国际竞争中依法保护本国利益。[①]

2. 把国家宏观调控和发挥市场作用有机结合起来

解决粮食安全问题需要同时依靠市场和政府这"两只手"的作用。发达国家都注重对粮食生产的宏观调控,尤其是日本,对国内粮食实行高度的计划管理。中国也要利用经济、行政和法制等手段,来调控粮食流通环节。在稳定全国粮食种植面积、组织粮食进出口、管好储备粮以及规范粮食市场交易秩序上进行有效管理,以保持国内粮食总供求平衡。同时,要注意发挥市场机制的作用。在加快市场开放步伐的同时,要根据粮食生产和流通实际,让市场机制在配置资源方面发挥主导作用。

3. 加快粮食市场体系建设,确保粮食高效、有序流通

美、日等发达国家完善的粮食市场体系对整个粮食供求平衡起着积极的作用。中国市场经济起步较晚,粮食市场建设尚处于初级阶段。当前的目标在于建立全国统一的粮食大市场,防止地区间相互封锁、分割等倾向,提高粮食安全水平。

一是积极培育粮食市场体系,搞活粮食流通。支持培育全国性和区域性的粮食批发市场,引导大宗粮食贸易进场交易,鼓励用粮企业到粮食批发市场协商成交。同时建立和健全粮食市场法规体系,规范市场行为。积极培育粮食中间大商业组织特别是粮食贸易的农民合作经济组织,避免国有粮食部门垄断粮食市场。

二是放开粮食价格和市场准入,形成合理的竞争机制,充分发挥市场作用,改善粮食供求平衡。在一般情况下,政府不应采用直接的行政手段干预具体的粮食生产和流通环节,主要靠储备粮源、灵活吞吐等一系列间接的经济手段来稳定粮价,保障供给,发挥宏观调控的作用。

三是加强粮食市场信息网络建设,应用电子商务等多种交易形式,降低粮食流通成本。目前不少地方建立了粮油网站,但普遍规模小,内容少,作用不大。可以考虑由国家粮食局或全国粮食行业协会建立一个权威性的网站,提供全方位的国际、国内粮食信息以及电子商务平台。[②]

四是充分发挥粮食期货市场的功能。通过整顿和规范,引导中国粮食期货市场走上健康发展的道路,充分发挥其远期价格发现的功能,引导粮食生产和流通。

---

① 贺涛:《国外粮食流通体制评价及其启示》,载于《粮食科技与经济》2004 年第 1 期,第 49 页。
② 陈再飞:《粮食安全问题研究》,2001 年硕士论文第 35 页。

（四）充分利用 WTO 规则，完善粮食生产的扶持政策

1. 完善粮食价格政策，保证农民收入

价格支持手段是许多国家在流通领域对农业采取的最直接、最有效的保护措施。借鉴欧盟和美国的经验并结合中国的实际情况，可建立粮食收购保护价制度、稳定价格制度以及价差补贴制度等价格扶持政策。价格保护的核心是维持粮食在国内市场的价格，以保证农民的收入水平和生活水平。中国应制定：（1）粮食最低保护价。为扶持粮食产业的发展，政府有必要制定和实行高于均衡价格的最低粮食收购价，减缓粮食过剩对农民和农业的冲击，保护农民利益。保护价的制定要综合考虑前几年的市场价格水平、当年的生产成本、贸易条件、国际价格水平、市场需求和供给趋势等多种因素。根据中国的实际情况，粮食的保护价格要能补偿粮食生产成本并略低于正常年景的利润水平。（2）稳定价格制度。规定上限和下限价格，政府通过收购和出售粮食调节市场上的供求关系，使价格稳定在规定的幅度以内，保证生产者和消费者双方利益。（3）价差补贴制度。政府每年规定一个标准价，当市场价低于标准价时，由政府给予补贴。

2. 加大粮食生产的补贴力度，提高农民种粮的积极性

财政对粮食的补贴是政府支持与保护农业的一项重要政策。农业的基础地位和农业的弱质性等决定了农业需要政府给予有力的支持与保护。发达国家如美国、欧盟、日本等国在已经实现工业化的情况下，仍然不惜花费巨额的财政补贴支持农业生产和农产品的出口，其原因就在于农业不仅是需要资助的产业，而且是影响和制约国民经济其他产业发展的产业。

2004 年，中国制定了扶持农业、农村经济发展的政策，特别是在粮食生产方面出台了一些重大的政策和措施，包括减免农业税、对种粮实施直补、实施优良品种补贴、农机补贴和最低收购价等，较大程度上促进了农民种植粮食的积极性，取得了粮食增产和农民增收的实效。[①] 2006 年中央一号文件要求继续"稳定、完善、强化对农业和农民的直接补贴政策"。按照这项要求，今后应在以下三个方面予以完善：

一是更多地注重调动粮食主产区地区农民的积极性，特别要调动主产区政府的积极性。2006 年中央一号文件要求粮食主产区将种粮直接补贴的资金规模提高到

---

① 《中共中央、国务院关于进一步加强农村工作提高农业综合生产能力若干政策的意见》，2004 年 12 月。

粮食风险基金的50%以上，其他地区也要根据实际情况加大对种粮农民的补贴力度。同时增加良种补贴和农机具购置补贴。适应农业生产和市场变化的需要，建立和完善对种粮农民的支持保护制度。

二是要在重视短期效益的同时更加重视建立长效机制，政府既不能越位也不能缺位，市场能解决好且更有效率的应该由市场解决，政府解决起来更有效率时由政府解决。

三是进一步完善补贴方式。2004年中央一号文件明确规定，粮食直补资金是对农业税计税面积中的种粮面积实行补贴，而种粮面积是一个非常模糊的概念，必须在认定标准以及时间和范围等方面严格界定，各地才具有可操作性。否则，在实际落实过程中，由于补贴资金计算的依据的差异将可能导致各地实际动作方式以及落实结果的差异性。目前各地的粮食补贴方式多种多样，包括按粮食实际种植面积补、按计税常年产量补、按计税面积补和按交的商品粮数量补，导致各地在落实国家粮食直补政策时没有一个刚性标准，不能严格统一计算口径。另外，由于补贴依据难以计量，涉及部门多，工作量大，部门之间难以协调，执行成本太高。因此，今后应规范完善计算依据，并寻求更简便、更切合实际的方式来解决在补贴过程的成本问题。

（五）强化财政和金融对农业的扶持与保护职能

1. 增加国家财政对农业的投入

严格执行《农业法》的规定，确保财政支农资金的增长幅度高于财政经常性收入的增长幅度。参照日本对农业投入规定财政比重的做法，中央财政设立的各项专款要予以保留，并适当增加一些重要的支农款项。财政支出的重点应放在跨区域性的农业基础设施建设、重大农业科学基础研究和农业科技推广、农用工业以及重要的农业开发项目等方面。其次，发挥政策性金融机构的作用，增加信贷资金对农业的投入。巴西政府强行规定私人商业银行必须将现金存款的10%用于农业信贷，中国也应当要求国家银行每年新增的农业贷款规模要保证占新增贷款总规模的一定比例，并逐步提高农业贷款存量占国家总存量的比重。进一步完善农业发展银行的信贷责任制和抗干扰机制，保证国家的农业政策性信贷资金得以落实。此外，要调整农业信贷结构，增加农业中、长期贷款的比重。

2. 建立农业建设保护基金

为保证农业有一个长期稳定增长的资金来源，应多渠道筹集一定数量的资金用以建立国家农业建设保护基金。基金的来源可以从国有土地使用权出让费、固定资产投资方向调节税、耕地占用税、国外优惠贷款和赠款以及直接受益于生态效益的集体及个人手中提取一定数量的资金。最后，采取更多的优惠政策，如贴息、提供担保等，扩大农业利用外资的数量和范围。

3. 拓展粮食生产融资渠道

政府财政可通过财政贴息等方式引导和鼓励金融机构加大对粮食生产的投入。凡是符合国家产业政策且具有良好市场前景的投资项目，除政府给予适度的投入外，主要应通过财政贴息等财政手段促使金融部门加大对农业贷款的力度，为农户及其他农村经济组织进行大规模的结构调整开拓更多的融资渠道。通过政府担保、统借统还等方式，积极争取和合理利用世界银行等国际金融组织的农业贷款，提高农业投资效益。积极发挥中国农业发展银行、农村信用合作组织等政策性金融机构的作用，根据国家一定时期的农业产业政策，有重点地投放资金。调整政策性农业金融机构的信贷投放方向，从目前的信贷资金主要集中于粮食产品的收购转向主要投入生产领域。由于农民收入水平仍然较低，生产领域所需资金单靠农户本身是无法得到很好解决的，迫切需要国家政策性金融机构的积极扶持。为此，政策性金融机构的信贷资金投入方向必须从粮食流通领域转向生产领域，向广大农民提供生产性信贷。在政府投入资金的使用方式上，应坚持无偿使用和有偿使用相结合的原则，凡是无经济效益或经济效益不明显、而社会效益显著的投资项目，如水利工程建设等，由国家无偿投入；凡是具有一定经济效益的项目，实行资金有偿使用，即农业经济组织必须按期还本付息。

（六）　建立健全粮食风险防御机制

1. 完善国家粮食储备制度

一是合理确定储备规模。粮食储备的目标在于确保粮食安全，并不是储备得越多越好。合理的储备规模主要取决于粮食的歉收程度、粮食供应的人口范围及其他有关因素。[①] 根据国际经验，粮食储备的安全系数应为年消费量的17%，其中专项储备5%，由中央政府掌握，用于调控市场，周转储备12%，由地方政府用于应急和调转。

二是确定合理的储备粮品种和比例。自给性较强的粮食产品储备量占总产量的

---

① 李萌 2005 年博士论文，《中国粮食安全问题研究》，第 159 页。

比重可相对小一些；商品率高的产品储备量占总产量比重应相对大一些。从消费习惯和耐储性考虑，应以城乡居民口粮和耐储品种为主。按照小麦最长存5年，稻谷存3年和玉米存2年以及南北方分别以大米和面粉为主食的特点，可以考虑按"5：4：1"的比例安排，即小麦占五成，稻谷占四成，玉米占一成，地方储备品种及比例应根据当地人消费习惯合理确定粮食品种。[①]

三是要建立灵活高效的运行机制。中国的粮食储备是充实的，财力保障是有力的，但在运行机制方面，还远未达到"灵活高效"的要求。国家粮食专项储备要发挥保护生产、调节供求、平抑粮价、救灾济贫的作用，必须要有一个灵活购销、适时吞吐的调节机制。国家划定粮食价格的"安全区"，掌握最低警戒线和最高警戒线，通过储备数量与市场价格变化方向之间的逆反性联系，在市场价低于最低警戒线时以保护价收购粮食转为储备，在市场价高于最高警戒线时以低于警戒线一定幅度的价格抛售储备，达到平衡市场供求，进而稳定价格的效果。

2. 建立国家粮食安全预警系统

粮食安全预警系统是一个系统性的大工程，工作跨越农业、气象、统计、科技、流通、市场和贸易等部门，要求有一套健全的粮食信息服务机构。可以借鉴美国经验，由一个机构协调和领导各相关部门的信息采集工作，从不同层面提供及时、准确、权威的粮食信息，以便进行国际、国内粮食生产形势分析及宏观或微观的预测。

为了提高信息分析质量，可以参照美国的经验，成立粮食安全预警国家重点实验室，集成现有各部门在粮食安全预警方面的资源与人才优势，重点加强数据分析与处理能力。充分利用计量经济学原理和计算机技术，开发出分析和预测模型，提高长期趋势分析的准确性，形成分布式监测、集中式分析、及时性发布与联动式调控的一体化作业系统，从而有效实现粮食安全预警与调控。

稳步发展粮食期货市场。中国可以借鉴美国和日本粮食期货市场的经验，为积极稳妥地推进大规模粮食期货市场建设做准备。同时中国应强化对粮食期货市场运行机制、管理措施和新上市品种时期的选择问题的研究，以发挥中国期货市场在粮食安全预警中的作用。[②]

3. 建立和完善粮食市场风险基金

粮食专项储备制度和粮食风险基金制度是政府调控粮食市场政策的重要组成

---

① 白美清：《国家粮食安全新战略研究和政策建议》，载于《内部报告》2004年7月。

② 周明建、叶文琴：《发达国家确保粮食安全的对策及对我国的借鉴意义》，载于《农业经济问题》2005年第6期，第78页。

部分。粮食风险基金为粮食储备的吞吐调节、有效运行提供资金保证，同时还可以平抑粮食价格的过度波动，稳定价格，减少粮食经营者及生产者由于价格波动而带来的损失。市场风险基金规模由保护价高于市场价时对农民的补贴、储备费用及其占用的利息费用等决定。基金来源包括政府财政拨款、农业发展银行无息或低息贷款、向社会各方征集及基金的产业化保值和增值等。风险基金由政府掌握和管理，并由国家财政担保。中央和地方两级粮食风险基金已成为政府确保粮食安全的一个必要环节，而且，在粮食市场化的条件下，将发挥更为重要的作用。

4. 建立以粮食生产为主的农业保险制度和保险体系

中国是世界上自然灾害最为严重的国家之一，因此中国农业持续稳定发展，特别是提高粮食综合生产能力，面临的一个重大问题是如何加强对农业的保护，提高农业和农民抵御自然灾害的能力，防止或减轻自然灾害的影响。其中一个重要措施就是推行农业保险制度，对自然灾害给农业造成的损失进行不同程度的补偿。

中国农业的高风险损失率和农民的低经济承受力，决定了中国农业保险很难作为商业保险来经营，商业保险公司也不会有太高的积极性去经营农业保险，特别是对与国民生计相关的粮食作物，因此，农业保险只能是政策性保险，更需要政府在政策上和财政上支持。从世界上开办农业保险的国家来看，如美国和日本等国，农业保险一般都与商业保险不同，政府采取各种形式予以支持和补贴。借鉴国外农业保险制度的做法，[①] 中国深化农业保险体制改革应坚持以下原则：国家增加对农业保险的投入，形成规范化的制度；充分调动地方政府的积极性，特别是要提高农民的参与程度；利用现有商业性保险机构的业务网络，提高管理水平。具体措施包括：（1）在县一级农村建立农村保险互助会作为农业保险的基层组织，这有利于增强农民的保险意识和责任感，并调动地方和农民的积极性。具体业务可以由商业保险机构来代理。经济条件好的地区可由商业性保险公司经营或与地方政府联合经营农业保险。（2）在实行农村保险互助体制的省区建立保险互助联合会，对全省区农村互助保险进行指导和管理，并建立农业保险基金对互助保险进行再保险，财政也投入一定的资金进行补贴。（3）设立全国性的国家农业保险公司。作为国家级的农业保险公司，通过对全国各省区农村互助保险联合会或其他保险机构农业保险的再保险，实现对农业保险的支持。中央财政每年根据农业保险业务的发展情况，按一定比例拨付资金建立国家保险基金，对农业保险进行补贴。

---

① 赵红：《国外农业保护政策的考察与借鉴》，载于《计划与市场》1998 年第 2 期，第 24 页。

参考文献

[1] 周明建、叶文琴：《发达国家确保粮食安全的对策及对我国的借鉴意义》，载于《农业经济问题》2005 年第 6 期。

[2]《中共中央关于制定国民经济和社会发展第十一个五年规划的建议》，2005 年 10 月。

[3]《中共中央、国务院关于推进社会主义新农村建设的若干意见》，2005 年 12 月 31 日。

[4] 尹成杰：《关于提高粮食综合生产能力的思考》，载于《农业经济问题》2005 年第 1 期。

[5] 李典军：《国外现代农业土地政策的特征分析》，载于《南方农村》1995 年第 3 期。

[6] 张安禄：《美国农地保护的政策措施》，载于《世界农业》2000 年第 1 期。

[7] 付小强：《印度的"第二次绿色革命"》，载于《现代国际关系》2004 年第 5 期。

[8] 朱立志、方静：《印度绿箱政策及相关农业补贴》，载于《世界农业》2004 年第 3 期。

[9] 石爱虎：《国外农业基础设施建设的经验及其启示》，载于《中国软科学》1997 年第 6 期。

[10] 帅传敏、刘松：《中外粮食政策的比较与启示》，载于《农业经济》2005 年第 9 期。

[11] 张晴：《国外保障粮食安全的科技工作机制》，载于《世界农业》2006 年第 9 期。

[12] 李哲敏、潘月红：《国外农业科研投入体制和机制研究》，载于《科技与管理》2005 年第 1 期。

[13] 万仪：《国外农业技术推广概览》，载于《云南科技管理》1996 年第 4 期。

[14] 张凯：《国外培养农业人才的经验及对我国的启示》，载于《科学学与科学技术管理》1999 年第 3 期。

[15] 石田：《国外加强农业教育和提高农民素质做法》，载于《世界农业》1997 年第 2 期。

[16] 段成凯：《国外农业社会化服务体系的主要形式》，载于《山东经济战略研究》1999 年第 10 期。

[17] 赵素丽：《发达国家管理粮食生产和流通的主要经验、做法及启示》，载于《宏观经济研究》2005 年第 6 期。

[18] 黄丽萍：《农业产业化经营中政府行为的国际经验与启示》，载于《福建教育学院学报》2001 年第 3 期。

[19] 陈再飞：《粮食安全问题研究》，2001 年硕士论文。

[20] 徐柏园：《我国粮食经济宏观层面的几个问题和对策分析》，载于《宏观经济研究》2006 年第 8 期。

[21] 李瑞锋、肖海峰：《欧盟、美国和中国的农民直接补贴政策比较研究》，载于《世界经济研究》2006 年第 7 期。

[22] 王玮：《日本确保国家粮食安全的做法》，载于《粮食流通技术》2004 年第 3 期。

[23] 孙凡真：《美国确保国家粮食安全的有效机制》，载于《粮食问题研究》2005 年第 3 期。

[24] 肖顺武：《美日粮食安全措施及其借鉴意义》，载于《理论探索》2007 年第 1 期。

[25] 辛贤：《农业科研机构企业化转制研究——经济学视点》，中国农业大学出版社 2002 年版。

[26] 黄季焜、胡瑞法：《政府是农业科技投资的主体》，载于《中国科技论坛》2000 年第 3 期。

[27] 国家发改委宏观经济研究院课题组：《解决"十一五"时期我国粮食安全和"三农"

问题的途径》，载于《宏观经济研究》2005 年第 10 期。

［28］卢昆、郑风田：《财政支农科技投入与我国粮食综合生产能力》，载于《社会科学研究》2007 年第 1 期。

［29］贺涛：《国外粮食流通体制评价及其启示》，载于《粮食科技与经济》2004 年第 1 期。

［30］《中共中央、国务院关于进一步加强农村工作提高农业综合生产能力若干政策的意见》，2004 年 12 月。

［31］李萌：《中国粮食安全问题研究》，2005 年博士论文。

［32］白美清：《国家粮食安全新战略研究和政策建议》，载于《内部报告》，2004 年 7 月。

［33］赵红：《国外农业保护政策的考察与借鉴》，载于《计划与市场》1998 年第 2 期。

第十二章

中国农户粮食生产能力及粮食安全状况

内容提要　本章围绕中国农户粮食生产能力和粮食安全水平，在对主产区、平衡区和主销区问卷调查的基础上，对耕地规模、灌溉、机械化水平、肥料施用、科技、政策和气候等影响农户粮食生产能力的主要因素进行了深入分析，并提出如下建议：扩大大中型或适用小块耕地的小型农机具购置补贴的支持力度和范围；加强土壤肥力升级支持；完善种粮补贴政策；加大适宜高龄化和妇女化农村劳动力的粮食生产技术研发和培训力度；加强农户的种粮技术服务；大力扶持种粮专业户；继续增强主产区农户粮食生产能力；加大平衡区农户粮食生产能力支持；稳定主销区农户粮食生产能力。

1999～2007年，中国粮食产量曾经历了新中国成立以来的第二次大幅下降，[①] 2003年全国粮食供需缺口高达4000万吨。虽然2004～2007年，粮食产量逐年增加，但全年粮食总产量仍未达到历史纪录的5.1亿吨水平。在国家粮食综合生产能力体系中，农户是最基础的要素。农户的种粮技能高低和种粮意愿强弱，直接影响国家的粮食综合生产能力大小，进而影响国家粮食安全保障水平；农户粮食安全是国家粮食安全的重要组成部分，一旦相当数量的农户粮食处于不安全状态，势必降低国家的粮食安全水平。因此，农户的粮食生产能力和安全状况在国家粮食综合生产能力和安全保障领域占有相当重要的地位。然而，中国农户的粮食生产能力和安全状况如何，不同产销区农户的差别程度有多大，此方面的农户涉粮研究比较零散，系统性较弱，定性研究偏多，深度有限。本章以主产区、平衡区和主销区[②]为切入点，旨在揭示中国农户的粮食生产能力和安全状况，比较分析三大产销区农户

---

① 第一次大幅下降是1959～1961年，即"三年自然灾害"时期。

② 按照国家有关部门粮食政策实施的不同区域将全国各省区划分为主产区、平衡区、主销区。各省区受访农户分布在主产区的10个省，分别是吉林、河北、河南、山东、安徽、湖北、湖南、江西、江苏和四川；平衡区的7个省，分别是宁夏、甘肃、陕西、山西、广西、云南和贵州；主销区的5个省市，分别是北京、天津、浙江、福建和广东。

粮食生产和安全状况的差异，分析农户粮食生产能力的构成要素及其影响因素并提出对策，以提高中国的粮食综合生产力，增加农民收入，保障国家粮食安全。

一、研究概况

为了分析中国农户粮食生产能力及其安全状况，本研究以问卷调查为基础，问卷表于 2006 年 1 ~ 2 月由调查人员到农村走访农户填写表格，采取无记名偶遇抽样法，在全国主产区、平衡区和主销区共 22 个省市的 44 个市县开展调研。包括主产区 10 个省的 21 个县，平衡区 7 个省的 13 个县和主销区 5 个省市的 10 个市县，共获得 612 份有效问卷，其中主产区 286 份、平衡区 187 份、主销区 139 份。本研究具有案例研究特点，立足于归纳法，以定量分析为主、定性分析为辅。定量法主要运用统计和计量模型等方法，定性法主要运用比较分析法。①

本章除特别说明外，反映的均为 2005 年的农户情况。受访农户户均人口② 3.8 人，平衡区为 4.3 人，比主产区和主销区分别多 0.6 人和 0.8 人。受访农户绝大多数为家庭粮食生产的主要劳动力。农户为家庭粮食生产主要劳动力的占 83.3%，13.6% 为家庭粮食生产帮手，3.1% 从事其他角色。各产销区被访农户情况也基本如此。③ 农户家庭年平均纯收入 12 096 元，各产销区农户收入水平由高到低依次为主销区、主产区、平衡区，分别为 18 381 元、10 664 元和 9612 元（见表 12 - 1）。各产销区农户的家庭纯收入存在极显著差异。④

表 12 - 1　　　　　　　　农户家庭纯收入的比例　　　　　　　　　　%

项目	总体	主产区	平衡区	主销区
5000 元以下	24.0	19.9	42.2	7.9
5001 ~ 10 000 元	32.2	39.5	31.0	18.7
10 001 ~ 15 000 元	19.4	22.7	12.8	21.6
15 001 ~ 20 000 元	7.4	9.8	3.7	7.2
20 001 ~ 30 000 元	6.7	5.2	2.7	15.1

①　本项研究还存在以下局限性：（1）由于农户的文化程度差异直接影响其对所调研问题的理解，以及部分农户对于涉及家庭隐私问题的回答有所保留，部分数据的准确性不是很高。（2）由于问卷调查表采取偶遇抽样法，结论只能在调查地区使用，不能推断总体情况。
②　农户人口按照在一灶吃饭并且生活半年以上的常住人口统计。
③　由于 80% 以上的被访者是家庭粮食生产的主要劳动力，对于家庭粮食生产的具体状况比较清楚，因此本次调研回收的数据中关于粮食生产的成本、收益，粮食生产补贴等诸多细节问题和具体数字的真实性和准确性还是比较让人信服的。
④　卡方检验结果详见附件 12 - 1。

项目	总体	主产区	平衡区	主销区
30 001 元以上	10.3	2.8	7.5	29.5
平均（元）	12 096	10 664	9612	18 381

说明：家庭收入为农户不愿透露的隐私信息，问卷时农户也难以精确估算。本表平均值为近似估计值，是按照两端取临界值、中间各组取组中平均值，以各组频次为权重的加权平均值。

数据来源：经问卷调查表的整理而得。除特别说明外，本章以下表格的数据来源均同此表。

二、农户粮食生产能力状况

（一）农户粮食生产能力的内涵

在以农户为基本生产单位的农业综合生产能力系统中，农户粮食生产能力是国家（或地区）粮食综合生产能力的基础组成部分，是其必不可少的重要子系统。根据粮食综合生产能力的内涵，农户粮食生产能力是在一定时期、一定社会经济技术条件和正常气候状况下，农户综合应用各种生产要素，采取有机组合及相互作用，能够相对稳定地生产一定产量的粮食产出能力。该能力由耕地、劳动力、粮田设施、农业机械、农业生产资料、生产技术等要素的投入能力及配置方式所决定，由农户粮食产量所表现。农户粮食生产能力是一个大系统，由产出结果和构成要素两大子系统组成，产出结果反映农户生产能力，构成要素形成农户生产能力。构成要素包括耕地这一自然基础要素和粮田设施、机械设备、农业生产资料、生产技术、劳动力等人工投入要素。其中，粮田设施、机械设备、农业生产资料、生产技术属于物质装备要素；劳动力、农业生产资料和生产技术为可变投入要素，粮田设施和机械设备为固定投入要素。资金属于贯通于各种要素之间的媒介性要素，以购买农业生产资料、采用生产技术、雇佣劳动力的流动资金形式转化为可变投入要素，以购买机械设备、修建粮田设施的固定资金形式转化为固定投入要素；有时还能以长期（2 年以上）租赁耕地形式转化为固定投入要素，短期（1 年以内）租赁耕地形式转化为可变投入要素。在自然因素（自然气候、市场价格）和人为因素（政策保障）等外部环境变量的影响下，各项构成要素有机组合、相互作用，形成农户的粮食产量、粮食单产等产出结果（见图 12-1）。

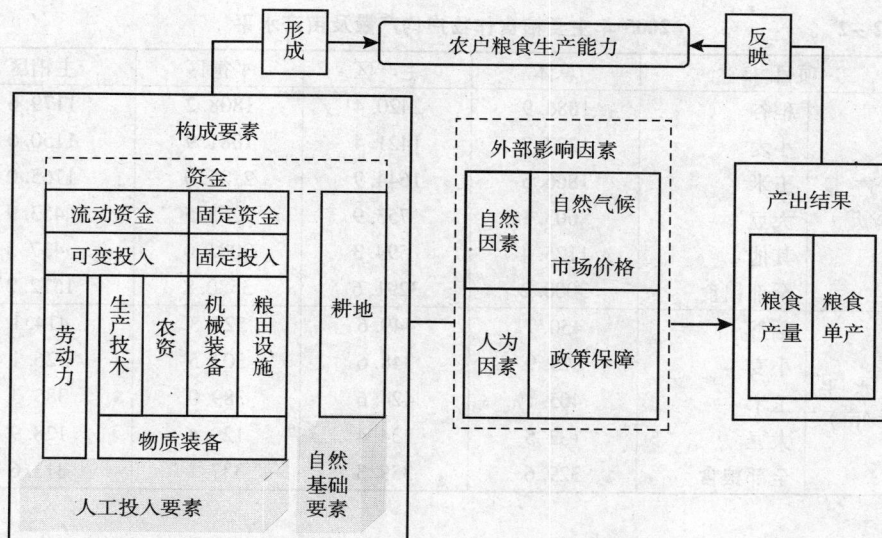

图 12 - 1　农户粮食生产能力框架图

（二）农户粮食生产能力的产出结果

每家农户平均生产粮食 3000 公斤左右。农户粮食产量最高的地区为平衡区，其次为主产区，主销区最低；平衡区和主产区的农户粮食产量均高于总体，主销区则大大低于总体水平。平衡区和主产区农户粮食产量分别高于总体 19.4% 和 9.7%，主销区则低于总体水平近一半。户均粮食产量的高低与户均耕地面积密切相关，耕地越多，户均粮食产量越高。由于户均耕地资源从高到低的排序依次为平衡区、主产区和主销区，决定了户均粮食产出量也是同样排序。农户稻谷产量从多到少依次为主产区、平衡区和主销区，小麦产量依次为主产区、主销区和平衡区，玉米产量为平衡区、主销区和主产区，大豆则为主产区、主销区和平衡区。

农户每亩粮食（含大豆）产量 329.6 公斤，每亩谷物产量 395.2 公斤。粮食单产水平由高到低依次为主产区、平衡区和主销区。主产区谷物和大豆单产水平均高于总体；平衡区除了稻谷单产高于总体水平外，其他粮食作物均低于总体水平；主销区调查的四种粮食作物单产都低于总体水平（见表 12 -2）。[①]

[①]　因偶遇抽样的地区样本不能完全反映全国总体状况，故户均各品种粮食产量和单产与全国实际状况有差异。

表 12 - 2　　　　　　　2005 年主要粮食作物户均产量及亩产水平

项目		总体	主产区	平衡区	主销区
户均产量 （公斤/户）	稻谷	1886.9	2420.4	1808.2	1179.6
	小麦	1277.7	1421.4	1081.9	1150.0
	玉米	1866.5	1644.9	2125.0	1765.0
	大豆	603.1	753.9	265.5	453.9
	其他	1125.4	594.3	2081.0	437.5
	全部粮食	3000.2	3291.6	3580.8	1572.2
单产水平 （公斤/亩）	稻谷	450.7	449.6	527.3	414.1
	小麦	329.9	348.6	302.5	326.1
	玉米	405.1	424.6	389.0	385.3
	大豆	132.5	134.4	129.4	128.9
	全部粮食	329.6	339.3	337.1	313.6

　　比较各产销区农户粮食产量和单产后可知，主产区和平衡区农户粮食生产能力比较强，而主销区农户粮食生产能力明显偏低。主要原因可能在于主产区和平衡区农户兼业的机会较少、收入偏低，比较重视种粮，投入到单位面积的劳动时间和生产资料较多，种粮的集约经营水平较高。相反，发达的主销区农户兼业的机会多、收入高，视种粮为副业，尽管投入能力强，但不愿向比较效益低的粮食多投入劳动时间和生产资料，种粮以粗放经营为主。

（三）农户粮食生产能力的构成要素

1. 自然基础要素

　　在农户土地承包经营的基本制度框架下，从构成农户粮食生产能力的自然基础要素看，尽管水资源也是农户必须使用的自然基础要素之一，但农户并不拥有且无法直接支配使用，它是国家拥有和支配的粮食综合生产能力要素，只有耕地是农户能够直接支配和使用的自然基础要素。

　　受访农户平均耕地面积 6.9 亩，各地农户平均耕地面积从大到小依次为平衡区8.1 亩、主产区 7.1 亩和主销区 4.7 亩。平衡区和主产区农户耕地超过总体平均水平，主销区农户远低于该水平，只有总体水平的 68.1%。

　　农户粮田资源绝大部分为平地。粮田中平地占 80.6%，山地占 19.4%。[①] 主

---

① 山地比例的标准差为 32.38%，离散程度较大，代表性较弱。

销区农户平地比例最高，为91.6%；分别比平衡区和主产区农户高12.7个和15.2个百分点，说明主销区农户耕地最平，其次为平衡区和主产区。

农户耕地复种指数为1.23，主产区农户复种水平最高，其次为主销区，平衡区最低。虽然平衡区的户均总耕地面积和总播种面积的绝对数量都很大，但是耕地复种指数比主产区和主销区都低，说明平衡区的耕地实际利用程度最低。各产销区农户耕地利用水平如此排序，主要原因可能在于主产区农户的收入对粮食等农作物种植依赖性较高，种植意愿较强；主销区农户将粮食等作物种植大多作为副业，不愿多种；平衡区农户虽然愿意多种，但受到无霜期短、干旱、丘陵山地多等因素影响，难以扩大播种面积。

农户平均播种面积为8.5亩，主产区农户播种面积最高为9.4亩，其次为平衡区9.2亩，最低为主销区5.8亩，只有总体水平的68.2%。各产销区农户的稻谷、小麦、玉米、大豆等作物的平均播种面积大小不一（见表12-3）。

表12-3　　　　　　　农户户均耕地面积、粮食播种面积和复种指数

项目		总体	主产区	平衡区	主销区
耕地面积（亩/户）		6.9	7.1	8.1	4.7
播种面积（亩/户）	稻谷	4.1	5.7	3.0	3.0
	小麦	3.8	4.1	3.5	2.9
	玉米	3.9	3.6	4.1	4.6
	大豆	3.5	4.4	1.4	2.9
	其他	3.2	2.1	4.7	3.3
	合计	8.5	9.4	9.2	5.8
耕地复种指数		1.23	1.32	1.12	1.23

2. 人工投入要素

（1）粮田水利设施

一是灌溉水平。大多数农户的粮田能够浇上水，能浇水农户的比例高达78.3%。农户灌溉水平由高到低依次为平衡区、主产区和主销区，能浇上水的农户比例分别为82.9%、80.8%和66.9%。各产销区农户粮田灌溉水平不仅受到农户对粮田重视程度、投入水平的影响，还受当地自然降水状况的影响。平衡区中不少农户位于干旱少雨的西北地区，粮田对灌溉依赖性强，农户又比较重视粮食生产，因而平衡区农户粮田灌溉水平高；主销区农户大多位于东部降水量比较丰富地区，对粮田灌溉需求较弱，且对种粮不够重视，导致粮田灌溉水平低；主产区农户尽管重视粮食生产，但该区域自然降水状况优于平衡区，灌溉的环境胁迫较小，使得农

户粮田灌溉处于居中水平。

二是灌溉来源及方法。灌溉用水主要来自地表水，漫灌为最常用的浇水方法。从浇水来源看，64.7%的农户粮田水源最主要来自"水库、河流、湖泊和池塘等地表水"，25.5%的农户选择"井水"。从浇水方法看，灌溉方式仍然以水资源浪费严重的漫灌方式为主，而节水效果较好的喷灌和滴灌方式使用频率较低。59.9%的农户最常用的浇水方式为"经沟渠漫灌"，25.5%的农户选择"经水管漫灌"，两项合计占85.4%，而选择经水管喷灌和经水管滴灌的比例只有7.7%和0.4%。农户之所以在粮田基本采用"漫灌"，主要原因在于，一方面，水资源价格扭曲，农业用水价格偏低，降低了"漫灌"的用水成本；另一方面，节水设施一次性投入高，又缺乏大规模推广使用的成本节约效应，运行费用高。"节约水资源"具有正外部效益，属于公共产品。在现行水价体系下，理性的农户为了追求自身利益最大化，会努力将节约水资源的社会成本转嫁出去，不会自愿采用高成本的节水灌溉方式，而是设法选用比较划算的私人成本低的"漫灌"方式。

从产销区浇水来源看，主产区—主销区、主产区—平衡区、平衡区—主销区浇水来源的卡方值分别为69.093、17.737和23.325，均达到0.01的极显著水平，表明各产销区农户的浇水来源存在极显著差异。用地表水灌溉的农户比例在主销区最高（76.3%），[1] 分别比总体、平衡区和主产区高11.6个、9.2个和17.9个百分点；用井水灌溉的农户比例在主产区最高（40.7%），分别比总体、平衡区和主销区高15.2个、14.9个和36.4个百分点。

从产销区浇水方式看，主产区—主销区、主产区—平衡区、平衡区—主销区浇水方式的卡方值分别为109.690、23.141和26.946，全部达到0.01的极显著水平，[2] 说明不同产销区农户浇水方式差异极显著。各产销区虽然以漫灌方式浇水的农户比例差异较小，但不同的漫灌方式在各产销区农户中仍存在明显差异。选择漫灌方式的农户比例依次为主销区（86.0%）、平衡区（85.8%）和主产区（84.4%）。在漫灌方式中，经沟渠漫灌的比例由高到低依次为平衡区（69.0%）、主产区（56.3%）和主销区（53.8%）；相反，经水管漫灌的比例依次为主销区（32.3%）、主产区（28.6%）和平衡区（16.8%）。同样，采用喷灌或滴灌的农户比例依次为主销区（12.9%）、主产区（10.0%）和平衡区（2.5%）。沟渠漫灌比水管漫灌的灌溉设施粗放、落后，渗漏多，节水效率低；漫灌又远比喷灌和滴灌的设施落后。因此，农户灌溉设施的先进水平从高到低依次为主销区、主产区和平衡区，这与区域经济发展水平以及农户的收入水平密切相关。

三是灌溉费用。农户的浇水费用较贵，认为浇水费用"有些贵"、"贵"和

---

① 除特别说明外，括号中的百分比均为农户选择比例，下同。
② 卡方检验结果详见附件12-1。除特别说明外，括号中的百分比均为农户选择比例，下同。

"非常贵"三项合计的比例达到45.7%，说明接近半数的农户都认为当时的浇水费用比较贵。农户亩均浇水费用为42.9元。[1] 主销区农户浇水费用最便宜，主产区居中，平衡区最贵。平衡区浇水费用亩均65.1元，分别比主产区和主销区高30.5%和37.9%。

各产销区农户对浇水费用高低的主观评价与实际浇水费用高低一致。平衡区农户普遍认为浇水费用比较高，选择"有些贵"、"贵"和"非常贵"的比例合计58.0%（见表12-4），分别高出主产区和主销区12.2%和38.9%。主产区—主销区、主产区—平衡区、平衡区—主销区农户对浇水费用评价的卡方值分别为42.598、25.348和28.412，全部达到0.01的极显著水平，[2] 说明不同产销区农户对浇水费用的评价差异极显著。主要原因在于，一方面，平衡区、主产区和主销区农户承担的亩均浇水费用由高到低的顺序，决定了农户对浇水费用的主观判断；另一方面，平衡区、主产区和主销区农户的收入水平依次升高，浇水费用占收入的比重依次下降，他们对浇水费用的主观感觉也由贵转为便宜。

表12-4 农户对浇水费用评价的比例 %

项目	总体	主产区	平衡区	主销区
便宜	18.9	11.0	17.3	44.3
一般	35.5	45.8	24.7	26.6
有些贵	21.1	22.5	20.0	19.0
贵	18.9	17.2	27.3	7.6
非常贵	5.7	3.5	10.7	2.5

四是灌溉难度。农户浇水存在一定困难，选择"有些困难"、"困难"和"非常困难"的农户三项合计为38.6%；30.4%的农户认为自家浇水容易、不存在难度，31.0%的农户认为浇水难度一般。虽然大部分农户在自家浇水时不存在难度，但是还是有一些农户在浇水时遇到不同程度的困难。在这部分存在浇水难度的农户中，"浇水时间集中、抢水多、管理难"和"田间沟渠不足"是最主要的困难，分别有61.0%和43.4%的农户选择，说明部分地区浇水管理方式和田间灌溉设施比较薄弱。

平衡区农户浇水难度略大于主产区，主销区最小。平衡区农户认为"有些困难"、"困难"和"非常困难"的合计47.1%（见表12-5），分别比主产区和主销

---

① 亩均浇水费用标准差分别为41.23元。

② 卡方检验结果详见附件12-1。亩均浇水费用标准差分别为41.23元。

区高 7.3% 和 25.6%。主产区—主销区、平衡区—主销区农户对浇水难度评价的卡方值分别为 65.642 和 44.766，达到 0.01 的极显著水平，说明主产区和主销区、平衡区和主销区农户的浇水困难程度差别很大；主产区—平衡区农户对浇水难度评价的卡方值为 10.237，达到 0.05 的显著水平，[①] 表明主产区和平衡区农户浇水难度差异大。可见，平衡区农户的浇水问题比其他地区应优先考虑。

表 12 – 5 　　　　　　　　　　农户浇水困难的原因比例　　　　　　　　　　%

项目	总体	主产区	平衡区	主销区
田间沟渠不足	43.4	33.7	45.2	80.0
"竹节"沟挡水	6.6	5.6	8.2	5.0
水库老化、存水少	15.9	28.1	1.4	15.0
打井少	10.5	15.9	5.5	5.0
地下水下降太快、井报废多	12.6	10.1	8.2	40.0
浇水时间集中、抢水多、管理难	61.0	50.6	68.5	80.0
农田小水利不让民营资本投入	2.2	1.1	2.7	5.0
其他	21.1	18.2	27.5	0.0

（2）涉粮机械

一是农机拥有状况。只有 32.0% 的农户家中拥有农业机械，[②] 主要为农用运输车和小型拖拉机，分别占农业机械的 32.7% 和 28.5%；脱粒机和其他农机排在其次，分别占 15.4% 和 16.5%；中耕机、收割机、插秧机很少，三者合计也不足农机总量的 7%。可见，农户的家庭农业机械以通用的拉运机械为主，而专用的田间作业机械很少。在农户拥有的拖拉机中，基本上为 20 马力以下的小型拖拉机，占拖拉机的 91.9%；大中型拖拉机不足 10%。这说明受耕地面积和收入水平所限，绝大部分农户只能购置小型拖拉机，而对耕作十分有利的大中型拖拉机短缺，束缚了农户的农机耕作能力。另外，拥有收割机的农户极少，不足农户数的 2.0%。主要原因在于收割机购置费用高、使用时间短，绝大部分农户粮食种植面积有限，购置不如雇收割机划算。农户拥有的收割机中 80.0% 为联合收割机（见表 12 – 6），其收割速度快、面积大，适于远距离作业，具有规模经济效益，说明农户当中开始分化出一些专门从事粮食收割业务的农机专业户。

---

① 卡方检验结果详见附件 12 – 1。
② 这里的农业机械不含小型的手动辅助工具，如喷雾器等。

表 12 -6　　　　　　　　　　农户拥有农机的数量及其比例　　　　　　　　　　%

项目	总体		主产区		平衡区		主销区	
分项	台数	占比	台数	占比	台数	占比	台数	占比
拥有农机总量	260	100.0	144	100.0	85	100.0	31	100.0
拖拉机（台）	74	28.5	40	27.8	28	32.9	6	19.4
小（20 马力以下）	66	91.9	38	95.0	26	92.9	4	66.7
中（20～50 马力）	2	2.7	0	0.0	2	7.1	0	0.0
大（51 马力以上）	4	5.4	2	5.0	0	0.0	2	33.3
中耕机（台）	10	3.8	6	4.2	3	3.5	1	3.2
收割机（台）	5	1.9	5	3.5	0	0.0	0	0.0
联合收割机	4	80.0	4	80.0	0	0.0	0	0.0
插秧机（台）	3	1.2	1	0.7	2	2.4	0	0.0
脱粒机（台）	40	15.4	24	16.7	10	11.8	6	19.4
农用运输车（台）	85	32.7	40	27.8	36	42.4	9	29.0
其他（台）	43	16.5	28	19.4	6	7.1	9	29.0

说明：表中下划线数字分别是不同型号拖拉机占拖拉机以及联合收割机占收割机的比例。

　　除了主产区和平衡区农户农机拥有情况无差异外，主产区和主销区、平衡区和主销区农户之间的农机拥有情况差别极显著。[1] 主产区农机普及率稍高，38.8%的农户家庭拥有农业机械，分别比平衡区和主销区高 4.0 个和 24.4 个百分点（见图 12 -2）。各产销区农户主要拥有的农业机械与总体情况基本一致，主要有农用运输车和拖拉机。各产销区农户拥有的大型拖拉机数量与农民收入水平正相关，主销区农户收入水平最高，其拥有大型拖拉机占 1/3；主产区农户收入水平其次，只有5%为大型拖拉机；平衡区农户收入最低，没有农户购置大型拖拉机（表 12 -6）。可见，对国家粮食安全影响大的主产区和平衡区均缺乏大型拖拉机，妨碍了这两大区域农户粮食生产能力的提高。

　　二是 2005 年农机新购置状况。2005 年 29 家农户购置农机，只占农户的5.4%，说明除了市场需求拉动之外，国家出台的农机补贴对吸引农户购置农机有点作用，但毕竟太小。2005 年各产销区农户是否购置农机的情况没有显著差异。[2]29 家新购买农机的农户，平均每家农户购置农机的开销 18 672.1 元，主销区农户平均购置费用最高（51 233.3 元），分别比总体平均、主产区和平衡区农户高174%、202%和 399%[3]。虽然主销区农户对农业机械需求低，购买人数少，但由

---

[1]　各产销区差异显著性判断见卡方检验结果的附件 12 -1。

[2]　卡方检验结果详见附件 12 -1。

[3]　主产区、平衡区和主销区购买农机的农户分别为 18 家、8 家和 3 家，代表性较弱。

于本身经济条件优越，同时获得的农机补贴也多于主产区和平衡区，因此单位农户购置新农机的花费要明显高于主产区和平衡区。

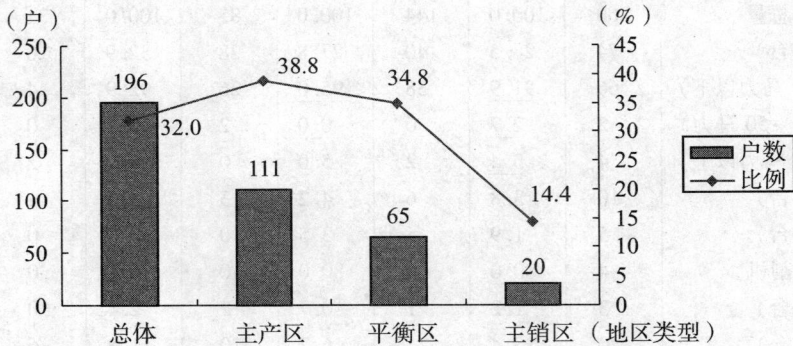

图 12 – 2　2005 年各产销区农户拥有的农机情况

新购置的主要农机依次为拖拉机、农用运输车和脱粒机，三者合计占到新购置农机的 84.9%；其中，小型拖拉机占到拖拉机总量的 84.6%。可见，在市场自发调节下，农户主要受收入所限，很少购买大型拖拉机和收割机等提高粮食生产能力的农业机械。各产销区主要购置的农机排序不同，主产区农户购置的主要农机依次为农用运输车、脱粒机和拖拉机，平衡区依次为拖拉机和农用运输车，主销区则为拖拉机（见表 12 – 7）。主产区和平衡区农户购买的拖拉机全为小型，而主销区农户明显不同，购买的拖拉机中 2/3 为大型拖拉机。一般而言，人均耕地面积越多，农户为抢农时对大型拖拉机需求越高。人均耕地面积较高的主产区和平衡区农户虽然对大型拖拉机需求高，但收入水平偏低，只能购买小型拖拉机；相反，人均耕地面积较小的主销区农户一般不会从抢农时角度，主要是为从事其他高收入行业节约时间角度对大型拖拉机需求较高，加之收入水平高、购买力强，故购买大型拖拉机者居多。可见，国家支持大型拖拉机推广的重点对象首先是主产区农户，其次为平衡区农户。

三是粮食生产环节的机械化水平。除采收环节外，农户在粮食生产中机械化水平较高的环节从高到低依次为翻地、托运、播种、灌（排）水，机械化水平分值相应为 53、50、44 和 40；施肥、除草和插秧等环节机械化水平很低，基本靠人工。不同作物的收获特性，决定了其机械化水平差异悬殊。适宜机械化作业的小麦机械化采收水平最高，其次为稻谷，机械化水平分值分别为 73 和 35，小麦比稻谷采收的机械化水平高一倍以上；不太适宜机械作业的玉米和大豆机械化采收水平很低，只有小麦机械化采收水平的 14% 左右。

表 12 −7 农户新购置农机的数量及其比例 %

项目	总体		主产区		平衡区		主销区	
分项	台数	占比	台数	占比	台数	占比	台数	占比
拥有农机总量	33	100.0	18	100.0	11	100.0	4	100.0
拖拉机	13	39.4	4	22.2	6	54.5	3	75.0
中耕机	1	3.0	1	5.6	0	0.0	0	0.0
收割机	1	3.0	1	5.6	0	0.0	0	0.0
插秧机	0	0.0	0	0.0	0	0.0	0	0.0
脱粒机	6	18.2	5	27.8	1	9.1	0	0.0
农用运输车	9	27.3	6	33.3	3	27.3	0	0.0
其他	3	9.1	1	5.6	1	9.1	1	25.0

主销区农户粮食生产环节的总机械化水平最高，其次为主产区，平衡区最低，各环节合计分值依次为429、338和273；主销区和主产区农户的粮食生产总机械化水平分别高于农户总体31.1%和3.4%，平衡区农户低于总体机械化水平16.5%。可见，农户收入水平越高的地区，农户的支付能力和替代人工的需求越强，粮食生产机械化水平也越高。在主要机械化作业环节，各产销区在翻地、托运、小麦采收环节的机械化水平差别不大，变动系数分别为9.1%、10.9%和15.8%；播种、灌（排）水、稻谷采收、玉米采收和大豆采收环节差距大，变动系数分别为42.1%、45.2%、43.0%、86.7%和102.2%。在播种环节，主产区和平衡区农户的机械化水平分别只有主销区农户的44.9%和59.0%，说明在目前技术水平下，主产区和平衡区农户的机械化播种水平尚有很大提高空间。在灌（排）水环节，主产区和主销区农户的机械化水平接近，但平衡区很低，只有主产区机械化水平的37.3%，表明平衡区农户的机械化灌（排）水是重点提高领域。在玉米采收环节，主产区和平衡区农户的机械化水平分别只有主销区农户的23.5%和26.5%；在大豆采收环节，主产区和平衡区农户的机械化水平分别只有主销区农户的32.0%和8.0%（见表12−8）。由此可知，在目前农业机械化技术水平下，主产区和平衡区农户的玉米和大豆机械化采收水平也有很大提升空间。

（3）肥料

一是有机肥（或农家肥）施用。大多数农户种粮时仍然施用有机肥，但多数农户有机肥施用量较少。2005年种粮时，72.6%的农户施过有机肥，27.4%的农户不施有机肥。在施过有机肥的农户中，超过一半的农户施用量每亩不足1立方米，近40%的农户每亩施用1.1~3.0立方米有机肥，每亩超过3立方米的农户只有10%强。

表 12 – 8　　　　　　　　　　农户粮食生产环节机械化水平分值

项目	总体	主产区	平衡区	主销区
翻地	53	57	50	48
播种	44	35	46	78
插秧	2	3	5	0
锄草	3	2	2	7
施肥	7	8	4	10
灌水或排水	40	51	19	49
稻谷采收	35	41	17	43
小麦采收	73	79	62	85
玉米采收	11	8	9	34
大豆采收	9	8	2	25
托运	50	46	57	50
合计	327	338	273	429

说明：各生产环节机械化水平分值的计算办法为，一是每个生产环节按使用机械频次划分为三个层次，根据使用频次分级，按百分制赋分，"不使用" ＝0、"偶尔使用" ＝50、"经常使用" ＝100；二是每个生产环节的选择频率（％）与分值相乘；三是各种使用程度级别的乘积合计后即为每个生产环节的机械化水平分值。该分值可比较各生产环节机械化水平的高低。

种粮时没施过有机肥的农户比例由高到低依次为主销区、主产区和平衡区，分别为48.2％、27.3％和11.8％。可见，收入水平越高地区的农户，越不愿意施用有机肥。这主要是因为随着农户收入水平的上升，一方面，施用简便、见效快的化肥的能力不断增强；另一方面，"臭、脏、累"的有机肥施用的心理成本和机会成本逐步提高，于是，农户施用有机肥的积极性不断下降。由此推断，随着各产销区农户收入水平的逐渐提高，若缺乏适当的政府干预，在市场作用下，农户施用有机肥的比例会不断下降，土地肥力日益减弱。值得注意的是，对中国粮食综合生产能力贡献举足轻重的主产区农户中，近30％的农户也不施用有机肥，将成为制约中国粮食可持续发展的一大隐患。在种粮中施过有机肥的农户中，每亩超过1立方米以上的农户比例由高到低依次为主产区、平衡区和主销区，分别为48.9％、43.9％和36.1％（见表12 – 9），表明产粮越多的地区，农户越重视粮食收益，越注重土地的长期利用，施用的有机肥也越多。

表 12 – 9 　　　　　　　　　　农户施用有机肥（农家肥）的比例　　　　　　　　　%

项目		总体	主产区	平衡区	主销区
没施过		27.4	27.3	11.8	48.2
施过	1 立方米以下/亩	50.5	41.1	56.1	63.9
	1.1~3 立方米/亩	38.6	47.7	31.7	29.2
	3 立方米以上/亩	10.9	11.2	12.2	6.9

说明："没施过"有机肥的农户比例是除以全部农户；"施过"有机肥的农户比例为三种施肥量农户占施过有机肥农户的比例。

　　不少农户不愿施用有机肥，难道是农户不知道不施用有机肥的弊端吗？事实上，大多数农户都知道不施用有机肥的弊端。74.0%的农户认为会导致"土壤没有后劲"，76.1%的农户认为会出现"粮食单产下降"，近一半（48.1%）的农户认为"化肥越用越多"，还有近20%（18.9%）的农户认为会导致"水土容易流失"。据调查发现，有机肥缺少来源是农户不施农家肥或有机肥的最主要原因。在不施农家肥的多种原因中，选择"家中无农家肥来源"的农户高达83.3%。此外，18.0%的农户选择"周围买不到农家肥"，13.7%选择"相同肥效农家肥比化肥贵"，12.4%选择"宁愿休息、也不愿积肥"，选择"施农家肥太脏"以及"不能快速增加粮食单产"的比例均为10.6%（见表12 – 10）。可见，农户不施有机肥除了无有机肥的最主要原因之外，还包括缺乏有机肥市场供应、性价比低于化肥、休闲成本上升、体面劳动要求增加、追求短期效益等因素。

表 12 – 10 　　　　　　　　　　农户不施有机肥的原因比例　　　　　　　　　　%

项目	总体	主产区	平衡区	主销区
家中无农家肥来源	83.3	87.8	91.3	75.4
周围买不到农家肥	18.0	6.8	18.2	30.8
积肥和施农家肥太脏	10.6	10.8	4.5	12.3
等效农家肥比化肥贵	13.7	8.1	22.7	16.9
宁愿休息，也不愿积肥	12.4	17.6	9.1	7.7
不能快速增加粮食单产	10.6	9.6	4.5	13.8

　　各产销区农户不施农家肥的最主要原因与总体状况一致，都选择"家中无农家肥来源"，农户选择比例由高到低依次为平衡区、主产区和主销区。主销区农户选择"周围买不到农家肥"的比例，分别是主产区和平衡区农户的 4.5 倍和 1.7

倍，说明主销区农户的有机肥市场意识浓，购买力强，但当地养殖业随着土地和环保成本上升而转移后，与主产区和平衡区农户相比，周边地区尤其缺乏有机肥供应。选择"积肥和施农家肥太脏"的农户比例由高到低依次为主销区、主产区和平衡区，说明农户收入水平越高的地区，体面劳动的要求越高，越不愿意干不体面的施有机肥等脏活。由此推论，随着各产销区农户收入水平的逐渐上升，嫌脏而放弃施有机肥的农户比例会不断上升，从而长期影响土地肥力的提升。平衡区农户选择"等效农家肥比化肥贵"的比例是主产区和主销区农户的2.8倍和1.3倍，说明平衡区一些地方有机肥的性价比高于化肥，农户对有机肥价格比其他地区敏感；只要降低有机肥施用成本，就会明显提高平衡区农户施有机肥的积极性。

二是秸秆还田。大部分农户的秸秆未能直接还田。秸秆能够直接还田的仅占1/4，还有3/4的农户未实现秸秆直接还田。各产销区秸秆还田方式的卡方值显示，彼此之间差异极显著。[①] 主销区秸秆还田做的较好，28.3%的农户实现了秸秆直接还田，分别比主产区和平衡区高1.7个百分点和8.4个百分点。

秸秆还田机械化程度不足40%，大多数农户仍然主要将秸秆直接翻入地中还田。将秸秆直接翻入地中的农户占53.0%，用机械化方式还田的农户占37.0%；用人工截短再还田的方式太费事，采用的农户很少，表明秸秆机械化还田有较大提高空间。各产销区秸秆还田机械化程度的卡方值显示，彼此之间差异极显著。[②] 主销区秸秆还田的人工程度最高，机械化程度最低，79.5%的农户都用人工将秸秆直接翻入地中，农户比例分别是主产区和平衡区的1.83倍和1.79倍；主销区采用机械化还田的农户只有12.8%，分别只有主产区和平衡区农户的27.8%和28.8%。主要原因是大多数主销区农户人均粮食种植面积最少，秸秆也最少，加之又不太重视粮食生产，认为用机械化还田不值，直接翻入地中最省事。相反，主产区和平衡区不少农户粮食种植面积大，重视土地肥力培育，对机械化秸秆还田需求较高，故机械化还田水平明显高于主销区。在机械化还田中，主产区农户"先用机器粉碎后再翻入地中"的比例最高，达到34.2%，分别是平衡区和主销区农户的1.8倍和4.4倍；平衡区农户"用秸秆还田设备边粉碎边翻"的比例最高，达到25.0%，分别是主产区和主销区农户的2.1倍和4.9倍（见表12-11）。因采用专门的秸秆还田设备是机械化还田的方向，说明平衡区农户的机械化还田比主产区和主销区农户更先进，同时反映了主产区农户需要更多采用先进的专用秸秆还田设备。

---

①② 卡方检验结果详见附件12-1。

表 12 – 11　　　　　　　　　农户秸秆直接还田办法的比例　　　　　　　　　　%

项目	总体	主产区	平衡区	主销区
人工直接翻入地	53	43.4	44.4	79.5
先人工截短再翻	6	7.9	0	7.7
先机器粉碎再翻	23.8	34.2	19.4	7.7
用设备边碎边翻	13.2	11.8	25	5.1
其他	4	2.6	11.1	0

　　未直接还田的秸秆少部分在田间焚烧，大部分被利用。27.5%的农户在田间焚烧秸秆；72.5%的农户以各种方式利用秸秆，作燃料的农户比例最高（35.7%），作饲料的占其次（22.6%），卖掉秸秆的农户只有3.0%，说明秸秆的市场化利用程度很低。各产销区未直接还田的秸秆处理办法的卡方值显示，彼此之间差异极显著。[①] 一般而言，产粮越多的地区，户均秸秆数量也越多。"田间焚烧秸秆"的农户比例由低到高依次为主产区、平衡区和主销区，说明秸秆越多的地区，田间焚烧秸秆的农户反而越少。主要是秸秆越多，超过规模利用的临界点后，农户越重视秸秆利用。主产区近一半的农户将秸秆"做燃料"，是平衡区和主销区农户比例的1.6倍和3.2倍，说明主产区农户比其他地区更缺乏清洁能源，秸秆成为家庭的重要能源之一，但这种利用方式的能效比低于饲料。平衡区近1/3的农户将秸秆"做饲料"，其农户比例分别高出主产区和平衡区的41.0%和2.1倍，说明平衡区农户秸秆利用的能效水平最高，主产区农户需要提高秸秆的饲料利用水平。主销区农户"卖掉"秸秆的比例最高（6.1%），分别高出平衡区和主产区84.8%和3.4倍（见表12 – 12），说明主销区依托其经济发达的优势，秸秆市场发育比其他地区领先。

表 12 – 12　　　　　　　农户未直接还田的秸秆处理方法的比例　　　　　　　　%

项目	总体	主产区	平衡区	主销区
田间焚烧	27.5	19.9	33.3	35.4
用做饲料	22.6	22.2	31.3	10.1
用做燃料	35.7	49.1	30.0	15.2
卖掉	3.0	1.4	3.3	6.1
其他	11.2	7.4	2.0	33.3

　　超过1/4以上的农户之所以在田间焚烧秸秆，最主要的三个原因依次是人工还田太费力、家中不需要做饲料燃料、没有机械化秸秆还田服务，农户选择的比例分

① 卡方检验结果详见附件 12 – 1。

别为 55.0%、44.7% 和 40.5%，说明多数农户因没有便捷、有收益的秸秆利用途径，被迫在田间烧掉秸秆。此外，还有少数农户选择了"没人收购秸秆"、"秸秆还田设备太贵"、"买不到还田设备"、"机械化还田费用太高"，说明一些地区没有形成秸秆的加工及收购市场，买不到秸秆还田设备；即使有秸秆还田设备，也因费用高而买不起、用不起。主产区农户焚烧秸秆的前三位原因依次是人工还田太费力、无机械化还田服务、家中不需做饲料和燃料；平衡区农户的前三位原因依次为无机械化还田服务、家中不需做饲料和燃料、人工还田太费力；主销区农户的前两位原因依次为人工还田太费力、家中不需做饲料和燃料（见表 12－13），说明各产销区农户在田间焚烧秸秆的主要原因大体相似，但排序各有侧重。

表 12－13　　　　　　　　农户选择焚烧秸秆原因的比例　　　　　　　　　%

项目	总体	主产区	平衡区	主销区
买不到还田设备	14.5	11.0	23.5	5.7
还田设备太贵	16.0	20.0	15.7	11.4
无机械化还田服务	40.5	42.2	56.9	14.3
机械化还田费用太高	13.0	6.7	17.6	14.3
人工还田太费力	55.0	77.8	29.4	62.9
不收购秸秆	18.5	24.4	16.0	14.3
不需做饲料燃料	44.7	37.8	53.8	40.0

（4）涉粮科技

一是获得技术服务的来源。大多数农户（63.4%）种粮未获得过技术服务，只有少数农户（36.6%）获得过，说明中国农户获得的种粮技术服务水平还有待提高。农户获得的技术服务来自于乡镇（村）技术员、农资销售商、种粮专业户（大户）和龙头企业技术员的比例分别为 23.0%、13.4%、4.6% 和 0.3%。可见，农户获得技术服务的主要来源是政府系统的科技推广队伍和市场化的农资销售商，而种粮专业大户的示范推广也有一些作用，但涉粮龙头企业几乎没有发挥技术推广作用。

获得过技术服务的农户比例由高到低依次为平衡区 42.2%、主销区 38.1% 和主产区 32.2%；主产区获得技术服务的农户比例比平衡区低约 1/4，说明主产区农户更需要获得种粮技术服务。各产销区接受乡镇（村）技术员提供技术服务的农户比例最高为主销区农户（30.9%），分别比主产区和平衡区农户高 9.6 个和 11.1 个百分点，说明主销区政府财政宽裕，其乡镇基层科技推广能力较强。平衡区农户获得农资销售商技术服务的比例最高（24.6%），分别比主产区和主销区农户高出 15.2 个百分点和 18.1 个百分点，说明平衡区农资销售商的技术服务能力强于其他地区。技术服务来自于种粮专业户（大户）的农户比例依次为主销区（8.6%）、主产区（4.5%）和平衡区（1.6%），说明主销区和主产区种粮大户的技术服务较好。

二是采用新技术的行为。2004～2005年，大多数农户（71.2%）种粮时未采用过社会上正在推广的新技术，只有28.8%的农户采用过新技术，说明目前粮食种植的新技术推广力度不够。在这些采用新技术的农户当中，大部分（72.7%）农户只采用过一项新技术，少数农户（23.3%）用过两项新技术，用过3项以上新技术的农户不足5%（见表12-14），说明种粮新技术供给不足。各产销区农户种粮时采用新技术的卡方值显示，彼此之间差异不显著，[①] 说明农户种粮时的新技术采用行为不存在产销区差别，与总体情况基本一致。

表12-14　　　　　　　　　　　农户采用新技术的比例　　　　　　　　　　　%

项目		总体	主产区	平衡区	主销区
没用过		71.2	74.1	69.5	67.6
用过	1项	72.7	75.7	75.4	64.4
	2项	23.3	18.9	21.1	33.3
	3项以上	4.0	5.4	3.5	2.2

说明："没用过"新技术的农户比例是除以全部农户；"用过"新技术的农户比例为使用不同数量的新技术农户占用过新技术农户的比例。

三是使用良种的行为。2004～2005年，大多数农户（76.2%）种粮时采用过良种，只有23.8%的农户没用过良种，说明目前粮食种植的良种普及力度比较大。在这些采用良种的农户当中，采用2种良种的农户最多（42.8%），其次是采用1种良种的农户（35.5%），采用3种良种的农户也有21.7%（见表12-15），说明近些年来农户良种更新速度较快，大多数农户采用的良种在2种以上。各产销区农户采用良种的行为差异程度不同。卡方检验结果显示，主产区和主销区农户差异极显著，平衡区和主销区农户差异显著，主产区和平衡区农户差异不显著。[②] 主销区没采用良种的农户比例最低，只有15.8%，比主产区和平衡区农户分别低40.6%和37.8%，反映了主销区采用良种的农户显著多于主产区和平衡区。但是，主销区农户采用1种良种的比例分别高出主产区和平衡区农户23.1%和20.2%，使用2种良种的比例也略低于主产区和平衡区农户，尤其是使用3种以上良种的农户比例只有17.9%，分别低于主产区和平衡区农户近1/4和1/5，说明主销区农户因不太重视粮食生产，对采用更多良种的积极性不高。

---

①② 卡方检验结果详见附件12-1。

表 12－15   农户采用良种的比例   %

项目		总体	主产区	平衡区	主销区
没用过		23.8	26.6	25.4	15.8
用过	1 种	35.5	33.3	34.1	41.0
	2 种	42.8	42.9	44.2	41.0
	3 种以上	21.7	23.8	21.7	17.9

说明："没用过"良种的农户比例是除以全部农户；"用过"良种的农户比例为使用不同数量的良种农户占用过良种农户的比例。

（5）劳动力投入

一是劳动力素质。从教育水平看，农户劳动力以初中以下为主（83.7%）。其中，初中最多（44.1%），小学其次（30.6%），高中以上只占 16.3%，说明大多数农户文化素质偏低。卡方检验结果显示，不同产销区农户的受教育水平差别显著。[1] 主产区高中以上农户比例最高（19.8%），其次为主销区（13.7%）和平衡区农户（11.9%）。特别是主销区小学水平农户和文盲农户占了 53.9%（见表12－16），[2] 分别高出主产区和平衡区 21.4 个和 13.8 个百分点，说明主销区农户文化素质低于主产区和平衡区农户。这主要是由于发达的主销区为较高文化素质的农户创造了更多的非农就业机会，较高文化素质的农户向非农产业转移的程度高于主产区和平衡区，故导致主销区务农农户文化素质反而比主产区和平衡区更低。

表 12－16   农户文化水平的比例   %

文化水平	总体	主产区	平衡区	主销区
文盲	9.0	5.2	12.3	12.2
小学	30.6	27.3	27.3	41.7
初中	44.1	47.6	47.6	32.4
高中	11.3	12.9	9.6	10.1
中专	2.8	3.8	1.1	2.9
大专及以上	2.2	3.1	1.2	0.7

从劳动力年龄看，受访农户年龄构成总体上接近正态分布，主产区和平衡区农户年龄结构也接近正态分布，但主销区农户年龄结构却呈右偏态分布。受访农户处

---

① 卡方检验结果详见附件 12－1。
② 考虑到被调查文化程度直接影响其理解能力，虽然有 55 人为文盲或识字较少，但靠调查员协助，总体而言，被访农户还是基本能够保证本次问卷调查结果的可靠性。

于 36~45 岁和 46~55 岁年龄段的比例最多，分别占 29.9% 和 29.7%。卡方检验结果显示，主产区与平衡区农户年龄结构差异不显著，但主产区与主销区极显著，平衡区与主销区差异显著。[①] 主销区农户以 46~55 岁和 56~65 岁两阶段最多，分别为 30.9% 和 32.4%（见图 12-3）；46 岁以上农户占 65.5%，分别高出主产区和平衡区农户的 27.4% 和 27.7%。主销区务农农户年龄偏大的主要原因在于，经济越发达的地区，非农就业机会越多，青壮年劳动力转移到非农产业越多，务农劳动力年龄就越偏大。而主销区为发达地区，务农农民自然以高龄者居多。由此推论，随着中国经济发达程度不断提升，务农农户的老龄化程度日渐加剧，这与日韩等发达国家情况一致。

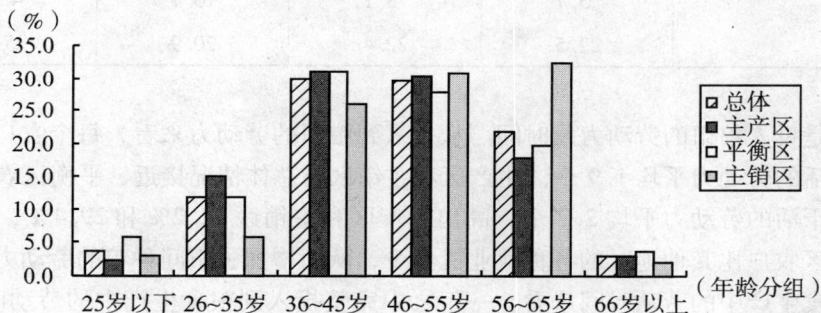

图 12-3　被调查农户年龄构成

数据来源：从本次粮食综合生产能力问卷调查整理得出；以下各图数据除特别说明外，均来自本次调查的整理数据。

二是劳动力数量、性别和外出打工。从家庭劳动力数量看，农户家庭平均拥有 2.9 个劳动力，[②] 各产销区农户劳动力数量比较一致。农户家庭中男性劳动力多于女性劳动力，男劳动力占 55%，女劳动力占 45%；各产销区男女劳动力比例也比较接近，与总体情况基本一致。平均每个农户家庭有 0.9 个劳动力外出打工，各产销区情况与总体基本一致。

三是劳动力工作的内容。受访的大多数农户以种粮为主。在年度从事的最主要生产活动中，54.2% 的农户以种谷物为主，22.5% 的农户以搞非农产业等其他工作为主，14.9% 的农户以种经济作物为主，5.7% 以畜牧业为主，以种大豆为主的农户最少。主产区有 62.2% 的农户种植谷物，分别比平衡区和主销区高出 11.4 个和

---

① 主产区与平衡区农户年龄结构的卡方值为 4.999，α 值为 0.416，差异不显著；但主产区与主销区的卡方值为 16.734，α 值为 0.005，差异极显著；平衡区与主销区的卡方值为 11.361，α 值为 0.045，差异显著。本章后文不同区域农户相应指标的卡方检验结果不再正文中逐一罗列，详见附件 12-1。

② 本次问卷调查中的劳动力是指男性 16~70 岁，女性 16~65 周岁具有劳动能力的人。

19.8 个百分点。主销区、平衡区和主产区选择种植附加值高的经济作物的比例依次为 24.5%、17.6% 和 8.4%（见表 12 - 17），表明粮食和经济作物之间存在替代性，种粮越少的地区，种植的经济作物越多。

表 12 - 17　　　　　　　　　　农户最主要劳动内容的比例　　　　　　　　　　　　%

项目	总体	主产区	平衡区	主销区
种谷物	54.2	62.2	50.8	42.4
种大豆	2.6	3.8	0.0	3.6
种经济作物	14.9	8.4	17.6	24.5
养畜禽	5.7	3.1	10.7	4.3
其他	22.5	22.4	20.9	25.2

　　四是投入粮田的劳动力及时间。从投入到粮田的劳动力来看，每个农户经常在粮田干活的劳动力平均 1.9 个。主产区和主销区与总体情况接近，平衡区农户经常在粮田干活的劳动力平均 2.2 个，高出主产区和主销区 22.2% 和 29.4%，这主要是平衡区农户比其他地区的各种就业机会少，从而增加了田间种粮的劳动力。从投入到粮食生产中的劳动时间来看，一年之中完整投入到粮食生产中的劳动时间，4 个月以内的农户占 2/3，半年以内的高达 86.4%，只有 13.6% 的农户可以干到 7 个月以上（见表 12 - 18），说明中国人多地少，绝大多数农户投入到粮田中的劳动时间不足半年，必须从事种粮以外的其他工作才能维持生计。卡方检验结果显示，不同产销区农户在粮田的劳动时间差别极显著。[1] 平衡区农户投入到粮食生产中的实际干活时间最长，劳动 5 个月以上的农户超过一半，分别比主产区和主销区农户比例多出 89.7% 和 1.7 倍；同样，劳动 5 个月以上的主产区农户比例比主销区也高出 40.7%。各区域农户种粮时间长短与区域经济发展水平呈反相关关系，人均GDP 越高的地区，经济越发达，农民外出就业机会越多，田间种粮时间就越短。2005 年平衡区、主产区和主销区的人均国内生产总值由低到高依次为 10 014.9 元/人、15 561.5 元/人和 36 131.6 元/人。[2] 相反，农户平均种粮时间从高到低依次为 4.3 个月、3.4 个月和 2.9 个月，三大产销区人均生产总值和农户平均种粮时间的相关系数为 -0.885，表明两者高度负相关。

---

[1] 卡方检验结果详见附件 12 - 1。
[2] 作者计算，原始数据参见《中国统计摘要（2006）》。

表 12 - 18　　　　　　　农户从事粮食生产的实际干活时间的比例　　　　　　　%

项目	总体	主产区	平衡区	主销区
1 个月以下	8.8	5.2	7.5	18
1～2 个月	29.4	35	19.3	31.7
3～4 个月	28.8	32.5	21.4	30.9
5～6 个月	19.4	16.8	29.9	10.8
7 个月以上	13.6	10.5	21.9	8.6

（6）粮食生产资金

化肥投入是粮食生产费用中的最主要项目，其次为机械作业费。612 位受访农户平均每亩的粮食直接生产费用为 244.8 元。[①] 其中，每亩化肥费为 99.6 元、机械作业费 61.6 元，两者占总生产费用的比例分别为 40.7% 和 25.2%，合计约占总费用的 2/3（见表 12 - 19）。化肥的原料和机械作业的燃料均离不开石油，中国近一半的石油靠进口。在目前的施肥结构和机械作业水平下，如果国际市场长期保持高油价，必将抬高农户的粮食生产成本。

表 12 - 19　　　　　　　　农户的粮食直接生产费用及其比重

	各项生产费用的金额（元/亩）				各项生产费用占总费用的比重（%）			
	总体	主产区	平衡区	主销区	总体	主产区	平衡区	主销区
种子秧苗费	32.3	31.1	38.3	26.4	13.2	12.9	14.5	11.8
化肥费	99.6	97.5	101.7	101.1	40.7	40.3	38.4	45.2
农药费	27.5	26.9	20.2	38.0	11.2	11.1	7.6	17.0
机械作业费	61.6	63.0	57.5	64.3	25.2	26.0	21.7	28.8
畜力费	37.6	29.8	38.6	55.4	15.4	12.3	14.6	24.8
排灌费	42.8	26.7	70.8	38.9	17.5	11.0	26.7	17.4
其他费用	52.4	43.0	76.3	45.2	21.4	17.8	28.8	20.2
合计	244.8	242.1	264.9	223.6	100.0	100.0	100.0	100.0

从三大产销区的直接生产费用来看，平衡区农户粮食直接生产总费用最高，次之为主产区，主销区最低；平衡区农户的排灌费也显著高于主产区和主销区。每亩生产费用平衡区农户比主产区和主销区分别多支付 22.8 元和 41.3 元，可见收入水平越低的地区，农户的粮食生产费用反而越高，生产粮食的经济负担也更沉重。三大产销区的化肥费都排在第一位，由高到低依次为平衡区 101.7 元/亩、主销区

① 粮食生产费用标准差为 103.57 元。

101.1 元/亩和主产区 97.5 元/亩。化肥费用在粮食生产直接费用中的高比重，虽然在短期内可以增加粮食产量，但是从长期来看，会使土壤肥力进一步下降，不符合可持续农业发展的要求。主产区和主销区农户排在第二位的粮食直接生产费用都是机械作业费，分别为 63.0 元/亩和 64.3 元/亩；平衡区排在第二位的则是其他费用，达到 76.3 元/亩。值得注意的是，平衡区农户将排灌费排在第三位，每亩达到 70.8 元，分别是主产区的 2.7 倍和主销区的 1.8 倍，说明平衡区农户在排灌领域的支出负担太重，急需减轻排灌费用负担。

（四）外部影响因素

1. 财政补贴政策

（1）各种生产补贴的比较

农户获得的生产性补贴主要为粮食直接补贴和良种补贴。2005 年中央"一号文件"强调继续加大"两减免、三补贴"等惠农支农政策实施力度，62.3% 的农户家庭获得过直接补贴，35.3% 得到了良种补贴，其他各种形式的补贴占 7.0%，得到过农机补贴的仅占 1.0%（见表 12 - 20）。以上数据表明，国家发放的粮食直接补贴力度最大，普惠性特征明显；良种补贴也有一定力度，专项性较强；但农机补贴的收益面太窄，不利于增强农户粮食生产能力，有待进一步加强。

表 12 - 20 农户获得生产性补贴的比例 %

项目	总体	主产区	平衡区	主销区
粮食直补	62.3	88.8	48.1	26.6
良种补贴	35.3	51.4	11.8	33.8
农机补贴	1.0	1.0	0.0	2.2
其他补贴	7.0	2.1	1.1	25.2

由于国家生产性补贴政策不断向主产区倾斜，使得三大产销区农户获得的生产补贴情况差异较大，主产区农户获得过补贴的人数最多，其次为主销区，平衡区最少。各产销区农户获得粮食直接补贴和良种补贴差异极显著。[①] 主产区高达 88.8% 的农户得到过粮食直接补贴，比平衡区和主销区分别高 84.6% 和 2.3 倍，而平衡区又比主销区农户高 80.8%，这是主产区农户同时得到中央和地方财政补贴，而

---

① 卡方检验结果详见附件 12 - 1。

平衡区和主销区农户只得到地方财政补贴的结果。获得良种补贴的农户比例由高到低依次为主产区、主销区和平衡区，超过一半的主产区农户得到过良种补贴，分别超过主销区和平衡区农户52.1%和3.4倍。主要原因在于良种补贴由中央财政向主产区的某些粮食生产基地定向补贴，一些财政实力强又比较重视粮食生产的主销区地方政府也发放良种补贴，而地方财力弱的平衡区农户基本得不到各级财政的良种补贴。各产销区农户得到农机补贴的比例很小，彼此差别不大。在其他补贴方面，主产区和平衡区农户没有得到中央和地方财政的明显支持，差别不大；但主销区政府的各种专项补贴较多，农户得到"其他补贴"的比例高达25.2%，分别超过主产区和平衡区农户的11倍和22倍，说明地方政府财力越强，农户种粮能够得到更多的其他类地方专项补贴。

（2）粮食直接补贴的剖析

一是补贴标准。稻谷的粮食直接补贴标准最高，其次为玉米和小麦，大豆最低。[1] 稻谷每亩补贴18.3元，分别比玉米、小麦和大豆补贴标准高出28.9%、47.6%和134.6%，说明稻谷是国家直接补贴的重点对象，玉米和小麦排在其次，大豆只是局部地区的主产品，未成为国家直补的重点产品。从各品种不同产销区的补贴标准来看，稻谷补贴水平由高到低依次为主产区、平衡区和主销区，[2] 主产区的稻谷补贴标准分别高出平衡区和主销区18.7%和83.0%，说明主销区政府对稻谷生产的重视程度有限，稻谷直接补贴标准有待提高。玉米和小麦补贴水平由高到低依次为主销区、平衡区和主产区，主销区补贴标准高出主产区和平衡区1.7~2.4倍（见表12-21），说明都市型的主销区（如北京、天津）政府对玉米和小麦生产比较重视。因当地农户种粮食的机会成本高，粮食种植面积不多，为调动农户种粮积极性，都市型主销区政府利用其充裕的地方财政资金，大幅度提高了玉米和小麦的直接补贴标准。

表12-21	粮食直接补贴标准			元/亩
项目	总体	主产区	平衡区	主销区
稻谷	18.3	19.7	16.6	10.0
小麦	12.4	11.0	11.1	30.0
玉米	14.2	8.9	9.5	30.0
大豆	7.8	7.8	n.a	n.a

说明：n.a 为无数据。

---

① 大多数地区的农户没有大豆直接补贴，调查样本中只出现在主产区的吉林省蛟河市与安徽省界首县，平衡区和主销区均无大豆直接补贴，故不做地区比较分析。

② 在调查样本中，主销区只有浙江省缙云市发稻谷直接补贴，浙江省其他地区以及福建省和广东省的样本地区均未发放稻谷直接补贴；北京和天津市因不种稻谷，也无此补贴。

二是补贴的变动。农户获得的粮食直接补贴资金逐年递增。2004 年户均获得全部粮食直补资金为 94.2 元，2005 年增加到 110.4 元，[①] 增加了 17.2%。主产区和平衡区农户获得的粮食直接补贴资金增多，主销区则有所下降。2005 年主产区、平衡区和主销区户均直补资金分别为 100.9 元、97.3 元和 223.4 元，主产区和平衡区比 2004 年分别增加了 17.1 元和 33.9 元，分别增长 20.4% 和 53.5%；主销区同比减少 15.1 元，下降 6.3%。从各产销区之间的相对差距来看，2004 年主销区农户全部粮食直补资金平均达 238.5 元，分别是主产区和平衡区的 2.8 倍和 3.8倍；2005 年该差距分别缩小到 2.2 倍和 2.3 倍，说明从中央到地方各级政府认识到引导主产区和平衡区农民增加粮食生产的财政成本显著低于主销区，开始逐步加大主产区和平衡区农户的粮食直接补贴资金。

三是补贴的方式。现有的粮食直补方式以按实际种植面积为主，按计税面积为辅。67.8% 的农户是按照当年种粮面积获得粮食直接补贴，27.6% 的农户是按照前几年计税面积获得补贴，按照实际交售粮食获得补贴的只占 0.5%，[②] 还有 5.7%的农户通过其他方式得到粮食直接补贴。主产区、平衡区和主销区农户获得粮食直补的方式有一定差异。农户按照当年种粮面积获得粮食直接补贴是各产销区的首要方式，比例由高到低依次为平衡区（72.2%）、主产区（67.6%）和主销区（58.3%）；农户按照前几年计税面积获得补贴的方式排在其次，主销区农户比例最多（46.9%），主产区其次（28.3），平衡区最少（18.9%），说明主销区政府比其他地区政府更多关注补偿农户以往种粮的收入，而不太关注当前是否能刺激粮食生产。

四是补贴对农户收入的影响。农户获得的粮食直补资金对家庭增收没有明显作用。80.7% 的农户认为粮食直补资金对增加家庭收入"没明显作用"（含"几乎没有作用"和"略有作用"），19.3% 的农户认为"有作用"（含"有些作用"、"一般作用"和"很大作用"）。只有 3.6% 的农户认为粮食直补资金对家庭收入有很大作用。各产销区农户对粮食直补增收作用的评价差异极显著。[③] 主销区农户对粮食直接补贴的增收作用评价高于主产区和平衡区农户。主销区农户认为粮食直接补贴对家庭增收"有作用"的比例为 35.1%，主产区为 21.0%，平衡区只有 7.8%（见表 12 - 22），主销区农户分别高出主产区和平衡区的 81.9% 和 3.5 倍。虽然2004～2005 年中央政府直补资金基本都用在了主产区，但是主产区种粮农户数量众多，分摊到每位农户的直补资金并不多，农户很少能感觉到直补资金对家庭增收的作用。平衡区农户既得不到中央财政的粮食直接补贴，也因地方财力较弱而较少

---

① 2004 年标准差为 146.67，2005 年标准差为 154.74。虽然调查数据的离散程度较高，样本均值代表性不强，但是依然能够看出，同 2004 年相比，农户获得的直补资金在增加。

② 由于按照实际交售粮食补贴与传统的粮食流通领域补贴接近，各地区几乎不再采用，故不再进行区域比较。

③ 卡方检验结果详见附件 12 - 1。

得到地方财政的粮食直接补贴，故很少有农户感觉到粮食直接补贴的增收作用。主销区粮食直补资金主要来自于财力较强的地方政府，直补资金总额较高；加之，主销区从事粮食生产的农户数量比主产区和平衡区少，平均到每个农户的直补资金较多，因而感觉到粮食直接补贴增收作用的农户比例高于主产区和平衡区。

表 12 – 22	农户认为粮食直接补贴对家庭收入作用的比例			%
项目	总体	主产区	平衡区	主销区
几乎没作用	46.5	48.9	48.9	24.3
略有作用	34.2	30.2	43.3	40.5
有些作用	11.6	10.3	7.8	29.7
一般作用	4.1	6.1	0.0	0.0
很大作用	3.6	4.6	0.0	5.4

五是补贴的调整。各级政府一年发放的粮食直补资金在财政用于农业的支出科目中属于较大规模支出，但大多数农户依然感觉不到粮食直接补贴的增收作用，不少农户希望调整粮食直接补贴政策。支持现行粮食直补政策，坚持"继续按老办法给农民"的农户比例为 46.6%。大多数农户（53.4%）期望将分散在各家各户当中不起多大作用的粮食直补资金，以三种方式①集中用于搞农民急需的农田和道路等基础设施建设。既能降低农民的生产和运销成本，又可增强粮食等农业综合生产能力，是一条兼顾增产和增收目标的迂回并持续增加农民收入的长效机制。在支持粮食直补资金搞基础设施建设的方案当中，大多数农户（65%）希望今后新增的粮食直补资金用于搞基础设施建设；少数农户（21.7%）希望现有和新增的全部粮食直补资金都用来搞基础设施建设；还有部分农户（13.3%）希望继续按老办法给一部分粮食直补，同时将另一部分用来搞基础设施建设（见表 12 – 23）。

表 12 – 23	农户选择今后粮食直补资金使用办法的比例			%
项目	总体	主产区	平衡区	主销区
按老办法继续补给农民	46.6	46.8	46.2	45.9
部分继续给，部分搞基础设施	7.1	9.1	3.8	2.7
新增资金搞基础设施	34.7	38.0	21.7	48.6
全部直补搞基础设施	11.6	6.1	28.3	2.7

主产区和主销区农户对今后粮食直补资金的使用意见比较一致，主产区与平衡

---

① 包括三种方式：部分粮食直补、新增粮食直补、全部粮食直补资金搞基础设施建设。

区、平衡区与主销区农户的意见则不同。① 主产区、平衡区和主销区均有 46% 左右的农户希望继续按老办法给农民发粮食直补。支持粮食直补新增资金搞基础设施建设的农户比例由高到低依次为主销区（48.6%）、主产区（38.0%）和平衡区（21.7%），主销区分别高出主产区和平衡区 27.9% 和 124.0%，说明主销区农户比其他地区农户更不在乎粮食直补增量资金的边际增收效用，而对用来搞基础设施的边际效用期望高于其他地区农户。支持全部粮食直补资金搞基础设施的农户比例由高到低依次为平衡区（28.3%）、主产区（6.1%）和主销区（2.7%），主销区分别高出主产区和平衡区 3.6 倍和 9.5 倍。主要原因在于平衡区农户得到的现有粮食直补资金很少，放弃后不觉得可惜；农村基础设施比其他地区更加短缺，将粮食直补资金全部转来搞农田和道路等农村基础设施建设的需求远超过主产区和主销区农户。

六是直补资金调整后的监管。一旦粮食直补资金用途调整，为了确保原来的收益农户继续得到更多的收益，对转做它用的粮食直补资金，大多数农户（64.8%）支持本村由"村民代表大会决定投资项目，张榜公布资金使用明细，县或乡镇政府监督和提供技术支持"。这种举措相当于本村农户将原本政府发给大家的一部分粮食直补资金自愿捐献后集中起来，采取一事一议的办法解决村集体农田和道路等公共品短缺的大问题，为村民降低粮食等农作物生产成本，实现持续增收提供良好的社区公共品服务。该措施基本不改变村民收益群体和范围，采用村民自治的民主化治理方式，资金使用效率高，利于增强农户粮食生产能力，最受农户欢迎。当然，该方式不利于解决跨村的基础设施短缺问题。16.0% 的农户赞成"各村报项目集中到乡镇政府，再由县市政府统筹使用，接收地市政府审计"。此方法表明少数农户比较信任县市政府，支持在全县范围内解决跨乡镇村的基础设施不足问题，但收益群体和区域变动大。13.1% 的农户选择了各村报项目，乡镇政府统筹使用，张榜公布直补资金使用明细（见表 12-24），此办法利于解决跨村基础设施不足问题，民主化和透明度较高，但或多或少要改变原来的收益群体和区域。② 各产销区农户对调整用途的粮食直补资金的使用办法基本一致。③

2. 气候因素

2004~2005 年的两年中，大部分农户都遭受了自然灾害，遭遇最多的是病虫害和旱灾。只有 18.5% 的农户种粮没有遭受自然灾害，其余 81.5% 的农户均遭受过自然灾害，说明中国农业自然灾害频发，波及面广。其中，农户遭受病虫害和旱

---

① ③ 卡方检验结果详见附件 12-1。

② 2006 年调研了农户对于用粮食直补资金抵扣税费的看法，58.9% 的农户支持用粮食直补资金抵扣部分农户曾经拖欠的税费；如果国家不允许抵扣，仍然给拖欠税费农户发粮食直补资金，这样 65.3% 的农户认为不公平，认为老实缴纳税费的农户吃亏，所以，其中 34.0% 的农户今后也不想缴该缴的钱。

灾的比例分别为 50.8% 和 43.0%；其次为风灾（23.0%）和涝灾（20.3%）；其他自然灾害情况见表 12-25 所示，表明病虫害和旱灾是威胁中国农户粮食生产能力的重要气候因素。平衡区受灾农户比主产区和主销区少，主销区受灾农户最多，反映了 2004~2005 年主销区的自然灾害发生率高于其他地区。各产销区农户遭遇的主要自然灾害大同小异，排在第一位的一致，后两位的排序和内容有些差别。病虫害成为各大产销区位居第一的主要自然灾害，除主产区农户接近一半遭遇病虫害外，平衡区和主销区半数以上的农户遭受过病虫害。除了平衡区鼠灾很重，排在第三位外，旱灾和风灾是各产销区农户遭遇的重要自然灾害形式，说明增强防治病虫害、抗旱和防风能力成为各产销区农户生产粮食时应对气象灾害的重要能力。

表 12-24　农户支持调整后的粮食直补资金使用办法的比例　%

项目	总体	主产区	平衡区	主销区
村用县（乡镇）管	64.8	69.6	54.5	60.0
村报乡（镇）用	13.1	10.1	20.0	15.0
村报乡递县用	16.0	15.2	16.4	20.0
其他	6.1	5.1	9.1	5.0

表 12-25　农户遭受主要自然灾害的比例　%

项目	没遭灾	遭灾							
		旱灾	涝灾	鼠害	病虫害	雹灾	风灾	洪灾	其他
总体	18.5	43	20.3	10.0	50.8	7.7	23.0	8.5	4.1
主产区	15.4	46	20.6	7.7	48.3	5.9	23.4	11.5	5.6
平衡区	27.3	42	11.8	15.5	53.9	1.6	9.6	5.6	2.1
主销区	12.9	39	30.9	7.2	52.5	19.4	40.3	5.8	3.6

　　绝大多数受灾农户的粮食都存在不同程度的减产。在 500 位受灾农户中，粮食产量没有减少的仅占 6.6%；减产 10% 以下者占 28.6%；减产程度超过 10% 的占 64.8%；超过 30% 的农户约 20%。这说明大多数农户遭灾后粮食减产损失不小，反映了中国农户抗灾能力比较弱。除了平衡区和主销区农户粮食的灾害损失程度比较接近外，主产区和平衡区、主产区和主销的农户粮食灾后减产程度差别大。[①] 主销区减产程度超过 20% 的农户最多（45.4%），其次为主产区（37.0%），平衡区最少（28.7%），主销区农户分别高出主产区和平衡区 22.7% 和 58.2%（见表 12-26）。2004~2005 年期间，主销区农户粮食减产程度最高，除了当地自然灾害偏重发生外，可能与该地区将粮食生产作为副业、围绕粮食的防灾抗灾投入不足有关。

---

　　① 差异性检验详见附件 12-1 的卡方检验结果。

表 12－26　　　　　　　自然灾害导致农户粮食减产程度的比例　　　　　　　%

项目	总体	主产区	平衡区	主销区
没减产	6.6	3.3	11.8	7.4
10%以下	28.6	29.2	30.9	24.8
11%～20%	28.0	30.5	28.7	22.3
21%～30%	18.4	18.9	14.7	21.5
31%～50%	13.6	11.1	12.5	19.8
51%以上	4.8	7.0	1.5	4.1

3. 以价格为基础的比较收益等因素

（1）种粮收入

种粮纯收入对农户家庭纯收入的贡献比较少，种粮不是农户提高家庭收入的主要手段。种粮纯收入占农户家庭纯收入的比重，超过 50% 的农户不足 20%；10%～50% 之间的农户 40% 强；10% 以下的农户近 40%（见表 12－27）。2004～2005 年的两年间，虽然粮食价格有所回升，但因农业生产资料价格上涨，涨幅超过粮食价格，种粮成本增加较多，种粮比较效益下降，从而降低了种粮纯收入在家庭纯收入中的比重。除了主产区和平衡区农户种粮收入占家庭纯收入的比重比较接近外，主产区和主销区、平衡区和主销区的农户种粮收入占家庭纯收入的比重差别大。[①] 平衡区和主产区农户种粮对家庭收入的贡献明显高于主销区，种粮收入超过家庭纯收入 30% 的农户比例依次为平衡区（47.0%）、主产区（40.6%）和主销区（13.7%），与农户的人均纯收入高低排序一致，平衡区和主产区农户分别超过主销区 2.4 倍和 2.0 倍，表明在小规模经营为主的条件下，种粮效益偏低，难以让农民致富，种粮收入对农户家庭收入相对贡献越大的地区，农户收入水平反而越低。如果现行的农户经营体制和比价体系不变，国家希望农户既增收又多种粮的目标是矛盾的。

表 12－27　　　　　农户选择种粮纯收入占家庭纯收入各比重的比例　　　　　%

项目	总体	主产区	平衡区	主销区
10%以下	39.1	31.5	32.6	63.3
11%～30%	24.5	28.0	20.3	23.0
31%～50%	17.3	21.0	19.8	6.5
51%～70%	8.8	8.4	12.8	4.3
71%以上	10.3	11.2	14.4	2.9

---

① 差异性检验详见附件 12－1 的卡方检验结果。

　　种植稻谷是大多数农户家庭粮食作物中纯收入最高者，其次为玉米、小麦。在收入贡献最多的粮食作物当中，超过一半的农户选择稻谷，20%强的农户选择玉米，近20%的农户选择小麦，另外还有5.1%和3.4%的农户分别选择大豆和杂粮。各产销区对农户收入贡献最多的粮食品种有较大差别，其中主产区和平衡区一致，主产区和主销区、平衡区和主销区差别大。[①] 在选择收入贡献最多的粮食品种时，尽管各产销区选择稻谷的农户比例都最多，但主销区农户比例最高（74.1%），分别超过主产区和平衡区64.0%和77.7%；选择稻谷超过小麦和玉米的农户比例，主销区分别高达10.4倍和4.1倍，主产区均为1.1倍，平衡区分别只有69.5%和59.2%（见表12－28）。可见，与其他地区相比，主销区农户粮食种植高度依赖稻谷，主要是保证家中自食口粮供应，而对社会的商品粮贡献不多。

表12－28　　　　　　　农户选择种粮纯收入最多的粮食品种比例　　　　　　　　%

项目	总体	主产区	平衡区	主销区
稻谷	50.7	45.1	41.7	74.1
小麦	19.3	22.0	24.6	6.5
玉米	21.6	22.0	26.2	14.4
大豆	5.1	7.3	2.1	4.3
杂粮	3.4	3.5	5.3	0.7

（2）种粮意愿

　　一是种粮面积的变化。2004～2005年的两年中农户粮食播种面积变化不大，土地依然是制约农民增加粮食生产的首要因素。92.0%的农户表示近两年没有增加粮食播种面积，仅有8%的农户曾经增加过。卡方检验显示，各产销区农户近两年粮食播种面积的变动情况与总体概况一致，彼此之间没有显著差异。[②] 在"没有增加粮食播种面积"的各项原因中，69.4%的农户选择"没有多余的土地"，表明耕地少是制约农民增加粮食播种面积的首要原因。居于第二位的原因是"农资涨价、多种粮不挣钱"，占25.0%。可见，当农资涨幅超过粮食价格涨幅，生产成本比收入增加更多，种粮比较效益下降时，农民必然不愿意扩大粮食播种面积。"缺少劳动力"是"没有增加粮食播种面积"的第三位主要原因，有18.2%的农户选择。这表明局部地区的农户种粮已出现劳动力短缺，产生了种粮与非粮产业之间争夺劳动力问题。选择"缺资金"、"多打粮难卖"和"多产粮没处用"的农户均未超过8%，表明生产资金、销售渠道和转化利用方面几乎不影响农户扩大种粮面积。

---

① 差异性检验详见附件12－1的卡方检验结果。
② 卡方检验结果详见附件12－1。

各产销区农户不扩大种粮面积的原因差别显著或非常显著。①"没有多余土地"是各产销区农户的首选原因，农户选择比例由高到低依次为主产区、平衡区和主销区，主产区和平衡区农户分别超过主销区的39.4%和37.2%，说明主产区和平衡区农户扩大种粮面积受耕地短缺的约束明显高于主销区农户，人均耕地面积最小的主销区农户反而受耕地不足约束弱，意味着其他原因对农户扩大种粮面积的限制更大。"农资涨价、多种粮不挣钱"是各产销区农户排在第二位的原因，农户选择的比例由高到低依次为主销区、主产区和平衡区，主销区农户比例为30.7%，超过主产区和平衡区农户的8.1%和113.2%（见表12-29），表明主销区农户除了耕地约束之外，比其他地区农户更多受到种粮比较效益低的影响，主产区农户受比较效益低的影响仅次于主销区，平衡区农户因种粮之外的就业机会和收入较少，受种粮比较效益低的约束程度明显低于其他地区。"缺劳动力"是主产区和平衡区农户排在第三位、主销区农户排在第四位的原因，但农户选择的比例依次为主销区、主产区和平衡区，这表明经济越发达、农户收入越高的地区，种粮的劳动力越短缺。

表12-29　　　　　　　　　　　　农户不扩大种粮面积的各项原因比例　　　　　　　　　　　　%

项目	总体	主产区	平衡区	主销区
没有多余土地	69.4	74.6	73.4	53.5
缺资金	7.5	8.0	11.5	1.6
缺劳动力	18.2	20.1	12.4	21.3
农资涨价、种粮不挣钱	25.0	28.4	14.4	30.7
多打粮难卖	6.8	5.3	7.9	8.7
多产的粮没处用	7.0	3.8	5.3	15.7
其他	7.9	2.3	2.6	26.0

二是种粮投入的变化。2004～2005年，增加生产投入的农户远超过增加粮食播种面积的农户，农户增加生产投入的首要因素是农资涨价导致的被动增加投入，国家惠农政策对提高农户种粮积极性的作用有限。与只有8%的农户增加粮食播种面积相比，却有48.5%的农户近两年增加了种粮的生产投入。卡方检验显示，主产区和平衡区农户种粮增加生产投入的行为保持一致，两地农户均与主销区农户明显不同。②主产区、平衡区和主销区分别有53.1%、52.4%和33.8%的农户增加了粮食生产投入，主产区和平衡区农户比例均超过主销区近60%。前四位影响农户增加粮食生产投入的因素依次是"农资涨价"、"减免农业税"、"粮价高"和"粮

---

① ②　卡方检验结果详见附件12-1。

食直接补贴"，相应的重要程度分值分别为 76.1、40.1、33.4 和 26.7（见表 12 - 30），排在首位的"农资涨价"后被迫增加投入的负面影响力抵消了紧随其后的"减免农业税"、"粮价高"的正面影响力，可见农资大幅涨价迫使农户增加投入，不仅减少了政府和市场带给农民种粮的好处，也削弱了农户追加实物投入的能力。从各产销区看，促使农户增加粮食生产投入的首要因素均为"农资涨价、被迫增加投入"；排在第二位的因素稍有区别，主产区和平衡区农户均选择"减免农业税"，主销区农户选择"粮价高"；排在第三位的因素不同，主产区农户选择"粮食直接补贴"，平衡区选择"粮价高"，主销区选择"减免农业税"；排在第四位的因素，主产区农户选择"粮价高"，平衡区和主销区均选"粮食直接补贴"。可见，各产销区农户除了对首位影响因素感受一致外，对第二位到第四位的重要因素因不同区域的具体感受程度不同，排序各有侧重。特别是平衡区农户接受粮食直补、良种补贴、农机补贴、最低收购价等惠农政策激励的程度明显低于主产区和主销区，是中央政府顾不过来、地方政府缺乏能力支持的种粮群体。

表 12 - 30　　　　　　　农户增加粮食生产投入的各因素重要程度分值

项　　目	总体	主产区	平衡区	主销区
粮价高	33.4	32.1	36.3	31.6
减免农业税	40.1	42.3	41.0	30.9
粮食直接补贴	26.7	38.0	12.4	20.0
良种补贴	15.8	22.5	4.2	18.1
农机补贴	4.2	6.7	1.0	2.9
有稻谷最低收购价	12.9	18.8	3.8	11.8
龙头企业订单收购	2.8	3.2	1.4	4.3
粮食比经济作物好卖、易转化	15.8	19.1	12.5	11.8
农资涨价、被迫增加投入	76.1	82.4	61.3	86.6

说明：各因素重要程度分值的计算办法为，一是每项影响因素按重要程度划分为四个层次，根据重要程度分级，按百分制赋分，"没有" = 0、"一般" = 35、"重要" = 70、"很重要" = 100；二是每个因素的选择频率（%）与分值相乘；三是各重要程度级别的乘积合计后即为每项因素的重要程度分值。该分值可以比较各个因素影响程度的高低。

三是挣钱手段与种粮预期收益。即使在粮食市场和政策好的 2006 年，大多数有其他赚钱能力的农户都不愿扩大粮食生产。80.1% 的农户选择"除了种粮以外，还有别的挣钱方法"，只有不足 20% 的农户只靠种粮维持生计，说明绝大多数农户都有种粮之外的其他赚钱手段。在这些有其他赚钱方法的农户中，3/4 的农户不愿意再扩大粮食生产；1/4 愿意扩大粮食生产的农户，必须在粮食净收益①达到以下预期值后才愿意增加粮食种植：每亩稻谷 427.5 元、小麦 296.4 元、玉米 310.2 元、大豆 324.3 元（见表 12－31）。除了种粮之外，三大产销区农户的其他挣钱手段差别大。② 主销区挣钱多元化的比例最高，因而扩大粮食生产积极性最低。主产区、平衡区和主销区农户有种粮以外挣钱方法的比例分别为 79.0%、70.1% 和 95.7%，这部分农户中愿意扩大粮食生产的比例分别为 29.2%、34.1% 和 9.8%。可见，主销区由于本身自然地理条件、经济环境条件的差异，农户种粮的积极性明显低于主产区和平衡区。三大产销区愿意扩大粮食生产的农户对于粮食作物净收益预期也有明显差别。稻谷、小麦的预期净收益由低到高依次为主产区、平衡区和主销区，玉米预期净收益由低到高依次为平衡区、主产区和主销区。因此，在当前经济环境下，最容易调动有其他挣钱手段的主产区农户扩大稻谷和小麦生产，平衡区农户增加玉米生产。

表 12－31　　　　　　　　四大粮食作物预期最低净收益　　　　　　　　　　元/亩

项目	稻谷	小麦	玉米	大豆
总体	427.5	296.4	310.2	324.3
主产区	408.7	271.9	314.6	311.8
平衡区	435.0	327.8	298.5	N. a
主销区	466.7	360.0	338.6	N. a

说明：平衡区和主销区填写大豆预期收益的农户分别只有 3 户，代表性弱，故略去。

四是种粮原因。农民的种粮行为仍然受传统观念的影响，解决自家吃口粮是主要因素。农户种粮原因选择"家中吃口粮方便"占 84.1%；"习惯种粮"占 42.7%；"田地最适合种粮、不适合种别的作物"占 36.4%；"外出打工难，在家没别的事可干，只好种粮"占 29.5%；16.2% 的农户认为与经济作物相比，"粮食易种、易卖、易储、好转化"；还有 11.9% 的农户是因为"别人种粮我也种粮"；8% 的农户选择"其他"因素。可见，因种粮比较效益低，几乎没有农户为了赚钱去种粮。农户之所以还种粮，是因为保障自家粮食安全和保持种粮习惯的传统耕作文化一定程度上抵消了市场经济条件下种粮比较效益低对农户粮食生产的冲击，农耕文化传统客观上保护了目前的农户粮食生产能力。虽然粮食生产又累又苦，产量具有不可预期性，而且上市场购买粮食也很方便，但是绝大多数农户仍然坚持自己生产口粮，觉得自己种口粮更加安全保险。农户这种自吃自种的传统观念在一定程

---

① 净收益是指扣除所有物质和雇工等投入后的纯收益，但不扣除农户本人的劳动投入。
② 差异性检验详见附件 12－1 的卡方检验结果。

度上也有益于国家粮食生产的稳定性。但是，农耕文化传统以自给自足为主，对商品粮贡献不大。随着城镇化的不断发展，越来越多的青年农民逐渐转为市民，承载传统农耕文化的中老年农民随年龄增长而逐渐退出粮食生产领域，未来维持农户粮食生产能力的主要因素将由政府支持的高比较效益逐渐填补传统农耕文化萎缩的空白。主产区与平衡区农户种粮原因基本一致，但两地农户均与主销区农户种粮原因差别很大。① 主销区农户选择吃口粮的比例（79.1%）分别低于主产区和平衡区7.5%和9.2%，说明主销区农户比其他地区农户的口粮市场化程度高；主销区农户选择习惯种粮的比例（31.7%）分别低于主产区和平衡区35.3%和23.4%（见表12－32），说明市场化程度高的主销区农户比其他地区农户承载的习惯种粮的传统农耕文化少；主销区农户选择其他原因的比例远远高于其他地区，反映了主销区农户种粮比其他地区有更多的其他特定用途。

表 12－32　　　　　　　　　农户选择种粮的各项原因比例　　　　　　　　　　%

项目	总体	主产区	平衡区	主销区
吃口粮	84.1	84.6	87.1	79.1
耕地适合种粮	36.4	42.5	30.6	31.7
种粮好于经济作物	16.2	18.5	14.5	13.7
打工难、没事做	29.5	29.7	28.0	30.9
随大流种粮	11.9	9.8	12.4	15.8
习惯种粮	42.7	49.0	41.4	31.7
其他	8.0	1.7	5.9	23.7

（3）土地转包行为与种粮

2004 年或 2005 年之前，只有少数农户转包过土地。转包土地的农户只占13.9%（85 户），说明即使种地比较效益低，农民依然习惯自家种地，转包土地的农户有限，中国农村土地流转市场尚未形成。主产区与平衡区农户转包土地情况一致，但两地农户均与主销区农户转包土地情况差别大。② 主销区 22.3% 的农户转包土地，分别超过主产区和平衡区农户 87.4% 和 108.4%，说明经济越发达的地区，农户种地之外的就业机会越多，农民的恋地情节越弱，流转土地的农户越多，农村土地流转市场发育越快。

2004 年以来，中央不断加大减免农业税费和实施农业补贴的政策力度，调动了不少农户的种地积极性。转包土地的农户要回土地的占 44.2%，其中要回一部

①②　差异性检验详见附件 12－1 的卡方检验结果。

分土地的占 34.2%，全部要回土地的占 65.8%，表明国家的支农惠农政策力度较大，调动了近半数转包土地农户的种地积极性。除了主产区与主销区农户要回土地的情况差别大之外，其他地区之间农户要回土地的情况没有明显区别。[1] 主产区农户要回土地的比例高达 58.8%（见表 12 - 33），比平衡区和主销区农户分别高出 30.7% 和 109.3%，特别是主产区要回一部分土地的农户比例高出主销区农户 8.5 倍，说明产粮越多、人均耕地越多的地区，受到减免和补贴政策的支持力度越大，农户要回土地的动力越足。在 38 位要回土地的农户中，种植谷物的农户超过 3/4，种植粮食（含大豆）的农户高达 84.2%，种植蔬菜瓜果和其他作物的农户分别只有 5.3% 和 10.5%，说明国家鼓励粮食生产的政策导向发挥了重要作用，要回的土地基本用于粮食生产。要回的土地上种植最多的粮食品种为稻谷（47.4%），其次为小麦（18.4%）、玉米（10.5%）和大豆（7.9%），[2] 表明要回的土地主要增加口粮生产。

表 12 - 33　　　　　　　　　转包土地农户要回土地的比例　　　　　　　　　　%

项目	总体	主产区	平衡区	主销区
没有要回	55.8	41.2	55.0	71.9
要回一部分	15.1	29.4	10.0	3.1
全部要回	29.1	29.4	35.0	25.0

减免农业税和粮食直补是提高农户种粮积极性最主要的两项政策措施。影响农户要回转包土地的最重要因素为"减免农业税"，重要程度分值为 45 分；其次为"自己种可得粮食直补"，分值为 34 分；还有"其他"、"多打粮食"和"粮价高"、"出外打工不如种粮"等重要因素促使农户要回土地。[3] 影响各产销区农户收回转包土地行为因素的重要程度各有差异。影响主产区农户要回土地的前四位重要因素依次为减免农业税、粮食直补、粮价高和多打粮食，表明主产区农户主要为了生产粮食而要回土地。影响平衡区农户要回土地的前四位重要因素依次为打工不如种粮、免税后种经济作物、减免农业税和粮价高，表明平衡区农户主要受减免农业税的激励要回土地种粮或经济作物。影响主销区农户要回土地的最主要因素为其他，而减免农业税、多打粮和粮食直补等影响很弱（见表 12 - 34），表明国家鼓励粮食生产的政策对主销区农户要回土地没有明显作用。

---

① 差异性检验详见附件 12 - 1 的卡方检验结果。
② 只有 38 位农户要回土地，它们主要种植的作物代表性较弱，分散到各产销区后的农户数量更少，故不再进行产销区比较分析。
③ 这一问题的调查人数少，总体和三大产销区的各因素重要分值只能作为参考，代表性较弱。

表 12 - 34　　　　　　　　　农户收回转包土地的各因素重要程度分值

影响因素	总体	主产区	平衡区	主销区
粮价高	28	41	25	0
自己种可得粮食直补	34	54	11	11
减免农业税	45	60	33	22
良种补贴	13	18	14	0
稻谷有最低收购价	8	9	14	0
大型农业机械补贴	6	6	11	0
出外打工不如种粮	22	15	50	8
减免农业税后，经济作物收益更高	17	14	42	0
多打粮食	30	39	22	19
其他	33	16	19	83

说明：计算方法同表 12 - 11。

（五）农户粮食生产能力主要构成要素的影响力测度

农户粮食生产能力受多种因素的影响，其内在因果关系相当复杂。有些因素只能进行定性的理论分析，还有部分因素虽然理论上适合计量分析，但在回归时并不显著又被剔除，提供的计量模型只保留影响显著的主要解释变量。运用 SPSS 软件对反映 2005 年农户粮食生产能力的 610 位农户横截面数据逐步回归，得出如下模型：

$$\text{Ln}Y = 7.507 + 0.718\ln X_1 - 0.130\ln X_2 + 0.122X_3 + 0.06659X_4 + 0.08209X_5$$

$$(12 - 1)$$

$$t = (18.839)(23.197)(-3.000)(3.476)(2.171)(2.132)$$
$$p\ 值 = (0.000)(0.000)(0.003)(0.001)(0.030)(0.033)$$
$$R^2 = 0.537 \quad F = 140.243 \quad D.W = 1.210$$

式中：Y 为农户粮食产量（公斤）；X_1 为耕地面积（亩）；X_2 为家庭年纯收入（元）；X_3 为拥有农机数量（台）；X_4 为粮田劳动力（个）；X_5 为采用的新技术（项）。P 值中的 0.000 表示数值太小。

模型（12 - 1）的各项参数显示，该模型基本可用，选中的 5 个变量能够解释近 54% 的农户粮食生产能力。从理论上应该考虑农户教育水平、年龄、受灾程度等变量，但在逐步回归时被剔除，导致模型解释力有待提高。回归结果表明，农户粮食生产能力（以粮食产量反映）与农户的耕地面积、拥有的农机、粮田使用的劳动力、种粮采用的新技术正相关，与农户家庭收入水平负相关，这与一般农户行为理论和实际经验相符。在其他条件不变的情况下，农户耕地面积每增加 1%，其粮食生产能力提高 0.72%；收入水平每增加 1%，粮食生产能力下降 0.13%；每增加 1 台农机，粮食生产能力提高 0.12%；每增加 1 个粮田劳动力，粮食生产能力提高 0.07%；每增加使用 1 项新技术，粮食生产能力提高 0.08%。由此可知，为了提高农户的粮食生产能力，需要扩大农户耕地规模，增添农机装备，增加粮田劳动力，采用新技术，重点调动中低收入农户的种粮积极性。

三、粮食安全状况

（一）粮食用途

农户生产粮食的首要用途是满足自家口粮需要，然后才是满足社会商品粮需求。从农户生产粮食的用途来看，选择"自家吃"的农户居第一位（94.3%），选择"等待销售"的居第二位（66.7%），选择"用做饲料"排第三位（43.0%）。各产销区农户不同粮食用途的比例略有差异，但排序均与总体情况一致。从不同用途粮食所占的产量比例看，45.9% 用于自家吃，36.7% 用于销售，14.7% 用做饲料。[①] 主产区农户商品粮销售占最大比重，自家吃占第二位，饲料粮排第三位，平衡区和主销区农户自家吃比重最高，其次为商品粮销售，第三位为饲料粮。说明主产区农户的粮食比平衡区和主销区更注重向社会贡献商品粮，平衡区和主销区农户比主产区更倾向家庭自身粮食消费。特别是主销区农户自家吃的比重（63.6%）超过商品粮销售比重 156.5%，而平衡区只超过 14.0%，表明主销区农户的粮食基本以满足家庭口粮供应为主，向社会提供的商品粮有限；而平衡区农户除了家庭自食外，尚有较多粮食贡献社会。此外，平衡区农户将粮食转化为饲料的比例最高（19.4%），其次为主产区，主销区最低（见表 12 - 35），说明经济越发达、就业机会越多的地区，既种粮又养殖的粮畜兼业型农户越少，而专门从事规模化种粮和养殖的专业化大户越多。

表 12 - 35 　　　　　　　　农户生产粮食的主要用途及比例　　　　　　　　　%

项目	等待销售		用做饲料		自家吃		其他	
	农户比例	占总产量比重	农户比例	占总产量比重	农户比例	占总产量比重	农户比例	占总产量比重
总体	66.7	36.9	43.0	14.6	94.3	46.3	11.9	2.2
主产区	76.2	43.0	47.0	14.2	96.9	41.2	10.8	1.6
平衡区	67.9	36.3	52.4	19.4	90.4	41.4	12.8	3.0
主销区	45.3	24.8	22.3	9.1	94.2	63.6	12.9	2.5

---

① 由于调查过程中有的农户不记得具体比例，导致部分数据不准确和缺失，因此平均百分比的离散程度较高，代表性较弱。

　　绝大部分农户自食的存粮是作为主要口粮消费，少数农户作为次要口粮搭配消费。92.7%的农户将自食粮作为主要口粮经常吃，15.9%的农户是作为次要口粮搭配着吃。将"自家吃"的存粮作为主要口粮经常吃的比例从高到低依次为主产区95.7%、平衡区92.4%和主销区87.0%。作为次要口粮搭配着吃的比例依次为主产区22.7%、平衡区10.7%和主销区8.0%。说明产粮越多的地区，农户自给自足家庭口粮供应的比例越高；相反，产粮越少的地区，农户依靠市场供应家庭口粮的比例越高。

（二）存粮基本情况

　　农户家中储存的主要口粮平均够吃12.0个月，储存的搭配着吃的次要口粮平均够吃14.1个月。各产销区农户储存的主要口粮平均够吃的时间由长到短依次为主产区12.9个月、平衡区11.6个月和主销区10.6个月；储存的次要口粮平均够吃的时间由长到短依次为主产区15.1个月、平衡区13个月和主销区10.5个月，表明产粮数量与农户口粮存储量正相关，产粮越多的地区，农户家中主要或次要口粮存储也越多，维持家庭口粮消费的时间也越长。

　　绝大部分农户保持自储粮习惯。93.9%的农户近三年都存过自家种的口粮。主产区农户近三年存过自家种的口粮比例最高，主销区其次，平衡区最低，这可能是因为主产区余粮农户多，存储口粮的农户比例也高；主销区粮食不足，担心市场会出现粮食供应不足的农户较多，因而存储口粮的农户比例也较高；平衡区余粮农户少于主产区，担心市场缺粮的农户又少于主销区，因而存口粮农户比例反而最低。

　　大部分农户存粮数量近三年内基本不变。在存过自家种的口粮农户当中，81.2%的农户近三年的存粮"基本不变"，9.0%"越来越多"，9.8%"越来越少"，（见表12-36），逐渐增多和减少的农户比例相当。可见，2003~2005年的三年间，绝大部分农户的存粮保持相对稳定，基本不受各年度粮食产量和市场形势波动的影响，主要取决于基本稳定的农户家中自身粮食消费。同时也反映出绝大部分农户粮食储备是自家保障型的，对社会商品粮储备贡献不大。同期各产销区农户口粮存储变动没有明显区别。[①] 但是，近三年各产销区农户调整口粮存储的情况有些差别。平衡区农户口粮存储变动比例最高（24.5%），其次为主产区（17.1%），最低为主销区（16.4%）。在口粮存储变化的农户中，主销区农户减少口粮存储的比例最高（13.4%）、增加口粮存储的比例最低（3.0%），主产区减少和增加口粮存储的农户比例居中，平衡区增加口粮存储的比例最高（16.0%）、减少口粮存储

---

　　① 差异性检验详见附件12-1的卡方检验结果。

的比例最低（8.5%）。这表明近三年调整口粮存储的农户当中，主销区农户以减少口粮存储为主，主产区农户倾向于减少口粮存储，平衡区则以增加口粮存储为主。各产销区农户调整口粮存储的主要原因可能在于，主销区市场化水平高，近三年粮食丰收，市场供应充裕，农户购粮压力减轻，故减少口粮存储的农户占主流；主产区市场化水平较高，在粮食逐年增产的环境中，农户也倾向于减少口粮存储；平衡区市场化程度较低，粮食丰收后余粮户增多，粮食加工转化又不发达，故以增加口粮存储的农户为主。

表 12 – 36		2005 年农户家庭粮食存储规模变动情况			%
项目		总体	主产区	平衡区	主销区
是否存过口粮	是	93.9	97.2	88.6	94.2
	否	6.1	2.8	11.4	5.8
储粮规模	口粮存储越来越多	9.0	7.9	16.0	3.0
	口粮存储基本不变	81.2	82.9	75.5	83.6
	口粮存储越来越少	9.8	9.2	8.5	13.4
	比 2004 年减少的存储量（公斤/户）	375.8	492.5	292.9	181.1

2004～2005 年农户口粮存储递减。每家农户 2005 年比 2004 年平均减少口粮存储 375.8 公斤，减少口粮存储的数量由多到少依次为主产区（492.5 公斤）、平衡区（292.9 公斤）和主销区（181.1 公斤），表明农户口粮存储越多，减少的口粮存储也越多。

农户减少口粮存储的原因比较多。除了"万一粮荒、政府会救济"之外，其他 5 项原因对农户减少口粮存储都有较大影响。农户减少口粮存储最主要的 3 项原因依次为市场供给充裕（45.9%）、减少麻烦（43.2%）和存钱比存粮划算（40.5%）；此外，粮食减产（37.8%）和减轻储粮损耗（35.1%）的影响也不小（见表 12 – 37）。市场供给充裕和减少麻烦对主产区农户减少口粮存储的影响较大，分别占 60.0% 和 55.0%，这主要是因为主产区农户产粮多，减少口粮存储，可将部分口粮转由市场提供，还能减轻存粮过多带来的占地和保管麻烦。粮食减产对平衡区农户减少口粮存储的影响最突出，一半农户选择此原因，说明平衡区农户受粮食减产导致的被动性减少口粮存储影响最大。主销区农户最主要受粮食市场供应充裕和少存粮有利的影响，都有 55.6% 的农户选择这两项，表明主销区农户市场化意识强，对充裕的粮食市场信心足，善于比较存钱和存粮的利弊，作出家庭收益最大化的理性选择。值得注意的是，主产区和平衡区没有农户因"万一粮荒、政府会救济"而减少口粮存储，主销区却有 1/3 的农户选择该原因，表明主产区、平衡区农户倾向于用自储粮应对可能的粮荒，不太放心政府的粮食救济，而主销区农户却对发生粮荒后的政府救济依赖程度高。

表 12 - 37　　　　　　　　农户减少口粮存储的各项原因比例　　　　　　　　%

项目	存粮少、损耗少	粮多、可买到	粮荒、政府救济	产量减、口粮降	存钱好、少存粮	麻烦少、占地小
总体	35.1	45.9	8.1	37.8	40.5	43.2
主产区	45.0	60.0	0.0	30.0	45.0	55.0
平衡区	25.0	0.0	0.0	50.0	12.5	25.0
主销区	22.2	55.6	33.3	44.4	55.6	33.3

2006 年后减少口粮存储的农户大幅上升。在受访的 459 位农户中，25.9% 的农户 2006 年以后会减少口粮存储，比前三年减少口粮存储的农户比例（9.8%）增加 1.6 倍。这些急剧减少口粮存储的农户，势必会将其部分家庭口粮储备转由社会商品粮储备替代，从而对今后国家商品粮储备形成一股冲击波压力。各产销区 2006 年后减少口粮存储的农户比例由高到低依次为主销区 29.2%、主产区 27.7% 和平衡区 20.3%，这与市场化水平的梯次相匹配。近些年来，粮食连续丰产，政府保障粮食市场供应的能力逐步增强。于是，市场化水平越高的地区，农户的收入水平越高，越依赖市场保障口粮供应，从而减少口粮存储的比例也越高。

（三）口粮满足水平及其解决方法

大部分农户生产的粮食能够满足家庭口粮需求。77.2% 的农户所种粮食够自家吃，22.8% 不够吃。主销区与平衡区农户生产的粮食满足自家口粮需求的水平没有显著区别，但两地均与主产区农户的差别很大。[①] 主产区 87.1% 的农户生产的粮食够自家吃，分别高出平衡区（71.0%）和主销区（65.5%）农户 22.7% 和 33.0%，说明产粮越多的地区，农户保障自家口粮需求的水平越高。

绝大部分农户口粮最主要的解决办法是自家生产。农户解决口粮的最主要办法较多，但不同办法的使用情况差别大。81.0% 的农户最主要靠自家种植，13.4% 靠买口粮，4.7% 靠以粮（如玉米）换粮（如小麦、大米），还有 0.8% 靠其他办法（见表 12 - 38）。各产销区农户解决口粮的最主要办法差别大。[②] 主产区依靠自己种的农户最多（89.2%），分别比平衡区和主销区高 15.4 个和 15.1 个百分点；主销区农户最主要靠市场买粮解决口粮占 25.9%，分别比主产区和平衡区多 19.3 个和

---

①②　差异性检验详见附件 12 - 1 的卡方检验结果。

11.5 个百分点。可见，一个地区的农户粮食占有量与其口粮自给率呈正相关，粮食占有量越多的地区，农户口粮自给水平越高，相反，农户口粮商品化水平越高。平衡区最主要依靠以粮换粮解决口粮的农户占 10.7%，比主产区高 2.5 倍，主销区没有以粮换粮的农户。可见，经济越不发达，市场化水平越低，粮食市场越落后，低效率的以粮换粮的传统易货交易的农户越多。

表 12 - 38　　　　　　　　　农户解决口粮办法的比例　　　　　　　　　　%

项目	总体	主产区	平衡区	主销区
自家种	81.0	89.2	73.8	74.1
以粮换粮	4.7	3.1	10.7	0.0
买口粮	13.4	6.6	14.4	25.9
其他	0.8	1.0	1.1	0.0

（四）对未来粮食安全预期

多数农户对今后粮食安全预期比较乐观，主产区农户的未来粮食安全感最强，平衡区最弱。63.1% 的农户认为今后不会出现因粮荒而挨饿的情况，36.9% 对挨饿表示说不准或有不同程度的可能性。主产区与平衡区农户对未来粮食安全预期差别大，主产区与主销区、平衡区与主销区农户没有明显区别。[1] 主产区农户今后粮食安全度预期为 90 分，比平衡区和主销区农户预期分别高 3 分和 1 分。其中，平衡区农户预期今后不会挨饿的比例不足 60%，低于主产区和主销区农户 7% 左右（见表 12 - 39），说明主产区农户对未来国家粮食安全最有信心，信心最不足的是平衡区农户，主销区农户的未来粮食安全感居中。主要原因可能在于，主产区农户的粮食占有量高，"家中有粮、心中不慌"；主销区农户收入高、购买力强，对通过粮食市场买粮解决家中缺粮信心较高；相比之下，平衡区农户的粮食占有量虽然处于中间水平，但收入最低，购买力最弱，故对今后粮食安全信心最不足。

表 12 - 39　　　　　　　农户对未来因粮荒挨饿预期的比例　　　　　　　%

项目	总体	主产区	平衡区	主销区
不会发生	63.1	64.3	59.9	64.7
说不准	25.8	26.2	27.8	22.3
有些可能	6.4	7.3	4.3	7.2
可能	2.9	1.4	4.3	4.3

---

[1]　差异性检验详见附件 12 - 1 的卡方检验结果。

项目	总体	主产区	平衡区	主销区
很可能	1.5	0.3	3.2	1.4
肯定会	0.3	0.3	0.5	0.0
粮食安全度	89	90	87	89

说明：各地区农户粮食安全度的计算办法为，一是每项挨饿可能性按大小划分为六个层次，根据可能性分级，按照挨饿可能性越低、粮食越安全的原则进行百分制赋分；"不会发生"＝100、"说不准"＝80、"有些可能"＝60、"可能"＝40、"很可能"＝20、"肯定会"＝0。二是每种可能性的选择频率（%）与分值相乘。三是各种可能性的乘积合计后即为每个地区的粮食安全度分值。该分值越大，农户今后预期的粮食安全水平越高。

（五）影响农户口粮储备的主要因素

在农户粮食自给自足水平较高的社会中，家庭口粮储备是保障农户粮食安全的基本手段，是国家社会储备的有机组成部分。受自给自足传统文化的重要影响，2005～2006年93.3%的受访农户均有家庭口粮储备。根据农户行为的一般理论和经验，影响农户口粮储备量的主要因素包括家庭人口、粮食产量、耕地面积、收入、产销区类型等。运用SPSS软件对569家储备口粮的有效样本农户进行逐步回归，得出如下模型：

$$Y = 357.644 + 0.136X_1 + 87.400X_2 - 20.059X_3 \qquad (12-2)$$
$$t = (5.234)(11.214)(5.342)(-4.432)$$
$$p\ 值 = (0.000)(0.000)(0.000)(0.000)$$
$$R^2 = 0.256 \quad F = 64.875 \quad D.W = 1.728$$

式中：Y为每家农户口粮储备量（公斤）；X_1为农户粮食产量（公斤）；X_2为家庭人口（人）；X_3为耕地面积（亩）。P值中的0.000表示数值太小。

模型（12-2）显示，它们只能解释影响农户口粮储备约26%的因素，其解释力不够强。家庭收入和虚拟变量的产销区类型在逐步回归时剔除，表明农户口粮储备数量不受家庭收入和产销区差别的影响。模型结果表明农户口粮储备数量与农户家庭人口和粮食产量正相关，与耕地面积负相关，这与一般农户行为理论和实际经验相符，表明农户家庭人口越多、粮食产量越高，口粮储备量也越多；相反，耕地面积越大，农户对自产粮食保证口粮安全的能力越有信心，故口粮储备反而减少。在其他条件不变的情况下，农户粮食产量每增加1公斤，其口粮储备增加0.14公斤；每增加1口人，口粮储备增加87.4公斤；每增加1亩耕地，口粮储备减少20公斤。由此可知，增加粮食产量，利于提高农户口粮安全水平；减少农户人口，可减轻口粮储备负担；扩大农户承包地规模，可削减多余的口粮储备，利于向社会增加商品粮供应。

四、结论和政策建议

（一）主要结论

通过对全国不同产销区 600 多农户的偶遇抽样调查，可以得出适用这些调查地区的一些主要结论：

1. 农户粮食生产能力

每家农户平均生产粮食 3000 公斤左右。农户粮食的土地生产率由高到低依次为主产区、平衡区和主销区。平衡区农户粮食产量最高，其次为主产区，主销区最低，这与农户拥有的耕地资源多寡密切相关。主产区和平衡区农户粮食生产能力比较强，而主销区农户粮食生产能力明显偏低。影响农户粮食生产能力的主要因素多，彼此之间有交互作用，各产销区不同因素的差别程度也各异，大多数因素均有明显的产销区差别，部分因素没有明显产销区差异。

（1）农户平均耕地面积 6.9 亩，各地农户平均耕地面积从大到小依次为平衡区、主产区和主销区。农户的耕地复种指数为 1.23，复种水平由高到低依次为主产区、主销区和平衡区。

（2）大多数农户粮田灌溉设施能够保障浇上水，农户灌溉水平由高到低依次为平衡区、主产区和主销区。各产销区农户粮田灌溉水平不仅受到农户对粮田重视程度、投入水平的影响，还受到当地自然降水状况的显著影响。经济越发达的地区，农户收入水平越高，农户灌溉设施也越先进。

（3）不足 1/3 的农户家中拥有农业机械，主要是以通用的拉运机械为主，而专用的田间作业机械很少。绝大部分农户只有小型拖拉机，大中型拖拉机短缺。各产销区农户拥有的大型拖拉机数量与农民收入水平正相关。除采收环节外，农户在粮食生产中机械化水平较高的环节从高到低依次为翻地、托运、播种、灌（排）水。适宜机械化作业的小麦机械化采收水平最高，其次为稻谷；不太适宜机械作业的玉米和大豆机械化采收水平很低，只有小麦机械化采收水平的 14% 左右。主销区农户粮食生产环节的总机械化水平最高，其次为主产区，平衡区最低。农户收入水平越高的地区，粮食生产机械化水平也越高。

（4）大多数农户种粮时仍然施用有机肥，但多数农户有机肥施用量较少。收入水平越高地区的农户，越不愿意施用有机肥。产粮越多的地区，农户越重视粮食收益，越注重土地的长期利用，施用的有机肥也越多。虽然大多数农户都知道不施用有机肥的弊端，但不少农户仍不施用有机肥，最主要的原因是缺少有机肥来源。随着各产销区农户收入水平的逐渐上升，嫌脏而放弃施有机肥的农户比例会不断上升，从而长期影响土地肥力的提升。大部分农户的秸秆未能直接还田，各产销区农户秸秆还田方式差别大。秸秆还田机械化程度不足40%，大多数农户仍然主要将秸秆直接翻入地中还田。各产销区秸秆还田机械化程度差别大。主销区秸秆还田的机械化程度最低，主产区农户需要更多采用先进的专用秸秆还田设备。未直接还田的秸秆少部分在田间焚烧。秸秆越多的地区，田间焚烧秸秆的农户反而越少。

（5）大多数农户种粮未获得过技术服务，少部分农户获得技术服务的主要来源是政府系统的科技推广队伍和市场化的农资销售商。主产区获得技术服务的农户比例最低。2004～2005年，农户种粮时采用新技术的情况表明，粮食种植的新技术推广力度不够，种粮新技术供给不足。各产销区农户种粮时采用新技术的情况基本一致。相反，目前粮食种植的良种普及力度比较大，农户良种更新速度较快。各产销区农户采用良种的行为差异程度不同。

（6）大多数农户文化素质偏低，不同产销区农户的受教育水平差别显著。随着中国经济发达程度不断提升，务农农户的老龄化程度日渐加剧。农户家庭平均拥有约3个劳动力。平均每个农户家庭约有1个劳动力外出打工。大多数农户以种粮为主，种粮越少的地区，种植的经济作物越多。每个农户经常在粮田干活的劳动力平均近2个。平衡区农户经常在粮田干活的劳动力多于主产区和主销区。绝大多数农户投入到粮田中的劳动时间不足半年。平衡区农户投入到粮食生产中的实际干活时间最长。各产销区农户种粮时间长短与产销区经济发展水平呈反相关关系。

（7）化肥投入是粮食生产费用中的最主要项目，其次为机械作业费。收入水平越低的地区，农户的粮食生产费用反而越高，生产粮食的经济负担也更沉重。平衡区农户在排灌领域的支出负担太重，急需减轻排灌费用负担。

（8）农户获得的生产性补贴主要为粮食直接补贴和良种补贴。主产区农户获得过补贴的人数最多，其次为主销区，平衡区最少。主产区农户同时得到中央和地方财政的不少补贴，主销区农户可得到财力强的地方财政的较多补贴，平衡区农户得到各级财政的补贴最少。

（9）2004～2005年的两年中，大部分农户都遭受了自然灾害，遭遇最多的是病虫害和旱灾，说明中国农业自然灾害频发，病虫害和旱灾是威胁中国农户粮食生产能力的重要气候因素。大多数受灾农户的粮食都存在不同程度的减产并且减产损失较大，反映了中国农户抗灾能力比较弱。

（10）种粮纯收入对农户家庭纯收入的贡献比较少。种粮收入对农户家庭收入相对贡献越大的地区，农户收入水平反而越低。2004～2005年的两年中，农户粮食播种面积变化不大，土地依然是制约农民增加粮食生产的首要因素。经济越发达、农户收入越高的地区，种粮的劳动力越短缺。各产销区农户不扩大种粮面积的原因差别大。农户增加生产投入的首要因素是农资涨价导致的被动增加投入，国家惠农政策对提高农户种粮积极性的作用有限。主产区和平衡区农户种粮增加生产投入的行为均与主销区农户明显不同。农民的种粮行为仍然受传统观念的影响，解决自家吃口粮是主要因素，很少有农户是为了赚钱去种粮。

（11）经济越发达的地区，农户种地之外的就业机会越多，农民的恋地情节越弱，流转土地的农户越多，农村土地流转市场发育越快。国家的支农惠农政策调动了近半数转包土地农户的种地积极性。国家鼓励粮食生产的政策导向发挥了重要作用，要回的土地基本用于粮食生产。减免农业税和粮食直补是提高农户种粮积极性最主要的两项政策措施。主产区农户主要为了生产粮食而要回土地；平衡区农户主要受减免农业税的激励要回土地种粮或经济作物；国家鼓励粮食生产的政策对主销区农户要回土地没有明显作用。

（12）农户粮食生产能力（以粮食产量反映）与农户的耕地面积、拥有的农机、粮田使用的劳动力、种粮采用的新技术正相关，与农户家庭收入水平负相关。为了提高农户的粮食生产能力，需要扩大农户耕地规模，增添农机装备，增加粮田劳动力，采用新技术，重点调动中低收入农户的种粮积极性。

2. 农户粮食安全

（1）农户生产粮食以自给自足为主，商品化生产为辅。经济越发达、就业机会越多的地区，专门从事规模化种粮和养殖的专业化大户就越多。产粮越多的地区，农户自给自足供应家庭口粮的比例越高；相反，农户依靠市场供应家庭口粮的比例越高。

（2）农户家中储存的主要口粮平均够吃1年。产粮越多的地区，农户家中主要或次要口粮存储也越多，维持家庭口粮消费的时间也越长。绝大部分农户保持自储粮习惯。2003～2005年，大部分农户存粮数量基本不变；主销区农户以减少口粮存储为主，平衡区则以增加口粮存储为主。每家农户2005年比2004年平均减少口粮存储375.8公斤，口粮存储越多的农户，减少的口粮存储也越多。农户减少口粮存储的主要原因为市场供给充裕、减少工作量、有利可图。

（3）大部分农户生产的粮食能够满足家庭口粮需求。产粮越多的地区，农户保障自家口粮需求的水平越高。经济越不发达，低效率的以粮换粮的传统易货交易的农户越多。

（4）大多数农户对于今后粮食安全问题持乐观态度，主产区农户的未来粮食安全感最强,平衡区农户最弱。平衡区农户的粮食占有量虽然处于中间水平,但收入最低,购买力最弱,故对今后粮食安全信心最不足。

(5) 农户口粮储备数量与农户家庭人口和粮食产量正相关,与耕地面积负相关。增加粮食产量,利于提高农户口粮安全水平;减少农户人口,可减轻口粮储备负担;扩大农户承包地规模,可削减多余的农户口粮储备,增加商品粮供应。

(二) 政策建议

为了提高农户粮食生产能力,保障粮食安全,在切实贯彻执行好目前粮食支持政策的基础上,一方面要在全局基础上针对现有政策实施过程中暴露出来的问题采取行之有效的措施;另一方面,要因地制宜,针对不同产销区的具体情况进一步完善和制定差异化的相关政策。

1. 一般性政策

一要扩大大中型或适用小块耕地的小型农机具购置补贴的支持力度和范围。目前农户的大中型农业机械、适用南方丘陵地区的小型机械和秸秆还田机械非常短缺,距离现代农业的要求甚远,影响新农村建设进程,主要是政府补贴量少,覆盖面窄。建议进一步加大这类农业机械补贴,拓宽适用机械的补贴范围,让更多地区的农民受益。

二要加强土壤肥力升级支持。按照循环农业的要求,鼓励粮食产地一定范围内形成若干养殖小区,为种粮农户培植有机肥来源。加大性价比高于化肥的有机肥的研发和生产支持力度,培育多层次有机肥市场,依靠政府补贴或"以奖代补"等办法来鼓励农民施有机肥。制定简便易测的肥力升级标准,3 年左右土壤有机质含量等指标达到不同等级者,给予不同等级的补贴或奖励。支持秸秆机械化还田,研发简单实用价廉的还田设备,将机械化秸秆还田设备逐步纳入农机补贴范围,甚至在一定期限内补贴达到一定规模的机械化还田农户的费用,发挥秸秆还田示范推广作用。

三要完善种粮补贴政策。将存量粮食直补资金继续以现金的形式直补给农户。如果有新增的粮食直补资金,按照先试点、后推广的原则,允许部分村庄通过一事一议的方式,将粮食直补资金存量和增量的全部或部分用于农田水利等基础设施建设。通过这种降低种粮损失和灌溉成本的方法,间接增加农民收入,又提高粮食综合生产能力,同样能实现粮食直补政策的现有目标。具体可采取"村用民管乡监督"方式,其中,"民管"就是村民直选代表组成财务审核组,只有该组签字审核后方允许报销,定期将经费支出结果张榜公布。要根据每年的农资涨价幅度,采取相应比例的农资综合直补，切实起到综合直补降低农民种粮成本的功效，保护农户种粮积极性。

四要加大适宜高龄化和妇女化农村劳动力的粮食生产技术研发与培训力度。有关部门要专门对现行粮食耕、种、收等生产技术立项攻关，以方便老人、妇女使用。同时，要从农民素质培养入手，开展适应老人、妇女的培训对象和培训需求的知识技能培训，提高种粮农户的科技文化素养和生产技能，确保农户种粮的科学性和合理性。

五要加强农户的种粮技术服务。一方面，要针对各地复杂的种粮环境，加大适宜本地情况的种粮新技术研发，进一步调动乡镇农业技术推广部门为农户提供种粮技术的积极性；另一方面，要巧借市场化力量推广种粮新技术。培训农资销售商，采用以奖代补方式，鼓励农资销售商以培训农民种粮新技术方式扩大农资销售。

六要大力扶持种粮专业户。小规模农户即使不给某些种粮补贴，也会保证家庭口粮种植。政府虽然发放了少量种粮补贴，作用甚微，也很少增加商品粮生产。随着城市化的发展，农户外出打工和兼业日益增多，种粮农户日趋减少，种粮专业户将成为今后中国商品粮供应的主力。要逐步从所有农户的普惠制种粮补贴向种粮专业户的特惠制补贴过渡。粮食补贴政策按照规模起点（20 亩以上）发放，既增加了商品粮供应，促进土地流转和规模经营，又降低了发放补贴成本。通过培训种粮专业户，提高粮农生产经营素质，既弥补种粮农户减少的缺口，又为非粮领域补充劳动力。采取种粮补贴给予大户和承包户方式，力避农户为得到各种补贴而要回种粮专业户转包的土地，以免土地规模经营出现倒退。

2. 区域性政策

一要继续增强主产区农户粮食生产能力，巩固其对全国粮食安全的支撑能力。增加主产区农户大型拖拉机、播种机等农业机械补贴。优先提高主产区农户的玉米和大豆机械化采收水平。支持主产区农户更多采用先进的专用秸秆还田设备。引导和扶持主产区部分农户从事牛羊等草食动物养殖，既提高秸秆饲料利用水平，又扩大主产区粮田有机肥供应。加强主产区农户的种粮技术服务。

二要加大平衡区农户粮食生产能力支持，提高自求平衡保障粮食安全的水平。粮食平衡区基本上分布在经济欠发达的西部地区，这些地区对国家粮食安全的贡献明显不如主产区，也就未纳入中央财政重点支持的粮食生产地区。在现行粮食政策框架内，主产区在粮食生产基地和储备等方面可以得到中央财政重点支持，主销区则在粮食储备方面得到中央财政重点支持，平衡区夹在中间，两头的政策倾斜好处均很少得到，出现了边缘化倾向。因平衡区地方财政弱、农民穷，大多无力兴修农田基础设施，致使这些地区的农户粮食生产条件相当脆弱。如果平衡区被边缘化的政策安排长期得不到调整，那么，这些地区将逐渐转为贫穷型主销区，不仅加大了主产区粮食供给的压力，而且，将逐渐替代东部发达的富裕型主销区，成为中国粮食安全最敏感和脆弱的重点地区，这从平衡区农户的未来粮食安全信心最不足中得到验证。因此，建议有关部门未雨绸缪，参照主产区的粮食支持政策，对一些人口多、粮食产销平衡压力大的欠发达平衡区，加大机械化灌排设施等农田基础设施和粮食物流设施的投资或以奖代补力度，中央财政对包括播种机在内的大型农机具补贴向平衡区延伸，设法提升玉米和大豆的机械化采收水平，还可向农户发放固定的浇水费用补贴，优先在平衡区试点有机肥施用补贴，增强其粮食综合生产能力，提高其粮食安全保障水平，尽量避免该地区转为贫穷型主销区。

三要稳定主销区农户粮食生产能力，努力维护当地粮食安全。顺应主销区农户日趋增强的离土离农经营趋势，不断完善土地流转市场，优先支持主销区农户扩大土地流转，鼓励土地向种粮大户集中。不能将畜禽粪便的污染简单根据个别指标与工业污染画等号，适当降低主销区适宜养殖区的环保门槛，鼓励部分农户进入养殖小区搞养殖，优先培育起主销区有机肥市场，为主产区和平衡区农户做示范。注意监测主销区农户减少口粮存储和转吃商品粮的动向，适时调整本地应急粮食储备，维护粮食市场秩序，加强粮食物流配送，确保主销区农户粮食安全。

参考文献

［1］史清华：《农户经济活动及行为研究》，中国农业出版社 2001 年 10 月版。

［2］段应碧、宋洪远：《中国主产区粮食综合生产能力建设问题调研报告》，中国财政经济出版社 2005 年 8 月版。

［3］周慧秋：《东北地区粮食综合生产能力研究》，中国农业出版社 2005 年 6 月版。

［4］中国农业年鉴编辑委员会：《中国农业年鉴（2005）》，中国农业出版社 2005 年 12 月版。

［5］肖海峰、李瑞峰、王娇：《农民对粮食直接补贴政策的评价与期望——基于河南、辽宁农户问卷调查的分析》，载于《中国农村经济》2005 年第 3 期。

［6］蓝海涛、王为农、黄汉权、姜长云等的《江浙地区粮食安全的状况、问题及建议》，2006 年的调研报告。

［7］高瑛：《基于粮食安全保障的我国粮食产销利益协调机制研究》。2006 年 6 月的博士论文。

附件 12－1

农户卡方检验表

指标	主产区—主销区			主产区—平衡区			平衡区—主销区		
	卡方值	α值	差异性	卡方值	α值	差异性	卡方值	α值	差异性
年龄	16.734	0.005	极显著	4.999	0.416	不显著	11.361	0.045	显著
教育水平	20.460	0.001	极显著	11.661	0.040	显著	11.956	0.035	显著
收入水平	90.158	0.000	极显著	40.423	0.000	极显著	82.588	0.000	极显著
粮食收入比例	77.090	0.000	极显著	5.935	0.204	不显著	44.206	0.000	极显著
收入粮食品种	34.694	0.000	极显著	8.163	0.086	不显著	42.142	0.000	极显著
干活时间	19.101	0.001	极显著	34.377	0.000	极显著	37.296	0.000	极显著
浇水来源	69.093	0.000	极显著	17.737	0.000	极显著	23.325	0.000	极显著
浇水方法	109.690	0.000	极显著	23.141	0.000	极显著	26.946	0.000	极显著
水费高低	42.598	0.000	极显著	25.348	0.000	极显著	28.412	0.000	极显著
浇水难度	65.642	0.000	极显著	10.237	0.037	显著	44.766	0.000	极显著
农机拥有状况	26.166	0.000	极显著	0.795	0.373	不显著	17.166	0.000	极显著
农机购买状况	2.224	0.136	不显著	0.033	0.855	不显著	1.640	0.200	不显著
农机肥使用	37.727	0.000	极显著	35.906	0.000	极显著	55.879	0.000	极显著
秸秆还田	115.000	0.000	极显著	112.000	0.000	显著	75.000	0.000	极显著
秸秆处理	66.813	0.000	极显著	23.435	0.000	极显著	58.775	0.000	极显著
新技术使用	6.364	0.174	不显著	1.535	0.820	不显著	2.835	0.586	不显著
良种使用	16.152	0.003	极显著	1.024	0.906	不显著	9.683	0.046	显著
增加播种面积	0.361	0.548	不显著	0.690	0.406	不显著	0.021	0.886	不显著
增加生产投入	14.043	0.000	极显著	0.025	0.875	不显著	11.162	0.001	极显著
减产程度	11.222	0.047	极显著	16.406	0.006	极显著	8.559	0.128	不显著
挣钱办法多寡	19.798	0.000	极显著	4.912	0.027	显著	34.008	0.000	极显著
种粮意愿	18.415	0.000	极显著	0.924	0.336	不显著	34.008	0.000	极显著
转包土地行为	7.831	0.005	极显著	0.159	0.690	不显著	8.140	0.004	极显著
要回土地行为	9.723	0.008	极显著	2.780	0.249	不显著	1.971	0.373	不显著
有无直补	167.590	0.000	极显著	94.350	0.000	极显著	15.513	0.000	极显著
有无良种补贴	11.659	0.001	极显著	77.347	0.000	极显著	23.229	0.000	极显著
有无农机补贴	0.827	0.363	不显著	1.974	0.160	不显著	4.073	0.044	显著
直补作用	17.303	0.002	极显著	13.533	0.009	极显著	17.619	0.001	极显著
今后直补发放	3.196	0.362	不显著	38.814	0.000	极显著	15.329	0.002	极显著
直补监督	0.869	0.833	不显著	5.362	0.147	不显著	0.693	0.875	不显著
直补不抵扣税	34.131	0.000	极显著	19.171	0.000	极显著	6.286	0.043	显著
存粮变化	2.752	0.253	不显著	4.705	0.095	不显著	7.453	0.024	不显著
解决口粮办法	35.151	0.000	极显著	20.785	0.000	极显著	21.773	0.000	极显著
未来粮食安全	6.025	0.304	不显著	12.226	0.032	显著	4.242	0.515	不显著

附件 12 - 2

农户家庭种粮情况调查表

问卷编号：□□□□□□□

　　为了提高中国的粮食综合生产能力，增加农民收入，保障国家粮食安全，科技部委托国家发改委产业发展研究所牵头组织，会同国家发改委、农业部和国家粮食局等所辖的有关部门联合承担了国家级的粮食攻关课题。为了准确了解农民的粮食综合生产能力等问题，利于国家更好地制定惠农政策，又便于保密，现拟定无记名问卷调查表，请了解家庭种粮情况的您配合调查，非常感谢！

　　　　　　　　　　　　《国家粮食综合生产能力建设与粮食安全保障研究》项目

　　　　　　　　　　　　　　国家发展和改革委产业发展研究所

　　　　　　　　　　　　　　　　　　2005. 11. 30

　　注：凡未注明的选题，均为单项选答题。"问卷编号"中第 1、2 格为省份编码，第 3、4 格为县市编码，第 5 格为乡镇编码，第 6、7 格为农户编码。调查员只填写第 6、7 格的农户编码，如第 1 户按"0"和"1"分别填在第 6 格和第 7 格，第 12 户按"1"和"2"分别填在第 6 格和第 7 格。下表中如"Q1、Q20.2"等符号为电脑录入编号，供录入人员使用，不需要现场填写。一些含"如果"的条件选择题，下面与己无关的内容可不答。

　　联系人：蓝先生　联系电话：010 - 63908723；13391571279

问卷调查表

　　日期：_____ 年 _____ 月 _____ 日

　　地点：（Q0）_____ 省（直辖市）_____ 县（市）_____ 乡（镇）

　　调查员姓名：_____ 单位 _____ 联系电话 _____

一、个人情况

1. 性别：（Q1）

□ 1）男　　　　　　　□ 2）女

2. 您的年龄有多大？（Q2）

□ 1）25 岁以下　　　□ 2）26 ~ 35 岁　　　□ 3）36 ~ 45 岁

□ 4）46 ~ 55 岁　　　□ 5）56 ~ 65 岁　　　□ 6）66 岁以上

3. 您的文化程度是：（Q3）

□ 1）文盲或识字很少　　□ 2）小学　　　　□ 3）初中

□ 4）高中　　　　　　　□ 5）中专　　　　□ 6）大专及大专以上

4. 您家 2005 年的耕地（包括自家和转包别人的土地）面积是（Q4.1）＿＿＿＿＿亩（1 亩＝666.7 平方米），① 一年中分别种过稻谷（Q4.2）＿＿＿＿＿亩，小麦（Q4.3）＿＿＿＿＿亩，玉米（Q4.4）＿＿＿＿＿亩，大豆（Q4.5）＿＿＿＿＿亩，其他（Q4.6）＿＿＿＿＿亩，合计（Q4.7）＿＿＿＿＿亩。

5. 您一年中最多的劳动时间用来做什么？（Q5）

□ 1）种谷物　　　　　　　　　　　　　　□ 2）种大豆

□ 3）种经济作物（棉花、油料、药材等）　□ 4）养畜禽

□ 5）其他

6. 您在家庭粮食生产中是（Q6）

□ 1）主要劳动力　　□ 2）帮手　　　　□ 3）其他

二、家庭情况

7. 您家在一个灶吃饭和生活半年以上的常住人口共有＿＿＿＿＿人。（Q7）

8. 您家共有（Q8.1）＿＿＿＿＿个劳动力（劳动力指男性 16～70 周岁，女性 16～65 周岁具有劳动能力的人），其中（Q8.2）＿＿＿＿＿个男劳力，（Q8.3）＿＿＿＿＿个女劳力，不在家中生活外出打工半年以上的劳动力有（Q8.4）＿＿＿＿＿个。

9. 在正常年景（不含特殊亏损年）您家打工收入和种植、养殖的所有产品折成收入以及赠送的钱等各种收入加起来的总收入，扣掉种植、养殖时的农业生产资料投入和雇人干活等在内的全部生产性开支后，您家的纯收入有多少？（Q9）

□ 1）5000 元以下　　　　　□ 2）5001～10 000 元

□ 3）10 001～15 000 元　　□ 4）15 001～20 000 元

□ 5）20 001～30 000 元　　□ 6）30 001 元以上

10.（1）您家种粮纯收入占家庭年纯收入的比例是多少？（Q10.1）

□ 1）10% 以下　　　□ 2）11%～30%　　□ 3）31%～50%

□ 4）51%～70%　　　□ 5）71% 以上

（2）在您家种粮纯收入中，哪一种粮食作物（只能选一种）纯收入最多？（Q10.2）

□ 1）稻谷　　　　　□ 2）小麦　　　　　□ 3）玉米

□ 4）大豆　　　　　□ 5）其他杂粮

---

① 东北一些地区使用"大亩"，1 大亩＝1000 平方米＝1.5 亩。若习惯使用大亩，请一定换算为"亩"。本调查表只使用政府统计所用的"亩"。

三、粮食生产

11. （1）您家在粮田中经常干活的劳动力有_____个？（Q11.1）

（2）他们一年当中生产粮食从种到收实实在在干活的时间有多长？（Q11.2）

□ 1）1 个月以下　　　□ 2）1~2 个月　　　□ 3）3~4 个月

□ 4）5~6 个月　　　□ 5）7 个月以上

12. （1）您家粮田有多大比例的平（坝或槽）地_____%（Q12.1），有多大比例的山（坡）地（Q12.2）_____%（两者合计应为100%）。

（2）您家的粮田能否浇上水？（Q12.3）

□ 1）能浇水　　　□ 2）不能浇水

（3）如果选"能浇水"，您家粮田的水最主要来自（Q12.4）

□ 1）水库、河流、湖泊、池塘等地表水

□ 2）井水

□ 3）其他

（4）您家最常用的浇水方法是什么？（Q12.5）

□ 1）经沟渠漫灌　　　□ 2）经水管漫灌　　　□ 3）经水管喷灌

□ 4）经水管滴灌　　　□ 5）其他

（5）您家有（Q12.6）_____%的粮田可采用通常的灌溉方式（不包括人工挑水）浇上水？

（6）您家全年每亩的浇水费用（Q12.7）_____元或每人（Q12.8）_____元（选一个）。

（7）您觉得每亩或每人的浇水费用贵不贵？（Q12.9）

□ 1）便宜　　　□ 2）一般　　　□ 3）有些贵

□ 4）贵　　　□ 5）非常贵

（8）您家浇水难度有多大？（Q12.10）

□ 1）容易　　　□ 2）一般　　　□ 3）有些困难

□ 4）困难　　　□ 5）非常困难

（9）如果上题选"有些困难、困难、非常困难"，主要难在何处？（可多选）

□ 1）田间沟渠不足（Q12.11）

□ 2）"竹节"沟挡水（Q12.12）

□ 3）水库老化、存水少（Q12.13）

□ 4）打井少（Q12.14）

□ 5）地下水下降太快、井报废多（Q12.15）

□6) 浇水时间集中、抢水多、管理难（Q12.16）

□7) 农田沟渠井和小水库等不让民营资本投入（Q12.17）

13. (1) 您家现在是否有农业机械（不含小型的手动辅助工具，如喷雾器等）？（Q13.1）

□1) 没有　　　　　　　□2) 有

(2) 如果上题选"有"，都有几台什么类型的农业机械？（多选）

□1) 拖拉机（Q13.2）＿＿＿＿台，其中小型（20马力以下）（Q13.3）＿＿＿＿台、中型（20~50马力）（Q13.4）＿＿＿＿台、大型（51马力以上）（Q13.5）＿＿＿＿台；

□2) 中耕机（Q13.6）＿＿＿＿台；

□3) 收割机（Q13.7）＿＿＿＿台，其中联合收割机（Q13.8）＿＿＿＿台；

□4) 插秧机（Q13.9）＿＿＿＿台；

□5) 脱粒机（Q13.10）＿＿＿＿台；

□6) 农用运输车（Q13.11）＿＿＿＿台；

□7) 其他（Q13.12）＿＿＿台。

14. (1) 您家2005年新购买农机了吗？（Q14.1）

□1) 没买　　　　　　　□2) 买了

(2) 如果选"买了"，花了（Q14.2）＿＿＿元钱？都是哪些机械？（可多选）

□1) 小型拖拉机（20马力以下）（Q14.3）

□2) 中型拖拉机（20~50马力）（Q14.4）

□3) 大型拖拉机（51马力以上）（Q14.5）

□4) 中耕机（Q14.6）

□5) 收割机（Q14.7）

□6) 插秧机（Q14.8）

□7) 脱粒机（Q14.9）

□8) 农用运输车（Q14.10）

□9) 其他（Q14.11）

15. 您家种粮过程中，在以下生产环节使用农业机械的程度如何？（在下列生产环节中，请在使用程度排序上直接画勾；若无某个生产环节，可不用画勾。）

使用程度排序

1) 翻地　　□无此项　□不使用　□偶尔使用　□经常使用（Q15.1）

2) 播种　　□无此项　□不使用　□偶尔使用　□经常使用（Q15.2）

3) 插秧　　□无此项　□不使用　□偶尔使用　□经常使用（Q15.3）

4) 锄草　　□无此项　□不使用　□偶尔使用　□经常使用（Q15.4）

5) 施肥　　□无此项　□不使用　□偶尔使用　□经常使用（Q15.5）

6）灌水或排水　□无此项　□不使用　□偶尔使用　□经常使用（Q15.6）

7）稻谷采收　□无此项　□不使用　□偶尔使用　□经常使用（Q15.7）

8）小麦采收　□无此项　□不使用　□偶尔使用　□经常使用（Q15.8）

9）玉米采收　□无此项　□不使用　□偶尔使用　□经常使用（Q15.9）

10）大豆采收　□无此项　□不使用　□偶尔使用　□经常使用（Q15.10）

11）拉运　□无此项　□不使用　□偶尔使用　□经常使用（Q15.11）

16. 如果粮田长期不施农家肥或有机肥，您认为会产生哪些主要后果？（可多选）

□1）土壤没有后劲（Q16.1）　　　□2）水土容易流失（Q16.2）

□3）化肥越用越多（Q16.3）　　　□4）粮食单产下降（Q16.4）

17. （1）您家2005年种粮时施了多少农家肥或有机肥？（Q17.1）

□1）没施过　　　　　　　　　□2）每亩1立方米以下

□3）每亩1.1～3立方米　　　　□4）每亩3.1～5立方米

□5）每亩5.1立方米以上

（2）如果上题选择"没施过"，主要原因是什么？（可多选）

□1）家中无农家肥来源（Q17.2）

□2）周围买不到农家肥（Q17.3）

□3）积和施农家肥太脏（Q17.4）

□4）相同肥效农家肥比化肥贵（Q17.5）

□5）宁愿休息，也不愿积肥（Q17.6）

□6）农家肥不能快速增加粮食单产（Q17.7）

18. （1）您家粮食收获后的秸秆是否直接还田（注：直接还田不包括田间焚烧）？（Q18.1）

□1）否　　　　　　　□2）是

（2）如果上题选择"是"，最主要采用什么办法还田？（Q18.2）

□1）直接翻入地中

□2）先人工截短、再翻入地中

□3）先机器粉碎、再翻入地中

□4）用秸秆还田设备边粉碎、边翻

□5）其他

（3）如果前面18.1题选"否"（不直接还田），处理秸秆最主要方法是什么？（Q18.3）

□1）田间焚烧　　　□2）用做饲料　□3）用做燃料

□4）卖掉　　　　　□5）其他

（4）如果您在田间焚烧，秸秆不直接还田的主要原因是什么？（可多选）

□1）买不到秸秆还田设备（Q18.4）

□2）秸秆还田设备太贵（Q18.5）

□3）没有机械化秸秆还田服务（Q18.6）

□4）机械化秸秆还田费用太高（Q18.7）

□5）人工还田太费力（Q18.8）

□6）不收购秸秆（Q18.9）

□7）家中不需要用做饲料、燃料（Q18.10）

19. 您家种粮时，主要得到过谁的技术服务？（可多选）

□1）没得到（Q19.1）　　　　　　□2）乡镇或村技术员（Q19.2）

□3）农资销售商（Q19.3）　　　　□4）种粮专业户或大户（Q19.4）

□5）龙头企业技术员（Q19.5）

20. 您家近两年种粮时采用过几项社会上正在推广的新技术（如免耕栽培法、抛秧等）？（Q20）

□1）没用过　□2）1项　□3）2项　□4）3项　　□5）4项以上

21. 您家近两年种粮时采用过几种政府部门及其所属机构推荐的或者社会认可的良种？（Q21）

□1）没用过　□2）1种　□3）2种　□4）3种　　□5）4种以上

22. 近两年中您家有没有增加粮食播种面积？（Q22.1）

□1）没有增加　　　　　　□2）增加了

如果上题选择"没有增加"，主要原因是什么？

□1）没有多余土地（Q22.2）

□2）缺少资金（Q22.3）

□3）缺少劳动力（Q22.4）

□4）农资涨价、多种粮不挣钱（Q22.5）

□5）多产的粮食不好卖（Q22.6）

□6）多产的粮食没处用（Q22.7）

□7）其他（Q22.8）

23. 近两年您家增加了种粮的生产投入吗？（Q23.1）

□1）没有增加　　　　　　　　　　□2）增加了

如果上题选"增加了"，您家增加粮食生产投入的因素有哪些、重要吗？（请在重要程度上画勾。）

重要程度排序

1）粮价高　　　　　□没有　□一般　□重要　□很重要（Q23.2）

2）减免农业税　　　□没有　□一般　□重要　□很重要（Q23.3）

3）粮食直接补贴 　　□没有 □一般 □重要 □很重要（Q23.4）

4）良种补贴 　　　　□没有 □一般 □重要 □很重要（Q23.5）

5）农机补贴 　　　　□没有 □一般 □重要 □很重要（Q23.6）

6）有稻谷最低收购价 □没有 □一般 □重要 □很重要（Q23.7）

7）龙头企业订单收购 □没有 □一般 □重要 □很重要（Q23.8）

8）粮食比经济作物好卖、易转化 □没有 □一般 □重要 □很重要（Q23.9）

9）农资涨价、被迫增加投入 　　□没有 □一般 □重要 □很重要（Q23.10）

24. 近两年您家种粮遭受的主要灾害是哪些？（可多选）

　□1）旱灾（Q24.1） 　　□2）涝灾（Q24.2） 　　□3）鼠害（Q24.3）

　□4）病虫害（Q24.4） 　□5）雹灾（Q24.5） 　　□6）风灾（Q24.6）

　□7）洪灾（Q24.7） 　　□8）其他（Q24.8） 　　□9）没遭灾（Q24.9）

25. 您家近两年遭受的灾害，使粮食减产多少？（Q25）

　□1）／（没遭灾） 　　□2）10%以下 　　□3）11%~20%

　□4）21%~30% 　　　□5）31%~50% 　　□6）51%以上

26. 您家2005年的单季粮食亩产平均多少公斤？（可多选）（Q26）

　□1）稻谷（Q26.1）_____公斤/亩

　□2）小麦（Q26.2）_____公斤/亩

　□3）玉米（Q26.3）_____公斤/亩

　□4）大豆（Q26.4）_____公斤/亩

27. 您现在除了种粮之外，还有别的挣钱办法吗？（Q27.1）

□1）没有 　　　　　　□2）有

如果上题选择"有"，您是否还愿意再扩大粮食生产？（Q27.2）

□1）不愿意 　　　　　□2）愿意

如果上题选择"愿意"，您一亩地扣除所有投入后净挣多少钱才愿多种？（多选）

　□1）稻谷_____元/亩（Q27.3）

　□2）小麦_____元/亩（Q27.4）

　□3）玉米_____元/亩（Q27.5）

　□4）大豆_____元/亩（Q27.6）

28.（1）2004年或2005年之前您家有没有把土地转包给别人？（Q28.1）

　□1）没有 　　　　　□2）有

（2）如果上题选择"有"，2005年您家有没有将转包的土地要回自家种？（Q28.2）

　□1）没有 　　□2）要回一部分 　　□3）全部要回

（3）如果"要回一部分"或"全部要回"土地，您家在这些土地上最主要种

哪些作物（不能超过两种）？（Q28.3）

□ 1）稻谷 □ 2）小麦 □ 3）玉米

□ 4）大豆 □ 5）蔬菜、瓜果 □ 6）其他

（4）您家要回土地自己种的因素有哪些、重要吗？（请在重要程度上画勾）（Q28.4）

重要程度排序

1）粮价高 □没有 □一般 □重要 □很重要（Q28.5）

2）自己种可得到粮食直接补贴

　　　　　　　　 □没有 □一般 □重要 □很重要（Q28.6）

3）减免农业税 □没有 □一般 □重要 □很重要（Q28.7）

4）良种补贴 □没有 □一般 □重要 □很重要（Q28.8）

5）稻谷有最低收购价 □没有 □一般 □重要 □很重要（Q28.9）

6）大型农业机械补贴 □没有 □一般 □重要 □很重要（Q28.10）

7）出外打工不如种粮，因活难找、太辛苦、挣得少、要钱难

　　　　　　　　 □没有 □一般 □重要 □很重要（Q28.11）

8）减免农业税后，经济作物收益更高

　　　　　　　　 □没有 □一般 □重要 □很重要（Q28.12）

9）多打粮食 □没有 □一般 □重要 □很重要（Q28.13）

10）其他 □没有 □一般 □重要 □很重要（Q28.14）

29.（1）您家近两年都得到了哪些生产性补贴？

□ 1）直接补贴（Q29.1） □ 2）良种补贴（Q29.2）

□ 3）农机补贴（Q29.3） □ 4）其他（Q29.4）

（2）如果您家得到了粮食直接补贴，补贴标准是多少？

□ 1）稻谷_____元/亩（Q29.5）或_____元/斤（Q29.6）

□ 2）小麦_____元/亩（Q29.7）或_____元/斤（Q29.8）

□ 3）玉米_____元/亩（Q29.9）或_____元/斤（Q29.10）

□ 4）大豆_____元/亩（Q29.11）或_____元/斤（Q29.12）

□ 5）_____元/人（Q29.13）

（3）您家的粮食直接补贴是怎样补的？

□ 1）按照当年种粮面积补（Q29.14）

□ 2）按照前几年计税面积补（Q29.15）

□ 3）按照实际交售粮食补（Q29.16）

□ 4）其他（Q29.17）

（4）发给您家的全部粮食直补资金 2004 年有（Q29.18）_____元（不包括

良种补贴、农机补贴)，2005 年有 (Q29.19) _____元。

(5) 得到的粮食直补资金对您家收入有多大作用？(Q29.20)

□ 1) 几乎没作用　　　□ 2) 略有作用　　　□ 3) 有些作用

□ 4) 一般作用　　　□ 5) 很大作用

(6) 您认为粮食直补资金今后怎样用最满足您的心意？(Q29.21)

□ 1) 继续按老办法给农民

□ 2) 部分资金按老办法给农民，部分资金搞农田和道路等基础设施

□ 3) 发过的直补钱继续给农民，国家新增直补资金搞农田和道路等基础设施

□ 4) 全部直补钱搞农田和道路等基础设施

(7) 如果上题没有选择"继续按老办法给农民"这一项、而选择其他任何一项的，那么对今后直补资金的使用和管理您最赞成哪一种办法？(Q29.22)

□ 1) 村民代表大会决定投资项目，张榜公布资金使用明细，县或乡镇政府监督并提供技术支持

□ 2) 各村报项目，乡镇政府统筹使用，张榜公布直补资金使用明细

□ 3) 各村报项目集中到乡镇政府，再由县市政府统筹使用，接受地市级政府审计

□ 4) 其他

30. (1) 如果有的农户还欠国家法定的农业税和村提留、乡统筹款，您是否同意先用政府发的粮食直补钱抵扣这些欠款后，余钱再发给他们？(Q30.1)

□ 1) 不同意　　　□ 2) 同意

(2) 您对国家不允许抵扣欠缴的农业税和村提留、乡统筹款，仍然给这些欠款农户发粮食直补钱怎么看？(Q30.2)

□ 1) 不公平，遵纪守法的老实农户吃亏、拖延不缴的精明农户占便宜

□ 2) 还应该发，这些钱本来就不该缴

□ 3) 无所谓

(3) 如果国家继续给欠农业税和村提留、乡统筹款的农户发粮食直补款，今后该缴的钱您还会继续缴吗？(Q30.3)

□ 1) 不缴　　　□ 2) 缴

(4) 如果上题选"不缴"，您家将不愿缴哪些钱？(可多选)

□ 1) 村里"一事一议"的集资款（修路、架桥、补渠等)(Q30.4)

□ 2) 水费 (Q30.5)

□ 3) 电费 (Q30.6)

□ 4) 土地承包费 (Q30.7)

□ 5) 其他 (Q30.8)

31. 您家种粮的主要因素有哪些？（可多选）

□ 1）家中吃口粮方便（Q31.1）

□ 2）田地最适合种粮、不适合种别的作物（Q31.2）

□ 3）经济作物不好种、不好销、不好存、难转化，粮食易种、易卖、易储、好转化（Q31.3）

□ 4）外出打工难，在家没别的事可干，只好种粮（Q31.4）

□ 5）别人种粮我也种粮（Q31.5）

□ 6）习惯种粮（Q31.6）

□ 7）其他（Q31.7）

32. 哪一种粮食的直接生产费用记得最清楚？（Q32.1）

□ 1）稻谷　　□ 2）小麦　　□ 3）玉米　　□ 4）大豆　　□ 5）其他

这种粮食种一季的每亩直接生产费用是多少元？（多选）

□ 1）种子秧苗费_____元（Q32.2）

□ 2）化肥费_____元（Q32.3）

□ 3）农药费_____元（Q32.4）

□ 4）机械作业费_____元（Q32.5）

□ 5）畜力费_____元（Q32.6）

□ 6）排灌费_____元（Q32.7）

□ 7）其他费用_____元（Q32.8）

□ 8）合计_____元（Q32.9）

四、粮食安全

33.（1）您家 2005 年总共生产了多少公斤的粮食？（可多选）

□ 1）稻谷_____公斤（Q33.1）

□ 2）小麦_____公斤（Q33.2）

□ 3）玉米_____公斤（Q33.3）

□ 4）大豆_____公斤（Q33.4）

□ 5）其他_____公斤（Q33.5）

□ 6）合计_____公斤（Q33.6）

（2）生产这些粮食的主要用途是（可多选；注意：这 4 项合计应为 100%）

□ 1）等待销售（Q33.7），占_____%（Q33.8）

□ 2）作饲料（Q33.9），占_____%（Q33.10）

□ 3）自家吃（Q33.11），占_____%（Q33.12）；

□4）其他（Q33.13），占（Q33.14）_____％。

（3）如果有"自家吃"的存粮，怎样吃、吃多久？（多选）

□1）作为主要口粮经常吃（Q33.15），够吃（Q33.16）_____个月；

□2）作为次要口粮搭配着吃（Q33.17），够吃（Q33.18）_____个月。

34.（1）您家近三年存过自家种的口粮吗？（Q34.1）

□1）没存过　　　　　□2）存过

（2）如果上题选择"存过"，您家近三年的口粮储存是怎样变化的？（Q34.2）

□1）越来越多　　　□2）基本不变　　　　□4）越来越少

（3）如果上题选"越来越少"，2005年比2004年少存_____公斤口粮。（Q34.3）

（4）您家存自种口粮越来越少的主要原因是什么？（多选）

□1）存粮越少、损耗越小（Q34.4）

□2）市场上粮食多、不担心买不到粮（Q34.5）

□3）万一粮荒、政府会救济（Q34.6）

□4）粮食产量减少、口粮相应少存（Q34.7）

□5）存钱比存粮划算、少存口粮有利（Q34.8）

□6）存粮越少、麻烦越少、占地越小（Q34.9）

（5）您家今后是否会减少口粮储存？（Q34.10）

□1）不会　　　　　□2）会

35.（1）您家种的粮食够自家吃口粮吗？（Q35.1）

□1）不够　　　　　□2）够

（2）您家的口粮最主要靠什么办法解决？（Q35.2）

□1）自己种

□2）以粮（如玉米）换粮（如小麦、大米）

□3）买口粮

□4）其他

（3）您觉得您家今后因粮荒而挨饿的可能性有多大？（Q35.3）

□1）不会发生　　　□2）说不准　　　　□3）有些可能

□4）可能　　　　　□5）很可能　　　　□6）肯定会

（谢谢您认真填写完此问卷！）

第十三章

陕西省粮食综合生产能力和
粮食安全调研*

内容提要 本章通过对陕西省粮食生产和消费数据的统计分析，发现陕西省粮食的生产和消费差距逐年扩大，粮食生产大县的数量减少。根据对陕西省粮食综合生产能力和粮食安全的调查，认为陕西省提高粮食综合生产能力和粮食安全存在如下障碍：农业投入水平低、耕地数量不断减少、耕地质量不高、农民种粮积极性不高、农技推广体系的经费不足和人员老化、农资流通环节中存在诸多问题、农业生产缺乏粮食产业链。在此基础上提出了以下政策建议：以县来划定粮食主产区，加大对粮食主产县的投入；合理确定基本农田面积，以经济手段来调节粮食种植面积；提高基本农田质量，藏粮于地；加大对农技推广的投入，充实农技推广队伍；推进农资连锁经营，加强农资市场监管，规范农资执法行为；提高粮食加工企业的深加工程度，以工业化带动农业发展。

陕西省地处中国内陆腹地，国土面积 20.56 万平方公里。全省南北狭长，地势走向呈南北高、中间低，形成了陕北黄土高原、关中平原和陕南秦巴山地三大区域。全省耕地面积 4193 万亩，总人口 3705 万人，其中农业人口 2783 万人。陕西省粮食购销平衡状况位列国家第十四位，属粮食产销平衡区。为了解粮食平衡区粮食综合生产能力和粮食安全的现状及其中存在的问题、研究提出促进粮食综合生产能力提高的对策建议，课题组于 2006 年 9 月与陕西省、市、县的相关部门负责人进行了座谈，并走访了农资流通企业和粮食加工企业。

---

* 本章内容系马晓河、王为农、武翔宇等合作调查完成。

一、陕西省粮食安全和粮食综合生产能力现状

（一）陕西省粮食的生产消费差距逐年扩大

从粮食生产看，陕西省年度间粮食产量的波动比较大。如表 13 - 1 所示，1998～2003 年间粮食生产呈波动性下降趋势，由 1998 年的 1303.1 万吨下降到 2003 年的 968.7 万吨，减少了 334.4 万吨，下降了 25.7%；人均粮食生产量由 1998 年的 362.4 公斤下降到 2003 年的 262.5 公斤，减少了近 100 公斤，下降了 27.6%。2004 年和 2005 年粮食生产呈现了恢复性增长，粮食产量分别为 1160.5 万吨和 1140 万吨；人均粮食产量分别为 313.2 公斤和 306.5 公斤。但总产量和人均生产量仍远低于 1998 年水平。

从粮食消费看，陕西省粮食消费一直呈增长趋势。粮食消费总量由 1995 年的 1069.9 万吨增加到 2005 年的 1195.3 万吨，增加了 125.4 万吨，增长 11.7%，每年大体增加 12.5 万吨，年均增长 1.17%。人均消费粮食由 1995 年的 304.6 公斤增加到 2005 年的 321.3 公斤，增加了 16.7 公斤，增长 5.5%，年均增加 1.67 公斤，增长 0.55%。

从产消差距看，在 1998 年粮食产量达到高峰后，粮食消费总量始终大于粮食生产总量，产消差距在 1999～2003 年逐年扩大，由 1999 年的 59.6 万吨增加到 2003 年的 226.6 万吨，增加了 167 万吨，增长了 2.8 倍；2004 年和 2005 年粮食生产出现了恢复性增长后，产消差距有所缩小，分别为 34.8 万吨和 55.3 万吨。1999～2005 年，陕西省年均粮食产量 1060.3 万吨，年均社会粮食消费总量为 1180.2 万吨，平均产消差距为 120 万吨。每年约需调剂调入小麦 100 万吨左右，大米 50 万吨左右，调剂调出玉米 75 万吨左右。从近年实际情况看，尽管产需矛盾一直存在，但由于宏观调控措施得当，粮食市场购销两旺，库存充裕，市场基本稳定。

从省内各市看，粮食总量平衡存在"六缺五余"，即西安、铜川、安康、商洛、延安和榆林短缺，宝鸡、渭南、咸阳、汉中、杨凌有余；从全省对粮食品种的消费需求看，小麦和水稻短缺，玉米和小杂粮有余。

表 13 - 1　　　　　1995～2005 年陕西省粮食生产与消费变化趋势　　　　　万吨

年份	粮食总产量	粮食消费量	粮食产消差
1995	913.4	1069.9	- 156.5
1996	1217.2	1085.7	131.5

年份	粮食总产量	粮食消费量	粮食产消差
1997	1044.4	1108.1	-63.7
1998	1303.1	1121.2	181.9
1999	1081.6	1141.2	-59.6
2000	1089.1	1167.7	-78.6
2001	976.6	1178.2	-201.6
2002	1005.6	1188.5	-182.9
2003	968.7	1195.3	-226.6
2004	1160.5	1195.3	-34.8
2005	1140.0	1195.3	-55.3

数据来源：1995～2002年数据来自于陕西省统计局的报告《退耕还林对陕西省粮食生产和需求的影响分析》和中国统计信息网（2004年7月7日）；2003～2005年粮食消费量数据是根据陕西省发改委报告的1999～2005年年均社会粮食消费量估算的。

（二）陕西省的粮食生产大县数量减少

近年来，陕西省有些商品粮生产基地和粮食生产大县逐渐由粮食调出区变为粮食调入区。在此，简单作了一个计算，设人均粮食消费量为315公斤（历年平均），用各粮食生产大县的人口与人均粮食消费量相乘，然后用各粮食生产大县的粮食产量与其粮食消费量相减来估算该县是否是粮食调入县，估算结果见表13-2。有12个县区市（大荔县、耀县、秦都区、杨凌区、渭城区、韩城市、汉台区、南郑县、城固县、西乡县、勉县和横山县）已由粮食调出区变为粮食调入区。陕西省2002年有38个商品粮生产基地，2006年已有12个变为粮食调入区，减少了31.6%；在变为粮食调入区的12个区县中，有6个（大荔县、韩城市、汉台区、南郑县、城固县和勉县）是2004年陕西省划定的粮食生产大县，占到粮食生产大县总数的18.8%。

表13-2　　　　　　　　　　陕西省粮食生产大县净调入县　　　　　　　　万吨

年份	大荔县	耀县	秦都区	杨凌区	渭城区	韩城市	汉台区	南郑县	城固县	西乡县	勉县	横山县
1996	2.3	1.9	-1.1	0.3	-0.2	-1.5	-1.3	6.2	8.0	1.3	2.3	5.9
1997	-10.0	0.8	-3.4	-0.2	-2.5	11.1	-0.6	4.6	6.0	0.0	1.5	-3.9
1998	6.6	3.1	-1.8	0.3	0.4	-1.5	0.3	5.2	5.5	0.9	3.2	1.5
1999	3.9	3.0	-1.9	0.1	-0.2	-2.6	-0.7	4.9	4.2	-0.2	2.8	-4.9
2000	3.8	0.4	-4.1	-0.4	-0.7	-2.3	-2.7	0.8	1.8	0.7	2.8	-5.2
2001	-2.1	-1.9	-4.9	-0.5	-1.3	-4.0	-4.2	-0.9	0.1	-0.3	-0.2	-3.2

年份	大荔县	耀县	秦都区	杨凌区	渭城区	韩城市	汉台区	南郑县	城固县	西乡县	勉县	横山县
2002	0.8	-1.1	-4.7	-0.8	-2.1	-3.9	-5.1	-1.6	-1.1	-1.6	-0.4	0.5
2003	-3.1	—	—	—	—	-4.1	-6.7	-2.4	-3.6	—	-1.8	—
2004	-5.5	—	—	—	—	-4.0	-4.7	-0.5	-0.1	—	1.3	—

数据来源：由《陕西省统计年鉴》（1997～2005 年）相关数据估算而得。"—"表示数据不可获得。

（三）粮食单产水平波动比较大，受气候影响十分显著

从图 13－1 可以看出，陕西省谷物单位面积产量呈现较为明显的周期，每隔若干年会有一个单产高峰，如 1993 年、1998 年、2004 年谷物每公顷产量分别为4557 公斤、3617.3 公斤和 3727.3 公斤，之后亩产有较为大幅的下降，随后亩产开始恢复性增加。1998 年谷物每公顷产量比 1994 年高 1073.1 公斤，为 1994～1998年平均单产的 35.1%；2004 年谷物每公顷产量与 1999 年相差 700.8 公斤，为1999～2004年平均亩产量的 21.2%。

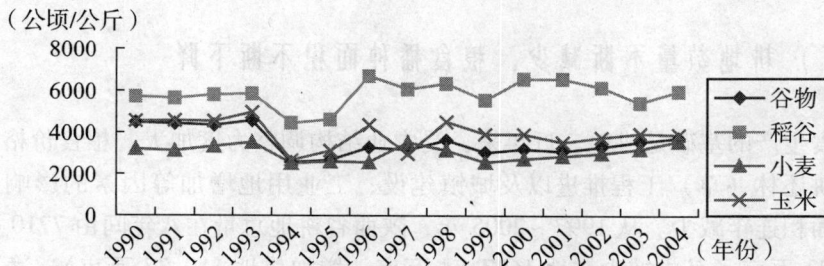

图 13－1　1990～2004 年陕西省粮食单位面积产量

数据来源：国家统计局农村社会经济调查总队，《中国农村统计年鉴》（1994～2005 年）；国家统计局，《中国统计年鉴》（1992 年）。

出现这种状况是因为陕西省粮食生产的变化受气候影响十分显著。由于陕西气候总的特点是十年九旱、降雨量偏少，多数地区对气候的依赖较强，可归于典型的"靠天吃饭"地区，这一点可从历年亩产高峰年都是风调雨顺年看出。虽然陕西省先后建成一系列大、中型水利工程，改造了一大批中低产农田，这些农田水利设施在粮食生产中也发挥了很大的作用——这从不同周期高峰年与低谷年亩产差距缩小中可以看出，但如果考虑到农业技术对增产的作用，大致可以推断出陕西省粮食生产至今还没有扭转靠天吃饭的被动局面。

二、提高粮食综合生产能力和粮食安全存在的障碍

（一）农业投入严重不足，制约了粮食综合生产能力的提高

粮食安全的保证很大程度上取决于粮食单产的增加，而单产的增加要求土地质量的提高、粮食生产基础设施的完善、农业机械和农业科技在生产中的广泛应用，这些都需要大量的资金投入。可是，农民收入水平较低，加上粮食生产的比较效益低，他们没有能力也不愿改善粮食生产条件。同样，以粮食生产为主要产业的县（市）通常财政收入较低，没有能力对粮食生产进行大量投入。如渭南市富平县是陕西省的农业大县，2005 年财政收入 3594 万元，财政支出 3.2 亿元，本级财政根本无力对农业生产进行投资，农业投入基本上是靠争取国家和省的各类支农项目来进行。由于陕西省属于粮食购销平衡区，享受不到国家对粮食主产区农业支持的优惠政策，这也间接导致了农业投入严重不足。

（二）耕地数量不断减少，粮食播种面积不断下降

粮食生产的基础是耕地。近年来，受农业结构调整力度加大、粮食价格长期低迷、退耕还林（草）工程推进以及城镇建设、工业用地增加等因素的影响，陕西省耕地面积连年减少。从 1997～2005 年，陕西省耕地总量在八年间由 7710 万亩减少到 6133 万亩（其中减少耕地 1687.74 万亩，增加耕地 110.37 万亩），净减少耕地面积为 1577.37 万亩。其中，生态退耕还林还草减少耕地 1240.35 万亩，占总减少量的 73.5%；农业结构调整（以改园、挖塘为主）占用耕地 312.9 万亩，占总减少量的 18.6%；建设占用耕地 65.37 万亩，占总减少量的 3.9%；灾害、退化等原因减少耕地 38.9 万亩，占总减少量的 4%。1995 年陕西省粮食播种面积为 5711.6 万亩，2004 年为 4701.2 万亩，十年间粮食播种面积减少了 1010.4 万亩，减少 17.7%。

由上看出，近年来陕西耕地面积下降主要是由退耕还林引起的，而非农建设占用耕地的数量相对较少。随着城市化和工业化的推进，对非农占地的需求将大量增加，而且，退耕还林还将占用一部分耕地。陕西省目前虽有宜农荒地 1404 万亩，但可垦耕地面积仅 57 万亩，且大部分分布在长城沿线风沙区、渭北高原区和关中平原难以利用的低洼盐碱地和渭河冲积高阶地区的沙地以及开垦比较困难的陕南秦

巴山区。全省虽有 135 万亩农村废弃居民点及农村村内空闲地和 78 万亩废弃工矿用地可以复垦整理成耕地，但投资成本高、复垦难度大。按目前建设用地的速度计算，即使将上述近 270 万亩可垦耕地的后备资源全部开发利用，也仅能满足 20～30 年的占补平衡需求。因此，耕地的刚性下降将是不可避免的。

（三）耕地质量不高，制约单产提高

陕西省坡耕地面积大，川平地面积小。6 度以上的坡耕地占耕地总面积的 53%，其中 25 度以上的陡坡耕地占 22%。在耕地中旱地面积大，约占 78.32%，而灌溉水田、水浇地面积仅占 20.87%。而且，随着西部大开发速度加快，全省优质耕地锐减，优质耕地的减少主要集中在关中平原地区。陕西省是全国水土流失最严重的省份之一，全省 80% 的耕地分布于水土流失区，水土流失面积占全省土地总面积的 68%，输沙量占全国总输沙量的 18%，全省因水土流失而损失的氮磷钾每年达 500 万吨。陕北长城沿线土地沙化面积仍在继续扩大。土壤盐碱化和"三废"污染在局部地区也较为严重。

同时，由于粮食生产效益总体偏低，农户对土地投入的积极性不高。大量单一的化肥施用、残废地膜污染以及灌溉水污染，加之一家一户散养家畜数量急剧下降，农民已没有堆沤有机肥的习惯，造成有机肥短缺，施用不足，致使土壤板结，有机质含量下降，地力水平明显不如以前。由于各种缺素症引起的病虫害大量发生，农作物生长后劲不足，使本来质量不高的耕地雪上加霜。根据大荔县 2005 年的土壤调查，全县平均土壤有机质含量 8.64‰，处于中等偏下水平，土壤产出能力明显低于以前。

（四）粮食生产比较效益低下，农民种粮积极性不高

1995～2004 年间，陕西农作物播种面积由 6745.4 万亩下降到 6149.7 万亩。其中，粮食播种面积由 5711.6 万亩下降到 4701.2 万亩，减少了 17.7%；经济作物播种面积由 1033.8 万亩上升到 1448.6 万亩，增加了 40.1%；粮经面积比由 5.52:1 降低到 3.25:1。以由粮食生产大县变为粮食调入县的大荔县为例，2002 年大荔县小麦亩纯收益为 23.9 元，棉花为 523.85 元，棉花是小麦的 21.9 倍。2004 年国家相继减免了农业税，实行了粮食直补、良种补贴等，但由于生产资料价格上涨，抵消了一部分优惠政策，粮食比较效益仍然不高。2005 年大荔县小麦亩纯收益为 68.45 元，棉花为 409.33 元，棉花是小麦的 6 倍。如果再与该县特色农业如温室瓜果、中早熟苹果等相比，粮食的效益更低。因此，尽管 2005 年大荔县耕地面积

有 168.8 万亩，但用于粮食生产的只有 73 万亩，用于经济作物的播种面积达 111.5 万亩，粮食播种面积比"九五"时期的 100 万亩下降了 30% 左右。

（五）农业技术进步对粮食单产的贡献进一步提高，但农技推广体系的经费严重不足，人员老化问题严重

调查中发现，近几年农业科技在粮食生产中的应用对粮食单产的提高起到很大的作用。渭南市大荔县近几年在粮食生产上推广了小麦精量播种、玉米硬茬播种、配方施肥、良种良法配套等关键技术，粮食亩产由 1996 年的 230 公斤增加到 2005 年的 363 公斤，增加了 133 公斤，增幅达 57.8%。据估计，一系列关键技术的推广使科技对粮食生产的贡献率达 50% 以上。

但同时，基层农技推广机构在艰难地维持，经费短缺、人员老化的问题日益突出。各地的调查都表明对农技推广部门尤其是一些基层服务组织的投资严重不足，除了保工资外，根本就没有业务经费预算安排，使许多基层农技推广部门无所事事，人员大量流失，应该正常开展的新品种、新技术的引进、示范和推广以及土壤测定、病虫害的预测预报工作被搁浅，难以发挥其在农业科技推广中的主导作用。另外，由于基层农技推广部门工作辛苦，待遇低，对人才没有吸引力。富平县相关部门的同志介绍说，该部门近五年来没有进过一个大中专毕业生，人员老化问题非常严重。

（六）农田水利基础设施建设显著提高了粮食综合生产能力，但农村小型水利工程存在老化失修问题

陕西省现有 13 个大型灌区，大型灌区内有大型水库 11 座，总库容 11.4 亿立方米；抽水站 171 座，总装机 25.15 万千瓦；干支渠道 499 条，总长度 4723 公里；各类渠系建筑物 2.93 万座，设施灌溉面积 1195 万亩，有效灌溉面积 1050 万亩。这些设施大都是在 20 世纪六七十年代兴建的灌区基础上，利用世界银行贷款改造项目，并结合大型灌区续建配套与节水改造项目建成的。项目共投资 23.6 亿元，其中利用世界银行贷款 1 亿美元，争取国债资金 5.63 亿元，各级配套 9.3 亿元，共衬砌改造各级干、支、斗渠道 6600 公里，改造重要建筑物 68 座，处理险工、险段 298 处，改造大型有泵站 38 座、设备 200 多台，改造中低产田近 300 万亩。经过实施世界银行项目和续建配套节水改造，全省 13 个大型灌区年可增调蓄水量 1.5 亿立方米，节水 2.2 亿立方米以上；新增粮食生产能力 6 亿公斤，新增经济作物产值 10 亿元以上。根据对关中九大灌区世界银行贷款改造和全省 13 个大型灌区

续建配套项目区的典型调查分析，"十五"期间大型灌区粮食作物单产亩均增长近50公斤，农民人均纯收入增加40%以上，明显高于非灌区群众的增收水平。

同时，陕西省提出了"南塘、北窖、关中井"的建设思路，目前共建成各类小型水利工程82.7万处，其中小型灌区142处，小型抽水站1.63万处，机井15万眼，水窖61万眼，为干旱缺水地区农业生产提供了重要保证。可是，在"三江"大水之后，国家对面上小型水利工程实行分级办水，由于陕西省市、县一级大多为"吃饭财政"，农村小型水利工程建设投入较前期大幅度减少，造成农村小型水利工程老化失修严重，效益发挥不充分，严重制约了农业生产的持续健康发展。目前，除了61万处水窖外，陕西省现有的21万处小型水利工程大多是六七十年代兴建的，经过多年运行，不少设施已经报废或濒临报废。以机井为例，近年来陕西省每年新打机井800眼左右，而每年报废的机井就有近1000眼。如果不及时对这些工程进行更新改造，工程运行状况将进一步恶化，效率将严重衰减，对粮食生产以及农业发展将构成严重制约。

（七）农业机械化水平发展较快，但仍存在农机装备的结构性矛盾、农机具技术服务品种结构失衡的问题

2005年末，陕西省农机原值达到84.7亿元，农机总动力达到1430千瓦，比"九五"期末分别增长51.7%和37.1%。拥有大中型拖拉机3.55万台，小型拖拉机18.2万台，分别增长33%和回落8.7%，大中型与小型拖拉机数量比由1:7.5优化为1:5.1；大中型拖拉机配套比为1.61，小型拖拉机配套为比1.44，分别增加0.25和0.11；拥有联合收割机1.58万台，农用运输车44.5万辆。"十五"期间，为了适应陕西省农业与农村经济结构调整、优势农产品发展需要，农民需求的5种先进适用机械发展较快，其中净增联合收割机7200台，增长83.7%；净增大中型拖拉机8800台，增长33%；各类保护性耕作机械达到3.27万台；新增新型秸秆饲草加工机械2.27万台；净增农用运输车20.8万辆，增长87.6%。到"十五"期末，千亩耕地平均拥有农机原值20.3万元，农机动力340千瓦，拖拉机5.2万台，配套农机具8部；百户乡村农户平均拥有农机动力203千瓦，拖拉机3.1台，配套农具4.5部，农用运输车6.3辆。全省农田耕种收综合机械化水平达到40.1%，比"九五"期末提高5.2个百分点。其中，机耕面积达到2480万亩，机播面积达到2300万亩，机收面积达到1290万亩，机耕、机播和机收水平分别达到59.3%、35%和19.6%，分别比"九五"期末提高了8.5个、3.5个和2.6个百分点。三种主要粮食作物耕种收综合机械化水平达到51.6%，提高了7.8个百分点。其中，小麦机播、机收水平分别达到77.4%和66.7%，基本实现机械化；玉米机

播水平达到 46.5%。机械的大量应用降低了劳动强度，节约了劳动时间，抢得了播期，为在高产期夺得颗粒归仓创造了条件。

但是，目前仍存在以下问题。（1）农机装备结构性矛盾依然突出，发展后劲不足。长期以来形成的小型拖拉机多、大中型拖拉机少，主机多、农机具少，陈旧老化机具多、先进适用机具少的问题仍没有发生根本改观，农机购置补贴资金的用途限制、省级配套资金的不足和燃油价格高位运行在一定程度上限制了农机装备结构性矛盾的缓解。（2）农业机械化技术服务品种结构失衡。农业机械化技术服务品种主要集中在粮食生产尤其是小麦生产方面，其他粮食作物的机械化发展缓慢。如制约粮食生产机械化水平提高的玉米机收尚处于起步阶段，水稻机插秧技术等仍未突破，薯类机械化收获还处于试验示范阶段。到 2005 年底，玉米机收仅完成 2.4 万亩，机收水平为 0.15%；水稻机栽植 8.7 万亩，机栽水平为 4.3%，机收 39.5 万亩，机收水平为 19.7%。（3）保护性耕作、秸秆机械化综合利用、免耕播种等水平较低。陕西省机械深耕深松面积 1169 万亩，占粮食播种面积的比例仅为 22.6%；精量（半）精量播种面积 802.5 万亩，占粮食播种面积的 15.5%；保护性耕作面积 95.5 万亩，占粮食播种面积的 1.8%；免耕播种面积 450 万亩，占粮食播种面积的 8.7%；秸秆机械化综合利用面积 1342 万亩，占粮食作物播种面积的 25.9%。

（八）农资流通环节中存在诸多问题

一是流通体系不健全。农资零售终端数量大，但普遍规模小，基本处于单独分散经营状态，相互之间缺乏联系，连锁企业所占份额太小，这客观上为假冒伪劣农资的流通提供了渠道。

二是流通环境差。地方保护主义、不合理检查、人为限制等因素制约了农资产品的正常流通。如对陕西某化肥公司的调查表明乱检查、乱收费问题依然存在。尽管该公司经销的化肥已经获得国际 GSG 和省级检查的合格证书，但工商管理、技术监督局不同的处室、农业经济执法大队仍重复对该公司化肥强制进行抽检，每次收费 600 元；城管、卫生、税务等也不同程度地向该企业乱收费，加大企业经营成本，企业对此敢怒而不敢言。

（九）粮食加工企业粗加工多，精加工少，缺乏粮食产业链

陕西省的粮食加工业存在粗加工多、精加工少、粮食产业链短的问题。如富平县陕富面业 2005 年的年加工能力达到 35 万吨，该县每年的粮食总产约为 34 万吨

左右，已不能满足加工需要，还需从外地调入粮食 10 多万吨。但是，该企业的产品只有面粉，而且主要是大袋装的一般面粉，加工附加值低。

三、几点建议

（一）以县来划定粮食主产区，加大对粮食主产县的投入

粮食安全是一个普遍性的问题，不是一个特殊性的问题。受光热水及土地资源的约束，粮食很难在一个地区集约生产，其生产区域具有普遍性。无论是主产区，还是主销区或平衡区，其生产能力的提高都对国家粮食安全具有十分重要的作用。因此，在扶持粮食生产政策上，不能仅仅扶持粮食主产区生产能力的建设工作，还应将购销平衡区和主销区粮食生产大县的粮食生产能力扶持放在同等重要的位置。所以，粮食主产区的划分应依据县来进行，而不是省，以各省内各个主要粮食产粮大县作为粮食生产能力重点建设对象，这样可以把现有的粮食平衡区和主销区内的主要粮食生产大县纳入进来，既可以体现政策的平等性，又可以提高各地粮食主产县的综合生产能力，进而提高当地的粮食安全水平，一定程度上也可以减少粮食跨省流通的成本。

由于粮食主产县（市）的财政大多为"吃饭财政"，受财力限制和自身利益驱动的影响，县市政府很难对粮食生产进行投入。因此，中央和省政府必须成为农业基础设施投入的主体，进一步加大对农业水利设施等的投资力度，改造中低产田，为粮食生产能力的稳定奠定基础。在市场经济条件下，不能指望由粮食主产县（市）的农民负担粮食安全的成本，因为粮食安全在某种程度上是公共品，国家应当承担起相应的责任，增大对这些粮食主产县（市）的投入。建议把增加对粮食主产县（市）的投入制度化、规范化，开辟稳定的资金来源，可考虑在国家预算科目中增加粮食主产县（市）补贴一项，合理确定基数，并规定该项支出增长不低于财政经常支出的增长幅度。

（二）合理确定基本农田面积，以经济手段来调节粮食种植面积

政府应当对耕地用途进行长远的规划，要充分考虑粮食自给比率目标的设定、人口的增长、城市化的推进、非农建设用地增加等因素，根据各省的实际情况，确定各省基本农田的数量，一经确定，不能随意变更。这样既不影响当地发展经济对

建设用地的需求，也可以集中财力建设基本农田，提高基本农田的质量。

同时，还要认识到，农民会根据经济利益自主选择种植农作物的类型，粮食作物相对收益的下降会使得具备条件的农民去种植收益较高的经济作物。因此，仅注重保护耕地资源还不够，还要利用各种经济杠杆，如提高粮食收购价格、种粮补贴、良种补贴、农机补贴等手段来提高种粮农民的收益，以此来调动农民种植粮食的积极性，稳定粮食种植面积。

（三）提高基本农田质量，藏粮于地

提高粮食作物比较收益要受到诸如财政实力、WTO 协议的约束，有些措施还会扭曲市场价格信号，不利于资源的优化配置。因此，从根本上保证粮食安全并不在于每年粮食种植面积的多少，而在于当粮食供不应求时，有多少耕地特别是高质量的耕地可用于粮食生产。中国尚处于经济发展时期，工业化、城市化的推进使得耕地数量的减少是不可避免的。因此，应利用各种手段、集中财力提高基本农田的质量，藏粮于地。如改造中低产田，加强农田水利设施建设，建设优质、高产、稳产、节水、高效农田，增强农业抗御自然灾害的能力；实施"沃土工程"，加大有机肥投入，大力推广秸秆还田技术，增加土壤有机质，培育基础地力，改良土壤，防止农田污染，防止水土退化。

（四）创新农技推广机制，加大对农技推广的投入，充实农技推广队伍

农业技术是粮食单产提高的重要保证，而农业技术在粮食生产中的广泛使用要求有一个健全的农技推广体系和合格的农技推广队伍。针对现有的农村基层技术推广体系处于瘫痪的现实，建议政府创造良好的环境，充分发挥市场机制的作用，鼓励企业和社会主体参与到农技的科研和推广中来，鼓励一部分农技人员从传统的技术推广中分离出来，创办、领办社会化服务组织，如专业化的病虫害机防队伍、测土配方施肥等，满足农民对专业化服务的需求。同时，加大对现有农技推广中公益性服务的经费投入，如动植物病虫害的监测、通报，多种形式的农业实用技术的宣传和培训等。同时，根据履行职能的需要，应以聘任等多种方式吸引优秀的技术人才参与到农技推广中来。

（五）加强农田基础设施建设，特别是小型农田基础设施建设

中央和省级财政要继续加快大型灌区更新改造步伐，围绕节水增效大力推广普

及节水灌溉技术，逐步实现灌区用水总量控制和用水定额管理，提高大中型灌区灌溉水利用系数。同时，要重点向小型农田基础设施建设倾斜，可考虑集中国家各项与小型农田水利设施有关的投资，如农业综合开发、水利基金等，统一捆绑使用，集中财力对现有的小型农田基础设施进行修建和改造。

另外，要按照"明晰所有权、拍卖使用权、放开建设权、搞活经营权"的原则，采取拍卖、租赁、规范性承包、股份合作制和农民用水者协会等形式，加大"五小"水利工程产权制度的改革力度，调动各方投资建设和管好农村小型水利工程的积极性，促进小型水利设施长久发挥效益。

（六）进一步提高粮食生产机械化程度

第一，省级财政要灵活地实施农机补贴政策。提高大型机具补贴资金比例，如提高单台价格在10万元以上的农机具的补贴比例，鼓励购买大型农机具，从根本上改变农机装备性结构矛盾；适当提高制约粮食生产机械化水平提高的机种补贴比例，如玉米收获机械、水稻收获机械和插秧机械、保护性耕作机械等。

第二，国家财政要加大对农机化基础设施建设的投入。当前，机耕道路、农村田园化、机电排灌设施等农机化基础设施没有引起应有的重视，甚至没有明确具体的管理部门，特别是农村机耕道路，已成为制约农机化发展的一大瓶颈。建议将机耕道路、农村田园化等农机化基础设施纳入农村经济发展规划，设立建设项目专项资金扶持，促进农机化的更快发展。

（七）推进农资连锁经营，加强农资市场监管，规范农资执法行为

农资连锁经营在很大程度上可以打击假冒伪劣产品，国家应给予农资连锁企业一定的政策支持，如对其所得税给予适当减免，把农资连锁企业的仓储、物流等经营设施的改造给予贴息等，以促进农资连锁在更广的范围内开展。

另外，要加强农资市场监管，规范农资执法行为。假冒伪劣的产生主要在生产源头，技术监督部门应加大对农资市场的监管力度，下移监管重心，形成长效监管机制，切实保护农民利益。另外，建议国家尽快出台化肥、农药专业法规，明确执法主体，变目前多头执法为联合执法，形成合力。杜绝不合理检查、执法行为的发生，为农资行业的发展创造良好的发展环境。

（八）提高粮食加工企业的深加工程度，以工业化带动农业发展

一是要扶持当地从事粮食加工的龙头企业发展，对其在扩大生产、技术改造、

新产品开发、无公害绿色产品认证等方面贷款投资实行财政贴息，将财政支农资金、技改资金、科技资金等向龙头企业倾斜，鼓励龙头企业进行粮食的深加工。

二是粮食主产区政府应改善投资环境，充分利用小麦品质好的优势，积极引进各类粮食加工企业和与其配套的企业，形成粮食加工产业集群，以粮食加工业来带动当地的粮食生产。

参考文献

［1］陕西省统计局的报告，《退耕还林对陕西省粮食生产和需求的影响分析》。

［2］中国统计信息网，2004 年 7 月 7 日。

第十四章

福建省粮食综合生产能力与安全状况调研

内容提要　粮食主销区福建省粮食自给率逐年下降，产需缺口逐渐拉大。种粮面积下降是导致产需缺口拉大的直接原因，而导致种粮面积下降的主要原因是种粮比较收益持续低迷引致的政府主导性调整。为了保证粮食安全供给，福建省在粮食储备、生产能力建设做了很多努力，但是运输瓶颈的约束、农田水利老化无力维修、耕地面积持续减少等问题制约着该省粮食安全的解决能力。省内主产县和平衡县生产能力的持续下降将使未来粮食问题更加严峻。本章建议，对于主销区，应该以发展高附加值农业为思路，坚决地保护耕地；动员各级政府和民众的力量，坚决地进行农田水利基础设施的改造和建设；以县为单位划分主产区，加强对主销区的主产县生产能力的建设等。

近两年全国粮食产量恢复性增长，短期内粮食安全紧张局面明显缓解，但粮食综合生产能力并未明显增强，进一步提高的压力很大，影响中长期粮食安全的诸多挑战依然存在。为此，国家发改委宏观经济研究院牵头的课题组围绕国家粮食综合生产能力和粮食安全问题到主销区福建省调研，以期发现问题，总结主销区的经验教训，为进一步提高国家粮食综合生产能力，完善中长期粮食安全政策提供决策参考。调研于 2006 年 9 月 11 日至 14 日进行。在此期间，调研组分别在省、市、县、镇、村与相关政府部门、企业和农户进行了多次座谈，[①] 并考察了中储粮福州直属库、福州粮食批发市场、尤溪县再生稻示范区、闽清县白中镇蔬菜基地及养猪场。其调研情况如下。

---

① 省级座谈主要包括省发改委农经处、服务处、研究所，农业厅，省国土资源厅，省粮食局，省供销社，省农资集团公司等部门负责人；福州市的座谈结合对中储粮福州直属库和福州粮食批发市场的考察进行，座谈对象包括中储粮福建省分公司、福州市发改委、市供销社、市粮食局、中储粮福州直属库、市粮食批发市场等部门和企业负责人；尤溪县的座谈涉及了县委、县政府、发改局、农业局、财政局、粮食局、农资公司、三明市发改委等相关负责人以及部分镇、村负责人和种粮大户。闽清县的座谈由县发改局牵头，主要的座谈对象是白中镇前坂村的部分村干部和种了粮食的村民。

一、福建省粮食生产能力与需求状况

福建省①地处中国东南沿海，与台湾省隔海相望。该省粮食作物以水稻为主，一般为两季籼稻。稻谷总产量占粮食总产量的比重一般都保持在70%左右。多数年份都要靠省外调进和国外进口弥补其粮食产需缺口。

（一）1949年以来福建省粮食产量的变化路径

1949~1997年，福建省的粮食总产量在除了1958~1961年、1983~1986年两个阶段有了明显的下降外，其余年份基本上保持较为平稳的增长（见图14-1）。1997年，粮食的总产量达到历史上最高峰961.78万吨，而后逐年下降，仅到2004年有很不明显的恢复性增长（从2003年的713.16万吨回升到736.45万吨），2005年又继续回落，降为715.18万吨。稻谷的总产量也基本上沿着相同的变化路径，只不过稻谷总产量的峰值在1983年就出现，达到755.9万吨，此后产量一直在波动，1996年恢复到一个较高水平743.34万吨，但从那以后一路下滑。2003年减少到了1978年以来的最低值523.44万吨，2004年、2005年两年分别为545.62万吨和526.57万吨，与1977年的535万吨水平相当。

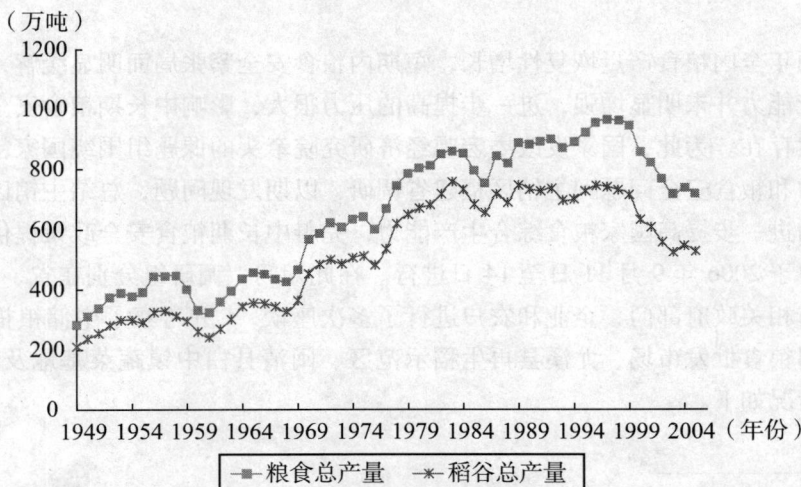

图14-1　1949~2005年福建省粮食及水稻总产量的变化

数据来源：根据福建省粮食局提供的数据整理。

---

① 全省面积12.14万平方公里，2005年总人口3535万人，是个山多田少、人多地少的省份。

（二）粮食需求量逐年上升，主要源于饲料粮的增长

从 1984 年[①]起，福建省的粮食需求总量在逐年上升，1984 年是 934 万吨，到 2005 年上升为 1496 万吨。但增加的主要是饲料粮的用量，1990 年饲料粮需求量 104 万吨，到了 2005 年上升为 480 万吨，而口粮基本上平稳，多数年份保持在略高于 800 万吨的水平，2005 年为 799 万吨（见图 14－2）。

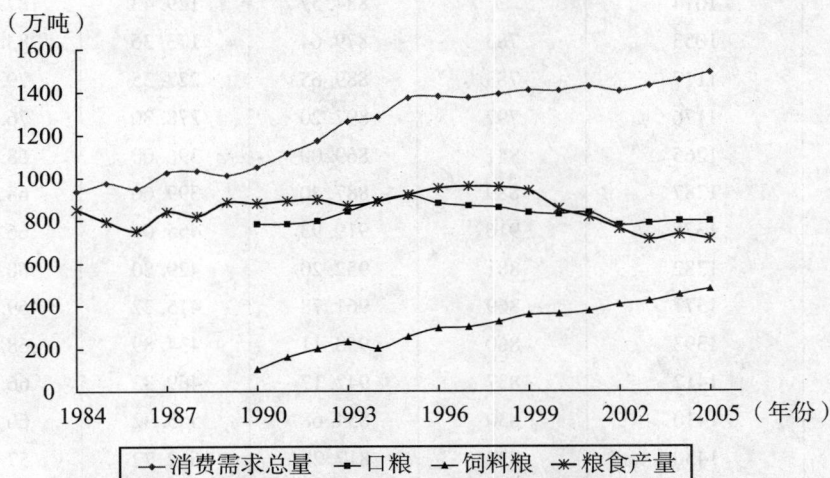

图 14－2　1984～2005 年福建省粮食需求量与产量的变化

数据来源：根据福建省粮食局提供数据整理。

（三）产需缺口逐年加大

对比产需两方的情况可知，早在 1978 年，福建省的粮食生产自给有余，余量为 18.5 万吨。1984 年以后自给不足，[②] 缺口逐年拉大，从当时的 83.7 万吨扩大到 2005 年的 780.82 万吨；粮食自给率从 91.04% 逐渐下降到 2005 年的 47.81%。在 2001 年之前，福建省粮食总产量与口粮的需求量大体相当，从 2001 年开始，自产粮食的数量已无法满足基本的口粮需求（见表 14－1）。

---

① 这是能够获得完整时序数据的最早年份。选这个时点并不意味着以前的年份从趋势上有什么不同。
② 1979～1983 年情况不详，判断仅依据获得的数据得出。

表 14 - 1		福建省粮食供需状况			万吨
年份	消费需求总量	其中：口粮	总产量	缺口	自给率（%）
1978	764		782.50	-18.50	102.42
1984	934		850.30	83.70	91.04
1985	975		794.40	180.60	81.48
1986	950		751.50	198.50	79.11
1987	1027		839.30	187.70	81.72
1988	1036		818.55	217.45	79.01
1989	1014		884.57	129.43	87.24
1990	1053	783	879.64	173.36	83.54
1991	1117	783	889.65	227.35	79.65
1992	1176	797	897.20	278.80	76.29
1993	1265	841	869.00	396.00	68.70
1994	1287	889	887.40	399.60	68.95
1995	1375	916	919.93	455.07	66.90
1996	1382	881	952.20	429.80	68.90
1997	1377	869	961.78	415.22	69.85
1998	1393	860	958.11	434.89	68.78
1999	1412	837	942.17	469.83	66.73
2000	1410	830	854.68	555.32	60.62
2001	1430	837	817.28	612.72	57.15
2002	1408	781	763.23	644.77	54.21
2003	1434	789	713.16	720.84	49.73
2004	1459	800	736.45	722.55	50.48
2005	1496	799	715.18	780.82	47.81

数据来源：根据福建省粮食局提供的数据整理。

二、导致产需缺口扩大的原因

产需缺口扩大源于饲料粮需求增加、产出水平下降，而后者是主要原因。从数据看福建省这几年的口粮需求比较稳定，带来需求总量增加的是饲料粮。但是饲料粮的这种增长幅度完全可以为单产水平的提高所抵消（见图 14 - 3）。相比而言，由产量下降带来的影响更为明显。而产量下降的主要原因是耕地面积减少。

（一）耕地面积大幅度减少直接导致粮食总产量下降

粮食总产量取决于单产和种植面积。从 1949 年至今，福建省粮食平均单产水平除了 1960 年的那次大幅下降①外，大部分年份里都保持着一个比较稳定的、持续的增长态势。而水稻的单产增长速度明显高于粮食总体的单产增长速度，在 20 世纪 70 年代末以后这种趋势尤为明显。

但是，粮食种植面积从 20 世纪 70 年代中后期达到一个较高水平之后，基本上在逐年下降，1999 年以后下降速度加快。1975 年粮食种植面积达到历史最高水平3436.3 万亩，到 1999 年降为 3014.28 万亩，24 年间减少了 422 万亩；而到了 2005年，面积降到了 2161.94 万亩，较之 1999 年，仅仅 6 年就减少了 852.34 万亩。而这主要是水稻面积的减少。1975 年水稻的种植面积为 2573.1 万亩，1999 年为2059.81 万亩，2005 年为 1427.33 万亩，前 24 年内减少了 513.3 万亩，而后 6 年减少了 632.5 万亩（见图 14－3）。

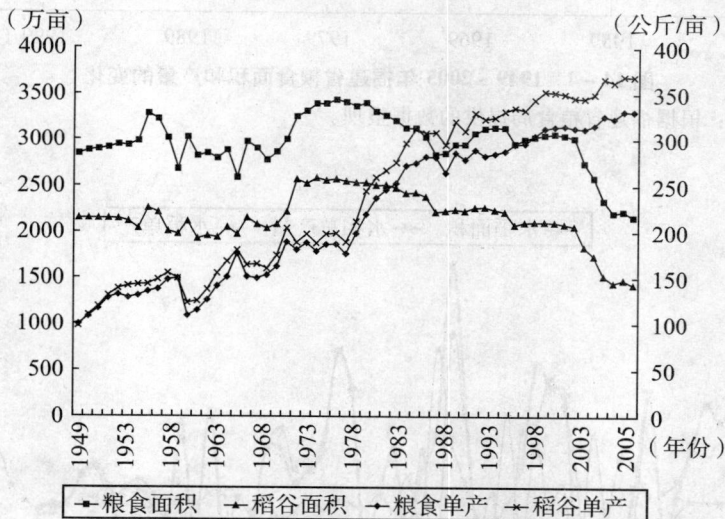

图 14－3　1949～2005 年福建省粮食及水稻种植面积及单产变化
数据来源：根据福建省粮食局提供的数据整理。

1999 年以前，粮食总产量的增加主要归功于粮食单产的提高。而 1999 年以后，粮食单产的稳步增加再也无法像以前一样在耕地面积持续减少的同时还维持着粮食总产的继续提高，粮食种植面积对于总产量的减小效应开始超过了单产的增加

①　从 1959 年的 149.34 公斤降到 108.89 公斤，减少 27%（根据福建省粮食局提供的数据计算）。

效应（水稻也是这种情况，详见图 14－4、图 14－5）。

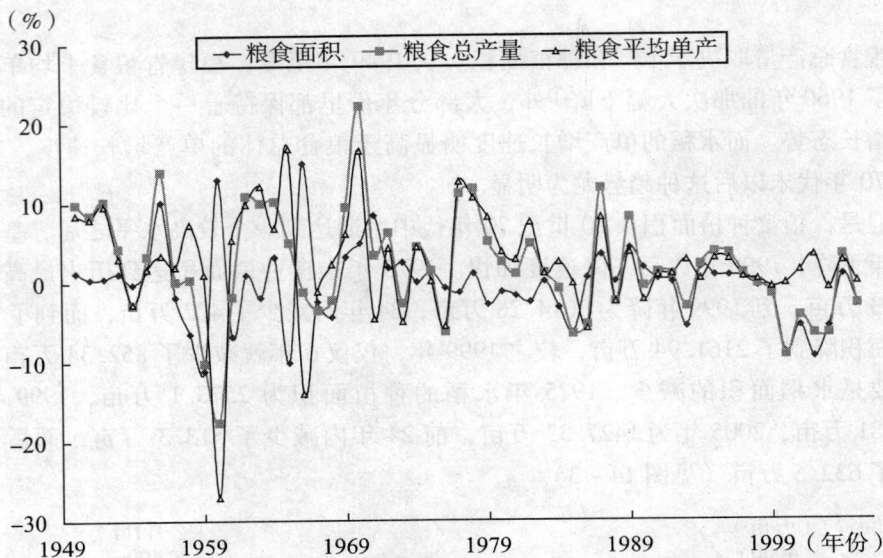

图 14－4　1949～2005 年福建省粮食面积和产量的变化

数据来源：根据福建省粮食局提供的数据整理。

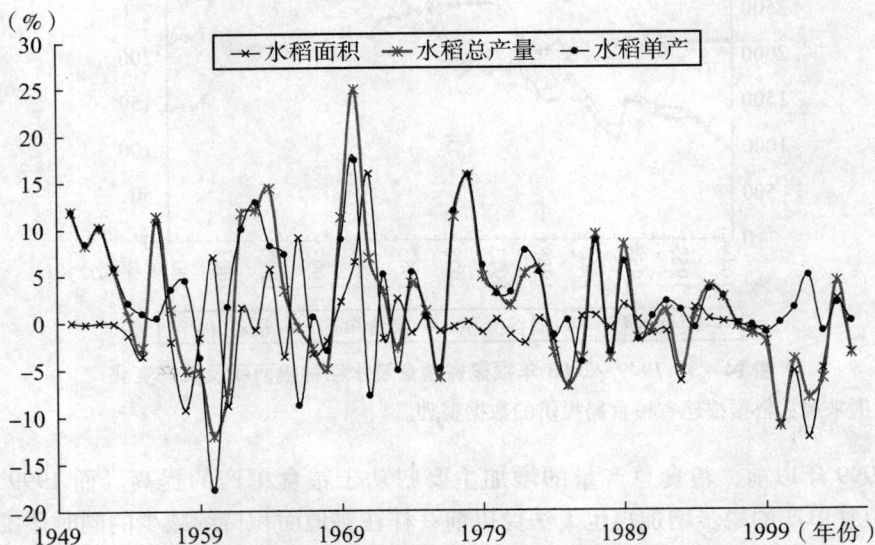

图 14－5　1949～2005 年福建省水稻面积和产量的变化

数据来源：根据福建省粮食局提供的数据整理。

（二）政府主导的调整是粮食种植面积减少的原因

非农就业机会增加、农田水利设施老化等因素都可能导致农户减少粮食种植，但不会产生从 1999~2000 年那样显著的大滑坡。导致大幅度变化的可能有两种情况，一种是农户种粮比较收益的急剧下降导致农户经营的突然变革，另一种是政府或企业大力干预导致大范围调整。

1. 农资涨价并不必然导致粮食种植面积减少

直观地，我们可能会把粮食种植面积的减少与近几年的农资涨价联系在一起。但我们掌握的资料提醒我们情况并非如此。如果农资涨价直接导致粮食种植面积减少，那么相应的表现应该是同年变化或隔年变化，即 2006 年农资涨价，2006 年或 2007 年粮食种植面积减少。但从全国平均水平来看，化肥的价格指数从 1996~2001 年一直都在下降，直到 2002 年开始才有所回升。大幅度变化发生在 2004 年，这年化肥平均价格指数上升了 12.8%。农药的情况更好一些，涨幅最大的 2004 年价格指数也仅上升了 3%（见图 14-6）。以尤溪县化肥为例，2001 年到 2003 年，钾肥和尿素价格都只是小幅上升。而 2004 年钾肥比 2003 年的每吨增加了 600 元，上涨幅度达 44%；尿素的平均价格变化相对平稳，但 2004 年比 2003 年每吨还是上涨了 350 元。之后 2005 年、2006 年基本上处于高位稳定状态（见表 14-2）。

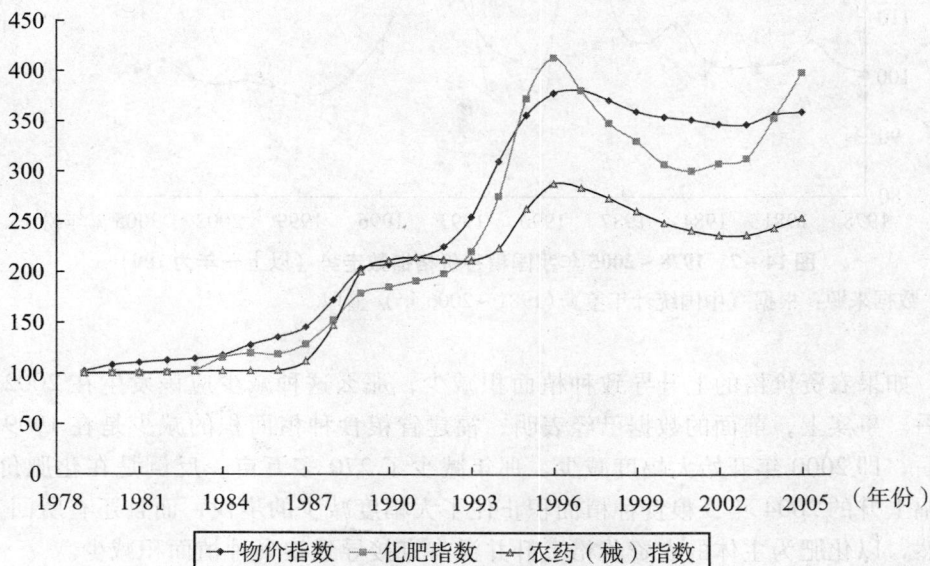

图 14-6 1978~2005 年全国化肥、农药名义价格指数（以 1978 年为 100）

数据来源：根据 1981~2006 年《中国统计年鉴》整理。

表 14 - 2　　　　　　　　尤溪县钾肥、尿素价格变化情况　　　　　　　元/吨

年份	钾肥			尿素		
	最低价	最高价	平均价	最低价	最高价	平均价
2001	1100	1150	1150	1120	1300	1200
2002	1150	1200	1200	1250	1300	1300
2003	1200	1350	1350	1350	1400	1400
2004	1900	1950	1950	1600	1800	1750
2005	1900	1950	1950	1710	1850	1850
2006	1900	1950	1900	1610	1800	1750

数据来源：福建省尤溪县农资公司提供。

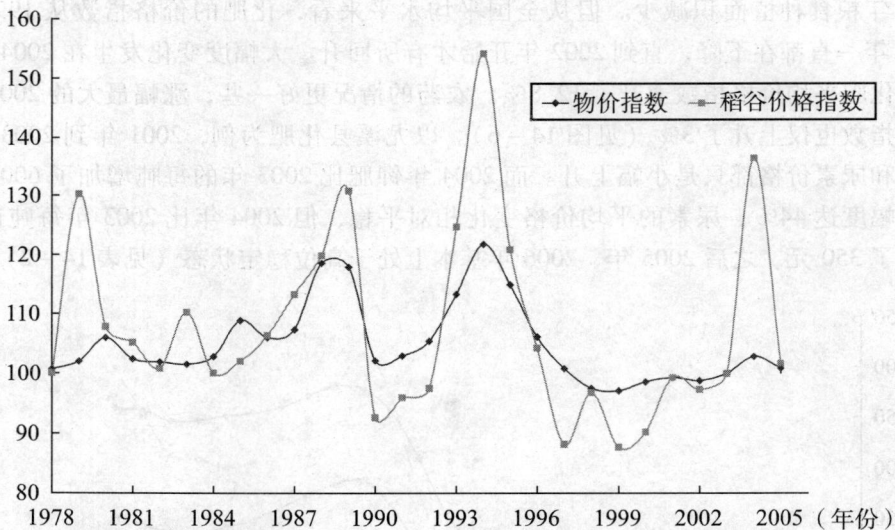

图 14 - 7　1978～2005 年我国稻谷价格指数走势（以上一年为 100）

数据来源：根据《中国统计年鉴》（1981～2006 年）整理。

如果农资价格的上升导致种植面积减少，那么这种减少应该发生在 2002 年之后。事实上，前面的数据已经表明，福建省粮食种植面积的减少是在 1999 年之后，即 2000 年开始大幅度减少，那年减少了 270 多万亩。反倒是在化肥价格大幅上升的 2004 年，粮食种植面积止住了大幅度减少的步伐，而且还有所回升。显然，以化肥为主体的农资价格上升并没有直接导致粮食种植面积减少。

2. 政府意志的农业产业结构调整是粮食面积大幅度减少的直接原因

福建省国土资源厅提供的材料显示，"2000 年以来，福建省级投入土地开发整理资金共 17.85 亿元（不包括沿海滩涂围垦投入），整理耕地 120 万亩，实现新增耕地 33.53 万亩。"而 2000 年刚好是粮食种植面积大幅度减少的第一年。国土资源厅认为，土地整理"提高了耕地质量和农业生产条件，为农业产业化创造了良好的基础条件"。[1] 对于福建省某些地区的土地平整，笔者曾经提到，"两年前（指 2002 年），由于政府进行所谓的土地平整工作，近百亩的优良水田被平整一番，从此没有了下文，农民只能无助地看着良田抛荒。"[2] 2006 年初，当地的情况依然没有改观。灌溉设施遭到破坏，很难恢复到平整前状态，这些耕地大部分依然荒废。同镇另一个原来的产粮大村也面临着相同的问题。

基于此，笔者有理由对 2000 年开始的全省范围内的土地平整以及与此相应的政府主导的产业结构调整进行质疑。种粮食比较效益低，所以要改变农业经营结构；如果这时候有企业愿意介入，那最好。而且企业需要大片平整的土地，所以最好能够给企业提供便利。所以就要进行土地平整。省级整理 120 万亩，其他的市县各级整理的数目应该也不会少。一个地方进行了平整，相邻地方的应该也会多少受些影响，或者跟着调整了种植结构、或者因为水利的改变不得以被动抛荒。这也许就是 2000 年粮食种植面积减少了 270 万亩的原因。[3]

从省级管理部门来看，进行土地整理的出发点是好的，都是为了农业生产能力的提高。而且也是出于对改善农民经营结构、提高农民收入水平的考虑，但其"规模化"经营以及为企业租赁农村土地提供便利的目标需要进行进一步的论证，其执行过程需要进行更有力度的监管和控制。否则，在耕地资源本来就已经很紧张的地区，因良好动机以大力的投入导致适得其反的效果，得不偿失。[4]

3. 连续五年的粮食价格下滑是导致种植结构调整的根本原因

根据中国统计年鉴，中国的稻谷价格在经历了 1993～1996 年连续四年的上涨之后，连续六七年持续下降，其中 1997 年、1999 年、2000 年三年下降最为厉害。从名义价格指数看，1997 年的价格是上一年的 0.882，1999 年和 2000 年相应的指数为 0.877 和 0.902；[5] 连续几年农户收入增长低迷。在提高农民收入的呼声

---

① 笔者似乎可以理解为"为了更好地把土地连片地出租给农业企业"以实行大规模经营，是否利于耕地质量的提高或便于集约经营都尚待考证。

② 马晓河、方松海：《我国农村公共品的供给现状、问题与对策》，载于《农业经济问题》2005 年第 4 期。

③ 当然，负责任地说，这只能是基于现有资料不够严谨的大胆推测。

④ 笔者并不反对进行适当的结构调整和真正有助于提高生产能力的土地平整，但担心的是不认真、敷衍了事的平整导致耕地生产能力的破坏和大面积的无谓抛荒。

⑤ 从考虑了物价上涨因素后的真实价格看，这三年的指数分别为 0.875、0.904 和 0.916。

中，各级政府部门都有了充分的动力来调整农业生产结构，以此提高农民收入。以这种理由来减少粮食耕作面积，也在情理之中。所以，粮价持续走低、农民收入增速缓慢，应该是促使各级政府部门出于良好愿望调整农业生产结构的根本原因。

这种变化从时间上也是符合逻辑的，因为1997～2002年连续六年稻谷价格的下降与2000年之后福建省以土地平整调整结构的做法并不矛盾，而且顺理成章；2004年粮价上去了，这一年，粮食种植面积减少的脚步也暂时止住了。

这种逻辑仅适用于政府、企业大规模介入农业生产的结果。对农户本身而言，同时大面积地进行这种调整是不可想象的。因为对大多数农户来说，结构的调整意味着更大的不确定性更大的风险，除非得到相应的保证，否则任何大规模的种植类型的改变都是不可思议的。以闽清县白中镇为例，该镇有些村庄因为福州某超市的介入大面积种起了蔬菜，但这仅局限于该超市租地种植的几个村庄。该镇其他多数的村庄还保持着一直以来的种水稻习惯，很少有人大面积地改稻种菜。原因是销路没有保障不敢冒险。而企业能够介入农业生产，必然有政府作为中间桥梁。

所以，我们的判断是粮价的持续下降导致种粮比较收益下降，由此促使各级政府部门想方设法带动农民改变种植结构。这是政府主导型的改变，而不是农户自发的调整。正是这种政府主导的改变带来1999年以后粮食面积的大幅度下降。而这与农资的涨价与农民自身的行为都没有太大关系。

三、福建省保证粮食安全的做法及面临的问题

（一）通过多方努力补充当前及未来省内粮食市场供应

在自身产能无法满足自身需求的情况下，福建省的粮食市场不得不大量地依赖于省外粮食产区甚至国外市场。所以相应地，从1989年以来，福建省不断地增加粮食调入量，调入量经过2001年的小幅下降后连续四年急剧增加，2005年达到了1048万吨。而2001年只有568万吨，1984年则更低，只有83万吨。粮食调入量的增加主要体现在谷物的增加上（见图14-8）。①

---

① 尽管大豆的调入量从2002年起也有大幅度上升，但比重较小。而2002年之后的调入调出量同时都在上升，市场的活跃程度在加大。

（万吨）

图 14 - 8　1984 ~ 2005 年福建省粮食调入情况

数据来源：根据福建省粮食局提供数据整理。

同时，为应对未来不可预期的粮食风险，福建省各级政府下大力气扩大粮库仓容，增加储备能力，扩大储备量，并利用市场的力量提高储备品质。

1. 新建或改造粮库

截至 2006 年 8 月，福建省完成了中央粮库 107.05 万吨（10.705 亿公斤）的建设任务并已投入使用。同时省里还建设和上收了一批省级储备库：其中上收 9 个粮库，仓容 26.35 万吨（2.635 亿公斤）；已建成省级储备库 31 万吨（3.1 亿公斤），还有 7.5 万吨（0.75 亿公斤）正在建设之中。同时对市县中心粮库进行改造。截至 2005 年末全省仓容（不含中储粮 7 个直属库）389 万吨，比 2001 年末增加 8.9%，其中机械通风仓容量为 156.7 万吨，比 2001 年末增加 51.7 万吨，增幅49%。基本实现省市县三级地方储备粮相对集中并专仓管理。

2. 扩大储备规模

与 2000 年粮食种植面积大幅度减少相适应，2001 年开始福建全省大力增加粮食储备规模，当年从原来的 75 万吨（7.5 亿公斤）增加到了 110 万吨，2005 年又增加到 150 万吨。其中包括应急成品粮储备 2.5 万吨，动态储备粮食 10 万吨。2001 ~ 2005 年四年间全省总共增加了 1 倍的储备量。在主销市县，这种变化也相当明显。以福州市为例：1993 年福州市储备粮规模 11 万吨；2002 年增加 4.5 万吨，2003 年从储备粮中调出 0.41 万吨稻谷建立了 0.3 万吨的市级成品大米应急储备；2004 年增加储备粮 4 万吨，储备规模达到 19.5 万吨，其中应急储备大米规模 0.4 万吨，应急储备面粉 0.1 万吨；2005 年再增加储备粮 1.25 万吨，总规模达到 20.75 万吨。3 年内也扩大了将近 1 倍的存储量。

3. 利用市场动态储备

在做好政府储备的基础上，福建省还鼓励多种经济实体、多种投资渠道、多种开办方式参与粮食市场建设和粮食流通。重点建设了福州东郊、泉州南安官桥和漳州浦口三大粮食批发市场和闽西饲料城。这些批发市场在补充政府储备、进行动态调节上发挥了重大的作用。以福州东郊批发市场为例，批发市场当前共有 115 家商户，[①] 按平均每户 4 节车皮 240 吨计算，这个批发市场存粮可达 2.76 万吨，相当于整个福州市储备总量的 1/10。批发市场除了批发商，还有 6～12 家粮食加工企业，每天能够进行 900 多吨的成品粮加工。福州市每天需要的成品粮 1000 多吨，而单这个市场上加工企业的日供应量就可以基本满足。平时这些私营的加工企业在这里可享受优惠政策，到了特殊时期，这些企业都要承担相应的加工责任。

对于整个粮食市场，这些大批发市场还具有稳定价格的功能。福州批发市场的旁边就是中储粮福州直属库，中储粮粮库随时可将粮食调入市场交易平抑价格，对众多买方和卖方都具有心理上的价格稳定作用。同时作为福州市级储备粮的轮换中心，[②] 它解决了市级储备在运行经费、存储管理等方面存在的许多困难。其价格、其供应粮源能够有效辐射福州所辖区县。这样通过政府和市场的结合，可以较好地保证储备粮食的常有常新，充分利用了私营企业这个资源从而大大节约政府公共资金对粮食储备的支出；通过政府储备与私营企业活动的结合，为市场参与者提供了良好稳定的心理预期，较好地发挥了价格杠杆的作用。

目前福建省粮食调入量 85% 的粮源由民间粮行米市引入，民营的粮食企业在省内市场流通中取代国有企业发挥主力军的作用，而国有粮食企业则行使着社会储粮蓄水池的吞吐职能。

（二）加强自身生产能力

粮食储备的诸多相关做法都是应对短期风险的举措。对于长期的粮食安全保障，自身一定的生产能力是最需要重点考虑的根本性问题。在这个问题上，福建省

---

① 每家商户进入都有最低库容的限制（最低一个车皮，每个车皮 60 吨左右），一般来说都有 4 个车皮以上，最大的商户可以放 40 几个车皮。
② 福州市级储备粮的轮换全部都在这里进行，此外，福建省、中央储备的一部分也在这里轮换。轮换采用竞价拍卖的方式。

各级政府从耕地保护、土地整理、科技创新与推广、农资和种子的储备等方面进行了探索。

1. 耕地保护和土地整理

为减缓耕地面积减少的步伐，1990 年省政府就开始发布了基本农田保护的规定，1994 年省人大出台保护条例，并于 1997 年和 2001 年进行了两次修订。按照条例要求，全省共划定基本农田保护区 1830 万亩，2001 年省政府把 1825 万亩作为不可逾越的"红线"，并把基本农田保护列入了各级政府的政绩考核内容。至于土地整理在前文已有述及，不再重复。

2. 科技推广

福建省农业技术部门在新品种研究和推广方面做了不少工作。如超级稻、再生稻。在粮食主产县之一的尤溪县根据当地的地理特点，就推广了大面积的再生稻，既提高了产量又节约了生产成本。[①]

3. 农资供应和储备

对农业生产资料的供应，福建省放开了主渠道的经营，除了供销社下面的省农资集团，中化福建省分公司、在香港创业版上市的浩伦公司等企业也介入了省内化肥市场。浩伦公司尚停留于进口供应领域，还没往下拓展。份额最大的省农资集团下属龙得宝公司利用原有供销社系统的网络并结合加盟的方式对化肥实行连锁经营，利用现代物流方式进行配送。2005 年底，龙得宝下属的配送中心、加盟店有 305 家，预计 2006 年再增加 670 家，覆盖全省大部分乡镇（福建全省 80 个市县，1048 个乡镇）。通过供销社系统的介入，较好地保障了供给、稳定价格并保证质量。在省内，碳铵供大于求，尿素满足供应，磷肥需要省外资源补充，钾肥基本上靠进口，高浓度复合肥需要进口和省外调入补充。所以，很多化肥有必要进行应急储备。2005～2006 年度，承担国家、省两级储备的省供销社冬储化肥 148.25 万吨，比上年度的 140.75 万吨增长 5.33%，完成了省发改委下达的冬储计划的 148.25%。[②]

4. 种子储备

为确保粮食紧急状态下尽快恢复粮食生产，福建省按可满足 500 万亩粮食播种

---

① 再生稻年平均亩产 900 公斤左右，普通双季稻两季亩产平均 800 公斤左右。再生稻第一季成本每亩 230 元左右，第二季 60 多元成本即可；而普通双季稻两季成本差不多都在 200 元左右。

② 根据福建省供销社提供的数据。

面积的需求量，建立省市县（区）三级粮食应急种子储备制度，其中省级承担30%的储备任务。①

（三）存在的问题

以上是福建省各级政府在确保省内粮食供应，挖掘、保障自身的生产能力方面作出的诸多努力。但尽管如此，许多现实的问题依然无法避免。

1. 粮食调入面临着周期性运输瓶颈

福建省调入的粮食通过铁路运输的约占总调入量的39%，而通过水路的约占61%（上船之前也是先经由铁路运输），通过公路运输的量可以忽略不计。南方销区在元旦、春节两节期间经常由于车皮紧张面临着运输的瓶颈问题。由于用粮紧张，销区省只得不惜代价地花大成本买车皮。② 现代物流体系的建设对于解决销区的粮食安全问题是一个治本之策，而事实上，在福建这样的地区，物流体系的建设由于台海问题惯有思路的制约而远远滞后于实际发展的需要。福建具有众多天然良港，但是这个有利资源并没有好好利用，用于粮食运输的港口及其配套设施（包括相应的仓库、铁路线）的建设都得不到重视，而福建的出省铁路长期以来仅依赖于鹰厦线这一条拥挤的单线铁路，运能极度紧张。③

2. 储备风险压力增大

增加了粮食的储备量必然要增加粮食的储备资金，支付的资金额度越大，面临的风险越大。这种风险更多地表现在地方储备上。以福建省粮食主产县尤溪县为例，截至目前，该县遗留了3000万元的粮食挂账。1998年5月31日以前，挂账金额是1700万元。1998年6月1日到2004年底，响应中央的号召敞开收购粮食（甚至本县的粮库装不下还四处租仓库存粮），累计付出了1600多万元。后来国家审计时只认农业发展银行的银根420万元左右，剩下1200多万元没有着落。县粮食购销公司500多万元的本钱全贴进去不说，还由此亏了1200多万元。本来应该由中央政府买单的这些举措现在反而成了地方政府甩不掉的包袱，严重地削弱了地方政府应对未来粮食风险的能力，或多或少地影响到后续相关政策执行的积极性。农资储备、种子储备等面临着风险基金建立的难题，承担储备任务的农资销售企业

---

① 根据福建省农业厅种植业管理局提供的资料。
② 这个问题在2003年、2004年两年尤为明显。
③ 尽管另一条出省线路赣龙线已开通，略为缓解了省际运输压力，但是还无法用于粮食运输；还有两条连接浙江和广东的线路已在规划建设之中，但即便两条线路开通，必然由于距离主产省份路途遥远而极大地增加运输成本。

（如供销社）往往面临着巨大的风险压力而更多地只能企业内部默默承受。

3. 补贴方式面临困境

山区财政困难，对仓储的建设投入不多，20 世纪 50 年代建设的老仓库现在还在用，这些仓库占仓库总量的 50% 以上。现在要求仓储建设由地方先建，上级再以奖代补，这种机制设计的初衷是为了甄别地方的真实需要并确保对资金使用的谨慎性。但在粮库建设这类问题上，往往地方财政能力越弱的地方越需要重新投资。而没钱的地方无力进行初始投资，无力初始投资的地方就更没办法获取作为补贴的后续奖金。以奖代补的情况如此，1:1 或 1:1.5 配套资金的设置更是不可避免地面临这种窘境。

4. 耕地减少的大趋势无法改变

就耕地保护而言，尽管政策性措施出台不少，但事实上，耕地减少的趋势似乎不可逆转。1990 年福建省的常用耕地面积 1954.8 万亩，到 1995 年减少为 1805.99 万亩，1996 年恢复性地增长到 1891.67 万亩，可是 1996 年以后以更快的速度继续减少，到了 2005 年降到了 1693.53 万亩。而这个常用耕地面积的数值早已远远低于基本农田保护区的不可逾越的底线 1825 万亩。[①]

5. 老化的农田水利设施无力维修

以福州市闽清县白水镇为例，因为水利老化，每年都需要维修水利，但村里没钱没法修。用一事一议的方式也行不通。至今为止，全镇 13 个村只有 1 个村成功地跟村民收钱修了水利。该镇前坂村一年水利维修费需要 3 万元，但村里没钱、一事一议搞不起来，所以只能看着水利维修一次次搁浅。尤溪县的座谈中，政府相关部门也认为水利建设国家要更多承担起来。对经济实力相对较弱的地区实行 1:1.5 的配套资金压力太大，这个比例需要斟酌。

6. 技术推广资金缺乏

就技术推广而言，福建省跟全国大多数地方的情况一样，基层农技推广人员缺乏，经费不足，技术推广与服务工作开展困难。据省农业厅种植业管理局提供的材

[①]　省国土资源厅有一个 2005 年全省耕地面积的数据 2039 万亩，这也许是实际的耕地数，应包括抛荒一类的情况。但即使实际的耕地数还高于所设的保护区面积的底线，常用的耕地面积远远低于基本农田保护区的面积，这个数据足以引起重视，因为这只有两种可能，一种是良田抛荒、一种是"实际耕地数"面积不实。调查中有一个小插曲，有些人坦率地说，全国上下各级政府官员，真正想保护耕地的可能只有中央政府的最高领导们，在当前这种官员政绩考核机制下，各级政府负责人为了经济指标，绝对不会真正用心地去保护耕地。这话说得有些刺耳有些尖刻，但也许很符合实际的情况。

料，近年来，虽然近几年选育审定了一大批高产新品种，如超级稻，示范总结了一批有明显增产作用的新技术如甘薯脱毒苗及栽培技术，再生稻高产技术等，但由于缺少财政的扶持，难以迅速推广。

7. 最低收购价误导市场

最低收购价并不是像政策的初衷一样都能够保证粮农的利益不受价格下跌的伤害，而且有时还会误导市场。尤溪县近期发生的事情给这个问题提供了一个鲜活的典型反面案例。当地本来稻谷每百斤的价格 80 元以上，而国家的最低收购价每百斤 70 元的政策一出台，粮贩子马上把收购价格压到了 70 元，而且根本不用考虑供求关系、种植成本、产销区之间的运输成本等诸多问题。而农户卖粮食很多是因为急需大笔开支（如支付孩子学费等），出售时价格再低也得卖，根本不可能待价而售。出于保护粮农利益的最低收购价结果反而损害了这些地区农民的利益。当然这并不能说"最低收购价"及其前身"保护价"政策一无是处，但这至少可以说这种政策的目标及其实际效果存在不小的距离，优劣与否尚需斟酌。

四、未来趋势：主产县供给能力下降、平衡县平衡能力削弱

（一）主产县供给能力下降

1. 种粮面积持续下降

1996 年以后，福建全省粮食总产量基本年年减少。作为主销区，区内主产县是重要粮源。但是在全省总体生产能力下降的同时，主产县的粮食外调能力也在下滑。以尤溪县[①]为例，1996 年，水稻的播种面积 47.8233 万亩，总产量 19 万吨；1999 年水稻播种面积减少为 46.9485 万亩，但由于单产大幅度提高，总产量增加为 20.4421 万吨；2000 年之后由于大幅度的结构调整，到 2003 年水稻播种面积下降到 37.2413 万亩，尽管平均单产提高到了 485 公斤，总产量还是下降到了 18.0563

---

① 尤溪县是福建省的粮食主产县。地处闽中、戴云山脉以北，全县土地总面积 3463 平方公里，居福建省各县市区第二位。其中，山地 418.5 万亩、耕地 33.3781 万亩、水域和其他面积 66.9 万亩，耕地面积仅占县域总面积的 6.4%，是一个典型的山区农业大县。然而就在这么有限的耕地资源中，它成了国家和省级商品粮基地县。当地稻田分布在 50～920 米的海拔高度之间，稻田肥力较贫瘠，自然条件较差，较开阔平坦的洋面田仅占 26.6%，其余为较缺水的梯田和冷烂锈毒害严重的山垄田。该县总人口 42 万人，其中农业人口 36 万人，辖 8 镇 7 乡 249 个村 12 个居委会。

万吨。2005 年播种面积减少为 37.2169 万亩，而总产量恢复性地上升为 18.8044 万吨。

2. 粮食调出量显著下降

从粮食调出量看，1990～2005 年，除了 1995 年比上一年有所增加之外，其他年份都在下滑。供给能力显著下降。1990 年调出量 34 650 吨，到 1994 年减为31 000 吨。1995 年国家实行了粮食地区平衡和"米袋子"省长负责制，作为主产县的尤溪也相应地增加了粮食调出量，那年上升到 33 000 吨，但是随后的 1997 年马上又降到了 30 000 吨，之后就止不住地下滑，到了 2005 年调出量仅为 23 500 吨（表 14 - 3）。国家短期的政策并无法阻止主销区主产县供给能力下降的大趋势。

粮食供给能力下降最主要原因是粮食种植的收益率低下。据尤溪县腾洋村主任介绍，该村 40 岁以下的人基本上都在外打工。全村人均收入 4100 多元，种粮收入比重占 10% 左右。过两年估计就没人种粮了。[①]

表 14 - 3　　　福建省尤溪县 1990～2005 年调出县外粮食统计数（估算）　　　　　吨

年份	1990	1991	1992	1993	1994	1995	1996	1997
调出量	34 650	33 000	33 000	32 000	31 000	33 000	30 000	28 000
年份	1998	1999	2000	2001	2002	2003	2004	2005
调出量	26 500	26 500	25 000	24 500	24 500	24 000	23 500	23 500

数据来源：根据尤溪县粮食局提供的数据整理。

在当地劳动力机会成本提高的情况下，在保证农民获取农外收入的同时又希望不耽误粮食生产，一个较好的办法就是使用机械替代劳动力，降低种粮的劳动强度。但是让当地政府犯愁的是，由于地理条件的制约，无法使用国家农机补贴所提倡的大中型机械，适合当地使用的小型机械国家没有补贴，而地方财政又无力自行补贴，所以无法用有效的方式鼓励小型机械的推广。[②]

---

① 该村有一位参加座谈的种粮大户。该户自有耕地 4～5 亩（按 4.5 亩计），又跟别人承包了 57 亩。总共 61 亩多地（按 61.5 亩计）进行烟稻轮作。早季种烟，晚季种稻。晚季种水稻的成本如下：化肥 150～200元/亩（按 175 元计），农药 10 元/亩，总雇工 200 工日，每工日平均 35 元，折合每亩平均雇工支出 113.8元。这些主要的直接成本合起来 300 元左右。该户每亩的水稻产量 610 公斤，每亩地租金 600 斤稻谷，把这个租金成本与早季的烟分摊，按各占一半算，即租金成本 300 斤稻谷。每亩除租金外的毛收益是 920 斤，按0.75 元/斤算，每亩毛收益为 690 元，扣除前面 300 元的成本，初步净收益为 390 元。而这个还不包括水费、机耕费等支出及农户自身的投工量（在本省其他地区，机耕费每亩大概 100 元左右）。相比而言，早季种烟每亩农药化肥支出 500 元左右，用煤（烤烟）和雇工的支出每亩 700 元左右，每亩净收入大概 500 元。之所以烟稻搭配，按对方的话说是"为了更好地种烟"。对这户农户来说，因为承包了 57 亩地，种植面积较大，单靠种粮还可以获得 2 万元左右的收入，但对于人地关系高度紧张的地区，这种情况毕竟是少数。
② 尤溪县作为国家小型机械推广示范县，而每年的补助仅有 12 万元。每台小型收割机 3 万元，旋耕机1 万多元，一个村两三部即可，很受农民的欢迎。如果补助能增加到每年 50 万元，连续几年，就可以做好。

当地作为福建省的主产县，也享受着由省政府提供的粮食直补。[①] 但是直补金额为每亩 5 元钱，以腾洋村为例，平均一户 5.3 亩，享受到的补贴是平均一户 26 元，从金额上微不足道，不足以改变农户的生产经营决策，最多对种粮大户起一种心理上的稳定作用。

此外，森林的过度砍伐导致水源缺乏和经常的地质灾害并冲毁农田、而资金缺乏无力对被破坏的农田和水利设施进行恢复，工业化、城镇化的发展侵占农田的趋势无法抑制，这些原因导致根本的生产能力在一步步削弱。

基于以上各点，我们认为，作为主销区主产县，其粮食的对外供给能力已经并将在较长一段时间里继续削弱，而这种削弱的趋势不是靠简单的政府指令性调整所能改变的。

（二）平衡县平衡能力在逐步减弱

与尤溪县相邻的闽清县是福州市的菜篮子基地，目前从粮食上看属于产销平衡区。但是产销平衡的状态也许只能短期维系。县相关部门的负责人很中肯地说，按照目前的发展趋势，在 2010 年之前闽清就会从目前的产销平衡县转为主销县。而闽清一旦缺粮，会优先考虑从相邻的产量大县尤溪县调粮。如此一来，尤溪县对其他县市的补充供应能力将大打折扣。

我们调查的白中镇[②]典型地反映了这种趋势。全镇 1.3 万亩耕地，种一季稻 3700 亩，其中 2000 亩与蔬菜轮作，双季稻 7000 亩。种菜的区域之所以还轮作水稻，主要是为了提高肥力。而一些地方之所以没有大面积地用蔬菜替代水稻，前面已经说明，主要是单家独户地种不成规模必然没有稳定的市场，在销路没有保证的情况下不敢轻易冒险。该镇是闽清县的工业重镇，70% ~80% 的耕地为基本农田，在发展的设想中，利于耕作也利于发展集镇的大片土地很有可能在未来的发展中变为集镇用地，因为这样可以集中人口，并尽量地减少因为现在的工业污染对分散的

---

① 所有的被调查者都认为，在主销区，对其主产县的扶持国家没有像对主产区一样同等对待，在粮食直补的问题上最为突出。但事实上，从 2005 年财政部、国家发展改革委、农业部、国家粮食局、中国农业发展银行联合发布的《关于进一步完善对种粮农民直接补贴政策的意见》上看，对各个主产县的补贴是由各个省自行负责的。"从现行中央对省级人民政府包干的粮食风险基金中优先安排。""13 个粮食主产省、自治区，粮食风险基金暂时腾不出来，粮食直补资金不足的，经省级人民政府申请，由中央财政根据其粮食风险基金缺口情况给予借款支持，所借资金 3 年后逐步归还。其他省、自治区、直辖市实行粮食直补后，粮食风险基金不足的，由省级人民政府自筹资金解决。"明确说明，主产省份若资金不足，可向中央借款但以后还要还。但是这样让非主产省份产生误解，认为中央对这些地方下拨资金。

② 白中镇是闽清的中心乡镇，辖 13 个行政村，17 368 人，2005 年总产值 8.6 亿元，其中工业产值 8.1 亿元，农业产值 0.52 亿元。农民人均收入 4650 元。全镇有三大农业生产基地，一是 2000 亩的蔬菜基地（福州市的主要基地）；二是规模 1 万头的养猪基地；三是 5 万只左右的凤尾鸡养殖。水果、蔬菜和畜牧是当地农业上的三大支柱产品。

居民的危害。在城镇化、人民收入、粮食生产、耕地保护几方的权衡比较中，对国家以及当地居民的未来生活也许意义深远的耕地保护往往会最终屈从于当前人民收入提高和城镇化、工业化的大趋势。而这不仅仅是属于平衡区闽清县的情况，在福建省本来最富农业生产力的沿海三大平原（漳州平原、泉州平原和福州平原）更是如此，当前的主产县（如尤溪县）不可避免地也会步其后尘（该县粮食外调数量的逐年下降就是一个明确的信号）。①

五、主销区粮食安全的对策及其他相关建议

粮食安全的关键点是主销区的粮食安全。主销区的粮食安全事关整个国家安全的大局，牵一发而动全身。福建省作为主销区之一，在这种地位上具有代表性。而且，福建省与台湾省隔海相望，战略上的敏感性使得该省的潜在粮食供给问题更为突出。

所有的主销区都有一个共性，那就是在经济发展水平较高的环境中，农民更多地转移到比较效益较高的经济作物种植甚至非农的就业领域。而且，在市场流通比较通畅的现在，更多的农民不会为自己的口粮担心，只需全身心地投入于能赚钱的行业就可以保证衣食无忧。所以农户自有粮食储备比重越来越小，市场依赖度越来越高。在主销区让农民更多地种粮食的考虑不仅不可能，而且没有必要。必要的是保证在正常年景，能够通过外调粮食补充销区内粮食的需要；在非正常年景，能够保证粮食储备能够支撑一个产季的时间，同时保证现有的耕地、种子、农资储备能够及时地应对突发事态，迅速地以足够的规模投入高效的生产。

笔者认为，对像福建这样的主销区，保障粮食安全应该从生产能力、储备能力和运输能力三个方面着手。

（一）以保护耕地、建设农田水利、加强科研来保障粮食生产能力

生产能力不是当前的粮食产出、供给能力，而是在应急情况下具备的一定规模的粮食生产能力。即便当前的粮食自给率水平很低，即便多数沿海地区已从粮食种植转向高收益的经济作物种植，只要能够保有足够数量的能够随时转化为粮田、并且具有较高产出能力的耕地，同时具有较高水平的高产高优粮食生产的技术储备，应急情况下的粮食生产问题就能够保证。所以，我们建议：

---

① 从一个省看是这样子，从全国范围的各省区粮食生产布局和生产能力的变化看也不例外。福建省的耕地、粮食种植的变化其实就是全国大格局的一个恰当的缩影。

1. 以发展高附加值农业为思路坚决地保护耕地

福建的情况表明，耕地保护不了，一个比较重要的原因是种田的收益低。粮食安全问题往往会误导我们把政策思路着眼于生产粮食上面。对于大面积的粮食生产区（如东北、华北地区），这样的导向也许是正确的（因为户均耕地面积大，种粮食反而更合算），但对于人均耕地面积不到 1 亩（有些地区甚至只有 0.3 亩左右）的大多数沿海地区，从鼓励粮食种植的思路来保护耕地，必然收不到应有的政策效果，① 而且农户和地方政府都缺乏足够的保护耕地的积极性。但是，如果发展高附加值的农业，如种经济作物并辅之以相应的加工企业（或者产销协作），种田的收益提高，农户保护耕地的积极性也会上去，而农民的收入提高、相应的加工企业增加了税源，地方政府保护耕地的积极性也必然提高，而不会盯着土地以地生财。

2. 动员各级政府和民众的力量，坚决地进行农田水利基础设施的改造和建设

农田水利建设，如果局限于农民自身的生产，受益者确实是农民本身。但是从农业的基础性和国家的粮食安全角度考虑，受益者是全社会。这是一个准公共性的投资。所以，中央、地方各级政府的投资是必需的，而由于农民自身受益性的特点，可以动员直接受益者用投工投劳的形式参与。具体的组织形式有待于进一步论证，但是中央、地方各级政府的投资与农民参与的结合是毋庸置疑的。而现在，各地农田水利设施的老化、农村本身无力维修的状况在很多地区相当普遍，这影响的不仅仅是耕地产出能力，还有农民从事农业生产的积极性和保护耕地的态度。

3. 坚定不移地支持粮食生产相关的科研工作，培育技术推广队伍

粮食生产相关的科学研究主要是水稻、小麦相关的高产优质技术研究，即便不推广，以研究做储备，对粮食安全也是意义深远的。技术推广现在问题很多，一个很重要的问题是缺乏推广经费，基层技术推广人员（尤其是乡镇一级）当做一般的行政人员使用，专业职能多有荒废。在平时推广经费无法保证的情况下，从储备的角度看，不能浪费了这么一批专业技术人员，应该定期加以培训，尽管平时推广的工作不多，但是完全可以作为关键时刻技术推广的人才准备。

4. 加强销区省的主产县生产能力建设

因为有交通上和行政管理上的便利，加强销区省主产县生产能力的建设比扶持其他地区主产县的能力建设对于解决粮食安全效果更好。一方面可以节约部分运输

---

① 前面提到的尤溪县腾洋村，户均 5.3 亩地，按面积亩均补贴 5 元，平均一户也就 26 元钱。

成本，减轻运输压力；另一方面可以更加迅速地应急，减少因为区域协调、交通不便等问题带来的时间延误。当前以省为单位的主产区划分欠妥当，应该变为以县为单位的主产区划分模式。对所有的主产县，国家的政策倾斜应该一视同仁（一视同仁就是对销区主产县的倾斜）。

（二）在储备问题上，借力市场储备、重点转向销区、保证风险基金

1. 用市场的动态储备补充政府储备

福州粮食批发市场的运作就是一个鲜活有效的例证。用市场储备，可保证粮食常有常新，对粮食销售商优惠与监管并重，使其在享受批发市场的便利时也承担相应的社会义务，这样省却了政府储备的极大负担和折旧的成本。当然，这必须是批发市场由政府相关部门监管、同时能够以一定的政府储备作为基础，这是两个大前提。①

2. 将国家粮食储备的重点移向销区

粮食储备的目的是为了应急，而出现粮食紧张的状况以销区居多。在粮源充裕的情况下这种问题感觉不出来，一旦粮食紧张，产区控制粮食调出，销区调不到粮食（即使调得到也会因为运能急剧紧张而大受制约）。这样无形中会加剧粮食供应的紧张程度和交易成本。而在平时把粮食的国家储备更多地往销区转移，可能会更好地平抑丰缺。当然，产区的储备也是必需的，这只是一个权重的问题。相应地，在粮食系统采购粮食时，国家的购销优惠政策应对产区销区一视同仁，以利销区储备。

3. 保证储备风险基金

这里包括粮食的储备和农资的冬储。对于农资，可以政府储备也可以对企业进行招标存储，存储意味着风险，产生风险损失而无法得到及时充分的补偿，势必影响可持续的存储能力。农药的储备在这个问题上尤为明显。② 对于粮食储备，尤溪县的粮食挂账争议最值得思考。没有风险基金的保证，全靠政府财政支撑难免会陷入难以为继的状态。

---

① 存粮于民也是值得进一步探讨的方式，这是调研过程中参与座谈的人提出的思路，尽管在福建的调研中没有看到。

② 因为农药保质期短，容易过期。